근대 동아시아 역사 속의 류큐병합

-중화 세계 질서에서 식민지 제국 일본으로-

近代東アジア史のなかの琉球併合：中華世界秩序から植民地帝國日本へ

나미히라 쓰네오(波平恒男) 지음

윤경원 · 박해순 옮김

진인진

일러두기

1. 일본어 및 외국어표기는 국립국어원 외래어 표기법에 따름.
   단 중국어는 1911년(신해혁명)을 기준으로 혁명 전의 인명, 사건, 지명은 우리나라 한자음으로, 혁명 후의 인명, 지명, 사건은 중국어 발음으로 표기하는 것을 원칙으로 함.
2. 일본어 인명과 지명은 각 장에서 처음 나올 때 원문을 같이 표기함.
3. 주는 각주로 처리하고, 번역자의 주를 붙였을 경우는 '역주'라고 표시함.
4. 역주는 본서의 이해를 돕는 정도의 범위 안에서 설명하는 것으로 함.
5. 책이름은 『 』로 표시하며, 논문은 「 」로 표시함.
6. 각주의 참고문헌의 출판사와 출판연도는 모두 괄호 안에 넣어 표기함. 예: (岩波書店, 1995), '(앞에서 서술)'은 출판사와 출판연도를 가리키므로 괄호 안에 넣어 표기함. 또한 '앞의 책'은 이전에 인용했던 문헌(前揭書)을, '위의 책'은 '바로 앞에서 인용한 문헌'(上同)을, '같은 책'은 '주 안에서 인용한 것과 같은 책'(同書)을 의미함.
7. 연호는 서기로 표기하고, 일본 연호는 괄호 안에 넣어 표기함. 예: 1872년(明治5)
8. 일본사에서 시대구분을 나타내는 '전전', '전중', '패전'이라는 용어는 '전쟁 전', '전쟁 중', '패전 후'로 번역함.

목차

한국어판 서문

이 책은 근대일본에 의한 류큐(현재 오키나와현)의 병합을 동아시아 역사라는 커다란 맥락 안에서 자리매김하여 고찰한 연구이다. 이러한 고찰을 함에 있어서 나는 동아시아 역사 중에서도 특히 '한국병합'에 이르기까지의 조선·한국의 역사를 대단히 중요시했다. 또한 이 책의 직접적인 테마라기보다 오히려 그 밑바탕에 깔려 있는 문제의식으로서 나는 현재의 동아시아가 안고 있는 여러 가지 역사인식의 문제를 생각하는데 있어서도, 20세기에 들어서면서 일본의 식민지 지배와 아시아태평양전쟁 시기의 역사만이 아니라 일본이 근대천황제의 국가 형성을 시작으로 서양에 앞장서서 전통적인 중화제국체제의 해체자의 역할을 했던 19세기 후반까지 거슬러 올라가 근본적으로 생각해야 한다고 보았다. 이러한 의미에서 이 책의 한국어판이 간행되는 것은 저자로서 커다란 기쁨이며 동시에 이 책에서 주로 류큐·오키나와사의 관점에서 제기한 테마를 한국의 독자와도 같이 생각할 수 있게 된다는 것은 현재 동아시아의 상황에 비추어보더라도 대단히 의미가 있다고 생각한다.

이 책에서 고찰의 초점이 되고 있는 오키나와 사람들과 한반도에서 살고 있는 사람들의 근현대사의 체험에는 일반적으로 생각하고 있는 것 이상으로 서로 비슷한 점이 수없이 많다. 주제의 한정성 때문에 이 책에서는 충분히 상세하게 파고 들 수는 없었지만, 그것은 이 책에서 중심적으로 다루고 있는 류큐병합(과 조선병합이라는 '두개의 병합') 이라는 시기에만 국한된 문제는 아니다.

　　병합 이후의 오키나와인과 조선인이 입은 여러 가지 차별과 억압, 동화와
황민화 등의 역사체험만이 아니라 제2차 세계대전 후의 재일코리안과 오키나
와인과의 유사성, 전후일본의 평화주의와는 정반대인 조선반도와 오키나와의
군사주의 등도 포함하면 양쪽의 역사체험에는 바로 현재에 이르기까지 여러 가
지의 유사성을 지적할 수 있다. 예를 들면 1982년 이후 한국(및 중국)에서는 일
본에서 교과서검정이 있을 때마다 일본의 역사교과서 기술에 관한 문제(역사문
제)를 둘러싼 항의와 비판의 목소리가 나왔는데, 정말 똑같이 오키나와에서도
그 때마다 주로 '오키나와전(沖繩戰)'(일본군에 의한 오키나와주민에의 '집단자결' 강요
및 스파이혐의에 의한 민간인학살 등)의 기술을 둘러싸고 일본정부에 대한 항의가 반
복되었다. 일본은 한국과 중국과의 관계에서 만이 아니라 오키나와와도 역사인
식의 문제를 안고 있는 것이다. 이것은 한 예에 불과하지만 어찌되었든 그러한
공통성의 밑바닥에는 근대이후의 역사체험에 여러 가지 유사성이 있다. 그리고
바로 그러한 이유 때문에 오키나와와 한국(의) 사람들 사이에는 상호이해를 위
한 잠재적인 기반과 가능성이 역사적으로 부여되어 있다고 할 수 있다. 이러한
가능성을 구체적인 표면위로 아직 퍼 올리지는 못했지만 그러나 동아시아의 장
래를 전망해 볼 때 그 점을 인식하는 것은 대단히 중요한 것이라고 나는 확신하
고 있다.

　　이쯤에서 저자인 나 자신의 출신에 대해 한마디 서술하자면, 나는(그리고
양친을 비롯하여 역대 선조) 오키나와에서 태어나 거기서 성장했고 대학원생이었던
한 때를 동경에서 보낸 것 외에는 기본적으로 계속 오키나와 땅에서 살아왔다.
즉 나는 오키나와 토박이이며 모교인 류큐대학에서 젊은 세대들의 교육에 종사
하면서 자신의 고향이면서 생활의 공간이기도 한 오키나와의 과거와 미래에 대
해 항상 끊임없이 생각해왔다. 이 책이 성립된 것은 테마라는 점에서도, 연구의
지속적인 동기부여라는 점에서도 그러한 나 자신의 개인적 배경과 밀접하게 관
련되어 있다고 할 수 있을 것이다.

　　오키나와는 현재 일본의 47도, 도, 부, 현(都道府縣)중에 한 현(縣)이지만 이

전에는 류큐왕국이라는 일본과는 별개의 독자적인 국가를 이루고 있었다. 이 책의 제1장에서 상세하게 논한 것처럼 전근대의 류큐왕국과 조선왕국에는 중화제국(명·청)과 일본과의 관계라는 점에서 많은 공통성과 유사점이 있다. 또한 그러한 역사적 여건을 배경으로 근대 일본에 의한 '두개의 병합'이 이루어졌다는 것은 이 책에서 상세하게 다루었다. 여하튼 현재 일본 안에서는 그러한 독립국가였던 역사를 가진 지역은 오키나와현 뿐이다. 그리고 오늘날에도 오키나와는 자연 풍토만이 아니라 독자적인 역사와 문화 등으로 인해, 일본 안에서도 극히 독자성이 풍부한 지역으로 간주되고 있다. 실제로 거기에 사는 사람들도 자신들(오키나와에 뿌리를 두고 있는 사람들)을 우치난(ウチナーンチュ=오키나와인)라고 부르고 그 밖의 일본본토 사람들을 야마돈(ヤマトンチュ=大和人)라고 부르며 집합적으로 자타를 구별하는 등 지역에 기인한 일체감과 동포의식이 확실하게 존재한다. 이러한 오키나와 사람들의 특유한 자의식은 민족성 의식이라고도, 민족의식이라고도 볼 수 있는 것이지만 그러한 의식을 가지고 오키나와 근현대사를 통해 재생산되고 현재까지 지속되어 온 것이다.

그러한 오키나와인의 집합적 아이덴티티의 형성에는 물론 자연환경과 지리적 특성 등의 요인이 작용한 점도 무시할 수 없을 것이다. 그러나 무엇보다도 먼저 이 땅의 사람들이 공유해 온 역사체험과 그 집합적 기억이야말로 아이덴티티의 핵심부분을 키워왔다고 말할 수 있다. 그리고 이 책의 주제인 류큐병합의 역사와 그 기억도 또한 그 부분에 있어 중요한 위치를 차지해 왔다.

그러한 오키나와인의 집합적 기억에 깊게 각인되어 있는 역사적 사건으로는 1879년의 '류큐처분'(류큐병합)만이 아니라, 훨씬 이전에는 1609년의 사쓰마 시마즈씨의 류큐침공, 비교적 최근의 역사로는 1945년의 '오키나와전', 1952년의 샌프란시스코강화조약의 발효(일본의 독립과 미국에 의한 오키나와의 분리지배 계속), 1972년의 오키나와의 일본복귀 등이 있다. 또한 오키나와에서 미군기지문제가 재연되는 계기가 된 미군에 의한 소녀폭행사건이 발생한 1995년도 하나의 전환점이 되었던 해로서 후일까지 계속 언급되고 있는지도 모르겠다.

　　오키나와는 현재 주로 재일미군기지의 과중한 부담을 염두에 두고 있어서, 오키나와 현민에게는 일본의 다른 지방자치제가 향유하고 있는 정도의 '자치' 혹은 '자기결정권' 조차 부여받지 못하고 있다는 불만과 비판이 들끓고 있다. 사쓰마(薩摩)의 침공과 '류큐처분'(류큐병합)이라는 어떤 의미로는 무척 오래된 역사가 현재까지도 기회 있을 때마다 상기되는 것은 그러한 역사적 경험들이 오키나와의 주민에게 이른바 오늘날까지 계속해서 '자치'와 '자기결정권'을 탈취당하는 역사적 근원으로 생각되기 때문이다.

　　또한 '오키나와전(1945.6.23.)' 이후에 여러 가지 역사적 전환점이 있었지만 그것에 대한 기억도 일본 본토와는 다른 오키나와만의 전쟁체험과 패전 이후의 역사 체험에 관련되어 있고, 또한 '기지의 섬'을 탈피하지 못하고 있는 현재의 오키나와 상황과 밀접하게 관련되어 있는 것은 말할 것도 없다. 태평양전쟁이 끝날 무렵에 오키나와는 미일의 작열한 지상전투장이 되어 참담하고 끔찍하기(壞滅的)까지 한 파괴와 인적 피해를 입었지만 그것은 일본 본토의 방위를 위한 '희생양' 작전으로서 치러졌던 전쟁이었다. 그 전쟁과 연결된 형태로 시작된 '전후'는 미군의 직접 점령 하에서 '기지의 섬'이 되었고, 1952년에 대일강화조약으로 일본이 독립된 후에도 계속해서 미국의 군사통치하에 놓여있었다. (미군통치하에 있었던 27년 동안은 다시 '류큐'가 정식 호칭이 되었다). 그리고 가까스로 1972년에 미국으로부터 일본에 시정권이 반환되어 또 다시 오키나와현이 되기는 했지만 그 이후에도 대부분 재일미군기지에 의해 점거당했고 계속해서 미일의 '군사식민지'적 상황에 놓여있는 사태에는 변화가 없었다. 그리고 현재, 나하시(那覇市) 헤노코(辺野古)에의 신 기지건설을 둘러싸고 일본정부와 오키나와 현민의 대립이 격화 일로로 가고 있는 것은 주지하는 바와 같다. 그러한 상황에서 위에서 언급했던 류큐·오키나와 역사의 고비가 된 사건은 이전의 불운이 이후의 불행을 불러들이는 것과 같은 일련의 역사적 성격을 띠고, 어느 것도 지우기 어려운 상흔과 같은 것으로 오키나와 사람들의 집합적 기억 속에 침전되어 있다. 1945년과 1952년이라는 고비도 숫자만으로는 일본사와 공통적이지만 오키나와인에게 그 의미와 내용은 전혀 아니라고 할 정도로 다르다.

　이 책에서 직접적인 주제로 삼고 있는 것은 그러한 고비 중에서도 가장 무거운 사건으로서 1879년 일본에 의한 류큐병합의 역사이다. 이 사건을 가리키는 용어로는 그 당시부터 '류큐처분'이라는 말이 정착되어 왔다. 게다가 이 용어에는 자기이익을 위하여 오키나와(인)을 물건처럼 수단으로 취급하고 희생물로 삼았으면서도 반성하지 않는 일본(정부)의 오키나와에 대한 정책기조가 포함되어 있다고 보고 위에서 언급했던 1945년, 1952년의 역사적 전환점에 대해서도 제2, 제3의 류큐처분으로 간주되는 그 말이 비유적으로 이용되기도 해 왔다.

　이렇게 '류큐처분'은 오키나와인의 아이덴티티를 미묘하게 건드릴만한 말이며, 또한 1972년 복귀 후에는 일본정부의 권력지배에 대한 비판과 항의라는 맥락에서 오키나와인 자신이 오히려 적극적으로 이용해 온 경위도 있지만, 그러나 특히 최근에는 오키나와 내외를 불문하고 1879년의 역사적 사건을 가리키는 용어로서 그 개념을 계속 사용하는 것에 대한 비판도 많아지고 있다. 그것이 메이지정부가 붙인 이름으로 이른바 '처분당한 측'에서 보면 부당한 말이라는 것이다. 그러한 의미에서 역사적으로 정착된 그 용어를 사용하는 경우에도 따옴표를 붙여서('류큐처분'으로) 사용하는 연구자 늘어나고 있는 것이 현재의 상황인 것 같다.

　이 책에서는 제목에도 나타나 있는 것처럼, '류큐처분' 대신에 '류큐병합'을 기본적으로 사용하고 있다. 이 책 서장에서 서술하고 있듯이 병합이라는 말은 한국병합 때에 새롭게 만들어진 정치적 용어였지만 그 이후 한 국가가 완전히 폐멸되고 다른 국가의 영토가 되는 경우를 가리킨다. 혹은 그러한 케이스를 내포하는 용어로서 극히 일반적인 일본어가 되었다. 그러한 일반적인 어의에서 '류큐병합'이라는 말을 사용해야하는 이유를 설명하고 나아가 류큐병합을 한국병합과 비교했다는 점에서 이 책의 학문적인 독자성은 매우 크다고 볼 수 있다.

　위의 비교라는 점에 대해 조금 상세하게 설명하면, 나는 류큐병합 역사의 실상을 해명하기 위해 똑같이 일본 제국에 병합된 조선·한국의 역사를 참조하고, 비교 고찰의 대상으로 삼았다. 우선 첫 번째로 확인하고 싶은 것은 나는 결코 비교 고찰의 대상을 자의적, 임의적으로 선택한 것이 아니라는 것이다. 그것이 아니라 근대 일본에 의한 류큐병합과 한국병합에는 그 이전의 역사를 포함하여 많은 유사성과 관련성이 있다는 점이 내가 조선·한국을 중시하고 비교의 참조 대상으로 택한 이유이며 그러한 의미에는 오히려 역사 그 자체에 근거를 둔 비교 연구라고 생각한다.

일반적으로 비교 연구라는 방법은 역사학과 사회과학에서는 잘 이용하는 연구 방법이다. 그 경우 무엇과 무엇을 비교할 것인가 하는 비교 대상과 그 수는 임의로 선택되는 경우가 많다. 그러나 이 책에서 류큐(오키나와)와 조선(한국)의 양자가 비교 연구의 대상이 되는 것은 정말로 양자의 전근대사, 근대사 사이의 유비성[1](analogical 관계성)과 관련성이 인정되기 때문이다. 본 연구에서는 그러한 유비성과 관련성, 즉 양자의 역사의 유사성과 상동성(相同性) 및 상호의 인과적 관련성에 주목함으로써 종래의 연구에서 간과되었거나 잘못 해석되어 왔던 역사상의 상황을 연구의 대상으로 삼아 적절하게 해명하고자 노력했다. 그러한 의미에서 류큐와 조선을 비교하는 방법으로 많은 역사적 경험에서 발견법적 방법(heuristics)으로서의 유의성(有意性)이 인정되기 때문에, 본 연구에서 예를 들면 대만(그 밖의 근대 일본에 의한 식민지지배를 당한 지역)이 아니라 조선·한국과 류큐·오키나와와의 비교야말로 중요했던 것이다.

다만 이 책의 목적은 어디까지나 류큐병합사의 연구에 있으며 한국병합사

1　[역주] 유비성(類比性): 유비는 analogy를 일본어로 번역한 것으로 철학용어로 유추와 같은 의미로 사용되고 있다. 유추란 두 개의 사물이 어느 성질 또는 관계를 공통으로 가지고 있고 나아가 한 쪽의 사물이 어떤 성질 또는 관계를 가진 경우에 다른 쪽 사물도 그것과 동일한 성질 또는 관계를 가지고 있을 것이라고 추리하는 것을 말한다. 단 유추가 성립되는 것은 비교대상이 두 개의 사물이 표면적이 아니라 본질적으로 유사한 경우에 해당한다. 저자는 조선과 류큐간의 역사적 조건과 정치적 상황을 비교하고 그 본질적인 성격을 분석하기 위한 개념으로 유비성을 사용하고 있다. 이 책에서는 분석방법의 중요한 개념으로 쓰이고 있기 때문에 한자음 그대로 사용한다.

와 동아시아 역사의 일반 연구에 있었던 것은 아니다. 그러므로 이 책에서는 조선사와 한국병합사를 비교 참조하면서, 지금까지 위에서 언급한 그러한 비교의 관점이 전혀 없었던 류큐·오키나와사의 연구가 간과해 왔던 사항을 명확하게 해명하고 또한 통설적인 이해가 갖고 있는 많은 오류를 바로 잡을 수 있었다고 나는 생각한다. 그러나 그러한 장점은 있는 반면에, 지면상 분량의 제약으로 인하여 조선·한국사에 대해서는 이론적 틀로서 참조하는 기본선만을 제시하는 것으로 만족했다. 따라서 이 분야의 연구자들이 보면 틀림없이 매우 불충분한 기술일 수밖에 없다는 점이 있다는 것도 확실하다.

한국병합에 관한 일본의 연구에 한에서도, 최근에는 점점 정밀화된 연구가 수없이 발표되고 있다. 특히 러일전쟁부터 한국병합에 이르는 과정에 대해서는 조선(한국) 통감이었던 이토 히로부미(伊藤博文)와 실제로 1910년 병합을 주도했던 야먀가타 아리토모(山県有朋)와 테라우치 마사타케(寺内正毅)의 정책의 차이(와 공통점)를 둘러싼 문제와, 그 외의 여러 가지 병합 구상의 충돌들을 내외 정세와 관련해서 시기적으로 자세하게 역사적 사실의 흔적을 확인하는 방향으로 연구가 진행되고 있다. 이러한 연구들에서 나 자신도 여러 가지로 배운 부분이 많지만 주제와 지면상의 제약도 있어 이 책에 충분히 반영할 수 없었다. 그러나 이 책에서 비교 연구의 관점으로 참조했던 기본적인 윤곽을 변경할 필요성이 있다고는 생각하지 않는다. 즉 시기에 대해서도 연구대상에 대해서도 세분화된 연구에서는 커다란 역사의 연결점을 보지 못하기 십상이지만, 비교적 병합이 되기 직전에 대한 연구에서도 메이지 초기에 정한론이 고양된 이래로 조선을 일본의 유일한 배타적인 지배하에 두고자 했던 의도의 흐름이 일관되었다는 점을 지적하고, 그러한 커다란 관련 안에서 보는 것의 중요성을 새롭게 지적하고자 한다.

메이지 초기에 고양된 정한론은 메이지유신의 결과로서 근대일본이 천황제국가가 되고 천황을 받드는 제국이라는 자의식을 가진 것과 불가분의 관계에 있다. 단지 메이지 초기에 천황일본은 실질적으로는 아직 관념상의 제국에 불과했다. 그러한 내실을 수반하지 못한 제국에서 군사력을 동원해서라도 주변의 여러 국가와 지역을 종속시켜 이름만이 아니라 명실공히 내실에 기반을 둔 대제국을 형성하는 것, 그것이 근대일본이 추구했던 식민지제국으로의 길이었다. 그러한 의미에서 일본의 근대사는 '국민국가' 형성의 과정이며 동시에 처음부터 '제국' 형성의 과정이기도 했다.

현재 일본의 역사연구에서는 막부말기·메이지유신 이후의 역사를 근대화의 성공스토리로 만드는 경향이 변함없이 뿌리가 깊어 보인다. 하지만 좀 더 정확하게 말하면 마르크스주의의 영향이 강했던 1950년대. 1960년대의 이른바 '전후역사학'에서는 메이지유신의 천황제국가를 '절대주의' 국가로 파악하고 그것의 비근대성을 비판했던 경향이 강했다는 것을 감안하면, 그 후의 일본근대사연구는 한 편으로 실증적인 정밀화는 인정하면서도 학문으로서는 비판적 의식이 점차적으로 상실되었다고 말하는 것이 맞을 것이다. 주지하는 바와 같이 작가인 시바 료타로(司馬遼太郎)는 일본의 근대화에 성공한 '밝은 메이지'와 전쟁과 파괴로 향했던 '어두운 쇼와(昭和)'를 대치시키는 역사관을 제시했지만 그러한 역사상은 역사학의 분야에서도 폭넓게 유포되고 있다. 물론 거기에는 러일전쟁 이후에 군국주의화가 한층 진전되고 무모한 전쟁으로 향했던 전쟁 전 쇼와기(昭和期)에 대한 일정한 비판의식이 있었다는 것은 분명하다. 그러나 청일·러일전쟁까지는 좋았다고 덮어놓고 긍정하는 경향까지 용인할 수는 없다.

나는 이 책에서 러일전쟁 후의 한국병합을 메이지 초기의 서계문제와 정한론이 고양되는 시기까지 거슬러 올라가서 폭넓은 역사적 관련 속에서 서술했던 것은, 간단하게 말하면 위에서 서술한 것과 같은 비판의식이 있었기 때문이기도 하다. 정한론이란 조선을 속국으로 여기고 온 힘을 다해 속국으로 만든다는 논의였으며, 그러한 주변의 나라와 지역을 깔보는 대외관을 근대 일본은 처음부터 가지고 있었다. 그러한 황국의식과 대외관하에서 류큐의 병합도 이루어졌던 것이다.

서양의 '근대제국'이 대부분의 경우 본국에서 멀리 떨어진 서양이 아닌 지역에 공식적인, 비공식적인 형태로 식민지를 확대했던 것에 대해, 근대일본은 근린의 지역부터 지배권을 확대하고 동아시아에서 동심원적 구조를 가진 원추형의 일대 제국(一大帝国)을 형성한 점에 있기 때문에 서양에 앞장서서 '전근대의 제국'인 중화제국체제를 해체한 자가 되었고, 최종적으로는 '대동아공영권'을 표방하는 대전쟁을 일으켰다. 그리고 패전에 의해 한꺼번에 식민지를 잃어버리고 제국은 붕괴되었다.

패전 후의 일본은 거의 일본열도로 영토가 축소되고, 천황의 지위는 계속되기는 하지만 상징천황제 하에서 비정치화되었다. 그러한 조건하에서, 그리고 패전 후 시간도 경과됨에 따라 일본에서는 이전의 식민지제국의 역사에 대한 망각과 경시가 점점 진행되었다. 일본의 역사학이 시간이 흘러감에 따라 비판의식을 상실하고 마치 일본열도에서 일어난 사건만이 일본의 역사인 것처럼 자폐증 경향을 강하게 띠어 온 배경에는 그러한 조건과 시간의 작용도 있을 것이다.

앞에서 서술한 바와 같이 나는 일본의 근대사를 '국민국가' 형성의 과정이면서 동시에 근대 '제국' 형성의 과정이기도 했다는 점, 처음부터 그러한 이중의 과정이었다고 파악하고, 나아가 더욱이 천황을 받드는 제국으로서의 황국일본의 특수성을 충분히 짚고 넘어가는 것이 중요하다고 생각한다. 근대일본은 그렇게 본국에서는 국민적 응집성을 강화시키면서 이른바 공식적인 식민지와 비공식적인 지배권을 주변에서 바깥으로 확대해 나갔다. 나는 이러한 근대에서 오키나와의 위치를 일종의 '국내식민지'로 생각했다는 편이 그 역사체험을 잘 설명할 수 있다고 생각한다. 좀 더 말하면 현재 오키나와의 군사식민지적 상황의 지속이야말로 전후 일본의 탈식민지주의화의 불충분성을 더욱 단적으로 드러내고 있는 것이지만, 이 후자의 문제는 오키나와가 가까운 아시아 여러 나라와 공유할 부분으로 같이 생각하고 같이 극복해나갈 필요가 있는 과제라고도 생각한다.

이 책이 오키나와의 근대의 단초인 류큐병합을 다루었다면 현재 내가 몰두하고 있는 것은 위에서 서술한 바와 같은 관점과 문제의식에서 '오키나와의 근대' 전반을 재고찰하는 것이다. 단지 연구에 임함에 있어 지배하는 측이 아니라 지금까지 경시되어 왔던 '지배당한 측'의 관점과 생활체험을 중시한다는 모티브는 일관되게 지속적으로 중요하게 다루고자 한다. 마지막으로 번역의 수고를 흔쾌히 수락해주신 책임번역자인 윤경원씨를 포함하여 공동번역자, 출판 관계자 여러분께도 진심으로 감사를 표하는 바이다.

나미히라 쓰네오

추천의 글

필자가 오키나와를 처음 방문한 것은 1999년 11월이었다. 나하에서 열린 제3회 동아시아 평화·인권 국제회의에 참가하기 위해서였다. 이 회의에 참가한 일행들은 태평양전쟁의 막바지 전투현장이었던 오키나와 평화공원, 집단학살인가 자결인가라는 논쟁을 일으켰던 치비치리동굴, 그리고 일본군 위안부였던 배봉기 할머니가 살았던 붉은 기와의 집등을 방문했다. 이 장소들은 한국의 학자와 사회운동가들에게 일본제국주의와 전쟁의 비극을 다시 성찰하도록 했다.

그러나 나에게 인상 깊었던 또 하나의 장소가 있었는데, 그것은 다름아닌 슈리성 앞의 작은 문이었다. 그 문에는 수례지방(守禮之邦)'이라고 쓰여 있었고, 이것은 곧바로 서울의 남대문을 떠올리게 했다. 수례와 숭례(崇禮), 이들은 모두 전통적인 중화질서에 긴박되어 있었던 류큐왕국과 조선왕국을 나타내는 상징이었다.

그로부터 2년이 지난 후, 나는 다시 오키나와를 방문하여 '안보가 보이는 언덕'에 서서 카데나 기지에서 뜨고 내리는 미 공군 수송기와 폭격기들을 바라보았다. 안내자로부터 이 기지가 후텐마 기지와 함께 과거 한국전쟁과 베트남전쟁에서 매우 중요한 역할을 하였다는 설명을 들으면서, 동아시아 냉전체제의 윤곽을 조금씩 이해하기 시작했다. 근대 이전의 류큐와 조선, 일본 제국주의하의 오키나와와 조선, 그리고 미국 주도의 동아시아 냉전체제하에서의 오키나와와 한국, 이런 세가지 문제의식은 동아시아에 대한 장기적 사회변동 속에서 오키나와에 대한 본격적인 연구가 필요하다는 점을 일깨웠다.

그로부터 3년 후에 이를 실현할 수 있는 기회가 찾아왔다. 한국의 젊은 연구자들과 함께 오키나와를 종합적으로 연구할 수 있는 팀을 조직하고 한국학술진흥재단으로부터 연구비를 지원받아서 수차례 현지조사를 할 수 있게 되었다. 류큐로부터 오키나와로 바뀌는 근대사의 맥락과 현대사의 중심인 미군기지와 평화운동에 관한 자료를 수집하면서 우리는 매우 훌륭한 오키나와의 연구자들을 만나 배우고 공통의 관심사를 토론할 수 있었는데, 대표적인 사람이 류큐대학의 나미히라 쓰네오[波平恒男]교수와 오키나와대학의 야카비 오사무[屋嘉比收]교수였다. 이들은 우리들의 현지조사에 필요한 숙소를 알선해주고 또 우리가 잘 모르는 오키나와 근현대사의 구속 구석을 설명해주었다. 또한 도쿄 외국어대학의 나카노 도시오[中野敏男]교수 연구팀과 함께 공동 학술회의를 진행하였다. 이를 통하여 서울, 나하, 도쿄를 잇는 연구협력의 네트워크이 형성되었다. 우리들은 그들과 함께 한국과 오키나와의 같은 점과 다른 점, 그리고 상호관계에 관한 의견을 나누었다. 현지조사가 여러 차례 진행되면서 이들은 우리들의 친구가 되었다.

우리들의 연구는 2008년, 『오키나와 미군기지의 정치사회학 1: 기지의 섬 오키나와』와 『오키나와 미군기지의 정치사회학 2: 경계의 섬 오키나와』라는 제목의 책으로 출간되었다. 이 책에는 나미히라 쓰네오교수와 야카비 오사무교수의 글도 포함되었다. 이것이 인연이 되어 이들은 한국에서 열리는 학술회의에 자주 참가하게 되었고, 한국의 국가폭력이나 평화운동에 관한 이해의 폭을 넓혔다. 필자가 나미히라교수와 함께 2010년 평택의 대추리를 방문하였을 때, 그는 이곳의 사정을 듣고, 눈물을 참지 못했다. 오키나와가 겪었던 아픔을 한국에서 느꼈던 것이다.

그 후 유감스럽게도 야카비교수가 건강문제로 세상을 일찍 떴다. 큰 손실이었다. 그러나 다행스럽게도 나미히라교수가 오늘날의 오키나와의 운명을 결정했던 1879년의 '류큐처분'에 관한 책을 2014년에 내놓았다. 필자는 이 책을 한국의 독자들이 꼭 읽어야 한다고 생각했는데, 그것은 이 책이 우리들의 연구가 분명하게 밝히지 못했던 1870년대의 비밀을 명쾌하게 해명하고 있었을 뿐 아니라 조선의 식민지화 과정에 내재해 있는 일본의 논리를 잘 이해할 수 있는 통찰력을 제공해주고 있었기 때문이다. 다행스럽게도 서울대학교 아시아연구소에서 이를 번역 출판할 수 있는 기회를 제공해주었고, 오랫동안 연구를 함께 했던 윤경원선생이 번역 책임을 맡아주었다.

이 책은 일본의 근대사를 '국민국가'형성의 과정이면서 동시에 '제국' 형성의 과정으로 파악하면서, 근대 일본에 의한 류큐병합의 과정과 논리를 해명하고 있다. 나미히라교수는 지금까지 일반적으로 '류큐처분'이라는 호칭으로 불려왔던 1879년의 역사적 사건을 재해석해야 하기 위하여, 그것의 전제가 되는 사건, 즉 메이지 유신 후의 근대 일본이 1872년에 류큐왕국에 대하여 행한 조치, 즉 류큐의 왕을 류큐번왕으로 '책봉'한 사실에 주목하였다. 그는 또한 1879년에 일본정부가 사용한 '처분'이라는 개념이 일본의 입장에서 이 사건을 규정한 것이며, 이를 보다 객관적으로 이해하기 위해서는 당시의 류큐의 입장을 대변하는 시각이 필요하다는 문제의식을 피력하였다. 그에 따르면, '류큐처분'은 무력으로 실행된 '류큐병합'이며, '처분'이라는 용어는 당시의 류큐 측이 일본의 명령을 충실하게 따르지 않은 것에 대한 처벌의 의미가 있었다는 것이다. 나아가 그는 일본의 류큐 '병합'을 조선 '병합'과 대비시켜, 동아시아에서의 '두 개의 병합'이라는 패러다임을 제시하였다. 근대 일본에 의한 류큐병합과 조선병합에는 그 이전의 역사를 포함하여 많은 유사성과 관련성이 있다는 것이 그의 핵심적 주장이다.

근대 일본의 제국주의는 서구의 제국주의와는 달리, 근린의 지역을 병합하는 방식으로 부터 지배권을 확대하여 동심원적 구조를 가진 제국을 형성하였는데, 이는 '전근대의 중화제국체제를 해체하는 과정이었고, 그 첫 희생자는 류큐, 두 번째 희생자는 조선이었다.

　　과거의 오키나와, 즉 류큐왕국을 이해하려면 첫째 전통적인 중국과 류큐의 관계, 류큐와 일본의 관계, 또는 일본의 한 지방으로서의 사쓰마번과 류큐왕국과의 관계를 이해해야 한다. 류큐가 오키나와로 재탄생하는 과정은 비록 형식적이기는 하지만 독립국의 지위를 가지고 있었던 왕국이 일본의 한 지방으로 전락하는 과정이었고, 여기에는 중일관계의 변화 뿐 아니라 미국의 류큐에 대한 이해가 개입되고 있었다. 류큐를 분할하여 지배하는 안이 청과 일본, 그리고 미국사이에서 논의되고 있었다.

　　한국을 병합하는데 성공한 근대 일본은 1931년 만주침략과 1937년 중일전쟁을 거쳐 최종적으로는 '대동아공영권'을 표방하면서 '대일본제국'을 형성하는데 성공하는 듯 했지만, 아시아태평양전쟁에서의 패배는 그것의 종말을 의미하였다. 대일본제국은 일거에 해체되었고, '소일본국'으로 환원되었다. 이 과정에서 오키나와의 지위는 모호하게 되었고, 조선은 남북한으로 분단되었다. 미군 점령하의 오키나와는 다시 류큐라는 명칭을 차용한 정부가 성립하였고, 일본은 단지 오키나와에 대하여 잠재주권을 가진 국가로 상정되었다. 과거의 류큐왕국이 중국과 일본에 양속하면서 형식적인 독립국으로 존속했듯이 오늘날의 오키나와는 1972년 일본의 영토로 복귀했지만, 여전히 미국의 동아시아 전략을 수행하는 핵심적 군가기지로 활용되고 있다.

　　오늘날의 오키나와를 이해하려면 태평양전쟁의 막바지에서 미군이 오키나와를 점령하고, 미소냉전의 격화에 따라 미군기지가 항구화되는 과정, 그리고 베트남전쟁의 과정에서 '조국복귀'가 이루어지는 과정을 관통하고 있는 지정학적 논리를 포착해야 한다. 이 과정에서 오키나와의 주민들이 겪었던 고통은 오늘날 오키나와를 연구하는 학자들에게 큰 자극이 되어 되살아나고 있다. 실질적으로 미국과 일본에 양속되어 있는 상황에 대한 저항이 오늘날의 오키나와의 평화운동이라고 할 수 있다면, 분단된 한국에서의 역동적인 민주화운동이 배태하고 있는 인권과 평화를 위한 노력들은 이와 공명하거나 연대를 위한 기초라고 할 수 있다.

필자는 오래전부터 오키나와가 한국이란 어떤 나라인가를 알려주는 거울이라고 생각해왔다. 15년전에 오키나와 연구에 참여했던 동료 후배 교수들과 함께 이 책의 출간을 진심으로 축하하며, 아무쪼록 이 책이 한국의 독자들에게 이런 마음을 전하는 소중한 도구가 되기를 기원한다.

정근식(서울대학교 사회학과 교수)

문제의식과 본서의 구성

제1절 본 연구의 문제의식

본서의 연구 주제는 근대 일본에 의한 류큐병합이다. 지금까지는 일반적으로 '류큐처분'이라는 호칭으로 불려 왔고, 그 역사과정을 주제로 다룬 연구논문과 그 말을 사용하고 있는 역사서 등 축적된 선행연구도 적지 않다.[1] 본 연구는 이러한 관련 연구의 성과에 입각하면서도 종래 연구와는 상당히 다른 문제의식과 분석의 시각에서 '류큐처분' 즉 류큐병합의 역사과정에 대해 새로운 해명의 빛을 비추어서 지금까지 계속되는 '류큐처분'의 연구방식과 그에 따른 사실(史実) 해석의 오류와 문제점에 대해 비판적인 재검토를 시도하고 있다.

원래 '류큐처분'이라는 용어는 류큐병합을 시행한 메이지정부 당사자들이 사용했던 말로 좁은 의미에서 1879년(明治12)에 강제 실시된 류큐·오키나와의 '폐번치현(廢藩置縣)'을 의미하고 있다. 당시 내무성 고관(내무 대서기관)으로 '처분관'의 임무를 맡았던 마쓰다 미치유키[松田道之]가 수백 명의 경찰과 군대를

---

1   류큐처분을 둘러싼 선행연구에 대해, 金城正篤, 『琉球処分論』(오키나와 타임사, 1978년)과 桑原眞人·我部政男 편, 『바쿠후말·유신논집⑨ 에조치[蝦夷地]와 류큐』(吉川弘文館, 2001년) 에는 책의 맨 끝에 간행 때까지의 문헌·논문 리스트가 실려 있다.

이끌고 류큐에 진입하여 '폐번치현'처분을 강제 실시한 것은 비교적 잘 알려져 있다. 그리고 이 강제병합에 도달하는 데는 일련의 전사(前史)로 간주될 수 있는 역사과정이 있고, 일반적으로는 처분이 시작되는 시기를 1872년(明治5) '류큐번 설치'(본서에서는 '류큐번왕책봉'이라 부름)에서 찾았고 그 다음에, '폐번'(류큐번의 폐지) 및 오키나와현 설치(1879년)에 이를 때까지 수년간의 시기 또는 그 시기에 일본정부에 의해 추진된 일련의 통합화 정책을 넓은 의미의 '류큐처분'으로 취급해 왔다고 해도 좋다.

그러나 다른 한편으로 좀 더 상세하고 더욱 엄밀하게 살펴보면, '류큐처분' 개념의 내용과 시기설정 등에 관해서도 연구자들 사이에서 공통의 이해가 반드시 존재한다고 말할 수 없으며,[2] 어쩌면 그 점도 최근 연구 상황의 정체와 혼란이 적지 않게 눈에 띄고 있는 이유의 하나라고 생각한다. 먼저 종래 연구의 키워드가 되어 왔던 '류큐처분'개념을 중심으로, 기본적 개념에 대한 약간의 의미론적 고찰을 조금만 추가하는 것으로 논의를 시작하고자 한다. 왜냐하면 종래 연구에서는 핵심 개념인 '류큐처분'의 다양한 의미를 (연구자 자신조차) 명확하게 자각하지 못하거나 변별하지 못한 채 역사기술상의 이론적 개념으로 대수롭지 않게 사용함으로써 여러가지 개념과 사실(史実)에 대한 해석상의 혼란을 가져왔고 역사의 실상(實像)을 해명하는 것 또한 크게 저해해 왔다고 생각하기 때문이다.

역사란 과거와의 대화라고 흔히 말하지만, 우리가 과거에 살았던 사람들이 사용했던 말 중에 어떤 것을 현재의 역사기술에서 채용할 것인가는 일률적

---

2   류큐처분기 설정에 대해서는, 류큐번 설치가 본격화되는 1875년부터 1879년까지로 간단하게 설정하는 견해 외에 끝나는 시기를 1880년의 '분도개약(分島改約)'의 생성과 소멸까지 연장시키는 견해(긴조 세이토쿠[金城正篤]), 나아가 좀 더 넓게 시기를 설정하고 있는 니시자토 기코[西里喜行]의 주장이 있다. 西里喜行, 『靑末中琉日関係史の研究』(京都大学学術出版会, 2005년), 793-798쪽의 논의 참조. 니시자토는 "우선 첫째로 류큐 '소속'문제를 '류큐처분'의 중심적 내용으로 자리매김하고, 시작은 아편전쟁, 끝나는 시기를 청일전쟁으로 결정해야 할 것이다." 라고 주장하고 있다(같은 책, 799쪽).

으로 정할 수 없는 어려운 문제이다. 그러나 적어도 '류큐처분'(및 류큐·오키나와의 '폐번치현') 개념과 같이, 역사의 일방적인 당사자가 사용한 언어를 그대로 현재의 역사학 개념에서도 채용하는 경우에는 그것이 독자만이 아니라 연구자 자신도 처음부터 일정한 예단에 빠질 수밖에 없다는 것을 충분히 유의할 필요가 있을 것이다. 즉 류큐·오키나와의 '폐번치현'이 '류큐(번)처분'을 해서 실시된 역사적 사실이며, 그 사실을 그러한 것으로 설명하고 이해시키는 것이 중요한 것은 말할 것도 없지만, 본래 객관적이어야 하는 역사기술의 용어(개념화된 역사용어)라고 해서 오직 그 용어만이 반드시 사용해야 할 이유는 없다. '처분'으로 칭한다 해도 거기에 반드시 명확한 처분권한과 충분한 처분 이유가 있었다고는 할 수 없다. 또는 '폐번치현'으로 불렀다고 해서 당시 류큐에 '류큐번'이라는 실체가 반드시 있었다고 할 수 없지 않겠는가. '처분'의 권한과 이유가 없고 '번'의 실체가 없는데도 그러한 용어를 그대로 사용하고 있다면, 객관적인 역사기술상의 개념으로서 문제가 되지 않겠는가! 우리들이 '류큐처분'의 역사를 객관적으로 연구하고자 할 때 최소한 이와 같은 의문과 유보를 연구의 출발점에 두고, 만일 역사의 한쪽 당사자가 사용한 말을 이용하는 것, 정확하게는 전용하는 것이 역사기술상 적합하지 않다고 판단된다면 적절한 개념으로 치환하려는 시도가 있어도 좋지 않을까 생각한다.

본서는 종래의 '류큐처분' 연구와 그 역사상(歷史像)의 근본적인 재검토를 제기하고 있는데, 그것은 몇 가지 기본적인 개념을 바로 잡는 일이 될 것이다. 그 전형적인 것 중에 하나가, 역사의 한쪽 당사자가 사용한 '류큐처분'과 '폐번치현' 과 같은 말들을 일본정부가 행했던 역사적 사실로도 독자가 이해할 수 있도록 배려하면서, 이미 본서의 제목이 보여주고 있듯이 그것들을 '류큐병합'으로 바꾸어 말하는 것이다. 류큐의 병합이 '처분'으로 실시되었던 것, 그 역사의 경위를 바르게 설명하면서도 역사학 용어(개념화된 역사용어)로서 보다 객관적인 '류큐병합'이라는 용어를 본서에서는 채용하고, 설명이나 기술상의 필요에 따라 적절하게 병용하려고 생각한다. 단적으로 말해서, 간단한 역사 연표라면 '1879

년 류큐병합'(또는 '류큐를 병합하고 오키나와현으로 함')이라는 기술방식이 보다 적
절하다는 것이 필자의 견해이다.

본서에서 사용하는 그 외의 용어와 역사기술을 포함하여 필자의 견해와
제안에 설득력이 있을지의 여부는 본서를 다 읽은 후 현명한 독자 여러분께서
스스로 판단해야 하는 사항일 것이다. 여기에서는 본서에서 전개되는 논의와
역사해석에 대한 이해를 구하기 위하여, '류큐처분'이라 할 경우에 '처분' 개념
의 내용과 '류큐병합'이라 할 경우에 '병합'의 개념사에 대해 조금만 보충한 뒤
에 본서의 문제의식과 전체의 구성에 대해 서술하고자 한다.

애당초 '처분'이라는 말에는 크게 나누어 다음 세 가지 정도의 의미가 있으
며, 어떤 경우에도 처분하는 주체와 처분되는 객체와의 비대칭적인 관계가 함
의되어 있다고 생각한다. 가장 기본적으로는 사람(주체)이 사물(대상)을 임의대
로 처리하고 정리하는(해결·해소하는) 것을 의미한다. 예를 들어 쓰레기를 처리
하거나 재산을 팔아버리는 경우에 그것들을 처분한다는 말로 바꿀 수 있다.

그 의미가 바뀌어 두 번째로 사물이라기보다 사항·문제(로서의 객체·대상)
로 처리하여, 대처 방법을 정하고 해결·해소하는 의미로 처분이라는 말이 사용
된다. '질록처분'(秩祿處分)[3]과 번채처분(藩債處分)[4] 등이라 말할 경우, 사물이라
기보다 사항·문제를 매듭 짓는다는 의미를 갖는다. '류큐처분'의 역사에서도 많
은 경우 메이지정부 입장에서 류큐(번)와 관련된 여러 문제를 정리하는 것, 즉
그 취급을 결정하고 처리·해결하는 정도의 의미로 일본정부는 처분이라는 말
을 사용했다. 자세한 것은 나중에 기술하겠지만, 메이지 정부는 해당 시기의 류
큐(왕국)를 '류큐번'이라 호칭하고, 류큐번과 관련된 다양한 문제를 (메이지정부의

---

3   [역주] 질록처분(秩祿處分): 1876년 재정 지출을 줄이고 봉건적 특권의 타파를 위해 화족과
     사족에게 지불하던 녹봉의 특권을 폐지한 행정처분.

4   [역주] 번채처분(藩債處分): 폐번치현이 실시됨에 따라 에도시대부터 누적되어 온 각 번의 번채
     를 이어받은 메이지정부는 각 번의 채무상태를 조사한 뒤 번찰처분(藩札處分) 등 1872년 2월
     에 처분의 개요 결정.

입장에서 보고) 해결·해소, 처리한다는 의미로 '류큐번 처분'이라는 말을 많이 사용했다. 즉 아직 '류큐번'을 폐멸(즉 '폐번')한다는 의미가 아니라 '류큐번'과 관련된 문제들을 해결·해소한다는 의미로 그 말('류큐번 처분')을 사용한 시기가 길었다는 것이다.[5]

세 번째로는 윗사람이 아랫사람을 처벌한다는 의미로 처분이라는 말이 사용된다. 오늘날 징계처분이나 행정처분의 한 형태로 공권력이 면허정지와 벌금 등의 불이익을 부과하는 경우가 그에 상응하는데, 이러한 경우에는 주체와 사물, 주체와 사항·문제가 아니라 주체와 주체의 관계가 일단 전제가 되어 있지만 그 관계에는 권력·권한 등이라는 점에서 비대칭성, 요컨대 주체간의 상하지위의 차이가 함의되어 있다. 두 번째 의미와 세 번째 의미 사이는 유동적이며 애매하지만, 처분하는 측에 있다는 것을 자인하거나 자임하는 자 편에서 보면, 거기에 처분이라는 말이 갖고 있는 편의성 또는 편리함과 유용성이 있었을 것이다. 실제로 '류큐처분'의 추이과정에서 처분이라는 말은 류큐(번)에 관한 문제들을 마무리 짓고, 그것들을 처리·해결한다는 의미에서 류큐를 처벌한다는 의미, 처벌함으로써 문제를 매듭짓겠다는 의미로 무게의 중심이 옮겨간다.[6]

1879년 '류큐처분'('폐번치현'처분)은 넓은 의미에서 두 번째 의미에도 포함되지만, 기본적으로 세 번째 의미의 처분 = 처벌이라는 형태로 강제 실시되었다. 거기에는 메이지 천황과 정부가 상위 권력자이고, 당시의 류큐(왕국·번)의 군장인 쇼타이왕[尚泰王]과 그 왕부(王府)가 하급존재라는 비대칭성의 의제(擬制)에 입각해서 전자가 후자에 대한 처분(처분하심)으로서 류큐(왕국·번)의 폐멸과 오

---

5 물론 최종적으로는 '폐번'도 '류큐번 처분'이라 불렸다. 불렀다기 보다 류큐번처분이 폐번으로 귀착되고 수렴되었다.

6 예를 들어 처분이라는 말의 비슷한 용법으로, 대만출병과의 관련에서 주장된 '번지처분'이라는 말을 들 수 있다. 거기에는 대만 '번지'에서 표류등이 있을 때 안전 확보('보민') 문제에 대처한다는 의미와 처벌('응징')해서 매듭을 짓는다는 이중의 의미가 있다.

키나와현으로서 메이지일본에 병합이 이루어진 것이다.[7] 이처럼 ‘처분’이라는 말은 다의적이고 애매하며, 그런 까닭에 극히 권력자에게 편의적이고 편리한 말이었다는 것은 확실하다. 그러나 역사의 한 쪽 당사자가 그 말을 애매한 채로 사용했다고 해서 그것을 그대로 다의적인 채로 역사학의 개념으로도 계속 사용할 이유와 필연성은 존재하지 않는다고 생각한다.

사족이지만 부언하면, 전후 오키나와에서 ‘류큐처분’이란 말은 본서의 주제인 메이지 시기에 일본의 류큐병합에 관한 것만이 아니라, 여전히 계속되는 또는 반복되는 오키나와에 대한 차별적 처우에 대한 항의와 문제제기라는 맥락에서 오히려 오키나와 측에서 다양하게 사용해왔다. 즉 1972년 오키나와의 일본복귀에 즈음하여 그 내실에 관한 항의의 목소리가 높아진 시기나 그 후에도 기지문제 등으로 오키나와에 대한 구조적 차별이 문제화될 때마다, ‘새로운 류큐처분’, ‘현대의 류큐처분’, ‘오키나와 처분’ 등 항의의 목소리를 높여 왔던 경위가 있고, 지금도 상황은 별로 변하지 않았다. 필자로서는 이러한 상황을 충분히 염두에 두면서도, 본서에서는 메이지 시기에 일본의 ‘류큐처분’에 대해서는 필요에 따라 ‘류큐병합’이라는 말로 대치하고 싶다. 용어를 대치시키면서 그것이 처분이라는 형태로 이루어졌음을 알 수 있도록 설명하고자 한다.

한편 ‘병합’이라 하면 독자는 어쩌면 ‘한국병합’(‘한일병합’과 ‘조선병합’이라고도 한다)을 연상하는 경향이 적지 않을 것이다. 여기서 ‘병합’의 개념사에 대해 한마디 언급하자면, 그 개념은 ‘류큐처분’의 시기에는 일반적인 일본어가 아니었으며 1910년(明治43) ‘한국병합’ 이후에 널리 퍼진 말이었다. 그러므로 ‘류큐처분’ 당시에 그 말이 사용된 사례는 없다. 요컨대 본서에서 ‘류큐병합’의 개념을 사용할 경우에는 ‘병합’이 오늘날 일반적으로 일본어화 되어 있다는 것을 전제로, 그러한 일반적인 어의 혹은 뉘앙스로 사용하고 있는 것이 된다. 덧붙여서

7　거기에서는 ‘류큐번왕’(및 그를 군장으로 하는 ‘류큐번’)이 명령, 사명을 받들지 않았다는 것이 처분 이유가 되었다.

한국병합 당시 외무성 정무국장이며 이 정치적 조어를 고른 구라치 데쓰키치[倉知鐵吉]는 다음과 같이 서술하고 있다.[8]

> 당시 우리 관리와 인민 사이에 한국병합이라는 말을 사용하자는 주장이 많지는 않았지만;, 아직 병합사상이 충분히 명확하지 않았으며, 어떤 사람은 일한 양국이 대등하게 합일하는 듯한 생각을 했고, 한편으로는 오흉국(墺匈國 = 오스트리아-헝가리 제국)과 같은 종류의 국가를 만든다는 의미로 이해하는 자도 있었다. 따라서 문자 역시 합방 혹은 합병 등으로 사용했지만, 나 자신은 한국이 완전히 폐멸에 이르러 제국 영토의 일부가 된다는 의미를 명확히 하는 동시에 그 어조가 너무 과격하지 않은 문자를 선택하려 했고, 여러 가지로 고려도 했으나 결국은 적당한 글자를 찾아내지 못했다. 그래서 당시 아직 일반적으로 사용되지 않는 문자를 고르는 것이 상책이라고 판단하고, 병합이라는 문자를 앞서 서술한 문서에 사용했다. 그 이후 공문서에는 늘 병합이라는 문자를 사용하게 되었다.

본서 제5장에서 다루게 되겠지만, 조선 즉 당시 대한제국(한국)의 경우는 '한국병합에 관한 조약'의 형식을 취하고 일본에 병합되었다. 그 과정에서 정부 방침의 초안을 준비한 구라치는 '합방'이나 '합병'과 같이 대등성(対等性)을 연상시키지 않고, 거꾸로 '어조가 너무 과격'하지도 않은 명사로서 당시 일반적이지

---

8 『이토 히로부미 전』[伊藤博文伝]의 편집주간이었던 조선총독부 외사국장 고마츠 미도리[小松綠] 앞으로 1913년 3월 10일자로 제출된 '구라치 데쓰키치 각서'[倉知鉄吉覺書] 『이토히로부미전』 하권, 1013-1014쪽. 인용문 중에 '前記文書'란, 1909년 봄 구라치 테츠키치가 초안 작성을 담당하고, 가쓰라 다로[桂太郞] 수상 및 고무라 주타로[小村寿太郞] 외상으로부터 한국 통감 이토 히로부미 앞으로 제출되어, 1913년 7월 6일 각의에서 결정된 대한(對韓) 방침(방침서 및 시설대강서(施設大綱書))이다. 또한 구라치보다 이전에도 '병합'을 사용한 예가 있으며, 전적으로 그에 의한 '조어'라고 말하기 어렵다는 점에 대해서는, 海野福寿, 『韓国併合史の研究』(岩波書店, 2000년), 362-363쪽 주(3)을 참조

않았던 '병합'이라는 말을 채용했다는 것이다. '한국병합'과 '류큐처분'에서 병합의 형식과 그 밖의 같은 점과 다른 점에 대해서는 본론에서 고찰하기로 하고, 위에서 인용한 '한국이 완전히 폐멸에 이르러 제국 영토의 일부가 된다는 의미'라는 문장에서 '한국'을 '류큐'로 치환하면, 그것은 객관적으로 본 '류큐처분' 즉 류큐왕국의 병합처분에도 그대로 들어맞는다고 말할 수 있지 않을까.[9] 여하튼 일본의 전후 역사학에서도 이노우에 기요시[井上清]와 도야마 시게키[遠山茂樹] 등 일찍이 '류큐처분' 문제를 다루었던 연구자들이 그것을 그냥 아무렇지도 않게 '병합'이라고 바꿔 불렀다는 것에 유의하기 바란다.

본서의 제목과 관련해서 '병합'의 개념사에 대해 언급했는데, '류큐처분'과 호환적인 용어로 '류큐병합'을 사용하고자 하는 본서의 방침·제안에 설득력이 있는지의 여부는 독자 여러분의 판단에 맡길 수밖에 없다. 여기서는 이 용어 문제와는 일단 구별해야 할 다음 두 가지 점에 대해 주의를 촉구하고자 한다. 첫째, 필자로서는 독자에게 한국병합이라는 용어에서 연상되는 어떤 예측을 부여하기 위함이 아니라, 어디까지나 일정한 객관적인 공통성 또는 유사성에 기초한 학문적인 용어, 기술적(descriptive) 개념으로 그 용어를 사용하고자 한다는 것이다. 이 점을 확인한 다음, 두 번째로 좀 더 중요한 것은 본서에서 이 두 개 '병합'의 비교연구라는 관점이 커다란 비중을 차지하고 있다는 점도 여기서 지적해두고 싶다는 것이다.

다시 정리하자면 본서의 고찰은 두 가지 문제의식에 의해 진행된다고 할 수 있다. 하나는 '류큐처분'의 역사를 아래로부터 즉 처분당한 측, 병합당한 측에서도 파악하려는 분석의 시각을 도입했다는 점이다. 또 하나는 류큐병합의 역사를 일본사의 한 부분으로만 보는 것이 아니라 동아시아 역사라는 커다란

맥락 안에서 자리매김하여 파악하고 있는 점이다. 특히 이러한 시각을 '한국병합'에 이르는 조선의 역사와 대비시키면서 고찰했다. 이렇게 미시적·거시적 두 방향으로 고찰의 시각을 확대함으로써 지금까지 간과해왔던 사실(史実)을 밝히고 또한 종래의 사실에 대한 잘못된 해석이 정정되어야 하는 견해를 이 책에서 제시하고자 한다.

본서는 다섯 개의 장으로 구성된 본론 부분과 하나의 보론으로 이루어져 있다. 본체의 각 장에 대해서는 뒤에서 서술하기로 하고, 여기서는 위에서 서술한 첫 번째 문제의식을 설명하기 위해 본서 말미에 배치한 보론 '기샤바 조켄[喜舍場朝賢]과『류큐견문록』'을 언급하는 것부터 시작하려 한다.

필자가 '류큐처분'연구와 관련해서 최초로 쓴 논문은 보론의 기초가 된 논고와 같은 제목이었다.[10] 이미 10년도 넘은 예전의 논고이지만, 본서에서는 대폭 고쳐서 보론에 수록하기로 했다. 그 내용은 본서(특히 제4장)에서 가장 중요한 준거사료의 하나인 기샤바 조켄이 쓴『류큐견문록』의 성립 상황을 중심으로, 기샤바의 전반부인 반평생과 그가 살았던 시대환경에 대해 고찰한 것이다. 논고 자체는 '류큐처분'의 역사를 직접 논하고 있는 것이 아니어서, 본서에 수록해야 할지 어떤 형태로 수록해야 할지 많이 망설였지만, 결국 권말 종장 앞에 '보론'으로 수록하기로 했다. 역사를 다룬 본서의 본체 부분과는 다소 이질적인 면이 있지만, 본 연구의 밑바탕에 일관되게 깔려 있는 최초의 문제의식이 서술되어 있고, 본서를 보다 더 깊이 이해하는데 기여할 것이라고 판단했기 때문이다.

기샤바 조켄의 이름과 주요 저서인『류큐견문록』은 오늘날까지도 거의 무명에 가까운 것이 사실이므로, 여기서도 한 마디 소개하자면, 기샤바는 '류큐처분'시기에, 류큐국왕 쇼타이를 곁에서 모셨던 인물로 류큐 내부의 시각에서 그 자신이 실제로 체험하고 보고 들은 그 사건을 후대에 전해야 할 기록으로 남겼다. 그것이『류큐견문록』이다. 그 외에 그의 사록으로 근세말의 '마키시·온가

---

10   졸고,「喜舍場朝賢と『琉球見聞録』」(『政治科学·国際関係論集』제4호, 2001년) 수록.

사건'[牧志恩河事件]을 다루었던 『류큐삼원록』[『琉球三冤錄』]이 있는데, 이것도 근세 류큐왕국의 실정을 전달하는 귀중한 사료로서 본서에서 많이 사용되고 있다.(제1장 제5절)

'류큐처분' 연구에 관한 사료라 하면, 일반적으로 1879년(明治12)의 류큐병합('폐번치현') 즈음에 '처분관'이었던 마쓰다 미치유키의 이름과 그가 편집한 『류큐처분』(내무성, 明治12년)이 잘 알려져 있다. 그것에 비하면 기샤바의 이름과 저서는 세상에 별로 알려지지 않았을 뿐만 아니라, 연구자 사이에서도 지금까지 그의 여러 저서들이 충분하게 참조되거나 이용된 일은 없었다.

기샤바의 『류큐견문록』은 분명히 오래된 문체와 독특한 표현 등으로 초보자에게는 결코 읽기 쉬운 저술이 아니다. 오랫동안 일반인들은 좀처럼 손에 넣기 어려운 희귀본[稀覯本]이었던 것도 사실이다. 그러나 한편으로 이전에 일본 역사가인 도마 세이타[藤間生大]가 날카롭게 통찰한 것처럼, 기샤바의 『류큐견문록』과 『류큐삼원록』은 "그 냉엄한 서술로 인해 사태에 대한 정확한 사료"가 되었으며,[11] 특히 전자는 류큐처분을 류큐 측에서 '냉엄'하고 '정확'하게 기록한 유일무일한 사료라고 해도 좋다. 그렇다면 적어도 '류큐처분'의 연구조차 지금까지 기샤바의 저서를 돌이켜보지 않았다는 것은, 책 자체에 결점과 한계가 있다기보다, 오히려 그것을 읽는 측, 그렇다기 보다 읽으려고도 하지 않았던 측이 연구대상을 마주하는 자세, 그리고 기샤바의 '실록'을 살리지 못했던 이론적 틀의 결여와 한계에 있지 않았을까. 간단하게 말하면, 이러한 물음에서 출발하여, 류큐병합을 둘러싼 각각의 사실과 그것들이 묻혀 있는 커다란 맥락에 대해 필자 나름의 시각으로 비판적인 재검토를 되풀이해왔던 성과가 본서이다. 되돌아보면, 지지부진하고 물소보다도 뒤쳐지는 느린 걸음이었지만 처음 출발할 때의 문제의식은 일관되고 있다.

마쓰다 미치유키는 '처분관'의 임무를 끝내고 정부의 내부자료로서 '류큐

---

11   藤間生大, 『近代東アジア世界の形成』(春秋社, 1977년), 407쪽.

처분' 관련 공문서 기타 자료를 망라하여 편집하고, 글자 그대로 『류큐처분』이
라는 제목을 붙였다.[12] '류큐처분' 연구의 제1급 사료이면서 가장 기본적인 문헌
이다. 이 점을 충분히 인정하면서도 동시에 여기서 짚고 넘어가야 할 것은, 마쓰
다의 『류큐처분』에 수록된 많은 사료에는, 그 성격으로 봐서 '처분하는 측'의 입
장에서 오는 편견이 깊이 배어있어, 사실(事實) 왜곡이 많이 포함되어 있다는 것
이다. 이것은 마쓰다 편저만의 결함이 아니라, 당시 '류큐문제'와 관련된 외교문
서와 기타 관변요인(官邊要人)이 남긴 대부분의 사료에도 해당한다고 할 수 있다.
본서의 본문 중에 인용하는 경우에도 일일이 지적하지는 않겠지만, 거기에는
크고 작은 허위를 당연하게 주장한 경우가 적지 않다.

　　개인적인 의견으로, 종래의 '류큐처분' 연구에서 많이 볼 수 있는 본질적인
문제점은 그것을 일본사연구의 일환으로 다루건, 류큐·오키나와사의 일부로
연구하여 논술하든 간에 오직 메이지국가 측을 주체로 하여 '처분하는 측'의 논
리와 행동을 중심으로 역사를 묘사하고 해석해왔다는 점에 있다. 그 때문에 사
료(史料)로서는 마쓰다의 『류큐처분』에 수록되었거나, 또는 비슷한 종류의 메이
지정부 측의 문서가 중요한 준거사료로 취급되어 왔다. 물론 역사학과 정치사
연구가 시대를 움직이고, 역사를 추진시킨 것처럼 보이는 주동자들의 의사와
행동에 먼저 주목하는 것은 어떤 의미에서 당연하다고 말할 수 있겠다. 그러나
그러한 주동자들에게 끌려 다닌 것처럼 역사에 살았던 사람들도 또한 인간이며
주체였다는 점은 변함이 없다. 그렇다면 '처분하는 측'의 입장과 관점에서 쓴 공
문서를 사료비판적인 안목으로 읽고, 그러한 사료에 무비판적으로 쉽게 의존했
던 종래의 일본근대사 연구를 적절하게 상대화하려면, 처분·병합을 '당한 측'의
사상과 행동에 대해서도 균형 잡힌 관찰을 해야만 하며, 그것들을 내재적으로

12　1872년의 '류큐번왕 책봉' 이후 이른바 류큐처분기에 류큐는 일본정부로부터 '류큐번'으로
　　불렸다, 그 때문에 마쓰다를 포함한 메이지정부가 그 시기에 사용한 것은 오로지 '류큐번처
　　분'이라는 말이었다. '류큐처분'이라는 용어는 기본적으로 1879년 협의의 '류큐처분' = '폐번
　　치현'(＝류큐병합)이 완수된 다음에 사후적·회고적으로 사용된 말이다.

이해할 필요가 있을 것이다. 근대일본에 의한 류큐병합 연구에서 요청되는 것은, 이러한 복안적(複眼的) 고찰에 입각해 보다 객관적이고, 정확한 역사상을 재구축해 나가는 것이지 않을까.

이렇게 역사를 아래에서부터, 즉 '당한 측'의 시각에서 바라보고자 할 때 종종 장애가 되는 것은 사료의 부족과 그 신뢰성의 문제이다. 그러나 우리들의 경우에는, 뜻밖에도 역사의 여신인 클리오가 자비를 베풀어준 요행으로 기샤바 조켄의 『류큐견문록』을 내려주셨다. 그리하여 본서에는 일본사의 시각과 일본 전후역사학의 성과에 무비판적으로 의거하기보다 오히려 류큐 내부의 시각에서 일본을 비롯한 동아시아세계와의 관계사까지 시야를 넓혀서, 류큐병합과 그 전후 시기의 여러 문제를 고찰하고 종래의 통설을 뿌리부터 재검토하려는 시도를 하고 있다.

이와 같이 한편으로는 류큐 내부에서 고찰하려는 미시적 관점과 다른 한편으로는 동아시아 역사의 커다란 맥락 안에서 류큐병합과 그 시기의 국제질서의 변용을 고찰하고자 하는 거시적 관점도 동시에 중시하고자 하는 것이 본서의 두 번째 커다란 문제의식이다. 그리고 이 문제의식의 중심에 있는 것은, 류큐병합과 조선(한국)병합이라는 근대 일본에 의한 두 개의 병합을 비교하는 테마에 있다는 것이다.

종래의 연구에서는 위에서 서술한 것처럼 '류큐병합' 문제는 처분을 한 일본정부 측의 관점에서 일본과 류큐와의 관계를 중심으로 고찰해 왔다. 분명히 근세 류큐가 이른바 '청일양속(淸日兩屬)'적인 지위에 있다고 간주되어 온 것과 관련하여 종래에도 청일관계라는 시각에서 중국(명·청)이라는 제3의 요소에도 나름 주의를 기울여 왔으며, 특히 최근에는 니시자토 기코가 우수하고 상세한 연구를 발표했다.[13] 본서에서도 청일관계와 중국이라는 요소 그 자체의 중요성

---

13   대표적인 연구로, 西里喜行, 『靑末中琉球関係史の研究』(京都大学学術出版会, 2005년)라는
    저서가 있다. 그 외 安岡昭男, 『明治前期日清交渉史研究』(巖南堂書店, 1995년) 및 『幕末維

을 부정하는 것이 아니라 오히려 중국을 기축으로 했던 근세의 전통적인 중화
질서가 역사적으로 가졌던 의의와 류큐문제를 둘러싼 당시의 청일대립을 당사
자인 류큐(사)의 시각에서 고찰하는 것이 갖는 의의를 강조했다. 그러나 동시에
류큐병합의 문제를 고찰함에 있어서, 우리는 일본과 청국만이 아니라, 그 시기
조선의 문제에 대해서도 충분히 주의를 기울일 필요가 있지 않을까. 본서는 이
러한 문제제기를 하면서 두개의 병합을 비교해서 각각의 성격에 주목하는 것의
중요성을 강조하고 있다.

    본서의 입장에서 '류큐처분' 문제는 오히려 같은 시대의 조일관계, 일본 측
에서 말하는 이른바 '조선문제'와 대비시키고 관련지어서 고찰하는 편이 단지
알기 쉬워서 만이 아니라, 역사의 실태에도 들어맞는 것처럼 생각된다. 실제로
다양한 표면적 차이에도 불구하고, 조금 심층적으로 살펴보면 근대일본에 의한
류큐병합과 조선(한국)병합은 평행적인 역사적 관계에 있었다는 것이 본서의 주
장이다.

제2절 **본서의 구성**

이하에서는 본론의 구성을 설명하자면, 제1장은 위에서 서술한 바와 같은 문
제의식과 역사라는 커다란 전망 아래 류큐병합의 역사적 여건을 밝히기 위해
근세 류큐왕국의 역사와 내적 특질과 함께, 전 근대의 동아시아 국제질서에 눈
을 돌려 근세에서 근대로의 이행기에서 류큐와 조선과의 대비성, 관련성에 대
해 논하고 있다. 류큐와 조선은 수백 년 동안 중화제국(명·청)과 책봉관계를 맺

新の領土と外交』(清文堂出版, 2002년), 제8장.

어왔던 조공국(번속국)이었을 뿐만 아니라, 에도시대에는 일본의 중앙권력으로서 근세외교를 담당했던 도쿠가와[德川] 정권에 의해서 '통신의 나라'로 자리매김되어 왔다. 도쿠가와 일본에게 그러한 국교관계를 맺은 이국 = 외국은 류큐와 조선뿐이었다. 류큐에서 오키나와로의 전환기를 조선 근대사와의 비교 속에서 또는 동아시아 역사의 문맥 속에서 살펴보는 것이 중요한 까닭은 그러한 전근대 동아시아 국제질서라는 역사적 여건 하에서 류큐와 조선은 근대에 들어 일본의 천황제국가에게 강제로 병합되었다는 공통의 체험을 갖고 있기 때문이다.

물론 조선과 류큐 사이에는 커다란 차이도 있다. 국력·무력이라는 점에서 양자 간의 커다란 차이에 대해서는 새삼스럽게 지적할 필요도 없다. 도요토미 히데요시[豊臣秀吉]에 의한 조선침략과 사쓰마 시마즈[薩摩島津]씨에 의한 류큐 침공에는 일정한 공통성이 있다고 볼 수 있으나, 전자의 침략을 조선이 관민의 저항으로 저지한 데에 비해, 류큐의 경우는 침략전쟁에서 패하여 사쓰마 시마즈씨의 '부용'이 되었고, 일정한 정치적 지배와 반식민지적인 경제적 착취 하에 놓였다는 점에서 도쿠가와 일본과의 국제관계라는 점에서도 자연히 차이가 발생했다. 즉 같은 통신국이라 해도 조선이 도쿠가와 일본과는 대등한 교린관계를 맺었던 반면에 류큐의 경우는 격이 낮은 이국(異國)으로서의 대우를 받았다.

그러한 류큐의 대외적 관계의 특질과 함께 제1장에서는 근세 류큐 정치사회의 내부구조와 그 특징에 대해서도 일정한 지면을 할애해서 필자의 의견을 서술했다. 종래의 '류큐처분'연구는 그 역사적 여건인 근세 류큐의 정치사회가 일본근세(사)로부터의 안이하게 유추하여 쉽게 이해하는 결함을 보이고 있기 때문에 류큐왕국의 특질을 적절하게 이해하지 못하고, 이러한 사정으로 류큐처분기의 역사인식에도 오해와 왜곡을 불러일으키는 경향이 있다.

근세 류큐 특히 근세말기에 류큐왕국의 지위에 대해서는 아직 불분명한 부분, 해명되어야 하는 사항이 많다고 생각한다. 류큐병합의 역사적 여건이라는 점에서 말해보면, 도쿠가와 정권에서 통신 관계에 있는 이국으로 대우받았다는 것과 사쓰마 시마즈씨의 '부용'으로 경제적 착취 하에 놓였던 것을 어떻게 통일적으로 이해할 것인가 라는 것이 하나의 중요한 논점일 것이다. 그 점과 관련해서 종래에는 '막번체제 속의 이국'으로 정식화한 다음, 류큐에 대한 일본의 지배 혹은 포섭의 정도를 강조하는 경향이 강했는데,[14] 최근에는 류큐가 일본과 중국(명·청)에 각각 특유한 방식으로 종속(이른바 '일지양속'(日支兩屬))에 있으면서도 독자적인 왕국으로서 존립을 유지한 그 주체성의 계기를 중시하는 연구도 나오고 있다.[15] 이러한 점을 염두에 두면서, 제1장 마지막 절에서는 기샤바 조켄의 『류큐삼원록』에 기초하면서 근세 말 류큐왕국을 놀라게 했던 '마키시·온가 사건'에 대해 재검토하는 동시에 종전에는 오해받기 쉬웠던 이 사건과 '류큐처분'과의 관계에 대한 고찰을 덧붙이고 있다.

제2장은 '류큐처분' = 류큐병합 과정의 기점인 1872년(明治5) '류큐번왕책봉'에 대해 고찰하고, 그 역사적 의미에 대해 상세하게 논하고 있다. 그 사건에 대해서는 종래의 연구와 역사서에서는 '류큐번의 설치'로 기술되어 왔다. 더욱이 바로 전 해(1871년)에 전국적으로 실시된 '폐번치현' 후 왜 류큐에 새삼스럽게 '번'이 설치되었을까 하는 것이 문제시되기도 했지만, 그러한 기술이나 질문 자체가 부적절하다는 것이 본서의 입장이다. 분명히 일본 천황에 의한 류큐의 쇼타이왕이 '번왕'에 '책봉'됨으로써 류큐는 일본정부로부터 '류큐번'으로 불리게 되었다. 그러나 그 당시 시행된 것은 어디까지나 천황에 의한 '번왕'의 '책봉'이었으며, 메이지정부에 의한 행정단위의 설치행위 등은 아니었다. 그 점을 제대로 확인한 다음 왜 (그 시기에) '번왕'의 '책봉'이 이루어졌는지 질문해야 한다는 것이다. 제대로 된 질문을 던진다면 정답을 쉽게 찾을 수 있을 것이다.

---

14 대표적인 연구로, 紙屋敦之, 『幕藩制国家の琉球支配』(校倉書房, 1990년); 上原兼善, 『幕藩制形成期の琉球支配』(吉川弘文館, 2001년); 梅木哲人, 『琉球王国の構造』(第一書房, 2011년).

15 豊見山和行, 『琉球王国の外交と王権』(吉川弘文館, 2004년); 渡辺美季, 『近世琉球と中日関係』(吉川弘文館, 2012년)

종래의 연구에서는 1872년 이른바 '류큐번 설치'(정확하게는 번왕책봉)가 대만출병이라는 명목(구실)을 만들기 위해 실행되었다는 설이 (일부에서) 제기되어 왔다. 1871년 말 대만에 조난된 류큐인이 살해를 당하고, 번왕책봉을 전후로 정부 주변에서 출병론이 부상했기 때문이다. 대만출병이라는 목적을 위해 서둘러 '류큐번 설치'를 시행하고 류큐인이 일본의 국민(속민)이라는 것을 내외에 드러내고자 했다는 것이다. 단지 번왕책봉(류큐번 설치)과 류큐인 조난자피살사건이나 대만출병문제와 직접 연관 짓지 않고 비슷한 시기에 일어난 사건으로만 병기하는 연구서와 역사서도 있지만, 그러한 경우에도 양자 사이에 직접적인 관계는 없었다고 명시적으로 기술하는 것을 왠지 피해왔던 것처럼 보인다.[16] 그러한 역사연구의 현황에 비추어 번왕책봉 이전 정부 내에 대만출병 방침이 정해져 있지 않았다는 사실을 실증적으로 밝히고, 대만출병 목적설은 번왕책봉(류큐번 설치)의 설명으로는 성립하기 어렵다는 논증을 제2장에서는 적극적으로 정면에서 시도한다.

그러면 번왕책봉은 왜 이 시기였을까. 본래 마땅히 해야 할 질문에 답하려면, 일본 국내적 요인과 동아시아사의 문맥 모두를 동시에 생각할 필요가 있다. 즉 앞에서 서술한 일본과 류큐 및 조선과의 전통적 관계는 일본의 메이지유신과 동시에 달라졌다. 일본의 주권적 권력이 도쿠가와 정권(막부)에서 메이지천황 정부(조정)로 이행되고, 메이지정부에서 근대적 집권화가 진행되었기 때문이다. 1871년(明治4) 전국적인 폐번치현과 더불어 류큐의 왕권에게 충성을 서약하도록 했던 시마즈씨의 가고시마[鹿兒島](사쓰마)번은 폐지되었다. 또한 도쿠가와

16 　제3장에서도 다루었지만, 예외적으로 이 문제를 논급한 것으로 모리 도시히코[毛利敏彦]의 연구가 있다. 모리는 '원래 류큐번 설치 방침은 대만출병과는 관계가 없다고 했으나, 도중부터 양자 간에 관계가 맺어지게 되었다'라고 서술하고 있다. 필자는 양자가 기본적으로 시종 무관하다고 생각하고 있으므로, '대만출병 도중부터 관계가 맺어지게 되었다'는 주장에 찬성하기 어렵다. 毛利敏彦, 『台湾出兵』(中公新書, 1996년), 15쪽. 나아가 모리의 『明治維新政治外交史 研究』(吉川弘文館, 2002년) 제2부를 참조

정권과 조선왕조와의 국교관계를 중개하고 조일무역을 독점 관리해왔던 쓰시마 소씨[対馬宗氏]도 그 '가역(家役)'을 반납하고, '쓰시마[對州]의 사교(私交)' 정지와 그 후 조선왕조와의 국교 방식이 문제화되었다.

이리하여 '고잇신[御一新]'[17]에 의해 새롭게 주권(정치외교권)을 장악한 메이지정부는 류큐와 조선과의 관계재편이라는 과제에 직면하게 되었다. 전자에 대해 말하면, 류큐는 그때까지 교토의 금리(禁裏)(= 궁중·조정)와는 역사적으로 아무런 관계도 없었다. 메이지정부는 1872년(明治5) 9월, 동아시아의 전통적인 중화세계질서(책봉·조공체제)의 원리를 모방하여, 천황의 이름으로 류큐국왕 쇼타이를 '류큐번왕'에 '책봉'한 것이다. 중화제국(청조)의 황제로부터 '류큐국왕'으로 책봉받고 있던 쇼타이는 메이지천황(일본국황제)한테도 새롭게 (이중으로) '번왕'으로 책봉되었다. 그럼으로써 메이지정부는 천황과 쇼타이왕(류큐 국왕이자 '번왕') 사이에 이른바 군신관계를 설정하고 류큐가 황국 일본에 '번속'하게 된 것으로 간주했다.

그에 대해 메이지유신 후 일본 정부 내에서는 왕정복고 이념과 결부된 정한론적 발상에서 조선에 대해서도 '번속'화를 주장하는 목소리가 있었지만, 당시 일본의 국력·군사력이 아직 정비되지 않아서 속국화로의 움직임은 바로 표면화되지 않았다. 단지 그와 같은 발상에 의거하여 일본 측이 그때까지의 관행을 변경함에 따라 조선과의 국교재편은 '서계문제[18]'로 애초부터 교착상태에 빠졌다.

제3장에서는 1872년 번왕책봉과 1875년(明治8) 마쓰다 미치유키의 류큐

17　[역주] 고잇신[御一新]은 메이지유신의 별명.

18　[역주] 서계 : 조선시대 한일간의 교린질서를 특징짓는 제도중의 하나로서 양국간의 공식적인 외교문서이다.

　　서계에는 수시인과 발신인의 직위, 성명, 그 내용의 서술방식까지 모두 규정되어 있다.

　　서계문제는 일본의 메이지유신이후 조선관의 관계를 쓰시마와의 관계를 부정하고 외교관계를 일원화사면서 조선을 한 단계 낮은(一等試打) 국가로 취급하면서 대두되었다.

출장 기간 사이에 일어난 정한론정변(明治6년 정변)과 대만출병이라는 두 사건에 대해 고찰한다. 둘 다 1875년 이후 '류큐번 처분'이 본격화하는 배경을 밝히는 데 목적이 있다.

일본에서는 류큐번왕 책봉 이듬해 1873년(明治6) 10월 정부를 양분시킨 '정한논쟁'에 의한 정변이 일어났다. 커다란 계기는 1872년 9월 즉 번왕책봉과 마침 같은 시기에 오랫동안 조일무역의 거점이었던 부산의 초량왜관(草梁倭館)을 일본의 외무성이 구 쓰시마 세력으로부터 접수하기로 결정하고 실시한 것이었다. 정부에 의한 외교권의 일원화를 위해 구 쓰시마의 '사교'(私交) 정지가 강제로 최종 실시되었다. 일본의 강경한 이 조치에 대해 당연히 조선 측은 반발했다. 그리고 왜관에 출입하는 일본상인에게 금지되었던 사무역(私貿易)을 행함에 따라 이를 계기로, 일본에 대해 비판하는 문구를 포함한 밀무역금지령이 초량왜관 수문 앞에 게시되었다. 이것을 일본이 '국치', '무례'라 하며 '정한'문제가 대두되고 정부를 양분시키는 논쟁이 되었으며 이와쿠라[岩倉] 사절단이 외유 중에 '유수(留守)정부'를 맡아왔던 여러 참의는 하야하게 되었다.

주목해야 할 점은 1872년 8월 중순부터 9월 초 일본정부의 왜관 접수에 의한 구 쓰시마와 조선과의 '사교'정지가 결정, 실시되었고, 류큐에 대해서도 '번왕책봉'과 여러 외국과의 '사교' 정지 즉 류큐왕국이 미국·프랑스·네덜란드 각국과 체결한 조약과 그 이후 외교사무가 외무성으로의 이관이 결정, 실시된 것이다. 조선 및 류큐와의 관계 재편은 이 시기 정부 외무성에 의해 전반적으로 추진되고 있었다.

류큐번왕 책봉은 넓은 의미에서 '류큐처분' = 류큐병합사가 시작되는 획기적인 사건이었지만, 그 후 2년 정도는 메이지정부와 류큐왕부와의 관계는 비교적 평온했다. 아직 메이지정부의 류큐 내정에 대한 개입 의지는 약했고, 청국과의 전통적인 관계도 정부의 공인 하에 지속되고 있었기 때문이다. 그러나 정한론정변으로 정부는 크게 분열되었고, 이와쿠라 사절단의 외유 귀국 팀이 권력을 회복하여, 메이지정부의 실권은 오쿠보 도시미치[大久保利通, 참의·내무경]의 손에 넘어갔다. 오쿠보가 주도한 정권은 '정한'이 좌절되자 불만으로 가득 찬 불평사족에 대한 대책으로 다음 해인 1874년(明治7) 2월 '대만출병'방침을 결정하고, 5월 정벌군의 출병을 감행했다. 그리고 그로 인해 청일 간에 생긴 분분한 논의를 해결하기 위해, 오쿠보가 몸소 북경에 가서 그런대로 회의를 성립시키자 대만출병과 북경교섭의 성과를 다시없는 재료로 삼아 청국과의 책봉·조공 등의 관계 금지를 중심으로 '류큐번처분' 시도에 본격적으로 착수했다. 그 이후 메이지정부와 류큐와의 관계는 급속히 긴박해져 갔다.

　대만출병의 실질적인 원인은 불평사족의 대책에 있었지만, 약 2년 반 전에 일어난 류큐인 조난 살해 사건을 주요한 명분으로 내세웠다. 그 강화문서는 대만 원주민이 일찍이 '일본국 속민 등'에게 함부로 위해를 가했으므로 일본이 출병하여 '힐책'했다고 서술하고, "일본국은 이번에 원래는 백성[民]을 보호하는 의거를 위해 일으켰다(계획했다). 중국은 이것을 가리켜 옳지 아니하다[不正]라고 하지 않는다."(원래 한문)는 약정을 했다. 이에 관해서 많은 역사서에서는 청국이 대만출병을 '의거'로 인정하고, 호환조관에는 류큐인이 '일본국속민'이라는 점이 명기되었다는 취지의 기술을 해 왔다. 분명히 당시 일본정부는 국내외 특히 국내용으로 그러한 내용을 선전했으나, 호환조관은 류큐인을 '일본국속민'이라고 명기하고 있지는 않으며, 출병의도가 '민을 보호하는 의거[保民義擧]'에 있다는 일본의 주장을 인정했다 하더라도, 일본군의 대만침략 그 자체를 '의거'로서(적극적으로) 인정한 것은 아니었다.

　제4장은 1875년(明治8) 대 류큐정책의 전환과 마쓰다 미치유키의 첫 번째 류큐 출장부터 1879년 '폐번치현' = 류큐병합까지의 역사과정을 고찰한다. 일반적으로 말해서, 본서가 고찰의 대상으로 하는 류큐병합사(넓은 의미의 '류큐처분')에는 크게 세 번의 고비가 있었다고 말할 수 있다. 최초의 고비는 1872년 '류큐번왕'의 '책봉'이다(제2장). 그 이후 2년간 정한론정변과 대만출병 및 청일화의를 거쳐, 대만출병 후에 일본정부는 예상했던 대 류큐정책의 재검토에 착수했고,

'류큐번 처분' 방침을 확고히 했다. 1875년 여름, 일본 정부는 내무대승 마쓰다 미치유키를 류큐로 파견하고, 류큐왕부에게 청국과의 통교관계를 금지할 것을 골자로 한 명령을 전달했다. 이리하여 일본정부와 류큐왕부는 순식간에 긴박한 관계가 되었고 류큐 국내는 크게 긴장감에 휩싸였다. 마쓰다 미치유키가 류큐에 들어와서 수행했던 류큐왕부와의 담판·교섭이 두 번째 고비이며, 어떤 의미에서 최대의 고비라 할 수 있다. 마지막 고비는 1879년 3월 이후 좁은 의미의 '류큐처분', 즉 '처분'으로서 강제 실시된 류큐병합이었다. 이처럼 류일(琉日) 관계가 긴박해지고 결국 병합처분에 이르는 시기까지가 제4장의 고찰 대상인데, 이와 같이 두 번의 고비를 겪은 시기의 역사를 실증적, 내재적으로 고찰하는 것을 과제로 삼았다. 특히 종래에는 이 시기 류큐 측의 사상과 행동에 대해서도 처분하는 측의 관점이나 사료로 설명되어 왔으나, 본서에서는 기샤바 조켄의 『류큐견문록』을 또 하나의 기본사료로서 중시하면서, 처분당한 측의 세계까지도 내재적으로 이해하려고 노력했다.

　　종래의 연구에서는 사료로서 마쓰다 미치유키의 『류큐처분』(과 그 저술에 망라된 원문서)이 중요하게 다루어졌고, 그가 1875년 최초의 류큐 출장을 마치고 제출한 복명서(復命書) '(제1회) 봉사류큐시말[奉使琉球始末][19]' 등을 근거로, 이 시기 류큐의 사족계급이 이른바 일본(친일)파를 포함해 두세 파로 분열되어 대립했다는 취지의 내용이 서술되어 왔다.[20] 그러나 기샤바의 저서를 통해 드러난 것은, 메이지정부의 여러 명령에 대한 반항의 강도 차이는 있었지만, 류큐에서는 그 명령에 찬성하거나 호의를 가지고 있었다는 의미에서의 일본파 세력은

19　[역주] '封使琉球始末'에서 '封使'란 사신으로 명령을 받들어 임무를 수행하는 사절을 의미한다. 여기서 '봉사'는 류큐사절로 임명을 받아 출장을 간 마쓰다가 되며 돌아와서 쓴 문서인 출장 보고서가 '封使琉球始末'이다. 번역은 '봉사류큐시말'이라고 한자음으로 한다.

20　예를 들어, 고전적인 예로서 遠山茂樹, 『明治初年の琉球問題』(1957년 초판, 新里惠二편, 『沖繩文化論業 제1권 역사편』, 平凡社, 1972년 수록); 田中彰, 『明治維新』(일본의 역사 제24권, 小學館, 1976년), 361쪽 이하를 참조.

존재하지 않았다. 또 1875년과 1879년 단계의 '처분'내용의 차이를 무시하고 마쓰다의 기술을 일반화했고, 1879년 강제병합에 대해서도 적극적으로 찬성한 세력이 있었던 것처럼 말하는 경우조차 적지 않았다. 하지만 실제로는 어떠했을까.

이 문제를 생각할 경우, 무엇보다도 다음과 같은 사정을 고려할 필요가 있다. 즉 종래의 연구에서는 마쓰다와의 교섭에서 류큐 측의 발언과 그에게 제출한 탄원서의 종류까지도 마쓰다의 출장 복명서에 보고되었고 그 편저에 수록되어 있다는 것 만으로 이른바 공문서로서 중시되고, 복명서에 기록되어 있는 그대로를 류큐 측의 생각과 입장을 표현하고 있는 것처럼 취급해 왔다. 그러나 마쓰다와 류큐 측과의 거래는 언제든지 임의로 처분할 수 있음을 자인·자임하는 측과 처분을 두려워하여 자기의 의사나 주장을 직접적으로 표현하지 못한 (그런 것이 허용되지 않았던) 측과의 불균등한 권력 상황 하에서 실행된 것이었다. 기샤바의 기록에 의거하여 그러한 류일 교섭의 내실, 특히 류큐 측의 내정에 대해 가능한 한 정확하게 묘사하고자 한다.

1879년 3월 무력으로 실행된 류큐병합('폐번치현')이라는 '처분'에는 류큐 측이 사명(使命)·명령을 겸손하게 받아들이지 않은 것에 대한 처벌의 의미가 있었다. 하지만 무슨 이유로 일방적인 명령과 복종의 관계가 상정되고 그것을 전제로 처분되었을까. 여기서 중요한 것은 1872년 번왕책봉인데 그때 천황과 류큐번왕 쇼타이 사이에 군신관계가 설정되었으며, 이것은 쇼타이와 류큐 '번' 측에 충성의무가 주어졌다는 가설이었다. 필자가 류큐병합사(넓은 의미의 '류큐처분')의 시작을 '류큐번의 설치'가 아니라 '류큐번왕의 책봉'으로 정확하게 기술(적어도 그와 같은 설명)해야 한다고 굳이 주장하는 것도 바로 그것이 류큐병합사('류큐처분') 전체의 해석과 본질적으로 관련되어 있기 때문이다.

제5장에서는 류큐병합부터 한국병합에 이르는 시기에 동아시아 국제관계로 다시 시야를 넓혀 근대 동아시아사의 맥락 속에서 두 개의 병합과 의미에 대해 고찰한다. 이 시기는 바로 청조 중국을 기축으로 예부터 내려온 중화제국 체

제를 대신하여, 그것을 동아시아 내부에서부터 무너뜨리고 대두한 일본이 새로운 식민지제국으로 스스로를 확립해가는 과정과 다를 바가 없다. 두 개의 병합은 동아시아에서 신구제국의 교체라는 맥락 속에서 생겨난 사건이었다. 그 뒤 일본에 의한 양자의 통치양식(동화주의와 황민화) 역시 그와 같은 커다란 문맥을 벗어나서는 정확하게 이해할 수 없지 않을까.

류큐병합의 경우 청국과의 관계 금지라는 일본정부의 명령에 대해, 류큐 측은 종주국인 중국(명·청)과의 수백 년 내려온 신의관계를 내세워 마지막까지 저항했다. 그러나 결국에는 바로 그 이유 때문에 강제병합이라는 '처분'이 이루어졌다. 류큐가 믿고 의지했던 청국의 강경한 항의에 대해, 메이지정부는 이 병합처분이 일본의 내정문제라는 입장을 관철시켰다.

다음 해인 1880년 여름, 일본은 청국에 대해 '분도개약'안을 제안했고 일단은 양국 간에 조약안이 타결되었다. 그 내용은 류큐를 두 개로 분할하고 남부의 미야코[宮古]·야에야마[八重山]를 청국에게 위임하는 대신에, 일본은 청국 내에서 내지통상권 등의 최혜국 대우로 서로 이익을 얻는 것이었다. 청국에 망명한 류큐인의 청원운동도 있었고, 결국 청국은 조약안의 조인·비준을 지연시켜 이 조약은 실현되지 않은 채 끝났다. 청국은 그 후에도 류큐 문제는 미해결이라는 입장을 유지했지만, 일본은 재론의 요구를 계속 거부했다. 1880년대 후반에 또 다시 청일간에 수호조규의 개약 교섭의 기운이 높아졌을 때에도 일본의 자세는 바뀌지 않았으며, 개약 교섭은 이루어지지 않았고 청일전쟁의 간접적인 원인이 되었다.

한편 정한론정변 후에 일본과 조선의 관계에는, 일본이 예로부터 내려온 중화제국체제를 무너뜨리기 위해 만국공법(국제법)의 논리와 침략적 조약외교를 이용했다. 마쓰다가 최초로 류큐로 출장을 갔던 1875년, 일본은 강화도사건을 일으키고 불평등한 여러 조약을 강요한 것이 그 시작이었다. 강화도조약 제1조는 조선이 '자주의 나라'임을 일부러 강조했는데, 그것은 조선에서 세력을 확대하기 위해 청국과 조선과의 종속(宗屬)관계를 단절시키고 싶은 일본 측의 의도에 의한 것이었다.

이리하여 청일전쟁의 개전 조칙(詔勅)에도 조선의 '독립'을 위해서라는 문구가 사용되었는데, 청국의 영향력을 조선반도에서 단번에 없애기 위한 방편에 불과한 것이었다. 청일전쟁의 결과, 시모노세키 강화조약[下關講和條約]으로 대만을 식민지로 영유하고, 그 후 동북아시아에서 세력을 키우고 있던 러시아를 러일전쟁에서 물리친 일본은 이미 러일전쟁 중에도 한국에 협약의 체결을 강요하여, 유일한 지배체제를 구축하고 있었다. 특히 제2차 한일협약에서 한국의 외교권을 강탈한 것은, 류큐병합에서도 외교권의 접수가 선행되었던 것과 비슷하다. 여하튼 군사적 위협과 조약외교에서 저항의 수단을 빼앗아 버린 결과로 1910년 일본은 마침내 '병합조약'이라는 세계적으로도 드문 형식을 이용해 조선반도를 식민지화했다.

일본은 이리하여 메이지 초기 이래 숙원이었던 '정한'을 달성했고 동아시아의 새로운 식민지제국으로서 지위를 확립하게 되었다. 그러나 그렇게 국제법의 주권국가원리에 기초한 조약형식을 가지고 조선(한국)을 병합했을 때조차 일본은 천황의 이름으로 "전(前) 대한제국 황제를 책봉하여 왕으로 삼는다."고 하며, 전 대한제국 황제인 '이왕(李王)[21]'에 대한 책봉을 동시에 실행했다.

류큐·오키나와와 조선의 근대사에는 병합 후의 '동화'와 '황민화'정책, 병합과 그 사실의 정당화 논리로서의 '류일동조론[日琉同祖論]'이나 '선일동조론[日鮮同祖論]'의 형성 등 많은 공통성과 유사성이 있다. 특히 주목하고 싶은 것은 아시아·태평양전쟁의 패전으로 조선반도는 당연히 독립을 이루었고 선일동조론도 하룻밤 사이에 설득력을 잃고 파기되었지만, 류일동조론은 전후까지도 살아 남아있다는 것, 오히려 전후에 더 열렬하게 떠들었고 훨씬 널리 알려졌다.

그 배경에는 오키나와가 전후 4반세기나 미군통치하에 있으며, 그 군사지

---

21   [역주] 이왕(李王): 일본이 1910년 한일병합체결 이후 대한제국 황제인 순종을 '이왕'이라 칭함으로써 일본의 예속됨을 합리화시키기 위한 정략.

배에서 벗어나기 위해 오키나와 주민들이 '조국복귀'를 요구하면서 대중운동을 전개하고, 이에 호응하여 일본본토에서도 시정권 반환의 목소리가 높아졌다는 사정이 있었다. 즉 전후 오키나와 상황을 '민족의 분단'으로서 복귀운동과 그 극복을 목표로 한 민족운동으로 이해했다. 거기에 일본과 오키나와가 동일민족이라는 근거로 전쟁 전부터 류일동조론이 인용되었고, 류큐병합의 역사적 의의를 어떻게 평가하는지에 대해서도 복귀운동이나 그것을 뒷받침하는 류일동조론과 꼭 들어맞아야 한다는 것이 요구되었다. 오키나와의 복귀운동과 그 남은 열기는 1970년대부터 80년대 초반 경까지 이어졌다. 전후의 '류큐처분' 연구 내지 그것에 의거한 '류큐처분'을 둘러싼 오늘날의 표준적인 역사기술의 골격은 이상과 같은 학문 외적인 요청 아래 만들어졌다고 말해도 좋을 것이다.

이러한 사정으로 전후의 연구에서는 '류큐처분'을 '민족통일'이라는 관점에서 논하는 것이 연구자에게 공유된 패러다임이었다. 하지만 오늘날에는 오키나와와 일본을 둘러싼 문제의 상황도 크게 변하고, 그 패러다임은 붕괴되거나 흔적도 없이 사라져버렸다고 해도 좋다. 하지만 각각의 사실(史實) 해석은 그 시대에 확립된 것이며 게다가 때때로 학문 외적 동기에 의해 왜곡된 해석이 지금도 여전히 통설로서 무비판적으로 유통되고 있는 경우가 많다고 생각한다. 본서는 그것들에 대한 근본적인 비판을 시도하고 있다.

제1장

근세 동아시아 속의 류큐왕국

'류큐처분'이전 시기의 류큐(현재 오키나와현)는 약 450년에 걸쳐 왕국체제가 존속했었다. '류큐처분'이란 이와 같이 수백 년에 걸쳐 존립해왔던 류큐왕국을 메이지 유신 후 일본이 자국 안에 강제 병합한 역사과정을 말하는데, 그 병합사의 전체상을 파악하기란 결코 쉬운 일이 아니며, 아직 확립된 통설은 존재하지 않는다고 해도 좋을 것이다. 그러한 점에서 종래의 연구가 불충분한 성과밖에 달성하지 못한 원인 중 하나는, 근세 류큐왕국에 관한 정확한 지식이 결여된 채 메이지 정부 측의 사료에만 기대어 '류큐처분'에 대한 연구가 이루어졌다는 문제가 있었을 것으로 사료된다. 그러므로 본서에서는 '류큐처분'의 역사적인 여건에 대해서도 그 전제가 되는 지식을 충분히 확보하기 위해 근대 이전 시기의 동아시아 세계와 그 안에서의 류큐왕국의 대외관계와 내부구조에 대한 고찰에서부터 시작하고자 한다.

류큐의 병합이 '처분'이라는 형태를 취했던 배경으로는 류큐의 이른바 '청일양속(淸日兩屬)'의 문제, 즉 근대에 이르기까지 류큐가 일본과 중화제국(명·청) 양쪽에 각각 특유한 방식으로 종속하면서 동시에 독자적인 왕국으로 '스스로 일국을 이루어' 왔다는 역사적인 경위가 있다. 이러한 청일양속의 관계는 류큐가 명나라 초기 무렵 명조(明朝)에 입공하여 책봉관계를 맺음으로서 조선 등과 마찬가지로 중화세계(중화제국체제)의 일원이 되는 관계가 선행되었고, 그로부터 약 2세기 후인 1609년 사쓰마 시마즈씨의 침공을 받아 도쿠가와 일본에게도 종속하게 되는 수순과 방식으로 성립되었다. 이러한 경위를 확인하고 중화제국 및 도쿠가와 일본에 대한 각각의 종속 방식에 대해 고찰하는 것이 첫 번째로 중요한 과제이다.

하나 더 중시하고 싶은 것은, 근세기의 류큐왕국이 어떠한 통치구조와 사회문화적인 특질을 가진 정치사회였느냐에 대한 고찰이다. 근세 류큐의 대외관계와 그 정치사회의 구조나 문화적인 특질이라는 두 가지 측면은 물론 내적으로 밀접하고 불가분의 관련성을 가지고 있을 터이지만, 종래 연구에서는 주로 일본 근세사로부터의 안이한 유추에 기대어 근세 류큐의 정치사회를 이해하거나 또는 오해했으며, 양자 간의 차이나 중화문화의 커다란 영향에 대해서는 현저하게 경시해 왔다고 생각한다. 이러한 문제를 염두에 두면서 병합처분을 '당하는 측'의 세계에서도 접근할 수 있는 통로를 열어놓고자 하는 것이 근세 류큐에 대해 고찰하는 두 번째로 커다란 이유이다.

제1절 전근대 동아시아의 국제질서

1. 중화세계질서와 류큐왕국

류큐사에서는 1609년 사쓰마가 침공한 이후를 근세 류큐, 그 이전을 '고류큐[古琉球]'라고 부른다. 고류큐 시대의 류큐 열도는 일본본토와 별개로 독자적인 국가형성의 역사가 전개되어 왔다. 14세기에는 류큐 열도 가운데 가장 큰 오키나와 섬에는 주잔[中山], 산난[山南], 산호쿠[山北]라는 세 개의 정치세력(소국가)이 병립했는데, 1420년대 들어와서 주잔을 거점으로 하는 왕권이 오키나와 섬 전역의 통일을 달성하고 여기에 통일왕권체제가 탄생했다.[22] 이러한 통일국가 형성의 경위와 중국(명조)과의 통교가 일찍이 통일 이전인 산잔[三山] 세력의 정립(鼎立)시대부터 있었다는 점에서 통일 류큐의 군장(君長) 칭호로는 근세에 걸쳐 '류큐국 주산왕[琉球國中山王]'이 사용되었고, 생략해서 '류큐국왕'이나 '주잔왕'으로도 불렸다. 류큐왕국은 오키나와 섬을 통일한 이후 북쪽의 아마미[奄美] 제도, 남쪽의 사키시마(先島: 미야코·야에야마)제도를 복속시켰고 문자 그대로 류큐 열도 전역을 판도로 삼았다.

류큐왕국은 성립 초기부터 중국대륙의 명조(明朝)와 상당히 깊이 연계되어 있었다. 명조와 책봉·조공의 관계를 맺어 중화세계의 일원이 되었기 때문이다. 원래 '오키나와'라는 명칭은 역사적으로 오키나와 섬을 가리키는 현지어 내지는 일본에서 바라 본 호칭에서 유래되었고, 일반적으로는 근대에 들어와서 (오키나와 현 설치 이후) 정착한 명칭인데 비해, '류큐'는 예로부터 중국의 문헌에 등장하며 류큐국의 국호도 명조가 하사한 것이었다.[23]

그런데 전근대 동아시아에는 중국(중화제국)을 중심으로 자율적으로 성립된 국제질서가 있었다. 역사학에서는 중국을 기축으로 구성된 국제질서 또는 세계질서를 '화이질서(華夷秩序)' 외에 '책봉체제'[24]나 '조공체제'[25] 혹은 '중화세

---

22 산잔(三山: 주잔, 산난, 산호쿠)의 통일 달성시기와 그 과정에 대해서는 아직 불명확한 점이 적지 않다. 종래 통설은 주로 『주잔 세이후[中山世譜]』를 바탕으로 주잔왕 쇼하시[中山王尚巴志]에 의한 통일을 1429년으로 보았는데 와다 히사노리[和田久德]가 1422년 설을 주창했다. 和田久德, 「琉球国の三山統一についての新考察」(1975년 초판 및 『琉球王国の形成 一三山統一とその前後』, 榕樹書林, 2006년에 재수록)을 참조. 安里進 외, 『沖縄県の歴史』(山川出版社, 2004년), 75쪽 이후를 참조.

23 小玉正任, 『史料が語る琉球と沖縄』(毎日新聞社, 1981년) 및 同, 『琉球と沖縄の名称の変遷』(琉球新報社, 2007년).

24 西嶋定生, 『中国古代国家と東アジア世界』(東京大学出版会, 1983년) 및 同, 『日本歴史の国際的環境』(東京大学出版会, 1985년), 그리고 同, 『西嶋定生東アジア史論集第3巻東アジア世界と册封体制』(岩波書店, 2002년), 제1부를 참조.

25 並木頼寿·井上裕正, 『世界の歴史19, 中華帝国の危機』(中央公論社, 1997년). 하마시타 다케

계질서'[26]등 다양하게 부르고 있다. 어떻게 불러도 일리가 있는 반면, 이 질서의 모든 특질을 하나의 용어로 표현하지 못하는 불편함도 있으나, 여기서는 용어 문제에 파고들지 않고 일반적인 내실(內實)이나 그 특징의 파악을 중시하고 싶다.

동아시아의 전통적인 국제질서는 중국과 주변 여러 국가·민족의 관계가 중화황제와 각각의 수장과의 퍼스널(personal)한 관계로서 책봉과 조공으로 맺어진 질서였다. 이념적으로 말하면 중화황제는 하늘에서 덕과 예에 따라 천하를 지배하라는 명을 받아, 천하 = 중화세계에 군림하는 천자(天子)이다. 그러므로 주변 국가들은 그 천명을 존중하고 황제의 덕을 우러러 받들어 신하로서 따라야만 한다. 주변 국가나 민족의 수장이 중화황제의 덕을 섬기어 방물(方物, 그 지역의 특산품)을 공납하러 오면 그 답례로 황제는 그것에 몇 배가 되는 막대한 하사품[回賜]을 주었고, 또 그 국가나 민족의 군장(국왕)임을 인증하고 그 나라 사람들에 대한 통치를 맡겼다. 주변국이 황제에게 공물을 진상하는 것을 조공(진공)이라 하고, 황제에 의해 국왕으로 임명되는 것을 책봉이라고 한 점에서(중화)세계질서는 '책봉관계'나 '책봉·조공체제' 등으로 불렸던 것이다.

이러한 동아시아의 전통적인 국제질서는 확실히 근대의 만국공법(국제법)을 바탕으로 한 주권국가체계와는 다른 원리로 이루어져 있었다. 그리고 19세기 중엽부터 20세기 초에 걸쳐 동아시아에서는 이 두 질서의 원리가 부딪치고, 전자는 후자에게 서서히 침식당해 결국 해체되기에 이르렀다. 더 구체적으로 말하면, 중국(청조)을 중심으로 한 동아시아의 전통적인 세계질서는 근대에 들어와 영국을 비롯한 구미열강인 외부(세력)에 의해, 그리고 일찍부터 서양에 기

시[濱下武志]는 조공과 그것에 수반한 무역을 기축으로 성립된 다국간의 경제교역 네트워크를 가리키는 포괄적인 개념으로 '조공(무역) 시스템'의 개념을 제기했다. 濱下武志, 『近代中國の国際的契機―朝貢貿易システムと近代アジア』(東京大学出版会, 1990년) 및 同, 『朝貢システムと近代アジア』(岩波書店, 1997년).

26 茂木敏夫, 『変容する近代東アジアの国際秩序』(山川出版社, 1996년); 金鳳珍, 『近代における東アジア秩序の再構築』(加藤裕三편, 『近代日本と東アジア』, 筑摩書房, 1995년, 所收) 등 참조

원을 둔 국제법 원리를 수용하여 교묘하게 이용했던 근대 일본 천황제국가에 의해 동아시아 내부에서부터 붕괴되어 갔다. 이러한 역사적인 경위도 있었고, 지금까지 전근대 동아시아의 전통적인 중화세계(질서)도 오랫동안 '낡은' 것, '봉건적'인 것으로서 부정적으로 여겨져 왔지만, 모테기 도시오[茂木敏夫]가 지적했듯이 최근 동아시아사 연구가 진전됨에 따라 그 '합리성'[27]이 밝혀지고 있다.

뒤에서 자세하게 살피게 되겠지만, 류큐를 중화세계의 일원이었던 자리에서 끌어내리고, 근대 일본으로 병합한 '류큐처분'의 역사도 위에서 서술한 근대 일본에 의한 전통적인 중화세계 해체의 일환을 이루었다. 그리고 이러한 '전근대'에서 '근대'로의 이행에 얽힌 여러 가지 사건들은 바로 역사의 진화에 수반된 현상으로서 기본적으로 긍정적인 평가를 부여받았다고 할 수 있다. 그러나 전근대의 중화세계에 내재한 '합리성'을 밝히고 재평가하는 최근 연구의 동향은, 당연히 종래의 '류큐처분'을 둘러싼 역사관의 재검토를 요청하는 것으로도 받아들일 필요가 있지 않을까. 그와 동시에 예를 들어 근대국제법의 개념처럼 '근대적'이라는 형용사가 붙으면 바로 긍정적인 가치를 부여해버리는 우리들의 타성적인 사고에 대해 밑바닥부터의 반성을 촉구하지 않으면 안 될 것이다.

명·청 시대를 통해 중화황제는 류큐국왕이 교체될 때마다 '책봉'의 장엄한 의례를 집행하기 위해 정사(正使)·부사(副使) 등 '책봉사' 일행을 멀리 류큐까지 파견했다. 이들 역대 책봉사가 남긴 한문 기록인 '책봉사록(册封使錄)'을 대부분 일본어로 번역하는 대업을 완수한 하라다 노부오[原田禹雄]는 그의 저서 『류큐와 중국-잊혀진 책봉사』에서 '책봉(사)'라는 말과 사실(史實)이 근대에서 겪게 되는 숙명을 다음과 같이 지적했다.[28]

옛날부터 류큐가 일본의 것이었다고 말하는 사쓰마와 메이지 정부에게 책봉

27　茂木敏夫, 위의 책, 3쪽.

28　原田禹雄, 『琉球と中国—忘れられた册封使』(吉川弘文館, 2003년), 7쪽.

과 책봉사라는 사실(史實) 자체는 소위 목에 걸린 가시와 같다. 류큐의 역사는 [근대 일본의] 인멸정책 속에서 희미해져갔고, 일본 입장에서 쓰인 역사에서 간략화되고 소거되었다. 역사 교과서에서는 이미 오래 전에 책봉이라는 말도 책봉사의 존재도 지워졌다. '잊혀진 책봉사'라기보다 '소거된 책봉사'라고 하는 편이 좋을지도 모르겠다.

오랜 기간 중화제국 체제의 산하에 속하여 중국과의 관계가 깊었던 류큐·오키나와의 역사를 논할 경우, 일찍이 동아시아에는 오랫동안 중화세계질서라는 것이 존재했다는 점이나 그것이 수행해 왔던 역사적인 역할, 그리고 류큐사에서 차지했던 중요성을 정당하게 재평가하는 것은 일본사 연구 이상으로 중요한 과제라고 해야 할 것이다.

이제 본론으로 돌아가서 류큐가 산잔정립[三山鼎立]에서 통일왕국으로 향하는 14세기 후반부터 15세기 초까지의 시기에는 동아시아 지역 전체에서도 커다란 변화가 일어나고 있었다. 중국대륙에서는 몽고민족의 왕조이었던 원이 쇠퇴하고 1368년 주원장[太祖洪武帝]이 한민족의 왕조인 명('대명')을 건국했다. 명조는 국내의 지배를 강화하는 한편 주변 여러 나라·민족에게 초유사(招諭使)[29]를 파견하고 신하로서 복종할 것을 요구했다. 이것은 앞에서 살핀 바와 같이 중국 고대부터의 전통적인 국제질서인 책봉·조공체제를 재건하고자 한 것이었다.

이러한 명의 건국과 중화세계질서 재건의 움직임에 따라, 전술하였듯이 류큐(오키나와 섬)에 정립해 있던 세 개의 소국가도 각각의 군장(君長, '요노누시')이 명조에 입공했다. 즉 산잔 정립 말기인 1372년, 즉 명나라가 건국되고 얼마 안 있어 태조[洪武帝]가 사신으로 양재(楊載)를 류큐에 파견하여 입공을 촉구한 것에 대해 주잔왕 삿토[察度]는 남동생 다이키[泰期] 등을 파견하여 입공했다. 이

---

29 [역주] 초유사: 난리가 일어났을 때 백성을 불러서 타이르는 일을 맡아보던 임시벼슬.

것이 류큐와 중국(명·청)과의 약 500년에 걸친 조공[進貢]관계의 시작이었다.[30] 주잔에 이어서 산난과 산호쿠도 조공관계에 들어갔다. 류큐의 조공은 산잔시대에 비정기적인 조공으로 빈번하게 입공이 이루어진 것 외에, 사쓰마 시마즈씨의 침공 직후 혼란기에는 10년1공(貢)이나, 5년1공(貢)의 예외적인 시기도 있었지만, 일반적으로는 명·청 시대를 통틀어 2년1공(貢)을 정기적인 조공 기간으로 삼았다. 다만 2년1공이라 해도 그 사이에는 접공선(接貢船)을 파견하고 있었다. 즉 류큐 진공무역의 거점이었던 복주(福州)(초기에는 천주(泉州))에 도착한 사절단은 거기서 두 그룹으로 나뉘어져서, 일부는 중화황제를 조현(朝見)하고 방물을 헌상하기 위해 북경까지 올라가고, 나머지 그룹은 복주의 류큐관을 거점으로 유리한 조건에서 우대를 받으며 무역을 하고, 이 그룹은 먼저 류큐로 귀국했다. 그리고 이듬해에는 북경까지 올라가 있던 사절들을 맞이하여 귀국에 대비한다는 명목으로 접공선을 파견했는데, 이때도 무역이 허락되었고 그에 따라 거의 매년 진공무역의 기회가 있었다.

한편 책봉에 대해 보자면, 1404년 주잔왕 부네이[武寧]는 명나라 성조[永樂帝]에게 아버지 샷토의 죽음을 보고하면서 동시에 자신의 책봉을 요청했다. 이에 응하여 성조는 샷토의 유제사(諭祭使)[31]와 부네이의 책봉사를 류큐로 파견했다. 이것이 중국황제에 의한 류큐국왕(류큐국 주잔왕) 책봉의 시작이었다. 이후 중화황제는 명조에서 청조로 교체되었으나, 류큐왕국 마지막 국왕 쇼타이의 책봉(1866년)까지 총 22회의 책봉의식이 집행되었다. 류큐 왕이 교체될 때마다 류큐의 요청[請封]을 받아들여 중화황제의 칙사인 책봉사 사절 일행이 해로를 통해 먼 류큐까지 찾아왔다. 그 책봉사 일행의 총수는 300~500명 정도에 이르렀

---

30 조공(무역)의 구체적인 모습은 小葉田淳, 『中世南島通交貿易史の硏究』(초판은 日本評論社 1939년, 刀江書院, 1968년[재판], 臨川書店, 1993년[증보판]), 邊土名朝有, 『琉球の朝貢貿易』(校倉書房, 1998년)을 참조.

31 [역주] 중국이 류큐에 파견하는 책봉사의 임무에는 두 가지가 있었다. 선대왕의 장례(유제)와 새로운 왕의 책봉을 행하는 것이었다.

고, 게다가 몇 개월 동안 체재했으므로 일행을 맞이하는 일은 류큐에게 일대 국가사업이었고 문화적인 영향도 컸다.[32]

2. 해상교역국가

류큐가 명조와 종속(宗屬, 종번(宗藩)) 관계에 들어갔던 그 무렵, 조선반도에서도 고려왕조가 멸망하고 조선의 건국이라는 커다란 변동이 있었다. 명의 성립과 조공의 부름을 받들어 고려도 바로 입조(入朝)했지만, 명에서 쫓겨난 원 왕실[北元]이 본거지인 몽골고원에 아직 존속하고 있었으므로 고려왕조 내에서는 친명파와 친원파 간의 갈등이 일어났다. 1392년 왜구의 진압에서 큰 활약으로 명성을 얻은 이성계가 친원파를 추방하여 고려를 무너뜨리고 새로운 왕조를 창설했다. 이성계는 명과 국교를 맺고 명조 황제의 허가를 얻은 다음 국호를 조선으로 정했다. 그리고 수도를 개성에서 한양 땅(지금 서울)으로 옮겨 한성(漢城)이라 개칭하고, 국내 통치의 기초를 굳혔다. 왕조 교체에 따른 혼란으로 인해 책봉관계가 맺어지는 시기는 약간 늦어져서 1401년 제3대 태종이 정식으로 명조 황제로부터 조선국왕으로 책봉되었다. 이 시기는 류큐국 주잔왕 부네이가 책봉되기 3년 전의 일이었다.

그 이후 조선에서도 중국(명·청)과의 종속관계, 사대(事大, 큰 것을 섬기다) 관계가 외교의 기축이 되었다. 조선의 땅에는 예로부터 유교 특히 송나라 시대 이후는 주자학의 전통이 깊이 스며들어 있었으므로 명나라 시대에 조선은 사대의 외교관계를 중시하였을 뿐만 아니라 명조가 주장한 중화세계(화이질서)의 구상, 그 세계관이나 사상의 가장 충실한 수용국이기도 하며, 사실 명조로부터 가장

---

32 책봉의 구체적인 모습에 대해서는 原田禹雄, 『琉球と中国-忘れられた冊封使』(앞에서 서술); 真栄平房昭, 「琉球国王の冊封儀礼について」(『沖縄の宗教と民俗』, 第一書房, 1988년 수록)을 참조

우대받은 국가였다. 그리고 명대, 청대를 통해 동아시아 중화세계에서 조선 다음으로 지위를 부여받은 것이 류큐였다.

류큐나 조선이 명조와 조공관계를 맺은 14세기 말은 일본에서는 아시카가[足利] 정권(무로마치[室町]막부)의 시대로, 아시카가 다카우지[足利尊氏]의 손자 요시미쓰[義滿]의 시대가 되어, 60년에 걸친 남북조의 동란이 종식되어가고 있었다. 요시미쓰는 1392년에 남북조를 합체시키고, 슈고다이묘[守護大名]를 제압하여 장군 권력에 의한 전국 지배를 완성했다.

남북조의 동란 속에서 아시카가 정권이 그 기초를 굳히고 있던 14세기 후반은 조선반도 연안이나 중국북부 연안 해역을 중심으로 '왜구'로 불리던 집단의 활동이 활발하게 이루어졌던 시기이기도 했다. 왜구의 활동을 억제하고자 했던 명나라는 성립 후 얼마 되지 않은 1378년 해금령(解禁令)을 내려 연안 백성들의 사사로운 무역을 금지시켰으며, 또한 일본에도 왜구의 단속을 요구했다. 이에 응하여 요시미쓰는 1401년 규슈[九州] 지방을 관할하기 위해 설치된 규슈탄다이[九州探題]에게 왜구 단속을 명함과 동시에 사자를 보내 명조에 진공함으로서 '일본국왕'으로 책봉되었다. 그 결과 아시카가 정권(무로마치 막부)은 감합(勘合) 무역의 형태를 취한 대명무역을 독점하고 정권기반을 강화할 수 있었다.[33]

아시카가 정권의 장군은 중화세계질서의 일원이 되어 황제에게 '일본국왕'으로 책봉되는 한편 조선과도 쓰시마의 소[宗]씨의 중개 역할로 국교를 열고 조선국왕과는 교린관계(대등한 국교)를 맺었다. 조선에는 일본국왕사(日本国王使)가 파견되었고, 조선국왕은 회찰사(回札使), 후대 통신사로 불리는 사절을 파견했다. 또한 조일 양국 간에는 소씨 외에도 오우치[大內], 호소카와[細川] 씨 등 사이

---

33 今谷明, 「日本国王と土民」(集英社版 『日本の歴史』9, 集英社, 1992년), 제2장; 田中健夫, 「足利義満の外交」(同, 『対外関係と異化交流』, 思文閣出版, 1982년 수록); 橋本雄, 「対明・対朝鮮貿易と室町幕府-守護体制」(荒野泰典・石井正敏・村井章介, 『日本の対外関係4 倭寇と「日本国王」』, 吉川弘文館, 2010년 수록) 등을 참조

코쿠 다이묘[西国大名]들도 사절을 파견하고 무역을 행했으며, 민간무역도 허락되는 등 광범위한 교류가 이루어졌다.[34]

류큐의 이야기로 되돌아가서 이 시기 류큐왕국은 명국과의 진공무역을 기축으로 하면서, 동남아시아 연안지역을 중심으로 왕성한 해상교역활동을 했다.[35] 명국의 사무역(私貿易) 금지와 일본의 왜구의 단속으로 무역활동을 하는데 유리한 조건이 조성되었고 동아시아 여러 국가 간의 중계무역을 떠맡는 지위를 차지했던 것이다. 류큐의 경우 조공으로 명조에 헌상한 방물이나 그것과 함께 현지에서 행해졌던 진공무역의 물품들에는 소목(蘇木), 후추 등의 동남아시아 생산품과 일본의 도검류 등 수입산 물품도 많이 포함되어 있었다. 류큐는 북방에서도 조선이나 일본과 교역을 행하고, 외교문서의 교환도 이루어졌다. 이리하여 중화세계질서가 재건된 15세기에는 일본, 조선, 류큐 삼국이 책봉체제하의 왕국이라는 이른바 동등한 형태로 교린관계를 가졌던 시기가 있었다(그림 1 참조).

류큐는 동아시아세계의

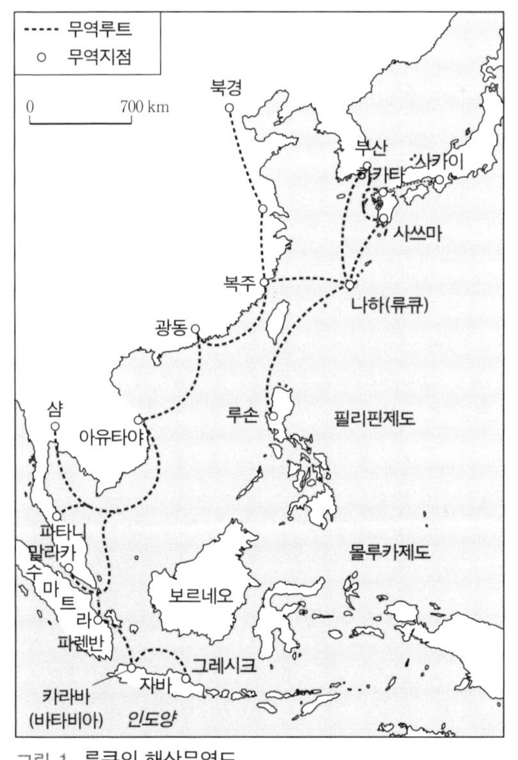

그림 1 류큐의 해상무역도

---

34   田代和生, 『近世日朝通交貿易史の研究』(創文社, 1981년).

35   자세한 것은 岡本弘道, 『琉球王国海上交渉史研究』(榕樹書林, 2010년), 제1, 6, 7장; 宮田俊彦, 『琉明·琉清交渉史の研究』(文献出版, 1996년)을 참조

국제질서 안정화가 가져온 이익의 최대 향유국이며, 실제로 15세기부터 16세기 초반에 걸쳐서 해상교역 국가로서 전에 없는 번영기를 맞이하게 되었다. 1458년에 쇼타이큐[尚泰久]왕의 명으로 주조되어 슈리성의 정전(正殿)에 걸려 있는 동종에 새겨진 명문('萬國津梁의 鐘銘')에는 류큐가 평화로운 교역국가로서 번영한 모습을 잘 말해주고 있다. "류큐국은 남해의 명승지(勝地)로서 삼한(三韓)의 빼어남을 모아 놓았고, 대명(大明)을 보거(輔車, 광대뼈와 턱)로 삼고, 일역(日域·일본)을 순치(脣齒, 입술과 치아)로 삼았다. 이 두 나라 사이에 봉래도(蓬萊島)가 솟아올라 있으며, 주즙(舟楫, 배와 삿대)으로 만국의 나루와 가교가 되고, 이산지보(異産至寶, 이국의 산물과 보물)가 십방찰(十方刹, 온나라)에 가득 차 있다"[36] 라고 입을 모아 칭송한 것은 잘 알려져 있다. 즉 류큐국은 조선(삼한)의 우수함을 모으고, 중국(대명)과는 보거와 같이, 일본(일역)과는 순치와 같은 밀접한 관계에 있다. 류큐국은 이 두 나라 사이에 솟아있는 봉래도이며 해상교역을 만국의 나루와 가교로 삼고 여러 나라들의 진귀한 물품[珍貨]과 재화와 보물[財寶]이 나라 안에 충만하다는 것이다. 이 시기 류큐가 대명과 조선·일본뿐만 아니라, 동남아시아의 8개국과도 국교와 교역관계를 맺는 등, 동지나 해역에서 해상교역국가로 왕성하게 활동하고 있었다는 것은 류큐왕국의 막대한 외교문서집인 『역대보안』[37]의 기록에서도 엿볼 수 있다. 또한 1939년에 쓰여진 오바타 준[小葉田淳]의 『중세 남도통교무역사의 연구』, 히가시온나 간준[東恩納寬惇]의 『여명기의 해외교통사』, 아사토 노부[安里延]의 『일본남방발전사 오키나와 해양발전사』 등의 여

---

36 [역주] 원 한문은 다음과 같다. '琉球國者南海勝地而 鍾三韓之秀以大明為 輔車以日域為脣齒 在 此二中間湧出之蓬萊 嶋也以舟楫為万國之 津梁異産至宝充満十方刹.' 출처: 「万国津梁の鐘(旧首里城正殿銅鐘)」銘文. http://www.geocities.jp/sybrma/420bankokushinryounokane.html

37 沖縄県立図書館 編, 『歴代宝案: 校訂本』(沖縄県教育委員会刊, 1992년~) 및 『歴代宝案 : 訳註本』(沖縄県教育委員会刊, 1994년~). 2014년 현재 전자는 예정된 전15권 가운데 13권, 후자 역시 전15권 가운데 7권이 간행되었다. 나아가 邊土名朝有, 『『歴代宝案』の基礎的研究』(校倉書房, 1992년)을 참조

러 연구 이후로 적지 않은 연구가 꾸준히 축적되어 왔다.[38]

　이러한 류큐의 해상교역국가로서의 기본 조건을 형성한 것이 앞에서 본 중화제국[大明]과의 종속관계에 있다는 점은 말할 나위도 없다. 이 관계는 류큐 왕국에게 평화와 번영 그리고 문화적인 은혜를 가져다주었을 뿐만 아니라 종주국 명조에게도 경제적인 가치가 수반되는 호혜적인 것이었다. 해금의 결과로 연안에 거주하던 중국민의 사무역을 통해 조달되고 있던 외국 물품의 입수가 곤란해진 명국은 류큐와 조공무역 형식을 취함으로서 희소한 해외물품 입수가 가능해졌기 때문이다. 류큐는 그 물품(소목·후추) 등을 주로 동남아시아 지역과의 교역을 통해 입수하여 명국과 조공무역을 행했으며, 그 보답으로 값비싼 회사품(回賜品), 무역선의 사어(賜與), 유학생을 받아들이는 등 다양한 이익이나 편의를 누렸던 것이다.

　앞에서 본 종명(鐘銘)은 그러한 중국과의 관계를 '보거'로 비유하고, 일본과는 '순치'와 같은 가까운 관계에 있음을 표현하고 있다. 15, 16세기 단계에서는 류큐가 종주국인 중국(명)에 번속하는 관계(종속관계)가 확립되어 있었다고는 하지만, 일본과의 관계는 그러한 중화세계질서 밑에서 이른바 동등한 관계였고, 후대에 불리는 것과 같은 중일 '양속'적인 관계에는 아직 이르지 않았다. 류큐가 중화제국(명·청)에 신하로서 속해 있을 뿐만 아니라, 일본에게도 종속하는 체재 體裁가 만들어진 것은 17세기 초 사쓰마 시마즈씨의 침공을 받은 이후의 일이다.

　또한 많은 연구에 따르면 류큐가 해상교역국가로서 번영한 것도 쇼신왕[尙眞王] 시대(재위 1477~1527년)까지가 전성기였고, 이미 시마즈씨의 침공 이전부

38　小葉田淳,『中世南島通交貿易史の研究』(앞에서 서술); 東恩納寬惇,『黎明期の海外交通史』(帝国教育会出版部, 1941년, 琉球新報社, 1969년에 재수록,『東恩納寬惇全集』3, 第一書房, 1984년에 수록); 安里延,『日本南方発展史—沖縄海洋発展史』(三省堂, 1941년). 근래에는 内田晶子·高瀬恭子·池谷望子,『アジアの海の古琉球-東南アジア·朝鮮·中国』(榕樹書林, 2009년), 岡本弘道,『琉球王国海上交渉史研究』(앞에서 서술).

터 어두운 그림자가 드리워져 있었다고 한다.[39] 15세기부터 16세기 초에 걸쳐 류큐는 명의 중화세계질서와 군사적인 비호를 배경으로 중국과 동남아시아와의 중계무역을 적극적으로 행하였고, 일본의 여러 항구에도 교역선을 보낼 수 있었다. 그러나 16세기 후반이 되면 명의 해금정책이 완화되고 중국선의 동남아시아지역의 활동이나 후반기 왜구의 활동이 활발해진다. 더욱이 스페인이나 포르투갈 등도 아시아로 진출했고, 류큐의 동남아시아 교역은 급속히 쇠퇴하여, 1570년을 마지막으로 교역선의 파견은 두절되어 버린다. 이리하여 명조 중국과의 진공무역을 제외하고 류큐의 다각적인 해상무역이 이미 쇠퇴하고 있었던 16세기말경 일본 규슈남부를 거점으로 하고 있던 시마즈씨는 전국시대(戰國時代)를 통해 재정이 피폐해져 있었다. 따라서 류큐가 명국과의 조공무역에 의한 이익에 눈독을 들이게 되었으며, 또 아마미[奄美]제도(미치노시마[道之島])로의 영토적인 야심을 서서히 팽창시키고 있었다.

제2절 **사쓰마 시마즈씨의 류큐 침공**

1. 시마즈씨의 류큐 침공

1609년(慶長14) 시마즈씨는 조총부대[鐵砲隊]를 앞세운 약 3천 명의 대군을 보내 류큐왕국을 침공했다. 쌍방의 압도적인 무력 차이로 인해 전투는 단시일에 끝

39　安里進 외, 『沖縄県の歴史』(山川出版社, 2004년), 제4장; 高良倉吉, 「琉球の形成と環シナ海世界」(大石直正 외 편저, 『日本の歴史14 周縁から見た中世日本』, 講談社, 2001년), 岸本美緒, 「東アジア·東南アジア伝統社会の形成」(樺山紘一 외 편저, 『岩波講座世界歴史13 東アジア·東南アジア伝統社会の形成 16~18世紀』, 岩波書店, 1998년) 등을 참조

났다. 류큐왕부는 강화를 청하여 슈리성을 양도하고 항복했다. 그 이후 류큐는 시마즈씨의 '부용(附庸)'국이 되었고, 일정 부분 실질적인 지배를 받게 되었다. 류큐왕부는 도쿠가와(막번) 체제하에서 유력한 도자마 다이묘[外樣大名][40]였던 시마즈씨에게 복종하는 신하의 관계를 강요받았고, 그 결과로 도쿠가와 일본에 도 종속하는 위치가 된다.

그럼 왜 시마즈씨는 류큐를 침공했을까. 거기에는 다양한 원인이나 이유가 복합적으로 얽혀 있었다고 생각되며, 그것들 중에 가장 중요한 요인이 무엇이었는지에 대해서는 지금까지도 다양한 해석이 제기되고 있다. 이 시기에 대한 역사 해석의 어려움은 1차 사료가 부족하고 그 사료들도 신뢰성이 의심된다는 점이다. 즉 남겨진 사료의 대부분이 사쓰마 측의 기록으로, 그것들은 침공이나 지배를 사후에 합리화시킨 요소가 종종 포함되어 있기 때문이다. 거꾸로 말하면 사쓰마의 침공과 뒤이은 장기 지배로 류큐 측에서는 침공의 역사를 기록할 기회도 그것을 후세에 전수할 조건도 빼앗겼다. 그 때문에 사쓰마의 침공이나 그 전사(前史)에 대한 역사해석에는 억측의 요소가 많이 포함되었고 그것이 다양한 해석을 낳게 했다고 할 수 있다. 이러한 사정도 고려하면서 여기서는 실증적으로 그다지 이론(異論)이 없어 보이는 역사의 기본적인 윤곽을 그려보고자 한다.[41]

16세기말 일본 국내에서 천하통일 사업은 오다 노부나가[織田信長]에서 도요토미 히데요시로 이어졌고, 견고한 통일정권의 모습이 드러날 무렵에, 류큐

40　[역주] 도자마 다이묘[外樣大名]: 세키가하라전투(1600년) 이후에 새로이 도쿠가와의 지배
　　체계에 편입된 다이묘를 가리킴.

41　사쓰마 시마즈씨의 류큐 침공에 대해서는 上原兼善, 『島津氏の琉球侵略-もう一つの慶長の
　　役』(榕樹書林, 2009년); 同, 『幕藩体制形成期の琉球支配』(吉川弘文館, 2009년), 제2부, 제2
　　장; 紙屋敦之, 『幕藩制国家の琉球支配』(校倉書房, 1990년), 제2부, 제2장; 同, 「薩摩の琉球
　　侵略」(『新琉球史-近世編(上)』, 琉球新報社, 1989년, 수록); 梅木哲人, 「近世における薩藩琉
　　球支配の形成」(『史潮』제22호, 1973년); 松下志朗, 「二　薩摩藩の琉球侵攻」(『近世奄美の支配
　　と社会』, 第一書房, 1983년) 등을 참조.

와 일본과의 관계는 서서히 위기에 빠져들고 있었다. 규슈 남부의 세 개 주(州)를 평정한 시마즈씨는 다이묘 권력의 기반이 강화됨에 따라 류큐에 대해서도 점차 고압적인 자세를 취하게 되었다. 그리고 도요토미 정권 하에서 다이묘 중의 하나가 되고 난 후 자신의 충성을 증명하기 위한 일환으로 류큐왕국에게 간파쿠[關白] 히데요시 앞으로 사절을 보낼 것을 요구하기에 이른다. 히데요시는 류큐에서 승려를 사신으로 파견하자 그것을 류큐가 입공하고 신하로서 복종한 것으로 억지 해석을 했다.[42]

국내를 통일한 히데요시는 명나라 정복('가라이리[唐入り]')을 구상했고 두 번에 걸쳐 한반도를 침공했다(분로쿠·게이초의 전쟁[文禄·慶長の役]).[43] 조선출병 때 도요토미 정권은 시마즈씨를 통해 류큐에도 대량의 군량미 공출을 요구해왔다. 명의 조공국인 류큐로서는 어쩔 수 없이 요구받은 분량의 절반 정도를 공출하기는 했지만, 동시에 명조나 조선에 히데요시의 침략 의도를 통보하고, 그 후에도 몇 번이고 시마즈씨가 나머지 군량미의 공출을 요구해오나 이를 묵살했으며, 나아가 국력 쇠퇴를 이유로 거절했다. 일본의 조선침략은 히데요시의 죽음으로 좌절되었지만, 시마즈씨는 전후의 재정 핍박도 있어서 아마미 제도의 약취를 획책하게 되었고, 그밖에도 류큐에 압력을 가하기 위한 구실을 찾고 있었다.[44]

히데요시가 죽자 정권을 장악한 도쿠가와 이에야스[德川家康]는 명국과의 무역 재개를 원했고 류큐가 중개해주기를 기대했다. 1602년 류큐선이 무쓰 센다이령[陸奥仙台領]에 표착하자, 이에야스는 그 표류민을 시마즈씨에게 송환

---

42 紙屋敦之, 『幕藩制国家の琉球支配』(앞에서 서술), 26쪽.

43 [역주] 분로쿠·게이초의 전쟁[文禄·慶長の役]: 1592~1593년(文禄), 1597년(慶長) 등, 두 차례에 걸친 조선 침략 전쟁으로 도요토미 히데요시의 죽음(1598년)으로 끝난 임진왜란과 정유재란을 의미한다.

44 위에서 서술한 책 외에 北島万次, 『豊臣秀吉の朝鮮侵略』(吉川弘文館, 1995년), 15쪽; 朝尾直弘, 『体系 日本の歴史8 天下一統』(小学館, 1988년), 315쪽 이후를 참조.

하게 하고 그 대신 류큐인 송환에 대한 답례로 사절의 파견을 요구했다. 또한 1605년에도 히라도[平戶]에 류큐민이 표착했는데, 히라도 영주 마쓰우라씨[松浦氏] 및 시마즈씨를 통해서 송환과 답례사를 요구했다. 그러나 이들 답례 사절을 에도로 올라오게 하라는 요구에 류큐가 계속해서 난색을 표했고, 명일무역 재개를 위한 중개가 진전되지 않는 것에 초조해진 이에야스는 1608년 시마즈씨의 류큐 침공을 용인했다. 한편 사쓰마 측에는 류큐 출병을 기회로 도요토미 정권 하에서 시마즈 이에히사[島津家久], 요시히사[義久], 요시히로[義弘]로 분산되어 있던 권력을 이에히사에게로 통일시키려는 움직임이 있었고, 권력 재편을 둘러싼 내부 사정도 침공 이유 중의 하나였다고 여겨진다.[45] 어찌 되었건 이러한 이유나 요인으로 1609년 시마즈씨는 류큐 무력 침공을 단행하게 되었다.[46]

류큐의 항복 후, 시마즈씨는 국왕 쇼네이[尚寧] 및 산시칸(三司官) 등의 왕부 고관을 사쓰마로 연행했다. 이후 쇼네이왕들은 슨푸[駿府]까지 연행되어 오고쇼[大御所][47]에서 이에야스를, 그리고 에도에서 2대장군인 히데타다[秀忠]를 알현했다. 이에야스나 히데타다를 알현할 때 쇼네이 일행에 대한 도쿠가와 쪽의 대응은 지극히 정중했으며,[48] 히데타다는 시마즈 이에히사와 쇼네이를 특별히 융숭하게 대접하고, 주잔왕의 개역(改易)을 금하여 류큐왕국의 존속을 명하고 시마즈씨에게는 공납의 수락을 인정했다. 또한 이에야스는 류큐침공의 공로로 시마즈씨에게 류큐에 대한 '시오키[仕置]'(지배)를 인정했다.

에도에서 가고시마로 돌아온 쇼네이는 아마미 제도 할양의 승인과 시마즈씨에게 충성을 서약하고 나서야 귀국이 허락되었다. 동시에 시마즈씨로부터 류

---

45 紙屋敦之, 앞의 책, 136쪽 이후.

46 『鹿児島県史』제2권, 621~626쪽.

47 [역주] 오고쇼[大御所]: 은퇴한 장군 또는 장군의 부친이 거처하는 곳. 또는 그 사람의 존칭으로 도쿠가와 이에야스, 이에나리[家斉]를 가리키는 경우가 많다.

48 紙屋敦之, 「徳川家康と尚寧王の対面に関する一史料」(『日本史攷究』22号, 1996년, 同, 『歴史のはざまを読む―薩摩と琉球』, 榕樹書林, 2009년)에 재수록.

큐정책의 기본이 되는 '규정[掟]' 15개 조라는 지시가 내려진 후 류큐의 무역에도 통제가 미치게 되었다. 귀국을 앞두고 쇼네이 및 산시칸들에게도 '기쇼몬[起請文]'(서약서) 제출을 명했고 서명을 거부한 산시칸 중 한 명인 자나웨카타 리잔[謝名親方利山, 鄭迵]는 시마즈 이에히사의 명령으로 살해되었다.

쇼네이 등이 연행되어 있는 동안에 류큐에서는 사쓰마의 명을 받들어 토지조사가 이루어지고 있었다. 그 결과 아마미 제도를 제외한 류큐(오키나와시마[沖繩島]와 사키시마 제도 포함)의 미곡 수확량은 약 8만 9천 석(石)으로 산정되었다. 시마즈씨는 그 중 5만 석은 왕부의 구라이리치[藏入地](직할지)에, 나머지는 여러 사족[士]의 지교지[知行地]로 정하고, 쇼네이에게 지교[知行] 목록도 공포했다.[49] 아마미 제도(미치노시마의 미곡 수확량은 약 2만4천 석)는 류큐에서 분할하여 시마즈씨의 직할지로 삼고, 또 사쓰마는 류큐에게 공납품과 그 수량도 정해주었다.

당초 도쿠가와 장군이 시마즈씨에게 내린 영지판물(領知判物)("영지(領地)를 안도(安堵)하는 문서"[영지 지배를 보증하는 문서])에는 류큐가 포함되어 있지 않았는데, 1636년 사쓰마는 류큐의 쌀 수확량을 처음으로 12만3천4백 석이라고 밝히고, 본래의 자기 영지(사쓰마국·오스미국·휴가국의 모로가타군)에 가증(加增)해줄 것을 요구했다. 이에 응하여 제3대 장군 이에미쓰[家光]는 시마즈 이에히사에게 "사쓰마·오스미 양국 및 휴가국의 여러 현과 군을 합쳐서 60만5천여 석(목록은 별지에 있음), 이외에 류큐국 12만3천7백 석임"[50] 이라고 기록된 영지판물을 부여했다. 시마즈씨의 본래 영토의 미곡 수량 약 60만5천 석 '외'에 아마미제도(미치노시마)를 포함한 류큐의 미곡 수량인 12만3천7백여 석이 부가되는 형식이 되었

---

49   [역주] 에도막부는 봉건적인 주종관계의 성립조건으로서 권력자가 가신에게 토지를 나누어 주었는데 1만 석 이상을 받은 가신을 다이[大名]라 하고 이들이 가진 토지를 구라이리치로 불렀으며, 1만 석 미만 500석 이상의 녹봉을 받은 가신의 토지를 지교지라고 했다. 이러한 제도를 류큐에 적용시켜 전체 미곡 수확량을 조사한 후 직할지와 지교지로 배분하도록 한 것이다.

50   『鹿兒島県史料 旧記雜錄 後編五』(鹿兒島県, 1983년), 756호 문서, 444쪽.

으며 이후에는 이를 답습하게 되었다.[51]

여기서 유의해두고 싶은 점은 시마즈씨에게 직접 지배를 당하고 류큐보다 훨씬 심한 착취와 수탈을 당한 아마미제도(미치노시마)를 어떻게 평가하는가이다. 아마미는 도쿠가와 장군에게서 할당받은 영지가 아니라 시마즈씨가 정복한 류큐에서 은밀하게 떼어 낸 것이다. 도쿠가와 정권에게는 어디까지나 '류큐국 내'[52]로 간주되었고, 또 실제 통치에서도 가령 성명·풍속 등에 이르기까지 "미치노시마인의 법도는 섬사람[島人]에 걸맞는 모습"[53]을 지키도록 강요하는 등 본 영지와는 구별되는 극한적인 취탈 아래 놓여 있었다.[54]

그 점에서 시마즈씨의 침략 후에도 독립국의 형태를 유지하게 된 류큐는 착취의 강도에서 보면 그나마 나았다고 할 수 있다. 그렇다고 한다면 류큐의 진공무역은 시마즈씨에게 귀중한 부의 근원이 되고 류큐에게는 국가적인 독립 유지에 도움이 되었을 뿐만 아니라, 시마즈에 의한 수탈에 어느 정도의 브레이크로 작용했다고 할 수 있다. 그런 까닭에 류큐와 사쓰마 쌍방 모두는 정치적인 관계는 물론이고 경제적 교류 등의 관계도 종주국인 중국(청)에게 들키지 않도록 용의주도하게 '은폐정책'에 힘썼다.[55] 따라서 류큐에 체재한 사쓰마의 주재관

---

51   료치한모쓰[領知判物]에 '이외'로 부가된 것은 류큐가 '막번체제' 하에 들어가 있지 않음을 의미한다는 것에 대해서는 菊山正明, 「琉球王国の法的·政治的地位-幕藩体制との関連において」(『沖縄歴史研究』2号, 1974년).

52   『鹿児島県史料 旧記雑録追録二』(鹿児島県, 1972년, 권33, 1715호 「島津綱貴口上覚」), 489~490쪽; 秀村選三·桑波田興·藤井讓治, 「藩政の成立」(『岩波講座 日本整史10 近世2』, 岩波書店, 1975년), 84쪽.

53   藩法研究会編, 『藩法集8 鹿児島藩上』(創文社, 1969년), 412쪽.

54   근세 아마미에 대해서는 知名町教育委員会編, 『江戸期の奄美諸島一「琉球」から「薩摩」へ』(南方新社, 2011년); 松下志朗, 『近世奄美の支配と社会』(第一書房, 1983년)를 참조.

55   일본과의 경제 관계가 드러나게 되었을 때는 사쓰마(일본)와 류큐 사이에 있는 '보물섬'과 교류하고 있다는 픽션으로 곤경을 타개하려 했다. 표착선 대책 등에서 이 '은폐정책'이 마지막까지 유지되었다는 것에 대해서는 德永和喜, 『薩摩藩対外交渉史の研究』, 8(앞에서 서

[在番奉行]의 기능도 극소화하고, 이들 소수의 관리도 책봉사 일행이 류큐에 와서 체재하는 동안은 우라조에마기리[浦添間切]인 구스쿠마촌[城間村]에 몸을 숨기고, 사쓰마선[薩摩船]도 북쪽[56]에 감추었다. 류큐 왕부는 정치적으로 산시칸의 임명권을 제외한 왕국 내부의 '자주'적인 통치(지배)권을 가졌지만, 산시칸의 임명권에 관해서도 나중에 '마키시·온가 사건'과 관련해서 고찰하겠지만 실제로는 류큐 측이 소정의 절차에 따라 선거로 뽑은 자를 사쓰마가 형식적으로 승인했을 뿐이었다. 다만 후술하는 대로 아마미제도 만큼은 아니라 하더라도 경제적으로 강도 높은 식민지적인 착취를 당하고, 류큐의 대외교역도 앞서 서술한 '규정[掟]' 15개조에 의해 중국과의 진공무역이 통제되었을 뿐만 아니라, 사쓰마 이외 다른 영지의 상선과의 교역도 금지당하는 등 사쓰마 시마즈씨의 독점적인 통제 아래에 놓였다.

지금까지 개관한 것처럼 중세에 통일왕국을 형성하고 교역국가로서 어느 정도 번영했던 류큐는 근세에 들어 도요토미 및 도쿠가와 통일정권과의 마찰이 심화되었고, 최종적으로 시마즈씨의 무력 침공에 굴복함으로써 도쿠가와 장군의 권위에도 굴복하게 되는 위치에 놓이게 되었다. 이러한 도쿠가와 일본과 류큐와의 관계, 이 관계속의 류큐왕국의 지위에 대해, 최근의 역사 연구에서는 '막번체제 속의 이국(異国)'(또는 '막번체제 하의 이국')이라고 특징 지워 정식화하는 경우가 많은 것 같다.[57]

술), 제3편, 제4장: 渡辺美季, 『近世琉球と中日関係一』(吉川弘文館, 2012년), 제2부, 제4장; 紙屋敦之, 『幕藩制国家の琉球支配』(앞에서 서술), 제3부, 제1장; 同, 「日琉関係の隠蔽と宝島」(紙屋敦之, 『大君外交と東アジア』, 吉川弘文館, 1996년, 수록); 同, 「琉球の中国への進貢と対日関係の隠蔽」(早稲田大学アジア地域文化エンハンシング研究センター編, 『アジア地域文化学の発展』, 雄山閣, 2006년, 수록) 등을 참조

56   [역주] 여기에 북쪽은 현재 沖縄県 國頭郡 今歸仁村를 가리킴.

57   高良倉吉, 「琉球·沖縄の歴史と日本社会」(朝尾直弘, 외 편저, 『日本の社会史―列島内外の交通と国家』, 岩波書店, 1987년); 紙屋敦之, 『幕藩制国家の琉球支配』(앞에서 서술), 서장, 11쪽 이후를 참조

그러나 최근의 연구에서 유통되고 있는 '막번체제 속의 이국'이라는 해석을 정식화하는 것은 연구의 새로운 시야가 열린다기보다는 오히려 해명되어야할 논점을 애매하게 만들고, 문제에 대한 의식화를 방해할지도 모른다는 염려가 든다. 논자에 따라서는 그 해석을 종종 '일본 속의 이국'으로 말을 바꾸고 '일본 속'을 강조하고 있는 것처럼,[58] 그것은 이른바 '막번제 국가'의 일본과 근대천황제국가(내지 국민국가)의 일본을 안일하게 동일화시킨 다음에, '막번체제'라는 역사학 개념의 권위를 빌려서 사람들이 일정한 예단에 빠지게 하는 경향이 있는 것 같다. 오히려 근세 류큐왕국의 지위를 생각함에 있어서, 후술하는 대로 근세일본을 막부[公儀]와 조정[禁裏]이라는 두 개의 중심으로 이루어진 복합국가로 파악한 후에, 근세 일본과 류큐왕국의 관계가 한편으로 근세일본의 중앙권력이었던 도쿠가와 정권, 다른 한편으로 지방권력인 사쓰마 시마즈씨와의 관계라는 이중의 관계로 이루어져 있다고 파악하고, 각각의 관계에 대한 내실을 구체적으로 살펴보는 쪽이 좋을 것이다. 나아가 동아시아 국제질서나 그 변동 속에서 류큐 왕국을 자리매김하고 파악해가는 관점이 더 중요하지 않을까.

2. 지배를 둘러싼 정통화의 문제

근세에서 류큐와 일본과의 관계는 기본적으로 이중적이고 복합적이다, 즉 한편으로 사쓰마(삿슈) 시마즈씨와의 관계와 다른 한편으로 도쿠가와 정권[公儀]과의 관계, 이들 두 관계가 본질적으로 합쳐져 있다고 생각할 수 있다. 먼저 전자 즉 사쓰마와의 관계부터 살펴보겠다.

근세 류큐와 사쓰마 시마즈씨와의 관계는 당시 용어로 '부용(附庸)'(의지하여 따르는 것)이라 표현했지만, 그것은 무력침공에서 비롯된 '무위(武威)'(무력적인

---

58   紙屋敦之, 『歷史のはぎまを讀む-薩摩と琉球』(앞에서 서술).

위압)를 배경으로 강요된 관계이며, 거기에는 일종의 식민지적 지배의 측면이 포함되어 있었다는 것은 의심의 여지가 없어 보인다(그 점을 '막번체제 속' 내지는 '막번체제 하'로 자리매김하거나, 또는 일종의 '조공'관계로 간주해서[59] 애매하게 만들거나 얼버무려서는 안 될 것이다). 그러나 막스 베버의 말처럼 사실 노골적인 폭력만으로 지배관계를 안정화시키는 것도 어려우므로, 지배자 측에서는 자신들의 지배에 대한 정통성에도 나름 의식한 것이다. 그 점에서 가고시마에 억류되었던 류큐 국왕 쇼네이가 귀국할 때 시마즈씨에게 영구적인 충성을 맹세하게 하고 제출한 '기청문(起請文)'[60]에 주목할 가치가 있다.

기청문은 한문으로 되어 있는데 훈독하여 그 개요를 간략히 기술하면, "류큐는 옛날부터 삿슈 시마즈씨의 부용입니다(「自往古為 薩州島津氏之附庸」)"라고 적혀 있으며 그 지배 내지 신하로서 복종하는 관계가 이번의 무력침략이라는 폭력행위에만 기인하는 것이 아니라 '옛날'부터 '부용'관계라는 전통에도 근거가 있다는 취지의 문장으로 시작하고 있다. 그리고 다음과 같이 이어진다

그 전통에 따라 다이슈(大守, 시마즈가문의 당주)가 교체될 때는 축하사절을 보냈고, 때때로 사자(使者)·사승(使僧)을 보내 루방(陋邦, 류큐)의 방물을 바쳤으며 예의를 게을리 한 적이 없었습니다. 특히 삿슈에 복종하고 요역(徭役)·부담의 소임이 있다는 것이 태합(太閤) 히데요시[秀吉]공의 시절에 정해졌다는 것에는 의문이 없지만, 먼 나라라서 전해지지 않아 법을 어긴 죄가 큽니다(「遠国之故不能相逢, 右之御法度多罪々々」). 이에 따라 류큐국이 무너지고(「因玆球国被破却」) 귀국에 몸을 의탁하게 되었지만, 이에히사공께서 가련하게 여기셔

---

59   豊見山和行, 「琉球王国の外交と王権」(吉川弘文館, 2004년), Ⅲ부, 제2장: 村井章介·三谷博編, 『琉球からみた世界史』(山川出版社, 2002년), 「序」 참조.

60   『鹿児島県史料旧記雑録後編四』(鹿児島県刊, 862호 문서), 345쪽; 藤田覚編, 『史料を読み解く3 近世の政治と外交』(山川出版社, 2008년), 26~28쪽.

서 귀향할 수 있게 되었을 뿐만 아니라, 섬들을 나누어주시고 저의 지위를 회복시켜주셨습니다(「割諸島以錫我其履」).

이상과 같이 서술한 다음,

> 기청문은 "이 두터운 은혜에 대해 무엇으로 감사하고 보답할 수 있겠습니까. 영원대대로 삿슈의 군주에게 결코 소원해지는 일은 없을 것입니다(「如此之御厚恩, 何以可奉謝之哉, 永々代々対薩州々君, 毛頭不可存疎意事」)".

라 마무리하고 있다. 추가로 이 일을 자자손손 전하겠다고 덧붙이고, 일본의 수없이 많은 신들에게 서약하겠다는 형식을 취하고 있다.

이상과 같은 기청문을 제출하게 함으로써 시마즈 이에히사와 쇼네이 사이에 일종의 주종관계가 성립되어 시마즈씨와 쇼씨의 관계는 자자손손 구속받게 된 것이다. 류큐의 입장에서 보면, 시마즈씨의 침공이 무력으로 위력을 발휘한 것으로 마치 히데요시의 조선침략과도 같이 이유 없는 침략이었다는 것은 자명한 일이었다고 생각된다. 그렇기 때문에 충성 서약을 거부한 산시칸(三司官) 가운데 한 사람인 자나 웨카다 리잔[謝名親方利山, (데이도[鄭逈])]은 본보기로 처형되었을 것이다. 그러나 사쓰마 측에서도 류큐에 대한 야심, 특히 아마미제도(미치노시마)에 대한 영토적인 야심이 커짐에 따라 침공의 구실을 찾고 있었던 것 같았고, 정통화의 필요성을 나름대로 자각하고 통감하고 있었던 것으로 보인다. 그것은 류큐 측에 대해서 뿐만 아니라 국내에 있는 그 외의 영주 권력을 의식했던 것임에 틀림이 없다. 기청문 서두의 "류큐는 옛날부터 사쓰마 시마즈씨의 부용입니다"라는 문구는 그러한 사쓰마 측의 자기 정당화를 표현한 것이라 할 수 있다.

기청문의 전체 구성은 시마즈씨가 주인으로 모신 히데요시의 명령을 어긴 것을 포함하여 류큐가 시마즈씨의 부용이며 그 명에 따라야 할 관계에 있음에도 불구하고 그 의무를 위배하는 죄를 범했으므로 침공을 받았다는 것, 그러나 시마즈씨는 깊은 연민으로 쇼네이의 귀국을 허가하고 국왕의 지위를 회복시키는 관대함을 보였다고 하고, 그 깊은 은혜의 보답으로 영구히 충실할 것을 서약한다는 형태로 되어 있다. 무력에 의한 정복이라는 폭력행위 그 자체가 아니라 '옛날부터 부용'이었다는 주장이 침공을 정당화할 뿐만 아니라 결론적으로도 앞으로 이어질 류큐 측의 충실 의무를 도출하는, 즉 지배관계를 정통화하는 논리로 구성되어 있다.

그런데 시마즈씨가 주장하는 '옛날부터'란 언제쯤부터를 말하는 것일까. 결론적으로 말하면 기껏해야 히데요시 시대나 그 후에 나온 주장이라 하더라도 가키쓰[嘉吉] 시대(1441~1444년)이상 거슬러 올라가지 않는다. 전자 즉 기청문이 제출되었다고 주장하는 설에 따르면, 1582년 히데요시가 그의 가신인 가메이 고레노리[亀井玆矩]에게 전국통일 후에 류큐를 내주겠다고 약속했지만, 나중에 가메이씨가 히데요시와의 약속을 근거로 류큐 원정의 허가를 요청했을 때 시마즈씨가 간섭하여 중지시켰다고 한다. 그 후 히데요시는 가메이씨에게 한 약속을 취소하고, 1592년에 류큐를 시마즈씨의 '여력(与力)'[61]으로 삼아 시마즈씨의 군사적인 지휘 아래 두었다. 시마즈씨를 통한 군역(병량) 부담의 요구도 이에 바탕을 두고 있는 것이다.

시마즈씨가 제시한 또 하나의 정통화에 대한 주장을 소개하자면 '가키쓰 부용설[嘉吉附庸說]'로 불리는 것으로, 무로마치시대인 1441년(嘉吉1) 시마즈 다다쿠니가 6대 장군 아시카가 요시노리[足利義教]에게 류큐를 하사받았다는 설이다. 가미야 아쓰유키[紙屋敦之]에 의하면 류큐 지배의 정통성이 과거로 더 거슬러 올라간다는 주장은, 앞에서 설명한 대로 류큐 미곡 수량을 본령에 추가해달라는 요구가 있었을 즈음에 시마즈씨에 의해 처음으로 제기되었다고 한다. 즉

---

61   [역주] 여력(与力): 일반적으로 전국시대 무사가운데 한 조(組)의 지휘자나 하급무사의 우두머리였던 병사를 의미하는데 여기서는 류큐를 시마즈씨의 종속된 병사 정도로 취급한다는 의미이다.

사쓰마의 침공 후 도쿠가와(막번) 체제가 확립되는 과정에서 시마즈씨가 류큐 지배를 정당화하기 위해 만들어낸 이야기로 보이며 현재까지 사실(史實)로 확인되지는 않았다. 단지 19세기 초『시마즈국사[島津国史]』(1802년) 등에서 사실인 것처럼 다루어지게 된 것이다.[62]

그런데 시마즈씨는 류큐의 국왕뿐만 아니라 섭정(攝政)·산시칸들에게도 각각 기청문을 제출하게 했다. 이들을 최고 권력자로 하는 왕부의 기구는 사쓰마 침공 이전에 이미 있었던 것으로, 시마즈씨는 그 중추기구에는 손대지 않고 섭정·산시칸 수뇌부에게도 기청문을 받는 것으로 간접적인 지배를 관철시켰던 것이다. 섭정·산시칸의 기청문은 약간 간소한 것으로 국왕의 기청문도 이후 간소화되었지만, 사쓰마 지배의 모든 기간 동안에 기청문을 제출하고 서약하는 것에는 변함이 없었고 시마즈 당주(當主)가 교체될 때도 제출하게 한 것으로 보인다.[63]

중요한 것은 사쓰마 시마즈씨에 대한 류큐의 '부용'이라는 관계도 봉건적 지배의 한 유형으로 시마즈씨와 류큐국왕(간접적으로는 산시칸을 포함) 사이의 이른바 퍼스널한(personal) 서약 관계를 취했다는 것이다. 이러한 관계가 근세기에는 사쓰마의 '무력의 위세'를 배경으로 안정된 관계일 수 있었다 해도, 근대로의 이행기에는 자연스럽게 문제화될 수밖에 없었을 것이다. 즉 메이지정부의 성립 이후 판적봉환[64]부터 폐번치현에 걸쳐서 가고시마번(현)의 관할자는 시마

---

62 紙屋敦之,「幕藩制国家の琉球支配」(앞에서 서술), 제2부, 제3장.

63 자세한 것은 梅木哲人,「琉球の起請文について」(『琉球の歴史文化-山本弘文博士還暦記念論集』(本邦書籍, 1985년); 同, (『琉球王国の構造』, 第一書籍, 2012년 재수록)을 참조

64 [역주] 판적봉환(版籍奉還): 1869년에 일본정부는 각 지방영주들이 소유해 왔던 영토(版)와 인민(籍)을 반환할 것을 명한다. 이를 판적봉환이라고 하는데 이것은 명치유신이후 전국에 대한 지배권을 확보하기 위한 목적으로 행해진 조치라고 할 수 있다. 이 책에서는 역사적으로 류큐를 일본의 봉건제도라는 틀에서 설명할 수 없다는 맥락에서 문제삼고 있으며 '판적봉환없는 폐번치현'이라는 모순을 서술하고 있다.

즈씨와 그 가신단에서 메이지 정부의 관리(지방관)로 바뀌는데, 그렇게 되었을 때 가고시마와 류큐의 관계에는 어떠한 변화가 생겼을까.

3. 전근대적인 식민지적 착취라는 문제

시마즈씨의 무력침공 이후 류큐왕국은 일본의 한 지방권력에 의한 '무력의 위세'에 굴복하고, 그로 인해 근세 일본에도 종속하는 체재(體裁)를 부여받았다. 그리고 이 침공이나 그 후의 지배를 정당화하기 위해 도요도미 정권이나 도쿠가와 정권의 권위를 인용하고, 더 나아가 아시카가 정권을 끌어들인 가키쓰 부용설이 주창되었다. 류큐의 입장에서 보면 그와 같은 일본 국내의 사정이나 '사실(史實)'은 거의 관련이 없는 것이므로 시마즈씨의 무력침공이 이유 없는 침략행위이며, 그 무력의 위세에 의해 종속된 것에 지나지 않는다는 사실은 변함이 없을 것이다. 그러나 정당화를 위한 설명이 아무리 근거가 빈약하다 해도 류큐가 무력 침략을 받아 굴복했다는 것은 틀림없는 사실이고, 이후 사쓰마의 무력 위협을 배경으로 일정한 정치지배와 경제적 착취라는 현실을 살아가야만 했음은 말할 나위도 없다.

근세 사쓰마와 류큐와의 관계가 경제적으로는 상당히 실질성(實質性)을 동반한 지배관계이고, 류큐가 일종의 식민지적인 수탈을 받고 있었음은 의심의 여지가 없다고 생각된다. 그러나 이 점을 확인하는 것과 류큐가 '막번체제' 속 내지는 그 밑에 편성되어 있다고 보는 것은 결코 같은 것이 아니다. '막번체제 속의 이국'으로 정식화되는 문제는 이 차이점을 가리고 숨겨서 무화(無化)시키는 작용으로 쉽게 귀결되기 때문이다. 봉건제 시대의 정치사회가 그 시대나 사회 특유의 계급적 착취를 수반한 점, 도쿠가와 일본은 장군권력을 정점으로 전국의 여러 다이묘들이 신하로서 복종했다는 봉건제의 틀 속에서 그 나름 고도로 통합된 정치사회(이른바 '막번제 국가')를 구축한 점, 게다가 도쿠가와 일본의 제도나 법의 일부 그리고 문화가 류큐왕국에도 영향을 미친 것은 사실일 것이다. 그러나 도쿠가와 일본의 국내체제 확립이나 그 아래에서 일어나는 계급적 착취의 관계와 도쿠가와(막번)체제 하에 있는 한 지방권력 즉 사쓰마 시마즈씨라는 다이묘 권력에 의해 류큐왕국이라는 하나의 정치사회가 총체적으로 경제적인 수탈 관계 아래 놓였다는 것은 결코 동일한 사항이 아니라는 점이다.

이와 같이 사쓰마와 류큐의 관계를 생각할 때 시마즈씨라는 다이묘 권력과 류큐 왕권과의 관계라는 차원과, 사쓰마(시마즈씨)라는 외부권력에 의한 류큐 사회의 총체적인 경제적 수탈이라는 차원을 혼동하면 안 될 것이다.

그러면 근세를 통틀어 사쓰마의 류큐에 대한 '착취율'은 어느 정도였을까. 이것은 매우 중요한 문제이기는 하지만 이 문제에 대해 현재 경제사의 연구 상황으로는 실증적으로 정확하게 답하기 곤란하다고 할 수 있다. 적어도 현재 필자의 능력을 넘어서는 질문이라는 점을 순순히 인정하지 않을 수 없다. 근세경제사에 문외한임에도 불구하고 이 문제와 씨름해보긴 했으나, 사료가 부족한 점도 있고 상당히 높은 비율의 착취를 받고 있었다는 것은 상정할 수 있었지만 그 이상의 전체적이고 구체적인 모습은 좀처럼 알 수 없었다

그러나 정말로 문제가 되는 것은 연구 성과가 부족하다기보다 오히려 그러한 문제제기 자체가 현재 연구자의 시야에서 사라져버린 상황에 있는 것은 아닐까. 근세 류큐왕국의 정치사회가 총체적으로 사쓰마의 '노예'상태에 있었다고 보고 류큐처분을 해방의 단서로 평가한 이하 후유[伊波普猷]를 비롯하여, 이전에는 전후역사학에서 마르크스주의가 차지한 영향력도 있어서 류큐·오키나와사 연구에서도 외부권력에 의한 착취의 문제를 제대로 파악하려는 자세가 있었던 것으로 생각된다. 그러나 최근 류큐사 연구에서는 이러한 문제의식이 쏙 빠져버린 것처럼 보인다. 그리고 이 문제가 앞서 서술한 '막번체제 속의 이국'으로 정식화되는 문제와 서로 인과관계를 이루고 있다고 생각한다.

시마즈씨의 침공 후, 류큐에서도 토지조사가 이루어진 점, 공납품과 수량도 정해져 있었던 것은 앞에서도 서술하였다. 그때 공납품은 각각 정해진 양의

파초섬유로 짠 직물[芭蕉布], 고급 삼베[上布], 하포(下布), 당모시[唐苧], 면(綿), 종려나무줄기의 털로 꼰 줄[棕櫚繩], 구워 말린 생강[黑綱], 왕골[筵], 우피(牛皮) 등이 있었으며, 쌀의 수량이 공납품 수량의 기준이 되지는 않았다. 그러나 그 후 은납(銀納)과 미납(米納, 쌀을 기준으로 대납(代納)을 대폭적으로 승인)으로 갑작스럽게 변경되었다. 또한 근세를 통틀어 몇 번에 걸친 토지조사와 미곡 수량에 대한 재검토가 있었고, 류큐의 쌀 수확량과 사쓰마 상납('시노보세[仕上世]'로 불림)은 약간의 변동은 있었지만, 1727년 이후 류큐(아마미제도는 제외)의 미곡 수량 약 9만4천 석에 대해 공조(貢租)로서 약 9천 석의 상납 수량이 정해졌다. 이렇게 보면 류큐 총생산량의 약 1할에 해당하는 분량을 사쓰마에게 상납했으며 이러한 수치들을 그대로 채용하고 있는 역사서도 많은 것 같다.

그러나 연구사에 있어서 커다란 문제는 류큐의 쌀 수확량이 확실히 과다하게 설정된데 있다. 이 문제를 둘러싸고 일찍이 신자토 게이지[新里惠二]는 류큐의 쌀 수확량[表高]은 벼의 수량[籾高]으로 표시하므로 실제로 절반에 가까운 4만9천 석 정도(벼를 도정하면 절반 가깝게 현미가 됨)인데, 사쓰마에 공물로 바치는 조세는 벼[籾]가 아니라 쌀(현미) 수량을 기준으로 하고 있으며, 거기에 38%의 운반비와 운반 또는 저장과정에서 발생하는 결손을 보완한다는 명목으로 19%의 쌀이 증가된 것이 류큐의 부담을 가중시켰다. 그런 까닭에 사쓰마에 대한 상납은 약 1만4천여 석이 되었고 류큐 총생산량의 거의 30%에 달했다고 주장했다.[65] 신자토의 이러한 견해는 근세 사쓰마 시마즈씨의 미곡 수량은 벼의 양[籾高]을 가리키므로 류큐도 같을 것이라 생각하여 단정한데서 기인한 것이었다. 이에 대해 아라키 모리아키가 미곡 수량설의 입장에서 비판을 가했고, 도구치 마사키요[渡口眞清]는 쌀과 대두(大豆)의 이중 기준설을 제기했다.[66] 도구치의 주

65　新里惠二,「琉球王国の薩摩藩への負担額」(同, 『沖縄史を考える』, 勁草書房, 1970년 수록).

66　安良城盛昭,「前近代の沖縄研究をめぐる二、三の問題」(『新・沖縄史論』, 沖縄タイムス社, 1980년); 渡口眞清,「近世の琉球」(法政大学出版局, 1975년, 제1부).

장은 일본 본토에서는 이모작을 쌀 수확량으로 계산에 넣지 않는데, 류큐에서
는 이모작이 행해지고 있었으므로 그 분량이 총생산량(쌀의 양)에 산입되었을 것
이라는 설이었다. 게다가 최초로 벼의 수량설[籾高說]을 주창하고 이후 도구치
의 이론까지도 비판적으로 받아들이면서 실증 연구를 심화시켰던 야마모토 히
로부미[山本弘文] 등 일련의 연구가 축적되었다.[67] 그러나 시기적으로나 지역적
으로도 사료가 부족한 데다 류큐(나 아마미제도)에 관해서는 토지조사나 미곡 수
량제는 그다지 실질적인 의미가 없었고, 그런 이유로 일본근세사에서 유추된
것이 통용되기 어려운 점도 있어서 근세 류큐의 전체를 조망하는 연구는 거의
진전을 보지 못한 것으로 보인다.[68]

비슷한 사정은 사쓰마의 착취에서 또 하나 중요한 부분이었던 류큐 진공
무역의 이윤 측면에도 해당된다. 일찍이 이하 후유는 시마즈씨가 쇄국 하에서
류큐를 밀무역 기관으로 삼기 위해 왕국체제('허울뿐인 왕국')를 남겨 놓았다고 주
장하면서, 류큐를 나가라 강[長良川]에서 가마우지를 길들여 고기잡이를 하는 사
람에 비유했다. 분명히 이하 후유의 그러한 주장이 지나치게 단순화되어 있음
을 부정할 수 없다. 이른바 '쇄국'이 확립된 것은 시마즈씨의 류큐 침공보다 20
년이나 늦은 시기의 일이며, 그 점에서 본다면 처음부터 밀무역이 시마즈씨의
의도였고, 그것을 위한 기관으로 '허울뿐인 왕국'을 남겼다는 것이 반드시 타당
하지는 않다. 그러나 도쿠가와의 국내질서나 대외관계 확립과 더불어 사쓰마
시마즈씨가 재정상 중요한 부의 근원으로 류큐의 진공무역에 크게 개입했던 것
은 사실이며, 이로 인해 다른 다이묘들에게는 허락되지 않았던 커다란 이익의
기회를 얻었다는 것은 이하 후유가 아니더라도 쉽게 상상할 수 있다.

시마즈씨는 도쿠가와 정권의 허가를 받아 (금액·무역품 종류가 제한된) 류큐

67　山本弘文,「薩摩への貢納問題―近世沖縄史の諸問題(一)·(二)」(『歴史評論』83호, 1957년 1월,
　　163호, 1964년 3월); 同, 『南島経済史の研究』(法政大学出版局, 1999년), 제4장, 제5장.

68　山本弘文,「慶長検地後の琉球王国の貢租制度」(『経済志林』제73권, 제1·2호, 2005년)을 참조

무역에 개입했고, 류큐에 의탁하여 대 중국(명·청) 무역을 행하고 있었으므로 그 점에서는 확실히 이하 후유의 '쇄국' '밀무역'이라는 말과 반드시 상응한다고는 말할 수 없다. 도쿠가와 정권은 류큐의 진공무역을 통해 사쓰마가 입수한 중국의 생산품이 직할지 나가사키구치[長崎口][会所貿易]를 통해 중국선에서 들어오는 물산품과 경합하며 국내의 은 유출이 심각해지자 몇 번이고 시마즈씨에 대한 무역량이나 은의 유출량을 제한했다. 그 때문에 18세기 중반에 사쓰마는 때마침 재정난도 있어서 류큐 진공무역에 관여하는 것에서 손을 뗄 것을 검토할 정도로 류큐무역은 일시적으로 후퇴했다고 한다.[69] 이 후퇴를 보완한 것이 아마미와 류큐 본국의 설탕 전매제와 대납의 확대, 교환율 인하 등의 착취 강화였다. 그리고 19세기에는 도쿠가와 정권과의 끈질긴 교섭으로 수입품의 확대와 나가사키 판매권을 획득하여 판로를 확장하는 한편, 은이나 구리 대신에 수출품으로 다와라모노[俵物][70] 확보의 독자적인 루트를 개척하게 되면서 류큐무역은 다시 재정상의 중요도가 커져갔다. 또한 이러한 공인된 무역품목이나 무역량 외에 사쓰마가 자주 밀수품[抜荷] = 밀무역을 행했다는 것은 단편적이지만 당시의 사료에서도 확인할 수 있다.[71] 그것이 때로는 재정상 커다란 부의 원천이 되었을 것이라는 것은 즈쇼 히로사토[調所広郷]에 의한 덴포기[天保期] 재정개혁이 삼도(三都)[72] 상인에게 빌린 돈[借金]의 할인, 아마미 설탕 전매제에 의한 착취의 강화 외에 류큐의 진공무역을 통한 밀수품 = 밀무역이 주된 수단이었다는 점에서도 상상할 수 있을 것이다.[73]

---

69 崎原貢,「渡唐銀と薩琉中貿易」(『日本歴史』323, 1975년).

70 [역주] 다와라모노[俵物]: 나가사키에서 중국으로 수출하는 물품 중에 건해삼·건전복 및 상어 지느러미의 세 가지 품목을 말함.

71 上原兼善,『鎖国と藩貿易—薩摩藩の琉球密貿易』(八重岳書房, 1981년); 徳永和喜,『薩摩藩対外交渉史の研究』(九州大学出版会, 2005년, 제2편)을 참조.

72 [역주] 삼도(三都): 교토·도쿄·오사카의 세 도시.

73 芳即正,『調所広郷』(吉川弘文館, 1987년), 257쪽 이후를 참조.

제3절 도쿠가와 체제와 대외관계

1. 도쿠가와 정권과 체제

역사학에서는 에도시대의 일본 국가체제를 특징짓는 개념으로서 '막번체제'나 '막번제 국가'가 일반적으로 자주 사용되고 있다. 매우 편리하고 유용한 용어이며, 많은 연구자들은 그것을 '가치자유' 개념의 의도로 사용하고 있을 것이다. 도쿠가와 일본 대외정책의 기본이었던 '쇄국'을 포함하여 '막부'나 '번' 그리고 기타 관련어는 우리들의 일상어로도 정착해 있으므로 근세사를 말할 때 이러한 용어를 사용하지 않는다는 것은 불가능하다 할 정도로 어려운 일이다.

그 점을 충분히 인식하면서 본서에서는 '막부'나 '번', '막번체제' 등이라는 말을 가급적 사용하지 않으려고 노력했다. 독자의 편리를 배려하여 어쩔 수 없이 사용할 때는 괄호에 넣어 보충하는 등의 여러 가지로 궁리를 했다. 그 이유는 이러한 표현이 일본사 용어 자체로 부적절하다기보다, '류큐처분'의 역사를 제대로 이해하려면 '막부'나 '번', 나아가 '쇄국' 등의 말이 가지고 있는 역사적인 피규정성에 자각할 필요가 있다고 생각하기 때문이다.

미타니 히로시[三谷博]는 역사학에서 일반적으로 말하는 '막번제 국가', 그가 말하는 '근세일본의 복합국가'를 이미지로 나타내고(그림 2 참조) 다음과 같이 설명하고 있다.[74]

근세 일본에는 '공의(公儀, 막부)'와 '금리(禁裏, 조정)'라는 두 개의 중심이 있

고, '공의' 주변에 260여 다이묘[大名]가 연합하는 복합적인 구조를 갖고 있었

다. 그 기본단위는 다이묘의 정치조직, 당시 사용된 말로는 '국가'이며, 그 영

---

74   三谷博,「日本社会の近世」(三谷博他 編, 『大人のための近現代史 19世紀編』, 東京大学出版会, 2009년, 수록).

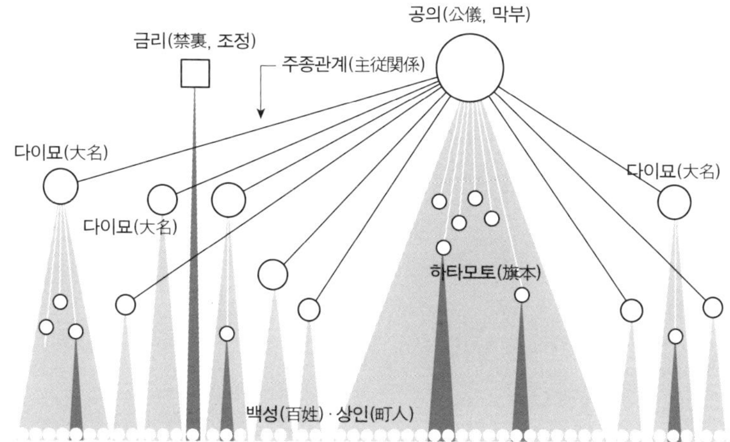

그림 2 근세 일본의 복합국가

역은 전국 쌀 수확량의 약 4분의 3을 차지하고 있었다. 도쿠가와 '공의'가 지배한 것은 그 나머지이다. 다이묘는 '공의'로부터 '영국(領國)' 통치를 거의 전면적으로 위임받고, 가신단의 편성, 입법, 징세, 재판, 민정 일반 등을 스스로 처리하였다. 영지 가운데 다이묘로부터 독립한 권력은 없으며, 사원이나 신사는 그 지배를 받아들이는 한도 내에서 존재가 허락되었으며, 영(領) 내의 주민은 다이묘의 '가신[家中]'으로 통치를 맡은 무사들과 피지배자인 '영지 안의 토착민[地下]'(서민)으로 나뉘어져 있었다.

아주 간결하고 알기 쉬운 설명이지만 먼저 핵심을 확인해 보면, 이른바 '막부 말'이후 일본에서는 에도의 '공의'와 교토의 '금리'는 각각 '막부'나 '조정'으로 불리게 되었는데, 에도시대 사람들은 오래도록 전자인 공의, 금리 등으로 표현하고 있었고, '막부'나 '번'이라는 말은 사용하지 않았다. 나중에 사용하게 되는 '번'에 대응하는 말로는 '국가'(또는 '어국(御國)')이나 '영국', '가신' 등이 사용되었다.

이상과 같은 사정을 근거로 하여 도쿠가와장군[公方]의 통치조직을 의미하는 '공의'를 여기서는'도쿠가와 정권'으로 부르기로 하고, 공방(公方), 공의(公儀)를 중심으로 하는 복합국가의 구조를 '막번체제'를 대신하여 '도쿠가와 체제'라 부르기로 한다.

도쿠가와 정권(공의)은 그 자체가 광대한 영역을 차지하고 있는 동시에 모든 다이묘나 하타모토[旗本][75]들과 주종관계를 맺고 전국 통치에 임했다. 전국 통치의 골격은 17세기 전반에 완성되었는데, 이러한 도쿠가와 체제의 정비, 안정화 과정을 역사학은 후대의 개념을 소급 적용하여 '막번체제'나 '막번제국가'의 확립으로 설명해왔던 것이다.

도쿠가와 정권은 장군으로서 전국에 군사지휘권과 자신을 정점으로 한 주종관계를 배경으로 모든 다이묘, 하타모토 등과 협력하여 국내 치안과 '이국'(＝외국)과의 평화로운 관계를 유지하는 것을 주 임무로 했다. 도쿠가와 장군의 권력은 그와 같이 국내의 모든 세속권력의 정점에 섰고, 그 정권은 통치의 실무를 위한 다양한 결정기구를 갖고 있었다. 또 한쪽의 중심인 '금리'는 통치를 위한 재정기반과 결정기구 없이 이전부터 내려오는 국가 제사나 궁정의례를 행하고, 도쿠가와 공의의 추거(推擧, 실질적 결정) 아래 무가(武家) 상위 계층에게 '관직과 위계'를 주는 등 총체적으로 형식적, 상징적인 권위만 있는 희미한 존재였다.

주지하는 바와 같이 도쿠가와 시대 막부 말기가 되면 그때까지 주변으로 밀려나 있던 '금리'가 급속하게 존재감을 키워가는 현상, 이른바 '천황의 부상(浮上)'이라는 현상이 일어나고 결국에는 '왕정복고'의 메이지유신에 이른다. 이 주권적 권력의 교체에 이르게 된 데는 궁정 외부에서 발생한 국학(国学)과 미토학[水戶学] 등의 사상이 중요한 역할을 했다. 국학은 일본이 신대(神代) 이후 만세일계(萬世一系)의 황통을 지닌 '신국(神國, 神州)'이라는 사상과 현실 권력질서의 사실(史實) 여부를 무시하고, 에도 '막부'는 교토에 있는 진짜 '조정'에 의해 통치

---

75 [역주] 하타모토[旗本]: 에도시대 막부의 장군에 직속된 무사로 직접 장군을 만날 자격이 있으며, 녹봉(祿俸) 1만 석 미만, 500석 이상인 자를 가리킨다.

를 일시적으로 위임받은 데 불과하다는 '대정위임론(大正委任論)'이라는 이데올로기를 창조했다. 그리고 원래는 장군권력의 정통화를 위한 교설이었던 미토학의 명분론이 이 이데올로기에 체계적인 설명을 부여하고 그것이 나중에 존황양이론이나 막부타도사상[倒幕思想]으로까지 발전했다. '막부'와 '번'이라는 말은 이러한 규범적 상상력이 발전하는데 매개적 역할을 했던 후기 미토학에 의해 이용되었고, 이른바 막부 말 '천황의 부상'과 함께 유포된 개념이다.

이러한 막부 말, 유신이라는 현상을 가능하게 한 보다 근본적인 조건은 에도시대를 통틀어 '금리(禁裏)'(조정)가 '공방(公方)'(장군)에게 뿐만 아니라 장군의 추천 하에 무사집안의 상위층에게 벼슬을 주고, 전국의 질서를 상정하기 위한 틀을 지속적으로 제공하는 기능을 했다는데 있다. 그 의미에서 '공의'와 '금리' 중 어느 쪽이 상위인지 알 수 없는 관계에서는 애초부터 긴장이 감돌고 있었다고 볼 수 있다. 그러나 도쿠가와 체제 기반이 명실공이 견고했던 기간에는 '금리'(조정)가 교토의 한쪽에 동결되었고, 도쿠가와 정권(공의)에서 보면 '공방'(장군)의 권위를 뒷받침하는 기능을 가졌을 뿐, 도쿠가와를 위한 금리(조정)라고 해도 좋을 만한 존재였다.[76]

다음으로 '번'이란 말에 대해서도 살펴보기로 하자. 와타나베 히로시[渡辺浩]는 『동아시아 왕권과 사상』의 서문인 '몇 가지 일본사 용어에 대하여'에서 "'번'이란 말이 에도시대에는 공식용어가 아니라 1869년(明治2) '판적봉환'으로부터 '폐번치현'에 이르는 2년 동안에 쓰였던 공식명칭에 지나지 않는다. 일반화된 것은 18세기 중반 이후이다."[77]라고 지적하고, 번이나 막부 같은 일본사 용어의 시대 구속성에 대해 주의를 촉구하고 있다. 와타나베가 단적으로 서술한 것처럼, 번이란 말은 에도 중기 이후에 언어로서 일단 유통되고 있었지만 널리 일반화된 말은 아니었다. 오늘날에는 '사쓰마번', '조슈번'등 당연한 것처럼

---

76   藤田覚, 『天皇の歴史 06 江戸時代の歴史』(講談社, 2011년).

77   渡辺浩, 『東アジアの王権と思想』(東京大学出版会, 1997년), 8쪽.

사용하고 있는 '번'이란 말은 근세를 통틀어 공식제도로서 존재하지 않았다.

앞서 언급한 미타니 히로시는 이와 같은 와타나베의 문제의식에 호응하여 그의 저서인『19세기 일본의 역사-메이지유신을 생각하다』에서 "근세 국가는 종종 '막번제 국가'라든가 '막번체제'로 불려왔지만 여기서는 사용하지 않는다. 그것은 와타나베 히로시가 서술한 바와 같이 근세에 살았던 사람들이 막부나 번, 조정이라는 말을 거의 사용하지 않았기 때문이다. 막부나 번은 막부 말에 갑자기 사용하게 되고 메이지에서 정착한 호칭으로, 그 자체가 메이지인의 근세에 대한 평가를 나타내고 있다."[78]라 서술하고, 적어도 막부 말 이전까지 그 말을 소급시켜 사용하는 것에 대해서는 비판적이다.

덧붙여서 말하자면 1장 뒷부분에서 1840년대의 '류큐 외국함 내항사건'을 다루고 있는데, 그 무렵까지는 사쓰마나 류큐 측 문서에서 막부라는 말이 사용된 적이 없다. 막부는 '공의', '공변(公辺)', '에도', '에도변[江戸辺]' 등으로 불렸고, 사쓰마(번)은 '삿슈'(외에 '사쓰마슈', '시카후[鹿府]' 등)의 호칭이 사용되었다. 이른바 번주는 '후(候)', '공(公)', '다이슈사마[大守様]' 외에 '사쓰마카미[薩摩守]', '오스미카미(大隅守)' 등의 칭호로 불리기도 했다. 동시대인에게는 그것으로 충분했던 것이다. 시마즈씨는 사쓰마·오스미[大隅], 히무카[日向国]의 일부를 더한 세 개 주(州)를 소유하고 있었다. 그의 영토가 단순히 '삿슈'로 불린 것은 시마즈씨가 거주하던 가고시마성[鹿児島城]과 성시[城下町, 鹿府]가 사쓰마[國·州]에 소재했다는 점, 3주(三州) 가운데 사쓰마가 농업 선진지대로 간주되었기 때문이라고 한다.[79] 그야 어찌 되었건 사쓰마번이라는 표현은 삿슈에서 나온 어디까지나 막부 말 이후에 사용되었던 통칭으로, 판적봉환 뒤 부현번(府県藩)의 세 개의 체제 아래 공식적인 번의 이름[藩名]은 '가고시마번'이었다. 본서에서는 앞으로 '삿슈'

---

78 三谷博·山口輝臣, 『19世紀日本の歴史-明治維新を考える』(放送大学教育振興会, 2000년), 37쪽.

79 松下志朗, 『鹿児島藩の民衆と社会』(南方新社, 2006년), 7~8쪽.

나 '가고시마번'이 아닌 '사쓰마'라는 표현을 사용하고자 한다.

2. 도쿠가와 일본의 대외관계

일본 국내질서로서의 도쿠가와 체제가 확립되는 과정은 도쿠가와 일본 대외관계의 골격이 단단해지는 과정과 겹치며 양자는 불가분의 관계였다.[80] 이미 겐구[元寇][81] 무렵부터 금리(조정)는 외국과의 외교권을 포기하고 있었고, 대외관계는 아시카가 정권 시대부터 무가의 전횡이 기정사실로 되어 있었지만, 에도시대에는 도쿠가와 정권(공의)이 일본을 대표하는 정권으로 대외관계를 통괄하고 외교권을 담당하고 있었다. 기본적 성격은 당시 동아시아 여러 나라에서 공통으로 시행하고 있던 '해금(海禁)' 즉 상당히 엄격한 출입국관리에 있었다. 장군(공방(公方))과 여러 다이묘의 주종관계를 기초로 하는 도쿠가와 체제의 정비와 병행하여 바로 그 정통성 강화 목적과 연동하는 형태로 도쿠가와 일본의 질서구상을 받아들이는 동아시아 국가와의 국교를 기축으로 대외관계의 틀도 정비되었던 것이다.

도쿠가와 시대 대외관계는 일반적으로 '쇄국'으로 불려왔다. 그러나 이 '쇄국'이라는 말이나 이미지도 도쿠가와 체제 확립기부터 있었던 것이 아니라, '막부'나 '번'과 마찬가지로 '막부 말'이후에 확산된 것이라는 점에 충분히 유의해 주면 좋겠다. 즉 에도시대는 '쇄국'을 국시로 삼아 일부를 제외한 외부세계에 대해 자기를 가두어왔다고 하는 관념이 도쿠가와 시대 말기 이후에 급속하게 확

80　　로날드 토비(ロナルド・トビ), 「初期德川外交政策における「鎖国」の位置づけ-幕府正当性確立の問題からみて」(社会経済史学会編, 『新しい江戸時代史像を求めて』, 東洋経済新報社, 1977년 수록).

81　　[역주] 겐구(元寇): 1274년(文永11)과 1281년(弘安4) 두 번에 걸쳐 원나라 군사가 침략한 일을 가리킴

산되었고 그것이 메이지시대에 일반화된 것이다. 메이지유신 이후 '개국', '문명개화'와 대비시켜 그 이전의 '쇄국'은 완고함이나 폐쇄성이라는 부정적인 이미지를 부여하고 강조한 것이다. 그러나 도쿠가와 체제 확립기에 '쇄국령'과 같은 일반적인 법령을 내린 적이 없고 주로 가톨릭교의 영향을 차단하기 위해 특정 외국인이나 선박의 입국을 규제하거나 금지한다는 법령이 나온 것에 지나지 않는다. '쇄국'이라는 용어 자체도 독일인 캠퍼(Kämpfer, Engelbert)의 『일본지』 부록을 나가사키의 네덜란드 통역사인 시즈키 다다오[志筑忠雄]가 1801년 '쇄국론'이라는 제목으로 번역할 때 처음 사용된 것으로, 19세기에 외국선의 내항이라는 외환이 잇따르게 되자 쇄국 = '조법(祖法)'개념과 함께 유포되었다.[82]

　　역사학에서는 비교적 최근에 와서 '에도시대 = 쇄국'사관의 재검토가 진행되었고, '쇄국'이라는 말의 적합 여부에 대해서도 논의되고 있다. 아사오 나오히로[朝尾直弘]나 다나카 다케오[田中健夫] 등의 선구적인 연구나 문제제기를 계승하는 형태로 아라노 야스노리[荒野泰典]의 『근세일본과 동아시아』(1988)나 로날드 토비(Ronald Toby)의 『근세일본의 국가형성과 외교』(1990) 등 연구 성과가 나왔고, 근세 일본의 국내체제와 외교 내지 대외관계 체계의 확립을 동아시아 세계와 관련시켜 적절하게 파악하려는 문제의식이 정착되고 있다.[83] 최근 '조선통신사'연구를 중심으로 한 근세 조일관계사 연구의 심화도 같은 움직임으로 개별 영역에서의 성과로 볼 수 있을 것이다.

　　'쇄국'론에 대한 재검토는 근세 일본국가의 '네 개의 입구'론으로 연구가 심화되어 왔다. 도쿠가와 일본은 '해금'(엄격한 출입국관리)을 기본으로 하면서도 네 개의 창구를 외국에 개방하고 있었다. 조선에는 쓰시마 창구, 류큐(→ 중국)

82　大島明秀, 『「鎖国」という言説-ケンペル著·志筑忠雄訳, 『鎖国論』の受容史』(ミネルヴァ書房, 2009년); 小堀桂一郎, 『鎖の思想-ケンペルの世界史的使命』(中公新書, 1974년) 참조

83　荒野泰典, 『近世日本と東アジア』(東京大学出版会, 1988년); 로날드 토비, 『近世日本の国家形成と外交』(速水融 外訳, 創文社, 1990년).

에는 사쓰마 창구, 에조[蝦夷]지역과의 교류를 맡았던 마쓰마에[松前] 창구, 그리고 중국선이나 네덜란드 상인이 출입한 나가사키 창구 등 네 곳이다.[84] 종래의 '쇄국'론에서는 막부 말 '개국' 압력이 러시아를 포함한 구미제국에 의해 이루어졌다는 점에서 에도시대를 걸쳐 서양세계와의 관계가 네덜란드로만 제한되어 있었다는 점이 폐쇄성의 이미지로 강조되어왔다. 하지만 최근에 이를 재검토한 연구에서는 이 네 개의 창구를 통해 동아시아를 중심으로 외부세계로 개방되었던 점이나, 그 점이 근세 일본의 정치외교 질서 또는 질서의식에 규정적(規定的)으로 영향을 미쳤다는 점(소위 '일본형 화이질서(화이의식)'의 문제)이 중시되고 있다 (그림 3 참조).

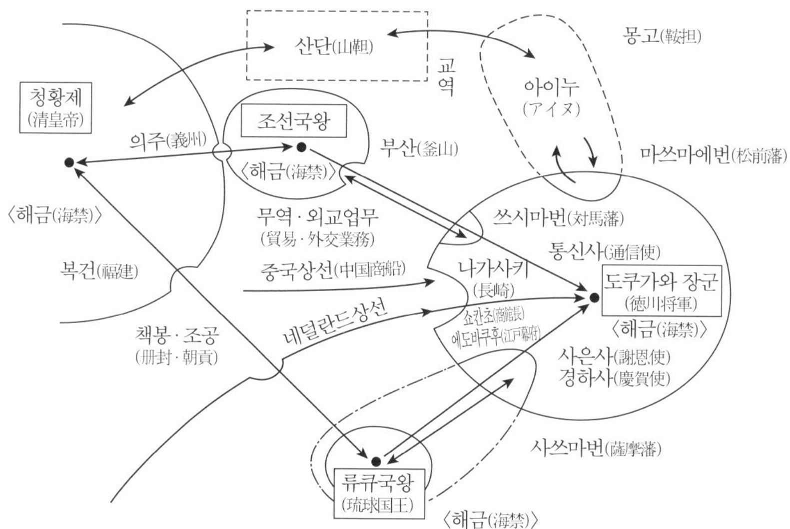

그림 3 근세 동아시아의 국제질서(아라노 야스노리, 『근세일본과 동아시아』에서)

---

84 鶴田啓, 「近世日本の四つの '口'」(荒野泰典·石井正敏·村井章介 편저, 『アジアのなかの日本史 2 外交と戦争』東京大学出版会, 1992년, 수록); 紙屋敦之·木村直也編, 『展望日本歴史14 海禁と鎖国』(東京堂出版, 2002년); 加藤栄一 외, 『幕藩制国家と異域·異国』(校倉書房, 1989년) 수록된 여러 논문 참조

앞서 근세일본에서 '금리'는 외교권을 완전히 상실하고 도쿠가와 정권(공의)이 대외관계를 통괄했다고 서술했지만, 그것은 물론 위의 네 개의 창구가 보여주는 것처럼 대외관계를 맡았던 다이묘 권력이 존재하지 않았음을 의미하는 것은 아니다. 도쿠가와 정권(공의)의 직할도시인 나가사키의 대외관계를 제외하고 다른 세 개 창구의 대외관계는 장군권력과의 주종관계를 기본으로 각각의 다이묘가[大名家]가 역(役, 일종의 군역으로 관념되었던 가역(家役))으로 맡았으며, 공의는 그들의 가역을 통괄함으로써 대외관계 전반을 장악했던 것이다. 그리고 그들 대외관계의 관할임무를 인정받고 있던 각 다이묘라 하더라도 자기 관할 이외의 대외관계에서는 다른 다이묘 못지않게 소외되어 있었다. 그런 의미에서는 쓰시마 소씨나 마쓰마에씨의 경우와 마찬가지로 사쓰마 시마즈씨에게 인정받았던 류큐의 '지배'임무(소임)는 이른바 '막번체제'라는 말이 시사하는 듯한 공의(막부)와 전국 제후(제번)와의 일반적 관계의 하나로 적용된 경우가 아니라, 예외적으로 인정되었던 특권이며 동시에 특별하게 부과된 의무였다.

위에서 다룬 다이묘 권력과 관련된 세 가지 대외관계 가운데 마쓰마에씨가 '이역(異域)'으로 간주되었던 에조지와의 관계를 관할하고, 그곳 아이누 여러 집단과의 교류를 독점한데 대해,[85] 다른 두 대외관계는 '이국(異國)' 즉 조선왕국과 류큐왕국이라는 두 외국과의 관계로, 그 경우에는 국가와 국가의 외교(국교) 관계가 포함되어 있었다. 조선과 류큐와는 앞에서 살핀 것처럼 이전부터 중국(명·청)과 종속(宗屬) 관계를 맺고 있던 왕국 즉 중화세계에 속한 책봉체제하의 조공국이면서, 근세에 들어 일본 국가를 대표하는 도쿠가와 정권과도 외교적 관계를 맺게 되었다는 점에서 매우 유사한 부분이 있다. 근세일본과의 관계에서 조선과 류큐와의 평행(parallel) 관계나, 각각의 관계를 중개한 쓰시마와 사쓰마 역할의 유사성에 비교사적으로 착목하는 것은 근세에서 근대로의 이행기 문제, 특히 메이지정부와 조선 및 류큐와의 관계가 재편되는 문제를 생각하는데

---

85   菊池勇夫, 『幕藩体制と蝦夷地』(雄山閣出版, 1984년); 榎森進, 『アイヌ民族の歴史』(草風館, 2007년)을 참조

매우 중요하다.

3. 도쿠가와 정권과 류큐, 조선

로널드 토비는 에도시대에 류큐와 조선의 지위 및 류큐와 도쿠가와 정권과의 관계를 중개한 사쓰마(시마즈씨)와 도쿠가와정권의 조선외교를 중개한 쓰시마(소씨) 역할의 유사성에 대해 다음과 같이 지적하고 있다.[86]

> 류큐는 조선의 경우와 마찬가지로 막부의 대외관계 체계 속에서 우발적이 아니라 자각적으로 편입된 요소가 있다. 분명히 사쓰마의 류큐에 대한 식민지적인 착취는 쓰시마의 조선[과의 관계]에서의 역할과는 다르다. 그러나 막부로부터 받았던 무역상의 특권, 외교상의 의례, 정보활동에서 사쓰마의 역할은 조선에서 쓰시마의 역할과 유사하며, 막부가 사쓰마에 부여한 권한은 쓰시마에 준 권한과 비슷했다.

이 토비의 지적에서 중요한 점은 류큐와 조선이 도쿠가와 정권(공의)의 '대외관계 체계' 속에서 자각적으로 편입되어 있었음을 확인하고 있다는데 있다. 앞서 서술한 것처럼 도쿠가와 시기의 대외관계는 '쇄국'이라기보다 통제된 '선택적 개국'으로 불러야 할 성격의 관계였다.[87] 일찍이 아사오 나오시로는 이와 같은 '쇄국'의 특질을 일본형 화이질서의 형성으로서 즉 도쿠가와 장군권력을 정점으로 하고 '통신국' 조선과 류큐, '통상국' 중국과 네덜란드를 구성국으로 하는 질서체계의 형성으로 파악했다.[88] 또한 다나카 다케오는 '쇄국'을 일본 고

---

86 로널드 토비, 앞의 책, 50쪽.

87 大石学, 『江戸の外交戦略』(角川選書, 2009년).

88 朝尾直弘, 『鎖国制の成立』(講座日本史4 幕藩制社会』, 東京大学出版会, 1970년).

유의 것이 아니라 중국(명·청)이나 조선 등과 공통의 '해금'의 한 유형으로 파악하는 연구를 발표해왔다.[89] 아라노 야스노리는 이들 연구동향에서 한 걸음 더나아가 "'쇄국'론에서 '해금·화이질서'론으로"라는 문제의식을 토대로, 근세일본의 '해금'이 '일본형 화이질서'의 사고에 입각한 동아시아 여러 나라에 공통적인 일종의 출입국 관리체제였다고 주장했다.[90] 로날드 토비의 연구도 이러한 최근의 '쇄국'재검토론에 속하며, 아라노 등과 마찬가지로 도쿠가와 시기의 대외관계 체계성이나 그 배후에 있는 질서의식(관념)을 중시하는 점에서 서로 통하고 있다. 이와 같은 토비나 아라노 등이 개척해 온 연구 관점이 갖는 의의는 크며, 우리들이 류큐병합('류큐처분')의 문제를 고찰할 때에도 시사하는 바가 매우많다. 그러한 관점으로 보아야만 조선과 류큐, 쓰시마와 사쓰마의 유비적 지위에 착안하여 유사점과 차이를 적절하게 파악해야 한다는 문제의식이 생겨날 수있기 때문이다.

그런데 도쿠가와기 일본 대외관계의 구조적 틀은 대략적으로 1630년대 간에이기(寬永期, 1624~1644년)에 확립되었다. 먼저 그에 이르는 과정에 대해 시대를 조금 거슬러 올라가 보자.

히데요시가 사망한 뒤 정치와 외교의 주도권을 장악한 도쿠가와 이에야스는 조선과 류큐 쌍방의 루트를 통해 중국(명)과의 국교회복과 무역 재개가 이루어지기를 바라며 소씨와 시마즈씨에게 그 뜻을 지시했다. 히데요시가 조선을침략한 뒤로 일본과 조선은 국교단절 상태가 이어졌으므로 조선의 중개로 명나라와 교섭하려면 먼저 조선과의 국교를 회복할 필요가 있었다. 하지만 침략당한 조선 측의 경계심이나 책임문제를 둘러싼 쌍방의 체면, 조선국왕과 도쿠가와 장군과의 관계를 어떻게 이해할 것인가 하는 등 거기에는 수많은 어려움이

89　田中健夫, 「鎖国について」(同, 『対外関係と文化交流』, 思文閣出版, 1982년 수록).

90　荒野泰典, 앞의 책, 同, 「江戸幕府と東アジア」(『日本の時代史 14 江戸幕府と東アジア』, 吉川弘文館, 2003년).

뒤따랐다. 그래도 양자의 중개역할을 했던 쓰시마 소씨가 여러 모로 애를 써서 조선과의 국교는 어떻게든 재개할 수 있게 되었다. 덧붙여 말하자면 그때 쓰시마 소씨가 전력을 다한 일에는 이에야스의 국서 위조도 포함되며, 나중에 이것이 다이묘 집안의 상속소동(내분)인 야나가와잇켄[柳川一件][91]으로 폭로되어 문제화되었다. 소씨가 조일간에 주고받은 국서를 위조하여 도쿠가와 장군의 칭호를 '일본국왕'으로 사용했던 것이다. 이것은 조일관계의 국교가 대등한 관계 하에 재개되었음을 연출하기 위해 소씨가 취한 고육지책이었다.[92] 한편 이에야스가 희망했던 중국과의 국교는 명조에 의해 거부되었고 결국 도쿠가와 정권과 중국왕조는 직접적으로 관계를 맺은 적이 없었다.

조선과의 사이에는 쓰시마 소 요시토시[宗義智][93]의 교섭이 결실을 맺어 1607년(慶長12) 조선은 국교의 조건이 정리되자 5백여 명의 사절단을 일본에 파견했다. 이것을 시작으로 조선에서 1617년, 1624년의 3회에 걸쳐 '회답 겸 쇄환사(回答兼刷還使)'라 칭하는 사절이 파견되었다. 위의 세 번에 걸쳐 파견된 사절에게만 부쳐진 명칭으로 이들에게는 도쿠가와 장군의 국서에 회답이라는 외교목적과 더불어 조선침략 때 일본에 끌려간 포로들을 데리고 오기 위한 (쇄환) 임무가 주어졌기 때문이다. 조선 측에서는 이외에 도쿠가와 장군 권력의 안정도를 확인하는 것과 일본을 탐지하고 살핀다는 의도도 있었다.

또한 최초의 회답 겸 쇄환사가 파견되고 2년 뒤인 1609년(慶長14)에 소씨

---

91   [역주] 야나가와 잇켄[柳川一件]: 근세 초기 스시마 소가[対馬宗家]와 가신 야나가와가[柳川家]와의 어가소동(御家騒動)을 계기로 조선과의 교섭에서 국서개찬(国書改竄) 부정이 폭로된 사건. 도쿠가와 이에미쓰는 이를 폭로한 중신(重臣) 야나가와 시게오키(柳川調興, 1603~1684, 쓰시마번 가로)에게 유죄를 선고하고, 조일교섭은 다시 재개되었다.

92   田代和生, 『書き替えられた国書-徳川・朝鮮外交の舞台裏』(中公新書, 1983년).

93   [역주] 소 요시토시[宗義智]: 아즈치모모야마시대(安土桃山時代, 일본 역사에서 오다 노부나가와 도요토미 히데요시가 중앙정권을 장악했던 시대)부터 에도시대 전기에 걸친 다이묘 쓰시마 영주 소씨의 20대 당주.

는 조선과 기유약조[己酉條約]를 맺어 매년 20척의 무역선을 보내는 것과 부산에 왜관을 두는 것 등이 정해져 소씨의 조일무역 독점이 인정되었다. 그로 인해 소씨는 도쿠가와 장군뿐만 아니라 조선왕조에게도 신하로서 따르는 듯한 위치에 서게 되었다.

조선에서는 1636년 이에미쓰[家光][94]의 요청에 응하여 '태평축하(泰平祝賀)'라는 명분으로 사절이 파견되었고, 그 이름도 '통신사'(신의를 통하게 하는 사절)라는 호칭이 다시 사용되었다. 조선통신사 파견은 이후에도 관례화되어 1811년(文化8)에 보낸 마지막 사절까지 에도시대를 통틀어 총 12회의 통신사 파견이 이루어졌다. 사절단 일행은 매회 대략 400~500인으로 쓰시마에 들른 뒤 해로로 오사카에 도착해 그곳에서 육로를 이용하여 에도로 향했다. 도쿠가와 정권에게는 통신사가 일본에 오는 것이 여러 다이묘와 일본열도 백성에게 스스로의 권위를 과시할 기회이며, 주자학을 비롯해 조선 문화를 수입할 수 있는 기회이기도 했다. 그것은 바로 국가적 행사로서 도쿠가와 정권은 반년 전부터 특정 다이묘 등에게 경호와 향응 등의 접대를 명하고, 기소가와[木曾川]에는 배다리[船橋]를 놓는 등 사절 일행을 극진하게 맞이했고 사절의 에도 숙사(宿舍)에는 많은 문인들이 찾았다고 한다.[95]

도쿠가와 정권의 대외관계 체계는 위에서 서술한 제1회 조선의 '통신사' 파견 무렵에 거의 확립되었다. 3년 전인 1633년에는 네덜란드 상관장(商館長)이 매년 에도 정부를 방문하기 시작했고, 이듬해 1634년에는 제1회 류큐사절이 제3대 장군인 이에미쓰가 직무를 이어받은 것과 교토로의 상경을 축하할 명분으로 교토 니조조[二條城]를 방문했다. 게이초기[慶長期]부터 시작되었던 금교(禁

---

94   [역주] 도쿠가와 이에미쓰[德川家光]는 에도막부 제3대 장군(재직 1623~1651년).

95   나카오 히로시[中尾宏], 『朝鮮通信使-江戸日本の誠信外交』(岩波新書, 2007년); 同, 『朝鮮通信使をよみなおす-鎖国史観を越えて』(明石書店, 2006년); 李元植, 『朝鮮通信使の研究』(思文閣出版, 1997년).

敎)정책이나 이토왓푸제[絲割符制]⁹⁶ 등 무역통제책이 전개되는 가운데, 1635년
에는 일본인의 해외도항을 전면적으로 금지하는 한편 중국선이 잠시 머무를 수
있는 항구를 나가사키 한 곳으로 제한했다. 이듬해인 1636년에는 앞서 서술한
조선통신사가 파견되었고 1639년에는 포르투갈선의 내항금지, 1641년에는 네
덜란드의 상관이 데지마[出島]⁹⁷로 이전되었다. 이와 같이 나중에 '쇄국'으로 불
리게 되는 근세일본의 외교체제 즉 조선과 류큐를 '통신의 나라', 네덜란드와 중
국은 '통상국'으로 하여 일본을 중심으로 한 국제질서, 아라노 야스노리가 말한
'해금·화이질서'가 정비되어 갔다.

류큐왕국은 조선과 마찬가지로 이 체계에서 '통신의 나라'로 자리매김 되
었다. 1634년 첫 번째 사절은 예외적으로 교토 니조조로 뵈러갔고, 그 후에도
류큐에서는 장군이 바뀔 때마다 축하사절을 파견했으며, 류큐의 국왕이 바뀔
때마다 사은(謝恩)을 명분으로 사절을 에도로 파견했다. 이들 양 사절의 파견을
'에도노보리[江戸上り]'⁹⁸, 당시 류큐 측의 호칭으로 '에도타테[江戸立]'⁹⁹라 했다.
류큐에서는 첫 회인 1634년부터 마지막인 1850년 국왕 쇼타의 즉위 사은사(謝
恩使)까지 에도시대를 통틀어 모두 18회의 사절파견이 이루어졌다. 일행은 류

---

96 [역주] 이토왓푸(糸割符): 에도 초기에 확립한 중국산 생사(生糸, 白糸) 수입 방식. 포르투
    갈 등 외국선의 무역이익 독점을 배제하기 위해, 1604년 사카이[堺] 등 3개소(나중에 5개
    소)의 특정 상인에게 수입 생사 구입의 특권을 주고, 그것을 각 상인에게 분배한 것. 시라
    이토 왓푸[白糸割符].

97 [역주] 데지마[出島]: 나가사키 시의 지명. 1634년 포르투갈 상인을 수용하기 위해 건설한
    부채모양의 인공섬. 포르투갈 선박 내항 금지 이후는 네덜란드인의 거주지가 되었다.

98 [역주] 에도노보리[江戸上り]: 에도막부로 파견된 류큐국 주잔왕부[中山王府]의 조공사절.
    류큐사절로도 불렸다.

99 [역주] 도쿠가와 막부로 파견된 사절의 총칭. 「에도타테[江戸立]」로 불리며 사쓰마의 류큐
    침공 후 1634년(寬永11)부터 막부말 1850년(嘉永3)까지 사이에 18회 행해졌다. 류큐국왕
    즉위 때 파견되는 사은사(謝恩使)와 도쿠가와 장군의 직무를 물려받을 때 파견되는 경하사
    (慶賀使)가 있다.

큐에서 사쓰마, 시모노세키를 거쳐 해로로 오사카에 도착하여 그곳에서 육로를 이용하여 에도로 향했다. 경하사와 사은사의 두 사절이 동시에 파견된 경우도 많았고, 사절단 규모는 각각의 사절이 약 100명 전후로 시마즈의 당주와 가신단도 참가하여 전체 1천 명이 넘는 대행렬을 이루었다. 정부사(正副使)를 비롯하여 사절단의 고관은 가라소조쿠[唐裝束][100], 기타 수행원은 류큐의 의상을 입고, 악사들이 시끌벅적하게 로지가쿠[路次樂][101]을 연주하면서 행렬을 지어 가는 모습은 당시 사람들의 주목을 크게 끌었고 가는 곳마다 많은 구경꾼이 일행의 행렬을 직접 나가서 보았다.[102]

정사와 부사(正副使) 등이 에도성에서 장군을 알현할 때는 에도에 있던 다이묘들이 소집되어 배석했고 류큐국왕이 보낸 상표서(上表書)와 헌상품을 펼쳐 놓고 장군으로부터 호화로운 향응을 받았다. 게다가 장군은 정사와 부사 등에게 답례의 금품을 내려주고 수행할 때마다 시마즈 번주(侯)에게도 하사품이 주어졌다. 또한 에도로 류큐사절 파견이라는 커다란 행사를 무사히 마치면 신하로서 최고 지위·최고 벼슬의 범위 내에서 시마즈 후는 한 등급 위의 벼슬 또는 관직을 기대할 수 있었고, 류큐사절 파견은 시마즈 후의 관직 상승과도 결부되어 있었다.[103]

100　[역주] 가라조조쿠[唐裝束]: 도드라지게 짠 능직[唐綾]·중국비단[唐絹]·중국에서 들여온 비단[唐織物] 등으로 만든 나들이옷[晴れの裝束].

101　[역주] 로지가쿠[路次樂]: 류큐왕국의 중국 전래 궁정음악. 국왕의 행렬 선두에서 연주하는 음악. 속칭 '가쿠' '가쿠프라' '피랄라' 등으로도 불림. 류큐 궁정의 실내악인 우자가쿠[御座樂]와는 달리 로지가쿠는 국왕의 행렬이 행진하면서 연주하는 '길거리 음악[道中樂]'이었다.

102　橫山學, 『琉球国使節渡來の研究』(吉川弘文館, 1987년); 宮城栄昌, 『琉球使者の江戸上り』(第一書房, 1982년).

103　紙屋敦之, 「幕藩制下における琉球の位置－幕·薩·琉三者の権力関係」(『北島正元, 幕藩制国家成立過程の研究』, 吉川弘文館, 1978년); 紙屋敦之, 『幕藩制国家の琉球支配』, 앞에서 서술, 수록).

이처럼 조선과 류큐는 도쿠가와 정권에서 보면 국교 관계를 맺은 두 개 뿐인 이국 = '통신의 나라'이며, 토비가 말한 것처럼 양국은 도쿠가와 일본의 대외관계 체계에 자각적으로 편입된 요소가 있다. "조선과 류큐는 막부에 사절을 파견하고 국서를 교환하고, 정사(正使)는 장군을 배알하여 국가와 국가 간의 관계를 수립하고 있었다."[104] 거기서 조선통신사와 에도타테의 류큐사절, 쓰시마와 사쓰마의 역할에는 많은 유사성이 생겨났다.

그러나 조선 및 류큐 왕조와 도쿠가와 정권이란 한쪽은 대등하고 다른 한쪽은 상하관계에 있었던 점에서 똑같은 통신국이라 해도 조선과 류큐의 지위에는 차이가 있었음도 유의해야 할 것이다. "조선정부와 막부, 조선 국왕과 장군 사이의 왕복 서간은 당사자가 모든 외교의례를 통해 외관상은 대등한 지위를 유지하려 했고, 1630년대 이후 조일 외교관계는 대등하다는 상정 아래 거행되었다. 그것과 대조적으로 류큐왕은 말과 행동 모두 장군에게 종속되어 있음이 드러나도록 끊임없이 요청받았다."[105] 이 조선과 류큐의 차이는 조일간은 대군(장군)과 조선국왕, 류일간은 로주[老中][106]와 류큐국왕이 적례(敵礼)(= 항례(抗礼)) 즉 대등관계에 있는 형태를 보였다.

조일간의 국서 교환에서는 국교 회복 당시에 쓰시마 소씨가 이에야스의 국서를 위조하여 '일본국왕'이라는 칭호를 사용했는데, 그것이 가로[家老][107]인 야나가와 시게오키[柳川調興]의 고발로 발각된 사건(야나가와잇켄)을 계기로 장군을 '일본국 대군'으로 기록하게 되었다. 국왕의 호칭이 배제된 것은 천황의 눈치를 보았기 때문이고 또 중화황제와의 관련에서 조심한 것이라 할 수 있는데, '대

---

104   로날드 토비, 앞의 책, 151쪽.

105   위의 책, 146쪽.

106   [역주] 로주[老中]: 에도 막부에서 장군에 직속되어 정무를 통할하던 최고의 직책.

107   [역주] 가로[家老]: 다이묘의 중신으로 가문의 업무를 총괄하는 직책으로 가신의 우두머리를 말함.

군' 호칭의 고안도 일본의 중화세계에서의 이탈과 조일간의 적례(대등) 관계를 의식하여 고안된 결과였을 것이다. 그후 쇼우토쿠노치[正德の治][108]로 불리는 개혁정치를 주도한 유학자 아라이 하쿠세키[新井白石]는 '대군'이 지위가 낮은 말뜻을 지녔다 하여 다시 '일본국왕'으로 고쳐 썼다. 또 지금까지의 조선통신사 대우도 지나치게 정중했다며 약간 간소하게 고쳤으나, 8대장군 요시무네[吉宗]로 바뀌자 모두 이전의 제도로 되돌아갔다.[109]

이처럼 조선과 일본 간의 국서와 외교의례 등에서는 적례 = 대등한 상정이나 외관 유지를 위해 다양한 노력과 방법이 고안되었으나 류큐와 일본은 사정이 약간 달랐다. 거기에서는 장군과 류큐국왕이 애초부터 상하관계로 되어 있었기 때문이다. 류큐 측에서 보면 이러한 관계로 강요받은 요소가 많았지만, "도쿠가와 막부에 의한 하나의 세계질서 속에 류큐는 없어서 안 되는 한 조각이 되어 있었다."[110] 왜냐하면 류큐는 아라노나 로날드 토비 등이 '일본형 화이질서'나 '화이의식' 내지 '화이관념'으로 부른 점으로 보더라도 도쿠가와 일본의 대외질서 구상을 순순히 수용하고 무난하게 맞추는 이국 = 외국이었기 때문이다.

도쿠가와 장군의 '대군'이라는 호칭이 확정된 무렵 시마즈씨도 류큐왕을 '국사(國司)'라 부르게 되고, 아라이 하쿠세키가 '일본국왕'으로 호칭을 고친 직후에 류큐왕도 '주잔왕[中山王]'으로 다시 불렸다는 점에서 장군과 류큐왕 칭호 사이의 관련성을 상정하는 논의가 있었지만 확정적인 것은 잘 알려져 있지

---

108 [역주] 쇼우토쿠노치[正德の治]: 에도시대 正德年間(1711~1716년)을 중심으로 한 6대 장군 이에노부[家宣], 7대 장군 이에쓰구[家継] 시기에 아라이 사쿠세키[新井白石]를 중심으로 이루어진 문치정치.

109 紙屋敦之, 『大君外交と東アジア』(吉川弘文館, 1997년); 池內敏, 『大君外交と武威-近世日本の国際秩序と朝鮮観』(名古屋大学出版会, 2006년); 同, 「大君の外交」(歷史学研究会編, 『日本史講座6 近世社会論』, 東京大学出版会, 2004년) 등 참조

110 로날드 토비, 「初期德川外交政策における「鎖国」の位置づけ-幕府正当性確立の問題からみて」(앞에서 서술), 29쪽.

않다. 가미야 노부유키[紙屋敦之]는 아라이 하쿠세키의 개혁이 이루어질 무렵, 1710년 쇼에키[尚益]가 주잔왕으로 즉위할 때 사은사와 관련하여 로주가 쇼에키에게 보낸 답서에 '번의 봉작을 이어받음(賢藩承襲)'이라는 말이 있고, 류큐가 '번'으로 불리고 있는 점에 주목하여 이것은 '번국'이라는 뜻이며, "막부가 류큐를, 장군을 일본 국왕으로 하는 국제질서 아래의 '번국'으로 간주하고 있음을 나타내고 있다."[111]고 서술하고 있다. 또 로날드 토비는 시마즈씨의 침공과 류큐에 대한 미곡 수량의 가증 등의 사실에도 불구하고, 『라잔문집』[羅山文集][112]과 『화이변태』(華夷變態) 등의 문서에서 류큐가 외국으로 취급되었음을 지적하고 있다. 또한 "중국과의 사이를 왕복하는 류큐의 조공선이 해적에게 공격당하면 나가사키부교[長崎奉行]가 해적에게 부과료(벌금)를 받거나 류큐선을 약탈하지 않도록 막부가 네덜란드인에게 권고하는 등, 막부는 류큐 문제에 대처해왔다. 그 이유는 류큐가 일본의 일부가 아니라 '류큐는 일본의 번병(藩屏)'이기 때문이었다."[113]라고 서술하고 있다.

이처럼 류큐는 도쿠가와 정권에서는 격하된 외국으로 취급되었다. 이와 더불어 유의해야 할 점은 이른바 막부 말에 이르기까지 '번'이란 말이 '번병'이나 '번국' 등 화이질서 아래에 있는 이국＝외국을 가리키는 용어이지, 메이지기 이후의 학교교육에서 보급되어 오늘날 일본사 용어에서 자명한 것으로 보이는 것처럼, 다이묘의 영국(領国)이나 통치기구를 가리키는 용어는 아니었다는 점이다.

111 　紙屋敦之, 「大君外交と日本国王」『大君外交と東アジア』(앞에서 서술), 47쪽.

112 　[역주] 하야시 라잔(林羅山, 1583~1657)은 에도시대 초기 주자학파 유학자. 라잔[羅山]은 그의 호이다. 토비는 라잔이 류큐침략에 대해서 류큐가 중국의 번속이었던 사실을 무시하는 태도를 보였으며 '琉球称臣'이라고 말하는 등 신하로 취급하고 침략을 미화하려는 시도를 한 인물로 평가하고 있다.

113 　로날드 토비, 『日本の歴史 第9巻「鎖国」という外交』(小學館, 2008년), 107쪽.

4. 일본형 화이질서라는 문제

앞서 서술한 것처럼 근세일본의 대외관계 체계는 조선과 류큐라는 통신국과의 국제관계, 청국인 및 네덜란드인과의 통상관계, 마쓰마에를 통한 아이누와의 교류를 포함한 것이었다. 이 체계에서는 조선과 류큐가 통신국이지만 국가적 지위에 상하가 있었고, 청국인이나 네덜란드인과의 통상관계는 더욱 그 아래 등급에 속하는 것으로 간주되었다.

> "이 [조선과 류큐라고 하는] 두 지위의 서열 외에 한 단계 더 아래인 대외관계가 있었다. 네덜란드, 중국과의 대외관계이다. 각각 동인도회사, 중국의 개인 무역상인으로 나가사키에서 사적으로 무역에 관여하는 것이 허용되고 있었지만, 양국 모두 외국 국가[의 대표]로 인정되지 않았다. 이런 이유로 그들에게는 막부와 국서 교환이나 장군과의 공식 알현도 없었던 것이다."[114]

이처럼 도쿠가와 정권의 대외관계 체계는 국내 지배체제 상태와 불가분하게 관련되면서 네 개의 창구를 통해 조선과 류큐, 청국인과 네덜란드인, 나아가 아이누를 마치 복속시키고 있는 것처럼 자리매김하고, 일본을 중심으로 더 나아가 정점으로 하여 계층적으로 편성하려 한 데 있다. 그러한 대외관계의 질서나 의식을 아라노와 토비는 '일본형 화이질서'나 '일본형 화이의식(관념)'으로 분석하고 있다. 이 질서 내지 질서의식에서는, 먼저 도쿠가와 일본이 명조(나중에 청조)를 중심으로 한 중화세계질서(책봉체제)에는 들어가지 못한 채, 자기중심적인 화이질서를 형성하고자 한 것이 중요했다. 그리고 이 일본형 화이질서(관념)에서 일본이 '중화'('華')가 된 근거를, 첫째로는 '무위', 둘째로는 만세일계의 천황이 존재하는 신국(神國)이라는 것에서 찾았다.[115]

114　위의 책, 151쪽.

115　池内敏, 『大君外交と武威-近世日本の国際秩序と朝鮮観』(名古屋大学出版会, 2006년).

위의 두개의 근거 사이에는 공의와 금리의 관계와 마찬가지로 긴장관계가 잠재되어 있었다고 해도 좋다. 일본의 '무위'를 구체적인 형태로 드러내는 것은 도쿠가와 정권이었지만, 현실에서 도쿠가와 정권과 적례(敵禮 = 대등)관계에 있는 조선보다도 일본이 좀 더 우위에 있음을 주장하거나 납득시키고자 할 때, 자연스럽게 증거로 내민 것이 황국 = 신국이라는 근거였다. 하지만 후자를 너무 지나치게 강조하는 것은 도쿠가와 지배의 기초를 와해시킬지도 모른다. 그런 의미에서 근세 일본형 중화사상에는 모순과 한계가 내재해 있었지만, 그러한 자기중심주의적인 의식이나 관념이 민중이나 일부 지식인층 사이에도 확실하게 유포되어 있었다. 주지한 바와 같이 소위 막부 말 일본에서는 양이론이 휘몰아쳤고, 메이지 초기에는 '정한론'이 관리와 백성 모두에게 확대되어 정치외교의 표면으로까지 부상하게 되는데, 그것은 하룻밤 사이에 생겨난 것이 아니고 메이지 초기의 침략적 사상의 기반도 에도기에 조용히 준비되고 있었던 측면이 있었다.[116]

한편 조선 측에서도 근세를 통틀어 자신을 (소)중화(小中華)로 자리매김한 '화이'사상이 자라고 있었다. 이것은 명에서 청으로 왕조가 교체된 것과 깊이 관련되어 있다. 청조는 중국 동북부에 거주하는 여진족 누르하치를 왕으로 하는 후금이 명의 쇠퇴를 틈타 남하하여 1636년 국호를 청(淸)으로 고치고, 1644년 북경을 점령하고 세운 정권이었다. 청의 세력을 북방 '오랑캐'로 인식했던 조선은 명조와 한편이 되어 싸웠지만 패배를 맛보았다. 청조는 권력을 장악하자 전통적인 중화사상을 채용하고, 조선에 대해 무력으로 책봉관계를 강요했다. 조선은 이를 받아들이고 다시 책봉체제하에 들어갔지만, 명·청 교체 후 조선에서는 스스로를 명의 중화문화 즉 정통 유교의 후계자로 생각하고 자국의 문화가

116 　로날드 토비, 『日本の歴史 第9卷 「鎖国」という外交』(앞에서 서술); 同, 「「平和外交」が育んだ 侵略·征韓論」(吉田光男 編, 『アジア理解講座4 日韓中の交流』, 出川出版社, 2004년); 木村 直也, 「幕末の日朝関係と征韓論」(『歴史評論』516호, 1993년) 등 참조

청조보다 우월하다는 사상이 확대되었던 것이다.[117]

덧붙여 명의 조공국이던 류큐 역시 명·청 교체라는 혼란에 대응하는데 고심했지만, 새롭게 대륙의 지배자가 된 청조와 별다른 마찰 없이 예로부터의 조공·책봉관계를 회복할 수 있었다. 스스로가 소왕국에 지나지 않으며 주변에 오랑캐라 여길 만한 지역도 없었던 류큐에서는 자기를 중심으로 세계를 구상하는 소중화주의 사상이 자랄 여지는 존재하지 않았다. 오히려 류큐는 아이누와 마찬가지로 그리고 조선과는 약간 다르게 일본형 화이질서(의식)에 잘 부합하는 존재였다고 할 수 있다.

이처럼 근세 동아시아에서는 본가 본원인 중국뿐만 아니라 일본, 조선의 외교체제도 각각 그 배후에 자국을 중심으로 한 화이의식을 수반한 것이기도 했다. 도쿠가와 일본의 소위 '쇄국'체제는 그러한 중국과 조선의 '해금'과 연계하면서 동아시아 해역의 안전과 질서화를 의도한 것이었다. 다만 일본은 명과의 국교회복을 단념한 채 명·청 교체에 얽히는 것을 피했고 청국과도 국교를 맺은 적이 없었다. 스스로는 중화세계질서에 가담하지 못한 채, 명·청과 책봉조공관계에 있는 조선·류큐와의 국교를 유지하고, 직접적으로는 조공무역의 체계에 참가하지 않은 채 동아시아 교역권에서 자리를 차지하고 필요한 물자를 확보하려 한 것이 도쿠가와 정권 외교정책의 특징이었다.[118]

이러한 사상적, 경제적 조건을 수반하면서도 앞서 서술한 것처럼 도쿠가와 정권과 조선왕조는 겉으로 보기에 대등한 외교관계를 유지했다. 조선국왕이 장군이 교체될 때 축하 명분으로 일본에 파견한 통신사는 조일간의 평화적이고 대등한 성신외교(誠信外交)의 상징이었다. 히데요시의 조선침략이나 메이지의 정한론을 상기한다면, 2백여 년 동안 양자에 가로놓여 있는 조일간의 평화외교는 매우 의미 있는 일이었다고 하지 않을 수 없다.

117　山內弘一, 『朝鮮からみた華夷思想』(山川出版社, 2003년), 41쪽 이하.

118　吉野城, 『東アジア史のなかの日本と朝鮮』(明石書店, 2004년), 181쪽.

한편으로 조일간의 외관상 대등한 외교관계나 그것을 유지하고자 노력한 당국자들의 배후에 각각의 사회에서 서로 상대에 대한 우월성을 과시하려는 소중화주의 의식이 존재했던 것도 앞서 서술한 그대로이다. 조선의 경우에는 명의 중화문화 후계자라는 자의식이 있었다. 또한 일찍이 히데요시의 침략을 받은 것에 대한 경계심에서 조선은 일본인의 한성(서울) 출입을 금지시키고, 그 때문에 도쿠가와 장군이 직접 조선왕조에 사절을 보낸 적은 없으며, 통신사는 조선에서 일본으로 일방적으로 파견되었을 뿐이었다. 그러므로 통신사를 일종의 조공사절로 이해하고 조선을 속국시하는 풍조도 일부 민중들 사이에서는 일찍부터 있었다고 한다.

그러나 그러한 양국의 우월의식이 직접 외교의 표면으로 불거져 나와 그것이 원인이 되어 양국의 교린외교가 붕괴된 적은 없었다. 교린관계의 유지라는 점에서 쓰시마 소씨가 조일간의 중개자로서 행하던 역할이 중요했다. 도쿠가와 장군에게는 신하로서 따르며 조선무역과 조일외교의 중개를 가역으로 했던 쓰시마 소씨는 다른 한편으로 조선왕조로부터 인장을 받고 세견선(歲遣船) 파견과 부산의 왜관 사용을 인정받는 등, 조선과 일본의 '양속(両属)'적인 특수한 지위에 있었다. 원래 쓰시마는 산물이 부족하고 조일무역에서 발생하는 이윤은 소씨 가신단의 사활과도 관련되어 있었으므로 소씨는 조일 중개 가역에 온 힘을 기울였던 것이다. 각각 중화의식을 지닌 조일 양국이 대등외교를 유지할 수 있었던 배경에는 양자 사이를 중개하여 상호인식의 어긋남을 비롯해 다양한 모순의 완충지대가 되었던 쓰시마 소씨의 특수한 활동이 있었던 것이다.[119]

---

119   荒野泰典, 「江戸幕府と東アジア」(同 編, 『日本の時代史14 江戸幕府と東アジア』, 앞에서 서술), 139~140쪽; 鶴田啓, 『対馬からみた日朝関係』(山川出版社, 2006년); 同, 「釜山倭館」(荒野泰典編『日本の時代史14 江戸幕府と東アジア』, 앞에서 서술, 수록) 등 참조

제4절 근세 류큐왕국의 내부 구조

1. 류큐왕부와 신분제사회

4절에서는 본서의 주제인 류큐병합사를 더욱 잘 이해하기 위해, 그 전제가 되는 지식을 확실하게 해두려면 근세 류큐왕국의 내부구조로 눈을 돌릴 필요가 있다.[120] 17세기 초 사쓰마의 침공을 받은 이후 류큐왕국의 경제나 재정은 궁핍해졌고 세상은 더욱 어지러워졌다. 그러나 17세기 후반 1666년에는 하네치 조슈[羽地朝秀]가 섭정(攝政)으로 취임하여 차례차례 구습을 개혁했으며, 류큐를 근세 신분제적인 정치사회로 변혁해 가는데 힘을 쏟았다. 하네치의 여러 개혁을 전후로 즉 17세기 중엽에는 근세 류큐의 왕부기구도 정비되었다.

먼저 국왕 아래에서 정무나 행정사무를 담당한 왕부기구부터 살펴보자(그림 4 참조). 기구의 최상위에는 국왕을 보좌하는 '섭정'과 정무를 실질적으로 통괄하는 '산시칸[三司官]'이 있고, 그들과 나중에 서술하는 '오모테[表] 15인'으로 구성되는 '효조소[評定所]'가 있었다. 행정기관은 크게 내정외교를 담당하는 모시쿠치호[申口方]와 재정이나 가신에게 수여하는 토지 및 그 소유권을 담당하는 모노부교[物奉行]로 구별되며, 전자는 사시누소바[鎖之側], 소시구리[双紙庫理], 도마리지토[泊地頭], 히라노소바[平等之側]의 4부서, 후자는 규치호[給地方], 요이호[用意方], 쇼타이호[所帶方]의 3부서로 구성되어 있었다. 이들 7개 부서의 장관 및 차관(사시누소바만 히초누시도리[日帳主取] 2명)으로 구성된 '오모테 15인'은 섭정·산시칸과 함께 국왕을 보좌하는 최고 평의기관이었다.

모시쿠치호[申口方]와 모노부교[物奉行]로 크게 구별되는 행정기관은 세수(收稅)를 관리하는 수납좌(收納座), 사쓰마에게 상납을 담당하는 시노보세자[仕上

---

120   류큐왕국의 내부구조에 대해서는 渡口真清, 『近世の琉球』(法政大学出版局, 1975년); 梅木哲人, 『近世琉球王国の構造』(第一書房, 2011년)을 참조.

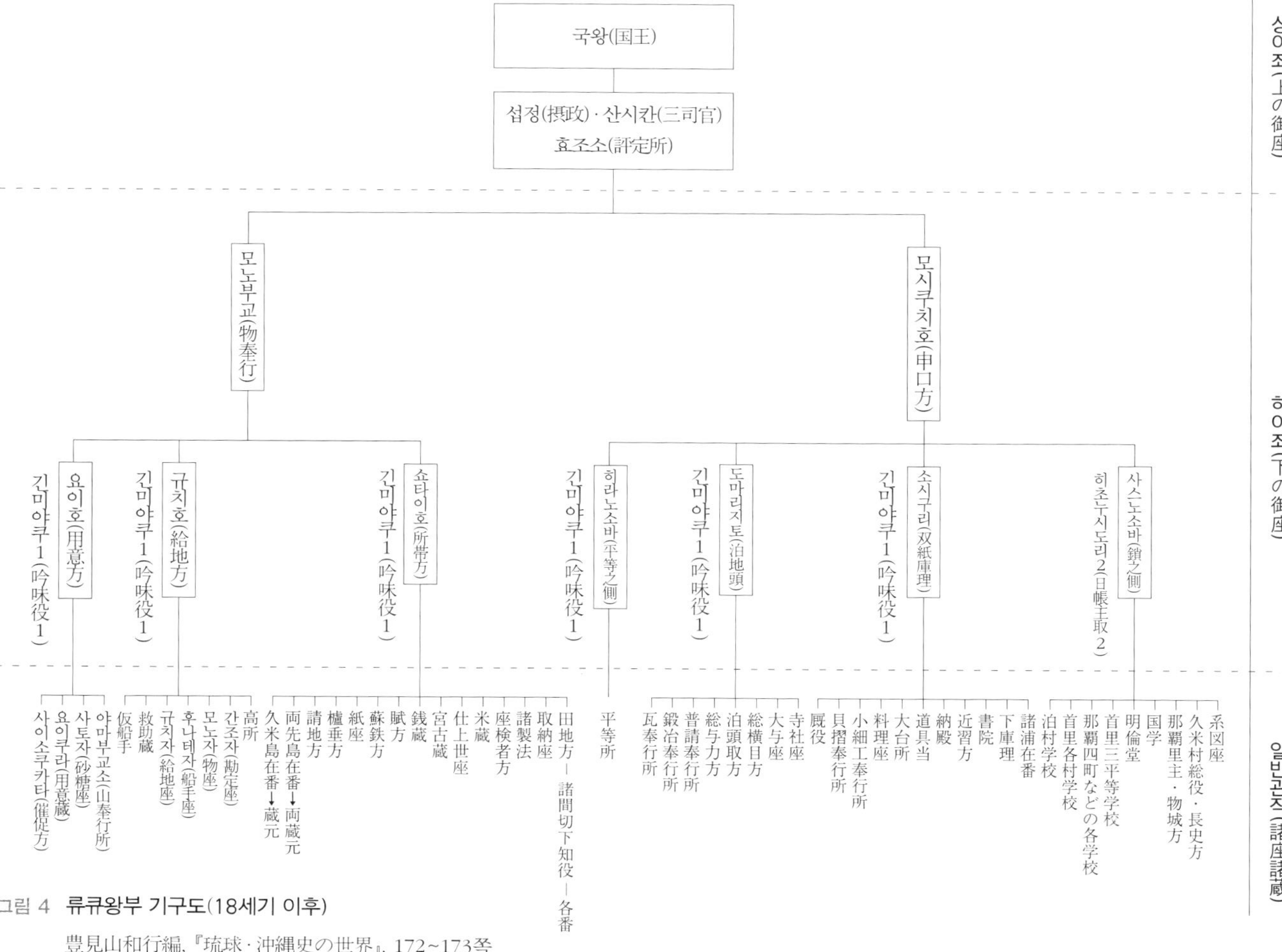

그림 4 류큐왕부 기구도(18세기 이후)

豊見山和行編, 『琉球・沖縄史の世界』, 172~173쪽

世座], 재판을 담당하는 히라소[平等所], 그 외에 게이즈자[系圖座], 서원(書院), 긴주소[近習所] 등을 두어 각각의 행정사무를 관장(管掌)했는데 이들을 '제좌제장(諸座諸蔵)'이라 총칭했다.

17세기 후반에는 왕국의 신분제도도 정비되었다. 그때까지는 왕부에서 관직에 오를 수 있는 관인층(官人層)의 저변에는 일반 백성과의 구별이 유동적이었다. 그래서 왕부는 1689년 게이즈자를 설치하고 관인층에 계보[系圖, 家譜]를 제출하게 했으며, 왕부에서 벼슬을 할 수 있는 선비 신분의 확정하는 동시에 혈통[家筋]에 따라 선비층[士分層]의 등급을 매겼다. 그럼으로써 류큐에서도 일종의 사농분리, 선비와 백성간의 신분적 구별이 확립되었다.[121]

이처럼 류큐도 근세에는 신분제사회가 만들어졌다. 그 배경에는 분명 사쓰마를 매개로 하여 도쿠가와 시기의 일본으로부터 적지 않은 영향이 있었던 것으로 판단된다. 그러나 일본사에서 안이한 유추를 통해 근세의 류큐사회를 이해한다면 생각치도 못한 인식의 오류에 쉽게 빠지게 될 것이다. 그러한 점에서 먼저 근세에서 '류큐처분'을 거쳐 근대 오키나와로의 이행 과정을 먼저 염두에 두면서, 근세 류큐의 신분제사회 특성에 대해 다음으로 살펴보고자 한다.

류큐의 근세신분제 하에서는 국왕과 근친인 왕자가(王子家)·아지가[按司家]를 별도로 하면, 사회는 선비[士]의 신분[士分·系持]과 그 외 백성계급의 둘로 나뉘어 있었다. 선비는 유캇추[良人], 게이모치[系持]로 불리며, 원칙적으로 슈리[首理]·나하[那覇] 및 도마리무라[泊村]·구메무라[久米村] 등 이른바 '마치카타'(町方: 도시)에 모여 거주하고 있었다. 백성은 '마기리'[間切]로 불리는 지방에 살며 조공과 부역을 부담하는 농민과 그 외에 잡업에 종사하는 영세민이 있었다. 백성은 이렇게 지방에서 농업에 종사하는 시골 백성과 별도로, 슈리·나하 및 도마리

121　田名真之, 『沖繩近世史の諸相』(ひろぎ社, 1992년); 同, 『身分制-士と農』(琉球新報社編, '新琉球史 近世編(下)', 琉球新聞社, 1990년 수록); 富見山和行, 「近世琉球の士と民」(大橋幸泰·深谷克己編, 『〈江戸〉の人と身分6 身分論を広げる』, 吉川弘文館, 2011년 수록) 등 참조

무라 등 마치가타에 살며 잡업에 종사하는 도시 백성이 있었는데, 류큐에는 공(工)·상(商)이 독자적인 신분으로 발달하지 않았고, 선비와 백성의 구분이 사회 구조의 골격을 구성하고 있었다. 선비 신분인 자는 왕부 내의 게이즈자라는 부서에 각각 가보를 등록하면 '게이모치'로 불린 반면에, 그 외의 사람들은 생업의 양태와 상관없이 모두 '가보가 없는' 백성신분이었다.

류큐의 특성으로서 첫 번째로 지적해야 할 점은 근세 '선비[士]'의 신분적인 특징이다. 류큐에도 선비·백성의 분리가 신분제의 기본이었다는 점에서 류큐의 선비도 일본(본토)의 '무사'계급에 빗대어 이해되는 경우가 많은 것으로 보인다. 그러나 류큐의 '사[士]'는 무사가 아니며 일본 무가의 전통과는 거리가 먼 존재였다. '선비[士]'라 쓰고 '사무레'로 불리기도 했지만 일본의 무사와는 다르며, 도검(刀劍)을 몸에 지니지도 무예를 단련하는데 힘쓰지도 않았으며, 대부분의 사람들에게는 세습되는 가록(家祿, 世祿)이라는 제도도 없었다. 이러한 비무(非武)의 특징은 근세에는 사쓰마의 무력 통제 하에 있었던 결과이기도 하겠지만,[122] 설령 사쓰마에 강요당하는 요소가 있었을지언정 근세 류큐는 무(武)가 아니라 문(文)에 가치를 둔 정치사회였다는 것에는 의심의 여지가 없으며, 거기에는 중국문화의 영향이 짙게 깔려 있음을 알 수 있다. 굳이 비교하자면, 류큐의 선비[士]는 일본의 무사가 아니라 중국의 사대부나 조선의 양반(중에서 문반)에 가까운 존재였다고 말할 수 있다.

두 번째 특성은 선비 신분이 총인구에서 차지하는 비율이 지나치게 컸다는 점이다. 근세 전체를 통한 신분 변동은 잘 알 수 없지만, '류큐처분'의 시점에서 말하면 류큐의 선비는 총인구의 4분의 1에 달했다.[123] 일본의 무사가 기껏해

122　麻生伸一, 「琉球における薩摩藩の武具統制令について」(『沖縄文化』제42권, 제2호, 2007년).

123　安田三郎, 『社会変動の研究』(東京大学出版会, 1971년)에 의하면 류큐처분 직후 메이지14년 조사로 류큐의 사족율은 27.4%가 넘었다(같은 책, 299쪽). 또 波平勇夫, 『近代初期南島の地主層-近代への移行期研究』(第一書房, 1999년), 제1장 참조

표 1 부현별, 사족 인구 및 사족율 (1881년 1월1일 조사)

부현	사족	전체 인구	사족율	부현	사족	전체 인구	사족율
가이타쿠시(開拓使)	7,831	168,084	4.66	미에(三重)	22,834	850,791	2.69
모리(森)	32,197	484,274	6.64	사가(滋賀)	23,000	745,133	3.08
이와테(岩手)	12,164	598,132	2.03	교토(京都)	24,539	830,998	2.95
미야기(宮城)	35,078	625,332	5.61	오사카(大阪)	6,363	586,729	1.08
아키타(秋田)	34,253	625,506	5.47	사카이(堺)	25,992	960,711	2.71
야마가타(山形)	56,345	687,718	8.20	효고(兵庫)	40,137	1,406,613	2.86
후쿠시마(福島)	39,867	823,120	4.82	오카야마(和歌山)	32,175	603,723	5.32
이바라기(茨城)	31,648	906,073	3.49	시마네(島根)	47,569	1,043,865	4.55
도치기(栃木)	12,619	593,383	2.13	오카야마(岡山)	37,733	1,007,054	3.74
군마(群馬)	19,591	593,625	3.30	히로시마(広島)	35,212	1,225,057	2.88
사이타마(埼玉)	11,791	952,689	1.24	야마구치(山口)	72,028	883,885	8.15
지바(千葉)	21,005	1,108,678	1.89	도쿠시마(徳島)	34,689	637,550	5.44
도쿄(東京)	88,323	979,084	9.01	에히메(愛媛)	62,866	1,453.472	4.32
가나가와(神奈川)	9,545	772,903	1.24	고치(高知)	45,300	550,686	8.23
니가타(新潟)	35,375	1,564,312	2.26	후쿠오카(福岡)	79,103	1,109.475	7.13
이시카와(石川)	90,694	1,856.402	4.89	나가시마(長島)	159,126	1,196,065	13.30
야마나시(山梨)	1,170	404,299	0.29	구마모토(熊本)	88,474	995,673	8.88
나가노(長野)	32,640	1,012,142	3.22	오이타(大分)	36,538	740,009	4.94
기후(岐阜)	15,404	849,221	1.81	가고시마(鹿児島)	284,233	1,279,631	22.20
시즈오카(静岡)	40,150	972,265	4.13	오키나와(沖縄)	97,843	356,801	27.40
아이치(愛知)	49,944	1,317,792	3.79	전국(全国)	1,933,888	36,358,955	5.32

* 安田三郎, 『사회이동의 연구』, 299쪽.

야 총인구의 5~6%에 불과했던 것과 비교하면, 이 점에서도 두드러지게 다른 점을 보여주고 있다(표 1 참조). 이것은 근세 류큐의 선비 신분을 일본사에서 유추하여 단순하게 '지배계급'이라 부르는 것이 얼마나 오해로 가득차고 또 오해를 불러일으키기 쉬운 표현인지를 보여주고 있다.

여기서 먼저 '류큐처분'기에 대해 살펴보면, 인구의 4분의 1이 넘는 선비층과 더불어 후술할 지방의 관리층까지도 메이지정부의 병합에 뜻을 둔 여러 정책에는 마지막까지 저항했다. 역사서에는 이 강제적 변혁에 대한 류큐 선비층의 저항을 일본사의 '불평사족'에서 유추하여 '구지배계급'의 반항운동과 동등시하여 기술하는 경우도 많은데, 그처럼 안이한 유추는 근본적으로 잘못되었다고 해야 할 것이다.[124]

세 번째는 그들의 생업과 계급의 특성이다. 위에서 서술한 바와 같이 류큐의 선비는 인구비율이 현저하게 높았으므로 당연히 그들 모두가 왕부에서 사관(士官)이 될 수는 없었다. 그들은 사관이 될 때까지(평생 사관이 되지 못하는 자도 있었을 것이다), 또 관직에서 물러난 뒤 여러 가지 세공이나 상업 등 다양한 생업에 종사했다. 류큐에서는 선비나 농업과 별도로 공(工)·상(商)의 신분이 독자적으로 발달하지 않았는데 그 이유는 선비층의 일부가 그런 종류의 활동을 담당했기 때문이었다. 근세 후기가 되면 도시에서 시골로 내려가 야두이[屋取][125]로 불리는 집락(集落)을 만들어 그곳에서 농업에 종사한 선비층도 적지 않았다.

위와 관련하여 지적해야 할 네 번째 특징은 류큐의 과거제도와 선비층에 대한 교육이다. 선비의 자제가 왕부 내의 관직에 오르는 경우 대부분 과(科)와 과시(科試)로 불리는 시험제도로 선발되었다. 단지 그 대상은 힛샤[筆者]와 슈이후야쿠(首里大屋子)로 불리는 하급사무직 등이 중심이어서 왕부의 고위직에 오르기 위한 고등문관시험 같은 것은 없었다.[126] 왕부의 고위직에 오르기 위해서

124　이 점과 관련하여 예외적이지만 일찍이 이노우에 기요시는 "나는 인민이 병합에 반대했다고 추정한다. 전혀 무력을 갖고 있지 않은 극소수의 왕족·상급사족이 민중의 적극적인 지지 없이 어떻게 그만큼 저항할 수 있겠는가. 하급사족에 이르러서는 대부분이 마을의 소작인이며, 나하·슈리의 가내수공업자나 소상인이며 이들을 인민이라 해도 지장은 없을 것이다"고 서술하고 있다. 井上淸, 「沖繩」(『岩波講座 日本歷史16 近代3』, 岩波書店, 1962년), 328쪽. 세세한 표현의 옳고 그름은 시비는 어찌되었든 큰 견지에서는 본질을 꿰뚫고 있다고 할 수 있다.

125　[역주] 근세후기 궁핍한 사족들이 슈리를 떠나 지방으로 내려가서 인적이 드문 곳에 오두막을 짓고 황무지를 개간하여 농사를 지었다. 야두이는 '타지에 깃들다'라는 뜻.

126　田名眞之, 『平等学校と科試』(高良倉吉編, 『新しい琉球史像-安朝城盛昭先生追悼論集』, 記錄

는 공적 외에 혈통이나 문벌[家格＝家筋]의 원리도 병용되었으므로 중국의 과거 제도와 비교하면 어중간한 제도였다는 점은 부정할 수 없다. 그러나 일본의 무가(武家)제도, 세록(世祿)제도 하에서는 거의 혈통만으로 벼슬길이 결정되고, 학문을 시험하는 국가시험이 없었다는 점과 비교하면 이 과시(科試)의 존재도 커다란 특색이라 할 수 있다.

류큐에서는 선비의 비율이 높았던 만큼 과거에 응시하는 비율도 높아 급제하기는 상당히 어려웠던 것 같다. 그러나 류큐의 선비는 과거를 목표로 학문 연구를 하는 것을 본분으로 여겼다고 한다.[127] 그를 위한 교육기관으로 '학교'와 기타 교육기관이 있었다. 예를 들어 슈리의 15개 마을에는 각각 초등교육을 위한 '마을학교', 마을의 상위 행정단위인 세 개의 히라[平等]에는 각각 중등교육을 위한 '히라학교'가 있었고, 그 위에 최고학부인 '국학'이 있었다. 또한 선비층이 슈리, 나하, 그리고 나하에 인접해 있는 구메무라 및 도마리무라로 구성된 도시 지역에 집중되어 있다는 것은 앞에서 서술했는데, 그 중 구메무라는 중국계 이주자들의 후예가 거주하며 중국과의 외교나 진공무역 등에 종사하는 전문가 집단을 거느리고 있었다. 그래서 구메무라에는 초중등 교육기관 위에 국학과 나란히 또 하나의 고등교육기관인 '명륜당'이 있었고, 한문과 유학을 중심으로 중국과의 교류에 꼭 필요한 전문지식 교육이 이루어졌다.

이러한 점을 종합해서 생각해보면, 근세 류큐에는 교육 보급은 상당히 높은 비율을 나타내는 것으로 추정된다. '류큐처분' 무렵으로 말하면, 선비층의 비율이 인구의 4분의 1을 넘었다는 것 외에도, 지방의 여러 행정구분에도 백성 신분에 속하는 지방 관리를 육성하기 위한 교육기관이 있었다는 점을 종합해 보면 확실히 성인 남성의 3할 이상은 지식인계층에 속했다고 봐도 좋을 것 같다.

堂, 1996년, 수록).

127　真境名安興, 『沖繩敎育史要』(1931년 초판, 『真境名安興全集』제2권 수록, 418쪽); 田名真之, 『平等学校と科試』(앞에서 서술)을 참조

덧붙여서 재차 '류큐처분'의 시기에 대해 미리 말하면, 메이지정부의 강경한 여러 시책에 직면하여 류큐의 선비층이 모여서 저항책을 협의했던 곳은 각지의 학교와 국학 등이었다.

또한 류큐 성인 남성의 3할 이상을 식자(識者) 계층으로 추정할 수 있다고 서술했지만, 오키나와 근대학교 교육의 역사에서는 '류큐처분' 직후에 거의 제로에서 시작한 남녀 취학률 중에 남자의 취학률이 3할이 넘은 것은 청일전쟁 무렵의 일이었다. 오키나와 교육사 연구에서는 취학률 상승의 더딘 흐름에 대해 빈곤과 교육에의 몰이해 등에 의한 것이라고 다양하게 해석해 왔다. 하지만 그보다 더 중요한 것은 류큐에서 오키나와로 세상이 바뀜에 따라 교육의 단절, 즉 취학률이 3할에서 제로로 급락했으며, 그 후 교육의 흐름을 상승이 느렸다기보다 회복이 지연된 것으로 파악하려고 하는 관점을 가져야 하지 않을까.[128]

그럼 이제 위와 같은 류큐 선비의 특질에 입각하여 인구 4분의 1이 넘는 선비 신분의 내적인 계층분화에 대해서도 좀 더 살펴보자.[129] 먼저 류큐 신분제의 최상층에는 왕자 · 아지 · 웨카타가 자리하고 있다. 국왕의 자제는 모두 왕자이지만, 다음 세대가 되면 아지[按司] 계급이 된다. 류큐에서 왕자는 하나의 작위이기도 하고 국왕의 자식뿐만 아니라 국왕의 동생이나 숙부(선대와 선선대의 왕자)도 왕자로 불렸으며, 또 아지인 자가 특별히 훈공이 있어 왕자로 서위되는 일도 있었다. 아지에는 주잔 슈리왕부가 집권하기 이전부터 각지의 영주였던 자와 왕자의 2대 이하 직계자손의 두 종류가 있었는데, 근세도 시대가 흘러감에 따라 후자(직계자손)가 대부분이 되었다. 아지는 때로 섭정이 되어 정무에 참여하는 일도 있었지만 보통은 계도봉행(系図奉行) · 사사봉행(寺社奉行) 등의 정무와

128 　근대 오키나와 교육사에 대해서는 近藤健一郎, 『近代沖縄における教育と国民統合』(北海道大学出版会, 2006년); 浅野誠, 『沖縄県の教育史』(黒文閣出版, 1991년); 安里彦紀, 『沖縄の近代教育』(亜紀書房, 1973년) 등을 참조.

129 　이하에 대해서는 '旧琉球藩禄制の事'(『沖縄県史13, 資料編3』, 류큐정부편집 발행, 1966년), 55쪽 이하를 참조.

상관없는 직무를 관장했다. 그에 비해 웨카타는 원래 고위 선비층이 왕부 안에서 일정한 공적을 쌓으면 승진하는 등급이었다. 웨카타는 종신이며, 그 자제가 아직 웨카타의 지위가 되지 않았더라도 주어진 영지를 공급받고 있는 동안에는 웨카타 집안으로 불렸다. 웨카타에 임명될 수 있는 산시칸은 선비가 공적을 쌓아 출세할 수 있는 최고의 관직으로 일정한 범위의 왕부 고관에 의한 선거로 추천되었다.

왕자·아지·웨카타 계층이 일반 선비와 구별되는 점은, 그들이 왕부의 요직에 종사했을 뿐만 아니라 아지 관리자[按司地頭](왕자·아지)나 총관리자(웨카타)로서 각각 1마기리(間切, 행정단위)를 채지(采地, 영지에 해당함)로 제공받았다는데 있다. 왕자·아지의 아지 관리자와 웨카타 총관리자는 동일한 마가리를 중복해서 받았으므로 양총관리자[兩総地頭]로도 불렸다. 양총관리자 앞으로 지급된 마기리·섬의 수는 17세기말 경에 37개의 마기리·6개의 섬에 이른다. 근세 말 왕자·아지 가문이 약 30개, 웨카타 가문이 약 40개, 합계 70개 정도의 총관리자 가문이 있었다. 단지 마기리를 차지한다(領하다) 하더라도 영지지배의 성격은 약했고, 일반적으로 슈리에 커다란 저택(御殿·殿地)을 구비하고 왕부로부터 영지에서 생산된 쌀[知行高]을 받거나, 마기리에 있는 '지도치[地頭地]'를 백성들에게 경작하게 하여 그 수확의 일부를 수령하는 명목적인 성격이 짙은 녹봉의 형태였다. 그와 더불어 류큐의 특색은 영지의 점유가 이중, 삼중으로 중복되어 있다는 점에 있었다.

양총관리자가 받은 40개 정도의 마기리·섬은 각각 약 10개에서 20개 정도의 마을로 이루어져 있으며 그런 마을은 모두 약 600개였다. 그리고 절반 즉 300개 정도의 마을에는 더욱이 와키지토[脇地頭]라는 자가 있고, 각각 마을 하나를 영유하고 있었다.[130] 그 와키지토는 다음에 서술하는 사토누시가[里之子家]

---

130 부언하자면 류큐처분 후에는 미기리와 마을을 차지하고 있는 30가구 정도만이 기본적으로 모든 무가(武家)가 족보[家禄]를 가진 일본(본토)에서의 질록처분의 기준을 준용한 유

의 출생으로 왕부의 요직을 맡았고 일반적으로 페친[親雲上]의 지위까지 오를 수 있었다. 웨카타의 지위는 적어도 원리상 일반 선비라도 공적이 있으면 승진의 길이 열려 있었지만, 거꾸로 총관리자 웨카타의 직계자손이라도 공적이 없으면 지배권 지행체감제(知行遞減制)가 적용되어 전령되거나 와키지토로 강등당하기도 했다.

위에서 서술한 왕자·아지·웨카타보다 지위가 낮은 일반 선비층은 상위 계층인 사토누시 혈통과 하위 계층인 지쿠둔[筑登之] 혈통이라는 두 개의 가계 즉 혈통원리에 기초하여 가계를 구별했다. 상위 계층인(상층인) 사토누시 혈통에는 웨카타의 직계로 대대로 내려온 자와, 왕부의 관직에 취임하여 공적을 쌓아 상승한 자가 있었는데 모두 와키지토로서 마을 하나가 지급되었다. 와키지토의 경우에도 마을에 있는 '지도치'를 백성에게 경작시켜 생산물의 일부를 실수입으로 했다. 또한 웨카타도 마찬가지였는데, 와키지토도 영지[知行領地]를 받았을 뿐만 아니라 왕부 내의 관리직에 대한 녹봉[役俸]을 받는 경우도 있다. 그러한 경우에는 영지만[知行領地] 받는 일방지(一方持)에 비해 지행영지와 녹봉을 받는 이방지(二方持)라고 불렸다.

그에 반해 선비의 하위 계층을 이루는 지쿠둔집안[筑登之節目]은 원래 보대(譜代)와 신참(新參) 두 종류가 있다. 보대란 과거부터 관인의 신분이며, 신참은 비교적 게이즈자(系図座) 창설 직전의 시기에 새롭게 백성에서 선비층으로 출세한 자를 의미하는데, 그 후에도 공적이 있어 선비층으로 벼락출세하는 자도 있었으므로 그러한 구별이 존속했던 것 같다.

그런데 내부계층에 주목해서 류큐의 선비층을 분류하면 위에서 서술한 바와 같지만, 그들의 실제 지위 및 칭호는 일종의 연령단계제(年齡階梯制)의 요소를 수반한 '위계'제도와 관련되어 있으므로 상당히 복잡하다.[131] 위계 칭호에 주

록사족의 요건을 충족한다고 해서 금록(金祿) 수급의 자격을 인정받았다.

131　渡口真清, 『近世の琉球』(앞에서 서술), 232쪽 이하를 참조

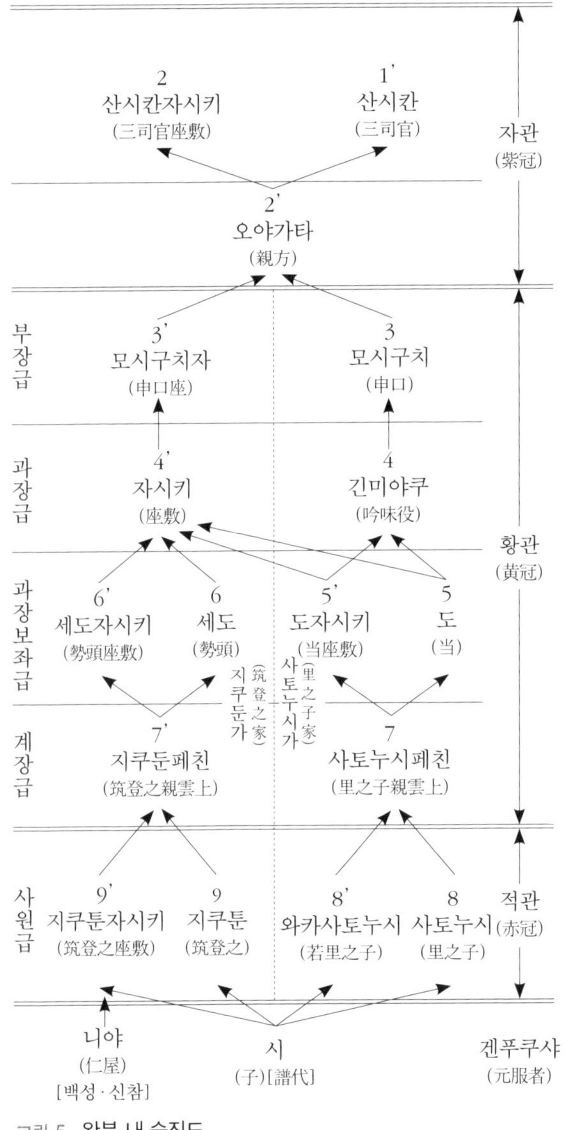

그림 5 왕부 내 승진도

渡口眞淸, 『近世の琉球』

목해서 말하면, 왕자·아지 가문의 적자상속(이 경우 바로 아지가 됨)을 제외하고 2남, 3남 이하인 자나 웨카타의 자제도 최하위의 시[子]나 사토누시[里之子][132]에서 출발했다. 즉 관례[元服]를 올려도 위계가 없는 동안에는 시[子], 일정한 연령에 이르면 사토누시라 칭하고 그 다음에 황관(黃冠)을 쓸 수 있는 사토누시페친[里之子親雲上]이 되며, 왕부 내 피의자를 조사하는 역할[吟味役] 등 요직에 취임하면 와키지토가 되어 페친이라 칭했다. 나아가 웨카타 지위에 오르면 자주색관[紫冠]을 쓰게 되고, 더 올라가면 정무관의 정점인 산시칸이 되었다(그림 5 참조).

---

132 [역주] 시[子]란 예부터 관인의 신분[譜代]의 자제로 지위가 없는[無位] 자를 가리키며, 사토누시[里之子]란 사토누시가의 사람이 정8품으로 승격하면 사토누시라 칭했다고 함.

선비의 하위 계층을 이루는 지쿠둔집안의 경우는 자식이 관례를 올려도 등급이 없는 동안에는 과거부터 대대로 선비집안[譜代家]인 경우는 시[子], 신참 가문의 경우는 니야[仁屋]로 칭하고 일정한 연령이 되면 청원에 의해 지쿠둔으로 불렸다. 지쿠둔이 된 자에게 황관(黃冠)이 내려지면 지쿠둔페친[筑登之親雲上]이라 칭했다.

이상과 같이 류큐왕국에서 정치적 지위는 가문의 격(혈통) 원리와 연공(年功)을 포함한 공적(업적) 원리의 복잡한 조합으로 정해지도록 되어 있었다. 가문의 격인 혈통에 따라 위계 승진 코스가 달라졌고, 그 코스를 얼마만큼 밀고 나가는가는 적어도 명분상은 공적에 의해 결정되었던 것이다. 또한 하위 계층인 지쿠둔의 가계라도 지속적으로 왕부 내의 요직에 취임하면 일정한 규칙과 절차에 따라 사토누시 혈통으로 가문의 격의 상승(혈통 재정비)이 이루지기도 했다. 그런 의미에서 업적원리도 그 나름의 의미를 갖고 있었다고 말할 수 있지만, 실제로는 각각의 혈통이 어디까지 승진할 수 있는가는 거의 가문의 격에 의해 결정되며, 한 세대에서 약진하는 데는 자연히 한계가 있었다고 할 수 있다.

2. 지방 관리와 백성

마지막으로 지카타[地方] 농촌의 지배구조에 대해서도 언급해둔다. 류큐에 선비층은 도시에 집주하고, 백성은 지카타의 전통적 촌락에서 주로 농업에 종사하고 있었는데, 후자에 대해 자세하게 말하면 마기리, 촌의 지카타 관리[奉公人], 일반 농민계층으로 나눌 수 있다. 지카타 관리란 지토다이[地頭代][133]를 정점으로 한 마기리·마을의 관리직에 취임하여 직접 농민을 통제하는 자를 말하는데, 그들도 그 지역 출신으로 신분은 백성이었다. 그들은 직무상 농촌에서는 예외

133　[역주] 지토다이[地頭代]: 조세징수, 군역, 수호 등을 맡았던 관리자.

적으로 읽기와 쓰기, 계산이 가능한 계층이며 지방의 권위자로서 일반농민에게 공경과 두려움의 대상이기도 했다.

지카타 농촌과 왕부 지배와의 매개자적 지위에 있는 지카타 관리층의 존재는 그 좋고 나쁨은 별도로 하고, 류큐왕부 지배구조의 안정성에 있어서 중요한 역할을 맡았다. 지카타의 촌락공동체 출신으로 대부분 오랫동안 유력한 가문출신인 그들은 한편으로 촌락공동체와 혈연적으로 또한 정신적으로 연결되어 있으면서 다른 한편으로는 왕부 지방통제의 말단이기도 하며 농민을 생산활동에 힘쓰게 하여 공물의 확보와 증대에 힘썼다. 양 총관리자와 와키지토의 영지가 이중, 삼중으로 겹쳐있는 것 외에 조세의 형태가 정식 조세 외에도 임시세, 부역세 기타를 포함하고 있었으므로 일반 농민은 몇 겹으로 가혹한 착취를 받고 있었는데, 류큐에서 근세기를 통틀어 농민봉기가 거의 일어나지 않은 것은 지할제(地割制)와 견고한 혈연적 결합에 기초한 촌락공동체의 존속과 더불어 지방관리층의 매개적 역할이 봉기를 저지하는 커다란 요인으로 작용했다고 할 수 있을 것이다.

근세 류큐에서는 공동체 원리의 견고함과 관련해서 농민층의 빈부 격차는 그다지 진행되지 않았지만, 상위층이면서 중앙지배의 말단이 될 지방관리는 가계적(家系的)으로도 재생산되는 경향이 있고, 독자적 신분에 가까운 존재였던 것으로 생각된다. 관리층의 자제는 마기리나 마을의 힛산케코조[筆算稽古所]에서 초보적인 훈련을 받고, 또는 아지지토[按司地頭]의 어전이나 소지토[総地頭]의 내전에서 수년간 봉공을 행하며, 그동안에 읽고 쓰기나 계산 훈련을 쌓은 다음에 마기리의 봉행소[番所]나 촌옥(村屋)에 들어가 데이쿠구[文子, 筆算人]가 된다. 이윽고 웃치[掟]·사바쿠리[捌理] 등의 관리직에 취임하며 그 가운데 극소수는 지토다이까지 올랐다. 그들은 일정 이상의 관리직에 취임하면 그에 상응한 보수와 부수입이 보장되지만 취임되기 전까지는 무보수로 일하는 것이 관례였으므로, 그 자제로서 지방관리의 경로를 걸을 수 있는 자는 자연히 어느 정도 부유한 농민층으로 제한되었다. 덧붙여서 근세 류큐에서 위계 칭호는 신분제와 불가분의 관계에 있으면서도 원래는 왕부 내의 관직과 결부된 다른 서열이었다. 때문에 왕부 지배의 말단에 위치한 지방관리라도 일정 이상의 지위에 오르면 지쿠둔이나 지쿠둔페친 등으로 칭해지기도 했으나, 그 경우에도 신분상으로는 가문이 없는[無系] 백성신분이며, 게이모치 = 선비층이 될 수는 없었다.

단지 여기서는 더 깊이 고찰할 수 없지만, 미야코나 야에야마 등의 외딴섬은 제도가 약간 다르며, 섬의 관리층은 선비층으로 자리매김되었고 농민층과의 신분 차이도 컸다고 한다.[134]

이상과 같은 지방관리와 별개로 백성 신분의 대부분을 이루는 일반 농민은 전 경작지의 약 3분의 2를 차지한 '백성지(百姓地)'를 각 호마다 할당받아 무거운 조세를 부담했다. 류큐 토지제도의 특징은 백성지가 마을 공유로 간주되었고 정기적으로 다시 분할하는 이른바 '지할제(地割制)'를 채택하고 있었다. 그 지할제 하에서 농민이 부담해야 하는 조세는 원칙적으로 마을 단위로 부과되었다. 그러므로 전체 촌락공동체가 빈곤을 공유하는 형태로 개개의 농민이 토지를 잃어버리고 보잘 것 없는 처지가 되는 이른바 농민층의 민간[下方]분해가 일어나는 것도 나름대로 억제되었으나 토지를 집적(集積)하여 기생지주화되는 호농층(豪農層)이 형성되는 일도 별로 없었다.

류큐 고유의 '지할제'와 관련해서 왕부의 조세가 지역마다 다양한 특산물에 의한 공납 형태를 취하고 있었던 것도 여기서 지적해두면 좋을 것 같다. 근세도 시대가 흐르면 사쓰마는 일본 전국시장에서 신속하게 팔아 이익을 올리기 위해 설탕으로 조공을 대납하고 왕부에 의한 전매제를 확대 강화했다. 그를 위해 오키나와 본섬 중남부에서의 설탕을 중심으로, 북부의 율금, 미야코·아에야마의 고급 삼베 등 지역마다 특산물의 공납 비율이 높아졌다고 한다.

마지막으로 뒤의 '류큐처분'과도 관련된 사항으로 다음 두 가지 점을 지적하고자 한다. 하나는 지금까지 살펴 본 것처럼 근세 류큐의 사회구조 하에서 사

134　田名真之, 『身分制-士と農』(앞에서 서술), 59쪽 이하.

회는 원래 지배계급과 피지배계급이 그다지 확연하게 구분되지 않았다고 할 수 있다. 선비층의 비율이 컸던 점도 있고, 이미 근세 시기부터 지방으로 내려가 '야두이'의 거주인이 되거나, 백성지를 소작하거나, 황무지를 개간하거나 하여 농업에 종사했던 자들이 있었던 것처럼 선비층이라 해도 그 저변의 생활은 백성과 거의 다를 바가 없었을 것이라는 점이다. 정치의식을 갖고 있던 사람은 선비층과 지방 관리층이었지만, 후자는 촌락공동체와 혈연적, 정신적으로 연결고리를 갖고 일반 백성의 대표자와 같은 존재였다. '류큐처분' 시기에는 이 지방 관리층까지 개입된 저항운동이 일어났던 것이다.

두 번째로 지적해 둘 점은, 근대 오키나와에서는 '류큐처분' 후에도 근세 이래로 존재했던 여러 제도는 그대로 둔 채 통치정책이 오랫동안 지속되었다. 청일전쟁 후 1897년(明治30) 무렵까지 지속된 이른바 '구관온존' 정책이 그것으로, 그 기간을 통해 위에서 서술한 '지할제'나 지역별 특산품등에 의한 '현물납', 더욱이 '지방관리'의 제도가 명칭이나 인원수도 그대로 계속 존치되었다. 요컨대 병합처분 후 발생한 것은 개혁이 아니라 비개혁을 원칙으로 하는 통치였다는 점이다.

제5절 근세말 외국함대의 내항과 '마키시 · 온가 사건' [牧志 · 恩河事件]

1. 외국함대의 류큐 내항

도쿠가와 일본이 종래의 '쇄국'(해금, 海禁) '조법(祖法, 국시(国是))을 바꿔서 개국에 이른 것은 1853년(嘉永6) 페리함대 내항으로 상징되는 서양에 대한 충격의 결과였지만, 그 조짐으로서 이미 류큐에는 18세기말부터 이국선 내항이 잇따르고 있었다. 그러나 그때까지의 이국선 내항이 일시적인 것이었던데 비해, 1840년 청국과 영국간의 아편전쟁 발발 이후에는 사태가 좀 더 심각해졌다.

청국이 아편전쟁에서 패배하고 1842년(天保13) 8월 영국과 남경조약을 맺고 홍콩을 할양한 다음 상해 이남에 있는 다섯 개 항구를 개항했다는 것은 청국의 화이사상에 기초하는 종래의 쇄항(鎖港) 방침이 구미열강의 군사적 압력 앞에서 어쩔 수 없이 변경되었음을 의미했다. 그리고 그것은 미국이나 프랑스 등 서양열강의 동아시아 진출이 크게 촉구되는 쪽으로 이어졌다. 미국은 1844년(弘化1) 7월 왕샤[望厦]조약, 프랑스는 같은 해 10월 황푸[黃埔]조약을 청국과 체결하여 동아시아 진출의 발판을 구축했다. 이윽고 그 압력은 일본으로 향하게 되는데 1840년대에 그러한 조짐이 류큐에도 나타났다. 즉 1844년에는 프랑스 함선, 1846년에는 영국 함선이 내항하여 류큐왕부에게 우호 관계와 무역, 나아가 기독교 포교 허가를 요구했을 뿐 아니라 양국 모두 선교사를 남기고 떠나는 미증유의 사건이 일어났던 것이다.

이하에서는 1840년대 중반에 일어난 외국함대 내항사건과 페리 내항 후 1850년대 후반 류큐에서 일어난 '마키시 · 온가 사건'을 중심으로 다루면서 근세 말기 (소위 '막부 말')의 류큐왕부와 도쿠가와 정권(막부) 및 사쓰마(번)과의 관계에 대해 살펴보겠다. 덧붙여서 '마키시 · 온가 사건'에 대해 다루는 것은, 이 사건을 어떻게 보는가에 따라 '류큐처분' 평가와 자주 (내 생각으로는 잘못된 방식으로) 결부되어 왔기 때문이다. 이 점에 관해서는 뒤에서 서술하기로 하고, 먼저 외국함대 내항 사건부터 살펴보고자 한다.[135]

1844년(天保15, 12월에 弘化1로 개원) 3월 프랑스 군함 알크멘느(Alcmene)호가 나하에 내항하여 듀플랑(Duplan) 함장은 류큐와의 우호 관계와 무역을 요구했다. 류큐왕부는 땅이 메마르고 생산물이 적으며 금과 은도 나오지 않는다며

135　류큐의 외함 내항사건에 대해서는 黒田安雄, 「弘化期琉球外交事件と薩摩藩」(中村質編, 『開国と近代化』, 吉川弘文館, 1997년); 島尻克美, 「幕末期における琉球王府の異国船対策—仏艦来琉事件を中心に」(地方史研究協議会編, 『琉球・沖縄-その歴史と日本史像』, 雄山閣, 1987년)를 참조

무역 요구를 거절했지만, 듀플란 함장은 머지않아 '대총병(大総兵)'(제독)의 함대가 올 것이니 대답은 그때 하면 된다, 또 그 때 통역이 필요해 류큐어 습득을 위해 포르카드(Forcade) 외 한 명(부통역 청국인)을 남겨두고 가니 잘 보살펴주기 바란다고 하고 함대는 바로 류큐를 떠났다. 나하 근교의 사원에 체류한 포르카드는 영국이 류큐 탈취를 계획하고 있었고, 프랑스는 그것을 저지하려 하므로, 프랑스의 '이례적인 보호'를 부탁해야 할 것이라며 선교사 등을 응대했던 류큐 관리에게 설명하고 동시에 즉시 기독교 포교의 허가를 요구했다.[136]

외국 군함이 내항한 것만이 아니라 외국인이 상륙해 체류 문제가 발생한 것은 류큐왕부에게도 매우 충격적인 사태였으나 사쓰마에게도 일대 사건이었다. 사태는 토비선[飛船][137]으로 가고시마에 급보가 전해졌고, 나아가 에도에도 보고되었다. 에도에 재류 중이던 시마즈가문의 당주(사쓰마 번주)인 나리오키[斉興]는 가고시마로부터 통지를 받고 가로인 즈쇼 히로사토[調所広郷][笑左衛門]를 로주인 아베 마사히로[阿部正弘]에게 보내 은밀히 선후책을 마련하게 했다. 또한 세자인 나리아키라도 로주인 아베와는 이미 친교가 있었으므로 비밀리에 대책을 협의했다. 아베는 바로 즈쇼 히로사토를 불러 류큐에 경비병을 파견하라는 내부 명령을 내렸다.[138]

그 당시 사쓰마후(번주)는 아직 나리오키였으며 가로인 즈쇼는 덴포기[天保期][139]의 개혁으로 사쓰마의 재정을 바로 세웠던 가중(家中)의 최대 실력자였다. 즈쇼는 경비명 파견 명령에 대해 겉으로는 복종하는 체하면서 내심으로 그에 배반하는 태도를 취했다. 즉 에도 '공의'와의 관계상 일정 규모의 인원을 류큐에

136　『通航一覧続輯』第4巻, 757~758쪽; 『琉球王国評定所文書』1932号(浦添市教育委員会刊, 第18巻, 2001년).

137　[역주] 토비선[飛船]: 류큐와 사쓰마 사이를 임시로 항해하는 배.

138　『鹿児島県史』第2巻, 789쪽.

139　[역주] 덴포기[天保期]: 1830년부터 1843년까지의 기간을 가리킴.

보낸 것처럼 겉으로는 그럴싸하게 꾸미면서 실제로 아주 적은 인원만 보내거나, 중간의 야마카와[山川]항 주변에 머물러 있게 하기도 했다. 1845년에는 실제로 파견된 병사 중 일부를 류큐에서 철수시켰는데 이것도 도쿠가와 정권에는 보고하지 않았다.

1845년에는 5월과 7월에 영국 군함 1척이 내항했으나 프랑스의 '세실제독'의 함대는 내항하지 않았다. 그러나 그 다음해인 1846년(弘化3)은 다사다난한 해가 되었다. 4월에 영국선 1척이 와서 선교사 겸 의사인 베텔하임(Bettelheim)이 아내와 자식 및 청국인 통역 1명을 이끌고 상륙을 강행했고 배는 그들을 남겨두고 출범했다. 또한 그 영국선이 아직 정박하고 있는 중에 프랑스 군함 사빈느(Sabine)호가 내항하여 이미 청국과 황포조약이 체결된 것과 가까운 시일 내에 대총병선이 올 것이라 알리고 부근의 바다와 육지를 측량하기 시작했다. 그리고 5월이 되자 세실(Cecille) 제독이 군함 클레오파트르(Kléopatre), 빅토리외즈(la Victorieuse)호를 이끌고 운천(運天)항에 내항하여 통교교역[通交互市]을 요구하고 참고로 청국과 프랑스간의 황포조약을 제시했다. 류큐왕부는 이때도 지난번과 같은 이유를 들어 거듭 거절했다. 세실은 포르카드와 청국인 통역을 데리고 돌아갔고, 그 대신 새로운 선교사 르 튀르디(Le Turdu)를 남겨두고 선발함대를 따라 가까스로 출항했다.

류큐의 정세는 시마즈씨의 가로인 즈쇼와 에도 저택에 거주하고 있는 세자 나리아키라로부터 도쿠가와 중추에게도 잇따라 전달되었다. 1846년 6월 장군 이에요시[家慶]는 사쓰마후(번주)인 시마즈 나리오키와 나리아키라[斉彬] 부자를 접견하고 류큐에 대한 조치를 위임했다. 그리고 로주 아베의 지시를 받아 나리아키라가 가고시마로 돌아가 사건 처리를 담당하게 되었다. 그 때 장군이 내린 통달서는 다음과 같은 것이었다.

류큐국에 이국선이 도래한 바 그 땅에 관한 건은 원래 그 쪽에 진퇴를 위임한 것이므로 이번 건에 관해서도 잘 대처하시오. 결코 국체를 잃지 않도록 너그

러움과 엄한 조치(寬猛之處置)로 대응하고, 여하튼 나중에 문제가 생기지 않

도록 숙려하고 단속하는 등 시기의 변화에 맞춰 처리하시오.[140]

사쓰마에 위임된 '너그러움과 엄한 조치'의 '엄한'이란 무력행사를 말하며, '너그러움'이란 실질적으로 류큐만 개항시키라는 것이다. 즉 류큐를 통한 사쓰마와 구미와의 대외무역 묵인을 의미하고 있었다. 즈쇼도 나리아키라도 류큐를 개항하여 외국무역을 실시하는 것에 대해서는 긍정적이어서, 문제의 처리를 사쓰마에 위임하도록 암암리에 아베와 공작을 했다. 이전의 군사력이 약하므로 '엄한' 조치는 취할 수 없고 또 사쓰마에게도 이익이 되지 않는다는 것, 그리고 군비의 충실과 근대화의 긴박성을 인정하고 있다는 점에서 양자의 의견이 같았다. 도쿠가와 측에서 보면 사쓰마에게 처리를 위임함으로써 류큐에서 일어난 트러블에 말려들지 않고 일을 끝낼 수 있었다. 이러한 양자의 의도가 일치하여 이번 류큐에 내항한 외국함대 문제에 대한 대처는 사쓰마 측에 전면적으로 위임되었다.[141] 이러한 방침은 기본적으로 1850년대 페리 내항과 조약체결 때에도 그대로 답습되었다.

주지하는 바와 같이 1853년(嘉永6) 6월에는 페리 제독이 거느린 미국함선이 류큐를 거쳐 우라가[浦賀]로 내항하는데, 이 '흑선(黑船)'내항의 충격은 일본사의 한 획을 긋는 대 전환점이 되었다. 류큐의 개항·무역은 결국 그 때까지 실현된 적이 없었다. 페리 내항과 더불어 류큐문제는 대부분 사라져버리고, 바야흐로 일본 전체의 해안방비와 외국 경계가 초미의 문제로 급부상하게 된 것이다.

도쿠가와 일본은 페리의 포함외교(砲艦外交)의 압력으로 다음해인 1854년 3월 시모다[下田]·하코다테[箱館]의 개항과 기타 사항을 내용으로 하는 미일화친조약을 체결했다. 페리는 귀항길에 류큐에 들러 류큐왕부와 류미수호조약을

140　『島津斉彬文書』上巻, 38쪽.

141　毛利敏彦, 『明治維新政治史序説』(未来社, 1967년), 54~55쪽.

체결했다. 그 후 일본은 러시아, 네덜란드, 영국과도 비슷한 화친조약을 맺었다. 류큐도 이듬해 프랑스, 1859년에 네덜란드와 류미조약과 비슷한 수호조약을 맺었다. 이리하여 일본은 서양제국과의 국제적 조약체계 속에 편입되었는데 동시에 류큐 역시 비슷한 관계를 맺었던 것이다.

그런데 1850년대 말 류큐 왕부를 뒤흔든 '마키시·온가 사건'의 원인은 일본이 1858년 7월에 미일수호통상조약을 체결하기 전 해인 1857년에 일어난 사건으로 거슬러 올라간다. 그 때 사쓰마후(번주)는 시마즈 나리오키에서 나리아키라로 바뀌어 있었다. 종래 '마키시·온가 사건'을 어떻게 평가하는가는 종종 시마즈 나리아키라의 평가와 결부시켜 논의되곤 했다. 그래서 이 사건에 대해 고찰하기 전에 나리아키라에 대해서도 간단하게 언급해둔다.[142]

시마즈 나리아키라가 부친 나리오키의 은퇴로 호주 승계를 받은 것은 1851년(嘉永4)이었다. 류큐의 외국함대 사건이 일어나고 7년 후이며, 페리 내항 2년 전의 일이었으며 나리아키라 43세, 나리오키는 61세 때였으니 당시로는 이례적으로 뒤늦은 습봉(襲封)이었다. 나리아키라는 에도에 있는 저택에서 자라면서 조부 시게히데[重豪]의 영향을 받아 일찍부터 난학(蘭学)에 친숙했고 해외 사정에도 관심이 높았으며 상당히 깊은 지식을 갖고 있었다. 뒤늦게 영지를 물려받게 된 것은 나리오키나 즈쇼 등이 덴포기 이래 개혁을 통해 애써 만회한 재정을 나리아키라가 조부로부터 물려받은 '네덜란드 동경[蘭癖]'으로 모두 소진시켜버릴 것을 우려했기 때문에 적자 나리아키라가 아니라 이복동생인 히사미츠[久光]에게 호주를 양도하고 싶어 했다는 것이 이유였다. 한편 나리아키라는 검약을 강요하는 즈쇼의 개혁으로 내핍을 견뎌야 한다는 나리오키-즈쇼 체제에 불만을 품은 가신들 가운데 젊은 무사를 중심으로 호주 승계와 정치 수완에 대한 기대를 갖고 있었다. 나리아키라는 일찍부터 에도에서 일본 전국의 제후들

142　시마즈 나리아키라에 대해서는 芳即正,『島津斉彬』(吉川弘文館, 1993년); 村野守治 編,『島津斉彬のすべて〈新装版〉』(新人物往来社, 2007년) 참조

과 친교를 맺고 있었다. 특히 로주 아베 마사히로, 미토 노후(老候) 도쿠가와 나리아키(德川斉昭), 우와지마후(宇和島侯)인 다테 무네나리(伊達宗城) 등과의 교류는 중요한 의미를 가졌다. 앞에서 다룬 것처럼 1846년(弘化3) 나리아키라는 류큐 외함 사건의 처리를 위임받아 가고시마로 돌아갔는데 여기에는 아베 등의 후원이 있었고 나리아키라가 가고시마에서 번 정치에 관여하는 계기가 되었다.

1848년(嘉永1) 이전부터 행해오던 사쓰마의 밀무역이 발각되어 로주 아베의 호출과 힐책을 받은 즈쇼는 그 책임을 지고 에도 저택에서 음독자살했는데 이것도 아베와 나리아키라가 제휴하여 행한 책략의 결과였다고 한다.[143] 그러나 즈쇼가 제거되었어도 즈쇼파는 여전히 세력이 막강했으며 1849년(嘉永2)부터 이듬해에 걸쳐 나리아키라 옹립파에 대한 대탄압이 단행되었다. 나리아키라 옹립파 붕당이 히사미쓰와 그의 친어머니이며 히사미쓰 옹립을 원했던 오유라[お由羅]의 암살을 계획했다고 해서 약 50명이나 되는 가신이 단죄된 사건으로 '오유라 소동'이나 '가에이[嘉永] 붕당 사건', 또는 붕당의 중심인물로 사형당한 다카사키 야스하루[高崎温恭]의 이름을 따서 '다카사키 붕괴[高崎崩れ]' 등으로 불렸다. 이 상속문제로 인한 내분으로 나리아키라파는 조직이 와해될 정도로 타격을 입었지만 머지않아 형세는 역전되었다. 로주 아베 외에, 다테 무네나리, 치쿠젠후[筑前侯] 구로다 나리히로[黒田斉溥] 등의 제후가 시마즈가문의 가독(家督) 상속 싸움 문제에 관여하게 되고 나리아키라의 호주 승계를 지원했기 때문이다. 아베 등은 류큐의 외국함대 사건에서 사쓰마(즈쇼)의 허위보고 문제를 넌지시 말하면서 나리오키에게 압력을 가했고, 나리오키도 이에 힝기히지 못하고 결국 은퇴를 결정하여 나리아키라가 영지를 물려받게 된 것이다.

1851년(嘉永4) 나리아키라가 호주를 승계했을 당시 즈쇼의 개혁으로 비축

---

143 나리아키라는 "즈쇼[調所]의 실각을 위해 사쓰마번의 밀무역을 폭로했다. 완전히 번국을 위험에 빠트릴 만한 아슬아슬한 방식이었다"(原口虎雄, 『幕末の薩摩-悲劇の改革者、調所笑左衛門』(中公新書, 1966년), 164쪽. 또한 芳即正, 『島津斉彬』(吉川弘文館, 1993년), 258쪽) 참조

된 재정이 어느 정도였는지는 알 수 없다. 그러나 그 개혁으로 생긴 경제력을 활용하여 나리아키라는 집성관(集成館) 사업[144]으로 불렸던 서양의 기술을 도입한 다양한 식산흥업정책에 착수했고, 또 이미 즈쇼가 착수했던 군비의 근대화에도 주력했다. 나아가 페리 내항 후에는 아베나 도쿠가와 나리아키, 다테 무네나리 등에게 적극적으로 해안국방론[海防論]을 설파하여 안세이기[安政期] 13대 장군 도쿠가와 이에사다[德川家定]의 후사를 둘러싼 장군 후사문제에서는 히토쓰바시파[一橋派]의 중심인물 중 한 사람으로 활약했다. 이러한 일 외에 젊은 시절의 사이고 다카모리[西郷隆盛]나 오쿠보 도시미치[大久保利通] 등의 인재를 발굴하여 등용한 것으로도 알려져 있는 등, 일반적으로 나리아키라는 사쓰마가 소위 서남웅번(西南雄藩)의 하나로 대두할 수 있는 기초를 마련한 개명적인 명군이었다는 평가가 정착되어 있다.[145]

2. 마키시·온가 사건[牧志·恩河事件]과 『류큐삼원록[琉球三冤録]』

마키시·온가 사건은 거의 모든 류큐 역사서에서 다루고 있어 비교적 잘 알려져 있다. 그러나 처음부터 끝까지 통속적으로 기술되어 있는 것이 많고, 이 사건에 관해 근거가 되는 주요한 자료인 기샤바 조켄의 『류큐삼원록』(및 『동정수필속편(東汀随筆続編)』의 일부)을 제대로 파악한 연구는 적다.[146] 이 사건이 일어났을

---

144 [역주] 집성관(集成館) 사업: 사쓰마번 제28대 당주 시마즈 나리아키라[島津斉彬]에 의해 만들어진 일본 최초의 서양식산업의 총칭. 특히 제철, 조선, 방적산업에 주력했고 대포를 제조함으로써 서양식 함선의 건조, 무기탄약부터 식품제조, 가스등의 실험 등 광범위한 사업을 전개했다.

145 毛利敏彦, 「薩摩藩·琉球王国関係論」(同, 『明治維新政治外交史研究』(吉川弘文館, 2002년); 同, 「明治維新のナショナリズム-島津斉彬の思想と行動」(竹原良文編, 『ナショナリズムの政治学的研究』, 三一書房, 1967년).

146 상세한 학술적 연구로서 山下重一, 『琉球·沖縄史研究序説』(御茶の水書房, 1999년)의 제1

때 기샤바는 막 20살이 되는 무렵이었다. 『류큐견문록』에 부록으로 수록된 『류큐삼원록』[147]은 기샤바가 이토록 젊을 때 보고 들었던 사건을 나중에 기록으로 남긴 것으로 보인다. 그런 점에서 『류큐견문록』이 장년기에 체험한 '류큐처분'에 대해 처분 직후에 편집 서술을 끝냈던 것과는 약간 사정이 다르다. 그 외 류큐 측 사료로는 히가시온나 간준의 『쇼타이후실록[尚泰侯實錄]』, 이에[伊江] 문서 중 왕부의 재판기록,[148] 사쓰마 측의 사료로는 이치키 시로[市来四郎]의 『시마즈 나리아키라 언행록』[149] 등이 있다.

마키시·온가 사건의 발단이 된 것은 사쓰마번주[薩摩侯]인 시마즈 나리아키라가 류큐를 이용하여 외국과 무역을 하겠다는 사쓰마 일국(一国, 번) 단위의 부국강병책을 획책한데 있었다. 즈쇼와 나리아키라가 이미 10년 전 류큐 외국함대 내항사건 때 시행하고자 했던 외국무역 기획을 바야흐로 시마즈가문의 당주가 된 나리아키라가 다시 실행에 옮기려 했던 것이다. 다만 지난번에는 외압을 이유로 잡다한 무역만 기획되었던 것에 비해, 이번에는 류큐를 방패막이로 삼아 국법으로 금하는 외국제 군함이나 무기류 구입을 비밀리에 계획했다. 즉 도쿠가와 정권의 눈을 속이기 위해 류큐왕부를 표면상의 구매자로 하고 사쓰마는 교섭의 표면에는 절대 나오지 않는 식이었다.

1857년(安政4) 10월 나리아키라는 측근 이치키 시로에게 밀명을 내려 류큐로 건너가 류큐왕부의 수뇌부에게 다음과 같은 요구를 전달하고 오도록 했다.

부, 제3장, 「琉球通事·牧志朝忠」이 있다.

147　『琉球三冤録』은 喜舍場朝賢, 『琉球見聞録』(親泊朝擢刊, 1914년, 초판) 중 197~216쪽, 제2판(東汀遺著刊行会, 1952년) 및 제3판(至言社, 1977년), 155~170쪽에 수록되어 있다. 이하 인용은 『琉球三冤録』으로만 기술하여, 『琉球見聞録』의 제2·3판의 쪽수를 적는다.

148　金城正篤, 「伊江文書牧志·恩河事件の記録について」(『歴代宝案研究』第2号, 1991년). 또한 同, 「牧志·恩河事件関係記録について」(『琉球大学法文学部紀要史学·地理学編』第35号, 1992년).

149　『島津斉彬言行録』, 牧野伸顕 序(岩波文庫, 1944년, 1995년(제2판)).

즉 (1) 류큐·오시마[大島], 그 다음에는 야마카와[山川]항에서 네덜란드나 프랑스와 교역을 트고 (2) 증기선이나 무기를 매입할 것 (3) 영국, 미국, 프랑스 3국으로 유학생을 파견할 것 (4) 대만의 적당한 지역에 도당선(渡唐船)을 위한 정박장을 설치하고 (5) 중국 복주의 류큐관을 확장하고 도당선을 늘려 사쓰마인도 탑승시켜 상거래를 확대하고 (6) 도당(渡唐) 상인을 이용하여 청국에 대포와 소포를 판매하게 할 것, 마지막으로 (7) 산시칸 중 한 사람인 자키미[座喜味] 웨카타를 파면하는 것이었다.[150] 이처럼 이치키가 밀명으로 전달한 나리아키라의 요구는 유학생 파견을 포함한 장대한 해외무역계획이었다. 특히 두 번째 증기선 건에는 상선과 군함 구입이 예정되어 있었는데, 우선 처음에 대포를 장치할 수 있는 증기군함의 매입을 계획하고 있었다.

나리아키라의 밀명을 띠고 류큐에 도착한 이치키는 섭정·산시칸 기타 통역사인 오완 (마키시) 조추[大湾(牧志)朝忠]를 포함한 몇 명의 왕부고관을 숙소로 불러 위의 계획을 전달했다. 이러한 사쓰마의 터무니없는 요구에 왕부 수뇌부는 크게 경악하여 후일 답변하기로 했지만, 이치키는 똑같이 나리아키라의 명령을 받고 갓 임지에 도착한 자이반부교(在藩奉行)인 다카하시 누이[高橋縫殿]와 함께 모노부교[物奉行] 온가[恩河] 웨카타나 오완[大湾] 페친[朝忠]을 설득하여 그들과도 왕부수뇌 사이를 주선하게 했다. 류큐 측은 종래부터 숨겨왔던 일본과의 관계가 청국에 노출되어 진공(進貢)에 지장이 생기는 것을 우려하여 거절했으나 나리아키라의 의향이라며 받아들이지 않자 할 수 없이 승낙하게 되었다.[151] 이 와중에 오완은 왕부 수뇌부에 사쓰마의 명에 따라 히조누시토리[日帳主取]로 특진하여 오모테 15인으로 결정되었고, 또 마와시마기리[真和志間切] 마키시촌[牧志村]의 와키지토[脇地頭]로 바뀌면서 성을 마키시[牧志]로 고쳤다. 마

---

150   위의 책, 84~120쪽.

151   喜舍場朝賢, 『東汀随筆続編』(『琉球見聞録』第2·3版, 188쪽); 『尚泰候実録』(『東恩納寛淳全集』2(앞에서 서술), 298쪽.

키시(오완)는 그 이전에도 이국의 통역사로서 프랑스함 내항이나 페리 내항 때 교섭에 전력을 다했다고 하여 사쓰마로부터 몇 번 포상을 받은 적이 있었다. 그러나 그는 원래 하층계급 출신이었으므로 파격적인 승진은 사쓰마가 뒤를 봐주고 있었기 때문임으로 세상 사람들이 시기와 의심의 눈으로 쳐다보았다. 기샤바에 따르면, 왕부고관의 인사(人事)는 "오직 섭정·산시칸이 국왕에게 청하여 명하는 것이 보통이며 자고로 이제까지 삿슈[薩州]의 명령에 따른 적은 없었다."라고 하고, "마키시는 일반사족으로서 사쓰마 관청[薩庁]의 명령에 따라 국가의 제도[國制]를 넘어 단숨에 높은 위치에 오른" 것으로 "국인(國人)의 시기심을 초래" 하게 되었다.[152]

이듬해인 1858년(安政5) 1월 이치키로부터 보고를 받은 나리아키라는 먼저 류큐의 이름으로 프랑스에서 군함과 총을 구입하도록 이치키에게 지령했다. 이치키의 명으로 류큐 측은 당시 나하에 체재하고 있던 프랑스인 선교사 지라르(Girard) 등의 중개로 교섭을 진행했다. 교섭은 비밀리에 이루어졌고, 왕부 측에서는 섭정, 산시칸, 다마가와[玉川]왕자, 온가 웨카타 등 일부 사람만이 관여하여 알고 있었고, 프랑스인과의 직접 교섭에는 류큐인으로 분장한 이치키와 통역인 마키시가 담당했다. 1858년 2월에 시작한 군함구입 교섭은 난항을 겪으며 수개월이나 걸렸지만 같은 해 7월 겨우 정식 계약을 맺는 데까지 진척되었다.[153]

그런 와중에 1858년 4월 산시칸으로 오래 근무했고 왕부 내에서 존경받고 있던 자키미 웨카타는 앞서 이치키가 전달한 요구대로 사쓰마의 압력을 빌아

---

152 『琉球三冤録』, 198쪽(제2·3판, 156쪽).

153 당시 류큐에 체재했던 프랑스인 선교사는 지라드(Girard), 휴레, 무니쿠(Mounicou) 3명이며, 이 중 휴레가 이 건에 관해 본국으로 보낸 서간이 1991년에 발견되어 『류큐신보』에서 소개되었다. 이 서간 검토를 중심으로 시마즈 나리아키라가 취한 정책의 대담함과 위험함을 논한 것으로 原口泉, 「島津斉彬の対外貿易策-在琉仏人書簡の検討」(『鹿大史学』44号)를 참조.

산시칸을 은퇴하게 되었다. 이리하여 이 당시 사쓰마의 움직임은 류큐를 방패막이로 군함과 병기 구입을 포함해 해외와의 대규모 상거래를 꾀했을 뿐만 아니라, 방해가 되는 왕부 고관을 물러나게 하고 이용할만한 인물을 후원하는 식으로 왕부의 인사에도 개입했다는 것이 밝혀졌다. 기샤바의 앞 인용문이 보여주듯이 왕부 인사에 대한 개입은 전대미문의 일이었다.

그 인사 개입은 극단적이라고 할 정도로 자키미의 후임 산시칸을 결정하는데 있어 노골적으로 나타났다. 즉 후임 산시칸 자리를 위한 선거에서 요나바루[与那原] 웨카타가 최다 득표, 이제나[伊是名] 웨카타가 2위, 오나가[翁長] 웨카타가 3위로 단 한 표만 얻었다. 그러나 후임에는 최하위였던 오나가 웨카타가 임명되었다. 기샤바의 『류큐삼원록』은 "섭정·산시칸은 이것을 사쓰마 관청에 자세하게 보고하여 관례에 따라 다수 득표자로 임명하게 할 것을 청했다. 무슨 사유인지 모르지만 사쓰마 관청은 단 한 표를 얻은 오나가를 임명하라고 했다. 산시칸을 면직시키고 다수 득표자를 물리친 일은 이전에 한 번도 없었던 처음 있는 일이며 조정과 민간 모두 민심이 흉흉하고 의아해서 경악하지 않을 수 없다"[154]라고 쓰고 있다.

이상이 마키시·온가 사건의 전말이라기보다 그 배경이라 해야 할 경위이다. 나리아키라의 명에 의한 군함 구입 건은 프랑스 측과의 교섭도 그럭저럭 진전을 보여 1858년(安政5) 8월 2일 정식으로 계약이 이루어졌다. 그러나 바로 직전인 7월 16일 사쓰마에서 사건 배경의 당사자인 나리아키라가 갑자기 서거하는 사태가 발생했다. 그의 부고가 류큐에 전달된 것은 9월 2일이며 계약서가 교부된 지 한 달 후의 일이었다. 사쓰마에서는 나리아키라와 사이가 좋지 않았던 이복동생 시마즈 히사미츠의 장남 다다요시[忠義]가 호주로 승계되었으나, 실권은 아버지 히사미쓰가 장악했고 나리아키라의 군함 구입 등의 정책은 모두 철회되었다. 밀명을 위임받았던 이치키는 주인을 잃고 착란 상태에 빠졌으나, 군

함 구입 건은 결국 프랑스 측에 1만 달러의 위약금을 지불하는 것으로 그럭저럭 정리되었다. 그러나 나리아키라의 갑작스러운 서거로 류큐에 미친 여파는 가라 앉지 않았고 이듬해인 1859년 '마키시·온가 사건'이라는 일대 의옥사건(疑獄事件)으로 불거지게 된다.

1859년 2월 모노부교인 온가 웨카타가 갑자기 파직당하고 바로 투옥되었다. 혐의는 전 산시칸 자키미를 비방하고 사쓰마에 그의 탄핵을 의뢰했다는 것이었다. 이어 같은 해 5월 산시칸 오로쿠 웨카타가 면직되고 7월에 투옥되었다. 중의에 따라 지난 선거에서 가장 많은 표를 받은 요나바루 웨카타가 후임 산시칸으로 취임했다. 오로쿠의 혐의는 지난 산시칸 선거 때 사쓰마 관청(류큐재번봉행)에게 선거에 간섭해 줄 것을 청탁했다는 것이었다. 그리고 9월에는 히조누시토리[日帳主取]인 마키시 페친이 파면되고 바로 투옥되었다. 왕부에서 오로쿠를 방면하게 해달라고 사쓰마에 청탁했다는 것이 주된 혐의였다.

온가 웨카타에 대한 사실 규명은 고문을 수반한 가혹한 것이었다. 그러나 일련의 죄상이 뚜렷하지 않았고 죄의 유무를 판명하기 어려운 이번 의옥사건은 애초부터 확실한 증거 없이 유언비어와 풍문에 바탕을 둔 혐의로 파면하고 투옥한 것이었으므로 온가로서도 자백할 것이 없었다. 자백하지 않았으므로 계속된 고문은 참혹했고 전례가 없는 일이었다. "보통 범인에게 가해지는 고문은 2, 3회를 넘지 않았다. 지금 고문이 열두세 번에 이르니 그 참혹함은 굳이 말할 필요가 있겠는가."[155]라고 기샤바는 고문이 이례적이었음을 지적하고 있다. 온가는 1859년 12월 구메지마[久米島]로 6년 유배형을 언도받았으나 배편을 기다리다 중병으로 옥사했다.

마찬가지로 오로쿠 전 산시칸에 대한 심문도 가혹했다. 오로쿠가 파면 투옥되자마자 "성 내에 소요가 일어나고 오로쿠를 헐뜯고 비방하는 간사한 말이 유포되어 더욱 소란스럽고 떠들썩해졌다. 심지어는 폐위 음모가 있었다는 말까

---

155   위의 책, 209쪽(제2·3판, 164쪽).

지 나돌았다. 국왕을 폐위하고 다마가와를 세우려 했다는 것이다."[156] 오로쿠를
중상 모략하는 소문은 오로쿠와 왕의 숙부인 다마가와 왕자 등이 재번봉행소의
사쓰마 관리와 결탁하여 국왕 폐립, 즉 현 국왕을 폐위하고 새로 다마가와 왕자
를 국왕으로 세우려는 음모를 기도했다는 근거 없는 억측까지 나돌았다. 다마
가와 왕자의 아내가 오로쿠의 딸이었기 때문이다. 왕자에게 여파가 미치려 하
자, 왕의 숙부이면서 다마가와의 이복형인 이에 왕자도 규명봉행(糾明奉行)이 되
었다.[157] 이리하여 더욱 가혹하게 오로쿠를 심문했으나 그 역시 죄를 인정하지
않았다.

그러나 3명 중 마지막으로 파면 투옥된 마키시는 무슨 이유인지 순순히 허
위자백을 했다. "당신은 이전 산시칸 선거 때, 오로쿠의 부탁을 받아 두 번째 득
표자인 이제나로 임명해달라는 내용을 류큐에 있는 사쓰마 관리에게 의뢰한 적
이 있는가 없는가"라는 심문에 마키시는 긍정했고, "이로써 혹독한 고문을 면하
게 되었다", 즉 고문을 피하기 위해 사쓰마의 재번봉행에게 공작했다고 자백했
다는 것이었다.[158]

마키시의 허위 자백으로 궁지에 몰리게 된 사람이 오로쿠 웨카타였다. 양
자의 주장이 달랐다기보다 "마키시는 진상에 대해 물을 때 마다 스스로 자기 죄
상을 말했고, 고문을 면하려고 죄를 물을 때마다 새로운 사실을 꺼내놓았다."고
했으며, 이번 옥사가 일단락되어가는 시점에도 시종일관 오로쿠에게 불리한 자
백을 하는 태도를 취했기 때문이다. 그러나 "오로쿠를 고문하고 조사해도 절대
그런 일은 없었다며 항변했다."[159]라고 한 것처럼 오로쿠는 끝까지 혐의를 인정
하지 않았다.

---

156   위의 책, 203쪽(제2·3판, 159~160쪽).

157   『尚泰候実録』(『東恩納寛淳全集』 2, 앞에서 서술, 304쪽).

158   『琉球三冤録』, 205쪽(제2·3판, 161쪽).

159   위의 책, 209~210쪽(제2·3판, 164~165쪽).

이번 사태로 규명봉행(糾明奉行)이나 왕부 수뇌부 사이에서는 사건 처리를 둘러싸고 심각한 의견 대립이 일어났다. 한편에서는 "이에[伊江]·마부니[摩文仁]·우지하라[宇地原] 등은 아직 고문과 심문을 충분히 다하지 않았기 때문에 범인이 거역하고 자백하지 않았다. 마땅히 더욱 가혹하게 물고문[水問法]을 해야 할 것이다."라고 하면서 '고문과 심문'을 강화할 것을 주장했다. 다른 한편에서는 "나카자토[仲里]·요세야마[与世山]·마지키나[真境名] (요세야마는 전에 우후야쿠[大屋子]에서 누시토리[主取]가 되어 다년간 형사사건을 취급했고 특진하여 자관(紫冠)에 올라 웨카타가 되었다. 당시 잘 훈련된 형사로서 이 사람과 달리 견줄만한 자가 없었다. 마지키나 역시 우후야쿠 및 누시토리로 근무하여 형법에 노련한 자였다. 두 사람 모두 이번 규명봉행에 참가했음) 등은, 모두 이 건에 반대한 것으로 보아, 이번 옥사는 아무 근거도 없이 하나의 풍문에서 야기되었고, 고문과 심문까지 했으나 털끝만큼도 자백하지 않았다. 또 증거가 될 만한 것이 없어 어떻게 종결지어야 할지 우려스러운데 왜 다시 가혹한 방법을 쓰려 하는가."[160] 즉 형사·형법에 밝은 또 다른 파는 이 사건이 분명 증거가 없는 의옥사건일 가능성이 크다며 고문이 지속되고 심해지는 것에 반대했다. 덧붙여서 여기서 후자 중 한 사람으로 거론된 요세야마 웨카타의 장남은 바로 기샤바가 사사를 받았고 동시에 국왕의 시강관(侍講官)이었던 쓰하코 웨카타 세이세이[津波古政正] (당시는 아직 페친)이다.

사건 처리를 둘러싼 규명봉행 등의 대립은 이윽고 왕부 내에서도 양분되는 사태로 발전했다. 쌍방이 의견을 양보하지 않았고 섭정·산시칸도 결정하지 못하여 그에 대한 심리(審理)가 왕부의 중의(衆議)에 위임되었기 때문이다.

섭정·산시칸은 마음대로 단행하지 못했다. 많은 관리를 국학에 모아 그 타당 여부를 논의하게 했다. 집회장에 가득 모인 사람들 가운데 왕자를 비롯해 아지, 웨카타, 페친 등 무려 백여 명이나 되었다. 작위의 높고 낮음과 연령의 많

---

160   위의 책, 210~211쪽(제2·3판, 165~166쪽).

고 적음의 순으로 각각 반으로 나누고, 정숙하게 좌우전후 배열하도록 했다. 이 많은 관리들은 본디부터 대명률(大明律)·대청률(大淸律)이라는 것을 본 적도 없고 들은 적도 없어서 어떻게 법리를 헤아리고, 인정과 의리를 참작하여, 형벌의 권한을 조종하고, 사건의 상태에 맞게 언급하는지 알지 못했다. 단지 근거 없는 유언비어에 현혹되어 여느 때처럼 질투와 시기심에 눈이 멀어 무지하고 어리석은 의견만 내놓으며 꼭 형벌로만 다스려야 한다고 주장하는 사람이 많았다.[161]

류큐왕국의 형법[科律]은 대청률을 기본법[母法]으로 한 류큐 고유의 법률로 죄형법정주의와 특별예방주의를 조화시킨 것이었지만, 중의의 대세는 법리나 정상을 참작한 논의가 아니라 유언비어나 질투 등으로 작동된 법률적으로 비전문가들의 '무지하고 어리석은 논의[盲論聾議]'였다.

왕부의 수뇌부에서 "오사토 섭정·요나바루 산시칸은 이에·마부니·우지하라의 의견에 편을 드는" 즉 심문과 고문을 강화하자는 파와 한편이 되었지만, "후쿠야마[譜久山] 산시칸은 나카자도·요세야마, 마지키나 등의 입장에 일리가 있다."고 했다. 참고로 기타 관리에 대해 살펴보면 나중에 산시칸이 된 우라소에 페친[浦添親雲上][朝昭]은 전자와 한편이었는데 반해, 가메가와[亀川] 웨카타 세이부[盛武], 가비라[川平] 페친 초노리[朝範]는 쓰하코 페친 세이세이와 함께 후자에 찬동하여 이에[伊江] 등의 의견을 배척했다. 즉 나중에 '류큐처분'기 후반 이후에 친청[親淸] 강경파로도 불린 가메가와당의 우두머리 가메가와 웨카타(세이부)도, 이른바 개명파의 대표적 존재로 자주 언급되는 쓰하코 세이세이도 이 사건에 관해서는 같은 입장이었다. 이 점에 관해서는 나중에 다루기로 하고, 대립은 왕부 내의 중의로도 수습되지 않아 결국 국왕에게 재결을 요청하게 되었다.

---

161 위의 책, 211쪽(제2·3판, 166쪽).

그 때 국왕 쇼타이의 연령은 불과 18세, 재결(裁決)을 내리는데 고심하시는 모습을 보았다. 왕을 지키고 보살피는 도미사토[富里] 페친 조켄[朝顕]은 오시토·이에 등과 같은 당이다. 부수역(副守役) 나키진[今帰仁] 사토누시[里之子] 페친은 후쿠야마·나카자토와 같은 당이다. 국왕이 이를 근심하신지 8, 9일이 지나 오시토·이에의 주장에 따라 시행하라는 명령을 내리셨다. 조야(朝野)가 이를 듣고 크게 놀라 어떠한 소동이 일어날지 걱정하는 사람들이 많았다. 쓰하코는 바로 국모 소씨(선왕 쇼이쿠[尚育]의 비(妃), 쇼타이왕의 어머니)에게 알현을 청하여 "이번 옥사에 관해서 오시토·이에 왕자 등의 주장을 따르게 되면 더욱 참혹해지고, 어쩌면 무고한 많은 자들도 죄와 허물에 빠져 국가체면을 크게 훼손시키게 된다. 후쿠야마 산시칸·나카자토 규명봉행 등의 주장은 법률에 의거한 지당한 견해라 할 수 있다. 엎드려 바라건대 태비전하께서 국왕에게 당부하여 후쿠야마·나카자토의 의견으로 다시 바꿔서 명령해주시기를", 또한 후쿠야마·나카자토 등의 당원 등은 나키진 부수역에 부탁하여 은밀히 국왕에게 간언하게 했다. 해당 왕명이 내려진지 3일 후, 국왕이 섭정 산시칸을 내전으로 불러 이전의 명령을 취소하고 후쿠야마·나카자토의 주장에 따라 시행하라는 명을 내리셨다.[162]

즉 재정(裁定)을 일임 받은 젊은 국왕은 일단은 규문(糾問) 강화파의 편을 들어 결정을 내렸으나 쓰하코나 나키진 등의 공작 및 간언으로 그것을 철회했다. 즉 새삼스럽게 반대되는 결정이 내려짐으로써 이 의옥사건도 후쿠야마·나카자토 등 이른바 왕부에서 사법관료들이 논의하는 선에서 결말을 짓게 되었다. 마키시에게는 구메지마[久米島]로 10년 유형(流刑)이 언도되었으나 나중에 사쓰마 관청으로 도망갈 우려가 있다고 해서 영구 구금으로 변경되었다. 오로쿠에 대해서도 마키시와 같은 형을 주장하는 사람들이 있었지만 마키시의 자백만으

---

162   위의 책, 212~213쪽(제2·3판, 167쪽).

로는 증거불충분이라고 주장하는 정론파에 의해 거절당했다. 하지만 "증거가 없다고는 하나 세상의 풍문으로는 실로 의심스러운 부분이 있다"며, "죄의 경중을 가리기 어려울 때는 가벼운 쪽으로 한다는 법의 취지에 기초하여 10년 유형에서 1등급 낮추어 이에지마[伊江島] 조태사(照泰寺)에 500일 머물게 하기로 결정"했다. 그러나 『류큐삼원록』의 저자 기샤바가 보기에 오로쿠의 죄는 누명을 쓴 것임에 틀림이 없었다. "오로쿠는 마음속에 가득 찬 비분을 참기 어려웠다 해도 공소 상고를 해야 할 데도 없고, 억울함을 삼키고 이에지마로 도항하여 처분을 받았다."[163]고 그는 쓰고 있다.

그런데 마키시·온가 사건에는 마키시 조추의 사망을 둘러싼 유명한 일화가 있다. 마키시가 감옥에 들어가고 약 4년 뒤인 1862년(文久2) 6월 "사쓰마 관청의 명령으로 마키시를 불렀다. 아마도 사쓰마번은 서양 각국과 통교를 시작하고 마키시에게 통역 임무를 맡기기를 원했을 것이다. 이 때 마키시는 투옥되어 유폐된 지 4년째였다." 1862년의 시기라면 일본에서는 도쿠가와의 권위가 더욱 쇠퇴하여 양이론의 회오리가 몰아치는 한편 다이묘들이 경쟁적으로 해외와의 통교에 눈독을 들이기 시작하던 무렵이다. 사쓰마가 통역자로서 마키시의 뛰어난 능력을 인정해 그의 신병(身柄)을 요구했을 개연성이 크다.[164] 사쓰마 측은 강압적으로 마키시를 인수해서 가고시마로 호송하려 했으나 중간에 배가 이헤야[伊平屋] 앞바다에 이르렀을 때 그는 스스로 바다에 몸을 던져 죽었다고 한다. "7월 19일 마키시는 이치키[次十郎]와 함께 나하항을 떠났다. 마키시는 옛 하

163　위의 책, 213쪽(제2·3판, 167쪽).

164　가고시마사에 밝았던 하라다 이즈미에 따르면, "사쓰마 번청은 원래 마키시의 어학 재능을 높이 평가했고 1853년 시마즈 나리아키라는 소노다 사네노리[園田実徳]와 오쿠보 하치타로[大窪八太郎] 등을 마키시에게 보내 영어를 배우게 했다. ……1862년 당시 가고시마에서 영어를 배우는 학생은 마쓰키 고안[松木弘安](데라시마 무네노리[寺島宗則])을 제외하면 대부분 마키시의 문인이라 해도 좋다." 原口泉, 「島津斉彬の対外貿易策-在琉仏人書簡の検討」(앞에서 서술), 11쪽

인 한 명과 함께 했다. 이 날 저녁 배가 이헤야를 통과했다. 옛 하인에게 배가 고
프니 밥을 가져다 달라고 말했다. 하인은 서둘러 주방으로 가 먹을거리를 마련
했다. 마키시는 그 틈을 타서 바다에 투신했다. 그의 나이 45세. 전부터 심한 정
신착란 증상이 있었다고 한다."[165] 이것이 『류큐삼원록』이 전하는 어학의 천재
마키시 조추에 얽힌 마지막 에피소드다. 마치 시대의 흐름에 농락당한 소국의
비애를 상징하는 것 같다.

3. 마키시·온가 사건과 '류큐처분'

자세한 것은 제2장에서 소개하겠지만, 일찍이 아라키 모리아키는 '류큐처분'의
가장 중요한 특징을 '판적봉환이 없는 폐번치현'이라는 점에 주목했고, 그러한
특징이 발생한 이유의 하나로 "막부 말기에 류큐왕부 상층부를 뒤흔든 마키시·
온가 사건의 귀추가 왕국지배층의 보수·수구파를 강화시켜, 기노완 조호[宜野
湾朝保], 쓰하코 세이세이[津波古政正] 같은 개명파가 소수파로서 고립되는 상황
을 낳은 점"[166]을 들고 있다. 즉 류큐 병합은 "메이지 정부의 군사력·경찰력 행
사에 의한 강압으로 류큐 번청 주류의 반대를 무릅쓰고 강행"[167]했는데, 마키
시·온가 사건으로 인한 왕부 내의 보수화가 그러한 사태를 부른 하나의 원인이
되었다. 하지만 과연 마키시·온가 사건이 "왕국 지배층의 보수·수구파를 강화"
시키고 "가노완 조호, 쓰하고 세이세이 같은 개명파가 소수파로서 고립되는 상
황"을 초래했을까.

필자는 이러한 아라키의 주장은 완전히 잘못되었다고 생각한다. 왜냐하면
거기에는 마키시·온가 사건의 성격에 대한 오해가 있었다고 생각한다. 동시에

165　위의 책, 214~215쪽(제2·3판, 168쪽).

166　安良城盛昭, 『新·沖縄史論』(沖縄タイムス社, 1980년), 184쪽.

167　위의 책, 175쪽.

그로부터 십여 년 뒤 류큐처분 시점에서 마키시·온가 사건의 영향을 받아 왕부 내 세력이 주류파와 비주류파로 나뉘었다는 주장은 대체로 사실인식이 잘못되었기 때문이라 생각한다. 아라키에서 엿볼 수 있는 설명의 기본 형태는 '류큐처분'에 의한 병합 사실을 사후적으로 정당화한 학설로서 전쟁이 일어나기 전 시기에 유래한 것인데,[168] 오늘날에도 여전히 일반에게 유포되어 있다는 점에서도 분명히 마키시·온가 사건에는 그러한 속설과 쉽게 결부되기 쉬운 측면이 있다고도 할 수 있다.[169] 따라서 마지막으로 이 점을 고려하면서 이 사건과 그 후에 미친 영향을 중심으로 간단하게 정리하고자 한다.

지금까지 살핀 것처럼 시마즈 나리아키라가 류큐를 이용하여 외국무역을 하겠다는 사쓰마 일국(번) 단위의 절대주의적인 부국강병책의 획책이 마키시·온가 사건의 배경이 되었다. 그로 인해 류큐에 대한 전례 없는 간섭과 압력이 가해졌다. 그것은 막부 말 예외적인 상황 하에서 일어난 사쓰마 측의 사심에 의한 간섭과 압력이었으나 류큐 측에게는 이례적이고 비정상적인 사태였음에는 변함이 없었다. 그러나 장대하고 위험한 계획도 나리아키라의 갑작스러운 사망으로 좌절되고 사쓰마 측이 '나리아키라 붕괴' 상황에 처하게 된 가운데, 류큐 측에서는 이례적이고 비정상적인 사태를 초래한 내부협력자의 책임을 추궁하는 움직임이 생긴 것이다. 그러한 움직임의 배후에는 사쓰마에 대한 반감과 간섭에

---

168   아라키는 真境名安興, 『沖縄現代史』(1925년 처음 출판, 琉球新報社, 1967년 복각 간행)에서 구스쿠마[城間] 웨카타가 1858년 시점에서 류큐는 "우리 본토와 병합 통일되어야 한다고 결론을 내리"고, 또한 쓰하코 웨카타 세이세이가 일본(본토)의 폐번치현 후 "오히려 우리가 앞장서서 판적봉환하는 것이 오키나와에 국익이 된다고 주장"했다는 한 구절을 인용하여 "흥미로운 사실(史實)"이라 서술하고 있다. 『新·沖縄史論』(앞에서 서술), 179~180쪽.

169   沖縄歴史教育研究会·新城俊昭, 『高等学校琉球·沖縄史』에는 "막부 말, 시마즈 나리아키라에 의한 개명적인 정책에 대한 대응을 둘러싸고 왕부 내부에서 추진파와 반대파 싸움(마키시·온가 사건)이 있고, 그 대립 이 지속되었다. (중략) 그 이후 왕부의 관료는 극도로 보수화되어 새로운 정책에 대응하는 능력이 저하되었다"고 기술하고 있다. 같은 책, 149쪽, 135~136쪽 참조

반발하는 분위기가 있었음은 말할 나위도 없다.

의옥사건의 진행 과정에서 확실히 왕부 내에서는 사건을 어떻게 매듭지을지를 둘러싸고 심각하게 대립했다. 그러나 그것은 보수·수구파와 개명파의 대립이라는 도식과는 거의 관계가 없었고, 사건의 귀추가 보수·수구파를 강화시켰다는 것도 사실과는 다른 것이다. 왕부가 양분화된 대립의 축은 이례적이고 특수한 사건이므로 류큐의 형법이나 적정한 절차를 벗어난 형태로 고문 강화를 인정하거나, 아니면 그러한 사태에서도 법치주의나 적정한 절차의 원칙을 존중하여 고문을 정지해야 한다는 입장을 관철시키느냐 하는 점에 있었다. 본래 이처럼 중대 사건의 경우, 섭정·산시칸과 오모테 15인이 참가한 효조소[評定所]에서 결정해야 하는데, 섭정·산시칸 차원에서도 심하게 대립하여 널리 중의를 모아도 결정이 나지 않자 최종적으로 아직 어린 국왕의 재정(裁定)을 청하게 되었다. 국왕 쇼타이는 일단은 전자, 즉 오사토·이에 등의 고문 강화파의 편을 들어 결정을 내렸다. 하지만 쓰하코 세이세이가 국모에게 재고 알선을 부탁하고, 부수역 나키진을 중개로 간언함으로써 앞의 결정을 취소하고, 다시 후자 즉 후쿠야마·나카자토 등 법치주의파의 손을 들어주는 결정을 내렸다.

그럼 사건의 이러한 결말은 나중에 어떠한 영향을 남겼을까. 이 점에 대해 기사바『류큐삼원록』은 "처음 오사토·이에 당원 등은 대단히 기세등등했지만 왕명으로 배제되자 금세 좌절하여 시들해졌다. 사람들은 이것을 보고 흑당(黑党)이라 하고, 후쿠야마·나카자토의 정의를 방패로 삼은 자를 백당(白党)이라 칭했다"[170]고 서술하고 있다. 즉 반(反) 사쓰마적인 동기도 있어서 고문 강화를 주장한 측은 바로 당세가 위축되고 다시 왕명이 내려진 측이 주류파가 되었다는 것이다.

앞서 논급한 아라키설이나 그와 유사한 속설의 오류는 당시 개개의 인물이 마키시·온가 사건에서 어떤 입장에 속해있었는가, 또 그때부터 류큐처분

---

170   위의 책, 214쪽(제2·3판, 168쪽).

시기까지 어떠한 경로를 걷게 되는지를 보면 명백하게 드러날 것이다. 여기서는 간단히 기술하겠지만 아라키가 '개명파'의 사례로서 예로 들었던 두 명에 대해 말하면, 국왕의 시강관인 쓰하코 세이세이는 국모에게 미리 손을 써서 왕명을 변경시킨 인물이며 그 후 페친에서 웨카타가 되어 류큐처분기에는 도쿄자이반야쿠[東京在番役]를 맡는 등 마지막까지 고립된 적이 없었다. 기노완 조호(나중에 기완 조호)도 마찬가지로 1862년 7월에 선출되어 산시칸이 되고, 류큐처분의 시발점인 1872년에는 유신 경하사의 부사로 상경하여 류큐번왕 책봉을 '오우케(御請)'를 하고 돌아왔다. (덧붙여서 그때 정사를 맡은 자가 앞서 나온 이에왕자 조초쿠[朝直]였다.) 기노완이 고립된 것은 1875년 메이지 정부의 대류큐정책이 강경노선으로 전환되고 나서부터이며, 분명히 다음 다음해인 1877년에 불우하게 사망했지만 그것은 메이지정부의 정책전환 때문이지 마키시·온가 사건과는 아무런 관련이 없었다. 반대로 1875년 이후 류큐처분기(의 후반)에 친청(반일) 강경파 '가메가와당'의 중심인물이 된 가메가와 세이부는 앞서 서술한 바와 같이 마키시·온가 사건에서는 쓰하고 세이세이 등과 같이 이윽고 '백당'으로 불리게 된 '정의를 방패로 삼는' 법치주의파에 속해 있었다.

아라키가 '류큐처분론'에서 자신의 입장 강화를 위해 인용했던 속설이 언뜻 보기에 설득력이 있는 것처럼 느껴지는 것은, 시마즈 나리아키라, 메이지유신에 공헌한 사쓰마 세력, 게다가 유신 후 메이지 정부가 개명적이었다는 단순한 전제에 입각하여, 그들의 압력이나 간섭에 대한 류큐 측의 대응이 사쓰마나 메이지 정부라는 개명 세력에 순종하는 입장을 취하면 개명파, 그에 대립하면 보수·수구파라는 고정관념에 기초를 두고 있기 때문이다. 그러나 메이지유신의 추진 세력이나 그들 편에 선 측이 대개 개명파라 단정하는 것은, 일본의 메이지유신이나 그 후의 여러 개혁이 처음부터 일관된 목적의식 아래 실현된 것처럼 생각하는 점에서 애당초 유신사(維新史) 해석으로서 부당하다.[171] 뿐만 아니

---

171   三谷博, 『明治維新を考える』(岩波現代文庫, 2012년), 「序章明治維新の謎」를 참조.

라 가령 일본의 국내 정치세력에 관해서는 그러한 이항 대립적 도식의 적용이 그럴듯해 보여도, 같은 기준을 류큐에 그대로 적용시켜 당시 류큐 측의 대응을 판단하고 평가할 수 있을지의 여부는 대단히 의심스럽다고 하지 않을 수 없다.

류큐를 방패막이로 삼아 군함 구입까지 실행하려 했던 나리아키라의 해외 무역 정책이 마키시·온가 사건의 원인이 되었는데, 그 정책은 국법으로 금하는 범죄를 행한 것이라 자칫하면 '조슈정벌'과 같은 사태까지 초래할 수 있는 위험한 것이며, 류큐에도 큰 재난이 미칠 수 있는 정책이었음을 부정하기 어렵다고 생각한다. 그와 같은 정책을 내걸었다는 것(commit)은 사쓰마의 입장에서도 반드시 진보적·개명적이라 말하기 어렵고, 하물며 류큐 측에는 위험성 외에 어떤 이익도 없었다고 할 수 있다.

앞서 말한 것처럼 류큐는 사쓰마로부터 경제적으로는 준(準) 식민지적 착취를 당했을 뿐만 아니라 중국과의 진공무역상의 이익도 착취당해왔다. 그러나 바로 후자의 이익을 확보하기 위해서라도 사쓰마 시마즈씨는 류큐의 내정에는 간섭하지 않는 것을 원칙으로 해왔다. 나리아키라의 간섭은 도쿠가와 말기의 특이한 상황 하에서 이루어진 예외적인 사례였으므로 류큐에서 마키시·온가 사건이라는 미증유의 사건을 야기시켰으며, 이 사건의 재판부터 국평(國評)을 거쳐 국왕 재결에 이르는 모든 과정에서 사쓰마 측이 류큐의 내정에 간섭하는 일은 전혀 없었다. 그것은 류큐의 내정과 관련된 사항으로서 류큐가 스스로 국법에 따라 처리했던 것이다.

그런데 본장에서 살핀 것처럼 도쿠가와기 일본은 나중에 '쇄국'으로 불리는 해금정책을 채택하여 해외와의 교류는 매우 한정된 것이었다. 그러한 가운데서도 조선, 류큐와는 국교를 맺었고 중국과 네덜란드, 에조지 아이누와의 교역도 활발하게 행하고 있었으므로 당초부터 '쇄국'이라는 자기인식을 갖고 있었던 것은 아니었다. 도쿠가와 말기에는 쇄국이 '조법(祖法)'처럼 되어버리는데, 그러한 인식이 명시된 것은 18세기 말부터 19세기 초 무렵의 일이었다. 즉 1792년 러시아의 사절 아담 락스만(Адам Кириллович Лаксман)이 네무로[根室]에,

1804년 러시아의 니콜라이 레자노프(Никола́й Петро́вич Реза́нов)가 나가사키에 내항하여 일본과의 통상을 요구해왔다. 이러한 요구를 받고 로주 주석인 마쓰다이라 사다노부[松平定信]가 락스만에게 "예로부터 통상, 통신이라고는 해도 정해진 곳 말고는 함부로 허락하지 않았다" 즉 통신과 통상은 이미 정해져 있는 제국 말고는 함부로 허가하지 않는 것이 '건국 초기부터'의 '우리 국법'[172]이라는 이유를 들어 거부했다. 레자노프에게는 '중국, 조선, 류큐, 네덜란드' 외의 다른 나라와는 관계를 맺지 않는 것이 "우리나라 역대 국경을 지키는 정법(定法)"[173]이라며 통상허가 요구를 거절했다. 여기서 알 수 있듯이 러시아 사절의 통상 요구를 계기로 도쿠가와 정권의 소위 '쇄국조법관(鎖國祖法觀)'이 성립되었다고 보고, 그런 의미에서 만들어진 전통이라고도 할 수 있지만, 물론 그것은 단순히 사변(思弁)의 산물이었다는 의미가 아니라 그 배경에는 간에이기[寛永期] 이래로 내려온 역사적 사실이 있었던 것이다.[174]

그 이후 통신과 통상은 각각 두 나라로 제한한 것이 '조법(祖法)'이라고 하는 법 규범의 차원으로까지 높아진 관념이 확립된다. 이리하여 1845년 네덜란드 국왕으로부터 개국을 권하는 친서에 대해 로주가 네덜란드 상관장(商館長)에게 내린 유서(諭書)는 "우리나라는 예로부터 해외와 왕래하는 나라가 적었으므로 천하를 태평하게 다스리는 법칙 등을 구비하고, 조선·류큐 외에는 신의를 서로 통하게 하는 사절이 없고, 귀국과 중국은 통상은 해도 신의를 서로 통하게 하는 사절로 교류한다고는 할 수 없다."며 통상관계를 넘어선 국교(국왕 친서의 교환)를 거절했다. 즉 서로 신의를 통한 교류는 조선·류큐, 통상은 중국·네덜란드

---

172 『通航一覧』第7(国書刊行会, 1913년), 94쪽.

173 위의 책, 192쪽.

174 쇄국조법관에 대해서는 藤田覚, 『近世後期政治史と対外関係』(東京大学出版会, 2005년), 제1, 2장을 참조.

로 제한한다고 명시하고 그것을 어기는 것은 '조승(祖崇)의 엄금(嚴禁)'[175]이 되는 것이다. 그 뒤 페리가 내항해 '개국'을 요구했을 때 미국과의 통상은 국법에 위배된다고 인식했는데, 그것은 나라를 완전히 닫아버린다는 의미에서의 쇄국이 아니라 위에서 서술한 것과 같은 통신과 통상의 나라를 한정한다는 의미에서의 쇄국 조법을 변경하는 것으로 인식했다.

주지하다시피 페리 내항 이후 격동기를 거쳐 일본에서는 메이지유신이라는 정치혁명이 일어나게 된다. 지금까지 살핀 것처럼 도쿠가와 체제 하에서는 류큐와 조선 두 나라만이 '통신의 나라'로 자리매김된 외국이었는데, 일본의 정치혁명은 두 '통신의 나라'의 미래에 어떤 식으로 영향을 미치게 되었을까. 이것이 다음 제2장 이후의 주제이다.

175　『通航一覧統輯』第2卷(清文堂, 1968년), 526쪽.

류큐번왕 책봉과 그 역사적 의미

제2장에서는 류큐병합사의 기점이라고 해야 할 '류큐번왕 책봉'에 대해 살피고, 아울러 거의 같은 시기에 부상한 대만(출병) 문제 및 양자의 관계가 어떠했는지를 고찰한다. 서장에서도 다루었듯이 종래의 연구나 역사서에서는 통상 '류큐처분'의 시기를 나눌 때 메이지 천황에 의한 류큐번왕의 책봉 사건을 메이지정부에 의한 '류큐번의 설치'로 서술해왔다. 그러나 뒤에서 상세하게 논하겠지만 이러한 표현은 오해를 부르기 쉬우며 부적절하다고 하지 않을 수 없다. 따라서 본서에서는 사실(史實)을 보다 정확하게 전달할 수 있도록 역사의 당사자들이 사용했던 '류큐번왕'의 '책봉'이라는 표현을 쓰기로 하고, 그 역사적인 의미를 이해보고자 한다.

'류큐처분'의 시기를 둘러싼 해석과 관련한 또 하나의 테마는 대만(출병)을 둘러싼 문제이다. 다만 제2장에서 다루는 고찰 대상의 시기는 1872년 9월 14일에 이루어지는 '번왕책봉'(明治5)을 중심으로 하며, 1874년(明治7) 5월에 실행된 대만출병 자체와 그 직전의 역사는 고찰의 범위에 들어가 있지 않다(자세한 내용은 제3장에서 다루기로 함). 요컨대 제2장에서 비판적으로 고찰할 대상은 '대만(출병)문제'의 발생 경위, 즉 1871년 말에 대만에서 일어난 류큐인 조난사건이 이듬해인 1872년 여름 무렵부터 정부 주변에도 알려지게 되고, 같은 해 9월 '번왕책봉'을 전후로 한 시기에 대만 '번지(蕃地)'에서 일어난 사건을 어떻게 대처할 것인가 하는 문제가 급부상했으며, 메이지정부 내에서도 현안으로 다루어지게 되는 문제화의 경위이다.

정리하자면 1872년 9월 류큐번왕 책봉의 역사적인 경위와 그 의미, 또한 이와 병행하여 류큐번왕 책봉과 그 전후에 부상한 대만출병 논의와 어떠한 관련성이 있는지에 대해 실증적이고 이론적인 재검토를 하는 것이 제2장의 주제이다.

제1절 선행연구의 소개와 검토

1. '류큐처분'의 시작 시기에 대하여

본서의 고찰은 서장에서도 말했듯이 종래의 '류큐처분' 연구에 대해서 많은 의문을 제기하고 재검토하여 필자 나름의 견해를 제시한 것이지만, 단지 서술과정에서 개별 연구서나 논문을 하나하나 비판적으로 언급하지는 않았다. 오키나와 근대사 연구에 대해서는 일반적으로 1960년대부터 1980년대 초반까지 이루어진 양적인 연구의 성행과 질적인 심화 발전이 있었던 것에 비해서, 그 이후는 오늘에 이르기까지 극히 저조하다는 지적을 받아왔다.[176] 필자도 그러한 견해에 기본적으로 이의는 없으며, 그런 까닭에 기존 역사기술에 전제되어 있는 여러 사항까지도 한 걸음 더 들어가서 근본적으로 재검토하는 것을 감히 시도하고자 한다. 그러나 기존의 통설적인 이해가 대략 어떠한 것인지를 제시하지 않은 채

---

176 森宣雄, 「沖縄初期県政の挫折と旧慣温存路線の確立」(『待兼山論叢〈日本学編〉』, 大阪大学文
　　学部, 32호, 1998년); 大里知子, 「沖縄近代史-『旧慣温存』『初期県政』研究についての一考察」
　　(『沖縄文化研究』29호, 2003년) 등 참조.

논술하는 것은 절차적으로도 불충분하고, 독자에게도 불친절할 수 있다. 그래서 개별 선행연구로서 일찍이 연구의 왕성한 발전을 이끌고 온 긴조 세이토쿠와 아라키 모리아키 두 사람의 류큐처분 연구에 대해서는 뒤에서 다시 다루기로 하고, 여기서는 먼저 좁은 의미에서 전문연구서는 아니지만 역사교육연구회와 아라시로 도시아키[新城俊昭]가 펴낸 『고등학교 류큐·오키나와사[高等學校 琉球·沖繩史]』의 최신판에서 해당부분을 인용하여, '류큐처분'의 시작 시기가 어떻게 묘사되고 있는지 그 (대표적인) 예를 하나 들어 보고자 한다. 이 책은 주로 오키나와의 고등학생의 부교재용으로 편찬되어 일반인에게도 널리 읽히고 있다.

1871년(明治4) 폐번치현이 실시되자 일단 류큐는 가고시마현의 관할 하에 놓였다. 류큐에서는 이러한 일본 국내의 변혁도 단순한 정권 교체에 의해 생긴 사건으로 왕국체제 자체에 커다란 영향을 미치지 않을 것이라고 가볍게 생각하고 있었다.

1872년(明治5) 메이지정부는 가고시마를 통해 류큐에게 조정에 들어올 것[入朝]을 촉구했다. ……메이지정부는 류큐에서 온 사자에게 "쇼타이를 번왕으로 삼고 화족의 서열에 둔다."라고 선언하고 널리 알렸다. 류큐번의 설치이며 이른바 '류큐처분'의 시작이었다. 슈리 왕부는 류큐 관할이 사쓰마에서 중앙정부로 이관되었을 뿐이라고 생각하여 이 사태의 중대함을 깨닫지 못했다. 쇼타이를 번주가 아니라 번왕이라 한 것은 류큐와 중국의 관계를 고려했기 때문이다. 일본 국내에서는 바로 지난해에 폐번치현을 시행했고, 굳이 류큐를 번이라 한 것은 류큐의 반발은 물론이고 청조도 강력하게 반발할 것이 예상되었기 때문이었다. 그래서 일단 류큐를 일본 국내의 번으로 삼은 다음에 폐번치현을 통해 현정(縣政)으로 이행하는 단계를 밟아 왕국의 해체를 꾀하고자 한 것이다. 그러나 이 시기에 류큐번이 설치된 이유는 그것만이 아니었다. 뒤에서 서술하는 대만출병과도 밀접하게 얽혀 있었다. (중략)

1871년(明治4)말 나하[那覇]로 공물을 운반한 뒤 귀로에 오른 미야코셈[宮古

船]이 태풍으로 조난당해 표류하다 대만에 표착했다. 거기에서 승무원 66명 가운데 54명이 지역 주민에게 살해당한 사건이 일어났다(류큐인의 대만조난사건). 메이지정부는 이 사건을 이용하여 류큐의 일본 영유(領有)와 대만 진출을 도모했다. 1872년 정부는 청국의 양해를 구하지 않은 채 류큐번을 설치하고, 류큐를 일본의 영토로 삼는 국내적인 조치를 정리했다.[177]

먼저 핵심적인 '류큐처분'의 시작 시기를 살펴보면, 메이지정부가 류큐에게 '입조'를 촉구하고, 류큐 사신에게 쇼타이를 "번왕으로 삼고 화족의 서열에 둔다."는 교지를 '선고'한 것이 곧 '류큐번의 설치'이며 '류큐처분'의 시작이라고 쓰여 있다. 이는 비슷한 문서에서 자주 볼 수 있는 "류큐번을 설치하고, 쇼타이를 번왕으로 임명했다"는 식의 기술과 대동소이하며, 그나마 '번왕'이라는 말이 명기된 것이 단순히 '류큐번을 설치했다'라고만 기술한 것보다는 그나마 나을지도 모른다. 그러나 이 번왕 '선고'(혹은 임명)라는 것이 (메이지정부에 의한 것이라기보다) 천황에 의한 '책봉'이었다는 점, 즉 이 장(제2장)에서 강조하고 있듯이 천황과 쇼타이왕 사이에 일종의 군신관계가 (처음으로) 설정되는 행위로서 그에 대한 설명을 전혀 하지 않은 채 느닷없이 '류큐번의 설치'로 말을 바꾸고(등치시키고) 있다는 점이다.

게다가 앞의 인용문을 보면 쇼타이를 "번주가 아니라 번왕이라 한 것은"이라는 서술과 그 배경이 되는 이유를 설명하는 듯 한 문장이 이어지는데(다짜고짜 현을 설치하지 않고) '굳이 류큐를 번으로 삼은' 이유인 것 같이 서술되어 있을 뿐이고, "번주가 아니라 번왕으로 삼았다"는 것에 대한 어떠한 명시적인 설명이 없기 때문에 문장이 불분명해져 있다. 또한 '류큐번 설치'에 대한 이유로서 메이지정부의 의도가 "일단 일본 국내의 번으로 삼은 다음에 폐번치현을 통해 현정으

---

177   沖縄歴史教育研究会・新城俊昭, 『高等学校 琉球・沖縄史(新訂・増補版)』(編集工房東洋企画, 2007년), 147~148쪽. 또한 해당 부분을 포함한 제5장 '류큐처분'은 긴조 세이토쿠[金城正篤]가 '감수자'로 되어 있다.

로 이행되는 단계를 밟아 왕국의 해체를 꾀하고자 한" 것이 메이지정부의 의도라는 설명으로 보자면, '번'단계에서는 '왕국의 해체'를 의도하지 않았다는 것이 '번왕'으로 삼았던 이유로 상정하고 있을 수도 있다. 그렇다고 한다면 류큐왕부가 왕국체제에 영향을 미치지 않는다고 "가볍게 생각하고 있었다."거나 "이 사태의 중대함을 깨닫지 못했다."와 같은 서술과의 정합성은 어떻게 보아야 할까.

어찌 되었건 종래의 많은 연구나 역사서와 마찬가지로 여기서도 쇼타이를 '류큐번왕'으로 삼았던 것이 바로 '책봉'으로 불렸던 사건이라는 점, 그것이 '번왕' 책봉이었다는 의미가 밝혀지지 않은 채 바로 '류큐번 설치'로 치환되었다. 그 때문에 본래라면 "왜 '류큐번왕'의 '책봉'이 이루어졌을까."하고 물었어야 하는데, "메이지정부는 왜 '류큐번 설치'를 시행했는가."라고 하는 질문으로 왜곡되었고, 또 "왜 번주가 아니라 번왕으로 삼았는가." 하는 식의 잘못된 문제 설정이 되고 말았다.[178] 덧붙여서 굳이 확인해두자면, 종래의 연구 대부분이 '류큐처분'의 시작 시기로 보는 번왕책봉을 '류큐번 설치'로 표기해왔는데, 메이지정부에서 "류큐번을 설치한다."는 취지의 법령 비슷한 것이 발포된 사실(史實)은 일체 존재하지 않는다. 천황이 쇼타이를 '번왕'으로 책봉했으므로, 쇼타이가 군주로서 지배하고 관할했던 영역과 왕부기구가 '류큐번'으로 (공식문서에서도) 불린 것에 지나지 않는다.

본서에서는 바로 '류큐번왕 책봉'의 경위와 의미 자체를 밝히고자 하므로, 일관되게 '번왕책봉'이라는 말을 사용할 것이며, 또한 당시 용어로서 '류큐번'으로 표현은 해도 '류큐번 설치'라는 표현은 사용하지 않으려 한다. 이에 대해 지금까지 '류큐번'으로 불려왔으므로 '류큐번 설치'라 해도 괜찮지 않은가 라는 의문과 반론이 있을지도 모른다. 일본사에서 그다지 익숙치 않은 '번왕책봉'과 같은 표현보다 '류큐번 설치'가 일본어로서는 이해하기 쉽고 더 잘 통한다는 실제

적인 이유도 나름 이해할 수 있다. 그러나 필자가 '번왕책봉'을 '류큐번 설치'로 바꿔 표현하는 것은 몇 가지 이유에서 부적절하다고 생각한다. 일단 여기서 두 가지만 지적하자면, 첫째 천황에 의한 '류큐번왕'의 '책봉' 자체가 갖는 역사적 의미를 물어야 하는 중요한 사항이 '류큐처분'을 연구하고 역사과정을 기술하는 데에 있어서 결정적으로 불문에 붙여지고 있기 때문이다. 하지만 '류큐처분'의 단서가 되는 이 사건의 의미를 정확하게 이해하지 않고서는 그 후 류큐처분 과정의 올바른 이해나 오키나와 근대사에 대한 이해 역시 크게 해치게 될 것이다.

'류큐번 설치'라는 표현이 부적절한 두 번째의 이유로는, 당시 일본의 국가 주권이 마치 류큐까지 미치고 있었던 것 같은 함의를 띠고 있는 한에서 오해를 불러일으키기 쉽다는 점이다. 앞의 인용문에서 보았지만, 류큐번 설치에 의해 "일단 일본 국내의 번으로 자리매김되었다."는 표현과 "번주가 아니라"는 표현 등도 근대국가의 대내주권(對內主權) 행사로서의 지방행정단위의 설정과 그 장 관 임명이라는 함의로 서술되어 있어서 '설치'라는 불적절한 말이 낳은 오해의 하나라 할 수 있다.

이러한 기술이나 오해는 앞서 제시한 부교재뿐만 아니라 역사서에서 '류큐 처분'으로 언급되는 경우와 그것을 주제로 다룬 전문 연구논문에서도 일반적으 로 눈에 뜨인다는 것이다. 즉 에도시대에는 일본 국내에 봉건제적인 '번'이 설치 되었는데, 메이지유신에 의한 '폐번치현'(1871년)으로 근세적인 '번'을 대신하여 근대적인 '현'이 설치되었다는 것, 그런데도 류큐만은 특수한 사정으로 그러한 개혁이 늦어졌고, 1872년(明治5) '류큐번 설치'에 의해 예전 '국내의 번'과 같은 위치가 부여되었으며, 일본 전국에 실시된 것보다 8년 늦은 1879년(明治12)에 '폐번치현'처분이 이루어졌다는 식의 역사이해가 전제로 깔려 있다. 게다가 '류 큐번 설치' 단계에서 메이지정부의 '폐번치현'은 예정되어 있었고, 그것을 꿰뚫 어보지 못한 점이나 그것에 대한 저항이 류큐왕부의 무지와 완고함에 의한 것 이라고 서술되어 있다는 것이다.

그러나 이러한 역사 이해에는 역사의 부당한 목적론적 해석이나 귀납적인 방식으로 역사의 당사자들을 재단하는 문제성이 있을 뿐만 아니라, 우리가 갖고 있는 역사인식을 근본적으로 규정하고 있는 정치성이나 이데올로기성에 대한 반성을 하지 못한다는 문제가 내포되어 있다고 생각한다. 그것은 단적으로 말해서, 메이지 이후 '국민국가'형성과정에서 일반적으로 유포된 (오키나와에서 보면 강요당한) 넓은 의미에서의 황국사관이나 일본형 오리엔탈리즘이 우리들의 역사 이해, 여기서는 근대 오키나와사의 이해를 지금도 옭아매고 있는 문제이기도 하다.

따라서 본장의 과제는 적극적으로는 ('류큐번 설치'가 아니라) '류큐왕 책봉'의 역사적 의미에 대한 문제제기와 재검토에 있다. 이 과제의 수행과 관련하여 기존의 연구에서 자주 볼 수 있는 '류큐번 설치'를 '대만출병'과 연관지어 이해하는 역사해석을 문제 삼고, 그 오류를 실증적으로 밝히는 것을 또 하나의 과제로 설정했다. 앞에서 예로 들었던 부교재의 인용문에서도 "이 시기에 류큐번이 설치된 이유는 그것만이 아니었다. 뒤에서 서술할 대만출병과도 밀접하게 연관되어 있다."(방점 필자, 이하 동일)며 양자를 결부시켜 서술하고 있는데, 그와 같은 해석은 과연 비판적 검증을 피해갈 수 있을까.

이처럼 메이지정부에 의한 류큐번 설치(본서에서 말하는 '류큐번왕 책봉')와 '대만출병'을 연관시키는 서술은 이 책뿐만 아니라 많은 연구나 역사서에서도 채택되고 있다. 예를 들어 현재에도 대표적인 연구로 간주되고 있으며, '류큐처분'이라는 말을 제목으로 내건 유일한 전문연구서이기도 한 긴조 세이토쿠의 『류큐처분론』에서는 "메이지정부에 의한 류큐번 설치는, 당시 메이지정부가 불가피하게 직면했던 대만출병의 구실 내지 논거를 얻는 것에 그 직접적인 동기가 있었다."[179]고 되어 있다. 또한 긴조가 집필한 『오키나와현사』[沖繩縣史] 제1권 (통사)에서도 "원래 류큐번의 설치도 메이지정부가 대만출병을 위한 준비조치로서 급하게 시행한 것이었다. ……류큐가 일본에 속해 있다는 것을 국내

179　金城正篤, 『琉球処分論』(沖繩タイムス社, 1978년), 6쪽.

외에 보여줌으로써 살해당한 류큐민＝일본국민의 원수를 갚기 위한 대만출병
에 이론적인 근거를 부여한 것이다"[180]라고 서술되어 있다. 아마 긴조의 연구나
『오키나와현사』의 권위 때문이기도 하겠지만, 많은 역사서나 논문 등에서 비슷
한 서술을 볼 수 있는데 그런 의미에서 통설적인 견해로까지 간주될 수 있을지
도 모른다.[181]

이와 관련하여 한 가지 더 인용하면, 역사학연구회편 『일본사 사료(4) 근
대』는 '류큐국왕을 번왕으로 삼는 조서(詔書)'라는 제목으로 책봉 조서를 소개하
고 있는데 그 해설(미야지 마사토[宮地正人] 집필)에 다음과 같이 기술되어 있다.

폐번치현 때까지 류큐는 사쓰마번의 부용국이었지만 폐번 후 류큐를 어떻게
할 것인가를 두고, 완전한 내지화를 주장하는 대장성(大藏省)과 청일 양속의
지속을 주장하는 좌원(左院) 사이에 대립이 있었다. 이곳이 치번(置藩)된 것은
지난해 11월 대만 원주민의 류큐인 살해사건과 얽혀 있다. 이 보고를 받은 가
고시마현 참사(參事) 오야마 쓰나요시[大山綱良]는 7월 하순에 대만토벌을 상
주했고, 가바야마 스케노리[樺山資紀]를 비롯한 사쓰마 사족(士族)은 8월 상
순부터 도쿄에서 맹렬한 운동을 벌였다. 그 결과 일본에 귀속시킨다는 방향
을 명확하게 하고 대만출병을 가능하게 하는 치번이라는 수단을 취하게 되었
다.[182]

---

180   『沖縄県史』, 제1권·통사(沖縄教育委員会編集·発行, 1976년), 47쪽. 인용문에서 방점은
       원저자가 한 것임(의 것). 『琉球処分論』(앞에서 서술), 12쪽도 참조.

181   단 대만사건이 우연히 '류큐번 설치'직전에 일어난 점을 서술하고, 그 사건이 대만출병으
       로 연결된 점과 류큐번 설치를 특별히 연관짓지 않고 병렬적으로 기술한 것도 많다. 그러
       나 류큐번 설치와 대만출병(론)을 직접적으로 연관짓는 해석에 대해 이제까지 명시적으로
       이의를 제시한 것은 필자의 소견으로는 모리 도시히코 뿐이다. 毛利敏彦, 『台湾出兵』(中公
       新書, 1996년); 同, 「副島種臣の対清外交」(『明治維新政治外交史研究』, 吉川弘文館, 2002년,
       수록)을 참조.

182   歴史学研究会編, 『日本史史料 (4) 近代』(岩波書店, 1997년), 98쪽.

여기서는 류큐번 설치를 '치번'으로 바꿔 말하고 있는데, 마찬가지로 일본 사에서 빌려온 '건번(建藩)'이라는 말이 사용된 적도 있다. 여하튼 부적절한 표현임에 틀림이 없지만, 이 맥락에서 주의해야 할 점은 대만출병을 목적으로 그 것을 가능하게 하기 위한 수단으로서 류큐번 설치가 이루어졌다고 하는 해석에 있다.

하지만 과연 류큐번 설치, 정확하게 말하면 류큐번왕 책봉은 진정으로 대만출병을 가능하게 하기 위한 준비조치로 시행된 것일까.

덧붙이자면 대만출병은 정한론 정변이 일어난 이듬해인 1874년(明治7) 5월에 행해진 근대일본 최초의 해외 파병이다. 분명히 류큐번왕 책봉에 앞서 1871년 11월에 대만 남동쪽 해안에 표착한 류큐인이 현지 선주민에게 살해당한 사건을 메이지정부에 의해 출병의 주된 구실로 들고 나왔다. 또한 당시 '유수정부(留守政府)'하에서 이루어졌던 류큐번왕책봉(1872년 9월 14일)의 시점에서 이 사건은 이미 국내에 알려져 있었고, 일부에서는 대만의 죄를 묻는 출병 등 강경론이 갑자기 끓어오르고 있었다. 그러나 그 점을 가지고 양자(류큐번왕 책봉과 대만살해사건)를 곧바로 결부시키는 해석에는 두 사건의 발생 시간을 따져 보더라도 의문의 여지가 많지 않을까.

필자는 류큐번왕책봉(류큐번 설치)을 대만출병과 결부시키는 것은 단적으로 말해서 잘못된 역사해석이라고 생각한다. 나아가 그들의 관계를 어떻게 이해하는가는 단순히 '류큐처분'의 출발점에 대한 해석에만 관련된 문제가 아니라, '류큐처분'의 전체적인 과정(류큐병합사)과 그러한 여건에서 출발한 오키나와 근대사 해석과도 크게 결부되어 있는 중요한 문제라고 생각한다.

따라서 기존의 '류큐처분'이 전체적으로 어떻게 논의되어 왔는가 하는 점을 중심으로, 긴조 세이토쿠와 아라키 모리아키의 선행연구를 소개·검토하고 문제의식을 조금 더 명확히 한 다음 계속 고찰을 이어가도록 하겠다.

2. 긴조 세이토쿠『류큐처분론』[琉球處分論]

오키나와 근대사 연구는 1960년대 중엽부터 1980년대 전후에 걸쳐 비약적인 발전기를 맞이하며 수많은 중요한 성과를 남겼다. 대표적인 성과 중에 일부를 들자면 가장 중요한 것으로『오키나와현사』, 다음으로『나하시사』[那覇市史]가 있다. 또한 두 책 안에 수록된 여러 논고를 포함한 긴조 세이토쿠의 논문집『류큐처분론』이나 니시자토 기코의 '구관온존(舊慣溫存)'[183] 정책기를 중심으로 한 일련의 연구, 나아가 그들의 연구를 비판하면서 등장한 아라키 모리아키 논문집인『신·오키나와사론』[新·沖繩史論] 등 기타 연구가 있다.

이처럼 1980년대 초 무렵까지 연구가 성행하고 충실히 발전한데 비해, 이후 오키나와 근대사 연구는 오랫동안 부진과 침체가 이어졌다는 점이 연구자들에 의해 자주 지적되어 왔다. 여기서 선행연구로 대표되는 긴조 세이토쿠와 아라키 모리아키의 업적을 살펴보는 것은 그러한 사정과 무관하지 않으며, 양자의 연구가 비교적 오래되었다 하더라도 여전히 가장 권위 있는 업적으로서 커다란 영향력을 갖고 있기 때문이다.

먼저 긴조의 연구를 검토함에 있어서 그에 의한 '류큐처분'의 일반적 정의를 인용하는 것 으로 시작하고자 한다.

> [류큐처분이란] 메이지정부 하에서 오키나와가 일본국가 속으로 강제 편입되는 일련의 정치과정을 말한다. 이 과정은 1872년(明治5) '류큐번'설치를 비롯하여, 1879년(明治12) '오키나와현' 설치를 거쳐, 이듬해 '분도문제(分島問題)'의 발생과 종식에 이르는 앞뒤로 9년에 걸친 이 시기를 오키나와 근대사에서 류큐처분의 시기로 자리매김할 수 있다.[184]

183　[역주] 구관온존정책(旧慣溫存政策)은 구관존치정책(旧慣存置政策)라고도 하며 1879년(明治12)부터 1903년(明治36)까지 시행되었다.

184　金城正篤,『琉球処分論』(앞에서 서술), 3쪽.

앞에서도 말했듯이 넓은 의미에서 '류큐처분'의 시작 시기를 류큐번 설치에 둔 것은 긴조만의 독특한 생각이 아니고, 기존 연구에서도 거의 자명한 내용으로 다루어져 왔다고 해도 좋을 것이다. '류큐처분'이란 좁은 의미로는 1879년(明治12) 메이지정부가 강행한(류큐 폐번, 오키나와 치현이라고 하는) '폐번치현'을 의미하지만, 그 점에서만 봐도 폐지 대상인 '류큐번' 설치를 처분과정의 출발점으로 파악하는 부분은 그 나름의 설득력과 타당성을 인정할 수 있다. 긴조 연구의 독자성은 시작 시기의 설정 자체가 아니라 그것을 '대만출병'과 결부시켜서 양쪽의 관계를 강조한 점에 있었다.

긴조 연구의 또 다른 독자성은 앞의 정의에서도 명시되어 있듯이 류큐처분이 끝나는 시기를 류큐·오키나와의 '폐번치현'에 두는 것이 아니라, 이듬해까지 연장시켜서 청일간 '분도(개약)문제(分島(改約)問題)' 발생과 종식이 일단락되는 시기까지를 포함시켰다는 점에 있었다. 덧붙여서 말하면 분도(개약)문제란 청국이 일본의 청국 내지통상권을 승인하는 대신에 일본은 미야코·야에야마를 청국에게 위임할 것을 인정한다는 결정에 이르는 조약교섭 안건에 관한 것이다(본서 제5장).

이상과 같이 긴조의 특징이라 할 수 있는 류큐처분의 시작 시기에 대한 해석과 끝나는 시기의 설정은 *그가 류큐처분의 과정 전체를 해석하고 평가하는* 점과 밀접하고 불가분의 관계에 있다고 해도 좋을 것이다. 긴조는 이 류큐처분의 역사적 의의의 평가에 대한 자신의 의견을 다음과 같이 서술하고 있다.[185]

나의 의견은 다음과 같이 요약할 수 있다. 첫째로 메이지정부의 '류큐처분'에는 민족통일이라는 측면보다도 국가통일이라는 측면이 선행되고 있다는 점, 둘째로 '류큐처분' 자체가 일본의 대외진출에 대한 충동 아래 이루어졌고……, 셋째로 '류큐처분'이 민족통일사업이었다면 같은 정부 하에서 바로

---

185 위의 책, 32쪽.

‘분도문제’라는 민족분단정책이 나오는 의미를 설명할 수 없고……메이지정
부의 ‘류큐처분’을 굳이 ‘민족통일’이라 평가한다면 그것은 대외팽창·대외침
략과 표리관계를 이루는 정말이지 ‘일본적인 민족통일’이었다고 말할 수밖에
없는 것이었다.

긴조가 인용문 마지막에서 자신의 입장을 표명하고 있듯이, 당시는 류큐
처분을 ‘민족통일’이라는 관점에서 어떻게 평가하느냐가 이 분야 연구에서 가장
큰 논점이자 격렬하게 논쟁했던 테마였다. 이에 대해서는 뒤에서 또 간단히 다
루기로 하고, 긴조가 주장하는 요점이나 특징을 필자 나름대로 요약하면 다음
과 같다.

첫째, 류큐처분의 시작시기인 류큐번 설치를 대만출병과 결부시킨 점, 둘
째, 그 종식 시기를 종래의 통설처럼 ‘폐번치현’에서 나누는 것이 아니라 이듬해
까지 연장시키고 ‘분도개약’ 문제의 발생과 종식까지로 보았다는 점이다. 그리
고 시작 시기 및 그의 해석과 종식 시기 설정과의 통일적인 해석 및 평가를 가
능하게 한 것은 류큐처분이 일관되게 메이지정부의 ‘대외팽창’이라는 ‘정책기
조’아래 행해졌다는 점을 강조하는 그의 견해가 세 번째 특징이다. 이상 세 가지
를 근거로 하여, 넷째, 종식시기로 설정된 ‘분도문제’에 대한 메이지정부의 대응
에서도 알 수 있듯이 류큐처분은 ‘국가통일’일 수는 있어도 ‘민족통일 사업’이라
말하기 어렵다는 전체적인 결론을 내리고 있다.

긴조는 그 이후에도 이러한 『류큐처분론』의 기본적인 입장을 유지했으
며, 1990년의 논문 ‘류큐처분은 폐번치현인가’에서도 다음과 같이 서술하고 있
다.[186]

186 　金城正篤, 「琉球処分は廃藩置県か」(藤原彰他編, 『日本近代史の虚像と実像 1 開国~日露戦
　　争』, 大月書店, 1990년), 135쪽.

앞에서 살핀 것처럼 메이지정부의 류큐처분은 처음 시작이 대만출병과 결부되어 있고, 종국에는 '분도·증약(增約)'안의 형태로 제기된 것처럼, 일관되게 중국 영토의 침략과 중국 내지에서의 통상권 획득은 따로 뗄 수 없는 한 덩어리로 제기되어 진행되었다는 점을 명심해야 할 것이다.

그런데 전술한 바와 같이 긴조는 1960년대 후반부터 1970년대에 걸쳐 오키나와 근대사 연구의 비약적인 발전기에 '류큐처분'연구를 견인했던 전후 세대의 젊은 영재로서, 그 당시뿐만 아니라 그 이후 오늘날에 이르기까지 압도적으로 영향을 미쳤다. 선구적인 공적은 매우 크며 필자 역시 긴조의 연구에서 많은 것을 배웠다는 점을 여기에 명기해두고 싶다.

다음으로 류큐처분의 시작 시기에 해당하는 사건(류큐번왕 책봉·류큐번 설치)에 대한 긴조의 이론과는 전혀 다른 해석이 제시된 점 역시 언급해 두어야겠다. 긴조설에 대해 제기되는 기본적인 의문점은 무엇보다도 우선 1872년(明治5) 9월 류큐번왕 책봉(류큐번 설치)은 과연 대만출병을 목적으로(그것을 위한 준비조치로서) 이루어진 것일까 하는 문제에 있다. 그리고 이 문제에 대한 대답은 부정적이라는 것이 본서의 입장이다.

그럼 류큐번왕 책봉(류큐번 설치)이 대만출병을 목적으로 이루어진 것이 아니라고 한다면 그것은 무엇을 위해, 왜 그 시기에 이루어졌을까. 긴조의 연구에서 류큐번 설치의 해석이 '류큐처분'의 전체적인 평가와 결부되어 있는 것처럼, 이 질문은 '류큐처분'이나 넓게는 오키나와 근대사 해석의 근간과 관련된 기본적인 문제이며, 대만출병 목적설을 채택하지 않더라도 그 점에서는 변함이 없다.

위의 질문에 대한 본서의 대체적 해석은 뒤에서 상세히 논하기로 하고, 여기서 요점만 요약해서 말하면 다음과 같다. 즉 당시 메이지정부에는 종래 일본과 류큐의 관계를 재편성할 필요성이 생겼고, 그 때문에 채택된 것이 천황에 의한 쇼타이의 '류큐번왕'으로 '책봉'이라는 동아시아의 전통적인 질서 원리를 모방한 관계설정 행위였던 것이다. 근대 일본이 채택한 전통적(동아시아 전통을 모방한) 수법, 다시 말하면 천황을 정점에 둔 근대국가 일본의 '소중화주의'적인 정치행위를 제대로 이해하기 위해서는, 류큐처분을 단적으로 '번왕책봉'으로 파악하고 그렇게 부르거나 또는 설명하고, 역사적 의의를 적절하게 해석할 필요가 있다. 류큐번 설치라는 말이 부적절한 것은, 번왕책봉을 류큐번 설치로 바꿔 말함으로써 왜 류큐번왕 책봉이 (그 역사적 시점에서) 실시되어야 했는가라는 가장 중요한 문제를 회피하거나 소거해버리기 때문이다.

중요한 점은 근대일본과 류큐왕국과의 관계 재편에서는 지배나 통치의 대의명분 = 정통성의 근거가 본질적인 점을 이루고 있다는 것이다. 이에 관해서도 뒤에서 상세하게 서술하겠지만, 이 본질적 논점에 약간 근접한 연구로서 아라키 모리아키의 주장을 소개·검토하고자 한다.

3. 아라키 모리아키 '류큐처분론'

아라키 모리아키 연구의 특징은 일본본토의 (전국적인) '폐번치현'과 비교해 류큐처분의 '특수성'과 그것이 발생한 역사적 이유나 원인을 지적한데 있다. 아라키는 '류큐처분의 특수성'에 대해 다음 네 가지를 들고 있다.

첫째, 일본본토에서는 "판적봉환이 폐번치현이라는 권력의 실질적인 중앙집권의 평화적 달성을 가능하게 한 역사적·논리적 전제이며 역사적 출발점이었다. ……그러나 오키나와에서는 폐번치현의 역사적 전제라고 할 만한 판적봉환의 역사과정이 결여된 채 폐번치현이 강행되었다."

둘째, 본토에서 폐번치현은 "표면적인 반대 = 저항 없이 평화롭게 실현되었다"라고 하지만, 류큐처분은 "메이지정부의 군사력·경찰력 행사에 의한 강압으로 류큐번청 주류의 저항을 무릅쓰고 강행되었다."

셋째, 치현이 실시된 이듬해에 있었던 분도개약 문제에서 "오키나와 분할안이 실현되기 직전까지 도달했다는 점" 즉 "치현 후 영토가 외교상 흥정의 도구가 된 사례는 달리 전혀 존재하지 않는다."는 점.

넷째, "류큐처분 후 구관개혁(旧慣改革)이 극히 지지부진했다"는 점, 이상 네 가지가 그것이다.[187]

아라키의 이해에 따르면 이들 네 가지의 특수성 중 가장 중요한 점은 첫 번째, 즉 '판적봉환 없는 폐번치현'이라는 점이며, 다른 세 가지는 그것에서 귀결되는 사항이나 특질로 보아도 좋다. 이상과 같이 류큐처분의 특수성과 그곳에서 '판적봉환'의 결여라는 계기가 갖는 중요성에 대해 지적한 다음, 아라키는 그렇다면 "류큐처분 시점에서 판적봉환의 결여가 무엇 때문에 생겨난 것일까"라고 자문하며 그 이유로 거듭 다음 세 가지를 들고 있다.

첫째, "일본의 본토 사회와는 별개로·독자적으로 국가를 형성하고 사쓰마의 류큐 정복 후에도 시마즈의 '세력 범위[領分]'이면서 '이국', '외국'이라는 특수한 위치에 있었고, 청국과의 책봉체제와 서로 관련되면서 진공무역을 수백 년에 걸쳐 계속해 왔다"는 점.

둘째, "막부말기 류큐왕부 상층부를 뒤흔든 마키시·온가 사건의 결과로 왕국 지배층의 보수·수구파가 강화되고, 기노완 조호·쓰하코 세이세이와 같은 개명파가 소수파로 고립되는 상황을 낳았다는 점."

셋째, "막부말·유신 동란의 소용돌이에 휘말리지 않고 그 관할 밖에서 안주할 수 있었던 류큐왕부의 특수 상황이라는 점", 이상 세 가지다.[188]

계속해서 부언하자면 아라키는 이상과 같은 소론으로 당시의('민족통일'이라는 관점에서 류큐처분을 논의, 평가해왔던) 논쟁 상황을 염두에 두면서 류큐처분은 "위로부터의·타율적인·민족통일"이었다는 결론을 이끌어내고 다음과 같이 설

187　安良城盛昭,「琉球処分論」(『新·沖縄史論』, 沖縄タイムス社, 1980년 수록), 174~176쪽. 이 논문은 桑原真人·我部政男 編, 『幕末維新論集9 蝦夷地と琉球』(吉川弘文館, 2001년)에도 수록되어 있다.

188　위의 책, 184쪽.

명했다. "〈위로부터의〉는 전근대사회에서 지배계급이 헤게모니를 장악하여 민족통일이 실현되었다는 것을 표현하고" 있는 것이며, "〈타율적인〉은 민족통일의 민족적 시점에서 본 객관적 조건과 주관적 조건의 미숙함을 표현하고 있는"[189] 것이다.

위에서 살핀 것처럼 아라키 연구의 특징은 일본 근대국가 형성의 한 획을 긋는 (본토의) 폐번치현과 비교해서 류큐처분을 '판적봉환 없는 폐번치현'으로 특징짓고 그 특수성을 강조한 점에 있으며, 또 그러한 비교의 관점에서 그 특수성이 발생한 이유나 원인을 지적했다는 데 있다.

그런데 필자가 아라키에 대해 여러 가지 의문이 드는데, 여기서는 가장 기본적인 논점에만 초점을 맞추어 지적하기로 한다. 필자는 류큐처분에는 '판적봉환'이 결여되어 있었다는 점, 그 원인으로 앞서 언급한 첫 번째 이유에서 나온 것처럼 류큐가 "일본의 본토 사회와는 별개로·독자적으로 국가를 형성하고" 근세에도 '중일[支日] 양속'상태가 지속되었다는 요인이 있다는 아라키의 지적은 상세한 설명이야 어찌되었건 대략적인 논점으로는 타당한 지적이며 그것 자체에 대해 이의를 제기할 생각은 없다. 오히려 '판적봉환'의 결여에 주목한 점이나 혹은 그러한 류큐처분의 특수성이 후에 구관개혁의 지연 등 오키나와 근대사까지도 크게 규정하게 되었다는 지적은 하나의 혜안이었다고 평가하고 싶다. 거기에는 지배의 대의명분 = 정통성 근거에 대한 질문이 당연히 포함되어 있다고 생각하기 때문이다.

그러나 아라키는 판적봉환의 결여를 지배의 대의명분 = 정통성 근거의 (박약성이라는) 문제 자체를 사상사적·시대 내재적인 방향에서 파악하는 것이 아니라, 시장경제 발달의 미숙함이나 번(왕부) 재정의 핍박 정도가 어떠했는지와 같은 경제적 요인을 들어 맑스주의 특유한 하부구조의 환원주의적인 방향으로만 해석하는 경향에 빠져 있다. 즉 아라키 설의 밑바탕에는 가령 류큐 내의 시장경

---

189   위의 책, 206쪽.

제나 류큐·일본본토 간의 경제 교역이 좀 더 충분하게 발달했었다면, 그리고 류큐가 막부말의 정쟁·전쟁에 말려들어 본토의 여러 번처럼 왕부의 재정도 쪼들리고 어려웠다면 류큐왕부에도 판적봉환이 실시되었을 것이라는 전제가 깔려 있는 것으로 보인다. 하지만 당시는 그러한 객관적 조건이 결여되어 있었고 따라서 민중들 사이에서 '민족통일'로의 주관적 조건은 성숙되지 않았으며, 또한 류큐왕부 말기 '마키시·온가 사건'의 영향으로 왕부 내에서도 보수파가 주도권을 잡음으로써 류큐 지배층 사이에서의 주관적인 조건도 결여되어 있었다. 그것이 류큐처분이 메이지정부에 의한 '위로부터의·타율적인·민족통일'이 된 이유라는 것이다.

단적으로 말해서 아라키설에 대한 필자의 의문 중 그의 가장 큰 문제는, 애초에 판적봉환이 '왕토왕민(王土王民)'사상에 입각해 있었다는 중요한 사항을 완전히 무시하고 한 마디도 언급하지 않는다는데 있다. 삿초도히[薩長土肥]¹⁹⁰나 그것에 이은 전국의 다이묘들에 의한 '판적봉환' 즉 판(= 토지)과 적(= 인민)을 천황에게 반환한다는 의사표시는 천황이야말로 전국의 본래 지배자라는 막부말·메이지유신기의 정쟁 속에서 부상한 황국사상과 '왕토왕민'사상에 기초해야만 가능했던 것이 아닐까. 아라키는 막번체제의 방침이나 판적봉환을 경제주의적으로만 해석하고, 지배의 대의명분 = 정통성 근거와 관련된 사상사적 조건이나 시대의 규범의식을 내재적으로 추궁할 필요성에 대한 관점이 결여되어 있다. 그런데 이러한 중요한 점을 고려하면, 류큐처분에 판적봉환이 결여된 것은 객관적으로 경제적인 조건이 미숙했기 때문이라기보다 "일본의 본토사회와는 별개로·독자적으로 국가를 형성"해온 류큐왕국에서는 자발적으로 황국사상이나 '왕토왕민' 사상을 받아들일 토양이 없었고, 메이지정부 측에서도 그 이념을 류

---

190   [역주] 삿초도히[薩長土肥]: 에도시대 말기에 웅번으로 불리며 메이지유신을 추진하여 메이지정부의 주요 관직에 인재를 공급한 사쓰마번[薩摩藩], 조슈번[長州藩], 도사번[土佐藩], 히젠번[肥前藩]의 총칭

큐에 적용하기에는 무리가 있었기 때문이라고 말해야 하지 않을까.

　덧붙여서 말하면 앞서 언급한 류큐처분의 특수성이 만들어낸 두 번째 원인으로, 아라키가 류큐왕부 말기의 '마키시·온가 사건'을 언급하고, 그것이 왕부 내에서의 개명파를 고립시키고 보수·수구파를 강화시켰다는 식으로 서술한 점을 보면, 만일 그러한 사건이 없었더라면 류큐왕국이 자발적으로 판적봉환을 했을 수 있다고 생각하고 있는 것처럼 읽힐 수도 있다. 그러나 우리가 제1장에서 살핀 것처럼, 그 시기 정치사에 관한 가장 신뢰할 만한 오키나와측의 기록으로 기샤바 조켄의 저작에 비추어 봐도 아라키의 사실(史実) 이해는 사실(事實)에 대한 잘못된 인식과 근거가 빈약한 점이 많은 것으로 보인다. 예컨대 마키시·온가 사건에서는 소위 개명파로 불리는 쓰하코 세이세이는 후에 완고파 우두머리가 되는 가메카와 웨카타(모리타케[盛武])와 같은 입장(법치주의파 = 백당(白党))이었고, 그 사건으로 기노완 조호나 쓰하코 세이세이가 고립되거나 실각된 적도 없었다. 그 후 산시칸이 된 가메카와와 마찬가지로 기노완도 산시칸까지 승진했으며, 번왕책봉의 계기가 되기도 했던 1872년의 경하사 파견 때에는 이에왕자가 정사(正使)로 임명되었는데, 기노완은 부사(副使)로 임명되었고 쓰하코 세이세이도 웨카나의 지위로 승진하여 류큐처분기에는 도쿄 재근역(在勤役)으로 임명되었으며 류큐 측과 오쿠보 도시미치와의 신랄한 담판에도 입회했다.[191]

　이상과 같은 아라키설의 단점은 필시 류큐처분에 이르기까지 근세기 류큐왕국의 독자성, 요컨대 그 독립성이나 국가적 성격을 어떻게 생각하느냐 하는 논점과 연결되어 있다고 할 수 있다. 이 점과 관련하여 덧붙이자면 앞서 인용한 류큐처분의 특수성으로 초래된 첫 번째 이유와 관련하여 아라키는 근세 류큐를 이전에 시행했던 "막번체제 사회 내부에 자리매김된 하나의 번"이라는 규정을 막번체제 내의 '번에 가까운 특수한 존재' 즉 '반(半)국가적 = 유사(擬似) 국가적

191　자세한 것은 본서 제1장 5절, 제4장 2절을 참조할 것.

존재'로 정정하고 있다.[192] 물론 수정 방향이 잘못된 점은 없지만 아라키는 대략적으로 근세류큐의 왕국으로서의 독자성·독립성을 과소평가하는 경향이 보이고 그런 점은 마지막까지 극복하지 못했던 것으로 생각된다.

선행연구의 소개나 검토와 관련하여 이것 역시 여기서 중심 테마로 다룰 수 없지만, 마지막으로 '민족통일'이라는 발상이나 용어의 문제성에 대해 한마디 부언하고자 한다. 지금까지 긴조, 아라키 두 사람의 연구에 입각하여 살펴본 것처럼 1960년대 이후 발전한 '류큐처분'연구에서 '민족통일'은 중심적이고 논쟁적인 테마이자 핵심용어(key term)였다. 당시 시대배경으로는 소위 강화[193] 독립 후에도 계속된 전후 일본본토와 오키나와 사이의 '민족분단' 상황, 그 과정에서 생겨난 '조국복귀'운동, 새로운 류큐처분으로 불리기도 했던 시정권 반환(협정)의 내실, 그 후에도 기지문제를 중심으로 오키나와의 정치쟁점화가 계속된 점 등이 있었다. 조금 더 말하자면 일본 '전후역사학'의 일부에서도 강화 후에도 미일안보조약 하에서 대미종속이 계속되는 가운데 진정한 '민족독립'을 호소하는 목소리가 있었다. 그리고 그 계기가 메이지유신사 연구에까지 투영되기도 했다는 사정도 '민족'이나 '민족통일'이라는 용어를 선호하게 된 배경으로 지적할 수 있을 것이다.

중요한 것은 '민족통일'이 어떠한 형태로든 받아들여져야만 한다는 당위명제로서 전제되어 있었다는 점이다. 이것은 오키나와 근대사에서는 메이지 후기 이후의 '동화주의' 정치문화 속에서, 이하 후유가 류큐처분의 단서를 노예해방과 국민적 통일에서 포착하고 '류일동조론'의 제창을 시작으로 전쟁 전부터 패전 후로 계승된 전제라기 보다는, 민족분단적 상황과 복귀운동이라는 특유의

192　安良城, 앞의 책, 201쪽.

193　[역주] 여기서 '강화'란 샌프란시스코강화조약(1951년)을 가리키며 조약체결에 의해 오키나와, 아마미, 오가사와라, 이오지마가 미군 점령 하에 놓인다. 아마미는 1953년, 오가사와라는 1968년에 일본에 반환되지만, 오키나와는 27년 만인 1972년에 일본으로 반환된다.

정치적 상황에서 바야흐로 패전 후에 보다 강화된 형태로 공유된 전제였다.

긴조의 연구는 그러한 시대 상황 속에서 류큐처분이 '국가통일'이기는 해도 '민족통일'이라 말하기 어렵다는 명제를 내세우고, 당시 논쟁 상황의 전체에 대해 일정한 위화감을 표명한 것이었다고 할 수 있다. 하지만 연구의 문제설정 자체는 아직 '민족통일'이라는 용어나 전후 역사학의 개념들에 속박당한 상태 그대로였으며 그것이 연구를 제약하여 그 이상 나아가는 것을 저해한 것으로 생각된다. 그에 대해 긴조나 니시자토 기코의 연구를 일종의 '차별사관'이라 비판하면서 오키나와사 연구를 보다 '사회과학적' 방향으로 전환시킬 것을 주장한 아라키의 연구는 문제설정의 측면에서는 본래 '민족통일'론의 방향으로 역행하여 시종일관 경제주의적 입장에서 변증했다고 말할 수 있다.

그러나 돌이켜 생각하면 '민족'이라는 말은 얼핏 보기에 이전부터 있었던 한자어처럼 생각할지도 모르겠지만, 야마무로 신이치[山室信一]가 지적한 것처럼 메이지 중기 무렵부터 일본에서 사용되기 시작한 숙어로 근대일본의 '국민국가'형성과 불가분하게 결부된 말이며 근현대 중국어의 '민족'은 그것이 역수입된 것에 불과하다.[194] 즉 적어도 류큐처분 시기에는 '민족'개념이나 그 개념과 결부된 '민족통일'의 규범의식은 아직 존재하지 않았다.[195] 이러한 가공(架空)의 목적을 메이지정부의 의도 안에서 자명한 것으로 규정하고 그것을 이해할 수 없었던 사람들이라기보다 원래 존재하지 않았기 때문에 이해할 수 없었던 사람들을 애초부터 뒤처진 존재로 예단하고 재단하는 발상의 구조야말로 그 자체가 역사적으로 형성된 것으로서, 정말로 그 점을 문제 삼아야 할 것이다.

194　山室信一, 『思想課題としてのアジア-基軸·連鎖·投企』(岩波書店, 2001년), 제5장을 참조

195　이러한 관점에서 류큐처분을 포함한 오키나와 근대(사상)사 연구 재검토의 필요성을 주장한 연구로 与那覇潤, 「「日琉同祖論」と「民族統一論」」(『日本思想史学』제36호, 2004년); 与那覇潤, 「「民族問題」の不在-あるいは「琉球処分」の歴史 / 人類学」(『文化人類学』70-4, 2006년)을 참조

1. 판적봉환과 '왕토왕민'사상

제1장에서 다룬 것처럼 일본이 메이지유신을 맞이하기까지 근세 류큐는 한편으로 중화제국(명, 청)과 책봉조공관계를 맺은 왕국이었으나, 다른 한편으로 사쓰마 시마즈씨와는 '부용'관계로 경제적인 착취도 받고 있었다. 이러한 시마즈씨와의 관계로 인해 도쿠가와정권[公儀]에도 '에도상경[江戸上り, 江戸立]'으로 불리는 사절파견이 관례화되어 있었으나, 도쿠가와 정권은 류큐를 '통신'(信을 통함) 관계에 있는 '이국' = 외국으로 간주하고, 국왕의 사신에게는 예를 갖추어 응대했다. 일본 역사학에서는 이러한 근세 류큐의 특유하고 미묘한 지위를 종래부터 '청일[支日] 양속'이라 부르고 있고, 최근에는 '막번체제 속의 이국'과 같은 표현을 사용하고 있다.

그러나 류큐처분기라는 근대 이행기의 역사를 고찰할 경우, 우리들이 자명하게 사용하는 대부분의 역사용어는 근대사 그 자체의 산물임을 더욱 자각할 필요가 있다. 예를 들어 '청일 양속'이라는 말도 메이지정부의 편의를 위해 사용하고 또 철회했던 것으로, 그 개념을 사용하는 것이 간편한 점이 있다는 것을 부정하지 않는다 하더라도 그렇게 사용함으로써 역사 인식이 지나치게 단순화되어서도 안 될 것이다. 즉 류큐와 사쓰마의 관계가 결과적으로 메이지유신 후 류큐가 일본에 병합되는 역사적 여건이 되었다는 것은 확실하다 해도, 근세를 통해서 류큐의 '청일 양속'이 자명한 것으로 여겨지지도 국제적으로 승인받은 것도 아니다. 류큐는 청조를 정점으로 한 동아시아 국제질서(중화세계질서) 속의 번속국이었지만 사쓰마와의 관계는 청국에게 계속 은폐했고, 근세 말에는 여러 외국(미국, 프랑스, 네덜란드)으로부터 독립국으로 취급되었고, 일본과 마찬가지로 국제조약체제에 편입되었다.

또한 앞의 인용문에서도 류큐번 설치로 인해 '일본 국내의 번'이 되었다는 취지로 서술되어 있지만, 그때까지 '막번체제 속의 이국'이었던 류큐왕국이 '번'

으로 불린다고 '이국'이 아니게 되는 것일까. '류큐번'의 '번'은 일본사 용어에서
사용되는 '막번체제'나 '사쓰마번'인 경우의 '번'과 같은 의미일까. 우리의 주제
인 류큐병합사 특히 그 단서로서의 류큐번왕 책봉 문제를 생각할 때 이러한 의
문을 품으면서 어떤 의미에서는 상식을 되묻는 것도 필요하지 않을까.

결론부터 미리 말하자면 '류큐번왕 책봉'이라고 할 경우 (번왕의) '번'은 일
본사 이해에서 상식처럼 되어 있는 '에도시대의 번'이라기보다, 오히려 '책봉'
이라는 말 자체가 시사하는 것처럼 동아시아의 전통적 국제질서(책봉체제)와 관
련이 깊은 말로 생각하는 편이 적절하다. 즉 제1장에서 살핀 것처럼 류큐는 조
선과 마찬가지로 중화세계의 일원이며 중화제국에 '번속'하는 조공국이었지만,
'번왕책봉'의 '번'은 그 전통적인 맥락에서 '번속'의 '번'과 연결시켜서 이해해야
한다는 것이 본서의 견해이다.

주지한 바와 같이 전후 역사학에서는 일반적으로 근세 일본의 국가체제
를 '막번체제'라 불러왔다. 하지만 제1장에서도 와타나베 히로시나 미타니 히로
시의 연구를 인용하여 논한 것처럼 오늘날의 역사학이 '막부'나 '번'이라는 말을
자명하게 사용하고 있다고 해서 반드시 당시를 살았던 사람들도 그렇게 생각했
다고 보는 것은 옳지 않다. 에도'막부'는 '막부'나 '번'이라는 호칭을 공식적으로
사용하지 않았다.

애당초 '번'이란 말은 고대중국의 주대(周代)에 왕실을 호위하는 제후나 황
제로부터 영지를 받았던 제후를 '번병(藩屛)'이나 '번진(藩鎭)'으로 칭한 것에서
유래하며, 한대(漢代)부터 청조에 이르기까지 사용되어 온 봉건제적 호칭이었다.
그 한자어 호칭으로서의 '번'이 일본에서도 사용되게 된 이유에 대해『일본사사
전』의 '번' 항목(후지노 다모쓰[藤野保] 집필)에는 "에도시대 중기 이후 막번체제는
중국의 봉건제를 본보기로 삼아 다이묘들을 막부의 번병으로 의식하게 되면서
번이라는 호칭을 사용하게 되었다"[196]라고 되어 있다. 중국의 고어인 '번'은 '번

---

196   藤野保 외 編, 『日本史事典』(朝倉書店, 2001년), 388쪽.

병'(원래 의미는 마당이나 광장을 둘러싼 울타리)과 같은 의미로, 그것이 바뀌어 제실 (帝室)·조정을 수호하는 자로서의 제후, 나아가 제후가 지배하는 영지(藩国·蕃 国)를 의미했으나, 도쿠가와 정치체제의 기반이 견고해지고 그 체제 하에서 유 교적 교양이 확산됨에 따라 여러 다이묘＝제후를 도쿠가와장군의 번병으로 의 식하게 된 것이 번이라는 말을 사용하기 시작한 가장 중요한 이유였다.

또한 '번'은 근세 말에 널리 보급되었고 얼마 안 있어 그 말의 내용이나 기 능에 있어서 일정한 방향전환이 있었다고 보여진다. 예를 들면 번이라는 말을 일찍부터 사용한 아라이 하쿠세키의 저술 『번한보』(藩翰譜)(1701년)에서는 1만 석 이상의 무가(武家, 다이묘)는 도쿠가와장군가(家)의 '번병'이라 할 만한 존재로 여겼지만, 막부 말 유신기가 되면 '장군의 번병'이라는 의미와 교토[京都]인 '천 자의 번병'으로서의 의미도 띠게 된다. '번병'에 대한 의식이나 같은 '번'이라는 표현이라도 무엇을 확고하게 지킬 것인지에 따라 그 의미가 바뀌어 갔다. 왕정 복고 후에 (일시적으로) '번'이 제도화된 것은 그러한 번의 어의에 점진적 전환이 있었던 것으로 보인다.[197] 이러한 개념사(概念史)도 염두에 두면서 2절에서는 먼 저 '판적봉환' 전후의 역사부터 살피고자 한다.

보신전쟁[戊辰戦争]이 시작된 1868년(慶応4) 1월 신정부는 구 막부령[幕領]· 하타모토령[旗本領]의 접수를 선언하고 각지에 '재판소'를 설립하여 통치에 착수 하고 있었으며, 1868년 윤4월 21일 '정체서(政体書)'를 발표하고, 소위 조적번(朝 敵藩)의 몰수지를 포함하여 새로운 정부직할지에 종래의 재판소를 대신하여 '부' 와 '현'을 설치했다. 이 '정체서'에 새로 설치된 부·현을 제외한 그 이외의 옛 다 이묘령을 '번'이라 표기한 것이 관제 용어로서 최초의 등장이었다.

정체서는 태정관(7관제) 제도의 정비를 규정함과 동시에 지방을 정부직할

197　青山忠正, 『明治維新の言語と史料』(清文堂, 2006년), 서장; 青山忠正, 『明治維新と国家形 成』(吉川弘文館, 2000년), 287쪽 이하; 青山忠正, 「近世から近代へ-プロローグ」(『日本近世 の歴史6 明治維新』, 吉川弘文館, 2012년) 참조.

인 부·현과 기타 다이묘령의 번 등 세 가지로 구분하고, 부에는 '지부사(知府事)', 현에는 '지현사(知県事)', 번에는 옛 그대로 '제후'를 두었다.[198] 즉 부·현에는 지사를 두어 유신정부의 직할로 했지만, "번은 옛날에 따름"이라 하고 '제후'에게 통치를 맡겼다. 그것은 기본적으로 소위 번 체제를 그대로 유지하는 것이었지만 지방통치의 일정한 통제를 지향하는 규정도 포함하고 있었다. 제9조에서 "하나[一], 각 부, 각 번, 각 현은 정령을 시행할 때도 서약문[御誓文]을 명심하여 지킬 것. 오로지 어느 일방이 만든 법으로 다른 한 쪽을 마음대로 재단하지 말 것, 사사로이 작위를 주지 말 것, 사사로이 화폐[通宝]를 주조하지 말 것, 사사로이 외국인을 고용하지 말 것, 이웃 번 혹은 외국과 맹약을 맺지 말 것, 이는 작은 권력으로서 큰 권력을 범하여 정체(政體)를 문란하게 하지 못하게 하는 데 있다"라고 규정하고 있는 것처럼 부·현과 나란히 번치(藩治)의 대략적인 원칙을 제시한 것이다.

이러한 정부에 의한 번정(藩政) 통제의 방향성은 1868년(明治1, 慶応4년 9월 8일에 明治로 연호를 고침) 10월 28일, '번치직제(藩治職制)'를 공포함에 따라 더욱 명확해지게 된다.[199] 그것은 "천하의 지방은 부번현(府藩県) 삼치(三治)로 돌리고 삼치일치(三治一致)로서 국체를 세운다."라고 하여 소위 '부번현 삼치일치'의 이념을 표방하고 각 번에 제도의 정비통일과 인재등용을 촉구했다. 유의해야 할 점은 제4조에서 제후의 가정(家政)과 번정('번병의 기무(機務)')의 분리를 지령하고 있는 점이다.

1869년(明治2) 1월 20일 삿초도히의 네 명의 번주 즉 정확하게는 "모리[毛利] 재상중장(宰相中將), 시마즈[島津] 소장(少將), 나베시마[鍋島] 소장, 야마우치[山內] 소장" 등의 제후가 연명하여 '판적봉환'을 문서로 올렸다. 내용을 재확인

---

198   『維新史』제5권(維新史料編纂事務局, 1941년) 394~399쪽;『維新史料綱要』권8(東京大学出版会, 1966년) 607~608쪽.

199   『維新史』제5권, 같은 책, 679~680쪽.

하기 위해 인용해둔다.

> 신(臣) 우리들은 돈수재배(頓首再拜)하옵니다. 삼가 생각하옵건대 조정이 하루도 잃어버리면 안 되는 것은 천자의 세상이며, 하루라도 분리되면 안 되는 것은 대권입니다. 천조(天祖)께서 처음 나라를 열고 기틀을 닦으셨으니, 황통 일계(皇統一系) 만세무궁, 하늘 아래 온 세상에 그의 것이 아닌 것이 없으며, 그 신하가 아닌 자가 없습니다. 이것이 천하의 세상이옵니다. 또한 주기도 하고 빼앗기도 하여 작위와 녹봉으로 아랫사람을 유지하며 한 뼘의 토지도 사사로이 가질 수 없고, 어떤 인민도 빼앗을 수 없습니다. 이를 대권이라 합니다…… 무릇 신(臣)들이 있는 곳은 바로 천자의 땅, 신들이 다스리는 인민은 바로 천자의 인민이옵니다. 어찌 사사로이 가질 수 있겠사옵니까. 지금 삼가 그 판적을 거두어 이를 바치오니 바라옵건대 조정이 그것을 적절하게 처리하시어, 그 주어야 할 것은 주고, 그 빼앗아야 할 것은 빼앗아, 모든 열번(列藩)의 봉토에 대해서는 아무쪼록 다시 명[勅命]을 내리시어 이를 개정하시옵소서. 그리고 제도(制度), 전형(典型), 군려(軍旅)의 정치에서부터 융복(戎服), 기계(機械)의 제도에 이르기까지 모두 조정에서 나오며, 천하의 크고 작은 일을 가리지 않고 모두 하나로 귀착시켜야 하옵니다. 그런 다음에 명실상부 비로소 해외 각국과 나란히 설 수 있습니다. 이것이 오늘날 조정의 급선무이며 또한 신하된 자의 책임이옵니다.

이처럼 판적봉환의 건백서는 '왕토왕민' 사상 즉 일본 전체의 판＝토지와 적(籍)＝인민은 본래 천황의 것이라는 사상에 기초하여 각자의 영주권을 천황에게 반환한다는 신청서였다. 이와 관련하여 먼저 유의해야 할 점은 건백서가 '모리 재상 중장', '시마즈 소장' 등의 연명으로 상표(上表)되었던 것처럼 그들이 어디까지나 제후(봉건영주)로서 "판적을 거두어 이것을 바친다."라는 명분을 내세우고 있다는 점이다.

동시에 "모든 열번(列藩)의 봉토는 부디 칙명을 내리시어 이것을 개정하시 옵소서."라고 서술하고 있는 것처럼, 거기에는 도쿠가와 정권이 무너지고 장군 으로부터 받은 영주권의 법적근거가 약화되어 가는 가운데 새삼스럽게 천황의 이름으로 그것을 보장받고 권위의 재확립을 꾀하고 싶어 하는 제후의 기대도 포함되어 있었다. 즉 건백서는 원리적으로 파고들면 서로 모순되는 듯 한 왕토 왕민의 이념과 영주권의 재교부라는 두 부분으로 성립되어 있다.

여하튼 이 판적봉환 건백을 목표로 네 개 번의 제휴가 이루어진 구체적인 경위에 대해 많은 관련서가 있으므로 여기서는 생략하겠지만, 상표문이 기초(起 草)된 경위에 대해서는 언급해 둘 가치가 있다. 건백에 이른 판적봉환론의 형성 에는 조슈[長州]의 기도 다카요시[木戸孝允] 등과 함께 사쓰마의 오쿠보 도시미 치 등의 역할이 중요했다. 오쿠보와 함께 건백을 목표로 움직였던 사람은 고마 쓰 다테와키[小松帶刀], 이치지 사다카[伊地知貞馨, 소노조[壯之丞]), 요시이 도모자 네[吉井友實] 등이었다. 건백서의 초안 작성은 이들 세 사람이 담당했는데 중심 이 된 자가 이치지 사다카였다.[200] 이치지야말로 후에 가고시마 현관[縣官]으로 류큐 담당책임자가 되고 그 후에도 류큐 관할의 변경에 맞추어 가고시마현에서 외무성 출사가 되어 중심적으로 실무를 맡았고, 나아가 내무성으로 옮긴 다음 에도 한동안 계속 실무를 담당했던 인물이라는 점은 충분히 유의해 두면 좋겠 다.[201]

---

200   오쿠보는 1869년(明治2) 1월 10일 고마쓰 다테와키 등 세 사람 앞으로 보낸 서간에서 조 슈 측에 제시하기 위한 건백서의 기초(起草)를 독촉하고 있다. 그것에 대해 1월 11일자 고마쓰 다테와키가 오쿠보 도시미치에게 보낸 서간에 '토지인민 반환 운운 건백'의 기초 에 관한 건에 대해 "위 건에 대해서는 앞서 통지한 이치지가 전적으로 맡아서 하고 있다" 고 나와 있다. 『大久保利通關係文書』3(吉川弘文館, 1968년), 254쪽. 이 시기까지 이치지는 시마즈 히사미쓰[島津久光]의 측근으로 오쿠보와 고마쓰 등과 협력하고 있었다. 이전에 메이지1년 이치지가 이와쿠라 도모미에게 제출했던 판적봉환의 의견서에 대해서는 「伊地 知壯之丞意見書」(『岩倉具視關係文書』8, 日本史籍協会, 1983년), 126쪽.

201   이치지 사다카가 '판적봉환'의 기초와 관련한 것은 종래의 류큐처분 연구에서는 전혀 다

본론으로 돌아가 앞서 서술한 것처럼 삿초도히, 네 개 번의 제후들이 연명한 건백서에 천황에 의한 영주권의 재교부 의향을 풍기는 문장이 하나 끼어 있기도 해서 다른 제후(번)도 충성을 경쟁하며 자기보전과 권위 재확립을 꾀하며 5월까지 261명의 제후(번)가 잇따라 봉환을 신청했다.

천황정부는 1869년 6월 17일 이후 제출된 판적봉환의 상표(上表)를 허락하고 각지의 제후를 그대로 '지번사'로 임명하는 동시에 신청을 하지 않은 제후에게는 봉환을 명하여 전국 274개 번의 판적을 회수하여 지번사 임명을 실시했다. 봉환에 대한 보상으로 천황에 의한 영주권의 재확인을 기대한 제후의 소원은 결국 이루어지지 않았지만, 그들은 스스로 봉환을 신청한 것으로 왕토왕민사상을 공식적으로 인정하는 모양새가 되었고 여기서 폐번치현으로 나아가는 중대한 첫걸음이 마련된 것이다.

이처럼 판적봉환의 제일 큰 의의는 전국 모든 '제후'의 개별 영유권이 부인되었다는데 있다. 그들은 곧 이어서 '지번사'로 임명되었으나 법제상으로는 이미 봉건영주가 아니라 정부의 지방관(지사)이었던 것이다. 옛 영지는 '관할지'라 부르고 지번사는 천황의 토지인 지방행정구획을 관할하는 지방장관이 된 것이다. 이때 번의 이름은 거성(居城, 번청(藩廳)) 소재지를 붙이도록 결정하고 '가고시마번'이나 '야마구치번'등이 정식명칭이 되었다. 공식적인 제도로는 역사상 '사쓰마번'이나 '조슈번' 등과 같은 명칭은 존재하지 않았다.

또한 공가(公家)·제후라는 명칭은 폐지되어 '화족'으로 개칭되고 이른바 '황실의 번병'으로 삼으려는 계획을 세웠다. 이어서 6월 21일 발표된 '제무변혁령(諸務變革令)'에서는 가로 이하 옛 가신단은 모두 '사족'으로 바꾸고 (12월에는 하급사족을 병졸로 하는) 제후(번주)와 그들의 가신단(번사) 사이의 주종관계는 제도

___

론 적이 없다. 이치지 사다카와 나라하라 시게루[奈良原繁](사치고로 = 幸五郎)가 폐번치현 후인 1871년(明治4) 10월에 함께 가고시마현 '전사(傳事)'로 등용되었고, 이치지가 류큐 담당책임자로 임명된 것에 대해서는 『鹿児島県史料』, 忠義公史料, 第7巻(厳南堂書店, 1979년), 237쪽을 참조

적으로 인정하지 않았다. 또한 지번사의 가록을 번 세입의 10분의 1로 정하고 1868년 번치직제(藩治職制)에서 주장했던 제후의 가정(家政)[202](가록)과 번정(번 청경비) 분리가 더욱 명확해졌다.

이처럼 판적봉환 후 번은 부, 현과 나란히 정식으로 지방제도로서 자리매 김되었으며, 동시에 정부도 부번현 삼치일치를 표방하고 급격한 변혁에 의한 마찰을 경계하면서도 서서히 번정의 통제를 추진해갔다. 그러나 이 단계에서는 아직 번 체제의 해체까지 의도되었던 것은 아니었다. 유신정권의 권력기반은 재정적으로나 군사적으로 아직 취약하여 오히려 번 체제를 유지하여 번정(藩政) 의 전국적인 표준화를 저울질하면서 스스로의 권력기반 강화에 도움이 되고자 했던 것이다.

2. 폐번치현과 가고시마

1871년(明治4) 7월 14일 '폐번치현'이 포고되어 각 지번사는 관직에서 면직되 고 도쿄에 거주하라는 명령을 받았다. 이때 옛 번은 그대로 현이 되었으므로 전 국에 3부 302현이 설치되었다. 폐번치현은 급속하게 결정되어 실행에 옮겨졌 기 때문에 아직 현치(縣置)에 관한 규칙도 일정하지 않았으므로 7월 19일 정부 는 현치의 일반적인 규칙이 제정되기까지 새로운 현의 잡다한 사무는 옛 번의 대참사(大參事)가 처리하고, 중대한 안건은 조정의 결재를 받아야 한다고 포고했 다. 즉 치현 후에도 당분간은 예전의 시정(施政) 그대로 놔둔 것이다. 그러나 그 사이에도 정부는 차근차근 현치 실시의 준비를 진행하여, 먼저 현의 통폐합을 단행하고 11월 22일까지 전국을 3부 72현으로 재편했다. 11월 27일에는 '현치

---

202 [역주] 가정(家政): 근대 이전에 같은 가계(家系)·일문(一門) 내부의 사업 및 가사 전체를 가 리킨다. 즉 공가(公家)와 무가(武家)의 소유지 지배나 상인의 사업 등 모두 가정에 속한다.

조례'가 발포되어 이때에 이르러 현치 체재가 일단 정비되었다.

가고시마현에서는 구 번령을 그대로 계승했지만 11월 14일 발포된 사이카이도[西海道]의 여러 현이 통폐합됨으로써 사쓰마·오스미[大隅]·휴가[日向] 3국(國)에 있던 7현이 폐지되고 새로 가고시마·마야코노조[都城]·미미쓰[美々津] 3현으로 재편됨에 따라 관할구역이 크게 축소되었다. 그 후 1872년(明治5) 5월 오스미국의 2개 군(郡)을 미야코노조현에서 떼어서 가고시마현에 합하여 옛 번역(藩域)이 어느 정도 회복되었다. 즉 1872년 후반 시점에 가고시마현 관할지역에는 옛 번령 가운데 사쓰마 1국과 오스미 3군, 거기에 류큐가 포함되었다. 그리고 1872년 9월에 류큐번왕 책봉이 있었고 류큐는 가고시마현의 관할에서 벗어나 외무성 관할이 되었다.[203]

일반적으로 폐번치현에 이르기까지 사쓰마/가고시마번은 신정부 확립과 중앙집권정책의 가장 주요한 추진세력 중 하나였다. 판적봉환, 어친병(御親兵)[204] 공출, 폐번치현 등 중앙정부의 권력기반 강화와 여러 번들의 할거(割拠) 타파에 협력했다. 가고시마 현지(現地)에서도 정부의 여러 개혁을 전후로 독자적으로 여러 제도 개혁이 추진되었다. 특히 보신전쟁에서 이기고[凱旋] 귀국한 하급무사들은 급진적인 개혁을 요구했고 상층부도 그들에게 타협하여 병사제도나 녹봉제도 등 대폭적인 개혁이 실시되었다.

그러나 다른 한편으로 중앙집권화 정책에 가장 강하게 반발한 것도 가고시마였다. 폐번치현 시기를 전후로 사족의 여러 특권들이 잇따라 폐지되기에 이르자 가고시마는 그 이상의 개혁을 저지하는 쪽으로 방향을 전환했다. 번 내에서 세력을 유지해온 사람은 지번사 시마즈 다다요시[島津忠義]의 아버지 히사

---

203 제도 개정 등을 포함해서 가고시마현의 역사나 특색에 대해 『鹿児島縣史』第3卷(鹿児島県, 1939년, 1974년 복간); 原口虎雄, 『鹿児島県の歴史』(山川出版社, 1973년); 原口泉 외, 『鹿児島県の歴史』(山川出版社, 1999년) 등을 참조.

204 [역주] 어친병(御親兵): 1871년(明治4), 천황 호위를 위해 편제된 군대. 이듬해에 근위병(近衛兵)으로 개칭됨.

미쓰[久光]였으나 그는 폐번치현의 보고를 받은 날 밤에 저택 안에서 불꽃을 쏘아 올리게 하여 울분을 풀었다고 한다.[205] 히사미쓰나 문벌은 이전부터 사족에게 여러 가지 희생을 강요하는 개혁을 밀어붙이는 중앙정부 뿐만 아니라, 번 내에서 일어난 하극상에 대해서도 비판적이고, 급진적인 개혁을 요구하는 하급무사와도 대립하고 있었다. 그러한 격렬함에는 번정 개혁을 위해 일시적으로 번에 돌아오라는 요구를 받은 오쿠보조차도 속수무책이었고, 사실 그때의 대립 때문에 히사미쓰에게 중용되어 번의 수뇌부에 있던 이치지 사다카와 나라하라 시게루[奈良原繁]도 한 때는 관직(藩職)에서 파면당했다.[206]

가고시마의 수장[国父] 히사미쓰는 사이고 다카모리나 오쿠보 도시미치 같은 하급무사 출신자가 유신정부의 중요한 자리에 앉아 잇따라 개혁정책을 내놓는 것에 불만을 품고 사이고나 오쿠보를 원망하며 그들과 대립했다. 또한 개혁으로 희생을 강요당한 하급 무사층도 정부에 대한 불만이 점점 높아져서 그들과 히사미쓰는 공통으로 정부에 불만을 가졌지만 녹봉제도 정리나 인재등용의 번정(藩政) 개혁에서는 양자가 대립했다. 하급무사의 신망을 받고 있었던 사이고는 정부의 중추에 있는 오쿠보와 그들 간의 대립의 표적이 되었고, 또한 오쿠보처럼 유신관료로 쉽게 탈바꿈하지도 못하고 신정부(천황)와 옛 주인에 대한 이중 충성이라는 모순에 자주 시달렸다. 이러한 대립요인이나 곤란함을 안으로 품고 있어서 폐번치현 이후가 되면 가고시마는 중앙정부에서 보면 쉽게 통제하기 어려운 난치현(難治県)이 되었던 것이다.

뒤에서 다루겠지만 전국의 폐번치현 후 류큐는 계속 번에서 현으로 바뀐 가고시마 관할 하에 두었는데, 류큐번왕 책봉 당시 가고시마현은 이처럼 유신 변혁의 가장 주요한 추진세력이었던 동시에 가장 강력하게 저항하는 세력이기도 했던 이른바 이중적인 얼굴을 지닌 존재였다. 류큐문제와 관련해서는 후자

---

205 『鹿児島県史料』, 忠義公史料, 第7巻(앞에서 서술), 987쪽.

206 松尾正人, 『廃藩置県の研究』(吉川弘文館, 2001년), 151쪽 이하를 참조

의 수구적인 측면 즉 폐번치현을 관통하는 가고시마의 연속적인 성격도 간과해서는 안 될 것이다. 도쿄 거주나 정부에 출사할 것을 요구받은 히사미쓰는 질병을 핑계로 가고시마를 떠나려 하지 않았다. 전국의 다른 현에서는 폐번치현 뒤바로 다른 현 출신이 장관으로 임명되었지만 가고시마는 몇 안 되는 예외의 하나로 현지사(縣知事: 나중에 현령) 없이 지역 출신인 현참사 오야마 쓰나요시가 계속 현의 장관으로 있었다(나중에 오야마는 사이고와 함께 사학교(私學校)[207]를 지원하고 세이난전쟁[西南戰争]에도 관여하여 현령에서 파면, 처형당한다). 가고시마는 원래 사족의 비율이 높아 방대한 사족이 있었는데 세이난전쟁 이전에는 참사 이하 현관도 지역출신자들이 차지하고 있었다.[208] 번병제도가 폐지되고 새로 전국 네곳에 설치된 진대(鎭台) 가운데 서남 제현을 관할한 진서(鎭西) 진대는 가고시마 사족이 사가[佐賀] 사족과 더불어 중심세력을 이루고 있었다.[209]

　　이상과 같은 일본(본토) 및 가고시마의 유신기 변혁에 관한 정보에 대해서는 가고시마에서 근무하는 류큐 관리에 의해 류큐왕부에도 전달되어 어느 정도 위기감을 가지고 받아들여졌다. 그러나 페리(Perry) 내항 이래 도쿠가와체제(막번체제)의 동요를 거쳐 국내 여러 제후와 세력들이 외압에 대한 대처나 예로부터의 정치체제 변혁이라는 과제에 대한 대응을 스스로의 문제로 받아들이고 있었던 것에 비하여 류큐가 이러한 일본의 국내 문제에 연루될 조건이 당시로서는 물론 존재하지 않았다. 당시 류큐는 사쓰마 시마즈씨의 통제를 받으면서도 표면적으로는 어디까지나 중화제국의 번속국이며 독립된 왕국이었다. 따라서 류큐 역시 같은 시기에 미국·프랑스·네덜란드 등 여러 외국과의 조약 체결을 강

207　[역주] 사학교(私學校): 1874년(明治7) 하야한 사이고 다카모리가 향리 가고시마에 세운 학교. 총대학교(銃隊学校)와 포대학교(砲隊学校)로 나뉘어 있다.

208　大島美津子, 「大久保支配体制下の府県統治」(『近代日本政治における中央と地方』, 日本政治学会, 1985년).

209　大島明子, 「廃藩置県後の兵制問題と鎮台兵-外征論との関わりにおいて」(黒沢文貴他編, 『国際環境のなかの日本』, 芙蓉書房出版, 2001년 수록), 48쪽 이하를 참조

요받았지만 그것을 자신들의 '국난'으로 받아들인 적은 있어도, 막부 말·유신기 일본 국내 정쟁에 적극적으로 관여할 수 있는 정치 주체로서 스스로를 이해하는 일 등은 있을 수 없었다.

그러나 역시 '폐번치현' 전후가 되면 가고시마 주재 류큐관리는 "자주 편지를 띄워 정세의 추이를 경고했다"[210]라고 한다. 즉 일본 중앙 변혁의 영향이 류큐로 파급되는 것을 걱정하는 위기감이 점점 커졌고 1871년 9월 그에 대비하기 위해 왕부 내부에서도 중의(衆議)가 열렸지만 결론은 가능한 현상유지에 힘쓴다는 것이었다. 히가시온나 간준의『쇼타이후실록』에 따르면, "중의에서 결정한 바는, 첫 번째로 이르기를, 앞으로 류큐를 신정부의 직할로 삼는다는 논의가 나오면 사정을 진술하여 이를 사양하고 이전과 같이 사쓰마의 부용임을 청해야 한다.", "두 번째로 이르기를, 자칫 첫 번째가 받아들여지지 않고 조정의 직할이 된다면 하다못해 사쓰마의 관할 아래 있으면서 그 지휘에 따라 조정에 종사하는 것으로 한다." 그 외 몇 가지 항목이 결정되었다.[211]

위의 중의에서 첫 번째로 말한 신정부의 '직할'이 된다는 것은 예로부터 사쓰마·도쿠가와와의 관계[御取合向]가 신정부로 이동하는 것이며, 그와 같은 이야기가 있어도 류큐로서는 진정하여 사절하기로 하고, 그것이 이루어지지 않을 경우에는 하다못해 가고시마 관리와 지휘 하에서 "조정에 종사"하는 식으로 하고 싶다는 것이다.

이와 같이 '폐번치현'을 전후로 류큐왕부는 종래 가고시마와의 관계가 '조정'으로 옮겨질 개연성에 대한 예감이 있었기 때문에 어느 정도 위기감을 갖고 있었다. 그러나 그것은 새로운 미지의 사태가 벌어질지도 모른다는 정도였지 설령 그러한 관계 변화가 생긴다 하더라도 류큐왕국의 존속, 즉 류큐가 독립된

---

210   東恩納寬淳,『尙泰侯実録』(초판 1924년,『東恩納寬淳全集』2, 第一書房, 1978년 수록), 321쪽. 이하 이 책에 대해서는 전집의 쪽수를 표기함.

211   위의 책, 321~322쪽.

정치단위로 존속한다는 것은 당연시되고 있었다고 해도 좋다. 이것은 앞서 언급한 중의의 결론에서 "다섯 번째로 이르기를, 다섯 개 섬이 만일 조정의 직할로 전속되는 등의 일이 발생하면 내용을 상세하게 적어 예전대로 복고(復古)할 것을 청해야 하고, 그 섬들은 원래 류큐 소속이며 일시적으로 사쓰마에 예속된 데 지나지 않으며, 새롭게 다시 시작함에 있어 공도(公道)에 대해 천황은 그 뜻을 깊이 새겨야 마땅하다."[212]는 생각이 포함된 점에서도 엿볼 수 있다. 왕정복고로 '새롭게 다시 시작'하는 오늘에 류큐로서는 현상유지에 힘써서 위험을 피하는 한편 가능하면 게이초[慶長] 때부터 사쓰마에 빼앗겼던 아마미제도(미치노시마)를 돌려받겠다는 것이었다.

제3절 가고시마현에 의한 류큐 관할의 계속

1. 가고시마현에 의한 류큐 관할의 근거

류큐는 1871년 7월 폐번치현 후에도 잠정적으로 가고시마현의 관할 하에 놓였지만 일반적인 행정은 실시되지 않았다. 가고시마현에 의한 류큐의 관할은 1872년 9월의 류큐번왕 책봉에 의해 관련 사무가 외무성으로 옮겨지기까지 결과적으로는 1년 남짓 계속되지만 그것이 잠정적인 조치였다는 점에는 변함이 없을 것이다. 그렇게 말하는 것은 판적봉환부터 폐번치현에 이르는 변혁 과정에서 가고시마의 정치적 지위 및 지금까지 내려온 류큐와의 관계도 본질적인 변화를 가져왔기 때문이다. 다른 한편으로 류큐는 전통적으로 청국과의 종속(宗

---

212 위의 책, 322쪽.

屬) 관계를 유지하고 있었고 그 점이 일본의 편의대로 관계 재편에 착수하지 못하는 어려움을 낳기도 했다.

이처럼 류큐 문제는 청국과의 관계나 류큐가 독자적으로 외국과 조약을 맺고 있었다는 점에서 대외적인 배려를 요하는 어려움이 따랐지만, 적어도 폐번치현 직후의 시점에서는 정부 내에서도 어떠한 조치라도 착수를 필요로 하는 과제라는 의식을 이미 갖고 있었다고 생각된다.[213] 실제로 류큐의 처리가 정치 일정으로 올라온 것은 1872년 5월 무렵부터이고 9월에 류큐번왕 책봉에 이르게 된다. 이와 같이 류큐문제가 폐번치현 후에 부상하여 번왕책봉이라는 당면 결론으로 귀결된 배경요인으로는 대외적인 배려와 더불어 유신변혁과 국내 중앙집권화와 관련된 원리적인 문제가 있었다고 보아야 할 것이다.

그 원리적인 문제란 가고시마현이 류큐를 관할하는 권한의 근거 또는 가고시마현을 매개로 천황정부가 류큐왕국을 관할하에 두는 것의 대의명분 = 정통성 근거가 극히 취약한데 있었다. 법리적으로 말하면 전국적인 '폐번치현'에 의해 구 다이묘들의 영주로서의 지위와 봉건적 영유권은 최종적으로 폐지되었으므로, 본래대로라면 시마즈씨의 류큐에 대한 모든 권한도 폐지되고 적어도 그 시점에서 류큐를 가고시마현의 관할하에 두었던 이유는 당연히 소멸되었어야 한다.

혹은 달리 해석하면 폐번치현에 선행되는 '판적봉환'이 이루어지는 시점에서 시마즈씨의 봉건적 영유권의 일부로서 류큐의 판적도 조정에 반환되어야 했지만 메이지정부나 시마즈씨의 태만으로 사실상 반환 절차가 이루어지지 않았던 것에 불과하다는 견해도 성립할 수 있을지 모른다. 그러나 판적봉환의 건의는 앞서 살펴본 것처럼 메이지정부의 관리[有司]와 삿초도히가 제휴한 합동공작

---

213 이미 이와쿠라 사절단의 조사사항으로 '사할린 경계의 건', '다케시마 전과 같음' 등과 나란히 '조선교제 시말의 건', '류큐 전과 같음'이 거론되고, 조선과 마찬가지로 류큐와의 (막부에서 조정으로 권력이행에 수반하는) 관계재편이 메이지정부 내에서 문제로 의식되고 있었음을 엿볼 수 있다. 日本史籍協会編, 『岩倉具視関係文書』7, 308, 306쪽.

의 결과이며 정부나 사쓰마의 유력자가 그러한 논리적 귀결을 몰랐을 리가 없다.

판적봉환의 건백이 이루어진 데에는 그에 선행하여 기도 다카요시나 이토 히로부미[伊藤博文], 오쿠보 도시미치, 데라지마 무네노리[寺島宗則], 이치지 사다카 등의 의견서나 건백이 있었고 각지에서 판적봉환론이 서서히 조성되고 있었다. 그들 제안에는 당시 '군·현' 대(對) '봉건'이라는 논의를 이어받는 형태로서 '왕토왕민'이념으로 되돌아가는 것은 고대 율령국가 군·현의 원칙으로 되돌아가는 것이라는 사고방식이 거의 공통적이었다.[214] 즉 앞서 인용한 건백서에 나타나 있는 것처럼 진무창업[神武創業]의 옛날까지는 아니더라도, 그들 의견서나 건백서에 나타난 표현으로는 '가마쿠라[鎌倉] 이전' 단계로 복고한다는 사상이다.[215] 그것은 '왕정복고' 이념을 중앙 주권(主權)의 차원에서 그 아래인 지방지배권의 차원으로까지 확대시킨 것이지만, 거기에서 봉환의 대상으로 상정되고 있는 것은 어디까지나 본래 '왕토왕민' 즉 고대 천황의 지배가 미쳤던 지역, 이제는 '왕정복고'가 되어 '천황 친정'의 대상이 된 토지와 인민이며 당연히 그것들이 전부이었을 것이다. 전국 대부분의 제후가 보낸 봉환 건백서에는 확실히 천황에 의한 '영주권'의 재보장에 대한 기대가 직간접으로 기술되어 있었다. 그런데 그 전제로서 '판적'을 봉환하는 이유로 볼 수 있는 것은 그때까지 영지판물(領知判物)을 나누어 주었던 도쿠가와 장군가(에도막부)가 폐지되었기 때문이라기보다 본래 그것(전국의 판적)이 만세일계, 황통연면(皇統連綿)의 조정(천황가)의 소

---

214   浅井清, 『明治維新と郡縣思想』(厳南堂書店, 1939년).

215   예를 들어 가고시마 관련된 것으로 1868년(明治1)에 봉토헌상을 청원한 「島津忠義請願書」(『鹿児島県史料』忠義公史料, 第5巻, 厳南堂書店, 1978년, 130~131쪽)가 '가마쿠라 이전'으로의 복고를 서술하고 있다. 이 청원서는 오쿠보 도시미치가 작성했다고 일컬어지고 있다. 이보다 먼저 1867년(慶応3) 11월에 데라시마 무네노리[陶蔵]가 시마즈 다다요시에게 판적봉환 건언을 행하고 있는데, 그 속에서 데라시마는 제후가 '봉지(封地)'와 '국인(國人)'을 '조정'에 봉환하고 '서인(庶人)'이 되어야 한다고 주장하고 있다. 慶応3년 11월 2일자, 「寺島宗則建言」(『鹿児島県史料』, 忠義公史料, 第4巻, 厳南堂, 1977년), 512~513쪽.

유이기 때문이었다.

근대 일본은 그와 같이 천황주권의 국가로서 성립했지만 집권화 과정은 '왕정복고'이념 아래 천황이 전국 토지·인민의 본래 소유자라는 극히 특수한 사상을 지렛대로 해서 추진되었다. 하지만 그것은 일본에서는 그러했었다는 사실에 불과한 것이지, 근대화 일반에 불가결한 것도 아니고 근대를 향한 성숙도를 측정할 수 있는 잣대로 규범화될 수 있는 것도 아닐 것이다. 여하튼 내재적으로 역사를 이해한다면 고대 야마토[大和] 조정의 지배권이 류큐를 포섭하고 있었다는 것이 당시 사람들에게 자명시되고 있었던 것이 아니므로 '판적봉환'의 원리가 류큐에 적용되는 것, 요컨대 류큐의 토지와 인민도 시마즈씨에서 천황정부로 반환되었다(되어야 했다)라는 해석은 성립될 수가 없다. 하물며 독자적인 국가형성의 역사, 스스로의 건국신화나 독자적인 문화를 지니고 있던 류큐왕국 측에게 자국인 류큐의 토지와 인민이 황국일본의 '왕토왕민'에 포섭된다는 사상이 성립되거나 또는 수용되었을 여지가 없었음은 말할 필요도 없을 것이다.

어찌되었든 이와 같이 판적봉환·폐번치현이라는 변혁에는 법제적·법리적으로 깊은 혁명적 단절이 내포되어 있음에도 불구하고 가고시마현은 옛 번사무의 일환으로 류큐에 대한 관리를 계속하고 있었다. 잠정적이라 해도 이러한 행위가 실제로 발생한 이유는 중앙정부 측에서 새로운 현치 규칙의 정비가 늦어진 점 말고도 가고시마가 쉽게 통제하기 어려운 현으로 바뀌고 있었다는 사정도 있었을 것이다. 1871년 11월 대폭적인 부·현 통폐합 실시에 즈음하여 정부는 류큐를 가고시마현의 관할구역에 편입시키고 관할이 계속됨을 일단 재확인했다.[216]

다른 한편 가고시마와 류큐 양측에게도 현상유지에 대한 모종의 이해와 관심이 일치하고 있었다는데도 유의해야 한다. 류큐의 관할이 어떻게 되는가는 가고시마 사족(士族)의 자부심이나 명예심과 관련된 문제를 포함하고 있었을 것

---

216   『鹿児島県史料』第3巻(앞에서 서술), 695쪽.

이고, 거꾸로 류큐 측에서 가고시마를 보면 앞서 다룬 것처럼 그 지역에는 시마즈 히사미쓰를 우두머리로 하는 시마즈가문과 그 일족이 물리적으로도 현존하고 있고, 문벌·사족의 수구적 세력도 존재하고 있었다. 즉 중앙정부에서 사이고와 오쿠보를 필두로 하는 번벌(藩閥)의 존재감은 물론이고 지역에서도 현관(縣官)이나 진대에는 옛 번 사족 세력과 '군사적 위력[武威]'은 수그러들지 않고 존속되고 있었다. 그런 까닭에 일본국내의 제도적 변화에도 불구하고 가고시마의 존재감은 기본적으로 지속되고 있는 것으로 받아들여졌고 그 때문에 류큐로서도 현 상태의 관계를 유지하며 위험을 피해가려 했다고 할 수 있다.

폐번치현 직후인 1871년 10월 류큐왕부는 가고시마에 있는 류큐관[琉球舘] 관리 앞으로 다음과 같은 훈령서를 보냈다.

일본의 변혁에 따라 해당 지역[가고시마]는 조정의 지배를 받게 된 모양이므로…… 만일 삿슈 진대(鎭台)의 종4위님과 종3위님에게는 명을 내리지 않고 (가고시마 이외의) 다른 현 사람으로부터 명이 내려진다 해도 지금까지 그래왔듯이 삿슈는 나라(류큐)가 이용하기에 편리한 해로로서 최상의 곳이므로, 어느 쪽이든 지금까지 그래왔듯이 삿슈로 건너가는 선박과 여러 사항들은 진대의 지시를 받아 조정을 위한 업무를 하는 방식이 아니면 잘 실현되지 않으므로 이러저런 시기에 맞춰 아무쪼록 잘 처리하기 바랍니다.[217]

'일본'에서는 폐번치현의 변혁이 있었던 것 같은데, 만일 사쓰마(가고시마현)의 관할자로 시마즈 히사미쓰·다다요시가 아니라 다른 현 출신자가 임명되더라도 지금까지 그래왔던 것처럼 사쓰마와의 관계를 유지하고 그 지휘 아래 '조정을 위한 업무'를 수행하고자 하니 그런 마음으로 적절히 조처하라는 훈령이다. 류큐왕부도 '일본'에서 일어나고 있는 변혁의 의미를 이해하고 있었으나,

---

217   『尚泰候実録』(앞에서 서술), 322쪽.

그것은 어디까지나 일본 국내에서의 변혁이었다. 류큐왕부가 관심을 기울인 것은 그 불씨가 자국에 미치게 되는 것을 피하는 일 외에는 없었을 것이다.

폐번치현이 시행되고 반년이 지난 1872년(明治5) 1월 가고시마현청은 일본본토의 여러 변혁과 관련된 사정을 전하고 또한 왕부의 폐정(弊政) 개혁을 지도하기 위해 이치지 사다카(소노조)와 나라하라 시게루(사치고로)를 류큐로 보냈다. 전자는 삿초도히의 '판적봉환' 건백서의 기초를 맡았던 이치지이며, 나라하라는 후에 오랫동안 오키나와현 지사를 맡게 되는 인물이다. 이치지와 나라하라는 보신전쟁 후 번정개혁 과정에서, 번의 상층부와 이기고 돌아온 하급 무사 계층과의 대립에 휘말려 1869년(明治2) 2월 직위에서 파면당해 한 때 실각했으나, 폐번치현 후 1871년 10월, 현(縣)의 '전사(伝事)'로 재등용되었다. "나라하라는 구 지번사 직무를 겸임하여 사무를 담당하게 하고 이치지는 오로지 류큐 처리를 담당"[218]하게 되었다. 류큐에 온 이치지와 나라하라는 섭정·산시칸을 면회하고 류큐가 가고시마현 관할 아래에 들어갔으니 안심해도 된다는 뜻을 전하는 동시에, 종래 사쓰마 시마즈씨에 대한 부채 = '관선(冠船) 도래 기타 종래의 배차금(拜借金)' 상환이 면제되었으니 그 돈으로 선비와 평민[士民] 구제에 쓸 것을 통지하고 나아가 정치 전반의 개혁을 촉구했다.

그때 이치지와 나라하라가 류큐왕부의 섭정·산시칸에게 교부한 구상수공서(口上手控書)[219]는 이 시기의 미묘한 상황을 전하고 있어서 매우 흥미롭다. 약간 난해한 문장이고 조금 길지만 인용하고자 한다. 이치지 등은 페리내항 이후 '조정'[本朝]의 변혁에 대해 서술하고 다음과 같이 말하고 있다.[220]

전체 류큐국에 관한 사항, 표면적으로 지나(支那)의 부속이라 하더라도 현실

218　『鹿児島県史料』, 忠義公史料 第7巻(앞에서 서술), 237쪽.

219　[역주] 구상수공서(口上手控書): 구두로 용건을 받아쓰게 하여 만든 문서를 말함

220　『尚泰候実録』(앞에서 서술), 325~326쪽. 문서는 이치지와 나라하라의 연명으로 되어 있다.

은 '조정'[本朝]의 부용국임에 틀림이 없습니다. 중고(中古)시대[221] 이래 공물을 바치던 일 등은 예전의 문서에서 역력히 볼 수 있습니다. ……특히 명나라 홍무제(洪武帝) 책봉 이전에, 시조(始祖)인 다다히사[忠久]공이 류큐 12섬의 지도시키(地頭職)에 보임하여 대대로 지배해 왔습니다. 다다구니공[忠國公] 대(代)에 이르러 아시카가[足利]씨로부터 영지의 소유를 허락받았다는 취지는 잘 알고 있는 바입니다. 이후 엇갈린 사건으로 게이초기에 전쟁이 일어났습니다. 다시 맹약하기에 이르렀고 그 때 류큐의 사키시마까지도 토지조사가 있었고, 그밖에 조세의 금액이 정해지고 지금까지 바뀐 것이 없습니다. 또한 시마즈가문과는 수백 년 내려온 정의(情義)로 서로 분리될 일은 있을 수 없습니다. 변혁이 일어난 오늘에 이르러 조정의 대우가 종전에 비해 달라진 바가 없고 더욱 소중히 대해 주고 있다 해도, 서로 마음이 맞지 않아 목적을 이루는 데에는 때때로 일이 잘 풀리지 않았던 적이 없었다고는 말할 수 없습니다. 다행히 (류큐는) 가고시마의 관할 하에 있어 그 점은 안심해도 된다고 해도, 실은 번번이 조정에서 해당 지역(류큐)의 사절 내방이나 국정 등에 관한 경위를 일일이 조사한 다음 보고하라는 명령을 받았습니다. …… 각국의 왕래로 나날이 개화되어 가고 있는 오늘에 이르러 여전히 구습만을 지켜서는 지금까지 대대로 내려온 시마즈가문의 지휘가 제대로 미치지 못하는 상황에 이르렀고 조정에는 어떻게 말해야 할지…… 장차 해당 지역(류큐)에 어려운 일이 생길지도 모르겠습니다. 그러므로 전후의 정황을 참고하여 깊이 평의한 끝에 변혁에 따른 향후의 일에 관한 건이 우리들에게 위임되었습니다. '조정'[本朝]을 본보기로 말씀드리면 국체까지도 모두 변혁이 이루어졌기 때문에 지당한 일이지만 이상(류큐)의 건에 대해서는 관용으로서 참작하고(류큐의) 국체정도[国体政度]도 지금까지 해온 대로 하고, 현 세태를 잘 파악하여 만사 쉽고 간결한

221 　[역주] 중고(中古)시대: 상고(上古)와 근고(近古)시대사이의 시대로 일본의 헤이안[平安]시대를 가리킴(794~1185년).

방향으로 적절하게 인습을 혁신하고(구제개혁), 지위 고하를 불문하고 분수에 맞게, 사민군장(士民君長)을 아끼는 어진 정치를 시행하면, 오래오래 황제의 위엄[皇威]을 우러르고 만국에게 경멸의 굴욕을 받지 않도록 주잔왕을 비롯한 중직에 계신 분들이 이러한 취지를 승낙하여 실현해주십시오.

애초 세상 형세의 변화는 항상 일어나는 신진대사 같은 것이니 인간의 힘으로는 절대로 막을 수가 없습니다. 그럴 때에 맞게 미리 대비하지 않는다면 결국 막지 못하고 큰 피해를 입을 수도 있습니다. 일본과 중국이 멀리 떨어져 있는 정황 등을 참고하시어 중국과 거리를 두라고 말씀하신 적은 지금까지 없었습니다만, 지나국이 황제라고는 하나 그 황제는 원래 만주 인종이므로 결국에는 공자와 맹자의 가르침을 허락받은 적이 없습니다. 게다가 서양 각국이 여러 곳에 들어와 있는 지금은 영국 주변과 알력이 생겼고, 후일 어떠한 형세에 이르게 될지 우주 만물이 변하고 있는 시기입니다. 부디 참작하시기 바랍니다.

앞으로도 조정에서 관리를 별도로 보낼 필요는 없습니다. 우리들 안에서 타협하고 이후 규칙이 정해지면 이곳에서도 성가신 일은 없을 것입니다. 첫째로 우리들 모두 명을 잘 받들고 일이 잘 될 것입니다. 이러한 점을 주잔왕께 자세히 전달하시고 중직에 계신 분들께서 평의한 후에 이상의 점을 헤아려 승낙해주시기 바랍니다. 이상

이치지 등의 구상수공서는 이처럼 몇 겹의 굴절된 문장으로 되어 있는데 거기에는 그들의 미묘한 위치가 반영되어 있는 것이 느껴진다. 먼저 이치지 등은 류큐가 표면적 = 국제적으로 지나의 부속이라는 점을 쌍방의 자명한 전제로 하면서도 지금까지의 사쓰마 시마즈씨와의 관계에 의해 "현실은 '조정'의 부용국임에 틀림없다."는 점을 새삼스럽게 류큐 측에 설명 내지 변명하고 있어, 그들이 변명할 필요를 느끼고 있었음을 엿볼 수 있는 문구로 쓰여 있다. 그리고 시마즈가문과는 수백 년 동안 정과 의리의 관계로서 서로 격리(소원)되어서는 안 된

다는 점을 강조하고, 또 류큐가 앞으로도 가고시마 관할이 된 것을 다행으로 여기면서도 조정에서 "지금까지 대대로 내려온 시마즈가문의 지휘가 제대로 미치지 못하고 있음"을 꾸짖는 데 대해 위구심을 품고 있었다는 것도 드러내고 있다. 그렇게 되지 않기 위해서라도 류큐의 국체 정치제도에 다행스럽게도 변혁이 없다고 해도, 왕부에서도 여러 방면의 정사를 개혁하여 어진 정치를 실시하게 하고 가고시마와 어긋나지 않도록 타협하고 싶다는 취지이다.

이치지 등의 굴절된 설명에는 물론 겉으로 드러내지는 않았지만 가고시마현이 류큐의 관할을 계속할 권한에는 정통성의 근거가 빈약하다는 그들의 자각과, 과거의 무력 위협이나 이해타산에 의한 지배가 꺼림칙하다는 생각을 표현하고 있다고 필자는 느낀다. 그것은 판적봉환의 논리를 류큐에는 적용할 수 없다는 것에 대한 자각이며, 스스로 행사하고 있는 권한이 정통한 권위라기보다 궁극적으로 게이초의 침략이라는 과거의 폭력행사에서 유래한 것에 불과하다는 생각도 있었음에 틀림이 없다. "조정을 본보기"로 말하면 국체까지도 변경하면 좋겠지만이라는 문구의 배후에는 류큐가 "현실은 조정의 부용국"이라고 어떻게든 말할 수 있다 하더라도 조정 그 자체에는 포섭되지 않았다는 그들의 현상인식을 파악할 수 있을 것이다.

여하튼 히가시온나 간준에 따르면, 이때 이치지 등의 파견은 "회유의 의도를 가지고 오로지 일을 정과 의리에 호소"한 것으로 류큐와의 마찰은 발생하지 않았다. 오히려 류큐 측에서 멀리하여 마찰이 생기지 않을까 우려하고 있음을 엿볼 수 있다. 어찌 되었건 "지금 나라하라 등의 말에 따르면……시마즈씨와의 관계는 이전처럼, 그리고 류큐의 정체(正體)에도 어떤 이유로든 변혁을 실시하지 않고 단지 여러 방면의 정사를 쉽고 간략하게 해야 한다"는 정도로 말했을 뿐이므로, 류큐 측에서도 "이것은 매우 행하기 쉽고 오히려 원하는 바이다"고 하며 "왕명을 받들고 취지에 따르기"로 했다.[222] 위의 인용문에서는 이러한 사정뿐만

---

222   위의 책, 327쪽.

아니라 언젠가 류큐와 청국과의 관계가 문제시될 것을 이치지 등이 예감하고 있었던 점이나, 가고시마현에서 본 조정 = 정부와의 거리감, 정부에서 자꾸 류큐의 "사절 내방", "국정"에 대해 실정보고를 요구받았던 것을 엿볼 수 있다. 마쓰다 미치유키 편집 『류큐처분』의 서두에 수록된 '가고시마현에서 보낸 류큐 1조 조사서'(1871년 7월 12일자)는 그 중 하나였을 것이다.[223]

2. 대만(출병) 문제의 생성

앞에서 다룬 것처럼 류큐인이 대만의 동남쪽 해안에 표착하여 선주 부족에게 54명이 살해당하는 사건이 일어난 것은 1871년(明治4) 말이었지만, 청국 관민의 보호로 생존자 12명이 복건성에서 나하로 돌아온 것은 반년이 지난 1872년(明治5) 6월 7일이었다. 살아서 돌아온 류큐인이 귀당선(歸唐船)[224]으로 나하에 돌아왔을 때 연초에 파견되어 와 있던 이치지 등도 아직 류큐에 체재 중이었다. 사정을 알게 된 이치지는 왕부관리를 통해 사건에 관한 사정을 청취한 문서와 이를 토대로 작성한 보고서를 입수하여 가고시마로 돌아가 해당 사건에 대해 현 참사인 오야마 쓰나요시에게 보고했다. 오야마는 이치지의 보고에 과민한 반응을 보였고, 주지하다시피 '문죄출사'(책임을 묻고 처벌하기 위해 출병하는 것)라는 건언서를 정부에 제출했다.

오야마는 건언서에서 "류큐국은 옛날부터 본국에 복속하고 매우 공손'했지만 '나라가 멀고 남해 한가운데 있어 그 풍습이 고루함을 면치 못하고 황조일신(메이지유신) 때에 이르러서도 그 새로운 시대의 문화가 미치지 못하여 그 덕

---

223 松田道之編, 『琉球処分』(전3권, 1879년)上, 1~3쪽: (『明治文化資料叢書』第4巻 · 外交編, 風間書房, 1962년 수록, 7~8쪽). 이하 이 책에 관해서는 松田, 『処分』(『叢書』)로 줄여서 적는다.

224 [역주] 귀당선(歸唐船): 중국에서 진공을 끝내고 돌아오는 선박을 말함

에 감화되지 못했'으므로 '이번 봄에 현의 사족인 이치지 소노조와 그 외 2명에게 명하여 타이르기를 조정의 뜻을 받아들여 고루한 풍습을 변혁하게 하고, 국왕 역시 그 뜻을 받들어 나날이 개화로 향했다"라고 서두에서 말한 다음에 "류큐에 속한 섬 미야코지마인[宮古島人]'을 대만 원주민이 살해한 '잔혹한 죄는 조금도 용서할 수 없다.". 따라서 "쓰나요시는 천황의 위엄으로써 죄를 묻기 위한 병사를 일으켜 그를 정벌"하여 "위로는 황위를 펼치고 아래로는 도민의 원혼을 위로하고자"하니 "군함을 빌리고" 싶다며, 대만에의 출병만이 아니라 오야마는 스스로 선두에 서겠다고 건언했다.[225]

가고시마현 참사 오야마 쓰나요시의 몹시 격앙된 건언이 최초의 대만출병론이며 건언서의 날짜는 7월 28일이었다. 하지만 오야마에게 건언서를 위탁받고 상경한 이치지가 외무경 소에지마 다네오미[副島種臣]를 면회하여 건언서를 제출한 것은 8월 14일이므로 정부 수뇌부에 그것이 도달된 것은 건언서를 쓴 날짜로부터 보름이 지난 8월 중순의 일이었다.

오야마의 격앙된 건언서가 메이지정부 수뇌부로 제출된 것과, 다음에 살펴볼 청국 체재중인 야나기하라 사키미츠[柳原前光]가 외무성에 보낸 해당 사건에 관한 보고가 종래 연구에서는 정부 내에서 대만출병론이 부상하는 계기로서 중시되어 왔다. 또한 오야마에게 사건을 전해들은 가바야마 스케노리도 급하게 상경하여 정부의 적극적 대처를 요구하며 공작을 벌였고, 9월 14일에 실시된 류큐번왕 책봉보다 빠른 8월 중순에는 사실상 해당 사건뿐만 아니라 오야마 건언과 같은 출병론이 존재한다는 것도 정부 수뇌부에 알려져 있었다. 그러나 해당 사건의 정보가 도달되고 바로 정부의 출병방침이 결정된 것은 아니다. 이 점에 대해서는 좀 더 빠른 단계에서 정보를 전달했던 야나기하라의 보고도 마찬가지다.

---

225 松田, 『処分』上, 13~14쪽(『叢書』, 9~10쪽); 黒龍会編, 『西南記伝』上券1 (원본 1908년, 복각 原書房, 1969년), 547~548쪽.

외무대승이자 소변무사[小辨務使]였던 야나기하라 사키미쓰는 청일수호조규의 개정교섭을 위해 청국 천진(天津) 체재 중이던 1872년 4월, 우연히 현지에서 발간된 『경보(京報)』(4월 5일자)를 보고 류큐인 조난사건에 대해 알게 되고 본래 임무인 수호조규 개정교섭 현황보고를 하면서 외무성에 (사건에 대해) 통지했다. 다만 그 단계에서 야나기하라가 보고한 정보는 소에지마 외무경 앞으로 보낸 공신(公信 4월 13일자)의 마지막 부분에 "류큐인이 청국 영지인 대만에서 살해당한 건에 관해 빈세쓰[閩浙] 총독이 청 정부에 보낸 품의서 경보(경보란 일본의 태정관 일지와 같은 것)에서 언뜻 보았는데, 자연스럽게 가고시마현의 사항과 관련될지 몰라 자료를 첨부해서 보고 드립니다."[226]라 기록하고, 보호받은 류큐인 취급에 관해 빈세쓰총독 및 복건(福建) 순무(巡撫)가 청 정부에 제출한 품의서가 실린 『경보』를 첨부하여 동봉한 것이다. 짧은 부기(附記)와 같은 간단한 글로는 야나기하라가 해당 사건을 중시했던 것으로 보이지는 않는다. 어찌 되었건 대만을 '청국영지'로 기록하고 해당 사건이 외무성이 아니라 가고시마현의 현안이 될지도 모르므로 일단 통지한다는 것이 야나기하라 보고의 인식과 취지였다.

이처럼 야나기하라 보고는 대만에서의 류큐인 조난사건에 대한 정보를 전하고 있는 것은 확실하지만, 모리 도시히코도 지적한 것처럼 그것이 바로 출병(론)으로까지 이어질만한 중대사건이라는 인식은 보이지 않는다.[227] 물론 야나기하라에게 보고를 받고 첨부된 경보를 읽은 소에지마 외무경이나 외무성 수뇌부가 야나기하라의 인식과 다르게 사태를 중시했을 가능성까지 일괄적으로 부정할 수는 없지만, 그러한 점을 엿볼 수 있는 그 후 외무성 측의 움직임을 보여주는 사료를 찾아볼 수 없다. 만일 외무성이 특별히 사건을 중대시하려 했다 해도 그것은 야나기하라가 귀국한 7월 중순 이후의 일일 것이다.[228] 어떻든 후술

---

226   『日本外交文書』第5卷(日本外交文書頒布会, 1955년), 258~260쪽.

227   毛利敏彦, 『台湾出兵』(앞에서 서술), 3쪽 이하를 참조

228   야나기하라 사키미쓰는 천진 체재중인 5월 28일 '천진영사 메트홀스'와의 대화에서" 요즘

한 '류큐번왕'책봉에 대해 외무성 건의가 이루어진 시점(날짜는 미상이지만 아마 5월 중)까지 대만출병이 외무성 방침으로 정해졌을 가능성이나 또 그것이 정부 방침으로 굳어져 있었음을 보여주는 증거는 전혀 존재하지 않는다.

사실은 오히려 반대였다는 점에 대해서 가바야마 스케노리 일기를 중심으로 후술하기로 하고, 그 전에 5월부터 6월 사이에 제출된 정부 내의 여러 건의들에 대해 살펴보겠다.

제4절 류큐번왕 책봉과 그 의미

1. 정부 내의 여러 건의들

1871년(明治4) 7월 폐번치현을 단행한 메이지정부는 그 직후에 정부기구의 개혁(태정관 3원제 제정)을 실시하여 새로운 중앙집권체제를 확정하고, 나아가 조약개정의 예비교섭이나 구미 여러 나라의 제도·문물을 시찰·연구하기 위해 이와쿠라[岩倉] 사절단의 파견을 결정했다. 사절단은 같은 해 11월 미국으로 출발했는데 전권대사 이와쿠라 도모미[岩倉具視]가 귀국하여 그 결과를 보고[復命]한 것이 1873년(明治6) 9월로, 1년 10개월에 이르는 장기간의 시찰 외유였다. 그동안 국내에 남아서 국정을 운영한 수뇌부들의 정부를 이와쿠라 사절단과의 관계를 감안하여 '유수정부'(留守政府)라 부른다. '류큐번왕책봉'은 1872년(明治5) 9월 유수정부 시기에 이루어졌다.

대만에서 류큐인이 살해당한 사건이 있다. 이것이 구미 각국의 일이었다면 바로 군함을 가지고 이것을 문책하여 보상금을 받을 것이다"라는 말을 들었다고 한다. 『日淸交際史提要』(『日本外交文書』, 明治年間追補 第1冊 수록), 82쪽.

사절단은 우대신(右大臣) 이와쿠라를 특명전권대사로 하고 참의(參議) 기도 다카요시와 대장경 오쿠보 도시미치[大久保利通] 등도 부사로서 동행했으므로 유수정부의 수뇌부는 태정대신 산조 사네토미[三条実美]를 필두로 참의 사이고 다카모리, 이타가키 다이스케[板恒退助], 오쿠마 시게노부[大隈重信], 외무경 소에지마 다네오미, 문부경 오키 다카토[大木喬任], 대장경 대보(大輔) 이노우에 가오루[井上馨], 병부대보 야마가타 아리토모[山県有朋](나중에 육군대보), 좌원의장 고토 쇼지로[後藤象二郎], 동 부의장 에도 신뻬이[江藤新平](뒤에 사법경) 등으로 구성되었다.

국정의 최고기관인 태정관은 정원(正院)·좌원(左院)·우원(右院)의 3원으로 구성되었으며, 그 중 정원을 정부의 최고결정기관, 좌원을 의법(議法, 입법을 심의하는)기관, 우원을 각 성(省)간의 연락과 조정기관으로 삼았다. 정원의 장(長)은 태정대신이 되고, 좌우대신과 참의가 정규 구성원이며 이 시기에는 좌대신이 없었고 우대신인 이와쿠라는 외유 중이었다.

〈대장성 건의(大蔵省建議)〉

메이지정부 내에서 류큐 문제를 본격적으로 처음 정치일정에서 채택한 건책(建策)으로서 기록에 남아있는 것이 대장성 대보 이노우에 가오루의 이름으로 제출된 건의다. 이 '류큐국의 판적을 거두는 건'[229]에 대해서 5월 25일(또는 30일)자로 정원에 제출된 대장성 건의는, 이 시기에 구상된 정부 내의 건책 가운데 가장 급진적으로 류큐의 내국화를 설명한 것이었다.

이노우에는 건의서에서 지금까지의 류큐와 사쓰마의 관계, 언어·풍속·지세·인종 등에서 일본과의 밀접한 관계임을 언급한 다음에 류큐가 지금까지 중

---

229 井上候傳記編纂會編, 『世外井上公傳』제1권(原書房, 1968년), 489~490쪽; 松田, 『処分』上, 3~6쪽(『叢書』, 8쪽). 제출일자는 『世外井上公傳』에서는 5월 25일, 마쓰다, 앞의 책에는 5월 30일로 되어 있다.

국의 책봉을 받고 책력[正朔]을 섬겨왔음에도 불구하고, 일본은 '두 마음을 가진 죄'(두 군주를 섬기는 불신(不臣)의 죄)를 묻지 않았으나, 그러한 것은 "유신이 오늘에 이르렀으니 온갖 법률과 제도는 도저히 방치해둘 수 없으므로" 종래의 '볼품없는 미개함'을 말끔히 없애고 '새로이 황국의 규모를 확장하는 조치'를 취해야 한다고 주장했다. 다만 구체적인 방법으로 '무력을 개입시켜 침탈 행위로 나가는' 것이 아니라 '그 수장'을 불러들여 '불신(不臣)의 죄를 호되게 꾸짖고' 그로 하여금 "허물을 뉘우쳐 사죄하게 하고, 천자로부터 부여받은 영토를 개인이 소유할 수 없음을 납득시킨 다음 신속하게 그 판적을 거두어, 분명하게 우리 관할로 돌려놓고, 국군제(国郡制)를 두어 조세와 조공을 검토하는 등 진실로 내지와 궤를 같이하는 제도로 개조한다, 일시동인(一視同仁) 황화(천황의 인덕)가 널리 골고루 퍼지기를 바라는 바이므로 오로지 조정회의에서 성심을 다해 논의하라"는 것이 건의의 내용이었다.

이처럼 대장성 건의는 '왕토왕민론'이라는 발상에서 류큐의 내국화(= 황국의 규모 확장)를 주장함으로써 사유에 대한 상세한 설명과 설득으로 '불신의 죄'는 '허물을 뉘우쳐 사죄하게 하고', 또 '천자로부터 부여받은 땅을 개인이 소유할 수 없음을 납득시키는' 일이 류큐의 '판적을 거두는' 일의 전제로서 상정되어 있다. 그러나 그 전제였던 류큐 측에 '허물을 뉘우쳐 사죄하게 하고 천자로부터 부여받은 영토를 사유할 수 없음을 납득시키는' 것에 대해 대장성(이노우에 가오루)이 현실적으로 얼마만큼의 가능성을 믿고 있었는지 매우 의심스럽다. 그렇게 보는 이유는 판적을 '봉환'하게 하는 것이 아니라 '거둔다'라는 말을 사용하고 있기 때문이 아닐까. 여하튼 내지와 동일한 제도를 가지고 '일시동인황화(一視同仁皇化)'에 젖어들게 하며, 조치의 착수를 위해 "조정회의에서 성심을 다해 논의하라"는 것이 대장성 건의였다.

대장성의 건의에 대해 먼저 기본적인 사항부터 확인하면, 그 건의에는 대만에서 발생한 류큐인 조난사건에 대한 언급이 전혀 보이지 않는다. 이 점은 후술하는 좌원의 논의도 마찬가지다.

당시 정부 내 대장성의 입장에 대해 말하면, 대장성은 지난해 민부성(民部省)을 흡수 병합하여 재정뿐만 아니라 지방 민정도 다스리는 관청으로서 거대한 권한을 가지고 있었다. 민부성은 원래 기도파[木戸派] 세력이 강했고, 재정의 통일이라는 점에서 판적봉환과 폐번치현 등을 환영하고 집권화 정책에 열심이었으며 내치우선론의 의견이 강했다. 그 점에서는 병제(兵制) 통일이라는 목적을 가지고 병부성을 개조하여 신설한 육군성·해군성도 같은 경향을 보이고 있었다. 대장경은 오쿠보 도시미치였지만 이때는 이와쿠라 사절단의 부사(副使)로서 외유 중이었으므로 대보 이노우에 가오루가 정부부처의 사무를 장악하고 있었다.

대장성 이노우에의 건의가 왕토왕민론(= '천자의 토지를 개인이 소유할 수 없다')이라는 발상에 기초하여 판적 회수를 주장한 것은 앞에서 서술한 바와 같은 이노우에와 대장성 세력의 성향 외에, 현실적인 문제로서 폐번치현 뒤에는 전국에서 징세의 권한(과 의무)이 정부 대장성으로 이관된 것이 커다란 이유였을 것이다.[230] 그렇다면 대장성의 건의는 전국적인 '폐번치현'의 사후처리의 하나로 바꿔 말하면 내정 정비의 진전이라는 대내적인 이유에서 제기된 것으로 보는 것이 자연스럽다. 거꾸로 말하면 그것은(내정정비) 대만에서 류큐인 조난사건이 정치 문제화되기 이전이며 그 사건과는 상관없이 제기되었던 것으로 판단된다. 또 만일 대만사건이 정치적으로 문제가 되었다 해도 이노우에와 대장성이 대만출병과 같은 외부정벌정책[外征策]에 찬성했다고는 생각하기 어렵다. 실제로 류큐번왕 책봉 뒤인 10월 이후 소에지마 외무경이 대만출병론을 제창하자 이노우에와 시부사와 에이이치[渋沢栄一] 등 대장성 측이 강경하게 반대한 내용은 나중에 살펴보는 바와 같다.

---

230 이 시기는 바로 지조개정(地組改正) 이전의 과도기로, 징세방법은 '옛 관습에 따름'으로 되어 있었지만, 정부 대장성에서 보더라도 '판적을 거두지' 않은 류큐에 대해서는 이미 징세의 근거가 빈약했다(없었다)고 생각했을 것이다. 그것이 이유가 되어 대장성(다른 성(省)이 아니라)이 '판적을 거두고', '조세조공(租税調貢) 등 모두 내지와 궤를 같이하는 제도로 개조시키자'는 건언을 제출한 것으로 생각된다.

<외무성 건의>

대장성 건의(5월 25일 혹은 30일)가 제출된 시기와 같은 무렵, 외무경인 소에지마 다네오미로부터도 '류큐의 처리'에 대한 건의가 있었다는 일이 알려졌다. 단지 원문서는 잃어버려 제출일자뿐만 아니라 결론에 이르는 논거 등 상세한 내용은 불분명하다.[231] 그러나 후술하는 정원의 자문에 대한 좌원의 답의서에 언급된 내용이 있어 결론만은 분명하다.

즉 (1) 류큐국왕인 쇼타이를 '류큐번왕'으로 '책봉'함과 동시에 (2) '화족' 의 서열에 두고 (3) 류큐와 '외국과의 사교(私交)'를 금지시키라는 것이 그것이다.

결론부터 말하면, 정부가 채용한 것은 앞의 대장성 건의가 아니며 또 다음 에 살펴볼 좌원의 답변에서 제출된 좌원 독자적인 건책이라기보다는 그러한 외무성의 세 가지 기본정책으로, 류큐국왕을 '번왕'으로 '책봉'한 다음에 '화족'의 서열에 두고 외국과의 '사교'를 정지시킨다는 조치였다.

대장성(및 외무성)의 건의를 이어받아 정원(대략 오늘날의 내각에 해당)은 류큐 문제를 당시의 의법(입법심의) 기관인 좌원에 자문을 구했다. 6월 2일자 자문에 는 "류큐의 건은 종래 사쓰마에 부속되어 근례(覲礼 : 제후가 천자를 뵙는 의식)를 수 행하고 폐백을 드렸으며, 그와 동시에 사쓰마 또는 지나(支那)의 역법[正朔]을 받 들고 책봉을 받았다. 우리 역시 두 군주를 섬기는 불신의 죄를 묻지 않아 낡은 구습을 버리지 않고 수백 년이 지났으며, 지금이야말로 명분을 분명히 하고 나라 의 질서를 세울 때이므로, 이와 같이 애매한 건은 바로 잡아야 하며, 이것을 처

---

231 마쓰다의 『류큐처분』에는 후술한 좌원 답의서에 덧붙여 기록한 것이 있는데 "본문 답의서 와 관련된 조관 가운데 외무성 건의 등의 경우는, 당시 기밀로 꺼려 (외무)경이 대신에게 직접 상정하여 지금 서류는 없다고 한다"라고 한다. 외무성 건의가 소에지마 외무경으로 부터 산조[三条] 태정대신에게 직접 상정되었는데 그 문서는 이미 잃어 버렸다고 취급하 고 있다. 松田, 『処分』上, 12쪽(『叢書』, 9쪽).

분하는 것은 어떻게 하면 좋을지 잘 심의하여 의견을 말할 것.”[232]이라고 되어
있는데, 이것이 류큐 문제에 대해 ‘처분’이라는 말이 처음으로 사용된 것이다.

〈좌원의 답변〉

위의 자문에 대한 좌원의 답의서는 ‘류큐국 사절 접대 및 이 나라를 처분하는
건’인데, ‘6월’ 중으로 되어 있으나 날짜는 미상이다.[233] ‘류큐국 사절 접대’건이
포함되어 있었다는 점에서 6월 중 심의단계에서 류큐가 사절을 상경시킨 것 자
체는 정해진 방침이었다고 할 수 있을 것이다. 그 접대 방법을 포함한 답의서는
모두 9장으로 되어 있으며 개요를 요약하면 다음 다섯 가지로 정리할 수 있다.

(1) ‘류큐국’은 명·청을 통해 “그 이름은 책봉을 받아 천자의 통치에 따랐
다 해도 실은 시마즈씨가 여러 대에 걸쳐 지배”해왔으므로 “청국에게는 명분으
로 복종하고, 우리에게는 실제로 복종”하는 상태에 있다. “류큐국을 양속하게 하
는 명분은 올바르지 않다고 보고, 만일 지금 이것을 바로잡아 우리가 일방적으
로 종속시키려 한다면 청과 싸우게 되는 단초를 유발시킬” 우려가 있으며, 설령
전쟁에는 이르지 않더라도 그 절차가 분분해서 ‘이익이 없으므로’, 일본은 종래
와 같이 ‘중요한 임무의 실리’를 얻을 수 있다면 “그 실속 없는 명분은 청에게 나
누어 주고, 반드시 이를 바로 잡아야 할 것이다.”

(2) 외무성 주장인 ‘류큐를 처리하는 3개조’ 중에 외국과의 ‘사교’를 정지
시키는 것은 괜찮지만 ‘화족’ 및 ‘류큐번왕’으로 선지(宣旨)를 내리는 것에는 “이
의가 없는 것도 아니다.”. 화족은 ‘국내의 인류’에게 주어지는 명칭이며, “류큐
국왕은 즉 류큐의 인류로서 국내의 사람들과는 혼동해서 보면” 안 되기 때문이
다. “류큐번왕에게 번의 칭호는 온당치 않다. 내지(일본)는 폐번치현령을 공포하
고 게다가 류큐에 번의 칭호를 부여한 것은……전령(前令)과 걸맞지 않으며, 또

---

232 松田, 『処分』上, 6쪽(『叢書』, 8쪽). 방점은 필자.

233 松田, 『処分』上, 6~12쪽(『叢書』, 8~9쪽). 인용문 중의 방점은 필자.

류큐는 병력이 단순하고 약해서 황국의 번병(藩屛)이 될 수 없음은 세상이 아는
바"이며, "그러므로 번이라는 칭호는 빼고 류큐왕으로 선지를 내려도 될 것이
다."

(3) 일본은 '제국'이며 그 아래 '왕국'과 '(제)후국'이 있는 것이 '당연한 일'
이므로 "번의 칭호를 빼고 류큐왕으로 선지를 내려도 우리 제국의 소속이라는
점에는 지장이 없음." 일본이 '류큐왕'에 봉한 다음 "나아가 청국에게도 왕호의
책봉을 받도록 허락하고 분명하게 양속임을 관철시킬 것."

(4) "류큐는 종래 시마즈씨가 사관(士官)을 보내 진압하고 어루만져 달랬으
니, 예에 따라 규슈의 진대에서 파수병을 보내야 할 것이다." 외국과는 '우리부
터 신의로서 공공연한 교제'를 한다면 '우리 소속인 토지'를 침범할 리도 없다.
"따라서 파수병은 외적[外寇]을 방어할 준비가 되어 있지 않으니 류큐 국내를 진
압하고 어루만져 달래기 위함이라면 반드시 많은 수가 필요하지 않을 것이다."

(5) 류큐 사절의 접대는 서양 각국의 사절과 동등한 대우를 하는 것이 부
적절하다는 것은 대장성이 건의한 바와 같으나, 그렇다고 '국내 지방관의 정무 모
임'과 동일시할 수도 없으므로 편의상 관련 사무는 외무성에서 관장하게 하고,
"적국(敵國: 대등한 나라를 말함)의 예를 이용하여 속국으로 취급해도 좋을 것이다."

위에서 살펴본 바와 같이 정부 내에서는 5월부터 6월에 걸쳐 류큐문제에
관해 대장성 대보 이노우에 가오루의 건의, 외무성 건의, 정원 자문에 대한 좌원
의 답변이 있었다. 이들 가운데 대장성 건의는 류큐의 '판적을 거두어' '모두 내
지와 한 궤를 이루는 제도로 개조'한다는 점과 내국화의 조치를 설명하는 점에
서는 급진적이지만, 그 전제에는 분명히 무리가 많았고, 신속한 실현 가능성이
부족했다. 그에 비해 좌원의 답변은 에도의 선례를 근거로 하여 기본적으로는
현상유지 정도로 괜찮다는 것이었다. 이 두 건에 대해 외무성 건의는 좌원과 현
실주의를 대부분 공유하면서도 정원의 자문에서 말하는 '명분을 분명히 한다.'는
점을 중시했다고 할 수 있을 것이다. 여하튼 이러한 건의 논책을 받아들여 정원

이 채용한 것은 외무성의 제안에 따라 류큐국왕 쇼타이를 '류큐번왕'에 책봉하고 '화족'의 서열에 두고 외국과의 '사교'를 정지시키는 것이었다.

단지 그 결정이 9월 14일 실제 번왕책봉까지의 어느 시점에서 이루어졌는지, 그리고 그 결정을 내린 정부의 의도 즉 좌원 답변을 거절하는 형태로 '번'이라는 칭호를 붙여서 '번왕'으로 하고 화족의 서열에 두기로 결정한 이유가 무엇이었는지에 대해 상세하고 정확하게 전하는 사료는 현존하지 않는다. 우리들로서는 입수할 수 있는 여러 사료에서 최대한 합리적으로 추론하여 확인할 수밖에 없지만, 그 전에 실제로 시행된 번왕책봉의 경위를 구체적으로 확인해두자

2. 번왕책봉에 의한 류큐의 '번속'화

1872년(明治5) 9월 14일의 번왕책봉은 류큐에서 메이지 신정부에 대한 경하사절 일행이 조정에 들어갔을 때 실시되었으나, 이 국왕 대리사절의 파견은 가고시마현의 내부 지시를 받아 시행되었다.

같은 해 6월 22일 이지치[伊地知], 나라치[奈良知], 후쿠자키 스에쓰라[福崎季連(스케시치[助七])]는 산시칸 인 기노완[宜野湾], 가메가와 웨카타[亀川親方] 등을 면회하고 왕자 1명, 산시칸 1명을 "왕정 일신의 축하의식과 문안을 드려야 하니 서둘러 조정에 들어가서 오야마 참사[大山参事]로부터 승인받을 것"[234]을 전하고, 요령이 적힌 간단한 전달문을 교부했다. 이 내부지시는 류큐 재번(再番) 봉행을 위해 가고시마에서 전날 막 도착한 후쿠자키[福崎]의 전령이었다. 7월 11일 가고시마현은 이것을 정식으로 전달하기 위해 권전사(権典事) 미기마쓰 히로나가[右松裕永], 권대속(権大属) 곤도 히로시[近藤宏] 등을 류큐로 파견했다. 미기

---

234   이 참조(参朝)의 요구는 '별지의 취지는 오야마 참사 조정으로부터 승인이 있었던 것'으로
       정부 내시에 따랐다고 되어 있다. 『尚泰侯實錄』, 앞의 책, 329쪽. 방점은 필자.

마쓰[右松] 등은 현(縣) 참사인 오야마 쓰나요시[大山綱良]의 문서(7월 3일자, 원문은 한문)를 류큐국왕 쇼타이에게 보내고, 그 대신에 왕자들의 입궐을 촉구했다. 그 취지는 종래부터 류큐는 장군의 대가 바뀔 때마다 사쓰마 영주를 따라 에도로 부임하여 정부에 조현[朝見]해왔는데, 그 때마다 조정은 '왕실중흥의 때'에 맞추어 '조정에 경축 하례'를 하지 않는 것은 온당치 않으므로 신속히 입궐할 것을 요구하면서, 단지 조정은 '많은 일을 모두 간단하게 줄이는데' 힘쓰고 있으니 수행원도 이전의 규정을 개정하여 모든 것을 간결하고 쉽게 하도록 하라는 것이었다.[235]

류큐왕부는 이것을 이전부터 행해오던 '에도상경(江戶上=江戶立)'와 똑같은 사절파견으로 생각하고 승낙했다. 오야마의 문서도 장군직의 세습에 즈음한 사절파견의 관례로 언급한 다음에, 단지 이번에는 간결한 형태로 시행하는 것처럼 요구한 것이었다. 따라서 왕부는 정사(正使) 이에왕자(伊江王子 = 尚健), 부사 기노완 웨카타, 참의관 페친[喜屋武親雲上] 등을 사절로 선임하고 미기마쓰[右松] 등과 천황에게 올리는 글의 작성을 점검했다. 『쇼타이후실록』에 따르면 그 축하문에는 '임신(壬申) 7월 19일 류큐국 주잔왕 쇼타이'와 '류큐국 정사 쇼겐' 등으로 되어 있었는데 사절 일행이 상경한 다음에 외무성에서 첨삭을 요구하여 '메이지5년 7월 19일 류큐 쇼타이'와 '류큐 정사 쇼켄'으로 고쳤다고 한다.

사절일행은 7월 25일 나하를 출발하여 27일 가고시마에 도착했는데 가고시마현 관리를 동반하고 그 곳을 출항한 것은 8월 20일의 일이었으며 9월 2일에 시나가와에 배가 도착했고 다음 날인 3일에 도쿄에 들어갔다. 그리고 일행이 입궐한 것이 14일이므로 앞에서 서술한 상표문의 첨삭, 즉 "후에 사신 상경 상표문을 올림에 이르러 외무성은 쇼씨의 격식, 사절 입궐 후가 아니면 결정할 수 없다는 이유에서 왕자 왕호를 삭제하고, 또 연호를 첨가"[236]한 것은 도쿄에 도

---

235   위의 책, 330~331쪽.

236   위의 책, 332쪽.

착하여 입궐하는 약 열흘 사이에 이루어진 일이다.

　이리하여 9월 14일 정사와 부사(正副使) 등은 황거에 입궐하여 제후가 임금을 뵙는 예를 행하고 천황으로부터 '책봉의 칙서'를 받게 된다. 그 의식의 모습을 소개하면,[237] 정부사·찬의관(贊議官) 3명은 그 날 오후 1시에 입궐했고 이들을 외무대승이 현관 앞에서 맞이하고 연회장으로 안내하여 잠깐 휴식을 취하고, 외무경과 식부두(式部頭: 궁내청의 의례담당 책임자)가 나와 응접했다. 그 후 식부두가 의식의 시작을 알리자 음악이 연주되고 천황이 왕좌에 앉으면 태정대신과 외무경이 서 있고 여러 성(省)의 장관·차관도 줄지어 서 있었다. 이 때 식부두가 정사를 안내하여 어전으로 나아갔고 부사·찬의관도 이를 따라 식부두가 사절 세 사람의 이름을 널리 알렸다. 세 사람은 정중하게 절하고 천황과 황후에게 쇼타이가 보낸 상소문과 헌공목록 등을 정사가 식부 조수에게 직접 건네주었으며, 식부두가 이것을 낭독하고 올렸다. 이에 대해서 천황으로부터 기꺼이 받아들인다는 취지의 말씀이 있고 계속해서 세 사람은 각자의 헌물(獻物) 목록을 읽었으며 식부두가 받아서 헌상하고 천황의 말씀이 있었다. 그 후 천황이 책봉의 칙서를 외무경에게 내려주면 외무경이 이를 큰 소리로 읽은 다음 사신에게 건네주었다. 다음이 그 칙서다.[238]

　짐은, 천상의 어명을 내림에 있어서 만세일계인 황제의 지위[帝祚]를 이어받아 사방의 바다를 품고 온 세상에 군림한다. 지금 류큐는 가까운 남복(南服)에 있으며 기류가 서로 같고 언문이 다르지 않으며, 대대로 사쓰마의 부용이었다. 따라서 그대 쇼타이는 성실히 임무를 다하니 높은 작위를 하사하노라. 지

위를 높여 류큐번왕이라 한다. 서위하여 화족으로서 추앙한다. 아~ 그대
쇼타이여, 변방의 임무를 중시하고 백성들 위에 군림하여 부디 짐의 뜻을 실
천하여 영구히 황실을 보필하라. 공경하겠는가.

이 조칙의 낭독과 류큐 사신에게 칙서 수여, 그리고 쇼타이를 대신하여 류
큐사신의 청원서 제출이라는 일련의 의식이야말로 바로 천황에 의한 '류큐번왕'
의 '책봉'이라는 사건이었다. 정부 측 관계자와 류큐 측 모두 '책봉'과 '봉책'의
말을 사용하고 그러한 의미로 이해했다.

위의 조칙에서 중요한 점은 한 번 읽어보면 분명히 알 수 있듯이 "지위를
높여 류큐번왕으로 삼고 서위하여 화족으로서 추앙한다."는 문장, 특히 그 앞부
분인 "지위를 높여 류큐번왕으로 삼는다."는 부분에 있다. '陞シテ'는 '높이다'로
해석하고 '지위를 높이다'는 의미이다. 하지만 어떤 이유로 '번왕'으로 '책봉'하
는 것이 '지위를 높이는'것이 되는가.

덧붙여서 말하면 종래의 역사서에는 위의 '책봉'이라는 사건을 가리켜 '류
큐번 설치'로 표현하고, 책봉의 조칙을 일부 인용하는 경우에도 반드시라고 해
야 할 만큼 가장 중요한 내용인 '지위를 높이다'를 생략하고 쇼타이를 "류큐번왕
으로 삼고 서위하여 화족으로 추앙한다."라고 기술해왔다. 또는 그러한 인용도
없이 '류큐번을 설치했다'거나, 류큐를 '나라[國]에서 번(藩)으로 했다' 등으로 쓰
고, 국왕을 번왕으로 격하했다는 뉘앙스의 설명을 덧붙이는 것이 일반적인 기
술 방식이었다. 이러한 기술 방식이 일반적이 된 이유는, 최종적인 류큐병합 즉
좁은 의미의 '류큐처분'이 '폐번치현'이라는 명분하에 실행되었으므로, 넓은 의
미의 '류큐처분'(기)의 시작 시기에 일어난 책봉 사건을 ('폐번'의 대상이 되어야 할)
류큐번의 설치로 억지로 바꿔 해석하고 있다. 또는 '류큐처분'(기)의 시작 시기
로 규정되기 위해서는 당연히'처분'이라는 말에 합당한 사건이었어야 하며 그런
식으로 묘사해야만 하는 논리적 요청이나 선입견이 있었다고 할 수 있다. 그렇
다고 그것을 과연 적절한 역사기술이라고 말할 수 있을 것인가.

번왕책봉의 역사적 의미에 대한 자세한 고찰은 다음에 하는 것으로 하고, 여기서는 적어도 역사의 객관적 사실로서 위의 사건을 당사자들은 서로 '책봉' 으로 이해하고 있었음을 확인해두고자 한다. 책봉의 의미를 요약해서 말하면 책봉에 의해 천황과 쇼타이왕 사이에 처음으로 일종의 군신관계가 설정되었다 고 이해했다는 점에 있다. 류큐는 역사적으로 도쿠가와 정권과는 관계가 있었 지만, 그때까지 조정[禁裏]과는 전혀 관계가 없었다. 그러므로 쇼타이왕도 이른 바 무위무작(無位無爵)의 (낮은) 지위에 있었던 것이며, 그렇기 때문에 '높은 작 위'인 '번왕'으로 '지위를 높여'라고 표현된 것이었다. 물론 여기서 필자가 문제 삼고 있는 것은 쇼타이왕의 지위가 객관적으로 봐서 올라갔느냐 내려갔느냐가 아니다. 이 책봉 사건을 '류큐번 설치'로 바꿔 말하는 것이 부적절한 것은 그렇 게 함으로써 류큐왕국이 그때까지 일본의 천황과 천황제사상('황국'·'국체'등의 사 상)과는 관련이 없었다는 점이나 당사자들도 그렇게 이해하고 있었다는 사실, 나아가 나중에 서술하겠지만 여기서 설정된 (의제적(擬制的) 군신관계가 1879년 '폐 번치현'이라는 병합처분(협의의 '류큐처분')의 근거로 보고 있다는 것(그리고 거기에는 많은 무리가 있다는 것) 등이 그대로 은폐되고 소거되기 때문이라는 점이다.

이쯤에서 이야기를 되돌려보면, 외무경에게 '책봉의 칙서'를 수령한 것에 대해 류큐 사신은 정사·부사·찬의관의 연명으로 "이제 성은(聖恩)으로 저희 군 주를 번왕으로 봉하시고 또 화족의 반열에 올리시고……신(臣) 쇼켄 등이 대신 하여 명을 받들었다."[239]라며, 바로 번왕을 대신해 '청원서'를 바쳤다. 이 관계설 정 행위가 쌍방의 합의에 의한 것이라는 표면상의 형식이 일단 정리되었던 것 이다.

기록에 의하면 외무성은 번왕책봉 4일 전인 9월 10일에는 "이번 류큐국왕 의 일, 번신의 서열에 이르는 경우에는 이 나라에 화폐가 없다"면서 유통화폐 의 부족을 지적한 다음에 "이번 천황이 발행한 신 화폐 및 지폐를 합해서 도합 3

239　위의 책.

만 엔을 류큐왕에게 하사"할 것을 정원에 건의했다. 또한 소에지마 외무경은 재빨리 번왕책봉 다음 날인 15일에는 "이번 류큐 사신이 쇼타이를 대신하여 책봉의 칙서를 받은 이상 우리 번속 체제를 철저히 행할 수 있도록 잘 처분하기 바란다 등등"을 외무성 관원의 류큐 재근(在勤)을 비롯하여 몇 가지 항목을 건의하고, "사신이 번으로 돌아갈 때까지" 정원에서 제가해 줄 것을 청했다.[240] 그리고 사절이 도쿄에 체류 중이던 20일에 '번내 융통'을 위해 새 화폐 3만 엔이, 29일에는 이다마치[飯田町] 모치노키자카[糒木板]의 저택이 하사되었다. 이렇게 책봉 의례는 쇼타이를 '번신'으로 삼고 류큐를 '번속'시킨 행위로 여겨졌지만, 류큐의 호칭으로는 바로 '류큐번'이라는 말이 사용되었다.

그런데 이때의 경하사 일행에는 기샤바 조켄도 따라갔다.[241] 『류큐견문록』에 의하면 정사와 부사만이 아니라 다른 사절 일행도 체제하는 동안에 예상외로 환대를 받았다고 한다. '조정은 류큐인을 특별히 우대하여, 화족인 모리씨의 저택을 비워 머물게 하고 외무성 관리 및 상주 요리사가 관내에 머물면서 매일 관비로 성대한 음식을 대접하고, 또한 자주 경치가 좋은 명승지로 초대해서 환대를 하여 천황의 두터운 은혜를 감사히 여겨 떠받들게 했다.'[242] 그리고 정사와 부사 등 사절들은 이전부터의 류큐 측 희망사항에 대해서도 외무경에게 제의했다.

국사(國使) 등이 소에지마경을 만나서 류큐를 사쓰마인이 감독하게 되면서 과중한 세금 부과로 견디기 어려웠고 국민은 피폐했다. 이제 천황[天朝]의 직할

240　『日本外交文書』第5巻, 377, 385쪽; 松田, 『処分』上, 64~65, 66~67쪽(『叢書』) 20, 21쪽). 방점은 필자.

241　"조켄은 번왕의 측근측역(側役)으로 정사 이에왕자 번왕에게 청하여 막부의 귀빈으로써 왕복으로 수행하여 관광일지를 만들다". 喜舍場朝賢, 『琉球見聞録』(앞에서 서술), 13쪽(제2·3판, 10쪽).

242　喜舍場朝賢, 『琉球見聞録』(앞에서 서술), 4~5쪽(제2·3판, 4쪽).

이 된 이상 특별히 은혜를 내려 공물을 줄여주실 것을 간절히 바란다고 말했다. 또한 오시마[大島]·도쿠노시마[德の島]·기카이지마[喜界島]·요론지마[与論島]·에라부지마[永良部島]는 원래부터 우리 류큐에 예속되어 있었는데 옛 게이초 시기 동안 사쓰마인에게 힘으로 빼앗겼다. 이 다섯 개 섬도 역시 우리에게 되돌려달라고 간청했다. 소에지마경이 말하기를 동료와 협의를 거쳐 류큐를 위해 잘 조치하겠다고 했다. 국사 등은 너무 좋아서 잠이 오지 않았다.[243]

덧붙여서 소에지마 외무경이 선처하겠다고 약속한 아마미제도의 류큐 반환은 그 뒤 흐지부지되어 실현되지 않았다. 아마미제도를 반환받기는커녕 이때부터 불과 8년 뒤에는 류큐 자체가 독립된 정치단위로서의 존속을 부정당하게 되리라고는 류큐 사신은 물론이거니와 '번왕책봉'의 시나리오를 쓴 소에지마 외무경 자신조차도 예상하지 못했을 것이다.

그렇다면 인용문 앞부분에 언급된 공물과 조세의 삭감은 어떻게 되었을까. 새 화폐 3만 엔이 하사된 것은 앞에서 서술했지만 10월 9일에는 '류큐번'의 부채 건에 대해 소에지마 외무경은 정원에 다음과 같이 요청했다.

류큐번이 처분되었으니 동(류큐) 번의 부채 금액 20만 량은 이번에 정부가 인수하는 것이 마땅한 바, 조정에 온 사신들이 번(류큐) 내에서 해결하고 싶다고 지원함에 따라, 위 금액을 도쿄에서 새로 빌려서 빚을 갚게 하면 이자도 어느 정도 줄일 수 있습니다. 또한 부채의 충당은 해마다 류큐번에서 출하하는 설탕이 통으로 1만 5천에서 1만 6천 자루나 된다 해도 대장성의 도장이 찍혀 있지 않으면 아무도 돈을 빌려주는 사람이 없습니다. 즉 대장성과 협의한 바 이의가 없는 것 같으니, 도장을 찍어주라는 명을 대장성에 내려주시기 바람

243　위의 책, 11쪽(제2·3판, 9쪽).

니다. 또한 이치지 사다카[伊地知貞馨]가 오는 13일[류큐로]에 출발할 예정이니
시급히 처리해주시기 바랍니다.[244]

류큐의 부채를 동경 시중은행에서 빌려서 갚는데 필요한 보증을 위해 '대
장성이 보증한다는 인감[奧印]'의 승인을 시급히 요구하는 취지의 요청을 제출
했다. 본래대로라면 정부에서 인수하는 것이 마땅하다고 전제하면서, 이번에는
류큐 사신이 자신들이 책임지고 갚겠다며 '지원'했으므로, 해마다 류큐에서 출
하하는 설탕을 담보로 상환 보증을 대장성에서 서주기를 바란다고 건의하여 이
튿날 정원에 의해 재가되었다.

기샤바의 『류큐견문록』은 번왕책봉에 따른 류큐의 지위 변화에 대하여,
"류큐는 원래 사쓰마의 관리 영역이지만 이번에 조정의 번국이 되어……관계
사무 모두 외무성이 관리하게 되었다"[245] 라고 기록했다. 즉 류큐가 '조정의 번
국'이 되고 조정과 직접 관계를 맺게 되었으므로 그 관할사무도 모두 가고시마
현에서 정부 외무성으로 이관되었다고 담담하게 서술하고 있을 뿐이다. 앞에서
서술한 바와 같이 정부 내에서는 외무성 관원을 류큐에 재근시키기로 결정하고
이전부터 내려온 사쓰마(가고시마번·현)의 재번 봉행소는 폐지되고, 외무성 관원
이 재직하게 되었다. 단 그 정청(政廳)은 그대로 두고 가고시마현의 관리였다가
외무성 출사가 된 이지치 사다카가 재근소(在勤所)를 주재했으며,[246] 옛 번에서
행정 사무를 보았던 후쿠사키 스케시치[福崎助七]도 외무성 관리로 임용되어 실
무를 담당하게 되었다.

이리하여 역사적으로 보면, 판적봉환 후 류큐의 관할권은 실질적인 변화

244　松田, 『処分』上, 77~78쪽(『叢書』, 23쪽).

245　喜舍場朝賢, 『琉球見聞録』(앞에서 서술), 10쪽(제2·3판, 8쪽).

246　이지치의 외무성 7등 출사(그 뒤 즉시 6등 출사로 승진)의 임명은 이 해(1872년) 8월
　　　22일에 (『鹿児島県史料』, 忠義公史料, 第7巻(앞에서 서술), 429쪽, 상경한 경하사 일행의
　　　접대에 해당하며, 돌아가는 길에 사절 일행과 동행하여 류큐에 온 것은 다음 장에서 서술함.

없이[247] 가고시마번에서 가고시마 현을 거쳐 천황 정부의 외무성으로 옮겨감과 동시에, 종래 류큐가 사쓰마 시마즈씨에게 부담했던 상납의 의무도 교묘하게 정부 대장성으로 이관되었다. 앞에서 서술한 바와 같이 대장대보로서 대장성 사무를 장악하고, 류큐의 판적을 거둘 것을 건의한 이노우에 가오루가 시부자와 에이이치[渋沢栄一]와의 연명으로 영국에 주재하고 있던 요시다 기요나리[吉田淸成]에게 10월 22일자로 보낸 서간에는 "류큐는 완전히 천황의 판도임을 명확히 하고 싶다며 여러 가지를 건의한 바, 다행히 사절도 흔쾌히 받아들여 다시 번명(藩名)을 부여받았다. 그 외 금전 대출 등의 조치도 이루어졌다. 이로써 일이 순조롭게 잘 진행되었다."[248]고 보여 이노우에 등도 일단 만족했음을 엿볼 수 있다.

예로부터 류큐가 사쓰마 시마즈씨에게 상납해오던 기존의 쌀 수확량 외에 납부미의 증액 등을 명분으로 부과하거나 설탕 대납의 비율 등이 있어서 복잡했지만, 1년 뒤 그 명목들은 폐지되고 8,200석으로 일정한 액수가 정해졌다. 그때 우대신 이와쿠라 도모미 앞으로 '류큐번왕 쇼타이'라는 청원서(明治7년 2월 14일자)가 제출되었다.

지난해 해당 번의 크고 작은 공납 건에 대해 섭정 산시칸 등이 탄원하니 황공하게도 특별히 헤아리고 평가하여 부과미 등의 명목 및 설탕 대납을 모두 폐지하고, 지금부터 해당액을 8천 2백 석으로 정했다는 취지를 외무성으로부터 자세하게 전달받고, 참으로 무한한 천황의 은혜에 온 국민이 뛸 듯이 기뻐하

---

247 가고시마 상인의 횡포를 단속할 필요도 있고 구 재번 봉행소 가고시마현관도 1873년 말까지 류큐에 머물렀다.

248 『世外井上公傳』第1卷(앞에서 서술), 493~494쪽. 방점은 필자. 글 중에 '새롭게 번명을 부여하다'란 '류큐번을 설치했다'라기 보다 그 군장(君長)이 '류큐번왕'이 되었다는 것으로, '류큐번'이라는 정식 호칭이 정해졌다는 말로 이해해야 할 것이다. 즉 메이지정부 측에서 보면 그때까지는 명칭조차 정식으로 정해져 있지 않았던 것이다.

고 있습니다. 그 은혜를 감사히 여겨 예를 다하며, 부디 귀공께서 잘 읽어 보

시고 천황에게 아뢰어주시기 바랍니다. 경구[249]

　일정 부분 감세해준 것에 대해 '번왕'이 직접 감사의 말을 하고 있는데, 여
기서 분명히 해 두고 싶은 것은 전근대부터 가고시마에 상납해오던 것을 기본
적으로 메이지정부가 계승했다는 사실이다.

3.　류큐번왕 책봉의 역사적 의미

앞에서 서술한 바와 같이 종래의 오키나와사 연구에서는 3절에서 살펴 본 '류큐
처분'의 단서가 되는 사건들을 메이지정부에 의한 '류큐번 설치'라고 표현해왔
다. 또한 충분한 근거를 제시하지 않은 채 '류큐번 설치'가 '대만출병'을 목적으
로 한 준비조치로서 시행되었다는 해석이 종종 있어왔다.

　지금까지의 서술에 입각하여 여기서는 '번왕책봉'의 이유와 의미에 대해
고찰하고, 잠정적인 정리를 하고자 한다. 여기서 '잠정적인'이라는 말은, 앞으로
하려는 고찰이 제2장의 결론 중 하나였던 번왕책봉이 대만출병의 준비조치가
아니었다는 점을 우선적으로 다루고, 그에 대한 명시적 논증은 다음 절로 미루
었기 때문이다.

　우리들은 앞에서 1872년(明治5) 9월 14일 번왕책봉에 이르기 전인 5월부
터 6월에 걸친 시기에 정부 내에서 대장성, 외무성의 건의와 정원 자문에 대한
좌원의 답변이 있었다는 것, 그리고 정부가 현실에서 채용한 것이 소에지마 외
무경 건의의 기본방책이었다는 점을 살펴보았다. 번왕책봉의 이유와 의미를 고
찰함에 있어서 그 시기에 이러한 건의가 있었다는 사실과 그 내용, 또 하나는 번

249　日本史籍協会編, 『岩倉具視關係文書』5(東京大学出版会, 1931년, 1969년 복각), 504쪽.

왕책봉 다음날인 9월 15일에 소에지마 외무경이 정원에 제출한 건의(류큐의 '번속체제에 대한 건의')가 중요할 것이다.[250] 후자의 건의가 중요한 것은 '번왕책봉'을 예측하고 이전부터 준비하고 있었다는 점을 가정할 수 있다는데 있다. 즉 대장성 건의와 같은 시기에 제출되었고, 골자만 알려져 있는 외무성 건의의 의도는 9월 15일의 건의에서 어느 정도 추측할 수 있다고 생각된다.

먼저 외무성은 왜 '번왕책봉'을 건의했는지가 중요한 문제이다. 그 이유는 그 시기 정부의 입장에서 보면, 먼저 류큐국왕의 사신을 입조시킨 다음에 조정 즉 메이지천황 정부와 류큐왕부와의 사이에 어떤 형태로든 관계를 설정하는 것이 피할 수 없는 중요한 과제였음을 첫 번째로 생각할 수 있다. 판적봉환으로 법리적으로는 시마즈씨의 영유권이 부인되고 시마즈 다다요시가 가고시마 번지사에 그대로 임명되었다고 해도 그는 정부의 지방관에 불과했다. 폐번치현은 현이 단순한 지방행정단위에 불과하다는 것을 보다 명확하게 하고, 시마즈 다다요시를 포함한 전국의 구 지번사는 모두 해임되어 대부분 현에는 다른 현 출신자가 장관(현지사 나중에 현령)에 임명되었다. 그러한 제도 변경을 전제로 하는 한 가고시마현이나 그 현을 통해 일본천황 정부가 류큐를 관할할 근거는 이미 자체적으로 해소되었거나 적어도 근본적으로 약화되어 있었다.

그러한 가운데 메이지천황 정부가 류큐와의 관계를 재편하기 위해 모색한 것이 그때까지의 동아시아 중화세계의 질서원리를 모방하여 류큐국왕을 일본 측에서도 '책봉'이라는 방식을 선택했던 것이다. 이것은 좌원의 답변에서 알 수 있듯이 류큐의 이른바 '청일양속'의 구체적인 양상과도 관련되어 있다.

당시 류큐는 국제적으로 청조를 종주국으로 받드는 조공국이며 또한 독립 왕국이었다. 독립국으로서 여러 외국과 조약을 맺었고 한편으로 일본에 대한

종속은 국제적으로는 승인받지 못했다. 또한 사쓰마 시마즈씨와 류큐의 관계에 대해 말하면, 그 지배의 실태에 대해서는 일관되게 은폐정책이 계속되었고 공식적으로 청국도 승인한 적은 없었다.

그러므로 류큐가 청일'양속'이라 해도 일본 측에서 보면 청국과의 번속(종속)관계를 '명분'(에 불과하다)으로 인정한 다음에, 실질적으로는 사쓰마의 지배를 통해 일본에도 종속되어 왔다고 말할 수 있지만, 그 '실질적' 근거가 빈약한 관계로 그것을 계속 확보하기 위해서라도 명분을 정리할 필요가 있었던 것이다. 정원의 자문에서 말하는 '지금이야말로 명분을 명확히 하는' 것이 문제이며, 이 문제에 대한 최초의 '처분'이 '번왕책봉'이었지만 그러나 그것은 '청일양속'의 해소로 직결되는 것이 아니라, 좌원의 답변에서 알 수 있듯이 오히려 '명확히 양속으로 인식하기'위해 찾아낸 방책이었다. 거꾸로 말하면 양속을 명확히 하려면 책봉의 원리를 채용하는 것 말고는 방책은 없었다. 그 점에서는 외무성 건의와 좌원의 답변은 공통적이었으며, 왕토왕민론적인 발상과 '황국의 규모 확장'이라는 다소 모순된 대장성 건의와는 대조적이었다.

외무성과 좌원은 '왕'의 칭호를 부여하고 책봉한다는 점에서는 생각이 같았으나, '번'칭호를 인정할 것인지와 '화족'의 서열에 넣을 것인지의 여부를 놓고 크게 대립했다. 책봉이라는 화이질서의 논리에 입각한다면 '왕'칭호의 부여는 자명한 것이라 할 수 있다. 내지에서 내린 '폐번'령과 다르다는 점, 또 "무력이 약한 류큐가 '번병'일 수 있는가"라는 좌원의 이의는 우리가 앞서 살핀 '번'이라는 말의 개념사적인 흐름과, 거기서 쓰이는 '번'이라는 말뜻의 진폭에 입각하여 이해할 필요가 있다. 아울러 실제 번왕책봉을 전후로 한 외무성의 여러 건의를 보면, 외무성이 사용하는 '번'이라는 말은 근세의 속칭이나 판적봉환 후 일시적으로 공식화된 시기의 '번'이라는 의미보다, 주로 본래의 동아시아 중화세계의 질서원리를 적용해 '번속'과 '번신' 등을 끌어와서 이해했음을 알 수 있다.

유의해야 할 점은, 좌원의 답변이 일본은 '제국'이므로 그 밑에 '왕국'이 있는 것을 당연시한 점과 류큐를 서양 각국과 같은 적국(대등한 나라)과 나란히 취

급할 필요는 없지만 속국 정도로 대응해야 한다면서, 대장성의 예산 삭감정책
보다는 에도의 선례를 참조해 대우할 것을 주장한 외무성 측의 입장을 제시한
것이다. 이런 점에서 알 수 있는 것은 외무성이나 좌원이 책봉을 이른바 일본
형 소중화주의의 발상에서 풀어내고 있다는 것이다. 게다가 외무성은 좌원처
럼 '번' 칭호의 가부를 반드시 근세 말이나 '부·번·현' 삼치제(三治制)하에서 사
용하는 '번'의 의미로 최근의 일본사로 끌고 들어와 해석한 것이 아니라, 오히려
종주국과 조공국과의 '번속'관계의 의미, 말 그대로 '번속국'(번국, 속국)의 의미
로 '번'이라는 칭호를 이해했다고 할 수 있다. 그런 의미에서 오히려 '번'칭호를
부가하여 '번왕'으로 하는 쪽이 류큐가 중화제국이나 황국 일본에도 '번속'한다
는 것을 분명하게 할 뿐만 아니라, 번속체제를 점진적으로 정리한다는 비밀스
러운 목적을 달성하는 데에도 걸맞고 편리했다. 외무성 건의의 승인·채용은 대
체로 이상과 같은 논리가 통했기 때문이 아닐까.

　　이와 관련하여 중요하다고 생각되는 것은 번왕책봉 다음날인 9월 15일자
로 정원에 제출된 소에지마 외무경의 류큐 '번속의 체제에 관한 건의'[251]이다.
앞에서도 다루었지만 소에지마는 "이번 류큐 사신이 쇼타이를 대신하여 책봉의
칙서를 삼가 받들었으니 이후 우리 번속의 체제를 철저히 행할 수 있도록 잘 처
분하기 바란다." 등등 조속히 조치할 몇 가지 항목을 제시했다. 첫째로 류큐는
종래부터 중국과의 관계나 내항한 외국선을 접대하는 일 등이 있는 '변방의 요
지'이므로 외무성 관원을 재직시키라는 것이다. 그와 관련하여, 둘째로 "우리 정
치제도를 서서히 선포하고 장래의 목적에 적합한지 아닌지를 결정하기 위해 류
큐의 조세와 민정(民政)을 비롯하여 풍속에 관련된 일체를 시찰하기 위해, 외무
성 관원과 동행할 대장성 관리를 파견시킬 것"을 요구하라는 것이다. 이것은 앞
서 보았던 대장성 건의에서 류큐의 '조세와 조공 등'의 여러 제도를 '모두 내지
의 제도와 궤를 같이하도록 개조'한다는 제안을 점진적인 목표로서 뒤로 미루

251　위의 책.

면서도, 사실상 류큐가 사쓰마 시마즈씨에게 상납했던 '조세'만은 메이지정부가 이어 받는 형태로 대장성과의 타협·협력을 꾀하고자 의도했던 것은 아니었을까. 그것을 위해서라도 우선은 '번왕책봉'에 의한 류큐와의 관계재편('명분을 분명히'하는 것), 즉 번속화, 번신화를 선행시키는 것이 외무성 건의의 목적 중 하나였다고 생각된다.

또한 소에지마의 건의에는 "류큐번왕은 일등관(一等官)으로 삼는 것"에 덧붙여서 "쇼타이를 화족의 서열에 두고 대우를 후하게 해 마음으로 따르겠다는 의지를 굳히게 만드는 것이 중요한 일이며, 따라서 도쿄에 가옥과 정원·세간에 어울리는 저택을 하사하라."고 했고, 실제로 즉시 이다마치 모치노키자카에 저택을 하사했다. '번왕' 책봉에 의한 '번속체제'를 '철저히'하기 위해서라도 류큐 측의 '대우를 후하게 하고 마음으로 따르겠다는 의지를 굳히게' 만들 필요가 있으므로 호화로운 저택('류큐번저'로도 불렀다.) 외에 금품 하사와 그 밖의 시책을 강구했다.

외무성 건의 중 또 하나의 뼈대는 외국과의 '사교'(私交)를 금지시키는 것으로 이것은 좌원도 찬성했다. 종래의 연구는 이 조치가 류큐의 여러 외국과의 외교를 정지시키는 것이라고 서술하고 있으나, 여기서 '사교'라는 특수한 용어가 사용되고 있는 점에는 대부분 주목하지 않았다. 그러나 우리들의 입장에서 보면 이 언어와 그것이 사용되었던 당시의 맥락에 착안하는 것은 대단히 중요하다.

일반적으로 외교란 독립국가간의 교섭이나 교제를 가리키는데 여기서 '사교'라는 용어는 그러한 외교의 당연한 모습에서 일탈하는 의미를 포함하고 있다. 그러한 함의의 말로서 유신 초기부터 이 시기에 이르기까지 오로지 쓰시마 소씨의 조선과의 통교를 지정해서 사용했다. 제1장에서 살펴본 것처럼, 에도시대는 도쿠가와 일본과 조선과는 이른바 조일 '양속'적인 지위에 있었던 쓰시마 소씨의 중개로 대등한 교린관계를 유지해왔다. 그러나 메이지유신과 함께 상황은 크게 변화한다. 정치외교의 주권이 막부에서 조정(朝廷)으로 옮겨가고 조선과의 외교관계 재편과 조정(調整)이라는 과제가 발생했지만, 거의 진전이 없는 채로 판적봉환을 거쳐 폐번치현을 맞이하고 조선과의 외교무역을 '가역'(家役)으로 삼아왔던 소씨의 쓰시마[嚴原]번도 소멸되었다. 그러한 막부 말부터 유신기의 추이 과정에서 쓰시마 소씨의 임무였던 조선외교가 '쓰시마의 사교' = '잘못된 예'로서 문제를 삼았던 것이다.

쓰시마 소씨의 '사교' 문제는 메이지정부의 외교권을 일원화하는 문제의 일부로 실은 이 시기 류큐의 문제와도 깊게 연관되어 있었다. 자세한 것은 다음 제3장에서 논하기로 하고, 바로 류큐에서 번왕책봉과 사교정지가 결정된 것과 같은 시기에 외무성은 쓰시마의 사교정지의 실시조치로서 부산의 초량왜관을 구 쓰시마 세력으로부터 접수하기로 결정하고 실행했던 것이다.

한편 미국공사 드롱(Charles E. DeLong)은 번왕책봉 4일 후인 9월 18일자로 류큐의 건에 대하여 각하로부터 전해 듣게 되는데, 류큐왕국이 먼저 미국과 맺은 조약상의 의무는 귀 정부에서 계승되는 것인지를 소에지마 외무경에게 문의했다.[252] 이에 대해 소에지마는 날짜가 누락되어 있으나 조금 늦은 '임신년 10월'중에 답변을 보냈다.[253] 그 문의에 대해 "류큐 섬에 관한 건은……수백 년 전부터 우리나라의 부속이었고 이번에 새삼스럽게 내번(內藩)으로 정한 것입니다"라 하며, 류큐는 '우리 제국의 일부'이므로 조약은 '우리 정부에서 유지 준행'한다는 취지로 회답했다. 또 이 회답에 앞서 9월 28일자로 정부는 이미 '류큐번'에 대해 "각국과 체결한 조약 및 향후 교제의 사무는 외무성에서 관할할 것"을 통달(준비)했다.[254]

---

252 문서의 날짜는 양력 10월 20일. 번왕책봉과 관련하여 일본 측에서 문서에 의한 통고는 이루어지지 않았지만, 이 점에 대해『日本外交文書』는 드롱으로부터 조회문서 '첨부'로서, "본문 속 '각하를 위해 알려드립니다 운운'이라 한 것은 구두로 말씀드린 것이며 또한 당시 대부분 필기한 것이 없으므로 대화서(對話書)도 없습니다"라고 덧붙이고 있다. 같은 책, 제5권, 386쪽.

253 『日本外交年表並主要文書』는 10월 5일로 되어 있다. 본서 제5장에서 다루는 이노우에 고와시의 '류큐의견'이라는 문서에도 10월 5일로 되어 있다. 본서 398쪽.

254 松田,『処分』上, 69~75쪽(『叢書』, 21~22쪽).『日本外交文書』第5卷, 393~394쪽.

그런데 (번왕책봉과 관련된) 유수정부 내의 번왕책봉과 관련된 사건은 뒤에서 살피는 바와 같이 정원이 정식으로 이와쿠라 도모미 등의 외유사절 일행에게 보고했는데 외무성의 오하라 시게미[大原重実]로부터도 전달받았다. 오하라는 공가(公家) 출신으로 1871년(明治4) 2월 외무성에 출사하여 당시 외무소승의 지위에 있었고 사절단 관련 사무를 담당하고 있었다. 그가 이와쿠라 앞으로 보낸 8월 13일자 서간에는 "류큐국 사람이 입경한다는 내용을 금일 정원으로부터 전달받았습니다. 희귀한 일이며 유신 후 하나의 사건입니다"[255]라 했고, 또 9월 3일 서간에는 류큐사절단이 도쿄에 도착한다고 전하면서 다음과 같이 서술하고 있다.

체류 중, 향연 외에 기타 비용은 1만 엔으로 예상됩니다. 조정에 입궐한 날짜가 아직 정해지지는 않았으나 5, 6일이면 들어갈 수 있을 것입니다. 앞으로의 예정은 화족의 칭호를 하사하여 주잔번왕으로 봉하고, 외교를 제멋대로 못하게 하라는 건언(建言)이 이미 (외무)경으로부터 있었습니다. 위의 예정대로 된다면 완전히 일본의 속국이라고 말할 수 있게 되며, 다만 지금의 상황으로는 청국과 일본의 양속이라는 애매함이 있으므로 부디 예정대로 되기를 희망하는 바입니다.[256]

예정대로 된다면 '청국과 일본에 애매하게 양속하고 있는' 류큐가 '완전히 일본의 속국'이라고 말할 수 있게 된다는 오하라의 인식은 너무 안일했지만, 그것은 '제멋대로 외교를 금지하도록' 하는 대상으로 청국이 포함되어 있다는 잘못된 상정에서 나왔다고 생각된다. 그 점에서 안일한 전망이었으나, '일본의 속국'이라는 말은 오하라의 인식을 매우 자연스럽고 솔직하게 표현한 것이라 할

255　『岩倉具視関係文書』5(앞에서 서술), 182쪽.

256　위의 책, 184쪽. 방점은 필자.

수 있다.

그런데 번왕책봉의 의미라는 우리들의 맥락에서 결정적으로 중요한 것은 번왕책봉 10일 후인 9월 24일자로 정원에서 이와쿠라 사절단에게 사건의 전말에 대해 정식보고가 이루어진 것과 그 통지의 내용이다.[257]

> 류큐에서 섭정·산시칸이 도착했으므로 외무성에서 대면해서 담판한 (모습을 서술한) 별지는 제32호에서 이미 보고한 바와 같습니다. 그 뒤 이번 달(9월) 14일 (천황은) 알현을 명하시고 책봉을 내리겠다는 말씀을 하셨습니다. 주잔왕도 상표문 및 방물을 헌납했고 하사품 등은 별지와 같습니다. 또한 동 섬(류큐)의 융통을 위해 금속화폐[真貨]와 종이화폐[紙幣]를 함께 교환하고 일금 3만 엔을 하사하셨습니다. 류큐 도민은 작년 겨울 난바다에서 난파하여 대만 섬에 표착했는데, 류큐 도민의 일부에게 생번(生蕃)이라 칭하는 미개한 백성[蕃民]이 거칠고 잔혹한 소행을 행한 것은 별지와 같이 들은 바를 적어 항소하기에 이르렀습니다. 위 사실을 추궁했더니 틀림이 없다는 취지의 말을 들었습니다. 그래서 위의 조처를 취했다는 것을 때가 되면 말씀드리겠지만 이 단계에서 일단 보고드립니다.
>
> 임신(壬申)년 9월 24일
>
> 소에지마 외무경·이타가키 참의·오쿠마 참의·사이고 참의·산조 태정대신
>
> 특명전권대부사 앞

읽어보면 명확히 알 수 있듯이, 태정대신과 여러 참의의 연명으로 유수정부가 이와쿠라 사절단 수뇌에게 보낸 정식보고는 전·후반의 두 부분으로 구성되어 있다. 전반부에는 류큐 사절이 도쿄에 도착했으므로 외무성이 대응한 것은 이미 (9월 14일 이전에) 보고한 바와 같다고 전제한 다음에, 그 이후 14일에 책

---

257 多田好問 편, 『岩倉公実記』 중권(復刻·原書房, 1968년), 1009~1010쪽.

봉 의례가 집행되었다는 것이 서술되어 있다. 그에 대해 후반부부터는 지난해 대만에서 일어난 류큐인 조난사건이 14일자 서신에서 처음으로 보고된 것을 알 수 있다. 즉 별지 청취서(귀환 피해민에게 사정에 대해 들었던 청취문)에 서술되어 있는 것이 사실인 것 같으므로, 그 대응조치에 대해서는 때가 되면 보고가 될 것이겠지만 사건이 있었던 것만은 일단 통지한다는 것이다. 이 문장에 나타난 내용은 유수정부가 번왕책봉이 이루어지고 열흘 후인 9월 하순의 단계에서 대만사건에 대해 어떤 형태로든 대응조치가 필요할 것이라는 인식하기에 이르렀다 해도 구체적인 결정은 아직 정해져 있지 않았음을 읽을 수 있다. 적어도 번왕책봉이 대만출병의 준비조치였다는 설명에 대한 명백한 반증이 되었다는 점은 분명하다.[258]

제5절 **번왕책봉과 대만출병론**

1. **육군대보 야마가타 아리토모**[山県有朋]**의 건의**

류큐 문제에 관해 시기적으로 좌원의 답변보다 더 늦지만, 육군대보 야마가타 아리토모가 건의한 것이 알려져 있으므로 여기에 소개해둔다.[259] 야마가타의

---

258 金城正篤, 『琉球処分論』에는 "이미 대만에서 류큐인 살해사건 및 '류큐번왕 책봉'의 일은, ……이와쿠라 전권(全權)에게 보고되었다(248쪽)"라 쓰고, 앞에서 인용한 『岩倉公実記』의 참조가 주로 쓰여 있는데, 그 내용은 소개되어 있지 않다. 해당 논문 초판 『沖縄県史』(第2館·政治), 115쪽도 참조

259 이 야마가타 아리토모 건의는 『三條実美公年譜』(메이지34년 초판, 宗高書房, 1969년 복각), 236~237쪽에 수록되었고, 또한 『鹿児島県史料』第7巻, 忠義公史料(앞에서 서술), 474~476쪽에 채록되어 있다.

건의는 '임신(壬申) 8월' 즉 좌원 답변보다 2개월 정도 늦은 1872년(明治5) 8월 중순으로 날짜는 미상이지만 후술하는 가바야마 스케노리 일기로 추측해보면 8월 중순 정원에 제출된 것으로 보인다.

야마가타 아리토모의 건의는 마쓰다 미치유키편 『류큐처분』(내무성, 메이지 12년)에도 수록되어 있지 않고, 종래 연구에서도 거의 언급된 적이 없었다.[260] 또한 실제로 그것이 '류큐번왕 책봉' 결정에 있어서 적극적인 의의를 가졌다고도 생각되지 않는다. 그럼에도 불구하고 여기서 이 건의에 대해 언급하는 것은 '류큐번왕 책봉'이 '대만출병'의 준비조치로서 시행된 것이 아님을 방증해줄 뿐만 아니라, 당시 정부 내에 다양한 의견이 있을 수 있다는 하나의 증좌도 되기 때문이다.

중요한 것은 지금까지 살펴본 대장성·외무성의 건의나 좌원의 답변에는 대만에서의 류큐인 조난사건에 대한 언급이 전혀 없었다는 것, 그리고 8월 중 제출된 육군성 야마가타 건의에서 처음으로 이 사건에 대해 언급하고 있는데 그것은 출병 주장과는 거리가 먼 것이라는 점, 또 출병론이 있다는 말조차 언급되지 않았다는 점이다.

야마가타 건의의 특징은 근대 국제법적인 관점이 전면에 드러나 있고, 국제공법의 논리에 따라 청일 양속의 류큐문제에 대한 대처의 중요성을 서술하고 있는 것으로, 그것은 예컨대 대장성의 건의가 왕토왕민론적 발상에 기초한 내향적인 논의를 특징으로 했던 것과는 대조적이다.

야마가타는 건의에서 오늘날에는 국제공법상으로도 영토권을 자세하게 다루어야 하지만, 그 경우 "천연의 경계와 민속의 이동(異動)은 공법에서 취급하지 않은 부분이라 할지라도, 일반적으로 이에 대해 논한다면, 땅을 경계로 영토의 구역을 정함에 있어 완전히 없앨 수 없는 것이 있다"며, 자연의 경계와 민속

---

260   야마가타 아리토모 건의를 최초로 상세하게 소개한 연구로서 安岡昭男, 「山形有朋と琉球
       処分-壬申八月建議をめぐって」(『明治前期日清交渉史研究』, 厳南堂, 1995년)을 참조.

의 같음과 다름이 국제법상 국경을 획정하는 근거가 되지는 않지만 완전히 의미 없는 것도 아니라는 인식을 제시한 다음, "지난해 미야코지마 사람이 대만에 표착하여 근방의 토착민에게 약탈당했다. 그들 가운데 다행히 살아서 돌아온 사람이 우리 진서진대에 억울함을 호소한 것처럼, 민속의 같음과 다름, 멀고 가까움을 아는 것이 좋으며, 그리고 이런 우리를 의지하고 공경하고 있는 것도 역시 알아야 한다."며 류큐가 일본에 대해 느끼는 친근함을 설명하는 맥락에서 조난사건을 언급하고 있다.

야마가타 건의의 주안점은, 이처럼 국경의 획정이라는 관점에서 청국과의 교섭에 착수해야 하는 것의 중요성을 설명하고 있다. 게다가 그는 청국에게 "설명함에 있어서 (청일)양속이 불가하다는 우리의 뜻을 명확히 하고, 경계와 소속을 바르게 해야 함을 논하고, 우리가 예전부터 그 내정을 관리하고 있음을 논하여, 실속 없는 헛된 명성으로는 이익이 없음을 힐책하고, 공정하고 명백한 변론에 의거하여 올바르고 당당한 뜻으로 말하면, 신(아리토모)이 생각하건대, 청은 반드시 우리의 뜻을 양해하고 우리의 부탁을 받아들일" 것이라며 청일교섭에 극히 낙관적인 인식을 보여주고 있다. 이렇게 해서 청국의 양해를 얻은 후, 마찬가지로 류큐에게도 "우리의 뜻으로" 타이르면 "세 치의 혀"로도 문제를 해결할 수 있다는 것이 건의의 요지였다.

덧붙여서 야마가타가 상정한 수순은 이상과 같이 청일교섭으로 청국을 설득하고 이어서 "보잘것없는 한낱 사신"을 파견하여 류큐도 납득시키고, "그런 다음 그 주군을 조정에 들게 하여 우리의 화족으로 서위하고…… 이후 만국에 포고하여 영구히 우리 판도에 속한다는 것을 명시"한다는 것으로, 실제로 외무성 안에 따라 실행되었다는 점, 즉 국왕의 대리사절을 조정에 들게 한 다음 갑자기 '번왕'으로 책봉한 것과는 상당히 동떨어져 있다. 종래 야마가타의 건의가 등한시되어 왔던 이유는, 이처럼 현실의 역사에서는 결과적으로 중요한 역할을 하지 못했기 때문일 것이다.

그러나 여기서 물어야 할 것은 야마가타 건의가 쓰인 시기가 류큐번왕 책봉이 정부 내에서 정식으로 결정·승인되기 전이냐, 후이냐 하는 점이다. 역으로 말하면 야마가타 건의가 쓰인 시점에는 정부의 번왕책봉 결정이 이미 이루어졌느냐 아니냐 하는 문제이다. 즉 아직 결정되지 않았기 때문에 육군대보 야마가타도 건의서를 썼다고 생각할 수도 있고, 다른 한편으로 앞서 지적한 것처럼 그의 건의서에 "그 주군을 조정에 들게 하여 우리의 화족으로 서위하고…"라 쓰여 진 것으로 보아, 이미 외무성의 시나리오가 정부 방침이 되었고 그것에 대해 야마가타가 청국과의 교섭이 선행되어야 한다고 이의를 제기하고, 바로 그 긴급성을 설명하기 위해 건의를 했을 가능성도 생각할 수 있다.

이 문제는 여기서 결론을 내리지 않은 채 놔두기로 하고, 어느 쪽이든 육군대보 야마가타가 건의를 제출한 (8월 중순) 시점에서 대만출병 방침 같은 것은 정부 내부뿐만 아니라 육군성 내부에서조차 확고하지 않았다는 점만은 적어도 의심할 여지없이 분명하다 할 것이다.

2. 가바야마 스케노리 일기(『대만기사』(台湾記事))

이치지 사다카가 가고시마현 참사인 오야마 쓰나요시의 출병 건언서를 위탁받고 급히 상경하여 소에지마 등에게 사건을 통지한 것은 이미 기술했다. 거의 그와 때를 같이하여 육군소좌 가바야마 스케노리도 상경하여 정부 안팎으로 요직에 있는 사람들에게 사건의 통지와 정부의 구체적인 행동을 촉구했다. 가바야마의 행동에 대해서는 상세한 일기가 남아 있어서 우리의 과제를 고찰하는데 있어서 결정적으로 중요한 가치를 가진 사료라 할 수 있다.[261]

---

261 가바야마 스케노리 일기의 일부는 대만시정 40주년 기념사업의 하나로 편찬 출판된 『西郷都督と樺山総督』(1936년) 자료편에 『樺山資紀台湾記事』라는 제목으로 수록 간행되었다. 『台湾記事』는 가바야마가 가고시마를 출발해서 구마모토진대로 급행한 1872년 7월 25일부터 대만출병 후인 1874년 12월 4일 나가사키로 이기고 돌아옴, 중좌로 진급하기까지의

가바야마는 1871년(明治4) 3월 육군으로 관리가 되어 10월 육군소좌가 되었고, 진서진대 제2분영(가고시마)으로 출장 명령을 받았다. 다음해 1872년 2월 병부성의 폐지와 육군성과 해군성의 신설을 거친 4월 이후 제2분영장(分營長) 지위에 올랐다. 가고시마에서 오야마로부터 사건에 관해 전해들은 가바야마는 7월 25일 의논을 하기 위해 바로 진대본부가 있던 구마모토로 떠났다. 그러나 사령장관인 기리노 도시아키[桐野利秋] 소장은 히로시마 분영으로 출장을 가서 부재중이었기 때문에 직접 육군에 보고하기 위해 27일 구마모토를 출발했다. 중간에 바칸[馬関], 고베, 오사카 등에서 배편을 기다렸고 시나가와[品川]에 도착한 것이 8월 8일이었다. 그리고 다음날 아침 사이고 다카모리 저택으로, 이어서 육군성으로 사이고 쓰구미치[西郷従道]를 찾아가 대만사건에 대해 보고했다. 이후 가바야마는 11월 9일까지 도쿄에 머물렀는데, 사이고 다카모리(육군원수 겸 참의), 쓰구미치(육군소보) 형제를 비롯해 외무경 소에지마, 참의 이타가키 다이스게[板垣退助] 등 정부 요직의 관리 외에 고향이 같은 시노하라 구니모토[篠原国幹], 무라타 신파치[村田新八], 이치지 마사하루[伊地知正治], 니레 가게노리[仁礼景範] 등 동지와 선배를 찾아가 사건의 중요성을 설명하며 적극적으로 대처하라고 압력을 가했다.

가바야마의 일기는 이처럼 그가 사건 보고를 위해 서둘러 상경하는 부분부터 시작하고 있는데, 그것은 당사자가 남긴 삶의 기록이라는 점에서 류큐번왕 책봉과 대만출병(론)과의 관계를 정확히 파악하고자 하는 우리의 과제를 고찰함에 있어 매우 중요하다. 그래서 먼저 이 일기에서 중요하다고 생각되는 날과 내용을 발췌해서 언급하고,[262] 그가 도쿄에서 체류하는 동안의 행동·정보에

일기이다. 사가본(私家本)으로 1954년에 배포된 樺山愛輔, 『父, 樺山資紀』(1988년 복각, 大空社)에도 일부 수록되어 있다. 일기 전체의 보존 상황에 대해서는 후자 복각판에 추가된 広瀬順皓, 「解説」을 참조.

262 인용은 『西郷都督と樺山総督』에 수록되어 있는 『台湾記事』를 기초로 필요에 따라 『父, 樺山資紀』과의 다른 점을 기록한다. 또한 적절하게 구두점을 찍었다.

대해 확인한 다음, 우리 과제에 입각하여 고찰을 덧붙이고자 한다. 실증성이라는 측면을 중시하고 싶어서 길게 인용하는 점 양해해주기를 바란다.

8월 9일 비 / 오전 5시 하마마치[浜町]의 사이고 선생을 방문, 대만 원주민[生蕃]의 류큐인 폭살 사건에 대해 상세히 의논했다. ……오전 10시 육군성에 출두하여 사이고 소보를 면회하고 대만사건에 대해 상세히 적어 보고하고, 개략적인 의견서 및 청취서 등을 제출했다.……

8월 10일 비 / ……오늘 밤은 사이고 신고[西鄕信吾] 댁을 찾아가 대만 사건의 상황에 대해 상세히 의논했다.……

8월 13일 맑음 / 대만 원주민의 생활지역으로 탐험대의 파견을 위한 의견서를 오늘 오전 사이고 선생에게 제출함. 이전에는 다소 다른 의견이 있었으나[263] 오늘은 납득하셨다. 전날 가고시마현청에서 보낸 해당 사건에 관한 문서가 도착하여 이치지 조노신(사다카)이 문서를 가지고 왔고 우에하라 저택에서 만나 여러 가지로 은밀하게 논의했다.……

8월 14일 맑음 / 해당 의견서를 오늘 육군성에 제출함.

8월 16일 흐림 / 오후 3시 노즈[野津]씨를 방문, 니레씨가 먼저 와 있었다. 나중에 무라타·사이고·다키[高城]도 왔다. 12시에 숙소로 돌아갔다. 대만사건에 대한 야마가타 대보의 의견서를 사이고씨가 가지고 왔다. 위급한 문제로 논의할 일이 있으므로 정원에 제출하실 예정이라고 했다.

8월 19일 흐림 / 오전 야마모토 주지로[山本十次郞]·혼다 이사에몬[本田伊左衛

263　문장속의 '이론(異論)'은 『台湾記事』에서는 '폭론(暴論)'으로 되어 있다. 문맥에서 미루어 여기서는 『父, 樺山資紀』의 '이론(異論)'을 채용했다.

[門]님을 방문함. 대만사건으로 인해 류큐왕을 상경하게 하여 3개 조의 조약을 만들게 하고, 그런 다음 무언가 결단을 하는 은밀한 논의가 있었다. 화족으로 서위하여 류큐번왕이라 칭하고, 종래의 프랑스조약 등을 단호히 폐지시킬 작 정이다.……

9월 1일 맑음 / 오전 육군성에 출두하여 사이고 씨와 면담함. 회계국에 갔다 가 돌아가는 길에 하시구치[橋口] 집에 들렀다.

9월 3일 맑음 / 류큐왕자 및 (수행원) 30명 남짓의 수행원이 산포마루[三邦丸] 를 타고 도쿄로 출발. 아타고[愛宕]에 있는 임시 거처에 묵음.……[264]

9월 5일 비 / 오전 사이고 선생과 면담을 마치고 이치지 마사하루님과도 면 담함…… 9시에 숙소로 돌아옴. 다나카 대위 등이 나의 숙소로 돌아오는 것 을 기다리고 있었고 대만 토벌 논쟁이 한창이었다.

9월 14일 / 류큐 왕자가 조정에 입궐함. 번왕이라 하고 화족의 서열에 두고 금 3만냥과 기타 물품을 하사, 따라서 각국 조약 등은 모두 폐기됨.

9월 15일 / 어제 류큐왕 처분이 끝남. 따라서 대만문제를 어떻게 결말지어야 할지의 여부를 단연코 정부에게 청구할 것을 오늘 육군성에 말함.

9월 16일 맑음 / 오전 8시 이타가키[板垣] 참의를 방문. 부재중이라 면회를 하 지 못함. 고아미초[小網町]로 사이고 선생을 찾아가 대만사건에 대해 밀담을 나눔.……

9월 26일 흐림 / ……대만사건을 순서대로 더 조사한 다음 외무성에 의견을 제출하도록 진행함……

---

264 『父, 樺山資紀』는 문장 속에 '왕자'의 '자(子)'가 빠져 있다.

10월 3일 맑음 / 오전 7시 사이고 씨를 찾아갔다가 나선 길에 소에지마 지로 님에게 가서 만남. 대만사건에 관해서. 다시 사이고 선생을 찾아감. 외무성의 의견을 어제 정원에 제출했다고 함. 소에지마씨는 있는 힘을 다해 잘 조사하고 사건의 위급함을 참작하여 생각보다 신속하게 진행했음. 이삼일 안에 재결될 것이다.……

10월 8일 맑음 / 오늘 사관(史官)으로부터 다음과 같은 호출장이 왔다. '용무가 있으니 내일 9일 10시에 입궐하라.' 10월 8일 사관, 가바야마 육군소좌 전(殿).

10월 9일 맑음 / 오전 10시 입궐하여 사관에게 출두했음을 알리고, '육군소좌 가바야마 스케노리, 청국의 대만으로 시찰을 위해 파견함, 임신(壬申) 10월 9일, 태정관'이라는 사령서(문서)를 수령하고, 그에 따라 야마가타 아리토모(육군)에게 보고했다.……

10월 10일 바람과 비 / 오후 시노하라 후유[篠原冬]씨를 찾아감. 밤까지 느긋하게 이야기를 나눔. 사이고 선생도 잠시 와서 대만사건에 대해 대략 결의함. 오늘의 공식회의는 매우 유쾌했음. 우리나라의 성대한 계획에 작은 힘이나마 쏟을 때가 왔다. 종2위공[시마즈 히사미쓰]로부터 산조[三条]공·도쿠다이사[德大寺]에게 중요한 서간이 도착했다고 말씀하시니 선생은 머지않아 가고시마로 돌아가실 것이다.

10월 12일 비 / 오전 외무성에 출두하여 대만조사서 4권을 빌려 육군성 사이고씨에게 제출함. 등사(복사)할 것임.……

10월 19일 맑음 / 미국인 르 장드르(Le Gendre)[265]의 대만조사서 4권을 사이

고 소보께서 돌려주심. 본서는 지난번 소에지마 외무경에게 빌려 등사(복사)하기 위해 육군성에 맡겨놓았던 것을 지금 되돌려 받은 것임.

10월 25일 흐림 / 오전 7시 이다 유즈루[井田讓]씨를 방문. 돌아가는 길에 사이고 선생을 방문하여 면담함. 또한 이주인 스구[伊集院 直]씨를 찾아감. 대만사건에 관해 많은 논의가 일고 있다고 한다.……

11월 8일 / 오전에 기리노 씨를 방문함. 사절에 관한 건은 우유부단하고 아직 결정된 것이 없다. 절박했으므로(상황이 긴박하고 시간 여유가 없다) 날이 밝으면 야마가타 대보에게 달려갈 예정임. 벳뿌신[別府新, 벳뿌 신스케[別府晉介]]와 동행하여 (사이고 다카모리) 선생이 계신 곳으로 갔다, 오늘밤은 기리노씨 집에서 하룻밤 묵음.

11월 9일 흐림 / 오전에 기리노씨와 함께 야마가타 씨를 찾아가서 의논함. 오늘 산조전에서 평의할 예정이라 한다.[266] 오후 4시 기리노·시노하라 두 사람과 함께 선생을 찾아감. 노즈·다네다 두 사람이 손님으로 와 있었다. 사절에 관해서는 설날까지로 결정함. 국가를 위해서도 안심이다. 그 외에 가와무라·이치지(사다하루)·이주인 씨 등이 손님으로 찾아옴. 선생은 내일 귀성하실 것이다. 복건 영사(領事)인 이다 유즈루가 사표를 냈다. 이 때문에 출발이 생각보다 지연됨. 그런데 가고시마에 사정이 생겨 내일 출범하는 홋카이마루[北海丸]로부터 일단 현으로 돌아가기로 갑자기 결정되었다.……

인용문 앞부분에서 볼 수 있듯이 가바야마는 급히 상경하자마자 바로 사이고 다카모리, 이어서 쓰구미치를 찾아가 대만사건에 대해 보고했는데, 주목

미국의 군인, 외교관, 1872년부터 1875년까지 일본의 외교고문으로 있던 중 1890년에 조선에 와서 내무협판이 됨.

266　문장속의 '평의'는 『台湾記事』에서는 '평결', 여기서는 『父, 樺山資紀』에 따랐다.

할 점은 그가 사건 보고뿐만 아니라 자신의 의견을 적극적으로 자세히 보고하고 있다는 점이다. 이것은 8월 9일 쓰구미치에게 "간략한 의견서"를 제출하고 13일에는 "대만 원주민의 탐험대 파견 의견서를 오늘 오전 사이고 선생[다카모리]에게 제출함. 지난번에는 다소 다른 의견을 제기하셨으나 오늘은 납득하셨다"는 기술에서 보더라도 명확히 알 수 있다. 또한 같은 날에 오야마 쓰나요시의 건언서를 가지고 상경한 이치지 사다카와도 "여러 건에 대해 은밀히 논의"했다고 썼고, 논의한 내용은 알 수 없지만 적어도 기술의 앞뒤로 판단하건대 가바야마 자신의 대처안은 "대만 원주민의 탐험대 파견"에 있고, 오야마처럼 바로 죄를 묻기 위해 출병하자는 의견이 아니었던 것은 확실한 것 같다.

분명히 가바야마는 대만사건의 소식을 접하자 바로 상경하여 각 방면으로 맹렬하게 손을 쓰고 있었다. 그러한 행동에는 어쩌면 그것이 군사행동으로까지 발전할지도 모른다는 그의 군인(진대분영장)으로서의 인식이나 위기감과 긴박함이 있었을 것이다. 그런데 그 대응책에는 즉시 죄를 묻기 위해 출병하자는 강경책뿐만 아니라 대청교섭에 의한 해결책이나 먼저 탐험대를 파견하자는 의견 등 여러 대처안이 당연히 있었을 것이다(일기 속의 10월 25일에는 "대만사건에 관해 많은 논의가 일고 있다고 한다."라고 기술한 것처럼). 가바야마가 적어도 해당 사건은 간과되어서는 안 되며 정부로서도 적극적으로 대처해야만 한다는 입장에서 연일 움직이고 다녔던 것은 명확하지만 그 자신이 적극적으로 출병즉행론(出兵卽行論)을 주장했다는 것을 엿볼 수 있는 기술은 그가 도쿄에 머물렀던 기간에 쓴 일기에서 나오지 않았다.[267]

이야기를 날짜순으로 되돌리면 8월 16일자 일기에는 쓰구미치가 가지고 온 것은 육군대보 야마가타 아리토모의 의견서인데, 우리가 앞에서 확인한 것

267　가바야마 에이스케[樺山愛輔]는 스케노리의 행동 의도에 대해 "아마 동분서주하여 동지 규합에 힘쓰는 동시에, 고조되고 있는 하나의 힘으로 대청 강경담판의 여지를 만들려 했을 것이다"고 추측하고 있다. 『父, 樺山資紀』(앞에서 서술), 186쪽.

처럼 야마가타의 건의가 정부내의 여러 건의 중에서 대만사건을 처음으로 언급했다는 점을 가바야마는 보여주고 있음을 알 수 있다. 이 건의가 출병론에 입각하지 않았던 것은 이미 서술한 바와 같다.

8월 19일에는 류큐사절이 조정에 들어온다는 소식이 가바야마에게도 전해졌다. "대만사건으로 인해 류큐왕을 정부에 출석하도록 하여 3개 조의 조약을 만들게 하라"고 쓰여져 있고, 가바야마 일기에서 유일하게 대만사건과 번왕 책봉과의 사이에 관련이 있는 것처럼 기술되어 있으나 "3개 조의 조약"이란 "화족으로 서위하여 류큐번왕이라 칭하고 종래의 프랑스조약 등을 단연코 폐지시킨다"는 것을 가리킨다고 해도, 이렇게 전해 들어 적어놓은 문장만으로 대만출병이 정부 방침이였다고 이 자리에서 단정하거나 가바야마가 도쿄 체제 중에 그렇게 인식했다는 판단은 성급하다는 것이 19일 이후의 일기에서 확실히 드러난다.

9월 14일 번왕책봉에 앞서 대만출병론이 (아마 사쓰마파 근위병) 장병들 사이에서 급부상했던 것은 9월 5일 "다나카 대위 등은 내가 귀대하기를 기다리고 있었고 대만 토벌 논쟁이 한창이었다."라는 기술에서 알아차릴 수 있다.

결정적으로 중요한 것은 번왕책봉 다음날인 15일 일기에 "어제 류큐왕 처분이 끝남. 따라서 대만문제를 어떻게 결말지어야 하는지 그 여부를 단연코 정부에 청구할 것을 오늘 육군성에 진정함"이라 하며, 류큐번왕 책봉 결정에 앞서 결정되기는커녕 실제로 번왕책봉이 실시된 시점에서 조차 대만문제에 대한 대처방책이 정부 내에서 결론을 짓지 못하고 있었음을 명확하게 보여주고 있다. 즉 9월이 되어 일부에서 '대만정토론'의 목소리가 높아져 있던 것은 확실하지만 9월 14일 번왕책봉 시점에서도 대만출병은 정부의 방침이 아니었다.

이것은 보름이 지난 10월 3일 사이고 다카모리가 가바야마에게, 전날('생각보다 신속'하게) 외무성 의견서가 정원에 제출된 것과, 이삼일 내로 '재결'(裁決)될 전망이라고 알린 것을 보아도 확실하다. 소에지마가 의견서를 신속하게 제출한 데는 미국인 르 장드르의 협력이 있었던 점과 대만문제가 정원에서 현안이 된 것은 이 이후의 일이었음은 다음에 서술한 바와 같다.

가바야마는 일기에서도 알 수 있듯이 육군원수 겸 참의인 사이고 다카모리, 육군소보인 쓰구미치를 비롯해 외무경 소에지마 다네오미나 시노하라 구니모토 등 사쓰마파 군인(삿파군인) 등에게 적극적으로 구체적인 행동을 촉구했다. 그 노력의 결실이라고 해야 할지, 아니면 위에서 말한 재결이 일단 내려졌다고 해야 할지. 10월 8일 가바야마는 사관(史館)으로부터 호출 통지를 받은 다음날 "육군소좌 가바야마 스케노리를 청국과 대만으로 시찰을 위해 파견"하라는 명을 받았다. 다음 10일자 일기에는 정부가 겨우 적극적으로 대처하는 자세를 보이고 대만으로의 탐험대 파견과 가바야마 자신이 그 일원으로 참여하게 된 것에 진심으로 감격한 모습이 적혀 있다.

이렇게 해서 가바야마의 시찰 파견이 결정되었는데 실제로는 여러 가지 사정으로 출발은 크게 늦어졌다. "가고시마에 사정이 있음"(11월 9일) 즉 정부에 대한 불만이 쌓여 있던 시마즈 히사미쓰를 달래기 위해 사이고 다카모리의 가고시마행이 결정되었고 가바야마도 동행해서 일단 현으로 돌아갔다가 다시 상경했다. 이리하여 가바야마가 청국 상해(上海)로 출발한 것은 이듬해인 1873년(明治6) 2월, 대만으로 건너 간 것은 같은 해 8월이며 나아가 1874년(明治7) 5월에는 대만 현지에서 출병한 일본군과 합류했다.

3. 대만출병 문제와 그 이후

류큐번왕 책봉이 실시된 메이지 5년은 연말에 역법을 바꿔서 12월 2일까지는 음력(구력)이었으나, 그 다음날 즉 1873년(明治6) 1월 1일부터 양력(신력)이 되었다. 지금까지는 1872년(明治5)을 중심으로 9월 14일에 시행된 번왕책봉의 경위와 8월경부터 대만(출병) 문제가 정부 주변에서도 부상하는 상황을 살펴보았는데 지금부터는 이 변칙적인 연말과 연시 사이에 두고 다음 해와 걸쳐있는 이야기이다.

번왕책봉에 이르게 된 실제 경위는 앞서 말한 대로이지만, 사실 쇼타이를 '번왕'으로 책봉한 것, 즉 좌원의 이의를 물리치고 '번'칭호까지 붙여 '번왕'으로 삼고 화족으로 서위한 것이 언제 정부 내에서 결정되었는지 잘 알 수 없다. 6월 중에 좌원의 답변이 있고 난 뒤라는 것은 분명한데, 어느 시점에 정원에서 심의되었고 (아니면 직접 천황의 재가가 있었고), 외무성안(案)에 따라 결정이 내려졌는지에 대한 사료가 없기 때문이다. 거슬러 올라가 보면 6월 23일 가고시마에서 후쿠사키[福崎]가 류큐에 왔고, 류큐에 체류 중인 이치지 등과 함께 류큐왕부에 입궐하라는 권유를 전달한 것이 6월 24일, 류큐 왕부가 내유준봉(內諭遵奉)을 한다는 회답을 한 것은 6월 27일자였고, 두 번째 파견사인 미기마쓰[右松] 등이 정식으로 가고시마현 참사 오야마의 문서를 가져온 것이 7월 3일자였다. 이 때 쯤에는 이미 결정된 것일까. 그렇지 않으면 있을 수도 없는 일이기는 하지만, 사절이 도쿄에 도착하여 상소문이 새로 만들어지는 9월 상순으로 넘어 간 것일까. 아마 류큐 측에 정보가 사전에 노출되는 것을 경계해서 비밀주의를 관철시켰을 것이라는 사정도 있고 확실한 증거와 문서가 없어서 쉽게 판단을 내릴 수가 없다.

이러한 점을 일단 인정하고 필자가 추정(推定)한 바를 말해보자면, 외무소승 오하라 시게미가 이와쿠라 도모미 앞으로 보낸 편지(8월 13일자)에 "금일 정원에서 류큐국 사람이 입경한다는 내용의 지시가 있었습니다."라고 되어 있는 것처럼, 이 날 정원에서 외무성 앞으로 류큐사절이 상경하므로 '접대의식'의 '예정표'에 대해 보고하라는 통지가 있었던 것으로 생각된다. 이 통지를 받고 8월 15일에는 외무성에서 정원 앞으로 "가까운 시일에 있을 류큐인 상경에 대해서는 접대의식의 예정표를 진행하라는 취지에 대해서는 알고 있습니다." 로 시작하여 "이 나라는 원래 소속에 관해서는 외국인으로 볼 필요는 없습니다. 그렇기는 하나 손님의 예를 갖추어 대우할 것이며, 류큐인과 함께 오는 가고시마현 관리는 모두 외무성[本省]에 속하며, 위의 접대담당 관리의 명을 받아 유신 이래 처음 입공하는 것이니 넓고 두터운 은혜로 대하는 것이 마땅하다고 생각합니다.

따라서 외무성 및 가고시마현에 속히 연락해주기 바랍니다."[268]라는 보고가 잇따라 있었다. 그리고 8월 19일에는 태정관이 외무성 앞으로 "이번 류큐 사신인 섭정 산시칸 3명과 기타 수행원 27, 28명이 조정을 찾아오는 건에 대해 외무성에서 모든 것을 잘 처리하라."[269]는 명령을 정식으로 전달했다. 어쩌면 이상과 같은 움직임이 있었던 8월 중순 즉 늦어도 류큐사절이 외무성 관할임을 정식으로 통달 받은 19일까지는 '번왕책봉'방침에 대해서도 결정되어 있었던 것으로 생각된다. 앞서 살핀 것처럼, 가바야마도 8월 19일에는 "화족으로 서위하여 류큐번왕이라 칭하고, 종래의 프랑스조약 등을 단연코 폐지시킬 작정"이라는 정보를 알고 있었다.

이처럼 번왕책봉이 언제 결정되었는지에 대해서는 어느 정도 불확실한 부분도 남아 있지만, 중요한 것은 그것이 언제 결정되었건 대만출병의 준비조치로서 실시된 것이 아니라는 점은 명확하다는 것이다. 왜냐하면 현실적으로 번왕책봉이 실시된 9월 14일 시점까지 대만출병이 정부 방침으로 굳어졌다는 것을 보여주는 증거는 존재하지 않으며 오히려 사료들은 그렇지 않다는 것을 보여주고 있기 때문이다. 앞서 본 가바야마 스케노리의 일기는 이미 그 점을 명확히 보여주고 있다고 생각하는데 좀 더 보완적인 설명과 해석을 덧붙이고자 한다.

그러면 무엇 때문에 지금까지 번왕책봉을 대만출병과 결부시키는 잘못된 해석이 자주 행해져온 것일까. 그 이유나 원인으로서는 많은 것을 지적할 수 있지만 크게 다음 두 가지의 사정이 있었다고 생각된다. 첫째로 1874년(明治7) 5월에 실행된 대만출병이 1871년(明治4) 연말의 류큐인 조난사건을 명분으로 실시된데 있었다. 번왕책봉은 그 사이에 끼여 있었고 게다가 오야마 쓰나요시가 그 죄를 묻기 위한 출병을 건언한 점, 상해에서 외무성으로 보낸 야나기하라의 보고, 나아가 가바야마 스케노리 등의 상경이 있었고 해당 사건이 번왕책봉 이

---

268   『日本外交文書』第5巻, 373쪽; 松田, 『処分』上, 29쪽(『叢書』, 13쪽).

269   위의 책, 376쪽; 松田, 『処分』上, 30쪽. (『叢書』, 13쪽).

전에 정부 주변에도 알려져 있었다고 한다면(그런 설명이 가능하다면), 번왕책봉이 대만출병의 명분을 조정하기 위해 이루어졌다는 억측도 일단은 상당히 설득력 있게 들린다. 게다가 정부 내에 여러 건의가 있었고, 그 내용이나 시기는 일단 알려져 있다 하더라도 번왕책봉의 결정 시점 및 그 이유를 확인할 수 있는 사료가 없으므로 더욱 억측이 사실(史実)로 작용하는 조건이 마련되었다고 할 수 있을 것이다.[270]

또 하나의 커다란 이유는, 번왕책봉 건의를 실행한 것도 정부 내에서 대만 문제의 대책을 주도한 것도 외무경 소에지마 다네오미였다. 이 대만문제에서 소에지마의 건책(建策)에 대해서는 그 협력자로서 미국 공사 드롱에게 소개받은 전 아모이[厦門, 샤먼] 주재 미국 영사이며 대만통으로 알려진 르 장드르가 있었다는 것, 게다가 그에게서 얻은 조언과 대만정보에 의한 영향도 있어서, 소에지마가 대만 '번지(蕃地)'로의 출병 의도에 그치지 않고 잘되면 그곳을 식민지화하려는 야심을 갖고 그 일을 맡았던 것은 알려져 있다.[271] 그리고 1873년(明治6) 2월에는 청일수호조규 비준을 위해 자진해서 청국으로 건너가고 동행했던 야나기하라 사키미쓰 등에게 청국 정부 총리아문 고관으로부터 대만 '번지'는 '화

---

270 이러한 잘못된 억지 주장이 유포된 데는 黒龍会編, 『西南記伝』의 영향이 컸던 것으로 생각된다. 이 책에는 상경한 가바야마 스케노리의 '정번문죄'의견에 대해 사이고·소에지마·이타가키가 동의하고, 각의에서는 사이고가 반대론을 제압했다고 하여 외국 공사단도 반대가 없었으므로 "묘의는 하나의 결론을 냈다. 류큐왕을 번왕으로 봉하여 정번문제 해결의 기초를 만들겠다"라고 기술했다. 黒龍会編, 『西南記伝』, 上巻1(초판 1908년, 복각 原書房, 1969년), 549쪽. 또한 전후 이노우에 기요시나 도야마 시게키 등이 불충분한 사료를 기초로 번왕책봉과 대만출병을 결부짓는 주장을 채택한 것도 영향력을 가졌을 것이다.

271 예를 들면 소에지마는 1873년 2월 17일자 오쿠마 시게노부에게 보낸 서간에 "대만 섬의 절반만이라면 말에 의한 교섭으로 손에 넣는 것도 거의 보증할 수 있지만(대만) 섬 전부가 되면 무력 발동으로까지 이르게 될지도 모른다. 그러나 섬의 절반을 손에 넣는다면 4, 5년 사이에 섬 전부도 말에 의한 교섭으로 손에 넣을 수 있으므로 이 기회를 잃어서는 안 된다고 생각한다"라 말하고, 스스로 청국 파견 조기결정에 협력을 구하고 있다. 早稲田大学資料センター編, 『大隈重信関係文書』7(みすず書房, 2011년), 54쪽.

외의 땅'이라는 발언을 이끌어내지만, 그 '언질'이 나중에 실제 대만출병의 논거 중 하나가 되었다는 경위도 있다. 이러한 번왕책봉 직후 무렵부터 이듬해인 1873년(明治6) 전반에 걸친 소에지마와 그 주변의 언설에서 나타난 군사적·팽창주의적 지향이 암암리에 그 이전의 시기로까지 투영되어 번왕책봉과 결부시켜 버리면, 쉽게 앞뒤가 뒤바뀐 그릇된 견해가 도출되고 그 점에 대한 비판적 반성도 하기가 어려워질 것이다.

그래서 사실의 전후관계를 확실히 하기 위해 9월 14일 번왕책봉 보름 후인 10월이라는 시점에서 조금 더 상세하게 살펴보자. 가바야마 일기에 의하면, 소에지마는 10월 2일에 대만문제를 가지고 최초의 의견서를 정원에 제출한 것 같다. 소에지마는 9월 23일 미국공사 드롱과 만나 대만 '번지'(선주민 거주지)가 '떠있는 땅'(국제법상 '주인 없는[無主] 땅')으로 볼 수 있는 개연성에 대한 훈수를 받고, 동시에 그로부터 협력자로 대만통인 르 장드르를 추천받아 다음날인 24일에 최초의 회담을 가졌다.[272] 그 이후 르 장드르는 정력적으로 협력과 조언을 했고 상세한 각서를 소에지마에게 보냈는데 르 장드르의 각서는 시간을 두고 몇 번에 걸쳐 보낸 것으로 현재 다섯 번째 각서까지 있는 것으로 알려져 있다.[273] 10월 2일의 소에지마의 의견서는 그 다섯 번째에 걸친 르 장드르 각서 중 첫 번째이거나 아니면 그것에 기초하여 소에지마가 나름대로 정리한 것으로 생각된다.[274] 어찌 되었든 르 장드르의 협력은 9월 말 이후의 일이며 그의 각서 중

---

272 소에지마와 양자와의 회담에 대해서는 『日淸交際史提要』(『日本外交文書』, 明治年間追補 第1冊, 1963년), 105쪽 이하, 110쪽 이하를 참조

273 르 장드르의 각서 작성 순으로 첫 번째 각서부터 세 번째 각서는 早稻田大学社会科学研究所編, 『大隈文書』第1卷(同研究所刊, 1958년), 17~34쪽에 '생번처분에 관한 일본정부 의견서 각서', 다섯 번째 각서는 '대만사건 청국담판에 관한 의견서'로 수록되어 있다. 네 번째 각서는 藤村道生, 「明治初期における日淸交渉の一斷面(上)」(『名古屋大学文学部研究論集』17, 1968년), 르 장드르의 헌책(獻策) 전체에 대해서는 石井孝, 『明治初期の日本と東アジア』(有隣堂, 1982년), 18~29쪽을 참조

274 두 번째 각서에만 '임신(壬申) 10월 15일 기고'라는 날짜가 있으므로 (『大隈文書』, 앞의

군사적 조언의 성격이 짙은 두 번째 각서, 침략주의적인 주장이 농후한 네 번째 각서 등은 번왕책봉은 물론 최초의 외무성 의견서보다 더욱 늦은 시기에 작성되었다. 이에 대해 첫 번째 각서는 9월 말 이후 아주 단기간 내에 정리된 것으로 보이고 군사적 지향을 남겨두면서도 대청교섭 노선을 우선시하는 자세가 더 강하게 드러나 있다.

사료들에 국한해서 보면, 소에지마 의견서가 제출된 10월 2일 이후에 몇 번이나 정부 내에서 회의가 열렸던 것 같다. 앞서 가바야마 일기는 10월 10일에 조정회의가 열렸다고 전하고 있는데, 그 전날에는 가바야마에게 탐험대를 파견하라는 명령이 떨어졌다. 이 명령에는 그 전제로서 즉각 출병한다는 책략은 취하지 않는 것이 거의 굳어져 있었을 가능성이 있다. 덧붙이자면 『이와쿠라공실기』[岩倉公実記]에는 "그 당시 묘당의 논의가 있었고 대만 원주민이 청국의 영토에 속하는지 아닌지를 청국 정부에게 묻고, 그 다음에 이것을 처분해야 마땅하다는 쓰나요시의 요청을 받아들이지 않았다"[275]는 기술이 있다. 상세한 것은 알 수 없지만, 오야마의 건언은 그 내용으로 보아 이른 단계에서 논의되었다가 각하된 것으로 생각된다.

대장성 대보 이노우에 가오루[井上馨]가 이와쿠라 사절단으로 외유중인 참의 기도 다카요시 앞으로 보낸 10월 18일자 편지는 류큐번왕 책봉, 대만사건을 다룬 후 해당 사건이 출병논의로까지 발전했음을 전해주고 있다. 그것에 따르면 소에지마 등 적극파의 주장은 외교교섭을 통한 청국에 대한 담판을 말하면서도 청국의 내부 사정에 대해 낙관적으로 전망하고, 앞으로 군사행동과 대만의 절반을 점유하는 것까지 내다보았던 것 같으며, 이노우에는 내치우선 입장

책, 26쪽), 그 이전의 각서는 첫 번째 각서가 된다. 가바야마 스케노리가 10월 12일에 외무성에서 차용한 "미국인 르 장드르의 대만조사서 4권"(10월 19일 항을 참조)에는 이 첫 번째 각서가 포함되어 있을 가능성도 있다.

275 『岩倉公実記』下巻(앞에서 서술), 123쪽.

에서 대장성과 정부 내에서 외정론(外征論)이 의제로 올라온 상황에 대해 강한 불만을 드러냈다.[276]

> 마침내 여러 장관들과 회의하여 나는 동의하지 않겠다고 강하게 주장했습니다. 그 까닭은 밖으로 나가 우리나라의 위세를 확장하는 것은 누구든지 반기는 일입니다. 그러나 그처럼 국위를 높이려면 먼저 나라 안의 정무를 정비하고 안으로 부강의 기초를 쌓은 다음에 바깥으로 나가는 것이 순서이다. …… 대장성의 위세와 권력이 강대하다는 설이 있다. 그러나 그렇지 않다는 말을 하지 않으면 국사를 그르치는 것이다. 아울러 불만을 품은 자는 대장성 패거리와 야마쿄[山狂]와 도리오[鳥尾] 뿐. …… 3일 안에 다시 회의를 시도했습니다. 끝내 주장을 논파하기 못했기 때문에 사퇴할 결심입니다. 다 같이 나라에 지장을 초래할 주장을 좋게 여길 수는 없습니다. 따로 논의할 선생님이 없습니다. 온갖 일의 실마리에 대한 고뇌가 극에 달해 있습니다. 너그러이 헤아려주시기 바랍니다. 여러 사정으로 인해 선생들께서 조정으로 돌아오실 것을 간절히 바라는 바입니다.

이노우에는 이처럼 정부 내에서 대장성의 괴로운 처지나 그의 고립감을 언급하며 조기에 기도 등이 조정으로 돌아올 것을 간청하고 있다. 사절단이 돌아온 후 정한론 정변을 거쳐 다시 대만출병이 오쿠보 도시미치나 오쿠마 시게노부 등에 의해 획책되고 나서도 이노우에와 기도는 내치우선의 입장에서 출병에 반대했지만 그 대립 구도는 이미 이 단계부터 생겼다고 할 수 있다.

거듭 유의해야 할 것은 '대장성 패거리'와 함께 '야마쿄와 도리오 등', 즉 야마가다 아리토모[狂介]나 도리오 고야타[鳥尾小弥太](육군소장) 등이 불만을 드러내고 있다고 한 것처럼, 육군성 수뇌부 역시 해외 정벌론(外征論)에는 반대했음

---

276   井上馨候傳記編纂会編, 『世外井上公傳』第1巻(原書房, 1968년), 477~478쪽.

을 엿볼 수 있다. 이 해 11월 28일 징병령 발포가 있었던 것처럼 이 시기는 육군대보 야마가타 아리토모의 주도로 사족군(士族軍)에서 국민징병군으로의 전환을 준비하고 있던 단계로, 육군성과 해군성의 수뇌부도 해외정벌에는 준비가 갖춰지지 않았다며 소극적이었다.

앞서 본 가바야마 스게노리의 11월 9일 일기에 따르면, 야마가타 아리토모로부터 "오늘 산조전(殿)에서 평의"할 예정이라는 말을 들었는데, 『서남기전』이 전하는 '이 해 11월' 회의란 산조전에서의 평의를 가리키는 것일까. 즉 태정대신 산조 사네토미는 "참의 및 각 성의 장차관(長次官)을 그 저택으로 초대하여 대만 원주민문제를 의논"했는데, "대장성 대보 이노우에 가오루, 동 3등 출사 시부사와 에이이치 등"은 "재정 곤란으로 국가가 피폐한 때에 밖으로 전쟁을 하는" 것은 "무모"하며, 또한 "참의 오쿠마 시게노부 등"은 "정번의 명분은 명백하게 드러나 있으나, 먼저 청국 정부와 절충하여 그것에 이의가 없는지 여부를 물은 다음에 출병해도 늦지 않다며 이에 반대"하고, "의논이 분분하여 결말이 나지 않았다. 이에 대해 정부는 결국 전권대사를 청국으로 파견하여 청국 정부의 의향을 묻고 그런 다음에 결정하기로 했다."[277]

다음해인 1873년(明治6) 3월 13일 소에지마 외무경은 특명전권대사에 임명되어 청국으로 건너갔다. 소에지마가 청으로 건너간 것은 동치제(同治帝)의 직접 통치 축하와 청일수호조규 비준서 호환을 위한 것이라고 했지만, 최대 목적

---

277 黒龍会編, 『西南記伝』上巻1, 앞의 책, 549쪽. 煙山專太郎, 『征韓論實相』(1907년)에는 "이 해(1872년: 역자삽입) 11월 각 성의 주임자를 산조의 저택으로 초대하여 그 이해득실을 토론하게 했더니 당시 대장성 대보 이노우에는 모친상을 당해 집에 있어야 해서, 그 다음 순위인 시부사와가 대신 회의석상에 앉아 비해외정벌파(비외정파) 대표로서 소에지마와 논쟁을 벌임…" 기술을 찾아볼 수 있다. 『韓国併合史研究資料』20(龍渓書舎, 1996년 복각), 86~87쪽. 이 회의 후 이노우에는 다시 의견서(날짜 모름)를 산조에게 제출했고, 그에 따르면 이노우에는 이 회의에는 출석하지 않았고 시부사와가 대장성(이노우에)의 입장을 대변한 것을 알 수 있다. 『世外井上公傳』第1卷(앞에서 서술), 480~486쪽.

은 이것을 계기로 청국 정부와 대만사건에 대해 교섭하는 것이었다.[278] 소에지마 등은 7월까지 장기간 청국에 체재했으나, 교섭의 대부분은 청국 황제와의 알현문제로 소비했고, 대만 문제는 귀국 직전에 사소한 교섭이 이루어진데 불과했다. 청국 정부는 대만에서 피해를 입은 것은 '류큐국민'이지 일본인이라고는 듣지 못했고, 또한 청조와 류큐 간의 종속관계를 바탕으로 문제는 해결되었다면서 일본의 주장을 일축했다. 소에지마 일행은 청국 측으로부터 대만 '번지(蕃地)'는 정교(政教)가 미치지 않는 '화외의 땅'이라는 비공식 '언질'만 받고 7월에 귀국했다.[279]

대만출병론은 1873년 3월에 빗추오다현[備中小田県]의 표류민이 대만 원주민에게 약탈당했다는 사건 소식이 전해지면서 더욱 들끓어 올랐다. 그러나 제3장에서 상세히 살피는 것처럼, 소에지마 등이 아직 청국에서 귀국하기 전인 1873년 여름, 정부 내에서는 조선문제와 사할린 문제가 부각되었고, 특히 같은 해 5월 조선에서의 '밀무역 금지령'과 관련해서 이전부터 풀리지 않았던 '정한' 문제가 정부 내에서 급부상하여 대만문제는 그 뒤편으로 밀려난 꼴이 되었다. '정한논쟁'으로 조정은 크게 분열, 같은 해 10월 정한론 정변이 일어나 소에지마를 포함 정한파 참의 전원이 정부를 떠나고, 정변 후 신정권은 외유사절단에서 귀국한 오쿠보 도시미치 등 내치우선파의 손에 넘어갔다. 그러나 '정한'의 좌절은 불평사족의 불만과 반정부 열기를 더욱 고양시켰고, 그 대처 방안으로 대만출병이라는 보다 위험이 적은 해외정벌 정책이 다시 의제로 떠오르게 되었다. 이리하여 오쿠보 주도의 신정권 하에서 대만출병 방침이 일단 정식으로 결정된 것이 류큐번왕 책봉으로부터 약 1년 5개월이 지난 1874년(明治7) 2월이며, 그

---

278   소에지마 귀국 직후에 편찬된 『副島大使適淸槪略』는 "소에지마가 청에 가서 조약을 맺는 것은 명분이며, 황제 알현 역시 명분이다. 오로지 대만을 정벌하기 위해 간 것이다."라고 기술하고 있다(『明治文化全集』第11卷 外交編, 1928년, 1956년 복각, 13쪽).

279   교섭에 대한 일본 측 기록은 『日本外交文書』第6卷, 176~179쪽.

후 일시 중지한다는 정부의 결정을 무시하고 사이고 쓰구미치가 출병을 강행한 것이 1874년 5월이었다.

4. 류큐번왕 책봉의 역사적 의미·재론

본장의 주제인 류큐번왕 책봉의 역사적 의미에 대해서는 앞서 제4절 3항에서 '잠정적'이라고 사전 양해를 구하고 일단 필자의 해석을 서술했다. 그곳에서 '잠정적'이라 서술한 것은 번왕책봉(류큐번 설치)이 대만출병을 위한 준비조치였다는 주장에 대한 비판 즉 실제로 그렇지 않았다는 것을 실증적으로 논증하는 작업이 아직 완료되지 않았기 때문이다. 그러나 제5절까지의 고찰에서 번왕책봉과 대만출병을 결부시키는 해석이 잘못되었음을 논증할 수 있는(있다고 필자는 확신하는) 지금 단계에서, 필자로서는 제4절 3항에서 정리하고 서술한 것을 조금도 수정할 필요가 없다고 판단한다. 다음은 제4절 3항에서 빠진 것에 대한 약간의 보충이다.

이미 서술한 것처럼 류큐번왕 책봉을 제안한 것은 당시 외무경 소에지마 다네오미였다. 소에지마는 1828년(文政11) 출생으로, 정한론 정변으로 실각한 후에도 민선의원 설립 건백서에 이름을 올리기는 했으나 자유민권운동에는 가담하지 않았고 나중에 추밀원 고문관이나 마쓰카타[松方] 내각에서 내무대신을 역임하는 등 그 나름 경력을 쌓았으며 1905년(明治38) 77세로 사망했다.[280] 서예의 대가이며 한서에 밝아 방대한 한시·한문을 남겼지만, 회고록의 종류는 적고 그 중에서도 류큐번왕 책봉과 관련된 미묘한 (극비로 해두어야 할 부분이 많은) 사항에 대해서는 끝까지 입을 열지 않았다. 필자가 보는 바에 따르면, 예외가 딱

280　소에지마 전기에 대해서는 丸山幹治, 『副島種臣伯』(1936년, 1987년 복각, みすず書房); 安岡昭男, 『副島種臣』(人物叢書, 吉川弘文館, 2012년); 大橋昭夫, 『副島種臣』(新人物往来社, 1990년)을 참조

두 개가 있는데 모두 종래 연구에서는 상세하게 소개된 적이 없고, 또 두 가지 모두 내용적으로 동일하므로 그 중 하나를 여기서 인용해둔다.

> 이전부터 류큐는 지나를 아버지로 하고 일본을 어머니로 하는 이른바 양속이며, 또한 우리나라에서는 사쓰마의 영지처럼 되어 있었다. 이[이에왕자 등의] 사절이 왔을 때, 저는 아무래도 류큐는 명분이 옳지 않았으므로 이후 류큐번왕에 봉하기로 했다. 이것은 그들도 심하게 거부했으나 마침내 납득시켜 따르게 했다. 그 경우 류큐번왕으로 삼으면 지나와 다툼의 실마리가 야기될 수 있으므로 지금까지와 같이 사쓰마의 부속이라 해도 답답할 것이 없다, 그냥 두는 것이 좋을 것 같다는 논의도 있었지만, 명분이 옳지 않으면 섬기지 않으므로 끝내 번왕으로 하는 것을 납득시켜 따르게 했다. 그래서 어전에서 조칙을 낭독하고 양 사절은 삼가 받들어 올리고 돌아갔다.[281]

이것은 소에지마가 이른 살 즈음에 강의하듯 쉽게 풀어서 쓴 이야기인데, 여기서 소에지마가 서술하고 있는 것은 류큐번왕 책봉을 행한 것은 '명분을 바로잡기' 위함이었다는 것이다. 이것은 제2장에서 논의해왔던 내용이 옳다는 것을 확실히 증명하는 소에지마 자신의 증언으로 간주해도 좋을 것이다. 즉 전근대 류큐의 지위를 가리켜 청일 양속이나 사쓰마의 실질적 지배하에 있었다 등의 말투를 쓰고 있지만, 적어도 '판적봉환' 이후는 그러한 상태에 대한 대의명분 = 정통성의 근거를 잃어버렸다. 그리고 '폐번치현'후에는 그러한 점이 더욱 명백하게 드러났으므로 메이지정부 측에서는 사쓰마 = 가고시마가 유지해온 실질

---

281 『副島蒼海先生講話精神教育』(1898년 초판, 『副島種臣全集』2, 著述篇Ⅱ, 慧文社, 2000년), 138쪽. 또 하나의 회고에서도 같은 취지로 서술하고 있다. 「副島伯経歴偶談」(『東方協會會報』第43号, 1898년 초판, 『副島種臣全集』2), 417~418쪽. 또한 필자의 판단으로는 구술필기를 포함해서 소에지마 다네오미가 남긴 저작들에 번왕책봉과 대만출병(론)이 결부되어 있다고 회고하는 기술은 없었다.

적 지배('중요한 실질적 임무')를 계승하기 위해서라도 '명분'을 정리할 필요가 있었다고 할 수 있다.

류큐번왕 책봉은 그러한 사태에 대응하기 위해 메이지정부 차원에서 류큐문제에 대응한 최초의 대처방안으로 소에지마의 주도로 실시되었다. 위의 회고에서 주목을 끄는 점은, 류큐사절은 번왕책봉을 '심하게 거부'했으나 그래도 '납득시켜 따르게 했다'라고 서술하고 있는 것이다. 류큐 국왕의 사신으로서 그들이 저항을 했다면 그것은 아주 당연한 일일 것이다. 기샤바 조켄의 표현에 따르면, 이번 사절파견은 "우리 류큐는 예로부터 일찍이 천황폐하를 직접 찾아뵙는 예를 행하지 않았다. 이번 천황정권의 유신에 즈음하여 조정은 가고시마현에 말해서 류큐인을 조정에 들어와 천황을 배알하게 했다."[282]는 것으로, 앞서 말한 대로 가고시마현에서의 "왕정 일신의 축하의식과 안부를 물어야 하니 서둘러 조정으로 들라."는 내부지시에서 비롯되었다. 그런데 도쿄에 도착해 보니 느닷없이 '번왕책봉' 이야기였다. 번왕으로 책봉됨으로써 어떤 관계에 놓이게 되고 어떤 의무를 짊어지게 될 것인가. 국왕의 정사와 부사로서는 자신들의 생각만으로 '조정의 요구에 대한 승낙'을 받들기 어렵다는 변명을 반복하며 상당히 저항했음은 쉽게 짐작이 간다. 그것을 한서(漢書)에 밝은 소에지마가 달래며 굴복시켰다고 한다면, 아마 청국과 류큐의 전통적 관계를 상기시키며 류큐가 황국에 '번속'되더라도 내정 간섭은 없을 것이라는 취지의 설득과 약속이 있었던 것으로 추측된다.

어찌 되었건 이처럼 한편에서는 메이지정부가 속이고 토벌하려는 책략이 있었고(아마 그 때문에 번왕책봉에 대한 소에지마 건의나 정부 내에서의 승인과정도 극비사항이 되었다.), 다른 한편에서는 류큐(사절) 측에도 번왕책봉이라는 '조정의 요구에 대한 승낙[藩王御請]'를 인정하고 따르게 했다. 여기서 그 이후 '류큐처분'의 기점이 설정된 것이다.

282　喜舍場朝賢, 『琉球見聞録』(앞에서 서술), 1쪽.

‘번왕책봉’이란 물론 메이지천왕 정부 측에서 사용한 호칭이다. 정부 측의 여러 기록에는 모두‘번왕책봉의 조칙’으로 칭하고 “조칙으로서 쇼타이를 책봉하여 번왕으로 삼는다.”[283]라고 기술한 것처럼, 이것을 천황의 책봉 행위, 천황과 쇼타이왕 간에 일종의 군신관계 설정 행위로 파악하고 있다. 그리고 제4장에서 상세히 살피겠지만 ‘류큐처분’ 이후의 경위를 전망해 보자면, 소에지마가 떠난 후 메이지정부는 위와 같은 일련의 책략을 통해 설정된 군신관계를 근거로 류큐왕부에게 난처한 문제를 무리하게 요구했고 결국에는 류큐 측이 충성 의무를 게을리 했다는 이유로 ‘폐번치현’이라는 병합처분을 실시했던 것이다.

결과적으로 보면 동아시아의 전통적인 중화세계질서(책봉체제)를 모방하여 ‘책봉’으로 불린 이 기획이, 원래 모델과는 상당히 동떨어진 것이었음은 분명하다. 왜냐하면 자고로 동아시아의 중화세계에 있어서 중화황제가 책봉관계를 맺은 주변 왕국에게는 조공에 대한 하사품이나 진공무역의 기회 보증 등으로 경제적 이익을 주면서 그 내정과 외교에는 간섭하지 않는 것을 원칙으로 해왔기 때문이다. 중화세계질서란 중화황제와 주변국 국왕과의 원래 퍼스널하고 명목적인 군신관계가, 동시에 제국과 주변왕국과의 상하계층적인 관계이기도 한 일종의 국제질서이며 그 밑에서 주변국은 내정의 자유와 안전보장, 경제적·문화적 이익 등을 누릴 수 있었던 것이다.

소에지마의 정책은 류큐 번속체제의 철저화를 표방한 것이었으나 아직 류큐를 일본에 편입시키는 기획까지 발을 들여놓은 것은 아니었다. 그것은 소에지마가 류큐 측의 요구를 받아들여 1873년(明治6) 3월 스스로 행한 류큐의 국가체제불변경(‘국체정체 영구불변경’) 약속을 외무성 고관에게 문서로 교부하게 한

283　宮内省図書寮編, 『三條実美公年譜』(崇高書房, 1901년, 1969년 복각), 735쪽; 多田好問編, 『岩倉公実記』(초판, 皇后宮職, 1906년, 개정 복각, 岩倉公舊蹟保存會, 1927년, 복각 재판, 原書房, 1968년), 1007쪽. 강조점은 필자.

점에서도 엿볼 수 있다.[284] '명분을 바로잡기' 위해서는 '책봉'외에는 방법이 없고, '책봉의 논리'에 입각하면 일본내에 편입시키는 시책에는 자연히 한계가 생긴다. 소에지마의 주도에 의한 번왕책봉이라는 조치는 처음부터 그러한 딜레마를 떠안고 있었다고 할 수 있다. 그러나 번왕 책봉 후 대장성 대보 이노우에 가오루가 즉각 외유중인 기도 다카요시 앞으로 "종래 가고시마에서 거둬들이던 8천 석 대신에 설탕을 대장성에서 거둬들이게 되었다."[285]라고 써서 보낸 것처럼, 적어도 '중요한 임무의 실익'을 유지하면서 '명분을 바로 잡겠다'는 목적은 일단 달성되었다.

소에지마의 정책은 이처럼 청일 양속을 해소하는 것이 아니라 오히려 그것을 '분명'하게 하는데 있었다. 그렇다 하더라도 그것은 어디까지나 류큐와의 관계 재편을 위해 취한 정책이었지 그 이상도 그 이하도 아니었다. 책봉 사실은 본가 본원인 청국에게는 통고되지 않았고, 또한 청일 교섭을 위해 소에지마가 청으로 건너갔을 때도 특별히 강조된 바가 없었다. 이 부분은 앞으로 고찰할 것이다. 책봉 논리에 서 있는 한, 번왕책봉을 근거로 류큐가 일본에 속하는 것을 청국이 인정하게 하는 데는 확실히 무리가 있었기 때문이다.

이러한 소에지마의 정책노선을 전환시킨 것이 정한론정변을 거쳐 신정권의 중요한 위치에 있었던 내무경 오쿠보 도시미치였다. 오쿠보는 정변 후 불평사족에 대한 대책으로 대만출병을 실시하고, 그것이 유리하게 끝이 난 것을 무기삼아 '류큐번 처분'이라는 강경방침을 내세웠고, 또한 조선 압박정책을 밀어붙이는 등, 청국과 류큐·조선과의 종속관계 즉 전통적 중화세계질서를 해체시키려는 적극적이고 도전적인 방침을 택했다. 소에지마 외무경의 만국공법(국제법) 논리와 동아시아의 전통적 화이질서 논리의 병용이라는 이중 외교방침은 오쿠보가 주도하는 정권하에서 전자의 방향으로 순화되고 권력정치의 논리와 결

---

284   松田, 『処分』上, 404~407쪽(『叢書』, 89~90쪽).

285   『世外井上公傳』第1卷(앞에서 서술), 477쪽.

부되어 간다.[286] 때문에 메이지정부가 자신들이 채택한 '책봉의 논리'를 배반하고 류큐의 양속적 지위 그 자체를 문제시하고, 그 문제를 해소하기 위해 강경책으로 방침을 전환한 것은 대만출병을 실시한 오쿠보 정권이 되고 나서의 일이었다.

메이지정부에 의한 '번왕책봉'은 류큐 측에서 보면 그 '조정의 요구에 대한 승낙[御請]'에 해당한다. 번왕책봉이 정통적 화이질서를 본 따서 '책봉'으로 불릴 수 있는 것은, 이 합의의 형식이 어떻게든 정비되어 있었기 때문이라 할 수 있으나, 이후 메이지정부의 방침전환은 당연히 '번왕책봉이라는 조정의 요구에 대한 승낙[藩王御請]'을 인정하고 따르게 했던에 승복해야 했던 류큐 사신에게도 여파가 미치게 되었다. 히가시온나 간준은 번왕책봉과 그 후의 상황에 대해 류큐의 관점에서 다음과 같이 말했다.[287]

세상에서 이것을 '번왕 어청'이라 불러 그 자리에서는 신정부로부터 왕호를 인증받은 것으로 알고 오히려 경하했지만, 잇달아 일어나는 세상을 놀라게 하는 변혁으로 소왕국의 운명은 격렬하게 요동쳤을 때부터 번왕어청을 매국 행위라 비난하는 목소리가 높아졌다.

유신 경하사절의 부사를 맡고 이른바 '개명파'가 된 기노완 조호가 "번왕 어청'에 승복했다는 이유로 비난받고 왕부 내에서 고립된 것은, 아라키 모리테루 등이 주장한 것처럼 마키시·온가 사건의 영향 등이 아니라, 위의 인용에서 알 수 있듯이 류큐병합사 (넓은 의미의 '류큐처분')의 전개과정에서 일본정부 측의 불합리한 방침전환이 있었기 때문이다.

286　이 논점을 강조한 연구로서 小風秀雄, 「華夷秩序と日本外交-琉球·朝鮮をめぐって」(明治維新史学会編, 『明治維新とアジア』, 吉川弘文館, 2001년)을 침조.

287　東恩納寬惇, 『琉球の歴史』(1957년 초판 발행, 『東恩納寬惇全集』1, 앞에서 서술), 112쪽.

    황제가 주변국의 군주에게 왕호나 관직을 수여하고 그 나라의 지배자로서 인증하는 행위가 본래의 '책봉'이라고 한다면, 군주가 왕으로 불리는 이상에는 그가 군림하는 지역이 '왕국'으로 불려도 전혀 이상할 것이 없다고 할 수 있다. 하지만 메이지정부는 이 소왕국을 '류큐번'이라 칭하고 '왕국'이나 '번왕국'이라 부르지 않았다. 그렇다고 해도 류큐번왕의 '책봉'이나 '어청'이라 말하는, 사건을 '류큐번 설치'로 바꿔 부르거나, 대내적·실질적으로도, 또 청국과의 관계에서도 계속 류큐가 '왕국'이었던 사실, 지배의 정통성 근거의 문제나 피지배자의 의사라는 요소를 소거하고, 이 소왕국에서 살던 사람들을 진보에 저항한 존재로만 그려낸다면 역시 거기에는 아직 메이지 이래의 황국사관이나 일본형 오리엔탈리즘의 잔향(殘響)이 남아 있다고 하지 않을 수 없을 것이다.

제3장

정한론정변과 대만출병

제2장에서 고찰한 '류큐번왕'의 '책봉'은, 현시점에서 돌이켜보면 확실히 넓은 의미에서 '류큐처분'의 시작시기에 해당하는 사건으로 볼 수 있지만, 메이지정부와 류큐왕부와의 관계라는 측면에서 보면 책봉 이후 2년 정도는 통상적으로 '처분'이라는 말이 환기시키는 이미지와는 다르게 양자의 관계는 비교적 평온했다. 소에지마 다네오미가 외무경으로 재임했던 기간과 그 뒤로도 한동안은 아직(중화세계질서에서 번속국 고유의 군주권에 견줄만한) 류큐번왕의 자주권을 존중하는 방침이 이어졌고, 류큐가 청국과의 전통적인 관계를 지속하는 것도 정부의 외무성에 의해 공인되었기 때문이다.

그러나 번왕 책봉 1년 뒤인 1873년 10월 일본에서 정한론정변(明治6년 정변)이 발생하여 유수정부를 맡고 있던 참의 사이고 다카모리와 이타가키 다이스케 등과 함께 소에지마 다네오미도 사직하고 정부를 떠나서 새로 정권을 맡은 오쿠보 도시미치에게로 실권이 넘어갔다. 오쿠보가 주도하는 정권은 정한론정변 뒤 정한파 사족·군인을 중심으로 고조되는 반정부 열기에 대처할 필요가 있어서, 이듬해 5월 대만출병('번지정토(蕃地征討)')을 실행했다. 그리고 청일간의 분쟁을 해결하기 위해 오쿠보 자신이 북경으로 가서 출병 이후의 뒤처리를 끝내자마자, 메이지정부는 대만출병과 북경 교섭의 성과를 유리하게 정치자원으로 활용하여 본격적으로 '류큐번처분'이라는 계획에 착수한다. 즉 1875년(明治8)에 들어서자마자, 메이지정부가 류큐왕부 측에 청국과의 전통적인 통교관계 금지를 비롯해 강경한 요구들을 내밀면서 양자간의 긴장관계가 단숨에 격화되었다.

이와 같이 1872년 류큐번왕 책봉 뒤 류큐에 대한 메이지정부의 정책이 '처분'의 성격을 노골적으로 드러낸 것은 1873년 정한론분열을 거쳐, 1874년 대만출병이 실행된 뒤의 일이었다. 그 점에서 정한론정변과 대만출병은 일본 정치외교사상 중요한 사건이었을 뿐만 아니라, 일본정부의 류큐정책이 강경노선으로 전환하는 중대한 계기도 되었다. 본 장에서는 번왕책봉 뒤 2년간 일본 중앙정부에서 발생한 이 두 사건을 중심으로, 이 시기 일본의 국내문제와 대외문제, 특히 메이지유신 후 조선문제의 추이에 대해 고찰하고, '류큐번 처분'이 본격화되는 배경을 밝히고자 한다. 이 작업은 제2장에서 고찰한 류큐번왕 책봉의 역사적 의미를 다른 각도에서 재확인하는 것이 되기도 할 것이다.

제1절 메이지 초기의 조선과 류큐

1. 왕정복고와 조선문제

1873년(明治6) 단계의 조선문제로 들어가기 전에, 먼저 에도시대와 메이지유신 초기 조선과 류큐간의 유사성에 대해 간단히 지적하는 것으로 시작하고자 한다.

주지하는 바와 같이, 근세부터 근대 초기의 동아시아는 중화제국체제 즉 중국(명 → 청)을 중심으로 한 '화이(華夷)'이념에 기초한 국제질서가 존립하고 있었다. 일반적으로 우리는 이 시기 동아시아의 국제관계를 논할 때, 중국을 중심으로 한 전근대 아시아 국제관계라는 존재를 지금까지의 연구에서 상정해왔던 것 이상으로 중시할 필요가 있다고 생각한다. 분명히 이 중화제국체제 내지 중화세계질서는 구미제국이 동아시아에 진출함에 따라 결국은 해체되는 운명을 맞으면서, 근대국제법(만국공법)에 기초를 둔 국제관계로 치환되어 갔다. 그러나 예로부터 내려오던 질서체제가 해체되고 새로운 관계가 성립되는 과정은 서구의 직접적인 충격만으로 기인된 것이 아니라, 거기에는 결정적으로 근대 일본이 수행했던 역할도 컸다. 유의할 점은 이 예로부터 내려 온 질서체제가 동아시아 내부에서 파괴되고 그 대신 국제법 원리에 기초한 새로운 관계가 성립되어 갈 즈음에, 일본이 옛 질서체제와 그 사상을 최대한으로 이용했다는 점이다. 일본 외교에서의 이러한 경향은 류큐문제와 조선문제에서 가장 두드러졌다.[288]

이미 제1장에서 살펴본 것처럼, 조선과 류큐는 중화제국체제하의 중요한 조공국인 동시에, 일본의 도쿠가와 정권과도 각각 특유의 방식으로 국교관계를 맺고 교류하고 있었다. 도쿠가와 일본의 '대군(大君)'외교질서는 일본을 기본 축으로 한 일종의 '화이질서(華夷秩序)'를 지향한 것으로 결과적으로는 그것이 대외관계를 제한적인 것으로 만들기는 했지만, 한편으로 소위 '네 개의 창구'를 통해 특히 주변 동아시아 지역과는 경제를 비롯하여 문화와 세계의 정보 등 다방면에 걸쳐 큰 규모의 교류가 있었던 것도 사실이다.

다른 한편으로 조선에서도 중국 왕조의 명·청(明淸) 교체[華夷變態] 이후 유교의 정통은 조선으로 바뀌었다고 주장하는 '소중화'주의 사상이 싹트고 있었다. 그 점에서 근세의 조일간의 국교관계는 각각이 배후에 자기중심적인 소중화주의 사상을 갖고 있는 측면이 있었지만, 근세를 통틀어 조일관계는 쓰시마 소씨를 매개로 한 국교 형식을 취한 것이었다. 그러나 이러한 모순이 직접적으로 표면화되어 교린관계를 파탄 낼 정도는 아니었고, 일본과 조선은 기본적으로 대등한 국교와 평화로운 교류관계를 지속했다.

조일 교린관계를 중개했던 쓰시마 소씨는 도쿠가와 장군으로부터 영지의 소유권을 보장받고 전국의 제후들과 마찬가지로 도쿠가와 정권의 신하로서 복

---

288 藤村道生, 『日淸戰爭前後のアジア政策』(岩波書店, 1995년), 100~101쪽.

종하고 있었지만, 동시에 조선국왕으로부터 세견미(歲遣米)를 받았으며 또 '도
서'(인감 또는 도장)를 발급받아 외국신하로서의 대우를 받고 있었다. 그 점에서
보면 근세기 쓰시마는 청국과 일본의 '양속'이었던 류큐와 비슷하며, 조선과 일
본에 '양속'하는 지위에 있었다고 볼 수도 있다. 여하튼 그와 같은 조선왕조와
의 특별한 관계에 있었기 때문에 부산에는 쓰시마 소씨가 이용하는 교역소(초
량왜관)가 설치되었고, 소씨에게 국교 중개 역할과 조일무역의 독점권이 주어졌
다.[289]

그런데 이러한 동아시아 국제관계는 일본의 메이지유신을 경계로 크게 변
한다.[290] 도쿠가와 공의(막부)에서 조정으로 정권이 넘어가고, 게다가 폐번치현
에 의해 조선외교를 '가역(家役)'으로 삼았던 소씨의 쓰시마번(정확하게는 '이즈하
라번[嚴原藩]'[291])도, 류큐를 복속시키고 있던 시마즈씨의 가고시마(사쓰마)번도
폐지되었다. 이리하여 '왕정복고'라는 정권교체로 발족한 메이지정부가 외교권
의 일원화를 지향하면서 조선 및 류큐와의 관계 재편에 착수한 것은 피하기 어
려운 과제였다.[292]

조선 - 쓰시마 문제 못지않게 류큐 - 사쓰마 문제도 복잡했다. 류큐는 사쓰
마 시마즈 씨의 부용으로서 도쿠가와 장군이 인정하여 영지판물(領地判物)에도
기록되어 있지만, 근세기를 통틀어 사쓰마는 진공무역의 이익을 손에 넣기 위

289　田代和生, 『近代日朝通交貿易史の硏究』(創文社, 1981년). 최근의 연구로 中尾宏, 『朝鮮通
　　　信使をよみなおす-史觀を越えて』(明石書店, 2006년); 池內敏, 『大君外交と「武威」-近世日
　　　本の国際秩序と朝鮮観』(名古屋大学出版会, 2006년); 田代和生, 『日朝交易と対馬藩』(創文
　　　社, 2007년); 北島万次他編, 『日朝交易と相剋の歷史』(校倉書房, 2009년) 등을 참조.

290　단 조일관계 특히 쓰시마 대조선정책의 변질이 막부 말부터 시작되고 있었던 점에 대해,
　　　木村直也, 「幕末における日朝関係の転回」(『歷史学研究』제651호, 1993년); 同, 「幕末の日朝
　　　関係と征韓論」516, 1993년)을 참조.

291　이른바 쓰시마번(対州·馬州)은 판적봉환 후 '이즈하라번'으로 개칭되었다.

292　조선에 대해서는 荒野泰典, 「明治維新期の日朝外交体制「一元化」問題」(同, 『近代日本と東ア
　　　ジア』, 앞에서 서술, 제2부 제2장) 참조.

해 류큐왕국의 존속은 물론이고 중국과 류큐와의 종속관계를 승인해왔다. 그 뿐 아니라 류큐왕부와 하나가 되어 중국에 대해서는 또한 근세 말에는 외국 여러 나라에 대해서도 일본과 류큐의 관계를 은폐하려고 노력해왔다. 그 때문에 류큐는 동아시아의 옛 원리에 따르면 중국을 종주국으로 받드는 왕국이었지만, 근세 말에는 구미 3개국과 조약을 맺었고 국제법적으로 독립국이라는 복잡하고도 미묘한 지위에 있었다.

제2장에서 살펴 본 것처럼 일본과 류큐의 관계 재편은 국왕 쇼타이를 '류큐번왕'으로 '책봉'한 것을 말하며, 즉 일본국 황제인 천황과 쇼타이왕 간에 일종의 군신관계를 새로 설정하는 형태로 당면한 관계에 대한 대처가 이루어졌다. 이러한 대처가 비교적 쉽게 이루어질 수 있었던 것은, 류큐왕국이 도쿠가와 정권과는 항례적국(抗禮敵國, 대등한 국교)으로 보기는커녕, '이국(異國)'이면서 '서로 신의를 통해 교류하는 나라'로 대우받으면서도 도쿠가와 장군의 신하인 사쓰마 시마즈씨에게도 복종해왔다는 역사적 조건이 있었기 때문이다. 그러한 이유로 메이지정부가 사쓰마 – 류큐의 전통적 관계를 이용하는 것이 조선 – 쓰시마 관계보다 훨씬 쉬웠다.

그러나 도쿠가와 정권과 대등한 교린외교를 이어온 조선과의 관계 재편은 그리 간단치 않았다. 그 이유는 당시 조선정부의 실권을 장악하고 있던 대원군 등이 일본의 구미와의 개국화친정책에 반감을 품고, 전통적 양이정책을 고수하고 있었던 사정도 가벼이 볼 수 없지만, 보다 근본적인 원인은 일본 측에서 메이지유신을 거쳐 '정한론'적 사상이 양성되고 있었다는 상황이 중요했다. 즉 메이지유신이 왕정복고를 표방하고, 장군(막부)에서 명분론상 지위가 높은 천황(조정)으로 정권이 이행된 점, 그 사상적 조건이었던 황국(= 神州) 이데올로기에 의한 근거 없는 대조선 우월의식이 고양되고 있던 일본 내의 사정 역시 컸다고 할 수 있다.

유신 초기에 메이지정부(조정)는 당분간 대 조선 외교에서 쓰시마 소씨의 세습특권을 인정하고, 1868년(慶應4, 9월 8일 메이지로 연호를 바꿈) 3월 "이번에 왕정을 일신(王政御一新)하여……조선국은 예로부터 왕래가 있었던 나라이므로 더욱 위신을 세우라는 취지에서 지금 그대로 양국 간의 통교를 맡아온 것처럼 가역으로 명을 받들라."[293]라며 조일외교를 담당하게 했다. 그리고 같은 해 12월 단계에서 사신인 쓰시마 소씨를 통해 조선왕조에 '왕정복고'를 통지하는 동시에, 옛 교류를 행할 것 즉 국교 회복·정상화에 대해 교섭하도록 했다. 그런데 조선정부는 소씨가 가져온 일본의 서계(국서 = 외교문서)에 새로운 도장을 사용한 점과 중화세계질서의 종주국인 청국황제에게만 사용해야 할 '황(皇)'과 '칙(勅)' 등의 글자가 포함되어 있는 점 등을 이유로 수취를 거절했다. 전자에 관해서는 옛날부터의 예법에 위반된다는 것이 이유였고, 후자는 일본의 침략적인 야망을 경계했기 때문이었다.[294]

조선 측의 경계심이 근거 없는 과잉반응이라고 할 수는 없다. 그렇게 말하는 이유도 당시 일본 측에서는 조선과의 관계가 단순히 옛 교류 회복의 필요에서 뿐만 아니라 '왕정복고'라는 대의명분과 관련지어 회자되고 있었기 때문이다. 이미 에도 말기 도쿠가와 체제의 권위 실추와는 거꾸로 진행된 '천황의 부상(浮上)'과 더불어 황국사상에 의거한 '정한'사조도 확대되었다. 즉 일본을 만세일계의 황통을 지닌 신국[神州]이라고 하는 황국사상에는 진구황후의 삼한정벌을 이어받아 계승했다는 점 등을 근거로 일본은 옛날부터 한반도를 지배해왔다고 하면서 조선을 속국시 하는 사고방식이 뿌리 깊게 자리 잡고 있었다. 그러한 감각에 입각하여 천황의 직접 통치로 복귀했으니 바야흐로 조일간의 관계도 그와 같은 본래의 모습으로 되돌리기 위해 조선을 황국 일본에 복속시켜야 한다는 것이 메이지 초기의 정한론이었다.[295]

293　『일본외교문서』제1권 第1冊, 573쪽, 245호 문서.

294　田保橋潔,『近代日朝関係の研究』上巻(초판: 조선총독부중추원, 1940년, 복각: 崇高書房, 1972년, 136~166쪽).

295　吉野城,『明治維新と征韓論－吉田松陰から西郷隆盛へ』(明石書店, 2002년).

조슈에서 쇼카손주쿠[松下村塾]를 개설하여 막부말 존황양이운동이 대두하는데 커다란 영향을 미친 요시다 쇼인[吉田松陰]의 조선론과 사이고 다카모리, 오쿠보 도시미치와 더불어 '유신3걸'로 불렸던 기도 다카요시의 정한론 등은 그러한 사상을 대표하는 것으로 잘 알려져 있다.

이 시기 메이지유신 초기에는 국내정치에 미치는 효과를 주된 이유라고는 하지만, 기도 다카요시도 자주 정한론을 주장했다. 잘 알려져 있지만, 1868년(明治1) 12월 14일 그의 일기에 이렇게 적혀있다.

"속히 천하의 방향을 하나로 정하고 조선에 사절을 보내 그의 무례함을 묻고, 그들이 만일 따르지 않을 때는 죄를 알리고 그 땅을 공격하여 신국의 위엄을 크게 신장시키기 바란다.".[296]

여기서 그가 조선의 '무례함'를 묻는다 함은 조선의 국서 수취 거부를 말하는 것이 아니다. 왜냐하면 그가 일기에 이렇게 쓴 것은 소씨의 사절이 출발한 직후로 아직 국서 수취를 거절당하기 전의 일이기 때문이다. 오히려 예전부터 조일관계의 본연의 모습 즉 조선이 소씨를 통해 도쿠가와 장군과 교린관계를 맺고 천황에게 조공을 게을리해왔던 것 자체를 '무례'로 여겼던 것이다.

근세 말 이후 그와 같은 정한론 사조가 확대되는 가운데 조선에 왕정복고를 알리는 국서 전달과 조선에 의한 수취 거부라는 앞서 서술한 서계문제가 발생했고, 이에 대한 조선의 대응도 '무례'로 여겨서 조일관계의 재편은 어려움이 증폭되는 형태로 시작부터 좌절을 초래했던 것이다.

1869년(明治2) 9월 25일 외무성에서 태정관변관(太政官弁官)에게 보내는 상신서(上申書)가 제출되었다. 상신서에는 부속문서로 외무권소승(外務權少丞) 미야

296　『木戶孝允日記』第一(東京大學出版會, 1985년), 159쪽

모토 고이치[宮本小一]가 쓴 의견서『조선론』(朝鮮論)이 첨부되어 있었는데,[297] 여기에는 이 시기 외무성 내의 사고방식이 잘 표현되어 있다. 미야모토는 의견서 서두에서 "요즈음 조선에 관해 논하는 자가 말하기를, 왕정복고의 대호령을 천황폐하께서 내리셨으니 조선은 옛날과 같이 속국으로 삼아 번신(藩臣)의 예를 갖추게 해야 함. 마땅히 천황의 사절을 신속하게 파견하여 그 불경함을 문책하고 포모(苞茅)[298]를 공물로 바치게 해야 함."[299]이라고 조선에 대한 생각을 드러내고 있다. 미야모토 자신은 이 의견에 즉각 찬성하기 어렵다고 했지만, 여기에 단적으로 드러난 것과 같은 사고방식이 바로 당시의 정한론 사상이었다.

외무성의 태정관 변관(弁官)에게 보낸 상신서는 예전부터 쓰시마 소씨의 중개 역할로 지속되어 온 조일외교(「宗家私交之体」)[300]를 변칙적이며 비정상적인 것으로 간주한 다음, 그 관계를 지속하는 것은 "황국의 말씀을 어기는 것이 됨은 물론이요, 만국공법에 의해 서양 각국으로부터 힐문을 받았을 때 변명할 구실이 없다. 게다가 조선국의 일은 옛날 친히 정벌한 적도 있었고 대대로 천자가 마음에 두고 있는 나라이므로, 황조(皇朝)의 번속이 되지 않더라도 영세토록 그 국가의 맥[國脈]을 보존해두고 싶다."라는 생각을 보여주고 있다. 그런데 최근에 여러 외국 특히 러시아가 조선에 진출할 위험성이 있고, "이러한 시기에 공법으로써 [조선의 국맥을] 유지시키고 잘못된 것을 바로잡아 어루만지고 달래줄 임무는 오로지 황조에게만 있다."라며, 그래서 "제일 먼저 군대의 위력을 보여 거만

---

297   다만 미야모토의『조선론』에 대해서는 "날짜가 없어서 편의상 여기에 부기한다"라는 편자의 주가 달려 있다. 『일본외교문서』제2권 제2책, 858쪽.

298   [역주] 포모(苞茅): 참억새로 만든 띠 묶음을 말하는데 중국 초나라에서 제사지낼 때 포모로 술을 거르는 풍습이 있었다고 한다. 포모는 초나라의 특산품이다. 여기에서는 특산품 자체를 의미한다기 보다는 바쳐야 할 공물을 바치도록 하라는 정도의 의미이다.

299   『일본외교문서』제2권 제2책, 858~859쪽.

300   [역주] '宗家私交之体'의 출처: 「対韓政策関係雑纂 / 明治元年日韓尋交ノ為対馬守ヨリ朝鮮国礼曹ニ贈ルノ書」

스러운 태도로 남을 업신여기는 마음을 깨버릴" 필요가 있으므로 "신속히 군함 한 두 척을 이용해 사절과 그 외 관리를 모두 태워" 조선으로 파견하라, 다만 그 준비가 갖춰질 때까지 일단 관원 한두 명을 쓰시마로 파견하여 지금까지 교류의 실정을 조사하게 하라는 것이 상신(上申)의 취지였다.[301] 주목할 점은 여기서는 조선을 '황조의 번속'으로 삼는 것과 '병탄(倂呑)'하는 것은 현재 일본 국력의 상황으로는 바로 거행하기 어렵다는 인식이 있지만 그 목표를 부정하지 않았다는 것이다. 미야모토 의견서에 따르면 "현재의 일본은 병력, 돈과 식량 모두 부족하므로 난처함. 아직 조선을 병탄할 힘은 없음. 헛되이 손을 대서 중도에 중지하는 것은 천하의 웃음거리가 됨"이라는 것이 현재의 상황이므로, 정한을 실행하더라도 충실하게 국력을 길러서 행해야 한다는 것에 불과하다.[302]

일본정부는 위와 같은 보고를 하기에 앞서서 1869년(明治2) 6월에는 쓰시마 도주(島主)인 소 시게마사[宗重正]를 교섭 임무에서 제외시키고 직접 교섭에 의한 사태 타개에 나섰다. 그리고 1870년(明治3) 2월 외무성 직원인 사다 하쿠보[佐田白茅]와 모리야마 시게루[森山茂]를 조선에 파견하여 교섭 담당자의 교체를 알리도록 했지만, 조선에서는 국서를 받아들일 수 없다는 취지의 회답을 보냈을 뿐이었다. 조선의 대응에 화가 난 사다와 모리야마는 귀국한 뒤 정부에 격렬하게 정한론에 대한 자신의 의견을 주장했다.[303] 조선의 국서수취 거부는 황국을 모욕하는 일이므로 군대를 보내 단숨에 쳐들어가야 한다는 것이 주요 요지였다. 사다와 모리야마 등 강경론의 밑바탕에는 조선의 군사력이 극히 열등하고 약하다는 현지시찰에 의한 판단이 있었다.

1870년 4월 외무성은 태정관에게 대 조선정책에 대한 방침을 확립할 것을

---

301   위의 책, 856~857쪽.

302   藤村道生, 『日淸戰爭前後のアジア政策』(앞에서 서술), 45~46쪽을 참조

303   佐田白茅·森山茂·齊藤榮 연명의 「朝鮮國交際始末內偵書」 및 동 문서부속의 「外務省出仕 佐田白茅ノ建白書」(明治3年3月) 등을 참조. 『일본외교문서』제3권, 131~143쪽.

요구하며 세 가지 선택 사항을 제안하고 채택할 것을 요청했다.[304]

(1) 국력이 충실해질 때까지는 국교를 단절한다. 예로부터 내려오는 교분도 하루아침에 단절되는데, '쓰시마의 사교'와 같은 '그릇된 관례'도 폐지시킬 수 있다.

(2) 기도 다카요시를 정사(正使), 이즈하라번(嚴原藩, 쓰시마)의 지사인 소 시게마사[宗重正]를 부사(副使)로 하여 군함을 딸려서 파견해 개국을 요구하고 그래도 거부하면 전쟁도 불사한다는 것이다.

(3) 조선은 청국에 종속되어 있으므로 청국과 화친조약을 체결한 다음 조선과 교섭한다. 그렇게 하면 일본과 청국은 '어깨를 나란히 하는 동등한 자격'이 되고, 조선을 '한 등급 낮추어' 처우하는 것이 가능해진다. 만일 조선이 그것에 불복하여 전쟁이 일어나도 일본과 조약을 체결한 청국은 조선을 지원하지 않을 것이다.

위 세 가지 방책에 비추어 그 뒤 전개된 상황을 개관해 보면, 정부는 이들 선택 사항 가운데 먼저 세 번째 방책[對淸條約先行]을 추진하기로 하고, 이듬해 1871년(明治4) 7월에는 청일수호조규가 체결되었다. 그러나 조선 측을 '한 등급 낮추어' 처우한다는 일본의 의도대로는 되지 않았고, 사실상 첫 번째 방책인 국교단절 상태가 지속된 뒤 1873년(明治6) 여름 이후 새롭게 두 번째 방책인 조선사절파견 → 정한이 정부 내에서 주창되었고 같은 해 10월 정한론정변에 이르는 것이다.

2. 조선과 류큐의 유비성(類比性)

제1장에서 서술한 것처럼 일본에서는 에도시대를 통틀어 청국의 민간상선이

일방적으로 나가사키에 내항(來航)한 적은 있었지만 중국과의 사이에 공식적인 국교관계는 없었다. 하지만 위에서 살핀 바와 같이 조선 문제와 관련하여 일본은 갑자기 명조(明朝) 중기 이래 수 백년 만에 양국 간에 공식적으로 국교를 맺으려는 시도가 있었고, 1870년(明治3) 9월 메이지정부는 외무권대승 야나기와라 사키미쓰[柳原前光]를 대표로 하는 사절단을 청국으로 파견했다. 그들의 임무는 조약체결에 관한 예비교섭을 수행하는 것이었다. 청국 측에서는 총리아문과 이홍장(李鴻章)이 일본사절단과의 교섭에 임했는데, 일본 측의 요청에 따라 이듬해 1871년 청국 전권대표 이홍장과 일본 전권대표 다테 무네나리[伊達宗城] 간에 청일수호조규가 체결되었다.[305]

당시 청국에서는 애로호전쟁(제2차 아편전쟁) 후에 천진·북경조약에 의해 서양열국과의 근대적 외교관계가 시작되었고, 이에 대한 대응으로 1861년에 대외교섭처리를 위한 중앙관청으로서 '총리아문'이 창설되었다. 청조 정부에 있어서 전통적인 책봉·조공관계에 있는 조선과 류큐 등 번속국과의 관계는 '예부(禮部)'가 담당해왔던 것에 비해, 총리아문은 청조 정부의 '외무성'에 해당하고 국제법에 기초한 새로운 외교관계에 대처하려고 신설된 조직이었다. 또 아편전쟁 이후 일찍이 서양의 압박을 받아왔던 청국에서는 태평천국 등의 반란을 제압하는 가운데 대두하게 된 증국번(曾國藩, 1811~1872)과 이홍장 등의 지방대관이 군비와 공업 등 서양의 기술을 받아들여 '자강(自强)'을 꾀하는 '양무운동(洋務運動)'을 시작했고 이홍장은 그 대표적인 인물이었다. 이홍장은 직예총독(直隷總督) 겸 북양대신(北洋大臣)으로서 그 후에도 일본과의 외교와 류큐 및 조선 문제를 처리하는데 많은 역할을 했지만, 그가 처음으로 다룬 중대한 외교 안건이 이번의 대일조약 교섭이었다.[306]

---

305 청일수호조규 체결 교섭에 대해서는 藤村道生, 『日淸戰爭前後のアジア政策』(앞에서 서술), 제2, 3장; 坂野正高, 『近代中國外交史研究』(岩波書店, 1970년), 242~247쪽; 徐越庭, 「日淸修好條規の成立(一)(二)」(『法學雜誌』40권 제2, 3호, 1994년)을 참조.

306 이홍장의 일본인식에 대해서는 佐々木楊, 『淸末中國における日本観と西洋観』(東京大学出

총리아문은 애당초 일본과의 통상은 인정해도 조약체결에는 소극적이었다. 그러나 이홍장 등의 의견을 받아들여 이듬해 일본의 전권사절을 맞아 교섭하기로 약속했다. 야나기와라 사절단은 천진에서 조약안을 기초하여 청국 측에 직접 건네주었고, 이홍장이 그것을 참고로 다음번 정식교섭까지 청국 측의 조약안을 검토하기로 했다. 이듬해 1871년 5월 일본 전권대표 다테 무네나리 등과 이홍장 간에 교섭이 시작되었고, 7월 29일 청일 간에 수호조규·통상조약·해관세칙이 체결되었다. 동아시아의 이웃나라인 청일 양국은 각각 구미제국에 의해 불평등조약을 강요당한 국가들이었지만, 청일수호조규는 그들의 불평등조약과는 다르게 쌍무적 성격으로 일관되고 대등한 조약이었다. 그 제1조는 다음과 같다.[307]

> 대일본국과 대청국은 더욱 더 화의를 돈독히 하여 천지와 더불어 무궁할 것
> 이다. 또한 양국에 속한 방토(邦土)도 각기 서로 예로서 대하고, 조금도 침월
> 하지 않고 영구히 안전을 획득하도록 한다.
>
> (大淸國大日本國倍敦和誼與天壤無窮卽兩國所屬邦土亦各以禮相待不可些稍有侵越俾獲永
> 久安全)

제1조, 양국이 서로 '소속의 방토'에 '침범[侵越]'하지 않는다는 규정은 이홍장이 주로 조선의 안전을 염두에 두고 삽입한 조문(條文)이었다.[308] 즉 청국 측의 이해로는 '방토'의 '邦'은 번속국, '土'는 중국 내지를 의미하지만, 일본의 의혹을 살 것을 우려하여 조선이라는 말을 명기하지 않고 개괄적으로 '방토'라는

版会, 2000년), 제1장, 그의 인물상에 대해서는 岡本隆司, 『李鴻章』(岩波書店, 2011년)을 참조

307　『일본외교문서』제4권, 204쪽.

308　佐々木揚, 앞의 책, 28쪽 이하를 참조

말을 사용한 것이었다. 그러나 제1조의 해석을 둘러싼 청일간의 어긋난 이해가 머지않아 표면화되었다. 대만출병과 '류큐처분'에 즈음하여 청국은 바로 이 조항에 위배된다고 보고 일본을 비난했고, 일본은 대만 '번지(蕃地)'와 류큐는 청국의 '방토'에 해당하지 않는다고 주장하며 대립하게 된 것이다.[309]

청일수호조규는 이와 같이 청일간의 대등한 제휴라는 정신에 입각하여 맺어진 조약이었지만, 제2조 양국의 상호원조라는 공수(攻守)동맹적인 규정이 구미제국의 경계를 불러일으킬 수 있다는 우려에서 일본 측이 재교섭을 제안했고 청국이 체결 직후 재교섭은 있을 수 없다며 거절하는 등 순조롭게 비준에 이르지 못했다.[310] 결국 수호조규 등은 그대로 발효되었고, 조약이 체결된 지 1년 반이 지난 1873년(明治6) 2월 비준서 교환을 표면적인 이유로 외무경 소에지마 다네오미가 청국에 파견된다. 그러나 이 사이에 일본 국내에서는 대만에서의 류큐인 조난사건이 드러나 문제화되었고, 이 안건으로 청국 당국자를 추궁하는 것이 소에지마의 더 중요한 과제였다는 것은 앞서 서술했다.

조선으로 화제를 돌리면, 이처럼 청일간의 조약 교섭이 예상외로 지체되는 사이에도 일본 정부는 1870년 9월 다시 외무성 관원을 조선에 파견하여 국교회복을 모색하게 했다. 하지만 조선 측의 대응은 고작 지방관리를 보내는데 그쳤고, 결국 이전부터 쓰시마 소씨를 중개로 지속해왔던 외교 관습의 준수를 요구하며 일본 측의 제의에 응하지 않았다.

1871년(明治4) 7월 폐번치현 후 일본 정부는 소 시게마사에게 제출하게 했던 '가역'파면 신청을 정식으로 승인하는 동시에, 이즈하라번 지사직에서 해임된 소 시게마사를 다시 외무대승으로 임명하고 폐번치현과 소씨의 가역 파면에 관한 서계를 조선 측에 전달할 것을 모색하도록 했다. 소 시게마사를 외무대

---

309 孫軍悦,「'同文'の陥穽−琉球処分をめぐる日清交渉を中心に」(『国文』제27호, 2004년).

310 덧붙이자면 이때 일본이 제출한 수호조규 재교섭을 위해 청국 체류 중이던 야나기와라 사키미츠로부터 대만에서의 류큐인 조난사건이 외무성 앞으로 보고되었다.

승으로 임명한 것은 외교권의 일원화를 위해 옛날부터 내려온 쓰시마 – 조선 관계를 이용하기 위한 편의상의 조치였다.[311] 그리고 1872년 1월 소씨의 중신이었던 사가라 마사키[相良正樹]를 대표로 하는 사절을 보내 폐번치현의 전말과 외교사무가 외무성으로 이관되었다는 것, 그리고 파견된 외무성 관원과의 교섭을 요청한다는 취지의 소 시게마사의 서간을 조선 측에 전달하려 했지만, 조선 당국과의 접촉이 지체되어 진행되지 않았다.

일본으로 돌아온 사가라 등 사절 일행으로부터 현황보고를 받은 외무경 소에지마 다네오미는 1872년(明治5) 8월 10일, 옛 쓰시마[嚴原]번 소관의 초량 왜관을 접수하고 조선과의 교류 사무 일체를 정부 외무성으로 이관한다는 처분안을 다시 정원(正院)에 제출했다. "위 왜관은 가키쓰[嘉吉][312] 이래 우리 인민이 왕래하며 거주하고 우리의 국권도 행사했던 곳으로, 하루아침에 파기하는 것은 바람직하지 않으므로, 곧 사절을 보내 담판이 이루어질 때까지 다음과 같이 조처하는 편이 지금의 형편에 맞는 일"[313]이라 하고, 왜관을 외무성이 접수하고 조선에서 일본의 출장기관으로 존속시킨다는 제안이었다. 소에지마의 제안은 조정의 평의[廟議]에서 승인되었고 8월 18일 천황의 재가를 받았다.[314] 그리고 8월 28일에 외무대승인 하나부사 요시모토[花房義質]가 처분 실행안을 집행하기 위해 조선으로 파견되었다.

하나부사의 임무는 왜관 주재 옛 쓰시마 관계자를 외무성 관리로 교체한 다음 그들(필요 없는 주재원과 인민)을 귀국시키고 세견선도 폐지할 것, 조선무역에서 소씨의 부채를 청산할 것 등이었다.[315] 그러나 조선 측은 이러한 왜관 관할

311　『明治天皇紀』제3(吉川弘文館, 1969년), 117쪽.

312　[역주] 가키쓰(嘉吉): 1441년부터 1444년까지의 기간을 가리킴.

313　『일본외교문서』제5권, 341~342쪽.

314　위의 책, 343~345쪽.

315　위의 책, 345쪽.

의 일방적인 변경을 인정하지 않았고, 부채청산금 수취도 거절하는 등, 왜관 접수 후 조선과의 교섭도 완전히 동결되었다. 왜관의 역사적 성격을 무시한 일본정부의 조치에 조선은 격렬하게 항의했으며 접수 후 왜관(일본공관으로 개칭)으로의 물자공급을 정지시켜 반 봉쇄 상태에 놓였던 것이다.[316]

이상이 대략 1872년(明治5)의 단계 즉 '류큐번왕 책봉'이 이루어진 무렵까지 조일 관계의 움직임이다. 결국 유신 후 조일관계의 재편은 정한론정변을 거쳐 강화도사건 후의 조약교섭까지 교착상태가 계속되었다. 그 점에 대해서는 나중에 다시 살피기로 하고, 여기서는 지금까지의 고찰에 입각하여 조일관계와 류일관계 재편의 유비성 문제로 되돌아가서 두 가지 지적하고 간단히 정리하고자 한다.

첫째, 메이지유신이 왕정복고를 표방한 것과 관련된다. 이미 서술한 바와 같이 이 시기 일본에서는 이상적인 조일관계의 모습은 왕정복고와 밀접하게 관련해서 언급했다. 왕정복고가 이루어졌으니 "조선은 옛날처럼 속국으로 삼고 번신의 예를 취하게 해야 한다."는 사고방식, 즉 정한 사조가 그것이다. 이와 같은 거만한 자의식이나 조선에 대한 인식은 진구황후에 의한 삼한정벌의 전승(傳承)과도 결부된 근세 말 이후 황국사상의 산물로, 유신이라는 대의(大義)와도 관련된 것으로 관념화되었다. 물론 현실외교와 정책결정의 차원에서 이러한 사조가 있다고 해서 즉시 정한을 실행하자는 주장으로 이어진다고는 할 수 없으며, 거기에는 여러 외국의 시선과 간섭에 대한 우려, 적국과 아국의 국력이나 군사력, 국내 정치에 미치는 영향 등 다양한 요인이 고려되었다.

여기서 주목하고 싶은 점은, '속국', '번신', '황조의 번속'등 과 같은 용어에

---

316 田保橋潔, 『近代日鮮関係の研究』上巻(복각, 崇高書房, 1972년), 336쪽. 또한 일본정부는 접수강행의 기정사실 위에 정한론정변을 거쳐 1874년 강화도사건 후에 체결된 조일수호조규에서 부산 개항, 부록에서 부산일본공관의 존재를 승인하게 했다.

서 사용되고 있는 여러 개념과 그 바탕에 깔려 있는 사고의 틀이다. 원래 고대 일본의 천황제 자체가 중국의 문화적 영향 아래 형성된 점을 생각하면, 중국을 중심으로 한 화이질서와 관련한 여러 개념이 역사적으로 수용되고 이 시기까지 이용되어 왔다는 점, 오히려 왕정복고 시기야말로 많이 이용되었다는 점은 이해할 수 없는 일은 아니다. 제2장에서 논한 '류큐번왕 책봉'에서 '번'호칭이나 '책봉'이란 말에 대해서도 이전에는 앞서 서술한 '좌원(左院)의 답변'과 관련하여 언급된 적은 있어도, 외무성 내에서 유통된 언어나 이 시기 황국사상, 계통론으로서 정한론과 관련해 검토한 적은 없었다. 하지만 필자의 의견으로는 '번왕'의 '번'은 근세 여러 다이묘의 영유국[領國]과 가신단을 가리키는 말로서 막부 말부터 유통되어 판적봉환에서 폐번치현까지 불과 2년 동안만 공식적인 관제(官制)였던 '번'이 아니라, 오히려 이 시기 조선 문제의 맥락에서 언급되는 '번속'이나 '번신'등으로 연계되는 의미에서의 '번'이었다고 이해하는 쪽이 더 역사적 실태에 바탕을 둔 해석일 것이다.

또 한 가지는 '류큐번왕 책봉' 결정을 둘러싼 시기의 문제다. 앞서 서술한 것처럼 1872년(明治5) 8월 10일 소에지마 다네오미 외무경에 의해 부산 왜관 접수안이 정원에 제출되었고 8월 18일 천황의 재가를 받았다.[317] 제2장에서는 9월 14일에 시행된 번왕책봉이 언제 결정되었는가에 대해 8월 중순으로 추측된다고 했지만, 결정은 '쓰시마의 사교'를 최종적으로 중지시키기 위해 왜관을 접수하고 외무성에서 관할한다는 보고와 결정이 같은 시기에 이루어진 것이 아닐까. 좀 더 들여다보면 류큐번왕 책봉의 결정 내지 방침 확인도 조선의 안건과 동시에 이루어졌고, 8월 18일 천황의 재가를 받았을 것이라는 것이 필자의 추측

317　「対鮮尋交問題ノ処理ニ関種外務卿ノ勅旨」(8월 18일자)『일본외교문서』제5권, 345쪽. 또한 같은 날 산조[三條] 태정대신으로부터 외무대승 하나부사 등에게 조선차견 사령(辭令)이 발령되었다.

이다.[318] 조선 국왕의 '번신(藩臣)'화 즉 조선의 '번속'화는 향후의 목표가 되었지만, 국력이 약한 류큐의 경우는 그럴 의도만 있으면 국왕의 '번신'화에 의한 '번속'화를 지연시킬 이유가 별로 없었다.[319] 그래서 사절이 조정에 들어갈 기회를 잡아 국왕 쇼타이를 '번왕'으로 '책봉'하고, 류큐의 '번속 체제'를 정비하는 동시에, 류큐의 여러 외국과의 '사교'를 중지시키고 이것으로 당면한 관계재편의 과제를 달성하려 했다고 생각된다.

제2절 대만문제에서 정한론정변으로

1. 대만문제와 소에지마 다네오미(副島種臣)의 청국 파견

'류큐번왕 책봉'이 있었던 1872년(明治5) 9월 14일은 이미 서술한 것처럼 연말에 역법을 개정해 12월 2일까지만 있고, 다음날부터 신력(新曆)으로 1873년(明

318　본서 제2장에서 서술한 것처럼 8월 19일, 樺山일기에는 "화족(華族)으로 서위하고 류큐번왕이라 칭한다. 종래 프랑스조약 등은 당연히 폐지한다"고 하고, 전날에 정식결정이 있었음을 암시하고 있다.

319　덧붙이자면 앞서 서술한 1869년(明治2) 9월경, 미야모토 고이치의 『朝鮮論』에는 "무릇 옛 에도막부시대에 외국과의 교류하고 불린 것은 조선과 류큐[와의 교류] 뿐이었다. 류큐는 사쓰마에 복종하는 것과 다름없었으므로 여기서는 논하지 않기로 한다. 조선은 나라가 강대하므로 그들과의 교류는 극히 신중하고 정중했다. …… [조선은] 당분간 내버려두고 [쓰시마의] 소가에게 맡겨 표류민 수취나 수수 등을 취급하게 하고, 충분히 황국(일본)의 위력이 모두 갖추어질 때까지는 손을 대지 않는 쪽이 비용이 들지도 않고, 또 국위를 더럽히는 것도 아니므로 괜찮지 않은가"라고, 하나의 선택지로서 당시의 사고방식이 서술되어 있다. 이 글을 쓴 것이 폐번치현 이전의 단계라는 점에 유의해야 할 것이다. 『일본외교문서』제2권 제2책, 862쪽.

治6)이 되었다. 이 변칙적인 연말·연시의 시기, 메이지정부는 다양한 문제를 안고 있었지만 특히 중대한 문제로서 시마즈 히사미쓰와 대장성을 둘러싼 내정 문제, 대만문제와 조선문제라는 내정과 외교가 교차하는 문제가 있었다. 시마즈 히사미쓰 문제란 히사미쓰가 정부에 불만을 품어 불온한 낌새를 보였다는 점, 대장성 문제란 국가재정을 담당하며 강대한 권한을 가진 대장성과 각 성 특히 사법성과의 대립이 심각해지고 이노우에 가오루[井上馨] 등 대장성 간부의 고립이 심화되고 있었다는 점이다. 우리의 주제와 깊이 관련된 것은 후자인 대만문제와 조선문제 두 가지인데, 필요에 따라 내정문제까지 다루면서 1872년 가을에 실시된 번왕책봉부터 1875년 초기에 본격화되는'류큐번 처분'까지 약 2년 동안에 일어난 정치외교사상 중요한 사항을 짚고 넘어가고자 한다.

먼저 대만문제인데 제2장에서 논한 바와 같이, 1871년(明治4) 말에 일어난 '류큐인 조난사건'이 1872년 여름에 알려지게 된다. 9월 14일 류큐번왕 책봉 직후 즉 10월부터 11월 연말에 걸쳐 정부 내에서도 평의가 있었고, 가바야마 스케노리 등을 대만으로 탐험대와 같이 파견한다는 것이 정해졌고 더욱 중요한 결정은 외무경 소에지마 다네오미를 청국에 파견하는 것이었다.

그러나 출발 날짜는 가고시마에 있던 시마즈 히사미쓰를 둘러싼 문제로 인해 계속 지연되었다. 즉 메이지정부에 불만을 품은 히사미쓰와의 관계 회복을 꾀하기 위해 사이고 다카모리가 가고시마로 잠시 돌아갔기 때문에 소에지마와 가바야마의 출발도 지체되었다. 제2장에서도 살펴 본 것처럼 상경 중이던 가바야마 스케노리도 "가고시마에 사정이 있음"(11월 9일자 일기)이라면서 귀성 지령이 내려진 사이고 다카모리를 수행하게 되어 출발이 대폭적으로 지연되었다. 이때 가고시마로 귀성한 사이고는 굴욕적인 사죄편지를 시마즈 히사미쓰의 집사에게 제출했으나, 그것으로도 히사미쓰의 사이고와 메이지정부에 대한 노여움과 불만은 가라앉지 않았고, 그 수구적인 자세는 그 뒤로도 산조 사네토미, 이와쿠라 도모미, 오쿠보 도시미치 등 정부 수뇌부를 곤혹스럽게 만들었다. 덧붙여서 말하면 뒤에서 서술할 정한논쟁 과정에서 사이고가 '폭살(暴殺)'할 각오로견한사절(遣韓使節)을 열망했던 것은 히사미쓰와의 불화가 큰 원인으로 '죽을 자리'를 찾고 있었다는 해석이 있다.[320]

그런데 소에지마 외무경의 청국 파견에 대하여 태정대신 산조 사네토미는 유럽에 체류 중인 이와쿠라 도모미에게 1873년(明治6) 1월 6일자로 다음과 같이 편지를 보내고 있다.[321]

> 류큐인민이 대만에서 폭살당한 것에 대해서는 우리 정부에서 그 죄를 규명하고 보호할 방도를 모색하는 것은 피할 수 없는 임무입니다만, 청국정부와 담판을 하지 않는 것은 안팎에 대한 정부가 맡은 임무를 제대로 수행하지 않는 것이니, 이번 결의를 한 다음에 외무경을 사절로 청국에 출장을 보내 가급적 형편에 맞게 담판하기 위해 1월 하순에는 당연히 출발해야 할 것입니다. 또한 이 담판은 비밀이므로 표면상은 본 조약[청일수호조규] 조인을 위해 파견하는 것으로 해야 합니다. 또한 대만의 건은 청국과의 관계가 일치하지 않거나, 또는 그 조치를 기꺼이 수긍하지 않을 때는 우리 정부가 직접 조치하는 것으로 내부에서 결정했습니다. 이것은 너무나 중대한 사건이라 하더라도 부득이한 임무로서 기회를 잃게 된다면 난처한 일이 생기니 위와 같이 평의에서 결정한 것입니다.

이 산조 태정대신이 이와쿠라 도모미에게 보낸 서간은 이번 소에지마의 청국 파견이 청국 교섭이 선행해야 할 (지난해 말 11월중의) 결정에 기초한 것임을 알리는 동시에,[322] 청국의 대응에 따라 일본정부가 '직접 조치'할 수도 있다는 '내부 결정'을 수반하고 있는 것에 불안한 마음으로 언급하고 있다. 위의 직

320　升味準之輔,『日本政党史論』제1권(東京大学出版会, 1965년), 139~144쪽을 참조.

321　『岩倉具視関係文書』5, 210~211쪽.

322　결정이 새해(6일까지 사이)일 가능성이 전혀 없다고 할 수 없으나, 아마 전년도(1872년)는 12월이 2일까지 밖에 없었으므로 다분히 11월 중일 것이다.

접 '조치'란 응징출병을 가리키는 것인데, 어찌 되었건 (청국에서) 소에지마 외무경의 청국과의 담판이 먼저이며, 다음 대응은 소에지마의 귀국 보고 후에 정식으로 결정하는 것으로 되어 있었다. 이처럼 1월 하순에도 예정되어 있던 소에지마 외무경의 청국 출장도 사이고의 귀경을 기다리다 자꾸 미뤄졌다. 그러나 정부도 귀경할 기미가 보이지 않는 사이고를 기다리다 못해 2월 27일 소에지마를 다시 특명전권대사로 임명하고, 외무대승 야나기하라 사키미쓰와 리젠돌(Charles. W. Legendor) 등에게 수행 임무를 명했다. 그리고 3월 9일에는 다음과 같은 천황의 말씀[上諭]이 소에지마에게 내려졌다.[323]

짐은 대만의 생번(生蕃)[324]이 수차례 우리 인민을 도살했다고 들었다. 만일 우리 인민을 포기하고 따지지 않는다면 후환이 틀림없이 극에 달하게 될 것이다. 지금 그대 다네오미에게 전권을 위임하기로 한다. 그대 다네오미는 가서 이를 변론하고 심리하여 이로써 짐이 인민을 보호하겠다는 뜻으로 삼으라.

소에지마가 청으로 건너간 표면적인 이유는 청일수호조규의 비준서 교환과 동치제(同治帝)의 직접 정치를 축하하는 것이었지만, 실제 목적은 천황의 말씀과 앞의 이와쿠라에게 보낸 산조의 서간으로도 알 수 있듯이 대만문제에 대한 교섭에 있었다. 또한 산조 태정대신으로부터 동시에 제시된 위임조항에는

---

323 『明治天皇紀』제3, 38쪽. 방점은 필자. 또한 3월 상순에는 빗추오다현[備中小田縣]의 어부 4명이 대만 선주민의 약탈을 당한 사건 보고가 국내에 전해졌다.

324 [역주] 생번(生蕃): 대만의 여러 부족 중에 중심 부족인 고산족(高山族) 중에서 한민족에 동화된 부족을 숙번(熟蕃)으로 부르며 이와 대비되는 나머지 부족을 생번이라 부른다. 생번을 대만 '선주부족'으로 번역하는 경우도 있으나 이 책에서는 원주민으로 번역하기로 한다. 단 이 책에서 인용된 원문에서 쓰여진 생번은 원문의 느낌을 살려서 한자어를 그대로 사용한다.

다음과 같이 서술되어 있었다.[325]

- 청국 정부에서 대만 섬 전체를 그 소속지로 하고, 위 담판을 맡아서 그에 대한 조치를 실시함에 있어 살해당한 자를 위해 책임지고 원한을 충분히 풀어주는 조치를 취할 것.

- 청국정부에서 만일 정권이 미치지 않는다는 이유로 이곳을 청국의 소속지가 아니라 하고 위 담판을 맡지 않을 때는 이를 짐의 조치에 맡길 것.

이와 같이 소에지마가 출발할 즈음에 위임받은 지령은 매우 온당하고 한정적인 것이었다. 소에지마는 3월 13일 요코하마를 출발, 도중에 가고시마에 들러 아직 이 지역에 체류 중인 사이고를 방문하는데 회담의 상세한 내용은 전해지지 않는다.[326] 그러나 그때까지의 경위로 보아 소에지마는 청으로 가기 전에 대만문제와 조선문제에 대해 참의의 우두머리인 사이고와 의논하고 그의 지지를 받아두고 싶었을 것으로 생각된다.[327]

이때 소에지마 일행은 3개월 남짓의 장기간 청국에 체류하지만, 체류 중 일행들의 행동에 관해 여기서 상세하게 논할 필요는 별로 없다. 중요한 점은 그들 교섭의 대부분이 소에지마 전권대사의 청조 황제와의 알현을 둘러싼 교섭으로 소비되었고, 본래 목적이었던 대만문제에 대해서는 귀국 직전 단 한 번 황급

---

325 위의 책.

326 「副島伯経歴偶談」(제3회)(島善高編,『副島種臣全集』2, 慧文社, 2004년), 수록, 451쪽.

327 덧붙여서 1월 12일자, 이와쿠라 도모미 앞으로 보낸 오하라 시게미[大原重実]의 편지는 소에지마 파견 경위를 알리고, 소에지마가 어쩌면 대만을 식민지화하려는 의도를 갖고 있는 것으로 언급하는 동시에 "그렇지만 지금 즉시 출병하는 것은 아니고 외무경이 청국에서 담판을 행한 다음 결과를 살펴 귀국 후에 (출병할지를) 결정하는 것입니다. 덧붙여서 대만을 토벌하는 논의에는 사이고 다카모리 참의도 찬성하고 있는 일"이라 서술하고 있다. 『岩倉具視関係文書』5, 218~219쪽을 참조.

히 짧은 담판이 이루어진데 불과했다는 점이다.[328]

3월말 상해에 도착한 소에지마 일행은 4월 30일 천진에서 청국 전권대사 이홍장과 청일수호조규 비준서를 교환했다. 그 후 북경으로 이동한 소에지마 등은 5월 상순이후에 동치제와의 알현을 요구하고 총리아문과는 알현 일정과 의례에 대해 교섭을 하고 있었다. 당시 청조에서는 외국인이 황제를 직접 회견하려면 배궤[排跪, 三跪九叩頭][329]의 예를 행해야 했으며, 이 예법을 요구하는 청조측과 이를 거부하고 선 채로 인사[立禮]할 것을 주장한 각국 공사 사이에 타협이 이루어지지 않아 상주하고 있던 어느 외국공사도 청조황제와의 알현을 못하고 있었다. 소에지마는 일본의 전권대사로 황제와의 알현을 강력하게 요구하면서도, 예식은 간략하게 하지 않으면 안 된다고 해서, 청국 측과 번거로운 교섭이 이어지게 된 것이다. 그러나 교섭은 난항을 거듭하며 전혀 타개책이 보이지 않았고, 결국 6월 20일에는 교섭을 중단하고 귀국한다는 뜻을 총리아문에게 전했다.

다음날인 6월 21일 소에지마는 야나기하라 사키미쓰(일등서기관 외무대승)와 통역 테이 에이네이[鄭永寧]를 총리아문에 파견하여 대만 원주민부족('生藩')의 류큐인 살해건과 청국과 조선의 관계에 대해 질문했다. 일본 측의 기록에 따르면, 우선 야나기하라는 조선과의 관계에 대해 물었는데, 청국이 조선의 '내정교령(內政敎令)'에는 관여하지 않는다는 것이 사실인가라는 질문에, 총리아문대신 등은 조선은 '봉책헌공(封冊獻貢)'의 관계에 있는 '속국'이지만 그 '화전권리(和戰權利)'에는 관여하지 않는다는 취지의 응답을 했다.

그리고 나서 야나기하라는 본 주제인 류큐인 조난사건에 대한 청측의 견해를 물었다. 청국 측의 주장은 "본 대신 등은 단지 생번이 류큐민을 약탈하고 살해했다는 말을 들었고, 아직 귀국인(貴國人)과 관련된 것을 알지 못한다." 즉 류큐 국민이 살해된 것은 알고 있으나 일본국민이 피해를 입었다고는 듣지 못

---

328   毛利敏彦, 『明治維新政治外交史硏究』(吉川弘文館, 2002년), 155쪽 이하 참조

329   [역주] 삼궤구고두의 체(三跪九叩頭의 禮): 머리를 바닥에 붙이고 예를 행하는 것. 무릎을 꿇고 배례하는 것.

했다, "애초 류큐국은 무릇 우리의 번속이므로 그 때 류큐민이 원주민으로부터 탈출해온 자를 우리 관리가 구휼하여 복건(福建)으로 보내 총독의 어진 사랑으로 보살펴 본국으로 돌려보냈다."는 것이었다.

그러한 청국의 반응에 대해 야나기하라는 "우리 조정은 류큐를 어루만지고 보살핀 지 아주 오래되었고 중세 중엽 이후 사쓰마의 부속이었으며, 하물며 지금 대정일신(大政日新)하여 한 사람의 인민도 그 신하가 아닌 자가 없으므로 불쌍히 여겨 자비를 베푸는데 힘쓰고 있다. 한 야만인이 우리 왕의 신하[王臣]를 해친 것을 보면 우리 임금[君]은 보민의 권리를 이용하여 열심히 그 원한을 풀어주지 않을 수 없다. 게다가 류큐인은 우리나라 사람이니 어떻게 방해하는 일이 있을 수 있겠는가"라 대응하고, 더구나 해를 입힌 "원주민은 어떻게 처리"했는가 라고 질문했다. 그 물음에 청국 측의 대답은 "이 섬의 백성에는 생번(生蕃)과 숙번(熟蕃)의 두 종류가 있다. 종전 우리 임금의 덕화[王化]에 감화하여 복속한 자를 귀순한 원주민[熟蕃]이라 하여 부, 현을 두어 이를 다스리고, 아직 복속하지 않은 자를 원주민[生蕃]이라 하여 이들을 통치범위 밖[化外]에 두고 이치를 심하게 따지지 않는다.", 즉 '원주민의 횡포를 제압하지 않는 것은 우리의 정교(政敎)가 미치지 않는 곳이다.'라는 것이었다. 또 청국측이 "하지만……복건의 총독으로부터 난민을 구호했다고 보고한 서류도 있으니 다시 조사하여 나중에 답변하겠다."고 한 것에 대해, 야나기하라는 "원주민[生蕃]의 땅은……화외의 고립된 야만인이라면 그냥 독립국인 우리의 조치로 귀착될 뿐"이라고 응수하여 회담은 결론을 내지 못한 채 끝났다.[330] 덧붙여서 일본정부는 그 뒤 위의 대만 원주민(의 일부)는 '정교가 미치지 않는다.', '화외(化外)'의 상태에 있다는 총리대신의 설명을 청국정부가 대만 번지(蕃地)를 '화외'의 땅(= '주인이 없는 땅')으로 인정한 것('언질'을 준 것)으로 간주하고, 대만출병을 정당화하기 위해 최대한 이용하게 된다.

이상이 일본 측의 기록에서 확인된 류큐인 조난사건을 둘러싼 총리아문대

---

330 이상의 회담 모습은 『일본외교문서』제6권, 177~179쪽.

신과 야나기하라 사키미쓰 교섭의 골자다. 교섭에 직접 임한 자가 특명전권대사 소에지마 외무경이 아니라 부하인 야나기하라이며, 또 쌍방 간에 공식문서 교환도 이루어지지 않은 점에 유념해야 할 것이다. 바로 이 건(류큐인 조난사건)이 소에지마 청국 파견의 실제 목적이었던 점에 비해 그저 담판을 했다는 실적 만들기가 목적이었고, 결렬 직전에 알현을 통한 교섭을 유리하게 추진하기 위한 압력 재료로 쓰인 것으로 보여 아무래도 경솔하게 처리했다는 인상이 드는 것을 부정할 수 없다. 유의해야 할 점은 소에지마가 이홍장과 몇 번이나 회담의 기회를 가졌으면서 한 번도 대만문제에 대한 교섭을 하려고 하지 않은 점이다.[331] 여하튼 대청교섭의 경과에 관해 소에지마 전권대사가 산조 태정대신에게 보낸 보고에는 "대만 생번 조치에 관한 건은 이번 달 20일 야나기하라 대승을 총리 각국 사무아문에게 파견하여 담판을 하게 한 바, 청조 대신은 토번(土蕃)은 정교 금령이 미치지 않으며 화외(化外)의 인민이라는 뜻으로 응답하여, 특별한 말없이 순조롭게 잘 끝났습니다."[332]라고 짧게 언급되어 있고, 이 날에만 '대만 생번 조치에 관한 건'에 관한 교섭이 '순조롭게 잘 끝났습니다.'라고 서술되어 있다.

　　그 뒤 소에지마 등의 알현 교섭은 상황이 급작스럽게 돌변하여 타결되었고, 6월 29일 소에지마는 여러 외국보다도 앞장서서 약식인 입례[三揖의 禮]로서 청국황제와의 알현을 완수하게 되었다. 그 명예와 위에서 서술한 청국 정부고관에 의한 소위 '언질'을 선물꾸러미로 받고 소에지마는 7월 9일 천진을 떠나 26일 귀국했다. 하지만 소에지마의 귀국 이전에 정부 내에서는 조선문제가 급부상하여 조정회의에는 군사적인 강경책이 의제로 올라와 있었다.

331　佐々木揚, 『淸末中国における日本観と西洋観』(앞에서 서술), 41쪽 이하를 참조

332　『일본외교문서』제6권, 160쪽. 보고는 明治6년 6월 29일자.

2. 정한론정변

조선과의 정상적인 국교 수립은 메이지정부 발족 이후의 중요한 과제였으나, 앞에서 살핀 것처럼 양국의 외교교섭이 오랫동안 난항을 거듭하고 있었다. 그리고 이와쿠라 사절단이 귀국한 1873년(明治6) 가을, 정부 내에는 조선 사절파견 문제를 둘러싸고 심각하게 대립했고, 결국에는 유신정부의 대분열이 일어나게 되었다. 이른바 '정한론정변' 내지는 '메이지 6년 정변'으로 불리는 사건이 그것이다.

이 정변은 근대일본정치사상 중요사건으로 통사에서는 반드시 언급되는 사항에 속한다. 그런 까닭에 잘 알려져 있지만 동시에 사건의 중심에 있었던 사이고 다카모리의 언동을 비롯하여 진상이 확실치 않은 점도 많고, 그런 만큼 많은 연구가 있으며 다양한 해석이 제시되어 왔다.[333] 특히 모리 도시히코는 사이고가 실은 정한파가 아니었다고 정면으로 '통설'을 비판하고,[334] 그에 대한 반대비판도 많이 발표되어 있다.[335] 이러한 사정을 감안하면서 정변에 대한 상세한 내용은 비슷한 종류의 책을 참조하기 바라며, 여기서는 우리들의 주제인 '류큐처분' 문제, 조선문제, 대만문제가 어떻게 밀접하게 관련되어 있는가 하는 관점에서 정한론정변과 결말이 그 이후에 미친 영향을 살펴보고자 한다.

---

[333] 家近良樹, 『西郷隆盛と幕末維新の政局』(ミネルヴァ書房, 2011년, 제1장); 姜範錫, 『征韓論政変』(サイマル出版会, 1990년); 藤田政治, 『征韓論政変と国家目標』(『社会科学討究』41-3호, 1996년 3월); 高橋秀直, 「征韓論政変と朝鮮政策」(『史林』75-2호, 1992년 3월); 同, 『征韓論政変の政治過程』(『史林』76-5호, 1993년 9월); 藤村道生, 「征韓論争における内因と外因」(国際政治学会編, 『国際政治 37 日本外交史の諸問題』, 有斐閣, 1968년, 所収); 坂野潤治, 「征韓論争後の内治派」と「外征派」(『年報・近代日本研究』3, 1981년) 등 참조.

[334] 毛利敏彦, 『明治六年政変の研究』(有斐閣, 1948년, 2004년 재판); 同, 『明治六年政変』(中公新書, 1979년).

[335] 田村貞雄, 「征韓論政変の評価をめぐって-毛利敏彦説批判」(『歴史地理教育』461호, 1990년 9월); 同, 「征韓論」政変の史料批判-毛利敏彦説批判」(『歴史学研究』, 1991년 1월).

1873년(明治6) 5월 조선의 동래부는 부산의 초량왜관(일본공관으로 개칭)에 쓰시마 이외의 상인(미쓰이구미[三井組])의 수석점원[手代]이 출입하는 것을 문책하고 사무역을 규탄하는 ‘밀무역’금지 전령서(傳令書)를 공관 문 앞에 게시했다. 그 안에는 일본을 ‘무법지국(無法之國)’등이라 비난하는 말이 있었기 때문에 이것이 ‘일본을 모욕’[侮日]한 것으로 도쿄에 전해지자 외무성과 유수정부의 수뇌부는 과잉반응을 보이며 정한문제가 일어났다. 외무성은 이대로 내버려두면 ‘첫째, 조정의 위신과 나라의 수치에 관계’가 있으므로 ‘절대로 출병 처분’이 필요하지만, 지금은 거류민 보호를 위해 ‘육군 약간, 군함 몇 척’을 파견하고, 규슈진대(九州鎭台)의 방비를 정비한 다음 사절을 파견하여 “공리정도(公理正道)로써 반드시 담판해야 한다.”는 제안을 했다.[336]

6월에 열린 각의에서는 이타가키 다이스케가 거류민 보호를 명분으로 부산에 병력 1대대를 즉시 파병하자고 주장했으나, 사이고 다카모리는 파병에 반대하며 먼저 전권사절을 파견해야 한다는 점, 자신을 사절로 임명해줄 것을 요청했다. 또 산조[三條]가 호위병을 붙여서 군함으로 가야 한다고 주장한 반면에, 사이고는 비무장 복장으로 예를 갖추어 갈 것을 주장했다. 그 뒤 8월 17일 각의에서 사이고의 사절파견 결정(내부 결정)에 이르기까지, 사이고는 이타가키에게 자신의 사절파견 결정에 협력해 줄 것을 몇 번이나 간청했다. 또 7월 27일 소에지마 다네오미 외무경이 청국에서 귀국하자, 상세한 내용은 그다지 알려져 있지 않지만 소에지마와도 만나 그의 협력을 얻어냈다.[337] 이와쿠라가 부재중인 상태에서 성급하게 결론을 내리는 것을 망설이는 산조에게 사이고는 “내란을 갈망하는 마음을 밖으로 돌려 나라를 일으키는 것이 원대한 계략임은 물론이고, 구 정부(도쿠가와 정권)가 기회를 잃고 무사함을 꾀하다 결국 천하를 잃게 되었다

---

336   『木戸孝允文書』8(東京大学出版会, 1971년), 129~133쪽.

337   丸山幹治, 『副島種臣伯』(앞에서 서술), 241쪽.

는 이유를 확실한 증거로서 주장"[338]하며 산조를 설득했다고 한다. 이리하여 유수정부는 8월17일 사이고를 조선 파견사로 임명하기로 결정했으나 다만 이와쿠라의 귀국을 기다려 아뢰기로 한다는 조건부가 있었다.

그러나 이와쿠라 사절단이 외유 임무를 마치고 조정으로 돌아온 뒤, 이와쿠라를 비롯하여 새로 참의에 취임한 오쿠보 도시미치, 종전부터 내치우선에 목소리를 높였던 기도 다카요시가 이 사절 파견에 반대했다. 10월 13, 14일의 각의는 격렬한 논쟁 끝에 사이고의 파견을 재확인했으나, 그 뒤 오쿠보 등이 반격을 꾀하는 음모가 발생하여 10월 24일 사이고의 파견 결정은 뒤집혔다. 정신적인 스트레스로 혼절한 산조를 대신해 이와쿠라가 태정대신 대리가 되었고, 앞의 결정과는 반대로 사절파견 연기론을 천왕에게 상주하여 재가를 받았다. 이러한 처사에 항의하여 사이고를 비롯하여 이타가키 다이스케, 소에지마 다네오미, 에토 신페이[江藤新平], 고토 쇼지로[後藤象二郎] 다섯 명의 참의가 사임하고 정부를 떠났다. 이상이 '정한론정변'(내지 '메이지6년 정변')의 개요다. 정변 뒤 새 정권에서는 오쿠보 도시미치를 중심으로 사쓰마번의 파벌 세력이 실권을 장악하게 되었다(소위 '오쿠보 정권').

그런데 8월 17일 사이고 파견 결정(내부결정)에 이르는 과정에서 사이고는 정한즉행론(征韓卽行論)을 주장하고 있는 이타가키에게 자신을 사절로 보내줄 것을 열망하는 여러 통의 편지를 보냈다. 그 편지에서 사이고는 조선 측이 사절에 대해 반드시 '폭거(暴擧)', '폭살(爆殺)'을 저지르게 될 것이라는 점, 그렇게 되면 개전의 이유가 성립된다는 견해를 제시하며 이타가키에게 지원해줄 것을 간청하고 있다.[339]

그것보다는 공공연하게 사절을 파견하면 폭살을 저지를 것으로 사료되므로,

338　8월17일자 이타가키 다이스케에게 보낸 서간, 『大西鄕全集』제2권(大西鄕全集刊行会, 1927년), 755쪽.

339　『大西鄕全集』제2권, 737, 752쪽.

아무쪼록 저를 파견해주시기를 엎드려 바랍니다. 소에지마 군처럼 훌륭한 사절은 될 수 없겠지만 죽는 것 정도는 할 수 있다고 생각하고 있으므로 부디 희망을 들어주십시오. (7월29일)

반드시 개전의 기회가 야기되기 때문에 다만 이번 거사를 하기 전에 죽게 된다면 좋지 않다는 등의 쓸데없는 걱정을 해서는 아무 것도 실현되지 않으므로, 그저 먼저와 나중의 차이가 있을 뿐입니다. 지금까지와 같이 두터운 정으로 힘써주실 수 있다면, 죽은 이후에도 후의에 감사할 일이므로 진심으로 부탁드립니다. (8월14일)

여기서 사이고가 말하고 있는 것은 사절파견 → 폭살 → 개전 이유 발생이라는 점이다. 정한론정변에 대한 지금까지의 통설적 연구도 사이고 등 유수정부의 여러 참의를 '정한파'로 보고, 그들의 입장은 조선에 대해 무력행사도 마다하지 않는 강경한 무력에 의한 정한의 입장에서 사이고의 사절 파견을 결정했지만, 그 결정이 이와쿠라나 오쿠보 등과 같이 국내 정비를 우선하자는 '내치파'의 반대로 뒤집힌 사건으로 이 정변을 해석해왔다. 하지만 사이고의 '진짜 의도'는 그렇지 않고, 자기가 교섭하러 가는 것으로 조선문제를 평화리에 해결하는 데 있었다, '폭살' 운운한 것은 이타가키를 설득하기 위한 테크닉에 불과했다고 주장하며, 종래의 통설을 정면으로 비판하고 당시 정부 내의 권력투쟁이라는 계기를 중시한 새로운 해석을 제기한 사람이 모리 도시히코였다.[340]

여기서는 모리 도시히코의 이러한 주장과 그에 대한 많은 비판까지 깊이 파고들어 검토하지는 않을 것이다. 여기서 중시하고 싶은 점은 사이고의 진짜 의도보다 오히려 정한론으로 인해 조정이 분열되어 유수정부가 붕괴되고, 오쿠보 도시미치 등 외유에서 돌아온 자들이 정권을 장악한 것이 이후 조선문제와

340　앞에서 서술한 毛利敏彦 ,『明治六年政変の研究』; 同,『明治六年政変』참조. 毛利에게는 대만출병에 관한 귀중한 연구이기도 하다. 同 ,『台湾出兵』(中公新書, 1996년).

류큐문제 전개에서 갖는 의의다.

먼저 2절에서 살핀 소에지마 청국 파견과도 관련이 있는데, 도대체 왜 이 시기에 대만문제보다도 정한문제가 우선사항이 되었을까. 이 점에 관해 참고로 오쿠마 시게노부의 회고를 인용해둔다.[341]

대만의 야만인이 우리 표류민을 학살한 무법적 행동과 한국의 군민(君民)이 우리 사절에게 가한 무례와는 비록 그다지 차이는 없겠지만, 아니, 그 무법적 행동은 이 무례를 능가하는 것이지만, 우리 국민이 느끼는 분노와 원한의 감정은 오히려 대만에게 느끼는 것보다 심하다고 할 수 있다. 왜냐하면 대만은 고집스럽고 폭력적이며 상대하면 안 되는 야만인으로, 멀리 떨어져 서로 알지도 못하는 표류민을 학살하여 그 재산을 노략질하여 빼앗은 것에 불과하며, 분하기는 하지만 야만의 평소 모습이라 생각하여 이것을 너그러이 용서함으로써 스스로 위로하고 남도 위로할 수 있지만, 한국은 2천 년 넘게 오랫동안 우리에게 신속[臣屬]된 나라로서 잠깐 우리 외교 담당자가 그 조종과 다스림의 도리를 잘못했다고 하여 갑자기 난폭하고 교만하게 우리를 향해서 결단력이 부족하여 일을 함께 할 수 없는 나라로 여겨서 우리 사절을 무례하게 대하고, 게다가 청국에게 부탁하여 우리에게 적의를 드러내려고까지 했다. 의분(義憤)의 마음이 풍부한 우리 국민이 아득한 옛날의 관계를 살피면서 이러한 현상에 비추어보면 말할 것도 없이 슬프고 분하여 의분이 북받침을 금할 길이 없는 자도 있을 것이다. 이것이 바로 소에지마와 다른 조정의 관리가 대만의 무법적 사건이 한국의 무례 문제에 앞서 일어났음에도 불구하고 이 무법적 사건을 제쳐두고 그(무례 문제)를 처분하려 했던 이유일 것이다.

---

341 円盛寺清 집필, 『大隈伯昔日譚』(입헌개진당 당보국, 1895년, 복각: 明治文獻, 1967년). 인용은 복각판, 684~685쪽. 방점은 필자. 또한 문장 속의 "한때 우리 외교 담당자가 그[조선의] 취급방법의 잘못으로 인해"는 도쿠가와 정권이 조선과 대등한 교린관계를 맺은 점을 지적하고 있다.

정한문제는 오쿠마가 위에서 단적으로 서술한 것과 같이, 당시 유수정부 관료들과 그 외의 관리들과 공유된 자기 우월과 조선 경시의 감정을 배경으로 사이고 개인의 견한대사(遣韓大使) 지원이라는 이상한 집념이 맞물려 중대한 정치과제로 발전했다. 그러한 의미에서 정변의 원인이 된 정한문제는 대외문제를 쟁점으로 한 국내문제이며, 나아가 사이고 문제였다고도 할 수 있다. 무엇보다도 먼저 부산의 일본공관에서 '일본에 대한 모독' 문제를 최초로 보고한 것은 공관에 근무했던 외무성 관리 히로쓰 히로노부[広津弘信]였지만, 그의 냉정한 보고에는 현지 상황이 그다지 긴박하지는 않았다. 그러나 히로쓰의 보고를 받은 외무성에서는 '조정의 권위[朝威]'와 관련되어 '절대로 출사(출병) 처분' 없이는 끝낼 수 없는 사태로 판단하여 정한론으로 비약했다. 그리고 외무성의 제안을 받아들인 각의에서는, 분명히 사이고는 군함파견을 옳지 않다고 보고 비무장 사절파견을 주장했다. 그 점만 보면 사이고는 정한의 즉각 실행이 아니라 교섭에 의한 해결을 지향한 평화주의자처럼도 보인다.

그러나 사이고의 진짜 의도는 확실하지 않다고 해도 주변 관계자 모두가 확실하게 사이고의 사절파견 목적이 개전의 명분만들기에 있다고 받아들였을 것이다.[342] 사절은 조선의 '무례'에 대한 '죄를 묻는 것'을 당연히 가장 긴요하고 중요한 사명으로 삼았으므로 그로서는 '폭살' 내지 개전의 구실로 삼을 만한 어느 정도의 공격 = 폭행을 예상했다. 달리 말하면 강경하게 '죄를 물음'으로써 그와 같은 반응을 필연적으로 유발시키도록 하는 역할에 대한 기대가 존재했다. 그런 까닭에 오쿠보 등은 내치우선의 입장에서 보면 당연히 무력에 의한 정한[武力征韓]을 위한 개전이 불가피하게 될 사절 파견에 반대하고 연기할 것을 주장했던 것이다.

위에서 문제로 삼은 것은 사이고의 의도라기보다 정한파에 의한 사이고 사절 파견의 역할에 대한 기대이다. 유수정부의 여러 참의와 사이고 주변의 정

---

342   家近良樹, 『西郷隆盛と幕末維新の政局』(앞에서 서술), 51쪽 이하를 참조

한파 군인에게는 명분론적 발상에 바탕을 둔 대조선 우월 의식 즉 조선문제를 왕정보고의 이념과 관련시켜 인식하려는 정한론적 발상의 뿌리가 깊어 보인다.[343] 그 점에 한해서 이 정변의 본질이 '정한문제'를 둘러싼 대립과 그 결과로서의 정부 권력교체에 있었음에 틀림이 없다.

하지만 그렇다 해도 '죽을 자리'를 찾고 있는 것처럼 스스로 사절파견을 열망한 사이고의 언동은 역시 심상치 않다. 가능성으로서의 평화적 교섭에 의한 문제해결 이외에, 생각할 수 있는 이유로는 다음과 같은 사정이 있었다. 첫째는 그 자신의 건강문제로 사이고는 이 시기 각의에 나오기도 힘겨울 정도의 병을 앓고 있었다. 난치병으로 인한 임종의 각오가 중대한 임무와 폭살에 대한 열망으로 바뀌었을 가능성을 생각할 수 있다.[344]

두 번째로 보다 중요한 이유는 신정부 개화정책에 불만을 품고 노여움의 공격 대상을 사이고에게로 향했던 옛 군주 시마즈 히사미쓰와의 관계에 대한 고민이다. 지난해 말 사죄를 하고 관계 회복을 꾀하기 위해 가고시마로 돌아간 사이고에게 오히려 히사미츠는 죄의 실상을 적은 문서를 들이밀며 노여움을 풀지 않았다. 사이고가 귀경한 것은 1873년 4월이었는데, 그 뒤 바로 히사미쓰도 상경했고 6월에는 산조 태정대신에게 정부를 격렬하게 공격하는 20개 조의 질문서를 제출했다. 오쿠마 시게노부는 뒷날 회고에서 사이고는 "많은 세상 사람들이 상상하는 것처럼 당초부터 한국의 거만하고 방자한 무례에 분노하며, 한 뜻으로 이를 정복하여 아국의 위세를 떨쳐야 한다고 바란 것이 아니다. ……앞으로는 옛 군주가 그 언동에 격렬히 노하여 통렬하게 이를 책망했고, 뒤로는 많은 불만세력이 내각이 하는 일을 공격하여 이를 옹립"하고 있는 진퇴난관에 빠

343　升味準之輔, 『日本政党史論』제1권(앞에서 서술), 136쪽 참조. 또한 사이고 자신에게서도 정한론적 발상을 확인할 수 있는 것에 대해서는 吉野誠, 『明治維新と征韓論』(明石書店, 2002년) 제4장의 상세한 논증을 참조.

344　이 점을 강조한 최근의 연구로 家近良樹, 『西郷隆盛と幕末維新の政局』(앞에서 서술)이 있다.

져, '한 가닥 혈로(血路)'를 조선 사절파견에서 찾았고, "그렇기 때문에 죄를 묻기 위한 사절로 보내줄 것을 주장하며 자신에게 임무를 맡겨달라고 간절히 바랐다."[345]라고 서술하고 있다.

세 번째로 어쩌면 가장 중요한 이유가 정부에 불만을 품은 각지의 정한파 사족, 특히 사이고 휘하의 근위병이나 사쓰마파 장교의 동향이었다. 이전부터 누려왔던 사족의 특권이 서서히 박탈되어 가는 가운데, 군대와 사족 사이에는 정부에 대한 불만이 넘쳐나고 있었다. 특히 가록(家祿) 삭감과 징병제도는 그들의 분노와 불만을 격화시키고 있었다. 사이고는 휘하 군인들의 격렬한 불만을 억누르지 못했고, 앞서 서술했듯이 '내란을 간절히 갈망하는 마음을 밖으로 돌려 나라를 일으키겠다는 원대한 계략' 아래 그 불만을 대외전쟁으로 돌려 해소하고 그 후에 국내개혁을 기대했던 것일지도 모른다.

사이고의 심중에 있던 생각은 차치하더라도, 유수정부의 여러 참의가 하야하자 가고시마 출신의 많은 근위병 장교와 군대는 사이고의 뒤를 따라 귀국했다. 도사[土佐] 출신의 장병 중에도 제대하는 자가 많았다. 이리하여 정변의 결과 강력한 세력이 재야로 쫓겨났다. 가고시마로 돌아간 사이고는 이때 귀향한 사관(士官)들과 더불어 사립학교를 조직하고 4년 뒤 봉기해 세이난전쟁[西南戰爭]을 일으킨다. 이타가키가 만든 릿시샤[立志社, 1874년 도사지역에서 결성됨]는 자유민권운동의 중심세력으로 그 뒤로도 중앙정부를 지속적으로 흔들었다.

---

345   『大隈伯昔日譚』(앞에서 서술), 693~694쪽.

1. 정벌군 출병 강행

1874년(明治7)은 연초부터 지난해 가을에 일어났던 정변의 '여진'이 계속되었던 해였다.[346] 1월 14일에는 우대신 이와쿠라 도모미가 아카사카[赤坂]에서 정한파인 도사지방 불평사족의 습격을 받아 겨우 난을 피했다. 3일 후에는 지난해 정변으로 하야한 전 참의 이타가키 다이스케, 소에지마 다네오미, 에토 신페이, 고토 쇼지로 등이 민선의원 설립 건백서를 제출, 사쓰마와 조슈 출신 세력에 의한 권력 집중을 비판하며 민선의원의 설립을 호소했다. 2월이 되자 귀향한 에토 신페이가 정한파 사가[佐賀] 사족으로 추대되어 정부에 반기를 들었다(사가의 난).[347]

1874년 1월 내무경 오쿠보 도시미치와 대장경 오쿠마 시게노부는 산조 태정대신의 요청으로 '원주민'의 죄[問罪]를 묻기 위한 조사를 하고 머지않아 '대만번지처분요략(台湾蕃地処分要略)'이 작성되었다. 그 조사의 착수라는 점에서 보면 대만출병 계획이 움직이기 시작한 것은 2월 1일에 발발한 사가의 난보다 빠르지만, 단지 후자(사가의 난)가 출병 계획이 실시되는 쪽으로 움직임을 가속화시킨 것만은 확실하다. 양자의 모든 배경에도 지난해 가을 정변 이후 전국 각지에서 일자리를 잃어버린 불평사족의 반정부적 움직임이 있었다.[348] 정변으로 하

---

346 萩原延壽, 『大分裂、遠い崖-アーネスト·サトウ(Ernest Satow)日記抄』(朝日文庫, 2008년), 110쪽 이하를 참조

347 사가의 난을 중심으로 한 사족 반란에 대해서는 長野暹 편저, 『'佐賀の乱'と地域社会』(九州大学出版会, 1978년) 소장 여러 논문을 참조

348 앞에서 서술한, 『大隈伯昔日譚』은 "사가의 변, 세이난 전쟁은 정한론 파열의 결과로 생긴 것으로서, 대만정벌 역시 정한론의 여파라 할 수 있다"고 서술하고 있다. 최근의 연구로서 落合弘樹, 『明治国家と士族』(吉川弘文館, 2001년), 제2부 '오쿠보정권과 사족'을 참조

야한 외무경 소에지마 다네오미를 대신하여 대만출병을 추진하게 된 오쿠보 도 시미치(참의 겸 내무경), 오쿠마 시게노부(참의 겸 대장경), 사이고 쓰구미치[西鄕從 道, 육군대보] 등은 정한파를 중심으로 한 불평사족 특히 가고시마 사족의 불만에 대한 돌파구를 정한보다 상대적으로 위험이 적은 해외정벌에서 찾은 것이다.[349]

사가의 난이 발발한 직후인 2월 6일, 오쿠보·오쿠마가 연명한 '대만번 지처분요략'[350]이 제출되었고 그 날 각의에서 대만출병이 결정되었다. 졸속이 라 해도 좋을 만큼 성급한 결정이었지만, 대만문제가 지난해 이후로 현안이었 던 시점에서 불평사족 대책이 매우 시급을 요하는 정치과제였던 것이 성급하게 결정을 내린 이유였을 것이다. 그 점이야 어찌 되었건 '처분요략'의 요점은 다 음 두 조항이었다. 즉 제1조에서 '대만 토착야만인[土藩] 부락은 청국 정부의 정 권이 미치지 않는 땅'이며 '주인 없는[無主] 땅'이므로, '우리의 번속(藩属)인 류 큐 인민이 살해당한 것에 대해 보복해야 함은 일본제국 정부의 의무로서 원주 민을 정벌하기 위한 이유도 당연히 여기에 기초를 둔 것이다.'라 하고, '토착 야 만인 부락'이 '주인 없는 땅'이라는 이유로 일본의 '번속'인 류큐의 표류민을 살 해한 사건에 대한 '보복'으로 '원주민을 토벌하기 위한' 군사행동을 정당화하고 있다는 점이다. 그리고 제3조에서 "청의 관리가 만일 류큐가 자국에 사절을 보 내고 공물을 바친다는 이유로 양속설을 꺼내놓으면, 거듭 생각해보고 상대하지 말고 그 논의에 대응하지 않는 편이 좋다. 왜냐하면 류큐를 제어할 실권은 모두 우리 제국에게 있으며, 또 사절 파견과 공물 헌납의 무례를 중지시키는 것은 추 후에 대만 야만인의 처분 뒤에 행할 목적이므로 쓸데없이 청나라 정부와 변론 하는 것은 옳지 않다."라며 청국이 류큐와의 종속관계를 주장하고 항의를 하더

---

349 대만출병에 대해서는 毛利敏彦, 『台湾出兵』(中央公論社, 1996년); 藤田政治, 「大久保利通 と台湾出兵」(『国士舘大学文学部人文学会紀要』34, 2001년); 家近良樹, 「'台湾出兵'方針の転 換と反対運動」(『史学雑誌』92-11, 1983년 10월); 同, 『西郷隆盛と幕末維新の政局』(ミネル ヴァ書房, 2011년, 補論으로 수록) 등 참조.

350 『일본외교문서』제7권, 1~2쪽.

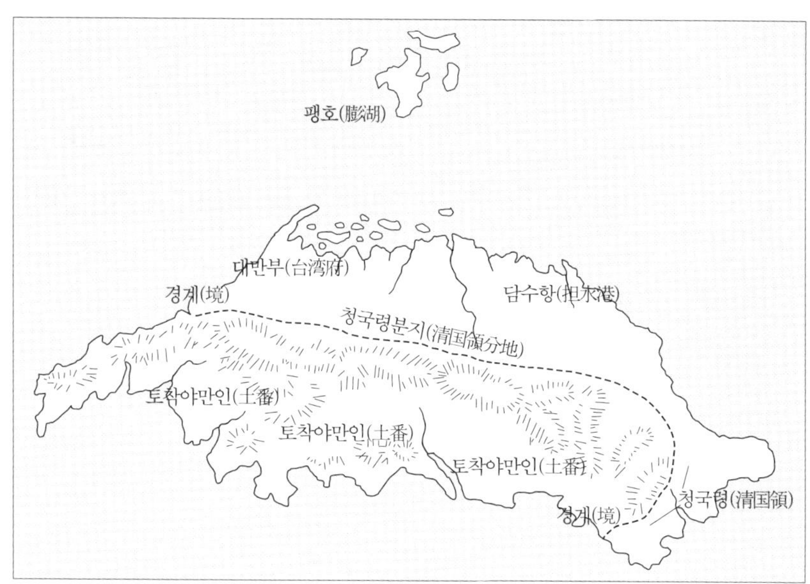

그림 6 『도쿄일일신문』(東京日々新聞)에 실린 대만도

라도 그에 대응하지 말고 '사절 파견과 공물 헌납의 무례'를 중지시키는 일은 대만출병을 시행한 뒤에 처리하는 편이 좋다는 것이다. 이러한 점에서 알 수 있듯이, 오쿠보 등은 '미개한 땅 대만'이 '주인 없는 땅'이라는 점을 전제로 해서 류큐인 살해에 대한 보복을 구실로 대만출병을 실행함으로써 불평사족의 불만의 돌파구로 이용했을 뿐만 아니라, 청국에 대한 류큐의 '사절 파견과 공물 헌납의 무례'를 중지시키는 것을 먼저 내다보고 그것을 위한 수단으로 활용하려는 의도도 가지고 있었다(그림 6 참조).

4월 4일, 사이고 쓰구미치는 대만번지 사무도독(臺灣藩地事務都督)으로 임명되어 토벌군의 지휘를 맡게 되고, 출병계획이 구체적으로 작동하기 시작했다. 다음날 5일에 오쿠마가 정원(正院)의 대만번지 사무국장관으로 취임하고, 천황은 사이고 쓰구마치에게 "우리나라 사람을 폭살한 죄를 묻고 그에 상응하는 처분을 행하라."[351]는 전권을 위임하는 칙서를 내렸다. 4월 5일자로 사이고에게

351　위의 책, 18쪽.

주어진 '천황의 특별한 지시'는 대만번지에서의 류큐인 조난사건 뿐만 아니라, 지난해 3월에 있었던 '우리 오다현[小田県] 빗추아사에군[備中浅江郡]의 주민' 4명이 당한 '약탈'과 조난에 대해 언급하고, "만일 포기하고 따져 묻지 않으면 후환이 얼마나 극심하겠는가. 지금 응징하는 것은 그 야만을 교화시켜 우리 양민을 편안하게 하는 데 있다."고 출병 이유를 서술하고, 그밖에 "진정이 된 뒤에는 서서히 야만인[土人]을 인도하여 개화시키고, 결국에는 그 야만인과 일본정부와의 사이에 유익한 사업을 일으키는 것을 목적으로 삼아야 할 것이다. 단지 이 경우에는 지나 정부와의 관계와 훗날의 이로운 점과 해로운 점 등을 상세하게 설명하여 천황에게 아뢰고 명을 기다려야 할 것"[352]이라고 일단 제동을 걸면서도 응징 이상의 식민지화에 대한 야심도 슬쩍 비쳤다.

　　이 출병에는 참의 겸 문부경이었던 기도 다카요시가 강력하게 반대했다. 기도는 지난해 가을 정한론에 반대했을 때와 마찬가지로 내치우선론의 입장에서 이번 외국정벌에도 이의를 제기했고, 4월 18일에는 사표를 제출했다. 야마가타 아리토모를 비롯한 조슈파[長州派]의 육군수뇌부에서도 반대론이 강했고, 지방관의 대다수가 내정을 우선하는 입장에서 대외정벌정책[外征策]에는 소극적이었다. 단 조슈파의 두목인 기도 다카요시도 이번 출병계획에 대해서는 처음부터 반대했던 것은 아니었다. 대만출병이 최초로 결정된 단계인 2월 즉 오쿠보와 오쿠마의 '대만번지처분요략'에서 '미개한 땅' 대만은 '주인 없는 땅'이며, 그렇기 때문에 직접적인 군사행동이 허락된다고 인식을 하면서도 '원주민을 토벌하는' 목적은 어디까지나 '보복' = 응징으로 제한하고, 아마 소규모 군사행동이 상정되어 있었다. 그러나 오쿠보가 사가의 난 진압을 지휘하기 위해 도쿄를 비웠던 2월 중순부터 4월 하순 사이에 사이고 쓰구미치 스스로 토벌군지휘관으로 본인을 추천하는 움직임과 그와 오쿠마가 협력하여 출병의 목적을 확대시키고자 하는 움직임이 있었다. 그 결과 4월 사이고에 대한 '천황의 특별한 지시'에

352　위의 책, 19쪽.

서는 "진정이 된 뒤에는 차츰 야만인을 유도하여 개화시켜라……" 하고, '미개한 땅' 대만의 영유와 식민지도 노리는 쪽으로 출병 목적이 확대, 변색되고 있었다. 기도 등은 그러한 사이고·오쿠마 등에 의한 출병 목적의 확대, 사쓰마 사족의 원정군 징집, 대만에 대한 식민화 책략 등의 움직임을 보고 3월말부터 4월 상순에 걸쳐 강경하게 출병을 반대하는 쪽으로 태도를 바꾸었다.[353]

그러나 이러한 반대와 소극적인 자세에도 불구하고 대만출병계획은 착착 진행되었고, 사이고 도독은 나가사키로 가서 원정군 파견 준비를 정비했다. 사이고는 형 다카모리의 협력을 얻어 가고시마에서 지원병을 모집했다고 알려져 있지만, 고치[高知]의 릿시샤[4월 설립], 이시카와[石川] 사족 등에서도 집단적으로 종군을 지원했다. 덧붙여서 말하면 이들의 종군 지원을 계기로 각지에서 사족들이 단체를 조직했고, 가고시마에서는 6월에 사학교(私學校)가 결성되었다. 이리하여 구마모토진대[熊本鎭台]의 보병대대, 도쿄진대의 포병대, 가고시마를 비롯한 규슈를 중심으로 각지에서 모여든 지원병 등으로 사이고의 지휘 아래 임시 편성된 병력 3,600여 명과 군함, 운송선이 원정군 출항지인 나가사키에 집결했다.

하지만 4월이 되자 출병계획의 움직임이 눈에 띄게 드러나기 시작했으며 이에 대해 영국과 미국 공사, 특히 미국 공사로부터 강경한 항의가 쇄도했고, 그것이 정부 수뇌부를 기죽게 했다. 정부는 원래 이 계획을 수행함에 있어 미국 등의 협력을 기대하고 있었기 때문이다. 1872년(明治5) 9월말 이후 르 장드르는 미국의 드롱(Charles E. Delong)공사의 지원을 받아 사실상 메이지정부 대만문제의 고문과 같은 역할을 수행해왔으며 지난해에는 소에지마 다네오미의 청국 파견에도 수행(隨行)하고 이번 출병 계획에도 깊이 관여했다. 르 장드르 외에 미국인 사관 두 명도 원정군에 참가할 예정이었다. 하지만 본국 정부와 대립하여 파면당

353　家近良樹,「'台湾出兵'方針の転換と長州派の反対運動」(同,『西郷隆盛と幕末維新の政局』, 앞에서 서술, 수록)을 참조

한 드롱의 후임으로 부임한 미국공사 빙엄은 대만 전역이 청국의 영토라는 입장에서 일본의 출병계획을 청국에 대한 적대행위로 간주하고, 일본정부가 미국의 선박과 사관을 고용한 것에 항의했으며 이를 저지하는 강력한 결의를 표명했다.

미국과 영국의 항의를 받은 정부는 4월 19일에 출병의 일시중지를 결정했다. 출병의 연기 결정은 바로 나가사키에 있던 오쿠마 시게노부에게 전달되었으나 오쿠마는 출병강행을 주장하는 사이고 쓰구미치를 설득할 수 없었다. 쓰구미치는 출병 지연은 결집해 있는 부대의 사기를 떨어뜨려 그 재해는 사가 사변에 비할 바가 아니며 그래도 연기해야 한다면 스스로 역적의 무리가 되어서라도 강행하여 국가에 누가 미치지 않도록 하겠다는 뜻을 주장하며 결심을 바꾸지 않았다.[354]

한편 사가의 난에 대한 뒤처리를 끝내고 4월 24일 귀경한 오쿠보는 위급한 사태에 대처하기 위해 29일 도쿄를 출발하여 5월 3일 나가사키에 도착했다. 그러나 그가 나가사키에 도착하기 전에 사이고는 이미 1,200여 명의 장병과 함선을 출발시켰고, 5월 4일 오쿠보, 오쿠마, 사이고와의 3자 협의에서도 출병 실시를 사후 승인할 수밖에 없었다. 3자 회담에서 사이고의 대만으로의 도항 외에 르 장드르의 귀경, 야나기하라 공사의 청국 파견이 결정되었고, 사이고는 5월 17일 약 1,800명의 병사를 이끌고 선발대의 뒤를 따랐고 21일 대만 남부의 서라오항[社寮港]에 도착했다.

선발대는 이미 5월 7일 대만에 상륙하여, 보탄샤[牧丹社][355] 이외 일부 원주민의 협력을 얻어냈다. 그리고 17일부터 전투가 시작되어 6월 3일 보탄샤를 점령했다. 이것으로 대만에서의 군사행동은 종료되고 도망갔던 보탄샤 주민도 이윽고 일본군에 귀순했다. 그러나 대청교섭을 유리하게 가져가기 위해 원정군은 계속 군대를 주둔시켰고, 그 사이에 풍토병 말라리아가 유행하여 일본군 병

354　『明治天皇紀』제3, 245쪽.

355　[역주] 보탄샤(牧丹社): 대만에 표류한 류큐 도민 54명이 살해된 사건이 발생했던 곳.

사자가 속출했다. 종군병력 3,658명 가운데 전사자 12명, 부상자 17명인데 비해 병사자의 수는 561명에 이르렀고, 전쟁 비용은 총 771만여 엔이 들었다.[356]

청국에서는 당연히 일본 출병은 영토침범이며 수호조규위반이라고 강력하게 항의했다. 청일간 교섭은 6월 들어 복건포정사(福建布政司)와 야나기하라 등과의 사이에서 시작되었지만, 군사행동은 완료된 점, 파견된 원정군을 어떻게 철수시킬 것인가에 대해서는 정부 내에서도 확실한 방침이 정해져 있지 않았다. 군의 핵심부에서는 육군경 야마가타 아리토모와 해군경 가쓰 가이슈[勝海舟]를 위시하여 청국과의 군사대결은 피해야 한다는 의견이 많았다. 그러나 오쿠보 등은 이러한 반대론을 무릅쓰고 7월 8일 각의에서는 부득이한 경우에 개전도 불사한다는 결정으로 몰고 갔다. 다음날 9일 산조 태정대신은 육해군경에게 다음과 같이 은밀히 통달했다.[357]

이번 대만 번지 처분을 위해 도독(都督)이 파견된 건에 대해, 그리고 청국으로 공사의 파견을 지시하신 건에 대해, 가급적 양국의 화친이 깨어지지 않도록 담판한다 해도, 만일 사이고로 인한 참극(불화·전쟁)이 일어나게 될지 가늠하기 어려우니, 부득이 할 경우 전쟁할 수 있다는 취지가 조정 회의에서 결정되었습니다.

한편 정부는 7월 15일 청나라 주재 공사인 야나기하라에게 청일교섭에 즈음하여 여러 항목의 훈령을 하달했는데, 그 가운데는 배상금을 획득하고 군대를 철수시킨다는 기본방침이 처음으로 제시된 것 외에, 이번 기회에 "류큐 양속

---

356   『西郷隆盛と樺山總』(앞에서 서술), 25~26쪽. 그 외에 "인부 4분의 1(500인 가운데 128인)이 죽었다.". 三宅雪嶺, 『同時代史』제1권(岩波書店, 1949년), 405쪽.

357   『일본외교문서』제7권, 150쪽.

의 근원을 끊고, 조선이 스스로 문호를 열게 하라."[358]는 훈령을 내렸다.

정부는 8월 1일 오쿠보 도시미치를 전권변리대신으로 임명하여 청국에 파견하기로 결정했다. 오쿠보는 8월 16일 나가사키를 출발, 9월 10일 북경에 도착했다. 이미 8월부터 야나기하라는 총리아문과 교섭하고 있었는데, 대만 전역을 자국의 영토로 보고 군대의 철수를 요구하는 청국 측과 '미개한 땅' 대만에는 청국의 통치가 미치지 않으므로 청국의 영토가 아니라고 주장하는 일본 측과의 간극이 컸고, 오쿠보로 교체되면서부터 쌍방 모두 같은 주장을 반복하여 논의는 평행선을 달려 교섭 타개의 전망이 보이지 않았다. 10월 10일에 오쿠보는 최후통첩을 하고 귀국하겠다고 선언했다.

사태가 새로운 국면을 맞은 것은 양국의 교섭이 결렬된 10월 이후 청국 주재 영국공사 웨이드(Thomas Francis Wade)가 중재에 적극 개입하면서부터였다.[359] 웨이드는 청국에게 배상금을 지불하게 하여 타협시키려 했고 오쿠보도 이에 응했다. 청국측이 제시한 '무휼금[撫恤銀]'의 금액은 군대의 철수비용보다 훨씬 적었지만, 오쿠보는 그것을 인정하는 대신에 '배상금' 명목이나 "대만의 정벌(征蕃)에 관한 건은 청국 정부에서 의거(義擧)로 볼 사항"이라는 조건을 달며 트집을 잡았다. 결국 쌍방이 서로 양보하여 타협이 성립되어 10월 31일 드디어 청일 양국 호환조관(互換條款)과 호환증명서[互換憑單]가 조인되었다. 청국이 '무휼금' 10만 냥과 일본군이 '미개한 땅'에 조성한 도로나 건물 등 여러 시설물의 '구매금' 40만 냥을 지불 상환으로 일본은 즉각 철병하기로 했다.[360] 오쿠보는

---

358   위의 책, 157쪽.

359   웨이드의 중개에 대해서는 石井孝, 『明治初期の日本と東アジア』(앞에서 서술), 133~190
       쪽; 『北京交渉遠い崖-アネスト-・サトウ日記抄 11』(朝日文庫, 2008년)을 참조

360   '배상금[償金]'은 손해 배상으로 지불하는 금전을 의미하며, 손해를 입힌 책임을 인정하는
       것을 함의하고 있지만, '구휼(撫恤)'금은 중화황제가 난민을 불쌍히 여겨 은혜를 베푸는
       위로금[見舞金]으로, 일방적으로 주는 은혜라는 의미가 있었다. 청국이 지불한 것은 난민
       가족에 대한 위로금(은량)을 의미하는 '무휼금'과 청국이 인수한 여러 시설의 '구매비[費

대만에 들러 사이고에게 교섭 경과를 설명하고 11월 27일에 귀경했다.

2. '일본국 속민 등(日本国属民等)' '보민의거(保民義擧)'

길고 어려운 교섭 끝에 청일간에 성립된 조약(양국 호환조관·호환증명서)은 대만 원주민이 일찍이 '일본국 속민 등'에게 함부로 위해를 가했으므로 일본이 '힐책' 했다는 것을 전문에서 지적한 다음에, 다음과 같이 약정하고 있다.[361]

> 日本國此次弁. 原爲保民義擧起見. 中國不指以爲不是(일본국이 그 다음으로 주장하는 것은 본디 백성을 보호하기 위한 의거를 위해 계획했다. 중국은 이것을 옳지 않다고 비난하지 않는다).

이외에 중국은 피해를 입은 백성에게 '무휼금'을 지급한다, 일본이 대만에서 수리하거나 고친 도로와 건물의 '구매금[費銀]'을 지불한다, 이 문제로 양국이 교환한 공문서에는 적의가 담긴 문구가 포함되어 있으므로 그것들 일체를 철회 파기한다, 청국은 대만 원주민을 단속하고 배에 탄 사람들의 안전을 확보한다는 것 등이 결정되었다.

제4장에서 살펴보겠지만, 오쿠보 내무경은 이 호환조관 속에 '일본국 속민 등(日本國屬民等)'과 '보민의거(保民義擧, 백성을 보호하는 정당한 행위)'라는 문구가 받아들여진 것을 절호의 정치적 무기로 삼아 북경교섭을 마치고 귀국한 뒤 바로 '류큐번 처분'에 착수하게 된다. 류큐와의 교섭과정에서 오쿠보와 그의 부하 마쓰다 미치유키는 이 조약을 근거로 류큐인[피해민]이 '일본국 속민'이라는 점,

---

銀]'로서 일본이 요구한 '보상금'의 명목은 인정되지 않았다.

361 원래 한문. 『일본외교문서』 제7권, 317쪽. 『북경교섭』(앞에서 서술), 314쪽을 참조

이번 사건을 문책하기 위해 시행한 일본의 출병을 청국이 '의거'로 인정했다고 주장하고, 청일교섭에는 관여하지도 알지도 못하는 류큐 측을 곤혹스럽게 만들고 궁지로 몰아넣었다. 그러나 청국 정부는 그 후에도 일관되게 류큐가 '스스로 일국을 이룬' 독립국이며 한편으로 청조 중국과는 종속(宗屬) 관계에 있다는 입장을 바꾼 적이 없었다. 그러한 의미에서 메이지정부의 주장은 류큐가 청일교섭의 당사자가 아니라는 약점을 이용하여 억지를 부렸다고 할 수 있다.

호환조관은 전쟁을 피하고 싶었던 청일 양국 간 타협의 산물이었다. 공평하게 말하자면, 즉 대만의 일부 선주민이 '일본국 속민 등'(의 외국인)에게 '함부로' 위해를 가해왔으므로 일본이 죄를 물어 출병한 것은 인정했지만, 류큐인이 '일본국 속민'이라고 명시하지는 않았다.[362] 또 핵심인 '보민의거' 1조에 대해 살펴보면, 호환조관은 일본 측이 주장한 대만 번지가 '주인 없는 땅'임을 부정하고, 대만의 모든 땅이 청국의 '속지'임을 확인했다. 영국이나 미국 등 제 외국도 그 점을 인정하고 있었으므로, 일본으로서도 미개한 땅 = 청국의 영토 밖 = '주인 없는 땅'이라는 주장은 철회할 수밖에 없었던 것이다. 하지만 그렇다고 한다면 청국이 일관되게 항의한 것처럼 일본의 출병이 청국의 '속지(属地)' 침해, 즉 말할 것도 없이 청일수호조규에서 규정한 '소속영토'의 '침범'에 해당된다. 그러나 청국이 그 점(영토권 침해)을 계속해서 비난하면 양국의 평화는 언제까지고 달성되지 않는다. 그래서 ('미개한 땅' 대만을 청국의 '속지'가 아니라고 오인한) '일본이 '보민의거'를 목적으로 출병을 계획하고, 실행한 점(일본이 그와 같이 주장한 점)을 청국으로서는 '옳지 않다'[不正]고 비난하지는 않는다'라는 것이 호환조관의 공평하고 객관적인 해석일 것이다.

그러나 동시에 호환조관이 일본의 출병목적을 옳지 않다(不是) = 잘못(非,

362 　대만 '번지'에서의 조난사건으로는 지난해 1873년(明治6) 3월에 빗추오다현의 어부가 표착, 원주민에 의해 약탈당한 사건도 알려져 있으며, 청일교섭에서도 일본 측은 자기에게 좀 더 유리한 재료로 언급하고 있었다. 張啓雄, 「日清互換条約において琉球の帰属は決定されたか」(『沖縄文化研究』19호, 1992년)을 참조

부정)이라고 하지 않았다고 규정함으로써 청국이 일본의 출병 자체를 '의거'라고 (간접적으로) 인정했다(＝옳다고 인정했다)고 일본 측이 주장할 수 있는 여지가 남은 것도 부정할 수 없다. 적어도 오쿠보 등은 일본 국내에 그와 같이 선전했고, 류큐에 대해서는 그 점을 좀 더 과장해서 주장하여 자기에게 유리한 교섭 재료로 삼았던 것이다.[363]

---

363 많은 역사서, 특히 류큐·오키나와사의 그것은 오쿠보 등 당시 메이지정부의 국내지향의 설명을 오늘에 이르기까지 비판 없이 답습하고 있다. 기술에 대한 적정한 재고가 필요할 것이다.

주 보충: 267쪽에 게재한 그림6(『東京日々新聞』에 기재한 대만도)에 관해서는, 松永正義, 『台湾問題を考えるむずかしさ』(研文出版, 2008년), 233쪽 이하 및 毛利敏彦, 『台湾出兵』(앞에서 서술), 26쪽 이하를 참조하기 바람.

제4장

'류큐번 처분'의 본격화에서 강제병합까지

정한론정변과 대만출병이라는 사건이 있었던 1873년과 1874년에는 메이지정부와 류큐왕부와의 관계가 비교적 조용히 변하고 있었다. 정부 내에서 번왕책봉 노선을 주도한 소에지마 다네오미가 외무경으로 재임했던 시기와 그 후로도 한동안 메이지정부의 류큐에 대한 내정개입의 의지는 아직 약했고, 청국과의 전통적 관계도 정부의 공인 하에 유지되고 있었기 때문이다. 그러나 제3장에서 살펴본 바와 같이, 번왕책봉으로부터 약 1년 뒤에 발생한 정한론정변으로 사이고 다카모리 등과 함께 소에지마도 정계에서 물러나고 오쿠보 도시미치가 주도하는 새로운 정권으로 교체되었다. 그리고 다음 해(1874년)에는 오쿠보 정권 하에서 대만출병이 실행되었고, 청일 간에 개전의 위기마저 발생했는데 오쿠보가 직접 북경에 가서 가까스로 화의를 성립시켰다. 정부의 대류큐정책이 그때까지와는 다르게 돌변하여 강경노선으로 바뀐 것은 오쿠보가 북경에서 대만출병처리에 관해 교섭을 하고 귀국한 1874년 말부터 이듬해 1875년 이후의 일이다.

정부는 1875년(明治8) 7월, 내무대승 마쓰다 미치유키를 류큐 현지에 파견하여 청국과의 전통적인 통교관계 금지를 비롯한 강경한 요구를 류큐왕국에 내밀었다. 물론 류큐로서 그러한 요구들을 받아들이는 것은 그때까지 그럭저럭 유지해왔던 독자적인 국가 존재의 근본을 위협하는 일이었으므로 왕부고관들은 마쓰다와 정부에 항변과 탄원을 반복하면서 집요하게 저항했다. 그리고 잠시 교착상태가 지속된 후 결국 1879년(明治12) 병합처분에 이르게 된 것이었다.

본 장에서는 이처럼 메이지정부의 대류큐정책이 노골적으로 '처분'의 성격을 드러내는 1875년부터 1879년 류큐병합 강제실시까지의 사건을 고찰 대상으로 한다. 다만 서장에서 이미 언급한 바와 같이 본서의 문제의식은 이 시기 각각의 사실(史実) 인식과 해석뿐만 아니라 그것들을 어떠한 관점에서 어떠한 용어 사용법으로 말할 것인가라는 메타차원의 반성에까지 발전되었다. 그래서 본론으로 들어가기 전에 우리의 고찰 대상에 어울리는 용어 사용법과 바람직한 역사기술의 방식에 대해 조금만 덧붙여 성찰하는 것으로부터 시작하고자 한다.

제1절 류큐병합사의 논의 방식에 대하여

류큐병합사(류큐처분)에 관한 종래의 연구와 그 역사기술에서는 어떤 의미에서 당연하겠지만 주로 (또는 오로지) 역사를 주도적으로 움직여서 형성한 주도자인 메이지정부의 동향에 주목하는 경향이 있다. 때문에 마쓰다 미치유키가 엮은 『류큐처분』을 중심으로 메이지정부의 다양한 종류의 공문서가 참조되었고 그 문서 기록들은 사료로서의 특별한 가치를 부여받아왔다.

그 점에 대해 본 장에서 과제로 삼고 싶은 것은 그 당시의 역사를 살았던 다른 한 측, 병합처분의 대상이 된 측에도 그에 마땅한 해명을 하게 해주고, 역사의 양면성과 다면성을 될 수 있는 한 정확하게 즉 공평하고 객관적으로 고찰하는데 있다. 그것을 위해 본 장에서는 지금까지 거의 활용되지 않았던 기샤바 조켄의 『류큐견문록』을 새롭게 검토하고, 특히 1875년(明治8)부터 1879년(明治12)까지의 류큐를 내부에서 살피는데 주요한 준거사료로 활용했다.

류큐병합사를 주도했던 측에서 보는 연구의 한계성과 관련하여, 여기서

‘류큐번’이라는 호칭이 가지는 문제성에 대해 재고하고자 한다. 즉 우리가 앞서 검토한 1872년(明治5) ‘류큐 번왕책봉’부터 본장에서 고찰하는 1879년 ‘폐번치현’까지의 류큐를 고찰함에 있어서. 종래의 연구와 역사기술에서는 바로 메이지 정부의 공문서에 따라 ‘류큐번’이라는 용어가 사용되어 왔는데, 그것으로 충분한 것일까라는 소박한 의문이 필자에게는 있다. 이 ‘류큐처분’ 시기의 고찰대상을 어떻게 부를 것인가 하는 문제는 어쩌면 과거에도 연구자 개개인의 차원에서는 문제의식으로 자각된 적은 있었겠지만 공문서와 같은 부류의 사료가 필요 이상으로 중시되어왔기 때문에 지금까지 명시적으로 문제가 제기되지 않았던 것은 아닐까.

예를 들어 일상회화나 통속적인 글 등에서는 류큐·오키나와의 근세부터 근대로의 세대교체에 대해서 “1879년 류큐처분으로 류큐왕국이 해체(폐멸)되고 오키나와 현이 설치되었다.”라는 식으로 간단하게 표현되는 경우가 종종 있다. 역사학자 가운데에는 이러한 표현이 학문적으로 반드시 정확하지 않다는 쪽으로 생각할 지도 모른다. 그러나 일반 사람들의 감각으로 보면 그러한 표현에 특별히 위화감을 품지는 않을 것이다.

하지만 주지하는 바와 같이 종래의 역사학 연구에서는 1872년 9월 번왕책봉을 ‘류큐번 설치’라 바꿔 부르고 그 이후 약 7년 반을 ‘류큐번’시대로 취급해왔다. 즉 ‘류큐왕국’ → ‘류큐번’ → ‘오키나와현’으로 시대를 구분하고 번왕책봉과 폐번치현 사이의 약 7년 반을 ‘류큐번’으로 불러왔다.

그러나 넓은 의미의 ‘류큐처분’시기(류큐병합사)에 해당하는 약 7년 반을 아무런 유보도 없이 ‘류큐번’시대로 간주해도 괜찮은 것일까! 이른바 통설에 따라서 1872년에 “류큐번이 설치되었기” 때문에 그것이 당연하다고 생각하는 것도 하나의 견해이기는 하다. 그렇다면 1879년 ‘폐번치현’을 가리켜 ‘류큐처분’이라고 부를 필요도 또 거기까지 이르는 과정을 (넓은 의미의) 류큐처분의 시기로 규정하여 기술할 필요도 없지 않을까(앞서 서술한 바와 같이 이 시기 공문서에는 ‘류큐처분’이 아니라 ‘류큐번 처분’이라는 용어가 사용되었다)! 이 경우 우리는 역사학자의 역사인식과 전문지식과는 거리가 먼 아마추어의 역사 감각 중 어느 쪽을 옳다고 해야 할까.

　　최근 이 시기 연구의 일인자인 니시자토 기코는 '폐번치현' 대신에 '폐류치현(廃琉置県)'이라는 개념을 사용하고 있는데[364] 그것도 앞서 지적한 문제와 관련되어 있을 것이다. 필자는 그 개념을 받아들여 사용할 생각은 없지만, 니시자토 제안의 밑바탕에 있는 문제의식에 대해서는 나름 이해할 수 있다고 생각한다. 즉 '폐번치현' = (좁은 의미의) '류큐처분'에 의해 '폐번'이 이루어졌다(류큐번이 폐지되었다)기 보다 류큐왕국이 폐멸된 것이므로 그 실태를 보다 정확하게 전달할 수 있도록 용어 사용에도 고민할 필요가 있다는 것이다.

　　필자가 제2장에서 제안한 것은 종래 '류큐번 설치'로 기술해 온 사건들을, 사실(史實)에 입각하여 '류큐번왕'의 '책봉'으로 정확히 파악하고, 그 의미를 충분히 전달할 수 있도록 기술하고 설명해야 한다는 것이었다. 그것을 바탕으로 본 장에서는 번왕책봉 이후 넓은 의미의 '류큐처분'의 역사과정 즉 '폐번치현'에 이르는 이른바 '류큐번' 시대를 고찰 대상으로 하지만, 고찰과 서술에는 가능한 한 '류큐번'이라는 용어의 상대성과 한정성을 의식적으로 자각하고 독자에게도 그 점을 이해시킬 수 있도록 주의를 기울이려고 한다. 보다 적극적으로 표현하면 필자가 여기서 새롭게 제안하고 싶은 것은 이 시기의 류큐에 대해서는 쓸데없이 번이라는 용어를 덧붙일 것이 아니라 그냥 '류큐'라 부르고, 관청에 대해서는 '(류큐)왕부'라 부르기로 하며 '류큐번'이라는 용어나 '번청', '번리', 기타 '번'과 관련한 개념(=일본사에서의 차용어)을 절대화하지 않는 것이다. 즉 그것들을 전용하거나 함부로 사용하는 것을 삼가면서 당시 류큐의 실태나 다면성을 적절하게 전달할 수 있도록 표현상의 방법은 모색할 필요가 있다고 생각한다. 왜냐하면 '폐번치현'의 '폐번'이라는 용어만 문제가 되는 것이 아니라 애초에 '류큐번

364　西里喜行, 『清末中琉日本関係史の研究』(京都大学学術出版会, 2005년) 외에, 安里進 외, 『沖縄県の歴史』(山川出版社, 2004년), 제8장(西里喜行 담당)을 참조.

을 설치했다'라는 기술부터 부적절한 것이며 그 후의 류큐(왕부, 왕국)를 '류큐번'
으로만 논술하는 것 자체에 이미 문제와 오류가 내재되어 있기 때문이다. '류큐
번'이 실질적으로 '류큐왕국'이었다는 것, 그 의미에서 '류큐번'이라는 말은 일
정한 유보 하에서만 타당성을 갖는다는 점에 대한 설명 없이 그것이 폐지된 사
태를 가리키는 '폐번'(이나 '폐번치현')이라는 용어만을 문제 삼는 것은 본말이 전
도되었다고 생각하지 않을 수 없다.

문제의식을 좀 더 선명하게 하기 위해 본 장의 고찰에서 자주 인용되는 류
큐병합사의 두 가지 기본사료 중, 기샤바 조켄의 『류큐견문록』을 간단하게 언급
하고 나서 역사용어 문제로 다시 되돌아가도록 하겠다. 서장에서도 다루었듯이
마쓰다 미치유키가 엮은 『류큐처분』(내무성, 1879년(明治12))은 '폐번치현' 처분을
담당했던 마쓰다가 처분 임무를 끝낸 직후에 정부 내부자료로서 관계서류를 망
라하여 편찬한 것으로 이른바 '처분한 측'의 동향과 관점을 전달하는 사료가 많
이 포함되어 있다.[365] 그에 반해 본서에서는 그것뿐 아니라 '처분당한 측'의 사
료로서 『류큐견문록』에도 주목하여 활용하고자 한다.[366] 기샤바의 『류큐견문
록』은 저술과 편집의 시기도 마쓰다의 『류큐처분』과 완전히 같은 시기(메이지12
년 겨울)이며, 또한 그 시기에는 메이지정부와 류큐왕부 간의 교섭에서 서로 문
서를 교환하고 있었으므로 그에 관한 중요사료는 마쓰다의 편저와도 중복된다
(그와 같이 사료와 사건의 관찰 등 겹치는 부분에 대해서는 공평성, 객관성을 생각하여 두 편

---

365 松田道之편, 『琉球処分』(전3권, 1879년)은 『明治文化資料叢書 第四卷·外交編』(風間書房,
    1962년)에 수록되어 있다. 이하 『琉球処分』에서 인용한 부분에 대해서는 내무성 간행 초
    판(전3권)을 『처분』으로, 『明治文化資料叢書 第四卷·外交編』을 『총서』로 생략해서 기술하
    고, 각각의 쪽수를 기술하도록 한다.

366 喜舍場朝賢著, 『琉球見聞録』(親泊朝擢刊, 1914년)은 류큐처분 직후(1879년)에 저술, 편집
    되었는데 초판 간행은 1914년이며 제2판(東汀遺著刊行会, 1952년)까지는 개인 간행, 제
    3판이 1977년에 至言社에서 간행되었다(제2판과 제3판의 쪽수는 같음. 서지학적 사정에
    대해서는 보론을 참조하기 바람). 이하 인용은 기샤바 『견문록』으로 생략해서 기술하고,
    초판과 제2·3판 쪽수를 병기함께 기술한다.

저의 해당 부분을 가능한 한 병렬해서 기술했다).

기샤바 조켄은 지금은 거의 잊혀진 인물이 되었지만 단지 역사 기록을 남겼다는 것뿐만 아니라 그 능력과 자질에서도 희대의 역사가였다고 평가할 수 있다. 그의 역사가로서의 자세를 확인해 두기 위해 여기서 『류큐견문록』에 범례를 인용한다.

- 이 책을 순서대로 편집하는데 있어 연월은 모두 구력을 사용한다. 왜냐하면 국인[류큐인]은 일본에 대해서는 태양력을 사용하더라도 자신들이 일상적으로 사용하는 것은 오직 구력이기 때문이다.

- 연표기로 반드시 청일 연호를 게재한 것은 아직 양속관계가 끊어지지 않았기 때문이다.

- 류큐는 청일 양국에 예속되어 있다 하더라도 예로부터 지금까지 법령과 법규와 같은 것은 스스로 주관하고 다스리고 있는 바이므로 실제로 독립하여 속박받지 않는[独立不羈]의 모습을 지니고 있다. 그러므로 황국을 가리켜 일본이라 하고 자국을 류큐라 칭한다. 국인[류큐인]의 일상 언어 문자는 모두 위와 같이 사용했다. 이 책 속에 일본·류큐를 구별해서 칭하는 것은 풍속 및 습관의 현상을 따랐다.

- 책 속에서 교섭에 관한 논술을 하기 위해 사용한 사료는 대부분 서간으로 한다. 그 서간은 모두 그 전문(全文)을 게재하고 그것이 번거롭고 복잡하기 그지없기는 하나 이를 삭제하거나 줄이지 않는 것은 당시의 실상과 상황을 잃어버리는 것이 두렵기 때문이다.

이상이 기샤바가 류큐의 입장에서 류큐병합(처분)기의 역사를 객관적인 기록으로 남기고자 했던 기본자세였다. 이미 그 자체가 역사가로서의 그의 진가를 여실히 엿볼 수 있는 대목이며, 여기서 주목하고 싶은 점은 '류큐'가 청과 일본에 종속되어 있으면서도 내정은 '스스로가 주관하여 다스리고[管治]', '독립불기의 모습'을 지녀왔으므로 황국 일본과 자국 류큐로 구분해서 칭하는 것이 '풍속과 습관의 현상'이라는 점, '아직 양속관계가 끊어지지 않았기 때문'에 청일 연호를 병용한다는 것 등을 지적한 부분이다.

이러한 기샤바의 자세 내지 정신에 입각하여 말하면, 이 시기의 '류큐'는 분명히 일본정부로부터 '류큐번'으로 불리고 있었지만 실질적으로는 아직 '류큐 왕국'시대였다고 할 수 있다. 그때까지의 내정은 아직 기본적으로 '독립불기의 모습'을 잃지 않았고 '류큐국왕'(류큐국 주잔왕)을 책봉한 청국과의 관계도 아직 '끊어지지 않은' 상태였으며, 게다가 '독립불패의 모습'이나 청국과의 전통적 관계가 '류큐국 사람들'의 자부심이나 정체성의 핵심을 이루고 있다(고 기샤바의 저서로부터는 추인을 받았기) 때문이다.

즉 당시 류큐에 대해서는 일본 측에서 부르는 호칭과 위상, 중국(청조) 측에서 부르는 호칭과 위상, 그리고 무엇보다 류큐 스스로 어떻게 비추어졌는지 하는 집단적 자의식이라는 세가지 차원이 있었다. 머지않아 '폐번치현'으로 인해 사실상 일본에게 강제병합된 것은 분명하지만, 그렇다고 해서 그 이전 시기에 대해서도 일본 측에서 부르는 호칭과 위상만을 절대화하고 그 외의 두 가지 차원을 사상(捨象)하고 지워버려도 되는 것은 아닐 것이다. 이 시기에 류큐는 일본(메이지 천황 정부)으로부터는 '류큐번'으로 불렸고, 류큐 측도 일본을 상대할 때는 자칭 '류큐번'이나 '폐번' 등으로 불렀다. 이것은 틀림없는 사실이며 사실로서 부정하면 안 된다. '폐번(치현)'이라는 용어에 대해서도 마찬가지다.[367] 그러나 동시에 중국(청조)과의 관계에서는 국왕(류큐국 주잔왕)으로 책봉받은 쇼타이를 받드는 '류큐왕국'이었다. 무엇보다 중요한 것은 류큐 선비와 백성의 자의식이며, 제4장에서 살펴보는 바와 같이 류큐는 스스로 나라를 세웠고 고유의 군주권을 가진 독자적인 국가적 존재로 생각하고 있었다는 것이다. 즉 1872년 이후 류큐국왕 쇼타이가 일본국 천황(황제)에게도 '번왕'으로 책봉되면서 기샤바

---

367 그러한 의미에서 앞에서 서술한 주(1)의 『沖繩縣の歷史』에 나오는 "4월 4일 폐류치현이 국내외에 포고되어"(234쪽)라는 기술에는 위화감을 금할 수 없다.

의 표현에 의하면 '고금을 통하여' 계속 유지해 온 '독립불기[獨立不羈]의 모습'이
아직 박탈되지 않았고 류큐 사람들이 '황국일본'과 구별되는 '자기 나라 류큐[自
国琉球]'라는 자기의식을 가지고 있었다.

기샤바는 '자기 나라'를 그저 '류큐'라 부르고 불필요하게 '류큐번'이라는
용어와 '번'과 관련된 어휘를 많이 사용하지 않았다. 이것은 마쓰다를 비롯한 메
이지정부의 위정자, 관료들의 공문서가 오로지 '류큐번'이라는 용어와 '번'과 관
련된 어휘(번청, 번 관리, 번민, 번 내 등등)를 사용하는 것과, 이와 관련하여 덧붙이
자면 역사가가 그것을 오늘날까지 답습하는 것과도 큰 차이를 보여준다. 기샤
바의 본래 용어는 황국일본에 대치된 의미로서의 류큐라는 '우리 나라 조정[国
朝]', 우리나라 사람[国人], 우리나라 사절[国使], 성 내[城府] 등이다. 다만 '번왕'
이라는 용어는 마쓰다 외에 다른 사람은 물론이고 기샤바도 사용했다. 『류큐견
문록』에서는 오로지 그 용어로만 사용하고 있다. 왕이라는 호칭이 포함되어 있
어서 저항이 적었다고도 할 수 있겠지만, 무엇보다 먼저 류일교섭, 일본 측과의
'교섭에 관한 논술을 하기 위해 사용한 사료'가 서술의 중심 테마였기 때문이었
을 것이다.[368]

기샤바가 많이 사용하고 있는 말에 '중관리(衆官吏)'라는 별로 익숙하지 않
는 용어가 있다. 왕부의 상급과 하급 관리들 정도의 의미로, 이 '우리 중관리'라
는 말이 류일교섭에서 류큐 측을 표현하는 중심적인 용어다. 그 외에 류큐의 '중
관(衆官)', '중관리와 여러 선비[衆官吏諸士]'라는 용어도 사용하고 있다.[369] 이러
한 개념에는 류큐왕부 관리가 선비[士]이기는 하지만 무사가 아니었다는 정황을
반영하고 있다고 할 수 있다. 그들은 무인(武人)이 아니라 문인(文人)으로 선비이

368　기샤바는 만년에 『東汀随筆』을 썼는데, 거기에는 이 시기의 쇼타이에 대해서도 '왕'과 '국
　　　왕'이라는 용어를 사용하고 있다.

369　관(官)은 상급, 리(吏)는 중하급의 관리라는 한자어[漢語]의 원뜻에 따르고, '중관리[衆官]'
　　　가 왕부 수뇌부를 이루는 상급관리들, '중관리제사(衆官吏諸士)'는 관직에 오르지 않은 선
　　　비층도 포함하는 포괄적 호칭이라는 뉘앙스가 있다.

면서 관리였다. 그것에 대해서 마쓰다는 '류큐번 관리[琉球藩官員]', '류류 관리[琉官]'와 함께 류큐번 '사족(士族)'이라는 용어를 최초로 사용하고 있다.

기샤바의 저서에는 그러한 독자적인 표현과 마쓰다 등이 사용하는 일본(사)의 표현이 혼재되어 있는 점도 흥미롭다. 메이지정부가 '류큐번'이라고 호칭했기 때문에 일본과의 교섭에서는 류큐왕부도 스스로 그렇게 불렀고, '해당 번[当藩]', '폐번', 기타 '번' 관련어를 사용할 수밖에 없었던 점은 쉽게 이해할 수 있을 것이다. 흥미로운 것은 '사족'이라는 용어인데, 마쓰다가 처음 류큐에 왔던 1875년(明治8) 이전 시기의 기술에서는 기샤바가 '선비'나 '선비와 백성'이라는 용어를 사용하고 '사족'을 거의 사용하지 않았는데, 그 이후의 기술에는 그 용어의 사용이 점점 많아졌다. 류일간 교섭이라는 주제의 제약과 비대칭적인 권력관계로 뒷받침된 마쓰다 등의 언설적인 헤게모니에 영향을 받았기 때문일 것이다.

말할 것도 없이 '사족'이란 메이지유신 후 에도시대의 무사계급에게 부여된 호칭으로 '화족'과 '평민' 사이에 위치한 족칭이다. 분명히 마쓰다 주변에서는 옛 무사계급을 공공연하게 '사족'으로 불렀을 것이다. 마쓰다가 류큐의 선비라는 신분('중관리'나 '중관리와 여러 선비')을 '사족'이라 부른 것이나 또한 그 언설로 짐작하건대 패권 하에서 류큐왕부의 공문서와 기샤바의 사록(史錄)이 나름 영향을 받은 것은 그나마 이해할 수 있으나, 오늘날까지 역사학에서 그러한 용어의 사용법을 반성도 없이 답습해 왔다는 것은 조금 문제가 있는 것이 아닐까.

류큐·오키나와사에서는 류큐왕국시대에 대해서도 '류큐왕국 사족(계급)'으로 기술하고 있다. 일본사에서 '에도시대 무사'라고는 말해도 결코 '에도시대의 사족'이라는 표현은 쓰지 않았음에도 불구하고 그렇게 사용하고 있다. 용어문제야 어찌 되었든 간에, 가볍게 넘어갈 수 없는 것은 일본과 류큐의 사회구성의 본질적 차이를 무시하고 '사족'이나 '지배계급'이라는 용어를 사용해서 일본사로부터의 안이한 유추해석을 하고 있는 경우가 대부분이라는 점이다.[370] 또

370　제1장에서 살펴본 것처럼 일본 무사(이후 사족)가 평균적으로 전체 인구의 불과 몇 퍼센

는 마쓰다 등의 글에도 '번'이라는 용어가 과거 사건에 대해서도 소급해서 적용
되지만, 메이지기에 작성된 오키나와 구관조사서(旧慣調査書) 등에도 근세 류큐
왕국을 가리켜 '구(舊) 번시대', '번정(藩政)시대'와 같은 용어가 사용되었고, 구
관온존기(旧慣溫存期)에 관한 역사연구 등에서도 그 용어가 사용되기도 했다. 일
본사에 과하게 동조한 사례이지만 그러한 개별적인 용어뿐만 아니라 크고 작은
역사사실의 해석에서도 일본정부와 류큐의 관계에 기원을 둔 권력관계에 의해
규정된 왜곡이 그대로 역사의 통설이 되는 경우가 적지 않다. 특히 오키나와 근
대사의 시작인 '류큐처분' 시기가 그것에 해당하며, 이 시기의 역사를 재고하는
것은 류큐 오키나와사 뿐만 아니라 일본근대사를 올바르게 재검토하는 작업과
당연히 연결되는 것이다. 본장에서 기샤바 조켄의 저서와 정신으로 되돌아가서
이 시기의 역사과정을 재고하고자 하는 까닭이다.

제2절 '류큐번 처분'의 본격화

1. 번왕 책봉 후의 류큐

대만출병·청일교섭 이후 일본정부의 대류큐정책이 강경하게 바뀌어가는 경
위를 고찰하기 전에 류큐의 번왕 책봉이 이루어진 후 비교적 평온한 시기, 즉
1873년(明治6)과 1874년에 일어난 일에 대해서 간단히 살펴보겠다. 이때 일본

중앙정치에서는 정한론정변과 대만출병이라는 중대한 사건이 일어났는데 두 사건을 주제로 고찰한 제3장에서는 바로 이 시기의 일본정부와 류큐왕부와의 관계에 대해 전혀 언급하지 않았기 때문이다.

번왕 책봉 때에 상경한 류큐사절의 접대를 외무성이 담당했다는 것은 앞에서 다루었는데, 류큐와 관련된 사무는 그 후에도 외무성이 관할했다. 그리고 1874년 7월에 류큐의 관할은 정한론정변 후에 신설된 내무성으로 이관되었다. 외무성이 관할하던 시기의 외무경은 1873년 10월 정한론정변까지는 소에지마 다네오미였고[371], 후임은 데라시마 무네노리였다. 그리고 그들 밑에서 실무를 담당했던 중심인물이 외무성 6등출사인 이치지 사다카였다.

앞에서도 다루었지만 이치지 사다카에 대한 경력을 간략히 정리해서 소개해둔다.[372] 그와 관련하여 유일하게 논문을 쓴 하라구치 구니히로[原口邦紘]에 따르면, "이치지 사다카는 사쓰마번 유신운동을 이끈 대표적인 사람 중의 한 명이다. 옛 성(姓)은 호리[堀]씨이다. 호리 나카자에몬[堀仲左衛門]에서 호리 지로[堀次郎], 호리 고타로[堀小太郎]로 개명하면서 시마즈 히사미쓰의 측근으로서 공무합체운동(公武合体運動)을 도왔고, 오쿠보 도시미치 이상으로 중용되었다. 그러나 사쓰마번의 논의가 막부를 타도하자는 쪽으로 바뀌는 과정에서 사이고 다카모리와 그 일파로부터 소외당하고 보신전쟁에서 개선하고 돌아온 병사에 의해 메이지2년 번정개혁(문벌타파, 가격(家格) 폐지, 가록[世禄] 개정)이 일어난 즈음에 소참사(小参事)에서 해임당하고 동시에 사이고 일파의 반대로 이와쿠라 도모미가 간절히 원했던 중앙정부(회계관) 등용의 길도 무너진 인물이다."[373] 이치지가

---

371 [역주] 소에지마가 외무경으로 재임한 기간은 1871년 12월부터 1873년 10월로 정한론정변이 일어난 후에 사임한다. 그가 재임하던 시기에 류큐를 관할한 부서는 외무성이었다.

372 이치지에 관한 간단한 전기로서 原口虎雄, 「伊地知貞馨略伝」(伊地知貞馨, 『沖縄志』, 原口虎雄·原田泉감수, 青潮社, 1982년 수록)이 있다. 이치지가 집필한 『沖縄志』 초판은 1877년(明治10) 간행으로, 오키나와에 관한 최초의 상세한 역사지리서로 알려져 있다.

373 原口邦紘, 「外務省六等出仕伊地知貞馨と琉球藩(上)」(『西南地域史研究』 제7집, 1992년).

삿초도히의 제후에 의한 '판적봉환'의 상주문을 기초하는데 관여했고, 그 이후 일단 실각하지만 (전국적인) 폐번치현 후인 1871년 10월에 나라하라 시게루와 함께 다시 등용되었다. 이듬해인 1872년 1월 가고시마현의 전사(傳事)로서 류큐에 파견되어 체류하던 중에 대만조난사건의 류큐인 생존자가 귀환했는데 그 사건을 가고시마현 참사인 오야마 쓰나요시에게 보고하자마자 오야마의 대만출병건언서를 받아서 가바야마 스케노리와 같은 시기에 상경했다는 것 등에 대해서는 제2장에서 다룬 그대로이다.

상경한 이치지는 8월 14일 소에지마 외무경에게 사건에 대해 상세히 보고했고, 8월 22일에 류큐사신의 접대 담당자로 임명되어 번왕책봉과 관련한 류큐 사절을 영접했다. 이치지는 그 이후 류큐 사무를 외무성이 관할했던 시기에는 외무성 6등 출사(出仕)로, 그리고 1874년 7월에 내무성으로 이관된 후에는 내무성 6등출사로 정부 내에서 류큐 정책과 관련된 실무를 담당했다.[374] 그러나 뒤에서 자세하게 다루겠지만 대만출병·청일교섭 후 정부의 대류큐정책이 강경하게 바뀌어 오쿠보 내무경이 등용한 마쓰다 미치유키(내무대승)가 류큐문제를 담당하게 되자, 그 때까지 이른바 소에지마 노선에서 큰 역할을 담당해왔던 이치지는 아마도 내무성에서의 존재가 희미해지면서 1876년 2월에 면직되었을 것이다.

이처럼 막부 말부터 판적봉환 무렵까지의 경력을 보면 재등용된 이후 정부에서의 경력은 이치지 본인으로서도 결코 뜻대로 되지 않았다는 것을 쉽게 상상할 수 있다. 특히 내무성으로 바뀌어 '류큐번 처분'이 본격화되고 나서는 내무성 내에서 자신의 입지를 보존하기조차도 어려운 처지에 내몰린 것이 상상이 가고 동정심마저 자아내게 할 정도지만, 그것은 이치지의 책임이라기보다 메이

374 　伊地知貞馨 편, 「琉球使臣来朝始末」. 이 시기의 사료로서 이 외에 「琉球使臣上京書類」, 「琉球藩取扱書」, 「琉球藩在勤来往簡綴」(모두 외교사료관 소장, 류큐대학 부속도서관 오키나와자료실에서 영인본 소장)이 있는데, 松田道之 편, 『琉球処分』에는 이 외무성 관할시대의 수록사료는 매우 적다.

지정부의 일관성 없는 대류큐정책이 급전환된 탓이었을 것으로 생각된다. 하여간 적어도 그 이전 외무성 시기의 이치지는 상당히 큰 재량권과 영향력을 가지고 류큐와 관련된 정책과 사무를 담당하고 있었다.

제2장에서 번왕책봉의 의미를 논했을 때, 책봉 다음 날(9월 15일자) 소에지마가 정원(正院)에 보고한 '번속의 체제에 대한 건의'의 중요성을 서술했다. 거기에서 소에지마는 "이번 류큐사신은 쇼타이를 대신하여 책봉의 조서를 받아들인 이상 더욱더 우리의 번속 체제를 철저히 하도록 처분해주시기 바랍니다."라 하고 외무성 관원의 류큐 주재 근무, 파견된 대장성 관원에 의한 "조세와 민정(民政) 이하 일체의 풍속시찰", 도쿄의 저택 하사 등을 부탁했다.[375] 번왕 책봉에 수반되는 류큐 '번속' 체제를 정비하고 그 취지를 류큐 측에도 관철시키기 위해서 필요한 조치를 강구하겠다는 것이 소에지마의 의도였으며 첫 번째 조치로 외무성 관원 근무가 거론되었다. 주재 근무의 임명을 받은 사람이 이치지였으며, 가고시마현의 류큐재번봉행(琉球在番奉行)[376]인 후쿠자키 스에쓰라가 외무성 9등 출사로 이치지의 보좌역으로 임명되었다.

이치지는 번왕책봉 직후인 1872년 10월 13일 시나가와[品川]를 출발해서, 이미 10월 4일에 류큐에 돌아가기 위해 먼저 출발했던 류큐 사신단과 도중에 오사카에서 합류했다. 가고시마 도착 후 배편 사정 등으로 약 4개월간이나 체류했고, 류큐에서 임무에 착수한 것은 이듬해인 1873년 3월이었다. 이 류큐로 가는 여정에는 '번속의 체제에 대한 건의'에서 거론된 류큐로 파견된 대장성 관리 3명 외에 오사카에서 류큐에 도착할 때까지는 류큐사신단의 한 사람으로 참여했던 기샤바 조켄도 동행했다.[377] 가고시마 체류 중에, 이치지는 가고시마에 있

---

375   [역주] 본서 제2장 제4절-2, 「번왕책봉에 의한 류큐의 '번속'화」 참조

376   [역주] 류큐재번봉행(琉球在番奉行): 가고시마현(구 사쓰마)이 류큐왕국을 간접통치를 하기 위해 상주시킨 관리.

377   喜舍場, 『견문록』, 12~13쪽(제2·3판, 10쪽).

는 류큐의 출장기관인 류큐관 관리의 철수를 명하고, "이제까지 매년 가고시마 현에 조세로 납부했던 쌀과 설탕"은 앞으로 대장성 조세요(租稅寮)로 직접 납부하라는 명령을 전달했다.[378]

이때 처음 외무성 관원으로서 이치지가 류큐에서 근무한 것은 2개월 남짓이었으며, 가장 큰 임무는 번왕책봉에 수반되는 '번속체제'를 정비하고 그 취지를 가능한 '철저히' 관철시키는데 있었다고 할 수 있다. 때문에 이치지는 산시칸 등에게 국왕 쇼타이가 책봉의 은혜와 조정의 취지를 준수한다는 승낙서를 바치도록 촉구했다.[379] 소에지마 외무경도 사신단이 돌아가고 나서 류큐 '왕부와 인민[上下]의 인심'의 동향에 신경을 쓰고 있었다. 또한 이미 도쿄에서 사신단에게 통지한 것으로 류큐가 여러 외국과 맺었던 조약서 인수에 대해서 류큐 측을 설득하는 것도 이치지의 중대한 역할이었다.

이치지는 1873년 4월 22일 나하를 떠나 귀경 길에 올랐지만 이미 류큐 체류 중에 왕부에 대해서 도쿄에 저택을 마련하고 거기에 웨카타 한 명을 근무시키라고 통지했다. 요나바루 웨카타가 최초의 동경 주재원으로서 신년축하사절을 겸해서 상경하게 되어 이치지가 도쿄로 돌아가는 길에 동행했다. 이치지는 귀경 후 도쿄에서 근무하고 있는 요나바루 웨카타를 통해서 류큐 측과 절충하고 류큐에 관한 사무를 중심적으로 담당했다. 또한 이듬해 1874년 1월부터 5월까지 외무성관원으로 두 번째로 류큐 출장을 갔고 류큐에서 우편물사업이 개설되는 상황을 지켜보았다.[380] 그리고 두 번째 출장에서 귀경한 후, 류큐 관할이

---

378 松田, 『처분』上, 198쪽(『총서』, 47쪽).

379 그것에 대해 '류큐번왕 쇼타이' 이름으로 먼저 사신을 파견하여 '입공'시키고, "뜻밖에도 번왕 화족 및 1등관의 높은 작위를 하사받고 천황의 두터운 은혜는 고맙기 이를 데가 없습니다. 이에 상주문을 받들어 올리고 삼가 받은 은혜에 감사히 여겨 사례드립니다"라는 문서가 1873년 3월 28일자로 제출되었다. 『日本外交文書』제6권, 384쪽.

380 이 시기 류큐 측에 일본 본토에 우편선을 왕복할만한 우편 수요가 있었다고 생각하기 어렵지만 민간회사가 정부 보조를 받으며 우편선이라는 이름하에 공납세(공납미·공납설탕)

내무성으로 이관됨과 동시에 이치지도 내무성 출사로 전임되었다. 이런 식으로 번왕책봉 후 초기에는 류큐와 절충하는 역할을 맡았던 이치지의 역할은 컸지만 상세한 설명은 하라구치 구니히로의 연구에 넘기기로 하고,[381] 여기서는 이 시기에 확정된 정부의 대류큐정책과 그 과정에서 이치지가 한 역할에 대해서 네 가지 정도로 짧게 정리하고자 한다.

첫째는 번왕책봉 직후에 도쿄에서 경하사 일행이 소에지마 외무경에게 청원한 '조세삭감'의 건이다. 류큐의 '경하사 등'이 소에지마와 면회하여 "류큐가 사쓰마인에게 지배당한 이후로 무거운 조세 부담을 견디지 못해 국민들은 피폐해졌다……공물을 줄여주시기를 간절히 바랍니다."라고 하면서 그 때까지 사쓰마(가고시마번)에서 부과했던 상납의 부담을 삭감해줄 것과 나아가 아마미제도 반환까지 요청했는데, 소에지마로부터 "동료들과의 협의를 거쳐 류큐를 위해 잘 조치하겠다."는 선처를 약속받고 '국사 등'이 기뻐한 것에 대해서도 제2장에서 다루었다. 어쩌면 그 선처하겠다는 약속을 기대한 점도 있고, 게다가 1873년(明治6)은 지난해 가을부터 가뭄이 계속되어 예년에 없던 흉작이었으므로 류큐왕부는 같은 해 4월 12일자로 '상납 무기한 연장'과 '설탕으로 공납하던 것'을 쌀로 '바꿔달라는' 청원을 했으며 그 이후에 '쌀 부가[賦米]'의 면제도 청원했다.[382] 이 청원에 대해 이치지는 류큐 측 입장에서 사정을 자세히 설명하는 조서를 작성하여 류큐의 신청을 승낙해달라는 보고를 정부에 올렸다.

그에 대해서 정부는 1873년 12월 "류큐번 공납에 관한 건, 해당 번의 소원을 그대로 들어주기는 어렵지만, 특별히 논의를 거쳐 쌀 부과 등의 명목 및 설

운반도 하청을 맡는 이권이 따르는 사업이었다.

381　原口邦紘,「外務省六等給仕伊地知貞馨と琉球藩(上)」의 속편으로 原口邦紘,「外務省六等出仕伊地知貞馨と琉球藩(下)」(『西南地域史研究』제10집, 1995년)이 있다.

382　『日本外交文書』第6券, 377쪽. '부미(賦米)'면세 소원은 도쿄 재근 요나바루 웨카타가 제출한 것인데 수신인 이름과 날짜가 없다. 이 책에서는 임시로 이 소원을 6월 31일자로 하고 있다. 387쪽. 松田,『처분』上, 249~250쪽(『총서』, 58~59쪽).

탕 공납을 없애도록 하고, 앞으로는 쌀 8천2백 석을 일정한 금액으로 상정"하여, 류큐 측의 희망대로 오사카 시장의 쌀 평균시세에 따라 오사카 공고(公庫)에 '쌀로 납두하는 대신 일정한 금액으로 거두라는 것'과 동시에 '당분간 이듬해 7월까지 납부 연기를 허락'한다는 정원의 명을 알리고 그 결정이 외무성에서 류큐로 통달되었다.[383] 일정한 액수의 결정은 지금까지 부담해왔던 세금을 기본으로 해서 생각하면 약간 삭감했다고 할 수 있을 것이다.[384] 여하튼 이 결정에 대해서 1874년 2월 류큐번왕이 이와쿠라 도모미 우대신에게 사의(謝意)를 표하는 승낙서를 제출하여 사쓰마-가고시마에게 해 왔던 상납은 정식으로 메이지정부가 이어받았다.[385]

둘째로 류큐가 미국, 프랑스, 네덜란드와 맺은 조약에 관한 건이다. 번왕책봉에 대한 외무성 건의의 의도 중 하나로 류큐와 외국과의 '사교(私交)'정지가 있었다. 그리고 번왕책봉 직후에 '류큐 번'에 대해 "각국과 맺은 조약 및 향후 교제에 관한 사무는 외무성에서 관할한다는 것"이 전달되었고, 그 후에 류큐로 출장을 간 이치지는 조약의 '원본'을 제출할 것을 요구하는 외무성 명령(1873년 3월 6일자)을 전달하고 설득을 시도했다. 그에 대해 류큐 측은 조약의 원본 없이는 외국선박이 왔을 때 담판 등에 임하는데 있어 '불안하다'라고 하면서, '사본'을 제출하고 원본은 류큐 측에서 보관하고 싶다는 뜻을 들어달라는 청을 했다. 이치지는 첫 출장 때는 류큐 측의 요구를 받아들여 조약의 '사본'을 가지고 귀경했다. 그러나 귀경한 이치지로부터 보고를 받은 동경에 있는 외무성에서는 같은

---

383 『日本外交文書』제6권, 386~387쪽. 松田, 『처분』上, 249~250쪽(『총서』, 58쪽).

384 그 때까지 가고시마[鹿児島]로 상납하는 양은 쌀 7,632석과 '부미(賦米)' 1,036석 합계 8,669석이며, 그 중 3,680석 분이 설탕으로 대납되었다. 류큐는 그 중 '부미'는 본래 정식 조세가 아니었으므로 면세를 신청했으나, 결국 상액 8,200석으로 결정되어 오사카시장의 쌀 평균 상장으로 금납(金納), 설탕 판매에 의한 대납이 인정되었다. 『日本外交文書』제6권, 387~388쪽; 松田, 『처분』上, 254~259쪽(『총서』, 59~60쪽).

385 『岩倉具視関係文書』5, 504쪽; 제2장, 145쪽을 참조

해 9월에 다시 외국과의 조약 원본을 "모두 빠짐없이 모아서 제출하라는" 명을 내려,[386] 이치지가 도쿄에서 근무하고 있는 요나바루 웨카타를 설득했다. 결국 요나바루는 조약 원본의 제출요구를 받아들이고 차기 도쿄 근무담당관인 쓰하코 웨카타(세이세이)가 상경할 때 가져오게 하여 1874년 5월 조약 원본을 제출했다.

셋째로 류큐 측이 번왕책봉을 주도한 소에지마 외무경으로부터 류큐의 '국체정체(国体政体)' 영구불변의 약속을 확실히 받아낸 것이다. 이 건의 직접적인 계기는 류큐에 스페인령 루손인이 표착한 일이 있었고, 류큐에서 근무하는 외무성 관리인 후쿠자키 스에쓰라 등이 표류민을 나가사키를 거쳐 본국으로 송환시킨 사건이었다. 표류민의 송환은 종래 류큐가 스스로 처리했던 것이었으므로 류큐 측에서는 만일 청국인이 표착했을 경우와 똑같이 처리된다면 난처한 일 생긴다고 하면서 산시칸 우라소에[浦添] 웨카타 등을 상경시켜, 외무성에게 류큐의 종래와 같은 대우를 인정해달라고 탄원했다(1873년 7월 9일). 그때 외무성에서 이 일을 상대한 우에노 가게노리[上野景紀](외무소보)로부터 마침 청나라를 방문 중인 소에지마 외무경의 파견 목적이 류큐 귀속문제를 둘러싼 담판에 있다는 취지의 발언이 있었다. 그 말을 듣고 위기감에 휩싸인 요나바루, 우라소에 웨카타 등이 귀국 후인 소에지마 외무경을 직접 면담하고, 전쟁과 평화 등의 일은 차치하고, 내정은 모두 번왕에게 위임되었다는 뜻을 재확인했다. 그 면담에는 이치지도 동석했다. 그러나 그때 소에지마의 약속은 말뿐이었으므로 요나바루 웨카타 등은 외무경이 문서로 확인해줄 것을 이치지에게 요구했다. 그 결과 외무성에서는 '외무 6등 출사 이치지 사다카, 외무대승 하나부사 요시모토'의 연명으로 류큐의 섭정·산시칸 앞으로 문서(1873년 9월 20일자)를 교부했다. 그 문서에는 "작년의 번왕폐하 특명으로 책봉을 받아 영구적인 번병이 되었기에, 조정에 대항하거나 잔혹한 소행으로 서민이 이산되는 등의 일이 일어나지 않는다면 폐번 조치는 당연히 없다"라고 기록되어 있고 구두로 약속했던 '국체정체

는 영구히 변경하지 않음'이라는 글귀는 없었다. 문서에는 그 외에 조약 원본의 제출요구에 관련된 두개의 항목을 포함한 원본을 제출해도 결코 '번에 나처한 일'이 발생할 일은 없을 것이라 기록하고 '위의 건 등에 대해 소에지마 다네오미 외무경님께서 승인해주셨다'라고 확실하게 적혀있다.[387] 이후 류큐 측은 섭정·산시칸 명의로 교부된 앞의 문서에는 '국체정체는 영구히 변경하지 않음'이라는 의미가 포함되어 있는지 '제대로 알기 어렵기' 때문에 이치지로 하여금 외무경에게 '여쭤보게' 한 결과, "국체정체는 영구히 변경하지 않는다는 것은 포함되어 있으며 나아가 청국과 교류하는 것도 역시 지금까지와 같음"이라는 대답을 들었다. "번왕을 비롯하여 여러 관리들은 잘 알았습니다. 더없는 기쁨이라 진심으로 안심했습니다."라는 (재확인) 답장(1874년 3월 27일자)을 하나부사와 이치지에게 제출했다.[388] 이처럼 뚜렷하지 않고 야릇한 문서가 오고갔는데, 소에지마 외무경이 한 이 약속은 류큐의 관할이 내무성으로 이관된 후에 정부의 대류큐정책이 강경노선으로 바뀌면서 내무경 오쿠보 도시미치와 그 밑에서 류큐문제를 담당했던 마쓰다 미치유키를 고민하게 만들었다. 동시에 이에 깊게 관여했던 이치지도 궁지에 몰리게 되었다.

넷째로 이미 언급했던 것처럼 1874년(明治7) 7월에 외무성에서 발족한지 얼마 안 되어 내무성으로 류큐 관할이 이관된 것이다. 번왕책봉이 실시된 1872년 단계에서는 아직 내무성이 존재하지 않았고, 외무성과 대장성이 류큐 관할을 둘러싸고 줄다리기를 한 끝에 좌원의 재정(裁定)으로 외무성이 담당하라는 명령이 내려진 경위가 있다. 내무성은 정한론정변으로 제창된 내치우선(內治優先)의 실시기관으로 오쿠보 도시미치가 창설한 기관으로, 정변 직후인 1873년 11월 10일에 발족되었다. 오쿠보 자신이 초대 내무경으로 취임하여, 세 개의 행정 즉 권업(勸業)·경찰·지방을 중심으로 폭넓은 권한을 가졌다. 그 오쿠보를 지

---

387   松田, 『처분』上, 246~248쪽(『총서』, 57~58쪽).

388   松田, 『처분』上, 404~407쪽(『총서』, 89~90쪽).

방행정을 관장하는 분야에서 보좌했던 중심인물이 내무대승 겸 호적국의 책임 자인 마쓰다 미치유키였다.

한편 1872년에 정변으로 소에지마 다네오미가 사직한 후, 외무경 후임으 로 데라시마 무네노리가 취임했다. 1874년 6월 29일 데라시마는 산조[三条] 태 정대신 앞으로 보고서를 제출하여 "류큐번에 관한 일은……그 군주는 화족으로 서위하고 그 땅은 부현(府県)과 같은 것으로 삼으며 모든 것이 국내와 같이 취급 하고 있으므로, 그 사무를 외무성이 관리하는 것은 오히려 이치에 맞지 않을 뿐 만 아니라 자연스럽게 외국으로 보고 있다는 모양새가 되어 애당초 천황의 의 지에도 부합하지 않는바 앞으로 류큐에 관한 건은 내무성에서 관리하는 것이 마땅하다고 생각합니다."라며 류큐 관할의 내무성 이관을 제안했고 7월 12일 이관하라는 명령이 내려졌다.[389] 이 해는 사가의 난[佐賀の乱]과 대만출병과 관 련해서 오쿠보 내무경도 도쿄를 떠나 있는 일이 많았다. 그러나 이 시기는 오쿠 보가 청일교섭을 위해 북경으로 출발하기 전으로, 정부 내에서 대청교섭(対清交 渉) 방침이 논의되었고 류큐 업무에 관한 이관 조치의 지시가 있기 3일 전인 7 월 8일에 열린 각의에서 부득이한 경우에는 개전도 불사한다는 결정이 내려졌 던 것이었다. 오쿠보 내무경과 데라시마 외무경 사이에서 북경교섭 후 류큐문 제 착수를 겨냥한 두 사람 사이의 양해가 있어서 이루어진 이관조치였다고 할 수 있다.

또 한편으로 기샤바의 『류큐견문록』은 이관 이유에 대해 '애초에 류큐 사 무는 외무성이 관리했었는데도, 외무성은 청국 및 서양 각국과의 교류 사무를 담당하는 곳이므로 류큐가 일본에 예속되어 있다는 것을 각국에 폭로하고 청국 과의 교류에 장애가 발생할 우려가 있기 때문에 류큐인 측에서 조정에 청하여 외무성에 의한 관리를 중지하고 내무성 소속의 관리로 바꾸었다.'[390]라고 기록

389　松田, 『처분』上, 321~322쪽(『총서』, 72~73쪽).

390　喜舎場, 『견문록』, 14~15쪽(제2·3판, 12쪽).

하고 있다. 즉 류큐 측은 이관을 정부에 의해 일본에 편입되는 정책이 강화되는 전조로서 걱정하기보다, 오히려 관할이 외무성이 아닌 곳으로 이관된 것을 환영한 것 같았고, 이 건에 관해서도 일본과 류큐 사이에 긴장이 있었던 것처럼은 보이지 않는다.[391]

마지막으로 외무성이 관할했던 시기의 이치지 사다카에 대해 이야기해 보자. 1875년에는 그의 존재감이 급속하게 줄어들었고 결국 1876년 2월 면직을 당한 데에는 정부의 대류큐정책이 소에지마 노선에서 오쿠보 노선으로 급전환되었다는 배경이 있다. 이치지는 소에지마 노선에 서서 '번속체제(藩属体制)'의 취지를 충실하게 철저히 관철시키려고 노력한 결과, 노선 전환 후에 권고사직을 당했다고 할 수 있다. 다음 이치지의 의견서는 그 점을 가장 잘 보여주고 있다.[392]

류큐번에 관한 일은 작년에 비로소 책봉을 하시어 직접 관리하게 되었으나 지금까지 청국과는 건국초기부터 왕래했으며, 관습도 오래도록 류큐의 인심에 물들어 있으니 단번에 끊어내라고 하기는 어렵습니다. 사랑으로 보살피고 길러서 황제의 덕으로 복종시키고 나서 양국의 보호를 받는 것은 도리 상 떳떳하지 않으니 인심이 향하는 대로 어느 쪽이든 하나로 결론을 내리도록 일러두고 류큐번이 우리나라의 보호만을 받고 싶다는 소원을 가질 수 있게 하자는 것이 목적입니다. 지금 청국과 담판한다고 하더라도 바로 승낙할지 분명치 않고 오히려 난처해질 것입니다. 따라서 우선 넓게 관망하시고 종래대로 두는 것이 마땅하다고 생각합니다.

---

391 정부 측에서 이 이관조치와 상관없이 모든 것이 "종래대로이며 더 이상 변경될 것은 없다"라는 "구달"이 있었던 모양이며 "번왕을 비롯해 모두 더없이 감사하고 있습니다"라며 이관에 관해 '어칭'드리고 '사례'한다는 취지의 서간(9월 20일자)이 이에 왕자 및 산시칸 연명으로 내무대승 林有幸 앞으로 제출되었다. 松田, 『처분』上, 323~324쪽(『총서』, 73쪽).

392 「琉球藩取扱書類」(1門 4類 1項, 청구기호 B-1-4-015).

이것은 번왕책봉 후의 류큐와 청국 복주(福州)와의 왕래 및 복주관(福州館)과 그곳에 거주하는 류큐인 등의 취급에 관해서 상해 영사인 이다 유즈루가 외무성에 보낸 질의에 대해 내무성 내에서 검토하여 이치지가 제시한 견해이다.[393] 주목할 만 한 점은 "종래 청국과는 건국초기부터 왕래했으며"라는 사실을 인정하고, "인심이 향하는 대로 어느 쪽이든 하나의 결론에 이르도록" 하라는 원칙론에 입각해 정부 관리로서는 "류큐번으로부터 우리나라의 보호만을 받고 싶다는 소원을 가질 수 있게 하자."라고 서술한 것이다. 당시의 정부 내에서 가장 건실한 부류의 의견이었다고 해야 할 것이다. 그러나 이미 제3장에서 다루었던 것처럼 오쿠보와 오쿠마 등은 1874년 2월에 '대만번지처분요략'에서 대만출병 후에 류큐가 청국으로 "사절을 파견하고 공물을 바치는[遣使獻貢] 무례"를 정지시킨다는 목표를 세우고 있었다. 그 노선이 현실화되자마자 이치지의 역할도 사실상 끝나게 된 것이다.

2. 도쿄 담판

1874년(明治7) 11월, 대만출병에 따른 청일교섭을 끝내고 북경에서 귀국한 오쿠보는 바로 다음 달인 12월 15일자로 태정대신에게 '류큐번 처분 방법에 관한 의견[琉球藩処分方之儀伺]'을 제출했다. 정부는 이듬해인 1875년 1월에 법률고문 보아소나드(Boissonade)에게도 류큐문제에 대해 자문을 구했는데, 3월에 제출한 그 자문에 대한 보아소나드의 답변을 기다리지도, 또한 점진주의나 대청교섭을 먼저 실행하자는 건의를 존중하지도 않는 채, 12월에 제출된 이 오쿠보 의견서의 제안을 기본노선으로 '류큐번 처분'에 돌입하게 된다.

393　상해영사인 井田讓가 보낸 문의는 1873년 9월 28일자. 이 의견서의 의미에 대해서는 原田邦紘, 「外務省六等給仕伊地知貞馨と琉球藩 (上)」, 490쪽을 참조.

오쿠보 의견서의 내용에는 먼저 류큐에 대해 "인민은 우리나라에서 보호하고, 통치는 주로 청국이 해왔다. 재작년인 메이지5년에 사신이 동경에 왔을 때 처음으로 책봉을 하시고, 쇼타이를 번왕으로 서위했지만 청국의 소관에서 벗어나는 데까지 이르지는 못했다.……이번 청국과 담판한 끝에 대만정벌은 청국으로부터 의거로 인정받았고 피해를 입은 난민을 위한 무휼금을 지불하기에 이르렀다. 어느 정도 우리 영토라는 실질적인 행적[實跡]을 증명하기는 했지만 아직 결정적인 국면에 이르렀다 하기 어렵다."라고 서술되어 있다. 1872년(明治5) '번왕책봉'으로도 "청국의 소관에서 벗어나는 데까지는 이르지 못했고", 또 1871년 대만출병이나 호환조관으로 "어느 정도 우리 영토라는 실질적인 행적"을 증명할 수 있었지만, "아직 결정적인 국면"에 이르지 못했다는 현상 인식을 보여준다.

그러나 "세상의 모든 나라와 교류하는 오늘날에 이르러 이대로 두면 후일에 지장을 초래할" 우려가 있다며 다음과 같은 대책을 건의했다. 즉 "대만정벌[征蕃]을 하는 것은 류큐 난민을 보호하기 위한 의무에서 부득이하게 나온 것이며 막대한 금액을 들여서 처분"했으므로, 본래라면 번왕 스스로가 "서둘러 상경하여 의리와 은혜를 받들어 사례"해야 하지만 그것은 실현되기 어려울 것 같으니 "일단 용서한다."라고 했다. 그리고 먼저 류큐에서 '중역 세 명'을 불러들여 "대만정벌의 전말, 청국 담판의 복잡한 사정, 작금의 형세, 명분에 맞는 이치"를 설득하여 번왕의 자발적 상경을 촉구할 것, 그리고 "류큐의 관리가 상경하면 청국과의 관계를 모조리 없애 버리고, 진대지영(鎭台支営)을 나하항 내에 설치하고, 그밖에 형법 교육을 비롯하여 제도의 개혁도 순차적으로 행하도록 타이를" 것, 나아가 항해하다가 닥친 위험은 선박이 견고하지 못해서 일어난 일이니 청국에서 받은 무휼금으로 기선을 한 척 매입해 하사하고 대만 조난자의 유족과 생존자에게 구휼미를 지급할 것, 대략 이상이 오쿠보 의견서의 골자였다.[394]

394　松田, 『처분』上, 345~349쪽(『총서』, 77~78쪽); 『沖縄県史12 資料編2 沖縄県関係各省公文

　　그런데 그때까지 비교적 평온했던 류큐의 상황이 갑자기 바뀌었다. 그 시기는 12월 24일자 "용무가 있으니 산시칸 중 한 명과 요나바루 웨카타와 함께 상경하시오."[395]라는 단 한 줄로 된 태정관의 명령이 이듬해 1875년(明治8) 1월 류큐왕부(번)에 도착했을 때부터였다. 기샤바의 『류큐견문록』에는 요나바루 웨카타를 지명한 것에 대해 "생각건대 이때 류큐관리 중 일본어를 이해하는 자가 매우 적었고, 유일하게 요나바루는 이전부터 능통했기 때문이다."라고 적혀 있다. 요나바루 웨카타, 산시칸 중 한 사람인 이케구수쿠[池城] 웨카타, 고치[幸地] 페친 등 일행은 불안한 마음으로 여장을 갖추고 2월 5일 나하를 출발했다. "이번 조정의 명령은 무슨 사정인지 알 수 없고, 왕부와 일반 인민 모두가 두려워하면서 어떻게 해야 할지 몰랐다. 번왕은 중관리를 파견해 국내 각지의 사원(寺院), 부처님, 성스러운 곳에서 기원하게 했다. 또한 나라 안에 명을 내려 인민들도 각각 이에 대해 기원하게 했다.[396]"라고 기샤바가 기술하고 있는 것처럼 류큐의 '국내', '나라 전체'의 분위기가 갑자기 돌변했다.

　　이리하여 갑자기 도쿄로 파견된 이케구수쿠, 요나바루 일행은 3월 18일에 도착했으나, 오쿠보 도시미치 내무경과의 회견 및 교섭이 시작된 것은 3월 31일부터이며 이 날을 첫 회견으로 5월 4일까지 총 8회에 걸쳐 한 달 넘게 진행되었다. 그 상황은 '류큐번 관리에 대한 설유와 응답의 전말'이라는 문서로 정리되었고 마쓰다 미치유키의 『류큐처분』에도 수록되어 있다. 그러나 이 문서 자체에는 상경한 류큐사절의 '설유'를 담당한 사람이 누구인지 명시되어 있지 않으므로, 종래 연구에서는 이 도쿄에서의 교섭도 마쓰다 미치유키(내무대승)가 행한 것으로 간주하는 경우가 많은 듯하다. 그러나 이 문서는 원래 오쿠보가 이번 '설유응답'을 끝낸 후, 5월 8일자로 다시 산조[三条] 태정대신 앞으로 제출한 '류큐

書1』(琉球政府, 1966년), 96~98쪽.

395　松田, 『처분』上, 350쪽(『총서』, 78쪽); 喜舍場, 『견문록』, 15쪽(제2·3판, 12쪽).

396　喜舍場, 『견문록』, 15~16쪽(제2·3판, 12쪽).

번 처분에 관한 의견'에 첨부된 별지 부속서로서,[397] 이번 류큐사절을 "불러들인 용무에 대해 일단 내부에 전달해야 해야 한다는 취지를 태정대신께서 동의하셨다"고 시작되는 문장으로 보아, 오쿠보가 모든 회견에서 '설득'을 담당했음에 틀림이 없다.[398]

덧붙여서 기샤바 조켄의 『류큐견문록』에는 도쿄에서의 '설유와 응답'에 대한 묘사가 전혀 없었다. 도쿄에서 진행된 회견 모습이 자세히 전달되지 않았기 때문일 것이다. 그런 까닭에 『류큐견문록』에는 "이케구수쿠 등이 도쿄에 갔다. 조정은 해당 번과 청국과의 교류를 단절해야 한다는 취지를 알리도록 했다. 류큐는 몇 백 년 동안 청국의 은혜를 입고 있어 조공을 바치는 것을 단절해야 할 이유가 없다며 간절히 부탁해도 들어주지 않았다"라고 짧게 기술하고 다음과 같이 전하고 있을 뿐이다.[399]

이번 달(구력 4월) 이케구수쿠 등과 함께 갔던 사람이 번으로 돌아와 청국과의 교류를 단절하라는 조정의 명이 있었다고 전했다. 번왕은 소스라치게 놀라 가슴이 막혀 음식을 넘기지 못하고 매일 미음을 조금만 넘겼다. 여러 의사들이 온갖 치료를 시도해도 효과가 없었다. 중관리와 인민들도 아픈 마음을 억

---

397   『日本外交文書』(8권), 313쪽 이하. (앞에서 서술), 『沖繩県史12』, 114쪽 이하를 참조

398   또한 松田, 『琉球処分』에는 오쿠보의 '류큐번 처분 방법에 관한 품의'는 '내무성 품의'로 본문만 실려 있고 수신인 및 발송인 이름이 생략되어 있다. 그러나 마쓰다의 복명서 '제1회 봉사류큐시말'은 도쿄에서 추진된 오쿠보의 설유에 대해 짤막하게 언급한 후 "내무경의 응접은 별기(別記)가 있다. 여기에 기재하지 않는다"고 했다. 별기로 지목된 것은 '류큐번 관원에게 설유 응답의 시말'이다. 松田, 『처분』中, 2~3쪽 (『총서』, 84~85쪽, 95쪽)을 참조. 또한 『大久保利通日記』(2) (東京大学出版会, 1983년)에도 내무성에 "참성(參省)"한 류큐사절에게 오쿠보가 '설유'하는 장면이 나와 있다. 385, 388, 393쪽, 396~397쪽을 참조

399   喜舍場, 『견문록』, 16쪽(제2·3판, 12쪽). 덧붙이자면 도쿄에서 이루어진 교섭에서 오쿠보는 청국과의 통교단절을 명시적으로 요구하지 않았으나 진대분영 설치 등은 관계 지속에 장애가 될 것이 자명하므로 그렇게 전달되었을 가능성이 크다.

누를 수가 없었다.

도쿄에 파견되었던 류큐 관리는, 후술하는 바와 같이 오쿠보의 설득이 실패로 끝난 후 마쓰다 미치유키의 첫 번째 류큐 출장 때와 같은 배편으로 7월에 돌아오는데. 그에 앞서 5월(음력 4월 중)에는 수행원이 정보를 가지고 도쿄에 돌아왔다.[400] 이후에 '번왕'은 병상에 눕게 되었고 '류큐처분' 말기 즉 1879년의 병합처분에 따라 강제로 상경하게 될 때까지 회복하지 못했다.

이야기를 도쿄로 되돌려서, '류큐번 관리에 대한 설유와 응답의 전말'에 의거하면서 쌍방의 회견 모습을 살펴보자. 지난번 번왕책봉 때 류큐 사절은 정부로부터 후한 대접을 받았지만 이번에는 태도가 돌변하여 지방관리 수준의 대우를 받았다. 이러한 류큐 사신을 둘러싼 상황이 엄중하게 바뀐 것이 그 전조라고나 할까, 내무성으로 불러들인 류큐 사신에 대한 오쿠보의 설유는 처음부터 매우 고압적이었다. 3월 31일 첫 번째 회견에서 오쿠보는 이번의 '대만 정벌'에서는 막대한 비용과 인명의 희생이 따랐고, 한 때는 개전까지 결심했다는 등, 류큐인 조난사건으로 발단이 된 대만출병과 청일교섭의 전말에 대해 이야기한 다음에 "성상(천황)의 마음도 괴로우셨고, 정부대신도 얼마나 고생했는지 모른다. 이것은 모두 번 관내의 인민을 위해 일어난 일이다. 이렇게까지 배려해주신 것에 대해 번왕과 당신들은 정말로 이해하고 있는가."라며 힐문했다.

류큐 관리가 이르기를, 말씀하시는 내용의 취지는 알겠습니다. 평의한 다음 답변 드리겠습니다.
– 지금까지 처분에 의한 득실의 많고 적음을 여러분의 마음속으로는 알고 있을 것이다. 그 생각을 듣고 싶다.
류큐 관리가 이르기를, 참으로 극진하게 대해주셔서 번왕을 비롯하여 거듭

400　위의 책, 『견문록』, 16쪽(제2·3판, 13쪽).

감사할 일이라고 생각하고 있습니다.

– 감사할 일이라고 구두로만 말하면 그 깊고 얕음, 많고 적음의 정도를 알기
  어렵다. 그 감사함을 무엇으로 표현할 것인가.

류큐 관리가 이르기를, 일단 물러가고 평의한 다음에 찾아뵙겠습니다.[401]

이런 식으로 오쿠보는 류큐 측에게 대만출병을 생색내고 넌지시 은혜에 대한 감사표시를 위해 번왕이 (자발적으로) 상경할 것을 요구했다. 그에 대해 요나바루 웨카타 등 류큐 측은 평의한 다음에 답변하겠다고 말하고 있다. 그러나 오쿠보는 이 날 회견에서 류큐 번 내에 진대지영 설치를 이미 정부에서 결정했다는 것, 특별 배려에 따른 증기선 하사와 조난사건 피해자에게 구휼미를 제공했다는 것을 확실하게 알렸다.

두 번째(4월 8일) 회견에서 지난번에 정부가 류큐 측에게 선언한 요구를 류큐측은 일단 모두 거절했다. 특히 진대분영 설치에 대해서는 "류큐는 남해의 외진 곳에 있으며 둘레가 고작 백리 정도 밖에 안 되는 작은 섬으로, 예로부터 병사를 가지고 있지 않고 예의로써 유지하는 길을 선택하여 외국선박이 내항했을 때도 모두 말로 대응했고 오늘날까지 아무 탈 없이 다스려왔습니다. 새삼스럽게 병영을 설치한다면 그만큼 외국도 거세게 몰려들어 오히려 어려움이 생길 것입니다"라며 강력하게 수락하기를 거부했다. 또한 증기선의 하사에 대해 "청일과의 담판이 끝나고 난 다음의 일이므로 청국에도 좋게 비치지 않을 것으로 생각되오니 사절하고자 합니다. 구휼미에 관한 건도 그 당시 번왕께서 각각 부조를 하셨으니 사절하겠습니다."라며 거절했다.[402]

류큐 측은 세 번째(4월 18일) 회견부터는 앞서 서술한 이케구수쿠, 요나바루, 고치 세 사람과 주재관 임무로 도쿄에 도착해 있던 쓰하코 웨카타도 참여하

---

401 松田, 『처분』上, 381~383쪽(『총서』, 85쪽).

402 松田, 『처분』上, 385~386쪽(『총서』, 86쪽).

여 네 명이 응대했지만, 그 날 회견에서 그들은 증기선과 구휼미의 하사에 대해서는 어쩔 수 없이 양보하고 양해했다. 그러나 진대분영 설치에 대해서는 "일개 번(류큐)의 인심에 관한 일이고 청국에도 변명할 말이 없으며[不相済み], 나중에 어떤 어려움이 생길지 헤아리기 어렵다."고 하며 거부하는 태도를 바꾸지 않았다. 또 서면을 제출해 "본 번에 관한 건은 황국(일본)과 지나(支那)에게 책봉을 받아 양국 덕분에 하나의 나라가 되었습니다. 왕부와 인민 모두가 안도하고 있으므로 황국에 봉공(奉公)하고, 지나에게 공물을 바치는 것은 본 번의 중대한 규범이며, 만세만대 변함없이 충성을 다하고 싶은 것이 소원이므로, 분영이 설치된다면 지나에 대해 어떠한 변명도 할 수 없습니다. 잘 아시는 바와 같이 수백년 동안 친절하게 대해주어 갚아야 할 은혜와 의리가 두터운 나라입니다. 자연히 사정을 잘못 이해하면 신의가 서지 않음은 물론이고, 무슨 어려운 일이 일어나게 될지 너무도 가슴이 아플 뿐입니다."[403]라고 극히 겸손한 표현을 사용하면서도 청국과의 진공관계는 류큐에게 가장 중요한 사항이며, 그것을 지속하는데 어려움이 초래된다고 하며 진대분영 설치를 거절했다.

이에 대해 오쿠보는 네 번째(4월 23일) 회견에서 더욱 새로운 요구를 추가했다.

- 종전의 직무체제를 바꾸고 부현일치 제도에 따를 것.
- 번치직제의 적절한 개정을 위해 인선(人選)하여 관리로 부임시킬 것.
- 메이지의 연호를 받들고 연중의례 등을 포고한 대로 받들 것.
- 형법은 사법성에서 정한 규율대로 실시할 수 있도록 위의 취조를 위한 담당자 세 명을 상경시킬 것.
- 학사 수행 사정을 통지하기 위해 젊은이 열 명 정도를 인선하여 상경시킬 것.

---

403   松田, 『처분』上, 399~400쪽(『총서』, 88쪽).

이러한 다섯 가지 요구사항을 알리고 문서로 직접 건네주었다.[404]

이 요구에 대해서도 류큐 측은 항변과 현상유지를 반복해서 탄원했다. 특히 여섯 번째(5월 2일) 회견에서는 앞서 다룬 소에지마 외무경의 양해사항으로 교부된 문서 즉 '책봉'을 받고 '영구적으로 번병'이 된 이상, "조정에 대항하거나 난폭한 소행으로 서민이 이산되는 등의 일이 일어나지 않는다면 물론 폐번 조치는 없다."라는 문서와 그에 관하여 "국체정체를 영구히 변경하지 않는다는 것은 물론 포함하고 있다. 또 청국과 교류하는 것도 역시 지금까지와 같음."이라 했던 약속을 거론하며 항변했다. 이에 대해 오쿠보는 "지난번 외무경이 구두로 한 약속을 기록한 문서에는 번이라는 이 한 글자가 들어가 있고, 말할 것도 없이 번까지 폐지한다고는 말하지 않았다. 하물며 대만정벌 이후 형세도 바뀌었으니 일률적으로 말하기는 어렵다."라는 궁색한 변명으로 반론했다.

그러나 오쿠보의 자세는 단호했고 기일을 정하여 류큐사절의 답변을 요구했다. 오쿠보가 음으로 양으로 요구한 번왕의 상경에 대해서도 류큐 측은 번왕이 병을 앓고 있다는 이유로 용서를 구했지만 오쿠보는 받아들이지 않았다. 이리하여 회담은 끝까지 의견일치를 보지 못한 채 5월 4일에 사실상 결렬되었고, 그 직후인 5월 13일에는 내무대승 마쓰다 미치유키에게 류큐 파견의 해임장이 전달되었다. 즉 오쿠보는 당연히 류큐 사절이 자기들만으로는 결정하기 어렵다는 취지의 발언을 반복한 점이나, 다음에 살피는 것처럼 류큐가 청국으로 경하사를 파견하는 문제도 있다고 보고, 더 이상의 설유를 단념하고 부하인 마쓰다 미치유키를 직접 류큐에 파견하기로 했다. 그리고 그 사이 5월 7일에는 이미 류큐 번에 대해 세 통의 태정관령이 발부되었다. 증기선 하사, 무휼미 제공, 그리고 류큐 측이 강경하게 거부해 왔던 진대분영 설치에 관한 명령이 전달되었다.

404　松田, 『처분』上, 391, 401쪽(『총서』, 87, 89쪽).

제3절 마쓰다 미치유키[松田道之]의 류큐 출장

1. 권력 상황하의 설유와 응답

정부가 이처럼 마쓰다의 류큐 파견을 서두른 것은 5월 8일자로 오쿠보 내무경이 산조 태정대신에게 제출한 '류큐번 처분방법에 관한 의견'에서 "류큐번 처분에 관한 건은 현재 국내외가 주목하고 있는 시기이므로 경하사 파견을 묵시(默視)한다면 국가 권위에 관련해서 곤란한 처지에 놓일 우려가 있습니다."[405]라 말하고 있는 것처럼, 머지않아 류큐에서 청국으로 경하사의 파견이 있을 것을 예상하고 그 일을 중시했기 때문이었다. 이에 앞서 청국에서는 1875년 1월 12일 동치제(同治帝)가 사망하고 새로 광서제(光緒帝)가 즉위했다. 이러한 경우 류큐는 중화제국체제의 번속국으로 선대 황제의 사망[白詔]과 새 황제의 등극[赤詔]을 전달받은 후, 새 황제 즉위를 경하하는 사절을 파견하는 것이 관례였다. 그러나 대만출병 이후 자연히 류큐 문제가 국내외에서 주목받게 된 가운데 이번 사절 파견을 '묵시'하는 것은 일본정부에 '국가권위와 관련되는' 문제라고 생각했기 때문이다.

따라서 정부방침의 결정을 요구하는 오쿠보의 건의를 듣고 5월 9일에는 5개 항목의 정부방침이 결정되었다. 또한 이것을 이어받아 내무성에서 처분을 위한 '착수순서의 목표' 건에 관한 의견서를 제출하고 승인받았는데,[406] 이 정부방침에서는 류큐로 하여금 청국과의 관계를 단절하도록 하는 일이 가장 중요했다.

마쓰다는 류큐에게 하사한 다이유마루[大有丸]를 타고 이케구수쿠 등과 함께 6월 12일 시나가와에서 출발하여 7월 10일 나하에 도착했다. 류큐 관할이

---

405   松田, 『처분』上, 387쪽(『총서』, 84쪽); 『日本外交文書』제8권, 313쪽; 『大久保利通日記』(6), 342쪽.

406   松田, 『처분』中, 410~413쪽(『총서』, 91쪽).

내무성으로 이관됨으로써 내무성의 6급 출사가 된 이치지 사다카도 마쓰다의 첫 번째 류큐 출장에 따라갔다. 7월 14일 마쓰다는 도쿄에서부터 같이 온 이치지와 수행원 몇 명과 함께 슈리성에 들어가 대기하고 있는 왕부의 관리 수십 명 앞에서 태정대신이 보낸 2통의 통달서와 취지 설명을 낭독하고 번왕을 대신하여 이들을 상대한 번왕의 동생인 나키진[今歸仁]에게 직접 건네주었다. 이와 관련해서 기샤바의 『류큐견문록』은 이 장면에서 류큐 측에 건 낸 정부 공문서 등을 인용하면서 갑자기 기술이 상세해졌다. 태정대신 산조 사네토미가 '류큐번' 앞으로 보낸 첫 번째 통달서는 5월 27일자이며 내용은 다음과 같았다.[407]

- 그 번에 관한 건, 종래에는 2년에 한 번 조공한다고 주장하며 청국으로 사절을 파견하고, 또는 청 황제 즉위 때에는 경하사를 파견하는 예규(例規)가 있었던 모양인데 앞으로 하지 말 것.
- 번왕이 바뀔 때마다 이전에는 책봉을 받으러 청국에 다녀오는 관습도 있는 모양인데 앞으로 하지 말 것.

이렇게 조공과 책봉 폐지뿐만 아니라 현안문제가 되고 있던 경하사의 파견금지까지 특별히 기술하고 있다. 그리고 또 하나의 통달서는 6월 3일자로 다음 4개의 항목으로 되어 있다.[408]

- 번 내에서는 일반적으로 메이지 연호를 사용하며 연중의례 등 모두 태정대신이 알려준 대로 지키고 행할 것.
- 형벌과 법률은 정해진 법칙에 따라 실행할 것. 따라서 그것을 공부할 담당자 3명을 상경시킬 것.

---

407 松田, 『처분』中, 47~48쪽(『총서』, 103쪽); 喜舍場, 『견문록』, 17쪽(제2·3판, 13~14쪽).

408 松田, 『처분』中, 48~49쪽(『총서』, 104쪽); 喜舍場, 『견문록』, 17~18쪽(제2·3판, 14쪽).

- 번의 제도 개혁은 별지에 따라 시행할 것.

- 학문을 가르치고 시대 상황을 배울 젊은이 10명 정도를 인선하여 상경시킬 것.

두 번째 통달서에 있는 4개 항목은 실질적으로 이미 도쿄에서 이케구수쿠 등이 요구받은 것과 같지만, '번제개혁'과 관련해서 일본의 행정조직 준하는 직무제도, 인원수가 상세하게 기술된 별지가 새로 첨부되어 있었다.

이상이 산조 태정대신 이름으로 전달된 명령의 항목이었다. 마쓰다는 그 항목들을 일일이 설명하면서 받아들이고 지킬 것을 요구했으나 그 요구는 위에서 언급한 항목에 그치지 않았다. 태정대신의 통달서에는 없지만, '마쓰다 내무대승'이 '류큐번왕' 앞으로 다음 3가지 항목에 설명을 붙여서 직접 건네주었다. 즉 첫째 그것이 '함의'하고 있는 내용, 둘째 당연히 '스스로 분발해서' 행해야 할 내용, 셋째 이미 전달된 내용이었다.[409]

- 복주(福州)에 있는 류큐관을 폐지할 것.

- 사은의 표시로 귀하[번왕]가 상경할 것.

- 진대분영을 설치할 것.

이상과 같이 앞으로 청국과의 조공·책봉관계나 경하사 파견 등을 금지하는 것 말고도 7개 항목이 류큐 측에 영달(令達)되었다. 어느 정도 예상하고 있었다고는 하나 당연히 류큐 측의 충격은 컸다. 산시칸들은 마쓰다로부터 받은 문서를 보고 경악하면서도, 협의를 거쳐 나중에 답변하겠다고 하자 마쓰다도 승낙하고 나하의 숙소로 돌아갔다. 그 후 며칠 동안은 왕부 내에서 제각기 떠들며 말하는 의견들로 소란스러운 논의가 이어졌다. 그러한 논의 끝에 이윽고 류큐

---

409 松田, 『처분』中, 61~67쪽(『총서』, 106~107쪽); 喜舍場, 『견문록』, 23~25쪽(제2·3판, 18~20쪽).

측의 기본방침이 다음과 같이 정리되었다.[410]

그 요지는 형벌과 법률을 공부할 담당자 및 학문을 가르치고 시대 상황을 배울 젊은이들을 상경시키라는 건은 천조(天朝)(청국을 말함)에 대해 지장을 주지 않는다면 그냥 명령에 따르기로 한다. 또한 대만정벌의 사은으로 번왕이 상경해야 하는 건은 왕위는 더없이 귀중하고 엄격하니 항상 궁정 안에 계셔야 한다. 그 신분을 가벼이 여기고 다른 데로 여행하는 것이 어찌 이치에 맞겠는가. 하물며 지금은 병중인 몸이라 멀고 먼 항해를 이기지 못하실 것이니 부디 왕자를 대신 보내 궁중에 들어가 천황을 알현하도록 할 것이다. 그리고 2년에 한 번 사절을 파견하여 청국에 진공하거나 혹은 청국 황제가 즉위할 때 경하사를 파견하고 번왕이 바뀔 때마다 청국으로부터 왕의 작위를 책봉받는 등에 관한 건은 전력을 다해 고사(固辭)하지 않으면 안 될 것이다. 왜냐하면 진공은 우리나라가 옛날부터 중요하게 지켜온 제도이며 이것에 의지해서 국가로서 성립되어 왔다. 또한 예전의 명나라 시대부터 우리를 돌봐주었고 그 은혜가 매우 넓고 두텁다. 그 이래로 국왕이 바뀔 때마다 험난한 파도에도 불구하고 칙사[欽差, 勅使]를 보내 왕의 작위를 내리셨고, 2년에 한 번 진공할 때마다 하사품으로 받은 비단과 재물은 너무 많아서 일일이 헤아릴 수가 없다. 청조로 바뀌어 더욱 더 두터워져 잘 돌봐주신 그 은혜와 의리는 하늘만큼 무한하니 가뭄에 내리는 단비와 같다. 어떻게 은혜를 잊어버리고 의리를 배신하여 조공을 끊을 수 있겠는가. 하물며 우리 류큐는 머나먼 바다 가운데 고립되어 국토는 너무 작고 힘도 약하니 스스로 보전할 수 없다. 청국의 영토에 들어가 그 보호와 성원으로 내우외환 없이 자신들의 나라를 세우고 옛날 풍습, 그리고 사회생활의 방식[禮樂]과 형벌과 정치의 방식[刑政], 자유롭고 구속받지 않을 권리가 있으며 왕부와 인민 모두 화목하게 삶에 만족하며 즐겁게 일

410　喜舍場, 『견문록』, 26쪽(제2·3판, 20~21쪽).

하고 있다. 만일 한 번 청국과의 밀접한 관계를 벗어나면 저절로 자유권을 잃

어버리므로 제약을 받고 구속당해 국가를 영구히 보존하지 못하기 때문이다.

약간 길어졌지만 이상이 류큐 측의 기본적 입장을 기샤바가 서술한 내용
이다. 결론적으로 요약하면 다른 사항에서는 어쩔 수 없이 양보한다 하더라도,
번왕의 상경과 새 황제 즉위 경하사 파견을 포함한 청국과의 조공·책봉의 전통
적 통교관계를 앞으로 금지한다는 일본정부의 명령은 전력을 다해 거절해야 한
다는 것이었다. 그리고 이 방침에 따라 섭정·산시칸 등 왕부 고관들은 계속해
서 마쓰다에게 거절하는 답변과 탄원을 반복하게 된다.

그런데 우리가 그러한 일본과 류큐의 교섭을 살필 경우 유의해야 할 점은
당연한 일이지만 류큐 측에서 마쓰다와 정부에 제출한 문서에는 류큐의 의향이
나 사상이 직접적으로 표현되는 적은 별로 없었다. 많은 경우 쌍방간의 불균등
한 권력관계 즉 양자가 응대하는 밑바닥에 규정되어 있는 권력 상황에 따라 자
기 비하나 겸양 등의 표현 형식을 취하면서 특유의 굴절이 어쩔 수 없이 들어가
있다는 점이다. 그것에 비해 기샤바의 『견문록』에는 위에 인용한 것처럼 내부
세계나 논의를 묘사할 경우 특히 그러한데, 류큐 측의 생생한 목소리, 자기인식
이나 의향을 객관적으로 묘사한 부분이 많이 포함되어 있다.

이야기를 본론으로 되돌려 보자. 7월 17일 섭정을 하고 있는 이에왕자, 산
시칸인 이케구수쿠, 도미카와[富川], 우라소에 웨카타, 갼[喜屋武] 페친은 마쓰다
가 숙박하고 있는 나하의 숙소를 찾아가 대만정벌에 대해 감사를 표하기 위한
번왕 상경 건에 대해서는 번왕의 병환을 이유로 나키진 왕자를 대리로 상경시
키고 싶다는 취지와 의사의 진단서를 첨부해서 류큐 측의 의사를 표시했다. 또
한 진대분영 설치에 대해서는 양보하여 다른 장소에 땅을 제공할 것을 제안하
기도 했다. 이와 같은 양보를 계속 하면서 8월 5일에는 섭정·산시칸이 마쓰다
를 찾아가 번왕과 섭정·산시칸의 연명으로 2통의 '청원서'를 제출했다. 내용은
2통 모두 비슷했으며 다음 세 가지로 정리할 수 있다. 번왕의 명의로 보낸 문서

에 의거하여 간략하게 기술하겠다.

첫째, 류큐는 "황국과 지나에 속하며……우리 번 전체가 양국을 부모의 나라로서 우러러 받들고 있다, 오래도록 변함없이 충과 의를 다하고 싶다"고 생각하고 있으며, 앞으로 청국과의 관계를 금지시킨다면 "부모와 자식의 도를 끊는 것과 마찬가지로서 대대로 이어지던 두터운 은혜를 망각하고 신의를 저버리는 것"이 되므로 "지나에 대한 진공과 경하사 파견 및 책봉을 받는 것 모두를 지금까지 해오던 대로 하고 싶다."라고 청국과의 관계유지를 원한다는 의사를 표명했다. 또한 이 점과 관련하여 "황국의 관할이 된 것은 류큐가 가고시마 현에 속한 무렵부터이며 지나에게는 은밀히 감춰왔다 할지라도 지나에 대해서도 명료한 방식으로 처리할 것이며, 거듭 되풀이하건대 양국을 성실하게 받들고자 하오니 아무쪼록 원하는 바를 받아주시기를 간절히 원합니다."라고 겸손하게 표현하면서, 청국에 대해서도 일본과의 관계를 분명히 한 다음 종래의 관계 유지를 희망한다는 의지를 거듭 표명했다.

둘째, 연호와 책력 사용에 관한 건이다. 예전부터 "황국을 받들 때는 천황의 역법을 사용하고, 지나에 대해서는 그들의 책력을 사용했으며 연중의례도 양국의 격식을 기준으로 거행했다.", 또한 "신년, 기원절, 천조절 등의 축하의례"도 앞으로는 선포한대로 실시하겠으니 연호와 책력도 "지금까지 해온 그대로" 사용하게 해 줄 것을 청하는 바이다.

셋째, 직무제도의 개정에 대해서이다. "황국의 직할이 되어도 국체정체는 영구히 변경하지 않음"이라는 분부를 받고 "번 내의 모든 사람이 고마워하며 안도"하고 있으므로, 이것도 "내지와는 다른 방식으로" 현재의 상태대로 해줄 것을 부탁하고 싶다는 내용이었다.[411]

이틀 후인 8월 7일에 마쓰다는 이에 대해 조목조목 반론하고, 본인이 만든 '답변서[對辯書]'를 보고 번은 성심껏 논의하라고 명하면서 직접 전달했다. 마쓰

---

411   喜舍場, 『견문록』, 30~31쪽(제2·3판, 24쪽); 松田, 『처분』中, 117~121쪽(『총서』, 118쪽).

다의 대변서에는, 먼저 류큐가 일본과 지나에 양속하고 있는 것에 대해 "이전에
는 양쪽의 속국임을 우리 정부는 묵인"해 왔으나 "지금은 황정일신(皇政一新), 만
기친제(万機親制)[412]의 세상이 되었다. 만국과의 교류가 더욱 긴밀해짐에 따라,
독립국이라는 본래의 취지를 달성하려면 세계의 이치와 만국의 공법 등에 비추
어서 그 권리를 끝까지 지키지 않으면, 국가[国]는 독립국[国]으로서 성립될 수
없다. 그렇다면 해당 번(류큐)과 같이 우리나라의 영토이면서 동시에 다른 나라
의 신하가 되어 양속의 상태로 놔둔다면 무엇보다도 국가의 권위를 세울 수 없
는 가장 큰 이유가 되므로 신속히 이것을 개정하지 않으면 세계 여론에 대해 답
변할 논리가 없다"면서, 류큐의 양속을 용인하는 것은 일본국의 권위를 손상시
키는 것이 된다는 기본적 입장을 밝히고, "지금 귀하가 말씀하시는 바는 도무지
이러한 이치에 관계없이, 단지 옛날 격식에 얽매여 새로운 일을 원치 않으니 결
국에는 개인적인 불평에 불과하다."라고 단언했다. 또한 중국 황제에 의한 책봉
문제에 관해서는 "그리 오래되지 않은 옛날 명 황제는 류큐(책봉국) 사신을 불러
서 타이르면서, 분명하게 일본의 통제를 끊으라는 의사표시를 하지 않았으며,
또한 분명하게 우리의 허락을 구하지도 않았다. 단지 류큐 국왕이 함부로 초대
에 응하는 것은 다행스럽게도 사적인 의리로 맺은 것과 같다"라고 역사론을 펼
쳤다. 게다가 "지금은 우리 정부에 속해 있다는 것을 청국에게 확실하게 말하고"
양속을 분명히 하고 싶다고 하는 류큐 측의 의사표시에 대해서는 "해당 번이 우
리 영토라는 것은 만국이 모두 잘 알고 있는 바로서, 청국에 대해서는 최근에 대
만정벌의 전말에서 우리 정부가 명시했던 바 이다. 어찌 귀하가 함부로 그들에게
고할 필요가 있겠는가. 또 다시 이런 불경스러운 말을 꺼내지 말라"고 일축했다.

　　마쓰다는 두 번째로 연호와 책력을 예전처럼 사용하는 것에 대해서도 논
외라고 일축하고, 세 번째 번정 개혁에 대해서도 소에지마 외무경의 약속과 관

412　[역주] 만기친제(万機親制): 국정상의 모든 중요사항에 대해 천황이 최종적인 결정권을 가
　　　지며 천황의 결제에 의해 비로소 국가의사가 확정되는 '국가의사 결정시스템'을 말함.

련한 "서면의 뜻은 번이라는 체제를 쉽게 변경하지 않는다는 의미이다. 그리고 이번 통달서는 원래 번이라는 체제를 변혁하겠다는 뜻이 아니다. 번 체제에 속해있는 직무제도를 시행하는 것이 주된 요점이며, 이 번 체제 안에 편입된다면 반드시 이 직무제도가 없으면 안 된다."라 하고, 소에지마의 "국체정체는 영구히 변경하지 않는다."는 약속과 이번 번의 '직제'개혁 요구와는 모순되지 않는다고 강변했다.

마지막으로 마쓰다는 이러한 것은 "정부의 평의에서 나온 확실한 결정이며, 내가 위임을 받아 해당 번에 파견된 이상, 설령 아무리 탄원해도 나로서는 절대 들어줄 수가 없다."라 하고 신속히 조정의 뜻을 준봉하라는 요구를 한 뒤, 10일간의 유예를 줄 테니 번의(藩議)를 모아 8월 19일 오전, 늦어도 21일까지 '답변서'를 제출하도록 명했다.[413]

이 답변의 기한은 그 이후 몇 번이나 조금씩 연장되었다. 류큐 측이 완강하게 청국과의 관계 단절(및 번왕 상경)을 거부하는 태도를 바꾸지 않았고, 류큐 측과 마쓰다 사이에서 탄원과 설유, 담판과 문서교환이 끝없이 반복되었기 때문이다. 또한 마쓰다와 동행했던 이치지 사다카와 가와라다 모리하루[河原田盛美]도 마쓰다를 도우려고 류큐 측에 설유와 설득을 시도했으나 핵심적인 부분에서 류큐 측의 양보를 이끌어내지 못했다. 여기서는 교섭과 설유에 대한 응답 상황을 상세히 서술하기보다 양쪽 주장의 개요를 간단히 정리한 뒤 몇몇 국면을 묘사하도록 하겠다.

먼저 마쓰다 측의 주장에 대해 말하자면 정부의 대변자로서 다음과 같은 논점을 강조했다. 즉 류큐는 인종과 언어, 지맥(地脈) 등이 중국보다 일본에 가깝다는 것, 상고시대부터 일본의 관할 하에 있었다는 것, 중고시대에 이르러 일본 국내 정치가 어지러워져 일본의 통제가 미치지 않게 되고 그 사이에 명조의

---

413   松田, 『처분』中, 132~146쪽(『총서』, 121~123쪽); 喜舍場, 『견문록』, 36~40쪽(제2·3판, 28~32쪽).

책봉을 받게 되었지만 그것은 사적인 의리와 정을 맺은 것에 불과하다는 것, 게이초 이래 사쓰마의 관할하에 있었지만 중국의 보호는 없었다는 것, 분명 양속과 비슷한 부분은 있지만 그러한 애매함은 만국이 교류하는 오늘날에는 국제공법의 이치상으로도 용납되지 않는다는 것, 일본은 류큐번의 인민(보호)을 위해 대만정벌을 했다는 것, 그리고 청국도 그것을 의거(義擧)로 인정하여 일본에게 무휼금을 지불했던 것은 류큐가 일본의 영토라는 점을 청국도 승인하고 있다는 증거라는 것 등이었다. 그 가운데 마지막 부분에서 대만출병과 의거 운운이 과장과 왜곡을 포함한 표현으로 마치 은혜라도 베푸는 것처럼 강조했다.

이에 대하여 류큐 측은 앞서 인용한 기본방침과 같이 류큐가 스스로 국가를 세웠고 명조 이후 중국과의 책봉이나 조공 등의 관계를 국가의 중대 사항으로 유지하면서 왕국으로서의 존립을 지켜왔다는 견해를 견지하면서도 번왕이 마쓰다 앞으로 보낸 답변서에서 알 수 있듯이 자신들의 생각을 단도직입적으로 표명하지 못하고 되풀이하여 우회적인 표현으로 명령의 거절 의사를 전달해야만 했다. 그렇기 때문에 중국과의 관계를 부모와 자식처럼 더할 수 없는 은의(恩義)의 관계라 하고, 은의와 신의 등의 인정과 의리에 호소하는 주장을 강조한 것 외에, 그러한 예로부터의 관계는 대명·대청법전에도 실려 있는 공식적인 관계이며 만국이 알고 있다는 것, 대만정벌 이후에도 진공을 행하였으며, 선대 황제의 사망과 새 황제의 즉위를 알리는 통지서도 받는 등 청국 역시 예전과 다름없이 관계를 유지하고 있다는 점을 지적하면서 항변했고, 또한 청국과의 관계 지속을 요구하는 탄원의 이유로 삼았다.

후술하는 것처럼 마쓰다는 첫 번째 류큐 출장에서 귀경한 후 '(제1회) 봉사류큐시말[封使琉球始末]'이라는 상세한 보고서를 정리하고, 그 속에 "어떤 때는 관대하게 어떤 때는 엄격하게 변론하기를 수십 회 반복했으나 류큐 측은 "결국 이치에 따르지"[414] 않았다고 보고했다. 여기서는 "반복해서 변론하기를 수십

---

414   松田, 『처분』中, 321~322쪽(『총서』, 158쪽).

회"에 이르게 된 상황을 전부 상세하게 서술할 수 없으므로, 8월 20일에 일어난 흥미로운 회담에 대해 살펴보기로 하겠다. 이것은 마쓰다가 '관대하게' 행동한 드문 사례에 속하며 그런 만큼 보통은 자극적인 말을 피해서 감춰왔던 류큐 측의 의향이나 발상이 선명하게 드러나 있기 때문이다.

그날은 마쓰다가 말하는 '공적인 자리'와는 다른 '비공식 자리[內席]'의 토론을 위한 회담을 마련하고, "오늘은 오직 이치에 맞춰 충분하게 변론을 다해주시오. 또한 서로 직책에서 벗어나 한 개인의 자격으로 의견이 있는 바를 숨김없이 토로해주시기 바랍니다."라는 말로 회담을 시작했다. 마쓰다가 류큐 측에 선고한 답변서 제출의 첫 번째 최종기한(21일)의 전날에 해당하는 날로서, 산시칸은 마쓰다를 찾아가 정부의 명령과 마쓰다의 주장에 대한 변론서를 제출했다. 그 변론서의 낭독으로 시작된 이 날의 이른바 비공식적인 회담은 마쓰다가 류큐 측을 강온 양면으로 설득시키려는 전략적 의도로 설정된 것이다. 마쓰다는 '봉사류큐시말'에는 "비공식적인 토론 자리"를 마련하여 설득해보려 했다고 알려져 있으나 회담 내용 자체는 거의 알려지지 않았다. 그러나 기샤바에 따르면 이 예외적인 회담에서 마쓰다가 평소에 취했던 위압적인 자세와 달리 확실히 "관대하게" 나왔던 부분이 있었고, 그만큼 류큐 측도 어느 정도 속내를 드러내기 쉬운 분위기였다고 전하고 있다.

> **마쓰다 질문**: 해당 번에 관한 건은 예로부터 지나의 은의(恩義)가 가볍지 않으며, 지나를 떠난다면 신의가 성립되지 않는다는 건은 일단 일리가 있는 것 같지만, 해당 번에서는 이것을 이치라 생각하는가.
>
> **산시칸 대답**: 그렇다, 이것보다 중요한 이치는 없다고 생각한다.
>
> **마쓰다 말함**: 이 건 즉 지나의 은의가 가볍지 않은 것은 단지 해당 번만이 아니다. 지나가 여러 국가들보다 먼저 개화했으니 일본도 공자와 맹자의 도를 배우고 그들의 문자를 사용하여 그 은의가 적지 않다. 그런데 지금 일본은 만

사만물에 대해 구미 각국의 우수한 점을 배움으로써 개명하고 진보해 왔다. 구미 각국의 은혜와 의리 역시 지나로부터 받은 은혜와 의리와 다르지 않다. 지금 류큐를 종전처럼 양속 그대로 둔다면 정부의 체제가 불충분한 것이 될 뿐만 아니라, 이 외에도 방치할 수 없는 이유가 있다. 예를 들어 한두 가지 말하고자 한다. 만일 영국이 지나와 전쟁을 일으켜 지나의 땅을 점령하게 되면 그에 따라 해당 번도 영국의 지배하에 속하게 된다. 그렇게 되면 일본은 영국과 담판을 벌여야 한다. 그러므로 이 기회에 지나와 관계를 끊어놓지 않는다면 이것이 변명도 못하고 해당 번에도 괴로운 일이 미칠 것이다. 또한 일본이 지나와 싸우게 된다면 해당 번은 어느 쪽에도 편을 들 수 없어서 실로 어쩔 수 없는 경우에는 심각한 사태에 이르게 될 것이다. 그 때는 종전대로 도저히 양속 유지설을 주장할 수 없다. 만국의 형세를 잘 파악하여 무엇을 버리고 무엇을 취할지를[取捨去就] 소상하게 밝혀야 할 것이다. 또한 지나와의 관계를 끊고 멀어지면 신의를 잃는다고 운운한 것은 각별하긴 하지만 여하튼 그렇다고 해서 앞서 말한 이치를 막을 수는 없다. 이것을 막는 것이 이치라고 한다면 달리 어떠한 이치가 있을 수 있는가. 그러한 점을 잘 헤아려야 하는 바이다.

산시칸 말함: 황국이 각국에 대하는 태도는 이웃 나라와 교류하는 방식이다. 해당 번과 지나의 관계는 부모와 자식 간의 도리, 군신간의 의리, 인정과 의리와 관련된 바가 크고 중하며 이것이 최상의 이치이다. 이웃 나라와의 교류에 있어 인정과 의리[情義]와는 차이가 커서 똑같이 취급할 수 없다. 신의를 지키는 것은 만국이 모두 좋아하는 것이며, 신의를 잃는 것은 만국이 모두 싫어하는 바이다. 만국이 좋아하는 신의를 다하는 것은 정부의 중요한 정부의 규범이 아니겠는가. 또한 각국과의 교제도 신의로써 조치해야 하는 것이다. 해당 번도 신의를 굳건히 지킴으로써 보국에 필요한 도구로 삼는다. 그리고 영국과 지나의 전쟁에 관해서는 미래의 이변이니 반드시 일어난다 할 수 없다. 해당 번에서는 신의만 잃지 않으면 앞날을 우려하며 걱정할 것이 없다고

민는다. [415]

양자가 주고받은 변론에서는 보통 겉으로 드러나지 않았던 류큐 측의 의향이나 자기인식이 선명하게 나타나있다. 산시칸은 국제법상의 '이치'를 자기 형편에 맞게 내세우는 마쓰다의 설유를 '황국'의 '이웃 나라와 교류하는 방식'에 지나지 않는다고 잘라 말하며, 류큐의 청국에 대한 신의는 그것과 '똑같이 취급할'수 없을 뿐만 아니라 오히려 국제적 신의의 보편성과 합치하는 것이라 주장하고 있다. 스스로를 '해당 번'이라고 칭하면서도 "해당 번도 굳건히 신의를 지킴으로써 나라를 보호하는데 필요한 도구가 된다"는 류큐 측의 신념과 결의를 토로했다.

다음으로 정부의 대류큐정책 전환과 관련해서 전 외무경인 소에지마 다네오미의 '국체와 정체'를 영구히 변경하지 않는다는 약속과 '직제개혁'을 둘러싼 교섭 장면도 인용해 두겠다. [416]

마쓰다 말함: 해당 번의 국체와 정체를 영구히 변경하지 않는다는 건은 통달서에 없다. 외무성 관리에 대한 대답을 필기한 것이므로 증거자료로 삼기에는 부족하다. 그것은 일찍이 이치지가 취급했던 것이니 아무쪼록 그와 이야기하라. 나는 옆에서 옳고 그름을 결정할 것이다.

이치지 말함: 외무경의 통달서대로 준수하라. 다만 국체와 정체를 영구히 변경하지 않는다는 뜻이 아니라, 단지 지금은 변경하지 않는다는 문서이다.

산시칸 말함: 당시 통달서에는 국체와 정체를 영구히 변경하지 않는다고 명기되어 있지 않아서 그 취지를 가필해 달라고 요구를 했더니 그 의미가 문서

---

415   喜舍場, 『견문록』, 50~51쪽(제2·3판, 38~39쪽).

416   위의 책, 『견문록』, 54~56쪽(제2·3판, 42~43쪽). 강조점을 필자가 붙였다.

속에 함의되어 있다고 말씀하셔서 직접 받아쓰고 인용한 다음 섭정·산시칸이 감사의 편지를 올렸다. 그것으로 안심하고 있었다.

이치지 말함: 그때 소에지마경이 열람해보고는 그런 의미가 아니라고 말씀하셨지만 류큐에서 보낸 문서는 우선 받아두었다.

산시칸 말함: 만일 그렇다고 한다면 감사의 편지는 당연히 거두지 않았을 것이고, 이미 거두었다면 더욱이 위의 주장은 아무리 생각해도 인정하기 어렵다.

마쓰다 말함: 정부에서 공식적으로 전달한 통달서가 아니므로 채택하기 어렵다.

산시칸 말함: 외무경의 말은 바로 정부의 명령이 아닌가.

마쓰다 말함: 그 말은 맞다. 그런데 시대의 흐름에 따라 개혁해야 할 것은 가령 정부의 통달서라 할지라도 개혁하지 않을 수 없다. 전부터 이 점을 생각했다면, 시세의 변천은 예상하기 어려웠고, 결코 영구 변경하지 않는다는 등의 문서는 제출되지 않았을 것이다. 그것은 당시 관리의 실책에 지나지 않는다.……

마쓰다 말함: 직무제도를 개혁하면 관청이 혼란스러워 정사(政事)를 집행하는데 지장이 있고 국가경영의 형평을 잃어 정무가 원활하지 못하게 된다는 이유는 그다지 타당하지 않다. 이 개혁은 단지 관명(官名)을 개혁하는데 그치는 것이라 결코 지장이 있을 수가 없다.

산시칸 말함: 해당 번은 예로부터 일국을 이루었고 왕의 칭호를 보유하고 있으며 내지의 옛 번과는 자연히 뜻을 달리 한다. 더욱이 이번에 시달하신 직제 인원은 섭정·산시칸 등 인원수가 적합하지 않으므로 거행하기 어렵다.

이상의 회담은 전 외무경인 소에지마 다네오미의 약속이 정부를 고민에 빠지게 만들고 있는 상황과 그에 관여한 이치지 사다카의 어렵고 궁한 상황을 전하고 있다. 중요한 점은 류큐가 "예로부터 일국을 이루고 왕호를 보유"한 고유의 군주권을 지녀왔음을 주장하고 있다는 점이다. 그렇기 때문에 류큐번왕 책봉도 가능했던 것이고, 그 의미에서 마쓰다가 류큐 측을 설득하기 어려웠던 것은, 바야흐로 그 책봉의 논리를 부인하면서도 류큐의 복종을 뒷받침할 만한 새로운 논거를 찾아낼 수 없다는 점에 있었을 것이다. 그러나 이 예외적으로 '비공식 자리'로 마련된 회담 역시 결국에는 마쓰다가 내일까지 기한을 지키고 답서를 제출할 것을 요구했고 "단지 지금까지의 이유라면 거듭 제출해도 이치가 맞지 않으므로 채용할 수 없다."라 마무리하고 있는 것처럼 결국 권력적인 상황 속으로 매몰될 수밖에 없었다.

2. 긴박했던 일주일

마쓰다의 자세는 예를 들어 8월 10일에 오쿠보 내무경 앞으로 보낸 경과를 보고하는 편지에도 드러나 있다. 그 편지에서 마쓰다는 류큐 측에서 (우리가 앞서 살펴본 것처럼) 몇 가지 양보를 끌어낼 수는 있었지만 가장 중요한 청국과의 관계에 대해 어려움을 겪고 있다고 말한 뒤, "만일 해당 번에 병력이 있고 인민들이 힘이 세고 난폭했다면 우리 정부에 반항할 수 있었을 것이다. 다행히 번에 병력이 없고 인민도 유약하고 또 순박하므로 사리와 형세로 보아 우리의 적이 될 수 없다. 따라서 청국과의 건에 관해서는 이들이 몇 백 번 간절하게 문제를 삼아도 결코 마음으로 받아들이기 어려우며, 오로지 이치를 따져 엄격하고 위엄 있게 변론하여 두려워서 복종하게 만드는 것이 좋다."[417]라고 할 정도로 강한 결의를 표명하고 있다.

417　松田, 『처분』中, 153쪽(『총서』, 124~125쪽).

강압적인 태도는 당연히 날이 갈수록 기세가 높아져, "탄원도 몇 번이고 계속하게 되면 그것은 고집스러운 바람일 뿐이며 조정의 명을 섬기지 않는다는 뜻이 될 것이다. 따라서 조정의 명에 응할 것인지 아닌지 속히 기한을 정해야 할 것이다. 응한다면 번왕에게 말씀드려야 할 것이 있어 매우 바빠질 것이다. 응하지 않는다면 나는 바로 귀경하고 정부가 엄격히 처분할 것이다."[418]라고 출구 없는 선택을 강요하고 있다. 그러면 선택을 강요당한 측은 어떠했을까.

해당 번의 중관리는 마쓰다가 찾아온 뒤부터 매일 성 안[城府]에 백여 명이 모여들어 제각각 시끄럽게 떠들어대서 소란스러움을 참을 수가 없었다. 저것을 구걸하고 이것을 원하고, 이치로 인정할 만한 것은 그저 하찮은 것이라 하더라도 모두 거론하면서 그것으로 답변을 연기시키고자 했지만, 하는 말마다 모두 마쓰다에게 좌절되고 배척당하여 하나도 효과를 거두지 못했다. 그러나 조금이라도 강한 어조로 용기를 내어 분명하게 이를 거절하면 즉각 정부의 엄한 문책을 당해 어떠한 어려운 처지에 빠지게 될지 알 수 없음을 분명히 알고, 그 명령에 응하지 않는다는 뜻을 가지고 있다 하더라도 늘 표정을 부드럽게 하고 말은 겸손하게 하며 그저 고집 세고 무지한 모양새를 연출하여 조금이라도 분노를 사지 않으려고 행동했다. 이에 마쓰다는 이치가 있는 부분은 빠짐없이 해석하여 말로 타이르며 그 고집 센 마음을 열라고 요구하고, 움직이지 않을 때는 화를 내며 목소리를 한껏 높여 거칠게 질책하는 모습이 마치 키가 석 자 정도밖에 안 되는 철없는 어린아이 대하듯이 했다. 중관리는 마쓰다에게 추궁당하여 밤에 잠도 못자고 낮에 쉬지도 못했으며 매일 아침부터 저녁까지 정신없이 협의하고, 가슴 태우고 간을 졸이며 목구멍으로 음식도 넘기지 못하고, 결국 정신과 몸이 고단하고 나른해지고 피폐해져서 술에

418　喜舍場, 『견문록』, 61쪽(제2·3판, 47쪽).

취한 것 같고 미친 것같이 파리한 안색으로 한숨만 크게 쉴 뿐이었다.[419]

이와 같이 마쓰다가 말한 "엄격하고 위엄 있게 변론하여 두려워서 복종하게 만든다."는 것은 위에 인용한 "마치 키가 석 자 정도밖에 안 되는 철없는 어린아이 대하듯이" 꾸짖었다는 기샤바의 비유와 같았다. 조금이라도 반항하는 태도를 보이는 것 같으면 더욱 '분노'를 사게 됨으로 "그 명령에 응하지 않는다."는 의사를 표명함에 있어 "늘 표정을 부드럽게 하고 말은 겸손하게 하며 그저 고집 세고 무지한 모양새를 연출"하며 대응할 수밖에 없었다. 이것이 산시칸을 비롯한 왕부 '중관리'가 강요받았던 상황이었다.

마쓰다 일행이 7월 10일 류큐에 온지 대략 2개월 동안, 류큐의 '중관리'는 위와 같은 모습을 보이면서도 가장 중요한 부분은 계속 정부의 조치에 따르기를 거절했다. 결국 마쓰다는 그 목적을 달성하지 못한 채 9월 11일 귀경하게 된다. 다음은 마쓰다의 최초의 류큐 체류가 결말에 이르는 긴박했던 마지막 일주일동안에 일어난 두세 가지의 주목할 만한 사건에 대해 서술하고자 한다.

하나는 『우편보지신문』(郵便報知新聞)에 실린 청국에 관한 기사가 9월 4일 류큐에 전달된 것이다. 기샤바는 그 날의 상황을 다음과 같이 기술하고 있다. "마쓰다 대승이 오늘 정오를 기한으로 답변하라고 어제 강력하게 언도한 것을 가지고 중관리는 이른 아침부터 성안에 모여 시끌벅적하게 논의했으나 한 가지도 결정하지 못했다. 일부러 지체하며 시간을 보냈다. 마쓰다는 관리를 거느리고 오전에 객사로 찾아와 여러 번 독촉을 해도 쉽사리 답변은 나오지 않았다. 오후 1시가 넘을 때까지 초조하게 기다리며 애를 태웠다."그곳으로 느닷없이 생각지도 못한 정보가 날아들었다. 그 날 입항한 선박에서 가고시마현 당직 관리가 보낸 『우편보지신문』(제749호, 8월 14일 발행) '부하잡보(府

下雜報)'에 "북경 총리아문에서 복주 총독부에 명하여 급하게 군함을 류큐로 보냈다는 정보를 복주의 헤럴드 신문에서 들었는데 아마 매년 바치는 공물의 수납 1조에 관한 건일 것이라는 평을 했다"는 기사가 실린 것을 알게 되었다. "중관리는 이것을 보고 크게 기뻐하며 연기할 수 있는 좋은 기회를 얻었다고 생각했다. 만일 지나의 군함이 와도 류큐에는 아무 지장이 없음을 안다. 오히려 우리를 구해줄 것이니 원래부터 원하던 바이다." 산시칸들은 바로 마쓰다에게 달려가 답변 연기를 부탁했다. 군함이 온다는 소식에 관리들이 모두 놀라 의논할 상황이 아니라는 것이 표면적인 이유였다. 그에 대해 마쓰다는 "신문은 허위도 많아 전적으로 신뢰하기 어렵다. 만일 지나 군함이 와도 류큐에 피해를 입히지 않고 정부가 인수해서 처리할 것이다"라며 아무 일도 아니라는 척을 하면서 상대하지 않았다.[420]

산시칸들은 다음날인 5일도 군함 도래에 관한 진위를 급하게 확인한다는 이유로 답서 제출의 연기를 탄원했으나 마쓰다는 용인하지 않았고, 이 날을 담판이 결렬된 것으로 보고 "공손히 정부의 처분을 기다리라."[421]고 선고했다. 그리고 다음 6일에는 관리 상경을 금지할 것, 관내라도 항구를 나갈 때에는 도항처와 용건을 내무성 출장소에 신고할 것 등의 명령을 내렸다. 선박 일반의 규제라기보다 청국으로 도항하는 것을 저지하기 위한 조치였을 것이다.

다음에 서술하는 두 번째 소동이 일어난 것은 이렇게 긴박함이 절정에 이르려는 상황에서였다. 9월 7일에 번왕의 준봉서 제출을 둘러싼 소동이 발생한 것이다. 기샤바는 다음과 같이 묘사하고 있다.[422]

420　喜舍場, 『견문록』, 92쪽(제2·3판, 71쪽); 松田, 『처분』中, 267~270쪽(『총서』, 147~148쪽).

421　松田, 『처분』中, 281~282쪽(『총서』, 150쪽).

422　喜舍場, 『견문록』, 107~108쪽(제2·3판, 82~83쪽).

8월 8일(양력 9월 7일) 번왕은 중관리들이 헤매고 깨닫지 못하니 이대로 있다가 위험에 빠지기보다 오히려 준봉해서 사직(社稷)을 끝까지 지키는 것이 가장 좋다고 생각했다. 긴주카시라[近習頭]에게 명하여 왕자·산시칸의 의사를 물어보니 따르겠다는 의지를 보였다. 번왕은 떨치고 일어나 꿋꿋하게 결심하고 즉각 조정의 명령을 받들라는 명을 내렸다. 중관리는 이것을 보고 성부(城府)에서 흩어져 각자 집으로 돌아갔다. 오직 가메카와당의 중관리는 크게 실망하여……성부에서 흩어질 때 큰 소리로 울면서 어찌 슈리 내에 사람이 없느냐, 부디 빨리 나와 구해달라고 말했다. 그리고 서둘러 각 촌의 사람들을 선동했다. 백여 명의 사람들이 빠르게 모여서 바로 성부에 도착해 세 개의 문[歡会·久慶·継世]423을 막고 준봉서를 바칠 사절을 빙 둘러 싸며 막았다. 또한 서원(書院) 및 긴주쇼[近習署]로 가서 눈물을 흘리며 울고 마쓰다의 명령에 준봉하겠다는 왕명을 취소해달라고 요구하며 시끄럽게 문을 밀고 기둥을 두드려 대서 궁전 안이 너무도 소란스러웠다. 번왕은 놀라고 두려워하시며 어찌 할 바를 몰라 바로 취소하겠다는 명을 내리셨다. 중관리들은 모두 기뻐서 펄쩍펄쩍 뛰며 마당에 무리지어 모여 궐을 향해 큰 절 네 번을 하고 물러갔다. 이러는 가운데 이에, 산시칸, 요나바루, 고치, 걍, 우치마 등은 번왕의 답서를 제출하기 위해 나하 내무성 출장소로 가고 있었다. 각 촌의 선비들이 이 말을 듣고 서로 알려주어 시시각각으로 달려 나와 바로 나하로 뒤쫓아 갔다. 나하·도마리·구메촌의 선비들도 동참해서 수백 명이 구메촌 남쪽 거리에서 이에 등을 빙 둘러 싸며 길을 막아섰다. 길거리는 싸움과 소동으로 시끌벅적해졌다. 산시칸 등은 백방으로 변명을 하면서 설득을 해도 듣지 않았다. 그리고 모두 출장소로 달려가 탄원하겠다고 해서 그 기세를 막을 수가 없어 슈리성으로 되돌아갔다.

423　[역주] 슈리성에는 성 내부와 외부를 구분하는 문이 있는데 서북쪽에 간카이몬[歡会門], 북쪽에 규케이몬[久慶門], 남동쪽에 게이세이몬[継世門]은 외곽에 설치된 문이다.

이 기샤바의 기술을 보면 번왕 쇼타이는 일단 조정의 명을 준봉한다는 답서를 제출한 것으로 보인다. 그것이 오히려 '사직(社稷)을 끝까지 지킨다'(국가를 지킨다)는 이유에서이다. 하지만 가메카와당 관리들은 포기하지 않고 슈리 각 촌의 선비들을 선동하여 소동을 일으켜서, 다시 번왕에게 왕명을 취소하게 하여 준봉한다는 답서가 마쓰다에게 전달되지 않았다. 덧붙여서 말하면 이 일은 마쓰다가 전혀 몰랐던 일로『류큐처분』에도 전혀 언급되어 있지 않았다. 그가 알고 있었던 것은 단지 소동이 있었다는 것뿐이었다.

이때 마쓰다는 내무성 "출장소에 있는 선비들의 소동에 대해서 전해 듣고 다른 곳으로 피해"[424] 있었는데 소동이 진정되자 출장소로 되돌아가 나카타[中田], 후쿠자키 등 내무성 관리를 슈리성으로 보내 이 소동에 관한 문서를 번왕에게 보내면서 산시칸에게 캐물었다. 번왕 앞으로 보낸 문서는 "이번 명령 건에 관해서 구메촌에 거주하는 놈들의 논의가 들끓다가 드디어 오늘은 폭동이 일어났다고 들었다. 만일 그렇다면 너무나 괘씸하므로 그 취지 및 성명 등을 알고 싶으니 상세하게 보고하시오" 라고 소동의 이유와 주모자 등의 이름을 보고하라고 요구했으며, 게다가 "우리들은 내일 이 땅을 출발할 예정이니 오늘 저녁까지 보고하시오"[425]라고 덧붙였다.

나카타 등의 힐문에 대한 산시칸의 대답은 "오늘 준봉할 수 없다는 문서를 가지고 가는 길에, 슈리·나하·구메촌에 거주하는 사족 등이 이것을 준봉서로 오인하여 대략 사백여 명이 길에서 기다리며 논의한 것으로 구메촌 사람만 있었던 것이 아니다. 하지만 결코 폭동은 아니다"[426]라는 것이었다. "구메촌 사람만 있었던 것이 아니다"라고 일부러 언급한 것은 마쓰다가 번왕 앞으로 보낸 문서에 '구메촌에 거주하는 놈들' 운운한 것에서 중국계 이주자의 자손이 모여 사

---

424 喜舍場, 『견문록』, 108쪽(제2·3판, 83쪽).

425 松田, 『처분』中, 296쪽(『총서』, 153쪽); 喜舍場, 『견문록』, 108쪽(제2·3판, 83쪽).

426 松田, 『처분』中, 295쪽(『총서』, 153쪽).

는 구메촌의 선비와 인민이 소동의 주체인 것처럼 되어 있었기 때문이다. 마쓰다 등의 출발 예정일인 8일에 산시칸은 위와 같은 마쓰다의 질문에 대한 번왕의 답서를 제출했는데 '슈리·나하·구메촌의 많은 사람들'이 청국과의 관계를 염려한 나머지 산시칸과 함께 탄원에 동행하고 싶다며 떠들었는데 그렇게 하면 도리어 마쓰다에게 실례가 된다는 등 '약간 논의가 들끓었을' 뿐이지 '결코 폭동은 아니다'[427]라는 것이 주 요지였으며 주모자 등의 이름도 보고하지 않았다.

그런데 마쓰다의 귀경은 "바람이 거칠어져서" 예정일이던 9월 8일에서 3일 후인 11일로 연기되었다. 그리고 3일간 연기한데에는 다음과 같은 마쓰다의 의도도 담겨 있었다.

이에 앞서 류큐 측은 이번 건에 관해서 사절을 상경시켜 직접 정부에 탄원하고 싶다고 마쓰다에게 요청했으나 거절당한 일이 있었다. 마쓰다는 8일 오후 슈리성으로 사절을 보내 이전의 요구에 대해 다음과 같은 조건이 충족된다면 들어줄 수 있다는 취지를 산시칸 등과 타진하게 했다. 그 조건이란 일단 사절을 상경시킨 다음에 탄원이 이루어지지 않으면 바로 도쿄에서 조정의 명을 준봉할 것, 그리고 그 취지를 명기한 번왕의 문서를 제출한다는 것이었다. 만일 이 조건을 거절한다면 바로 출발하여, 즉 "명령을 준봉하지 않는 것으로 알고 귀경하여 정부에 반대하는 상황을 상세하게 아뢰겠다.", 만일 수락한다면 "그 상경하는 관리의 여장을 준비하기 위해 하루나 이틀 연기하는 것은 허락하겠다"[428]는 것이었다.

이 날 마쓰다는 류큐인은 고집이 세서 쉽게 설유하기 어렵다는 것을 알고, 거듭 생각하여 계략 하나를 짜냈는데, 나카타와 후쿠자키를 슈리로 파견하여 산시칸과 만나게 하고 정부에 해명하기 위한 번 관리의 상경을 허락할 것이

---

427   喜舍場, 『견문록』, 108~109쪽(제2·3판, 83쪽); 松田, 『처분』中, 299쪽(『총서』, 154쪽).

428   松田, 『처분』中, 303쪽(『총서』, 154쪽).

라는 의중을 전달하게 했다. 산시칸은 뛸 듯이 기뻐하며 원래의 목표를 달성했다면서 급히 중관리를 모아서 이를 고지했다. 중관리 모두 기뻐 날뛰며 너무 좋아 어쩔 줄 모르고 마치 이번 정부의 명령이 모두 취소된 것처럼 생각했다. 각 촌의 선비 등도 매우 기뻐하면서 얼굴이 밝아졌다. 아아~, 마쓰다의 이 계략은 마치 올가미와 함정을 설치해놓고 새나 짐승을 농락하는 행위라는 것, 이것은 철없는 어린아이라도 능히 알 수 있는 일이었다.[429]

산시칸들은 다음날 9일, 마쓰다가 빨갛게 수정해 준 문서를 받아서 "번의 관리 가운데 선발한 다음, 저는 이것을 위임하고 상경하게 하여 일단 정부에 가서 말씀드리고, 그 다음에 채택하지 않으신다면 도쿄에서 바로 따르겠사옵니다."[430]라는 표현이 들어간 문서를 번왕의 이름으로 마쓰다 앞으로 제출했다.

이리하여 마쓰다 일행은 9월 11일 나하를 출발해서 도쿄로 향했다. 상경 사절로는 산시칸 이케구수쿠가 임명되었는데 요나바루, 고치 웨카타, 갼, 우치마, 오야사토 페친 등 수행원 일행도 동행했다. 9월 25일 도쿄에 도착한 마쓰다는 같은 날짜로 복고서 '(제1회)봉사류큐시말'을 작성하고, 9월 27일 정원에 출두하여 산조 태정대신에게 제출했다.

429　喜舍場, 『견문록』, 109쪽(제2·3판, 83~84쪽).

430　喜舍場, 『견문록』, 110쪽(제2·3판, 84쪽); 松田, 『처분』中, 305쪽(『총서』, 155쪽).

제4절 마쓰다의 복명서(復命書)[431]와 기샤바의 실록

1. 마쓰다 '봉사류큐시말[奉使琉球始末]'과 기샤바의 관찰

마쓰다의 첫 번째 류큐 방문과 관련하여, 마지막으로 그가 귀경한 후에 제출한 보고서에 대해 간단히 언급하고 그것과 기샤바의 관찰을 서로 비교하고자 한다. 마쓰다는 본인이 본 류큐왕부의 내부사정에 대해서 다음과 같이 보고하고 있다.[432]

> 해당 번의 사정을 정찰해보니 신(臣) 미치유키는 화가 나고 분해서 슈리성을 떠나 마침 귀경하려는 즈음에 한층 민심은 자못 흉흉하고 류큐번의 의견이 결국 세 당으로 나뉘었다. 첫째는 앞으로 정부의 처분이 두려워서 신속히 일본의 처분을 따르자는 논의를 하거나, 혹은 끝까지 애원하고 호소하여 신 미치유키의 귀경을 막으려는 세력이다. 이들은 우리 정부에게 의리와 은혜가 있다고 하는 그룹(당)이다. 둘째는 오히려 우리 정부의 처분을 받더라도 청국의 정과 의리는 대신하기 어려우며 또한 우리 정부의 처분에 대해서는 온힘을 다해 조정의 평의를 막으려는 책략을 써야 한다고 논하고 이들은 청국에 의리와 은혜가 있다고 하는 당이다. 셋째는 준봉할 수밖에 없다는 것을 이미 잘 알고 있으나 지금 바로 준봉하게 된다면, 하나는 청국에 대해 신의를 다하지 못하는 부분이 있고, 또 하나는 번 내부에 준봉하지 않겠다는 세력의 민심을 진

---

431   [역주] 복명서(復命書): 정부의 관리가 임무를 마치고 돌아와 작성하는 보고서를 말한다. 마쓰다가 류큐출장을 마치고 돌아와 임무수행의 결과를 보고하는 문서로서 여기서는 '보고서'로 번역한다.

432   松田, 『처분』中, 331~332쪽(『총서』, 160쪽). 복명서 본문은 喜舍場, 『견문록』(120~129쪽, 제2·3판, 92~99쪽)에도 실려 있다. 인용 부분은 127~128쪽(제2·3판, 97~98쪽).

정시키고 달래기가 어려워서 힘이 든다. 그러므로 번 관리를 한차례 상경시켜 직접 정부에 탄원하고, 결국 들어주지 않아서 준봉할 경우에는 안팎으로 답변할 말이 있다는 것이다. 이것이 류큐정부 요직에 있는 사람들의 그룹이다.

종래 연구에서는 주로 마쓰다의 보고서에 나오는 이 기술을 근거로, 당시 '류큐번'의 사족 내지 지배계급이 일본파, 청국파, 주요인물 그룹의 세 파로 분열되어 있었다는 취지의 기술이나 그것을 류큐처분의 과정 전체로 일반화시키는 듯한 서술이 자주 있어 왔다.[433] 그러나 그것이 잘못되었다는 것은 기샤바의 저술을 찾아보지 않더라도 마쓰다 보고에 내포되어 있는 자기모순에 조금만 주의를 기울여도 명확해질 것이다. 일본의 "처분을 두려워"하는 사람들이 있었다는 것, 오히려 모두가 처분을 두려워했던 것은 확실하지만, 그것을 가리켜 "이들은 우리 정부에게 은의가 있다고 하는 세력이다"라고 하는 것은 모순된 표현이라 할 수밖에 없다. 정부의 처분을 두려워하는 사람들은 얼마든지 있었지만 일본정부에게 의리와 은혜가 있다고 하며 정부의 명령을 따르자고 주장한 세력은 전혀 존재하지 않았다.

그러면 이 시기의 류큐 내부 상황은 어떠했을까. 기샤바의『류큐견문록』에서 살펴보자.[434]

마쓰다와의 담판에 몹시 시달리게 되자 산시칸들은 크게 공포를 느끼며 이것은 국가에 예사롭지 않은 사건이므로 국가가 주도하는 논의를 다하지 않으면 안 된다고 생각했다. 바로 슈리 15개 촌 선비들에게 명하여 각 학교에 모이

---

433 예컨대 田中彰,『明治維新』(日本の歴史 제24권, 小学館, 1976년)은 류큐처분을 메이지유신의 종기(終期)에 자리매김한 좋은 연구이며, 마쓰다의 보고를 액면 그대로 받아들이기는 어렵다고 하면서도 근거를 제시하지 않는 채 '지배층의 분열'이 있었다고 한다. 361쪽 이하(「『琉球処分』の意味するもの」)를 참조.

434 喜舍場,『견문록』, 103쪽(제2·3판, 79쪽).

게 하여 산조 경(卿), 마쓰다 대승의 서류를 열람하게 하고, 마쓰다와 문답할 때마다 이것을 고지했다. 각 촌 선비들은 알려야 할 일이 있으면 한 지역마다 수십 명의 노장들이 모여 밤낮없이 시끌벅적하게 의논을 했다. 산시칸은 또 명을 내려 협의를 거쳐 결정하고 의견이 있으면 제시하게 했다. 선비와 평민 등은 협의는 했지만 특별히 분명하게 밝혀진 것은 없고, 단지 중관리의 의향을 살피고 오로지 정부의 명령을 고사(固辭)해야 한다고 결정하고 각 촌의 건의서를 제출했다.

덧붙여서 류큐왕부의 선비층은 슈리, 나하, 도마리무라, 구메무라의 4지역에 모여 있었는데 특히 슈리는 성 둘레에 있는 수도로서 과반수가 거주하고 있었다. 15촌은 행정구역이며 각각에 초등교육과 치안사무를 담당하는 마을학교[村学校]가 있었다. 산시칸들은 거기서 열리는 집회와 평의, 이른바 당시로서는 '풀뿌리' 수준까지 '국가적 논의'로 참여 범위를 넓히고 '민주적'인 형식으로 의견 집약을 시도했다는 것이다.[435]

그러한 국평 결과로도 마쓰다가 주장하는 '(일본) 정부에게 은의가 있다고 하는 당'은 존재하지 않았다. 그렇다면 당파적인 구분이 전혀 없었는가 하면 반드시 그렇다고 할 수는 없다. 다시 기샤바를 인용해본다.[436]

이 때 옛 산시칸 가메카와 웨카타[毛允良]는 은거(隱居)하고 성부(城府)의 모임에도 나오지 않았으나 중관리 중에 우라소에[浦添] 아지[按司]·나고 아지·쓰카잔[津嘉山] 웨카타·다쿠시[澤岻] 웨카타·고하쓰[小波津] 웨카타·오나가[翁長] 웨카타 등의 경우는 성부의 모임을 끝내고 돌아갈 때마다 반드시 가메카

---

435   이 문제를 생각할 경우 일본(본토)과 류큐의 '사족 비율'이나 양자의 사회적 성격 차이도 유의할 필요가 있을 것이다. 제1장 주(123)을 참조

436   喜舍場, 『견문록』, 105~106쪽(제2·3판, 81~82쪽). 8월 6일 무렵의 상황을 기술한 것이다.

와의 저택에 모였으며 각 촌 선비들 가운데도 찾아오는 사람들이 많았고, 서로 의논하고 토론한 끝에 정부의 명령을 확실하게 거절하기로 뜻을 모으고, 단체를 결성하여 당파를 만들었다. 중관리들 모두 명령을 거절하겠다고 주장했으나 그 중에서도 이 당의 관리들은 후원을 받아 더욱 세력을 키웠고, 기탄없이 논의할 때마다 반드시 주장을 주도할 것을 요구했다. 마쓰다의 책임 추궁이 절박할 정도로 점점 더 집요해지자 겁을 내면서 떠들썩하니 말들이 많았다. 산시칸은 깜짝 놀라 두려워하며 논의를 하지 못하고 멍하니 가만히 앉아 있으면 이 당의 중관리들은 이 모습을 가리켜 겁이 많고 나약한 것이라 참을 수 없다며 경멸하기에 이르렀다.……

번왕은 마쓰다가 왔을 때부터 병으로 누워 궁중에 틀어박혀 있었으며 오로지 긴주쇼가시라[近習署頭][437]로 하여금 왕명을 전달하게 했다. 이번 일본(조정)의 명은 너무도 심각하고 두려운 일인데 관리들은 완고하고 어리석어 위험을 거의 감지하지 못하고 오로지 일본(조정)의 명령을 가벼이 보니 깊이 탄식하지 않을 수 없다. 산시칸까지도 의지가 약해지는 것을 보고 병이 더 심해졌는데도 편전에 나와 앉아 중관리 대여섯 명을 차례로 가까이 오게 해서 말하기를 "이미 일본(조정)의 명령이 임박하여 도망갈 데가 없는 지경에 이르렀다. 국가를 여전히 무탈하게 유지할 수 있을까."라고 하셨다. 중관리 모두가 말하기를 "정부가 무서운 위엄을 앞세워 우리에게 다가오면 그 세력에 저항하기 어렵고, 지금 산조공[三条公]의 통달서 및 마쓰다의 설유서와 구술 등은 모두 위력을 과시하고 꼬여서 유인하는 것에 불과하다. 이것을 굳이 사양해도 아직은 위험한 상태까지 이르지 않았으니, 아무쪼록 번 내에서 협심하여 집요하게 거절함이 옳습니다. 시간이 지나면 천조도 이에 대해 듣고 도와줄 것입니다"라고 했다. 관리들 가운데도 마음속으로 매우 위험하다고 여기는 자가

437　[역주] 긴주쇼가시라[近習署頭]: 류큐 왕부를 보좌하는 측사 중 우두머리. 측사의 지위에 관해서는 보론 참조

있기는 했으나, 다른 사람들이 무서워 감히 한 마디도 건의하지 못하고, 단지
무리들과 부화뇌동하면서 번왕에게 대답했다.

약간 길어졌지만 이것이 측사로서 쇼타이왕을 가까이서 모셨고, 슈리 티
시라지[汀志良次]촌의 평범한 한 선비이기도 했던 기샤바가 본 류큐왕부 내부의
사정이었다. 여기에는 가메카와 웨카타의 저택을 거점으로 강경파가 급속하게
당파적인 결속을 강화해가는 모습을 약간 냉정하게 묘사하고 있다. 그의 필치
에는 이른바 국가적 위기 속에서 발생한 일종의 "참여 민주주의"적 상황을 그들
의 과도한 당파주의적 행동으로 훼손시켜가는 것에 대한 기샤바의 비판의식이
반영된 것으로 보인다. 여하튼 이상과 같은 정도로 가메카와당이라는 대일(내지
는 반일) 강경파가 존재한 것은 확실하지만, 기샤바의 서술에서는 마쓰다가 주장
하는 것처럼 '번의(藩議)'가 세 갈래로 나뉘어졌다거나 역사서에서 자주 나오는
것처럼 류큐의 사족이나 지배계급이 두 파나 세 파로 나뉘어졌다고는 도저히
말하기 어렵다.[438]

마쓰다는 결국 이번 출장에서 청국과의 교류 중지에 관한 류큐번왕의 준
봉서(遵奉書)를 가지고 돌아가지 못했다. 가장 중요한 점에 대해서 그의 보고서
는, 한 번 상경해서 탄원하여 허락받지 못한다면 조정의 명을 지키고 따른다는
번왕의 '증서(証書)'를 언급한 다음에, "앞서 정부가 신(臣) 미치유키에게 명하여
해당 번에 파견하신 가장 중요한 취지는 전혀 바뀐 것이 없습니다. 즉 해당 번
의 탄원을 허락하시지 않을 것임을 저 미치유키는 의심하지 않는 바, 이번 번왕
이 신 미치유키에게 보낸 증서는 명령을 준봉하겠다는 것으로 간주할 수 있습

438　예컨대 沖縄歴史教育委員会·新城俊昭, 『高等学校 琉球·沖縄史』에는 "마쓰다 등의 강력한
　　　설득 공작에 의해 왕부 내 관료 가운데서도 찬성파(개화당)가 생기기 시작하여 반대파(완
　　　고당)와 격론을 주고받기까지 했다."(149쪽)라는 기술이 있으나 태평양전쟁 전에 이야기
　　　된 근거 없는 억설에 지나지 않는다고 보아야 한다.

니다"[439]라고 서술하여 실질적으로 사명을 완수하는 것과 마찬가지라는 생각을 드러내고 있다. 앞서 지적한 "요로의 당" 운운은 마쓰다의 표면적 관찰이라기보다 자기가 취한 조치를 정당화하기 위한 지어낸 문장이라는 성격이 강한 것처럼 생각된다.

보고서에 나오는 그의 또 하나의 주장과 결론에 대해서도 같은 말을 할 수 있다. 마쓰다는 스스로의 설유와 설득이 결국 잘 마무리되지 못한 원인 내지 책임을 모두 류큐 측에 전가하고, 그 '무상(無状)'(무례하고 도리에 어긋나는 점)을 강조하면서 "신 미치유키가 가만히 생각해보니, 해당 번(류큐)이 요즘 들어 무례하고 도리에 어긋남이 매우 심하다. 이것은 반드시 정부가 처분해야 한다", 가령 이번에 준봉한다 해도 앞으로 대변혁을 하지 않으면 안 된다."라고 결론을 맺고 있다. 그러면 대변혁 처분이란 어떤 것이었을까.

따라서 신 미치유키는 귀경하면서 세 가지를 건언하고자 합니다. 그 세 가지란 무엇인가. 사법으로 해당 번왕의 위제(違制)의 죄를 처단하고, 행정으로 해당 번왕에게 명하여 토지와 인민을 봉환(奉還)하게 한 다음 류큐번을 폐하여 오키나와 현을 설치하고, 군의 직무(軍務)로 이미 결정된 분견대를 서둘러 류큐로 보내 지방의 폭거를 예방해야 한다.[440]

'폐번치현'을 건언하는 것이며 정부 내에서 처음으로 나온 의견이다. 준봉하지 않으면 그것을 이유로 바로 단행하고, 준봉해도 앞으로 실행해야 한다는 주장이다. 마쓰다는 '번왕 위제의 죄'라고 서술하고 있는데, 결국은 이러한 처분이유에 기반을 둔 일종의 처벌로서 나중에 강제병합이 실시되는 것이다. 다만 마쓰다가 굳이 이 시점에서 '폐번치현'을 건언한 것은, 그것이 아직 정부 내에서

439　松田, 『처분』中, 335쪽(『총서』, 160쪽); 喜舍場, 『견문록』, 129쪽(제2·3판, 96쪽).

440　松田, 『처분』中, 330쪽(『총서』, 159~160쪽); 喜舍場, 『견문록』127쪽(제2·3판, 97쪽).

정해진 노선이 아니었음을 의미한다. 그 의미에서는 '폐번치현' = 좁은 의미의 '류큐처분'을 최초로 제창한 사람은 나중에 처분을 직접 집행한 자이기도 했던 마쓰다 미치유키였다.

2. 계속되는 도쿄에서의 청원

상경하여 탄원하겠다는 간절한 바람이 받아들여져서 이케구수쿠 웨카타 산시칸 일행은 마쓰다와 같은 배를 타고 도쿄로 향했다. 그들은 도쿄에 도착하자마자 바로 청국과의 관계 지속을 인정받기 위해 정부에 탄원하고, 10월 15일과 27일자로 탄원서를 제출했으나 들어주지 않았다. 그러나 이케구수쿠 등은 그 후로도 정부 고관이나 주변 관계자에게 재고와 지원을 청하고 지속적으로 탄원했다. 그 내용은 대부분 지난해 도쿄와 류큐에서 마쓰다에게 주장한 것과 거의 같았다.

정부는 먼저 1875년(明治8) 11월 17일자로 "이번 문서(탄원서)에서 그 취지를 누누이 주장했지만 들어주기 어렵다"면서, "지난 9월 9일 번왕이 내무대승 마쓰다 미치유키에게 보낸 증서의 취지에 입각하여 묘의에서 확정한 것들을 류큐에서 신속히 준봉하기 바란다."[441]는 명령을 내렸다. 그러나 이케구수쿠 등이 이에 응하지 않고 이듬해까지 두 번, 세 번 탄원서 제출을 반복하자, 산조 태정대신은 1876년 5월 10일 "그 번의 관리 중에 작년에 상경한 일행에게 이제는 용무가 없으니 하루 빨리 번으로 돌아가라는 뜻을 통달"[442]하며 이케구수쿠 등의 사절 일행에게 동경을 떠나라고 명했다. 하지만 류큐 측은 산시칸인 도미카와 웨카타나 요나바루 웨카타로 요원을 대체하고 응원하도록 상경시켜, 편지의 내

---

441   松田, 『처분』中, 353~354쪽(『총서』, 164쪽).

442   松田, 『처분』中, 368쪽(『총서』, 167쪽).

용을 바꾸거나 발신인을 바꿔가면서 거듭 탄원을 계속했다.

이러한 류큐 측의 움직임에 화가 치민 정부는 기나시 세이이치로[木梨精一郎] 내무소승에게 류큐의 내무성 출장소에서 근무할 것을 명하고, 1876년 7월 출장소 부임에 즈음하여 번왕 쇼타이에게 보내는 산조 태정대신의 통달서가 전달되도록 했다. 6월 5일자 통달서는 "원래 청국에 대한 신하로서 지켜야 할 예의에 관한 건은 우리 국체와 국가의 권위가 관련된 가장 중요한 사항이므로 단호하게 거절할 수밖에 없다는 심원한 논의를 거쳐 나온 결정이므로, 일개 번에 지나지 않는데 일시적인 정으로 참작해줄 이유가 없다. 따라서 앞으로 아무리 탄원을 해도 채택하지 않을 것이니 깊이 명심할 것"[443]이라는 명령을 엄격하게 전달했다.

기나시 내무소승의 부임은 류큐 내의 내무성 출장소에 대한 권한 강화와 밀접한 관련이 있었다. 즉 1876년 5월 15일자로 오쿠보 도시미치 내무경으로부터 보고를 받았고, 17일에는 "류큐번에 있는 그 출장소로 향후에 번 내의 재판사무 및 해당 지역에 체류하는 다른 관리와 인민에 대한 경찰사무를 담당하라는 취지를 통달한다."는 태정대신령(令)을 내무성에 보냈으며 같은 날짜로 류큐번에도 통달되었다. 류큐왕부의 재판권을 일본정부(내무성 출장소)로 이관하라는 명령을 전달한 것이다. 그 내용은 "번 내의 인민 상호간에 일어난 형사 사건은 번청으로 하여금 국문[鞫訊]하게 하고 내무성 출장소의 재판을 요청할 것", "번 내의 인민 간에 일어난 민사 및 번 내 인민과 다른 부·현의 인민…… 사이에 관련된 형사, 민사 사건은 바로 내무성 출장소에 소송하게 하겠다."[444]는 것이었다. 이것으로 내무성 출장소 관리가 재판관 및 일부 경찰 사무를 겸하게 되었으며 경찰과 순사도 맡게 되었다.

그러나 류큐 측은 이 건에 관해서도 다른 부·현의 인민과 관련된 일부 재

---

443   松田, 『처분』中, 373~374쪽(『총서』, 169쪽).

444   松田, 『처분』中, 401~402쪽(『총서』, 174쪽).

판 및 경찰사무의 출장소 관할은 승낙했으나, "번 내 인민 상호간의 형사와 민사는 번청이 이것을 국문하고 재판"해야 한다는 청원을 반복했고 번 내 인민 간의 재판 사무의 이관에는 집요하게 저항했다. 또 7월 4일에는 청국으로의 도항은 상업상의 용무라 하더라도 모두 내무성 출장소의 허가가 필요하게 되었다.[445] 내무성 출장소의 권한 강화와 함께 진대지영 설치도 진행되었다. 5월 하순에는 분견대(分遣隊) 25명의 파견이 하달되었고, 또한 나하 인근에 마와시[真和志] 마기리[間切] 고하구라[古波蔵] 촌에 병영부지 약 2만 평을 지정해 육군성 출장소 관리에게 인도했는데 8월말에는 병영도 완성되어 분견대와 육군 출장소도 이전했다.[446]

이렇게 도쿄에서의 청원도 좀처럼 효과를 보지 못하고 류큐 내에서 정부의 권한도 차츰 확대되어가는 가운데 류큐 왕부는 마침내 사절을 청국으로 비밀리에 파견한다는 계획을 단행했다. 사절로 뽑힌 사람은 도쿄에서 청원하고 돌아와 있던 모노부교[物奉行] 고치 웨카타[向徳宏] 외에 이게이[伊計] 페친[蔡大鼎], 나시로사토노시[名城里之子] 페친[林世功] 등이었다. 1876년 10월, 고치 웨카타 일행은 "기원(祈願)하기 위해 이헤야[伊平屋] 섬으로 간다고 거짓으로 말하고 모토부[本部] 마기리에서 출발"[447]했다.

고치 일행은 풍랑으로 표류하다가 복주에 도착한 것은 이듬해인 1877년(明治10) 3월이었다. 고치 등은 도착한 후 바로 민절 총독과 복건 순무를 만나서 류큐가 처한 상황을 호소했는데, 그들은 때마침 초대 주일공사로 부임길에 오르려는 하여장(何如璋)에게 일본정부와의 담판을 부탁하고, 각국 공사에게도 손을 써달라는 말을 정중하게 했으며, 청국 정부도 하여장 공사에게 도쿄에 취임한 후에 적절한 조치를 취하도록 명했다. 그리고 하여장이 주일공사로서 취임하자마자 이케구수쿠 등 도쿄에 체류한 류큐 사절들은 바로 하여장 공사를 방문하여

445　東恩納寛惇, 『尚泰候実録』(『東恩納寛惇全集』2, 392쪽).

446　東恩納寛惇, 『尚泰候実録』(『東恩納寛惇全集』2, 391~394쪽).

447　喜舍場, 『견문록』, 135쪽(제2·3판, 103쪽).

실상을 호소했고 그 이후에도 종종 방문하여 연락하면서 지속적으로 활동했다.

도쿄에 주재하고 있는 하여장 공사는 1877년 9월, 두 번에 걸쳐 외무경 데라시마 무네노리를 면회하고 항의했을 뿐만 아니라 10월 7일에는 장사계(張斯桂) 부사와 연명으로 데라시마 외무경 앞으로 서간을 보내서 일본이 류큐의 청국 조공을 금지하고 있는 것에 대해 다시 격렬한 기세로 비난했다.[448] 일본 측에 제출된 항의문서는 원래 한문이지만 여기서는 기샤바가 '그 요지'를 번역한 앞부분의 일부를 인용해둔다.[449]

> 류큐는 청국의 바다 가운데 크고 작은 섬들이 합쳐져서 하나의 나라를 이루었다. 토지의 경계나 넓이에 한계가 있고 생산물은 풍부하지 않아 스스로 자급자족하기 어려운데 하물며 여유가 있겠는가. 여유를 탐할 정도로 충분하지 않다는 것은 논할 필요도 없다. 지역의 상황이 그와 같다 하더라도 능히 스스로 일국을 이루었다. 또한 명의 홍무제(洪武)시대에 예속되어 책봉을 받고 공물을 바치고 외번속부(外藩屬部)의 형태를 이루었다. 그래도 그 나라의 정치는 말할 것도 없이 그 나라 정부의 권한 내에 위임했고 구태여 다른 것에도 참견하지 않았다. …… 이미 류큐가 청조에 속해 있다는 것을 구미 각국도 모르지 않는다. 그런데도 일본은 류큐가 청국으로 공물을 보내는 것을 금지한다는 풍문을 들었고, 청국의 만주왕조는 쉽게 믿지 않았다. 일본은 대국이다. 어찌하여 교류의 의무를 돌아보지 않고 매우 작은 영토를 제압하여 신의를 잃는 일을 하려고 하는가.

이에 대해 데라시마 외무경이 청국의 비난은 일본을 모욕하는 것이라며 똑같이 거친 뉘앙스의 답서를 보내는 등 청일 간에 신랄한 응수가 오고갔다. 또

448　『日本外交文書』제11권, 271~272쪽.

449　홈솝場, 『견문록』, 136~137쪽(제2·3판, 105쪽).

한 이러한 청국공사의 교섭이 좀처럼 효과를 보지 못하는 가운데 도쿄에 있는 류큐 관리들은 그 후 미국, 영국, 프랑스 공사들에게 비밀리에 편지를 보내 어려움에 처한 상황을 호소하고 조력을 간청하게 된다.

유의하고 싶은 점은 청국공사가 류큐의 일본 귀속을 인정하지 않고 일본 정부에게 공식적으로 항의한 것이 류큐에도 큰 영향을 끼쳤다는 것이다. 기샤바는 다음과 같이 서술하고 있다.[450]

> 그보다 앞서 해당 번에 관리들과 인민들은 지나가 우리를 구해준다는 것을 반신반의하며 아직 정해진 견해는 없었다. 따라서 정부의 명령을 거절하는데 있어 청국의 원군을 기다린다는 것을 구실로 삼자는 사람들은 적었다. 이번에 하여장, 장사계 두 사람이 우리나라 사건에 대해 일본 정부를 힐난하니 비로소 청국이 우리를 구해줄 것이라고 확신했고 사람들 모두 속으로 기뻐하고 이후 정부가 엄격한 명령과 감독으로 경멸하거나 업신여기는 책략을 써도 털끝만큼도 두려워하는 기색이 없고 모두 회의할 때마다 잘되면 반드시 청국이 원군을 보내줄 것이라고 주장했다.

이와 같이 양성된 청국의 구원에 대한 류큐 측의 기대와 확신은 5절에서 살펴볼 마쓰다 미치유키가 두 번째 류큐를 방문했을 때 류큐왕부에서 취한 대응태도의 배경이 되었다. 좀 더 말하자면 그러한 기대와 확신이 '폐번치현'에 의한 류큐병합 후에도 계속되었고, 구국·복국 청원을 위한 '탈청'(청으로 건너감) 운동을 오랫동안 지탱해주는 토대가 되었던 것이다.

다음 5절에서 살펴보겠지만 마쓰다 미치유키의 첫 번째 류큐 출장 후 정부가 '폐번치현'이라는 병합처분을 향해 움직이기 시작하기까지 3년 남짓 걸렸다. 이 시기 메이지정부에서는 질록처분이나 식산흥업정책, 자유민권운동과 각지

---

450   喜舍場, 『견문록』, 141쪽(제2·3판, 108쪽).

의 불평사족·농민의 반정부적 동향 등 많은 과제와 사건에 대처해야 했다. 특히 1876년 8월에는 금록공채의 발행 조례가 공포되고, 사족의 가록 폐지 즉 사족의 경제적 특권 소멸이 확정되자 10월에는 신푸렌의 난[神風連の乱]을 비롯한 사족반란이 잇따라 일어났다. 또한 12월에는 이바라키[茨城]·미에[三重]·사카이[境]·아이치[愛知] 등 여러 지역에서 지조개정(地租改正)에 반대하는 봉기가 일어나는 등 불안정한 정치 상황이 이어졌다. 특히 정부에서 볼 때 반정부 불평사족의 최후의 거점이었던 가고시마의 불온한 동향은 그 자체가 큰 불안의 요소였을 뿐만 아니라, 류큐문제가 처분을 향해 한걸음 더 나아가는데 있어 주저하게 만든 요인이 되기도 했을 것이다. 가고시마 사족이 사이고 다카모리를 추대하여 결기한 세이난전쟁은 1877년 2월부터 시로야마[城山] 전투에서 사이고가 자결하는 9월까지 반년 이상이나 계속되었다.

이 시기 정부 최대의 실력자이자 류큐문제를 주관해왔던 내무경 오쿠보 도시미치는 1878년(明治11) 5월 14일에 태정관으로 출근하는 도중에 기오이초[紀尾井町] 시미즈타니[清水谷]에서 사이고 다카모리에게 심취한 이시카와[石川] 사족인 시마다 이치로[島田一良] 등에게 암살당했다. 오쿠보 내무경의 후임은 이토 히로부미[伊藤博文]였다. 후임으로 교체되고 약 반년 뒤, 정부의 대류큐정책은 다시 크게 요동치기 시작했다.

제5절 '폐번지현' 처분으로서의 강제병합

1. 마쓰다의 처분안과 최후 통고

1879년(明治12)은 '류큐처분'이 마지막 고비를 맞이한 해였다. 마쓰다 미치유키는 이 해 1월과 3월 두 번에 걸쳐 류큐 출장을 간다. 1875년(明治8) 여름 첫 번째 류큐 출장으로부터 약 3년 반이 지났고, 마쓰다의 직함도 행정제도의 변경으로 내무대승에서 내무대서기관으로 바뀌어 있었다. 두 번째인 1월 류큐 도항은 첫 번째 출장 때부터 현안이었던 조정의 취지에 대한 준봉 답서를 요구하고 독촉하여 최후통고를 하는 것이었고, 마쓰다에게 세 번째 출장이면서 마지막 출장이 된 3월은 주지하다시피 경찰과 군대를 거느리고 '폐번치현'인 병합 처분을 단행하는 것이 목적이었다.

두 번에 걸친 류큐 도항에 앞서 마쓰다는 내무경 이토 히로부미의 명령에 따라 '류큐번 처분안'[451]을 작성하여 1878년 11월에 내무경 앞으로 제출한다. 마쓰다가 기초한 처분안이야말로 그 후 '류큐처분' 단행의 골격이 되었다.

마쓰다의 처분안은 류큐번의 '종래 상황의 개요'와 예상되는 '처분 결과의 개요' 및 '적당한 처분의 방책'을 각각 논한 뒤 마지막으로 '류큐번 처분방법'을 14개 조항으로 정리해서 건언했다.

먼저 번의 상황 설명에서는 종래의 역사적 사정으로 "일반 사람들은 번왕이 있다는 것은 알아도 천황폐하가 있다는 것은 모른다. 번 정부가 있다는 것은 알아도 일본정부가 있다는 것은 모른다. 모두 번왕에 대한 존경과 신뢰가 실로 두텁고 무한하다." 라고 충성심에 대해 지적하고, 번에 의한 정치의 '압제가 지나치게 혹독'한데 대해 "사족 이상의 계층은 그다지 괴롭고 고통스럽지 않았을지라도 일반 평민은 괴롭고 고통스러움이 컸다."는 상황인식을 서술하고 언어와 습관 그리고 풍속 등에 대해서도 언급했다.

다음으로 예상되는 '처분의 결과'에 대해서는 번의 상황이 위와 같으므로 "처분 초기에는 한 때 심상치 않은 상황이 일어났다. 즉 일반 평민은 고통과 슬픔에 어찌 할 바를 몰라 생업을 내팽개치고 먹는 것도 잊어버리고 당황하여 동요하고 거의 미친 듯이 필사적으로 처분을 거부할 것이다. 그렇지만 병력이 없으므로 전쟁은 일어나지 않을 것이다"라고 반항의 성격에 대한 인식을 서술한

451　松田, 『처분』下, 91~114쪽(『총서』, 201~206쪽).

다음, "일반 평민들은 글을 아는 사람이 적고 언어가 통하지 않으므로 정부의 명령을 선포하고 정치를 시행하는데 모두 사족 이상의 사람을 이용하고 이들을 매개로 삼지 않을 수 없었다." 따라서 '일반 평민'은 "자연스럽게 새로운 정치로 육성하고 길들일 수 있는 부분이 있다 하더라도, 어쩔 수 없이 그들 불평사족의 중재에 의존할 수밖에 없는 불편함이 있으니 그 실효를 거둘 날은 아주 멀 것이다"라고 처분 후 닥칠 어려움을 예상하고 있다.

세 번째 '적용할 만한 방책'으로, 류큐번 처분은 오로지 일본의 '내치 자주권에 속'하지만 "그 이치는 국가 헌법에서 나오고 그 이유는 세계적인 논제가 될 만한 사건이므로, 가령 그들이 미력한 외딴 섬이라 하더라도 부조리가 있으면 안 된다."라고 하면서도, 이것은 '심상치 않은 변혁'이므로 '쓸데없이 이치에만 사로잡혀서'는 안 된다. "따라서 정부가 적당하다고 생각하고 있는 목적을 달성하려면 일시적으로 가혹한 처분을 하더라도 그 대략적인 이치에 반하지 않는 이상 과감하게 이를 행해야 하는 것이 순리이다"라며 강제처분을 정당화하고 있다. 여기에 핵심이 되는 '이치'에 대해서는 "작년 소에지마 다네오미가 외무경으로 재직했을 때, 해당 번에 대해 말하기를 국체와 정체는 영구히 변경하지 않는다고 했다. 이 말은 영원히 바꿀 수 없는 관청의 명령이라 하더라도 외무경의 직무상 의무에서 나온 것이므로 전혀 효력이 없다고 하면 안 된다.", "또한 정부도 해당 번을 제도 밖의 애매한 위치에 두어 규정에 불충분한 점이 있었다."라고 인정한 다음, "그러므로 지금 급작스럽게 변혁을 행하려면 적절한 이치와 구실이 있어야만 한다."라고 했다.

그럼 강제처분 단행을 정당화할 수 있는 '이치'란 무엇이었을까.

그런데 논리와 구실이 요구되는데 지난 1875년(明治8) 해당 번에 내린 명령의 조항 가운데, 청국에 격년으로 조공사절을 파견하며 청 황제 즉위 때에는 경하사를 파견하고 번왕이 바뀔 때에는 청국으로부터 책봉을 받는 등의 건에 대해 금지한다는 내용에는 탄원이라 하면서 오늘에 이르기까지 준봉서를 바치지 않았다. 또 1876년(明治9) 해당 지역에 재판관을 배치한 것에 대해 해당 번 재판 사무를 모두 넘겨주어야 마땅한데 이것 또한 탄원이라는 형식으로 오늘에 이르기까지 준봉하지 않았다. 이 두 가지는 가장 중요한 사건으로 이제 불문에 붙여서는 안 된다. 그 외에 고치 웨카타로 하여금 지나에 가서 비밀리에 내막을 호소하고 도쿄에 머물고 있는 번 관리로 하여금 도쿄에 주차하고 있는 지나 공사에게 몰래 알려서 각국 공사에게 주선을 부탁하는 등 몰래 하는 소행 같은 것은 너무 많아서 일일이 셀 수가 없을 정도이다. 따라서 이러한 사건들로 인하여 변혁을 실시하는 이치와 명분이 되므로 단연코 폐번치현과 번왕 도쿄 거주 등의 처분이 필요하다.[452]

이상이 처분안에서 거론되고 있는 '이치'이다. 앞서 말한 것처럼 1875년 (明治8) 단계에서는 '류큐번 처분' 내용은 청국과의 관계를 끊으라는 명령(그리고 기타 몇 항목)이었으며, 정부 명령을 정당화하기 위해 류큐의 양속을 인정하는 것은 일본국의 권위와 관련된다는 점, 대만정벌이 류큐 번민(보호)을 위해 실행되었으며 그것을 청국이 '의거'로 인정한 점 등이 강조되었다. 그런데 여기서는 '절대 폐번치현과 번왕 도쿄 거주 등' 즉 강제병합이 처분 내용이며, 그 '이치'로서 바로 1875년 정부명령 (및 이듬해의 재판사무 인도 명령)을 준수하지 않는 것을 거론하고 있다. 즉 그러한 정부명령(= 朝旨)에 대한 위배[不遵守]의 처벌적 조치로서 '폐번치현과 번왕 도쿄 거주 등'의 강제실시가 정당화된 것이다.

그러나 유의해야 할 점은 그 처분이 '관대'하다는 것에 대해서도 동시에 서술하고 있는데, 그 하나로 "앞으로 현을 다스림에 있어서 결코 우리의 좋은 정치를 서둘러 실시할 필요는 없다. 토지제도나 풍속, 영업 등 대략 해당 지역 선비와 백성의 옛 관습은 가능한 없애지 않는 것을 기본으로 한다."라 말하고, 개혁을 최소한으로 제한하는 것이 "그들의 현을 다스리는데 가장 중요한 방침이

---

452   松田, 『처분』下, 99~100쪽(『총서』, 203쪽).

다"[453]라고 건의하고 있는 점이다.

마지막으로 마쓰다의 처분안은 '류큐번 처분 방법'에 관한 것으로 폐번치현 처분의 실행 순서와 방법을 14개 조항으로 정리되어 있다. 이 14개의 조항은 다음에 살펴 볼 1879년 1월 마쓰다의 두 번째 류큐 출장 후에 새롭게 일부 수정을 추가하여 20개 조항으로 구체화된 것으로, 거기에는 마쓰다 자신이 마지막 (세 번째) 류큐 출장 때 '처분관'으로서 실제로 작성한 시나리오의 원형을 건의하고 있다.[454] 그 요지는 내무성 관리 중에서 '처분장관' 및 수행관리를 선출하여 처분장관에게 경찰과 군대의 지휘권을 부여하여 류큐에 파견할 것, 류큐에 들어간 처분장관은 '폐번치현', '번왕상경'을 포고하고 이행할 것, 만일 '선비와 백성'에게 흉악한 폭력을 하거나 번왕에게 거역하는 소행이 있을 때는 "병사의 위력을 보여주고 처분해도 상관없다"는 것이었다.

이상이 마쓰다의 처분안이다. 이토 내무경으로부터 산조 태정대신의 직결을 청하여 승인받고 1879년 3월 '폐번치현' 처분의 기본방침이 되었다. 다만 마지막 '처분방법'으로 제시된 시나리오가 바로 실행된 것이 아니라 실행하기 전에 류큐왕부에게 준봉을 독촉하거나 혹은 최후통고라는 절차를 끼워 넣었다. 또 마쓰다가 처분안을 기초했다고는 해도 최후통고나 실제 처분을 위한 류큐 출장을 마쓰다가 담당하는 것이 처음부터 결정되었던 것은 아니었으며, 그러한 결정은 마쓰다 자신이 이토 내무경에게 강하게 지원한 결과이기도 했다.[455] 다음으로 살펴볼 1878년 12월 12일자 서간에 잘 나타나 있다.

미치유키는 지난해 정부의 명을 받들어 류큐에 파견되어 온힘을 다해 종사

---

453 松田, 『처분』下, 103~104쪽(『총서』, 204쪽). 덧붙여서 말하면, 오키나와에서는 '폐번치현' 후 약 20년 간 이른바 불개혁(不改革)을 원칙으로 하는 소위 '구관온존(정책)' 시기가 지속되는데, 그러한 치현 후 구관존치책을 최초로 제창한 것이 마쓰다의 이 '처분안'이었다.

454 松田, 『처분』下, 104~114쪽(『총서』, 204~208쪽).

455 마쓰다는 12월 18일에도 "모든 것을 담당할 것을 희망한다."는 서간을 보냈다. 모두 木山竹治 편, 『松田道之伝』(鳥取県教育委員会, 1925년), 76~77쪽.

한바 있사옵니다.…… 그러나……충분한 결과를 얻지 못했습니다. 저는 항상 그것을 유감스럽게 생각하는 바입니다. 요즈음 정부에서 류큐처분에 대해 크게 논의한 바가 있으며, 저 또한 귀하의 명령에 따라 그 처분방법을 초안하여 제출했습니다. 이에 저는 지난해 실시했으니 지금은 실제로 그 결과가 나와야 할 시기에 이르렀다고 곰곰이 생각했습니다. 마음과 기운을 가다듬어 힘차게 일어나야 합니다. 부디 저로 하여금 이 처분에 관한 임무를(첫 번째는 독책사, 두 번째는 처분사) 담당하게 해서 지난해에 받았던 명령의 결과를 얻을 수 있도록 해주시기 바랍니다. 저는 재능은 없지만 이 명령을 부끄럽지 않게 행할 자신이 있으며, 또한 이것은 개인으로서가 아니라 직무상 진심으로 희망하는 것이므로 기탄없이 마음을 다해 청하옵니다. 각하께서 아무쪼록 채용해 주시기를 간절히 바라옵니다.

이리하여 마쓰다의 (두 번째) 류큐 출장이 결정되었는데 그래도 출장 기한이나 목적을 둘러싸고 정부 내에서 의견 차이가 있었다. 내무경 이토 히로부미는 류큐에 대해서는 오히려 동정적이었으며 "이번에 그 기한이 일주일이기는 해도 만일 명령을 받들기 위해 기일 연장을 원한다면 그것을 허락해도 좋고, 또한 훗날 처분할 때 명령을 따라도 최초에 명령을 받드는 것과 동일하게 하라, 운운"라며 마쓰다에게 지시했다. 그러나 대장경 오쿠마 시게노부는 원래가 "두 번의 절차를 밟지 말고 단번에 처분"해야 한다는 의견을 가지고 있었으며, 회답의 기한을 일주일로 정하여 조정 명령의 준봉에 대한 확답을 촉구하고 아무리 탄원해도 책봉 명령의 연기는 절대로 인정하지 않는다는 강경론이었다. 마쓰다는 오쿠마 입장을 "조정하자는 주장"이 아니라 "오히려 없애자는 주장"이라며, "이에 소관은 무엇에 따르는 것이 적절한지 몰라 심히 당혹스럽습니다"라고 하고 상사인 이토에게 편지를 보냈다(1월 3일자 서간).[456] 이에 대해 이토는 "소자의 생

456　『伊藤博文関係文書』(7), 201쪽; 安岡昭男, 『明治前期日清交渉史研究』(厳南堂, 1995년),

각으로는 작은 나라라 해도 왕을 폐하고 정체를 바꾸는 것은 실로 신하의 정으로 차마 하지 못하는 사람도 있을 것으로 미루어 짐작되며, 부득이하게 폐번을 시행하게 되는 것이므로, 첫 번째 사절이든 두 번째 사절이든 그들이 명령을 받든다면 옛날대로 우리 번속으로 두어도 괜찮다고 여기고 있습니다."라면서 류큐가 어떻게든 '명을 받든'다면 '폐왕변정' = 병합처분을 하지 않고 옛날대로 '번속'으로 두어도 괜찮다는 자신의 생각을 말했다. 그런 다음 류큐 측에서 명을 받아들일 가망이 없으면 조정회의의 결정에 이의 없이 따르겠다는 답장을 보냈다(1월 6일자 서간).[457]

덧붙여서 마쓰다는 오쿠마에게 조정회의에서 확실하게 결정해 줄 것을 요구하고 아타미[熱海]에 있던 이토에게 그 내부 사정을 다음과 같이 보고했다(1월 7일자 서간).[458]

그리고 또한 소관(小官)은 어제 정부에서 명령장 및 번왕에게 보낼 통달서 등을 받았습니다. 그 경우 조정하자는 주장과 없애자는 주장의 차이를 논하여 조정회의의 결정을 여쭈어 보았는데, 우대신 (이와쿠라)공은 조정하자는 주장을, 오쿠마 공은 없애자는 주장을 하셨고 데라시마, 오키[大木] 두 분께서는 중도의 입장이었습니다. 이노우에[井上] 공은 대체로 오쿠마의 주장과 같았지만 겉으로 없애라는 말을 하지 못하고 그들이 어느 정도 기일 연장을 청한다면 1주일이나 3일, 5일 정도의 유예는 승낙해도 괜찮다고 운운하며, 모두가 어느 정도 논의를 한 끝에 결국 청을 들어주자는 의견이 나와 3일 정도의 유예라면 승낙하기로 결정하고, 그 취지를 다시 우대신 이와쿠라 공께서 말씀

44~45쪽.

457 松田, 『처분』下, 131~132쪽(『총서』, 214쪽). 신년이던 이 시기, 내무경 겸 참의원 의원인 이토는 온천욕 치료를 위해 아타미[熱海]에서 휴양 중이었다.

458 『伊藤博文関係文書』(7), 204쪽.

으로 전해주셨습니다. 이에 대해 보고드립니다. 소관은 드디어 내일 쾌속선

으로 출발할 예정입니다.

마쓰다가 류큐 출장을 위해 요코하마를 출발한 것은 1879년(明治12) 1월 8
일이었으나 그 출장을 명한 태정관령이 내려온 것은 출발하기 전해인 1878년
12월 27일자였다. 그리고 같은 날짜로 도쿄 류큐번 저택 앞으로도 도쿄 근무의
폐지와 번으로 돌아가라는 태정관의 명령이 있었고, 다음 28일에는 도쿄에 있
던 산시칸 도미카와 웨카타와 요나바루 웨카타 등에게 동경을 떠날 것과 번(류
큐)으로 돌아가라는 내무경의 명령이 내려졌다.

출발하기 이틀 전 마쓰다가 1월 6일자로 받은 "이번 류큐번의 출장 건에
대해서는 다음 취지에 따라 조치할 것"이라는 산조 태정대신의 명령은 4개의 조
항으로 구성되어 있고, 이번 출장은 기한을 엄격하게 준봉할 것을 촉구하는 최
후 통고라는 점을 보여주고 있다. 즉 제1조에서는 "해당 번에 도착하면 별지 통
달서를 번왕에게 건네주고 일주일내로 준봉서를 제출하도록 하고 하루라도 시
일이 늦어지면 안 된다. 만일 일주일을 넘기고도 또 준봉서를 제출하지 않는다
면 명을 받들지 않는 것으로 간주하여 신속히 귀경하라."라고 한 다음에, 제2조
에서는 번왕에게는 "만일 준봉하지 않는다면 엄중한 처분"이 있을 것임을 전달
할 것, 제3조에서는 "아무리 탄원해도 절대로 받아주면 안 된다"는 것, 제4조에
서 "결코 류큐 측이 하는 말에 동정하여 안일하게 대응하지 말라."는 명령이었
다.[459]

마쓰다는 수행관리 몇 명과 먼저 번으로 돌아가라는 명령을 받은 도미카
와, 요나바루 웨카타 등과 같은 배를 타고 1월 25일 나하항에 도착했다. 다음날

---

459   松田, 『처분』下, 7~9쪽(『총서』, 185~186쪽). 준봉서 제출기한을 엄격하게 1주일이라고 한
       것은 앞서 다루었던 이토 히로부미에게 보낸 미쓰다 미치유키 서간(1월 7일자)과는 약간
       뉘앙스를 달리하지만 그 이유는 잘 알지 못한다.

인 26일 슈리성부에 부임한 마쓰다는 번왕대리인 나키진 왕자 및 아지·웨카타 그 외에 줄지어 서 있는 관리들 앞에서 산조 태정대신의 독촉 통달서 및 의견서를 낭독하고 이를 나키진 왕자에게 직접 건네주었다.

태정대신의 독책서는 앞에서 본 마쓰다의 처분안을 이어받아 1875년(明治8) 청국과의 관계를 금지한다는 명령과 1876년(明治9) 재판사무의 인도 명령의 두 가지에 대해서 아직 준봉서가 제출되지 않은 점을 두고 "실로 그대로 두고 볼 수 없다."라 하고, "이 이상 준봉하지 않는다면 그에 상당하는 처분에 이르게 될 것이며 이것을 독책할 것이다."라고 경고한 것이었다. 또 마쓰다의 문서는 앞서 처음으로 류큐를 방문했을 때 만들어졌는데, 번 관리[藩吏]가 상경한 다음, 정부에 직접 탄원해서 허락을 받지 못할 때에는 바로 조정의 취지를 준봉한다는 약속이 아직 성사되지 않은 것이라고 간주하여, 이는 "실로 정부를 속이고 따라서 나에게 거짓말을 한 것"이라고 비난하고, 또 청국이나 각국 공사들에게 하소연하는 등의 '은밀한 소행'에 대해 "정말로 정부에 대한 엄청난 무례일 뿐만 아니라 국헌(国憲)을 어기는 것이며 불경스러운 일"이라 단정하고, "다음달 3일 오전 10시까지"로 기일을 정하고 준봉에 대한 '확답'을 압박했던 것이다.[460]

이에 대해 이번 류큐 측의 대응은 지난번과는 분명히 다른 것이었다.

중관리들은 이 문서를 봐도 조금도 두려워하는 기색이 없고 동요하지 않았으며 태연자약하게 의논했다. 청국은 부강한 대국이며, 예로부터 온 힘을 다해 위신을 중히 여겼다. 만일 그 속번을 타국에 침범당하고도 이를 그대로 두고 묻지 않는다면 구미 각국에 대해 무슨 면목이 있겠는가. 따라서 류큐의 사건에 대해 이미 도쿄 주차공사인 하여장·장사계로 하여금 일본정부를 힐난해 달라고 했다. 이러한 정황으로 이것을 살펴본다면 정부가 만일 우리에게 폭행을 가한다면 청국은 화를 내며 틀림없이 군사를 일으킬 것이다. 아무쪼록

---

460   松田, 『처분』下, 24~26쪽(『총서』, 189쪽); 喜舍場, 『견문록』, 144쪽(제2·3판, 109~110쪽).

번 내의 위아래 모든 사람들이 심지를 굳건히 하고 정부의 명령을 고사하는 것이 유리한 방책이다. 고로 모인 사람들이 모두 한마음이 되어 바로 번왕에게 청하여 답서를 만들고 오늘 13일(양력 2월 3일) 마쓰다에게 제출했다.[461]

번왕이 산조 태정대신 앞으로 보낸 2월 3일자 답서에는 "류큐번과 청국과의 사건 및 재판사무 등에 관한 건, 이것은 지금까지의 사정과 의리를 생각하면 실행하기 어려운 이유가 있습니다. 최근에 백방으로 탄원한 대로 도쿄 주차 공사가 폐번 사절 등에게 실제 사정을 조사했고 진실을 밝히기 위해서 따져 물어 명확하게 보고했는데 이미 외무성에 조회를 했다는 사정이 있는데 그렇다면 협의가 잘 안 되고 있는 사이에 준봉하는 것은 청국에 대해서 죄송할 뿐만 아니라 그들이 필시 잘못을 꾸짖고 나무라는 것은 정해진 일이며, 진퇴양난으로 근심과 한탄을 참을 수 없는 상황이 될 것이니 바로 준봉서를 드리는 것은 참으로 못하겠습니다. 협의가 끝나면 어떻게든지 말씀드리겠습니다. 아무쪼록 소국이라 어찌 할 수 없음을 정상을 참작해주시기를 애원합니다."[462]라고 서술되어 있다. 즉 '일반적인 감정과 의리'로는 준봉하기 어렵다는 이전부터의 이유를 내세워 일본 정부에 의한 류큐와 청국과의 관계정지 조치를 둘러싸고 이미 청일 간에 외교문제가 되고 있는 것 같으므로 그 협의의 결말이 나올 때까지는 '소국'이니 어찌할 수 없다는 새로운 이유를 덧붙여서 거부 의사를 표명한 것이다.

기샤바가 "마쓰다 대서기관은 위와 같은 답변을 받고 말하기를 후일의 처분을 기다리라고 했다. 다음날 1월 14일(양력 2월 4일) 출발해서 귀경했다."[463]고 간결하게 기록하고 있듯이 최후통고를 위한 이번 류큐 출장은 불과 열흘간의 짧은 체류였다.

461　喜舍場, 『견문록』, 144쪽(제2·3판, 110~111쪽).

462　喜舍場, 『견문록』, 144~145쪽(제2·3판, 110쪽); 松田, 『처분』下, 34~35쪽(『총서』, 191쪽).

463　喜舍場, 『견문록』, 145쪽(제2·3판, 111쪽).

2. 슈리성 접수

마쓰다가 귀경한 후인 2월 18일에 산조 태정대신은 내무성 앞으로 "류큐번 처분에 관한 건이 결정되었으므로" 실제적인 절차 등을 조사해서 보고하라는 명령을 내렸다. 내무성에서는 바로 마쓰다 밑에 몇 명의 임시조사 담당관을 붙여 경비 외에 제반 사항에 대한 조사를 시행했고, 3월 1일에는 마쓰다가 기초한 '처분방법'을 내무경이 태정대신에게 보고했다. 그것은 20개조로 상세하게 이루어진 것으로 작년(1878년) 11월 작성된 처분안을 기본노선으로 하면서 그것을 좀 더 구체화하고 몇 가지 점에서 변경과 수정을 추가한 것이었다.[464] 마쓰다는 3월 8일에 류큐 파견의 임명장을 받고, 11일에는 산조 태정대신의 "이번 류큐번에 출장을 임명함에 있어 위의 취지에 따라 처분하도록 통달한다"는 13개조로 이루어진 명령이 전달되었는데, 그것은 앞서 보고했던 마쓰다가 기안한 처분방법을 정리 요약한 것이었다.[465]

이렇게 해서 처분을 단행하기 위한 준비가 마무리된 마쓰다는 3월 12일에 요코하마를 출발하여, 고베, 가고시마에 들렀다가 25일 나하에 도착했다. 수행관 9명, 내무성 출장소의 증원된 인원 2~3명, 경찰관 160여 명이 요코하마에서 출발할 때부터 수행하고, 중간에 가고시마에서 구마모토(熊本) 진대의 병사 약 400명이 추가되었다. 류큐 파견의 목적은 수행원들에게도 완전히 비밀에 부쳐졌고 가고시마항을 출발하기 전날인 20일 마쓰다는 "나를 수행하는 관리 및 내무성 출장소에 근무하는 관리, 소노다(園田) 경시보 등에게 처음으로 이번 처분의 개요를 알려주고⋯⋯그리고 처분이 끝날 때까지는 당분간 집에서 오는 소식

464　松田, 『처분』下, 142쪽, 449~461쪽(『총서』, 216쪽, 278~286쪽). 덧붙여서 말하면 1878년 11월 처분안에서 나온 '처분장관'이라는 직무는 이 단계에서 '처분관'으로 수정되어 있다.

465　松田, 『처분』下, 145~149쪽(『총서』, 216~217쪽). 그것과 함께 류큐 측에 보낼 칙유서와 교부할 통달서가 전달되었다.

을 전하지 못하게 하고 다른 곳으로 새나가는 것을 예방"[466] 한다는 용의주도함
이 있었다.

3월 25일에 나하에 도착한 마쓰다는 27일 오전에 수행관과 경찰관 등 백
여 명을 거느리고 슈리성에 들어왔고 번왕대리인 니키진 왕자와 산시칸, 그 외
에 모인 관리들에게 가지고 온 몇 건의 통달서를 낭독한 후 직접 건네주고 '폐번
치현' 처분을 선고했다. 중요한 것은 모두 산조 태정대신이 류큐번과 (번왕) 쇼타
이 앞으로 보낸 문서는 다음과 같다.[467]

류큐번

그 번을 폐지하고 나아가 오키나와 현을 설치하므로 이 뜻을 통달함.

다만 현청은 슈리에 둔다.

메이지12년 3월 11일 태정대신 산조 사네토미

류큐번왕 쇼타이

지난 메이지8년 5월 29일 및 메이지9년 5월 17일에 통달한 조건에 있는 사
명을 따르지 않는 상황이 방치할 수 없는 지경에 이르렀으므로 폐번치현 명
령이 결정됨에 따라 이 뜻을 통달함.

---

466 松田, 『처분』下, 156쪽(『총서』, 219쪽).

467 松田, 『처분』下, 150~151쪽, 163~164쪽(『총서』, 218쪽, 220~221쪽); 喜舍場, 『견문록』,
148~149쪽(제2 · 3판, 114쪽). 또한 마쓰다는 출발 전인 3월 11일 산조 태정대신으로부
터 류큐 출장의 사령과 13항의 지령을 받은 후, 다음과 같은 류큐 폐번의 '직유'서를 전해
받고 번왕 및 왕자 등에게 전달하도록 지령받았다. "류큐번은 옛날 왕화(王化)에 복종하
여 진실로 천지가 만물을 덮어 기른 덕에 의존했다. 지금까지의 은혜를 믿고, 이의를 품
고 사명을 받들지 않는다. 이것은 모두 항해길이 멀어 보고 들음에 한계가 있다는 이유에
서 나온 것이므로 나는 평등하게 인애를 베풀어 지금까지의 죄를 심하게 비난하지 않겠
다. 그 번을 폐하여 쇼타이를 도쿄로 옮기게 하여 저택을 줄 것이다. 또한 쇼켄[尙健], 쇼
히쓰[尙弼]는 특별히 화족으로 서위하고 도쿄에 귀속하게 한다. 관리들은 봉직하라". 주
(465) 참조

메이지12년 3월 11일 태정대신 산조 사네토미

류큐번

이번 번을 폐하는 건에 대해서는 처분을 위해 내무대서기관 마쓰다 미치유키가

출장을 가니 이를 받들어 그 사람의 지휘에 따라 잘 처리하라는 뜻을 통달함.

메이지12년 3월 11일 태정대신 산조 사네토미

쇼타이

용무가 있으니 급히 도쿄로 올 것.

메이지12년 3월 11일 태정대신 산조 사네토미

이것을 정리해서 요약하자면 명을 받들지 않은 류큐번왕의 불손함이 '폐번치현'의 이유가 되었고, '폐번'처분에 대해서는 마쓰다가 '모든 사무'의 지휘를 맡았으니 그에 따르라는 내용이다. 마지막 상경을 명령하는 통달서가 작위의 칭호 없이 '쇼타이' 앞으로 되어 있는 것은 '폐번'과 동시에 쇼타이도 폐왕의 신분이 되었기 때문일 것이다.

나아가 당일 27일자로 '처분관' 겸 '내무대서기관'이 병기된 직함을 전달받은 마쓰다가 '구 류큐번왕' 쇼타이 앞으로 보낸 문서에는 오는 31일 정오까지 늘 거주하던 슈리성에서 퇴거하고 도쿄 출발까지는 장남인 쇼텐[尙典]의 저택에서 거주할 것, 슈리성은 해당 지역 진대분영의 영소장(營所長, 진대병영을 관리하는 장)에게 인도할 것, 현령(縣令)에 대해 토지와 인민 기타 옛 번의 관할에 속했던 제반 인도의 절차를 취할 것, 토지·가옥·창고·선박 기타 여러 물건은 관청에 속해 있는 것과 구 번왕이 사유한 것을 자세하게 구별해서 신고할 것, 도쿄에서 4월 중순에 우편선으로 출발하는데 지장이 없도록 대비할 것 등 등의 명령이 적혀 있었다.[468]

468　松田, 『처분』下, 166~167쪽(『총서』, 221쪽); 喜舍場, 『견문록』, 150~151쪽(제2·3판, 115~116쪽).

통달서의 전달이 끝나자 슈리성 봉쇄와 왕부 각 부서의 압류가 진행되었다. 마쓰다는 수행 관리를 성내의 각 부서로 나누어 파견해 평정소를 비롯해 정무를 나누어 맡기고 각 부서의 서류와 장부, 창고 등을 봉쇄하고 소속관리를 두어 그것을 간수하게 하고, 성의 각 문(門)에도 순사가 경비를 보았다. 이때 번왕은 왕궁 깊숙한 곳에서 병상으로 누워 있었고 중관리(衆官吏)는 성내 일각에 있는 지남전(智南殿)에 모여서 그것을 지켜보기만 했다. 마쓰다는 그 후 바로 슈리성 왕부를 떠나 예정한대로 각지의 사족들에게 널리 알리기 위해 밖으로 나갔다.

그 전날인 26일 마쓰다는 각지의 '사족'에게는 다음날인 27일에 하달할 것이 있으니 "각 촌 마다 주요 인물을 50명까지 선별하여 지역 대표로 삼아" 모이라고 널리 알리고, 슈리 사족은 오후 1시에 덴가이지[天界寺]로, 도마리촌[泊村] 사족은 3시에 도마리[泊] 학교로, 구메촌[久米村] 사족은 5시에, 나하 사족은 7시에 내무성 출장소로 모이라고 각각 시간과 장소를 지령했다.[469]

27일 오후에 지역 대표로 참석한 사족들에게 낭독하고 건네준 통지서에는 "애초에 류큐는 예로부터 우리 일본국의 속지로서 번왕을 비롯해 인민에 이르기까지 모두 일본 천황폐하의 신민이므로 정부 명령에 따라야 한다." 번왕은 1875년(明治8) 이후 '통달된 천황의 뜻'을 받들지 않았으므로 "형편상 어쩔 수 없이 결국 이번 처분에 이르게 된 것"이라고 폐번치현의 이유를 설명했다. 그런 다음 구 번왕의 신상뿐만 아니라 "사족과 백성 일반의 신상·가록·재산·영업 등에 있어서도 지나치게 가혹한 처분은 없으며 오직 예로부터의 관행에 따르라는 것이 천황의 뜻"이니 "세상의 유언비어와 소문 등에 현혹되지 말고 안심하고 각자 가업에 힘쓰라."[470]고 서술되어 있었다.

---

469   松田, 『처분』下, 159~160쪽(『총서』, 220쪽); 喜舍場, 『견문록』, 147~148쪽(제2·3판, 113쪽).

470   松田, 『처분』下, 174~175쪽(『총서』, 223쪽); 喜舍場, 『견문록』, 151~152쪽(제2·3판, 115~116쪽).

그 당시의 모습에 대해 마쓰다는 다음과 같이 서술하고 있다. "사족 무리들은 오직 번으로 남기를 원한다는 것과 청국과의 양속을 원한다는 뜻을 떠들어대며 부당하다고 한 것에 대해, 나는 이것을 반박하고 정부가 일단 논의를 거쳐 결정한 것이니 이미 발령된 이상 탄원한다고 해도 되돌리기 어려운 일이다.……나는 청국과 양속 운운하는 것이 지금에 와서 무용지물이라는 것을 변론하기 위해 여기에 온 것이 아니다. 따라서 굳이 말하지는 않겠다. 단지 너희들이 불온하게 행동해서 구 번왕을 죄인으로 만드는 등의 일이 생기지 않기를 바라고 열심히 설득할 뿐이며, 너희들은 이 뜻을 오인하지 말라는 등의 변론"[471]을 했다. 마쓰다에게는 이처럼 사족들이 '부당'하다고 반발하는 모습은 중국계 사족들이 거주하는 구메촌에서 '한층 더 심했다.'[472]는 생각이 있었다.

한편 기샤바는 처분을 선고받은 '우리 중관리'측에 대해 다음과 같이 서술하고 있다. "우리 중관리는 만일 청국이 우리가 폐번되었다는 말을 들으면 반드시 불과 같은 속도로 군대를 이끌고 와서 도와줄 것이므로 국가를 다시 일으킬 수 있을 것이라고 예상하고 있었는데, 실제로 처분을 당하는 참혹한 상황에 처하게 되니 힘들고 상심한 마음을 이길 수가 없었다. 또한 탄원해봐야 소용없음을 알고 있지만 조금이라도 슬프고 서러운 마음을 풀기위해 일제히 나하로 가서 마쓰다 대서기관을 보고 다음과 같은 탄원서를 제출했다."[473] 처분을 선고한 다음날인 3월 28일에 산시칸을 비롯한 왕부 고관, 슈리·나하·도마리촌·구메촌의 사족 대표 등의 연명으로 제출된 탄원서에는 "해당 번은 스스로 개벽하여 처음부터 군주권을 갖고 있고 일본 내지의 구 번과는 다른데도 불구하고 폐번치현이라는 명령을 따른다면 군주로서의 명분이 사라지고, 설령 만 백성에게 제아무리 많은 것을 베풀어준다 해도 모두 마음이 흔들리고 불안하며 슬퍼서

---

471   松田, 『처분』下, 173쪽(『총서』, 222쪽).

472   松田, 『처분』下, 177쪽(『총서』, 223쪽).

473   喜舍場, 『견문록』, 152쪽(제2·3판, 117쪽).

심장이 타들어가는 것 같아 거의 죽을 것 같은 지경"에 이르렀으므로, "부디 폐번치현의 처분을 면하게 해주시기 바라옵니다.……피눈물로 간절히 바라옵니다."고 서술되어 있었다.[474]

마쓰다의 지령으로 3월 29일에 슈리성을 비워주었다. 구 산시칸은 "슈리각 촌 사족과 평민 중에, 힘이 센 사람들은 모두 아침부터 성부에 모일 것"이라는 명령을 내리고, 성을 비워주는 날에 대비했다. 그 상황을 기샤바는 다음과 같이 묘사하고 있다.[475]

중관리 및 사족과 평민이 수백 명 모여 들었는데 시챠구이[下車理]·서원·긴주[近習]·내궁 각 처에서 번왕의 의장(儀狀)·임금의 행렬 기구·도서 및 옷과 이부자리·의복·수놓은 비단·무명필 등을 넣을 궤짝·옷장·기타, 수백 년 동안 관리하고 모아두었던 갖가지 기구·물건을 모두 마당으로 들고 나와 겹겹이 쌓아올린 것이 산과 같았다. 이들 짐을 꾸려 병졸에게 짊어지게 하고 벼슬아치 무리와 선비 무리가 이를 호위하고 나카구스쿠전[中城殿]과 아지·웨카타 등의 대갓집으로 운반하는 발길이 아침부터 밤까지 끊이지 않았다. 소란스럽게 뒤섞여서 성 가득히 소요(騷擾)가 극에 달했다. 성문을 나갈 때에는 수위를 맡은 순사 등이 일일이 봉함을 열어 자물쇠를 풀어 관찰하고 조사했다. 봉함을 여는 것이 조금 늦어질 때에는 질타하고 꾸짖어 책망하며 들고 있던 몽둥이와 칼로 타격하고, 내궁의 의복과 화장 도구·기타 비밀 기구가 파괴된 것도 적지 않았다. 이날 저녁에는 번왕(왕비는 먼저 죽었다) 및 두 부인(마쓰카와[松川] 아지, 다이라[平良, 아지]의 도런님과 아가씨 등을 모두 가마에 태우고 시종이 신하와 선비·잉첩(媵妾)[476]·시녀[侍婢] 등 수십 명을 동반하고

---

474   喜舍場, 『견문록』, 152~153쪽(제2·3판, 117쪽); 松田, 『처분』下, 182~183쪽(『총서』, 224
         쪽). 강조점은 필자가 붙임.

475   喜舍場, 『견문록』, 153쪽(제2·3판, 118쪽); 松田, 『처분』下, 197~198쪽(『총서』, 227쪽).

476   [역주] 잉첩(媵妾): 귀인에게 시집가는 여인이 데리고 가던 시첩.

성부를 떠나 왕세자 쇼텐공 저택 즉 나카구스쿠전으로 이동하셨다. 아지·웨카타·중관리 백여 명, 각 촌 사족 백여 명을 전후좌우로 배열하여 호위했다. 오호라, 271년 전 네이왕[寧王]이 사쓰마 병사에게 강요당해 성부를 인도하고 산시칸 나하 웨카타 저택으로 퇴거하시던 모습과 완전히 부합되는 것 같았다.

인용 마지막 부분에 나오는 '네이왕[寧王]'이란 말할 것도 없이 사쓰마 시마즈씨의 침공을 받아 항복했던 쇼네이왕[尚寧王]을 말한다. 그 당시 광경을 재현하는 것 같이 수백 년 동안 류큐왕국의 본거지이며 국왕이 머물던 슈리성을 비워주고 쇼타이는 왕세자 나카구스쿠 왕자의 저택[中城殿]으로 옮겨갔다.

3. 번왕의 상경 강요

슈리성 왕부의 인도는 '폐번' = '폐왕'을 확실한 형태로 구체화한 것이며 그것이 완료됨에 따라 마쓰다는 '처분관'으로서의 가장 중요한 임무가 끝났다. 그러나 그에게는 아직 쉽지 않는 두 가지의 과제가 남아 있었다. 하나는 쇼타이를 상경시키는 것, 또 하나는 '토지와 인민 기타 제반 인도에 관한 건' 즉 류큐(번) 왕부의 통치사무를 오키나와 현으로 계승시키는 것이었다. 후자의 과제가 수행됨에 따라 이른바 류큐의'판적'은 자발적 '봉환'없이 사실상 메이지정부 즉 천황제 일본정부에 강제로 접수된 것이라고 할 수 있다. 여하튼 이 두 가지가 그 자체로는 별개의 사항이었으나 실행하는데 있어서는 밀접하게 관련되어 있었다. 이전부터 해오던 사무를 이어받는데 있어 구 번왕과 산시칸을 비롯한 구 왕부의 여러 관리들이 어느 정도 협력하거나 혹은 묵묵히 따르는 것이 필요했기 때문이다.

그런데 류큐·오키나와의 '폐번치현'이 전국에 교부된 것은 4월 4일이었다. 다음 날짜로 오키나와현 현령 나베시마 나오요시[鍋島直彬]도 발령을 받았다. 중요한 점은 그때까지 여러 외국 중에서도 청국(공사)에게 사전에 정보가 노출되는 것을 막기 위해 류큐병합 처분은 국내적으로도 완전히 비밀리에 추진되었다는 것이다.

그러나 류큐 현지에서는 앞서 살핀 것처럼 3월 27일에 폐번치현이 선고됨에 따라 (태정대신 통달서 날짜는 3월 11일), 신설된 오키나와 현 조직도 예정대로 바로 발족시켰다. 그때까지 내무성 출장소장을 맡고 있던 내무성 서기관인 기나시 세이치로가 오키나와 현령 직무대리'로 발령을 받았고, 신임 내무성 소속 관리로서 출장소에서 근무하고 있던 사람들 30여 명에게 오키나와 현의 담당근무를 겸하라는 명이 내려졌다. 이미 슈리성 접수에 앞선 3월 27일, 즉 처분이 선고된 당일에는 '오키나와 현령 직무대리'라는 이름으로 '당분간' 나하 니시무라[西村]의 내무성 출장소 내에 '임시 현청을 개설한다는'것이 고시되었다.[477]

다음날인 28일 똑같이 현령 직무대리 내무소서기관인 기나시 세이이치로의 이름으로 이번 폐번과는 상관없이 "슈리·도마리·구메·나하 기타 다른 마기리의 관리, 마치[町]와 무라[村]의 관리에게는 이전부터 해오던 대로 상근할 것을 통달한다."[478] 라는 명령이 시달되었다. 당분간 종래의 통치행정기구가 기능을 하게 둔 것은 사무 인계를 위해서도 꼭 필요했다고 할 수 있다. 그러나 변혁의 충격은 컸고 관리층은 강경하게 새로운 통치자에게 복종하지 않았다. 기샤바에 따르면 "폐번에 대해서는 슈리, 나하, 여러 마기리, 각 관리 등 모두 퇴거하고 아무도 출석하지 않았다. 각 청사는 모두 문을 닫았다. 위와 같은 고시가 발포되었으나 응하는 사람은 한 명도 없는"[479] 상태였다고 한다.

마쓰다는 그러한 상황 속에서 4월 2일 구 산시칸을 내무성 출장소로 호출

---

477 松田, 『처분』下, 187~189쪽(『총서』, 223쪽); 喜舍場, 『견문록』, 152쪽(제2·3판, 117쪽). 또한 이것은 앞서 살핀 폐번치현 고시에서 "현청은 슈리에 두는 것으로 한다"고 지정된 것과 관련이 있다. 결국 그 후에도 현청을 슈리에 두지 않았고, 나하에서 기능하던 임시 현청이 내무성 출장소가 폐지되면서 정규 현청이 되었다.

478 松田, 『처분』下, 193~194쪽(『총서』, 227쪽); 喜舍場, 『견문록』, 154쪽(제2·3판, 118쪽).

479 喜舍場, 『견문록』, 154쪽(제2·3판, 118쪽).

하여 새로운 현의 명령에 따르라는 취지인 '구 번왕'에의 통고와 '제반 사항의 인도[諸般引渡]'를 요구하고, '구 류큐번왕 쇼타이' 앞으로 보낼 처분관의 통달서를 손수 전달했다. '토지와 인민, 기타 여러 건의 인도'에 관한 자세한 내용은 추후에 지시하겠지만, 그 이전에 "구 번왕이 구 관리와 평민에게 폐번치현에 대해 알리고 앞으로 새로운 현의 명령에 따르라는 취지를 고시할 것, 이것이 바로 구 번왕이라는 직무가 정지됨에 있어서 반드시 행해야 할 의무다."[480]라는 것이 통달서의 취지였다. 동시에 마쓰다는 이날 구 번왕 상경의 기한이 다가오니 준비를 게을리 하지 말라는 것도 구 산시칸에게 명령했다.

'새로운 현의 명령에 따르라는 취지를 고시'하라는 처분관 마쓰다의 요구에 대해, 구 산시칸은 이것을 가지고 가서 '중관리와 협의'한 바 "선비와 평민 모두 마음을 단단히 먹고 일본의 명령을 거절하고 청국의 원군을 기다릴 것이다. 따라서 구 번왕이 새로운 현의 명령에 따르라는 고시가 발표하게 되는 경우에는 커다란 문제가 생긴다."라는 결론에 이르렀다. 구 산시칸들은 4월 9일, 출장소로 마쓰다를 찾아가 "구 번왕은 이번 처분이 선비와 평민에 대한 치욕으로서 참을 수가 없고 무슨 얼굴로 이 고시를 낼 수 있겠는가."라고 말하니, 마쓰다가 "구 번왕이 이를 거절하는 것은 정부에 대한 위반행위이므로 반드시 그에 상당한 처분이 있을 것이라고 위협하고 강하게 명령"했으나 계속 '완강하게 거절'했다.[481] 구 산시칸들은 구 번왕 상경에 관한 건에 대해서도 그것에 대비하라는 독촉을 받았을 때와 같이 병을 이유로 연기를 탄원했지만, 마쓰다는 "오늘은 병 운운하는 것에 대해 결코 대답할 필요가 없다. 단지 병의 여부와 상관없이 출발 준비를 해야 한다"라고 명하고 들어주지 않았다. 이와 관련해서 마쓰다의 보고서에 따르면 두 가지 안건 중 특히 강하게 저항한 것은 구 번왕 상경에 관한 건이

---

480   松田, 『처분』下, 204~206쪽(『총서』, 229쪽); 喜舍場, 『견문록』, 154~155쪽(제2·3판, 119
        쪽).

481   松田, 『처분』下, 155쪽(『총서』, 119쪽).

었으나, 그것이야말로 이번 처분의 '가장 중요한 용건'이며 '상경의 건이 거행되지 않으면 만사에 좋은 결과를 얻지 못할 것"이라면서 이 안건을 우선적으로 실행에 옮기기로 했다.[482]

이를 위해 마쓰다는 도쿄의 정부와도 연락하면서 착착 대책을 강구했으나 류큐 측의 탄원도 집요했다. 4월 12일 위로하고 상경을 배웅한다는 명분으로 시종(侍從)인 도미노코지 히로나오[富小路敬直]가 '칙사(勅使)'로서 관선(官船)인 메이지마루[明治丸]를 타고 도착한 다음날 마쓰다와 함께 나카구수쿠전에서 쇼타이를 만났다. 칙사가 일부러 방문해서 "구 번왕은 중병이지만 거절하지도 못하고 좌우에 시신(侍臣)의 부축을 받으며 내원에서[483] 만났는데, 마쓰다로서도 쇼타이를 직접 만난 것은 이번이 처음이었다. 마쓰다가 본 구 번왕의 모습은 안색이 창백하기는 했지만 특별히 몸이 피곤하고 여위어 보이지 않았다.……그저 신경을 너무 써서 피곤하다는 것은 의사에게 보이지 않아도 알 수 있었다. 따라서 이것을 병이 없다고도 할 수 없고 또 중병이라고도 할 수 없는"[484] 상태였다. 도미노코지는 신속한 상경을 요구하는 '궁내경 정2위 도쿠다이지 사네쓰네[德大寺實則]'라는 문서를 '화족 쇼타이'에게 전달하고 나서 돌아갔다. 같은 날, 마쓰다로부터 오는 18일로 출발일이 정해졌다는 내용의 편지가 구 번왕에게 전달되었다.[485]

이에 대해서 15일, 구 산시칸 등 한두 명이 출장소를 찾아가 병을 앓고 있는 몸으로는 "멀고 먼 항해를 할 수 없다."며 "4, 5개월 연기해주기를 간절히 바란다."는 구 번왕이 보낸 탄원서를 시종인 도미노코지 앞으로 제출하고, 마쓰다

482　松田, 『처분』下, 221~223쪽(『총서』, 232쪽).

483　喜舍場, 『견문록』, 160쪽(제2·3판, 123쪽).

484　松田, 『처분』下, 234쪽(『총서』, 235쪽).

485　松田, 『처분』下, 331~333쪽(『총서』, 234쪽); 喜舍場, 『견문록』, 160쪽(제2·3판, 123~124쪽).

앞으로도 같은 취지의 문서를 구 관리와 아지 대표 및 웨카타 대표의 연명으로 제출했다.[486] 다음날인 16일에는 슈리·나하·구메·도마리의 사족 백여 명이 마쓰다를 찾아가 각 촌의 사족 대표 105명의 연명으로 서면을 제출하고 '엎드려 절'하거나 '통곡'하며 탄원하고, 또한 구 산시칸 등 두 세 명도 따로 상경 연기의 기한을 90일(다음 날에는 80일로 변경되었다)로 단축한 다음 다시 탄원서를 제출하여 번왕 상경의 연기를 탄원하기 위해 장남인 나카구수쿠 왕자의 상경을 허가해 줄 것을 청하는 등 집요할 정도로 탄원을 계속했다.[487]

이와 같은 탄원이 되풀이되는 저변에 있었던 '속셈'에 대해 기샤바는 다음과 같이 서술하고 있다.[488]

본디 구 번왕의 병환은 5년 전에 발생해 지금은 침상에 누워 신음하고 계시고, 또 이번 처분으로 더 병세가 심해져 쾌유할 날을 기약하기 어렵다. 따라서 구 중관리는 상경 연기를 청원하여 4, 5개월 정도 연기해달라고 말하기도 하고 120일 정도라 말하기도 했다. 도대체 왜 다시 100일간, 90일간, 80일간이라 말하며 일부러 시간을 지연시키고자 급급했던 까닭이 무엇이었을까. 그것은 다름이 아니라 청국 정부는 우리나라가 멸망이라는 화를 당했다는 말을 들으면 반드시 신속하게 군함을 보내 구해줄 것이다. 그 때가 되면 구 번왕 상경은 자연스럽게 피할 수 있다는 속셈이었다.

이러한 사정을 어느 정도 알아차린 마쓰다는 또 다시 한 가지 계략을 짜냈다. 그의 생각으로는 "사족이 시끄럽게 떠든다 해도 처분하는데 결코 우려할 만

486　喜舍場, 『견문록』, 161~162쪽(제2·3판, 124~125쪽); 松田, 『처분』下, 245~249쪽(『총서』, 236~238쪽).

487　松田, 『처분』下, 226~277쪽(『총서』, 241~250쪽); 喜舍場, 『견문록』 163~165쪽(제2·3판, 126~127쪽).

488　喜舍場, 『견문록』, 167쪽(제2·3판, 129쪽).

한 일은 아니지만, 여기서 우려스러운 점은 만일 구 번왕을 구인하여 상경시킨다 하더라도 정통의 후계자를 남겨두면 인심은 하나 둘 이 자를 따르게 될 것이다.……이 후계자를 내세워 정부의 명령을 알리고 항상 현을 다스리는데 큰 지장이 발생할 것"이며, 또 "훗날 만일 청국에서 류큐와의 분쟁을 문제 삼을 경우, 이 정통의 후계자가 실제로 류큐[本地]에 있으면 그의 열의를 부추키는 수단이 될 수도 있다."는 것이었다. 그러므로 마쓰다가 채택하려고 했던 방법은 "일단 류큐의 청원을 받아들여 잠시 구 번왕의 출발을 유예하여, 후계자로 하여금 칙사를 따라 상경하게 하고, 정부는 후계자가 도쿄에 도착한 다음 그 탄원을 허락하지 않고 후계자를 구류하고, 나아가 다른 선박으로 칙사 및 의관(醫官)을 보내 구 번왕의 상경을 독촉하는 것이 상책이다."라는 것이었다. 그렇게 하면 상경했을 때 "구 번왕이 명령을 거절하고 사족이 시끄럽게 떠든다 해도 훗날 일을 도모할 우려가 없으므로……따로 채택한 방법의 처분"이 가능하며, 게다가 구 번왕의 출발이 유예되는 동안에 "제반 인도의 사무와 조사의 사무 등"도 구 번왕의 권위를 이용해서 독촉할 수 있을 것이다. 즉 "이 책략은 일거양득"이라는 것이 마쓰다의 의도였다.[489]

　　이후의 과정은 가고시마에서 보내는 전신이나 편지를 통해 이토 내무경과 밀접하게 연락하면서 대부분 마쓰다가 생각해 낸 시나리오 그대로 진행되었다. 가장 중요한 4월 18일의 경위에 대해서 기샤바는 다음과 같이 서술하고 있다.[490]

　　　이날 산시칸은 중관리와 함께 나하에 모여 저항했다. 슈리·나하·도마리·구메촌의 사족 수 백 명도 연기를 청원하기 위해 모여들었다. 구 산시칸 즉 사족의 대표가 수십 명을 동반하고 들어가 마쓰다에게 80일간의 연기를 간청

489　松田, 『처분』下, 308~310쪽(『총서』, 250쪽).

490　喜舍場, 『견문록』, 165쪽(제2·3판, 127쪽).

했다. 여기에 이르자 마쓰다는 청원의 절박함을 눈치 채고 한 가지 계략을 꾸미고 40일간의 연기를 허락했다. 그렇지만 산시칸은 여전히 이를 기뻐하지 않았다. 원래 기나시 현령 직무대리는 4년 전부터 류큐에 있었고 구 관리와 교류가 있어서 비밀리에 구 산시칸에게 계략을 가르쳐주고 말하길, 반드시 80일 간 연기를 해야 할 이유가 있다면 마땅히 나카구스쿠 왕자 자신이 도쿄로 올라가 정부에 청원하도록 해라, 부자(父子)의 절박한 마음을 알아보면 혹시 허락받을 수 있을지도 모른다고 했다. 구 산시칸들은 그것을 옳다고 생각하여 중관리에게 알려주니 모두 동의했다.

이리하여 나카구스쿠 왕자(쇼텐)는 상경이 허용되어 칙사인 도미노코지와 함께 4월 27일에 출발하여 5월 1일 요코하마에 도착했고, 6일에 산조 태정대신과 이와쿠라 우대신에게 구 번왕 상경을 80일간 연기해달라는 탄원서를 제출했다. 물론 그 탄원은 바로 각하된 후, 나카구스쿠 왕자에게는 '도쿄체류'를 명하고 마쓰다의 각본대로 '구류'되었다.

5월 18일 오전에는 우편선인 도카이마루[東海丸]을 타고 구 번왕을 병문안한다는 명목으로 궁내성 담당 육군소좌 사가라 나가나리[相良長発], 어의[侍医]인 다카시나 쓰네노리[高階経徳] 등이 나하에 도착했고 현령(縣令)인 나베시마 나오요시도 같은 배로 오키나와현에 들어왔다. 또한 내무성 소속관리에게 부탁해서 마쓰다로 하여금 가지고 오게 한 이토 내무경의 편지에는 나카구스쿠 왕자의 탄원이 각하되었다는 것, 우편선은 2주일 동안 해당 지역에 정박할 수 있으니 그 동안에 어의인 다카시나에게 진단하게 하여 구 번왕을 상경시키라는 지시가 있었다.[491] 바로 그날 오후 마쓰다는 사가라와 및 다카시나를 동반하고 구 번왕을 찾아갔고, 다카시나가 "당장은 위험한 증상이 없다고 해도 시간이 지난다고 완전히 치유될만한 증상이 아니다"라는 진단서를 올리니, 마쓰다는 이 날이 저

---

491 松田, 『처분』下, 503~509쪽(『총서』, 294~295쪽).

묻기 전에 "내일 19일부터 일주일 안에 출발 날짜를 정하여 내일 오후 2시까지 나에게 알리도록"하라는 편지를 구 번왕 앞으로 보냈다.[492]

번왕의 상경이 결정된 것은 다음날인 19일이었다. 그 날 오후 구 산시칸들은 출장소로 출두하여 먼저 정부에서 각하한 구 번왕의 상경 유예 부탁을 재차 청하고 싶으니 나카구스쿠 왕자가 돌아올 때까지 구 번왕의 상경을 유예해 달라고 탄원했다. 마쓰다는 그것을 거절하고 소속관리 2명을 나카구스쿠전(殿)으로 파견하여 대기시키고 "오늘밤 늦더라도 논의해서 결정되는 대로 소속관리에게 알리라"[493]며 확답을 추궁했다. 사태가 이렇게까지 절박했으므로 결국 구 번왕이 스스로 상경을 결단했다.

> 구 관리는 끊임없이 추궁을 당해도 구 번왕께서 병중이라 상경을 견디지 못할 것이고, 또 조금이라도 오래 끌면 바로 처분될 것도 두려워 진퇴양난, 흉중비탄(胸中悲歎), 근심걱정으로 애태울 뿐이었다. 이미 사태가 절박해진 이때에 구 번왕은 스스로 마음을 고쳐먹고, 내쫓기고 치욕을 당하느니 오히려 스스로 결단하는 것이 상책이라 생각했다. 즉 상경을 승낙한다는 명을 내렸다.[494]

다음 날 20일은 이른 아침부터 각지의 사족 지역대표 60여 명이 탄원하러 출장소를 찾아가거나, 구 번왕의 명을 들은 "슈리 사족 수백 명이 시끄럽게 떠들고 격앙하여 상경하겠다는 명령을 취소할 것을 청원"하기도 했으나, 이것 또한 구 번왕이 직간접적으로 설득에 나섰다. "구 번왕은 각 촌에서 사족의 대표 서너 명씩을 불러 직접 만나 알려주자 조금은 진정되었지만 유일하게 가메카와그룹

---

492   松田, 『처분』下, 364~365쪽(『총서』, 261쪽).

493   松田, 『처분』下, 368쪽(『총서』, 262쪽); 喜舍場, 『견문록』, 173쪽(제2·3판, 134쪽).

494   喜舍場, 『견문록』, 174쪽(제2·3판, 134~135쪽).

사람들은 결코 명령을 받들지 않았고 오히려 계속 모여들었다. 구 번왕은 이를 걱정하여 중관리로 하여금 본인의 마을로 돌아가 젊은이들을 차분히 타이르라고 했다."[495]

쇼타이의 출발은 5월 27일이었다. 쇼타이는 차남 기노완 왕자(쇼인[尚寅])를 데리고, 수행원과 남자 하인 약 백여 명을 거느리고 가마에 올라 나카구스쿠 전을 출발했으나 사족과 많은 백성들이 이별을 아쉬워하며 왕이 탄 가마를 호위하였고 나하항에서 배웅했다. 마쓰다를 수행하여 류큐에 와 있던 순사 중 한 사람인 오카 다다스[岡規]의『류큐출장일지』는 그 모습을 "슈리왕 저택에서부터 나하항에 이를 때까지 길 좌우로 남녀노소 모두 예복과 예잠(礼簪)을 하고 엎드려 눈물을 흘리며 이별했다. 군신의 마음속을 헤아린 사람(일본인)도 옷깃을 촉촉이 적셨다"[496]고 묘사했다. 한편 기샤바는 출발일의 송별이 의외로 담담했다며 다음과 같이 서술하고 있다.[497]

예전에 쇼네이왕이 사쓰마 병사에게 에워싸여 가고시마에 닿았을 때는 동도 [通堂] (일명 게이온테이[迎恩亭][498] 항구에 있음.)에서 백성들과 마지막 이별을 하고 수행원과 배웅하는 많은 사람들 모두 눈물이 앞을 가려 마주 보지 못했다. 그런데 이번 수행원은 모두 의기양양하여 조금도 꺼리는 기색이 없고 배웅하는 중관리와 백성 중 누구도 괴로워하거나 눈살을 찌푸리거나 가슴을 치지 않았고 담소를 나누는 모습은 평상시와 다를 것이 없었다. 왜일까. 사람들은

495 　喜舍場,『견문록』, 174쪽(제2·3판, 135쪽).

496 　岡規,『琉球出張日誌』(『宝玲叢書 第二集 琉球所属問題関係資料(全八卷)』, 제2권, 本邦書籍, 1980년). 5월 27일자 일기

497 　喜舍場,『견문록』, 175~176쪽(제2·3판, 136쪽).

498 　[역주] 게이온테이[迎恩亭]: 류큐왕부시절 해외 특히 중국에서 책봉사절 등 귀빈을 맞이하던 곳이다. 이 곳은 제일 먼저 환영인사를 하던 곳이며 책봉사절의 숙소로 사용되기도 했다. 즉 류큐의 현관에 해당하며 현재의 나하항 터미널이 있는 장소에 있었다.

모두 마음으로 생각하기를 구 번왕은 잠시 치욕을 참고 귀하신 몸을 굽히시

기는 했지만 머지않아 청국의 원군이 달려올 것이며 국가를 중흥시킬 것으로

믿어 의심치 않았다.

덧붙여서 말하면 『쇼타이후실록』은 구 번왕 출발 뒤의 모습에 대해 "쇼타이 부자가 상경하신 다음에 구 번민은 순한 갓난아이가 부모를 잃은 것 같은 탄식과 통곡이 끊이지 않았고 처참한 모습이 상을 당한 것 같았다."[499]라고 기록하고 있으나, 기샤바의 저술에서 추측해보면 제후의 공덕을 기리기 위해 과장 없이는 말할 수 없었을 것이다.

4. 지속되는 불복의 저항

여기까지 살펴본 구 번왕 상경의 전말은 왕부의 기구에서 오키나와 현으로 통치의 행정 사무가 그대로 이어지는 것과 밀접하게 관련되어 있다. 마쓰다가 구 번왕 상경을 우선시하면서도 그의 권위를 가능한 한 새로운 현을 다스리는데 이용하려 했었다는 것은 이미 언급했다. 앞에서 서술한 '새로운 현의 명령에 따르라는 취지를 고시'하라고 요구한 통달서를 구 번왕 앞으로 보내고 난 다음날인 4월 3일, 마쓰다는 다시 구 번왕 앞으로 보낸 문서에서 '제반 사항의 인도'를 위해 조세, 사족의 가록, 관아 소유의 돈과 곡식, 관저와 관청 객사의 창고, 관아 소유의 토지와 산림 외에 15가지 항목에 관한 서류와 이전부터 처리해오던 명세서와 진술서를 제출하라고 요구했다. 그에 대해 "이때 중관리와 사족들 사이에서는 청국이 과연 군대를 일으켜 우리를 도와줄까 하고 의심하는 사람이 있었으나, 오직 가메카와그룹 사람들은 청국이 원병을 보낼 것이라 확신하고 슈

리와 나하의 사족 모두가 건의하는 형태로" 의견서를 구 산시칸 앞으로 제출했다. 그 의견서의 요점은 "마쓰다 미치유키님께서 보내신 통달서를 상세히 읽었습니다. 위의 사항을 받아들인다면 합의하여 폐번하는 형태가 될 것으로 생각되므로 반드시 거절"해야만 한다. 즉 마쓰다의 요구에 응한다면 '합의하여 폐번'하는 형태가 되므로 단호하게 거절해야 한다는 내용이며, 그 표현도 "이 사건의 끝은 국가의 흥폐와 관련된 일이므로 하나로 통일하여 몸과 마음을 다해 거듭 거절하기를 바라옵니다."[500]라고 강한 어조로 요청했다. 기샤바는 이른바 처분관 마쓰다와 가메카와그룹 사이에 끼여서 공격을 당하고 진퇴양난에 처한 구 산시칸들의 고뇌하는 모습을 다음과 같이 서술하고 있다.[501]

구 산시칸은 매일 중관리를 나카구스쿠전에 모이게 하여…… 대체로 마쓰다 처분관 및 기나시 현령대리로부터 지시가 내려오면 이것을 거절할 방법을 협의하여 시행했다. [탄원이] 받아들여지지 않으면 다시 중관리의 허락을 받은 다음 지시대로 이를 시행했다. 또한 각 촌의 사족을 각 학교에 모이게 하고 [제반 사항의 인도 등] 집행 사실을 보고하게 했다. 이처럼 중관리인 여러 선비들은 힘을 합하여 구 산시칸을 도왔지만, 가메카와 그룹은 가령 아무리 엄한 처분을 받더라도 그 내려온 지시에 복종하면 안 되며, 만일 지시를 따른다면 청국의 원병에 장애가 될 것이라며 지나치게 전망이 없는 논의를 늘어놓아 실행하기 어려운 것만 주장하니 산시칸의 괴로움은 이루 말로 다할 수가 없었다.

마쓰다가 구 번왕 상경의 건에 대해 계략 하나를 생각했다고 앞에서 언급했는데, 그것도 이러한 불복에 대처하는 것이 목적이었다. 번왕 상경의 일시적

---

500   喜舍場, 『견문록』, 157~158쪽(제2·3판, 121쪽).

501   喜舍場, 『견문록』, 158쪽(제2·3판, 122쪽).

유예와 나카구스쿠 왕자의 유예 연장을 탄원하기 위한 상경을 허락함으로써,
먼저 정통의 후계자를 도쿄에 '구류'하는 것으로 쇼가[尚家]가 류큐에서 불복하
거나 '국가중흥'에 대한 희망의 거점이 되지 못하게 하는 것을 숨기려는 것이 하
나의 목적이면서, 틀림없이 류큐 측에게 일정한 양보를 했다는 형태로 만듦으
로써 통치를 위한 행정사무의 인계에 관한 건에서도 그들의 협력을 이끌어내고
자 했던 것이다.

실제로 마쓰다는 4월 28일에 구 번왕 앞으로 보낸 통달서에서 "상경의 건,
연기해달라는 부탁을 유예하겠지만…… 제반 인도의 사무 등을 빠르고 순조롭
게 처리해야 할 것이며, 특히 구 관리와 평민에게 고시하는 건은…… 지금 즉시
처리하라."[502]고 엄하게 독촉했다. 구 산시칸들은 인민에게 내린 고시의 독촉
을 거절할 수 없었고 마쓰다의 내부 검열을 거친 후 "청국에의 조공 등의 사항을
단절하는 건은 말없이 가만히 있을 수가 없어서 태정관에게 수차례 탄원했는데
지금에 이르러서는 고분고분 명령을 따르지 않았다고 폐번치현 처분을 받게 되
었다. 사족과 평민들에게 죄송하고 괴로워하면서 집에 틀어박혀 있었으나 의혹
을 품게 하는 것은 좋지 않으므로 부디 방향을 정하여 새로운 현의 명령에 따르
도록 주의하라."[503]는 문서를 구 번왕 명의가 아니라 구 산시칸의 연명으로 사
키시마를 포함한 류큐 전역에 돌렸다. 즉 조공 등 청국과의 관계를 금지하는 건
으로 정부에 반복해서 탄원했지만, 이번에 '고분고분 명령을 따르지 않았다'는
이유로 폐번치현의 처분을 받게 되었으니, '의혹'을 품게 해서는 안 되므로 새로
운 현의 명령에 따르도록 주의하라 라는 정도의 의미였지만, 해당 '명령'의 정
당성에 대한 '의혹', 처분의 부당성에 대한 신념을 도저히 감추기 어려울 정도로

---

502 松田, 『처분』下, 334쪽 (『총서』, 255쪽); 喜舍場, 『견문록』, 131쪽.

503 喜舍場, 『견문록』, 170쪽(제2·3판, 131쪽); 松田, 『처분』下, 336쪽(『총서』, 256쪽). 본문
     중 '집에 틀어박히다[悶入居]', '의혹(疑惑)'은 松田, 『처분』에서는 '집으로 들어가다[[illegible]入
     居]', '의심[疑迷]'로 되어 있다.

냉정한 문장으로 되어 있다.

나아가 기샤바는 불복종이 일종의 저항운동으로 확대되어가는 이 시기의 모습을 다음과 같이 전하고 있다.[504]

> 매일 나카구스쿠전에 모인 구 중관리는 마쓰다의 명령을 사절하고 나라 안의 인심을 하나로 모아 의리[義]를 지킬 방법을 논의했다. 또 각 촌의 사족은 각 학교에 집합하고 각 촌의 뜻있는 자를 4명씩 선발하여 국학(國學)으로 모이게 해서, 대략 마쓰다와의 응답 및 시행하는 모든 일을 차례대로 보고하게 했다. 또한 지조를 지키고 단체를 체결하여 일본의 명령에는 따르지 않으며 청국의 원병을 기다려야 한다는 은밀한 명령을 내렸다. 이로써 사족 등은 격앙하여 분발할 것을 북돋우고, 일본의 명령을 받들어 벼슬과 녹봉을 받는 자는 목을 쳐 용서치 않는다, 만일 해로운 일을 당해 의로써 죽는 자에게는 처자를 불쌍히 여겨 공유금으로 자비를 베풀어 구조해야 한다는 서약서를 만들어 각자 서명하고 날인하게 했다. 세 지방의 각 마기리 관리 등도 서약을 맺음이 역시 이와 같았다.

위에서 볼 수 있는 것처럼 혈판서약서를 만들고 불복한다는 저항을 서약하는 움직임은 류큐 전역의 지방관리층까지 가담한 광범위한 것이었다. 기샤바에 따르면, 이 시기의 슈리와 나하에서는 각 학교에서 행한 집회뿐만 아니라 "여기저기 모여 시끄럽게 논의하지 않은 날이 없을" 정도로 여론이 들끓었다. 그것에 대해 마쓰다는 5월 8일 구 번왕 앞으로 "15세 이상의 사족은 통지하면 곧바로 모이라는 지시가 비공식적으로 마기리에 주거하는 사람들에게까지 전달되었다고 들었다. 이것이 과연 사실이라면 폐번처분의 진행을 위반하는 집단행위에 해당"하므로, 앞으로는 "만일 구 번청에서 사족이 중요한 용무가 있다고 해

504　喜舍場, 『견문록』, 170~171쪽(제2·3판, 132쪽).

도 주소마다 3명 이하로 제한하여 대표만을 초대하는 것 이상은 결코 용납하지 않는다. 만일 이를 위반하고 많은 사람이 모이는 등의 일이 발생하게 되면 나는 어떠한 경우를 불문하고 이를 배반행위로 판단하고 결단코 처단할 것이니 서로 이러한 취지를 이해하고 사족 모두에게도 고시하라."[505]는 명령을 전달하고 전면적으로 집회를 규제하기 시작했다. 그와 동시에 마쓰다는 구 번왕과 구 산시칸에게 통달서를 보내 독촉하거나 산시칸들을 몇 번이고 호출하여 설유하고 질책하는 등 제반 사항의 인도를 촉구하고 새로운 현치(県治)에 협력할 것을 요구했다. 이러한 마쓰다의 설유와 독촉 그리고 병력에 의한 시위와 경찰력을 동원하여 단속을 강화하는 한편, 앞에서 다루었듯이 구 번왕이 상경을 결의하고 구 중관리들을 설득하는 등 효과가 나타나서 맨 먼저 히라조[平等所](형사재판 관계)와 쌀 창고의 사무 장부를 넘겨받는 등 서서히 제반 인도에 관한 건도 진전을 보이기 시작했다.

그러나 표면상 어떻든 간에, 군대와 경찰력으로 위협하여 복종시키는 것과, '현에 봉직하는 것', '벼슬과 녹봉을 받는 것' 등 많건 적건 새로운 현치에 적극적인 협력을 얻어내는 것 사이에는 당연히 커다란 차이가 있다. 구 번왕이 상경하고 1주일 후인 6월 3일 마쓰다는 슈리·나하·도마리촌·구메촌(각 지역 50명, 합계 200명)의 사족 대표를 소집하여 타이르고. 새삼스럽게 "오키나와 현 사족 모두에게 훈시[告諭]한다"라는 제목의 문서를 발표했으나, 그 내용은 그가 그 때까지 산시칸들에게 거듭 말로 타일러 온 것이기도 했다. 내용 가운데 마쓰다는 "요즈음 그대들의 거동을 살펴보니 새로운 현에서 어떤 직무를 명하더라도 완강히 거절해야 한다고 하고, 만일 받드는 자가 있으면 일가친척은 이를 꾸짖고 친구는 이를 핍박하여 못하게 하는 식의 모질고 사나운 소행"을 보이는 것 같은데, 이것을 "구 군주에 대한 정과 의리로 잘못 알고 행하는 것일 뿐만 아니라, 거꾸로 옛 군주에 대한 충성의 의미로 되돌아간다면 실로 대단히 잘못 생각하는 것

505 　松田, 『처분』下, 340쪽(『총서』, 256~257쪽); 喜舍場, 『견문록』, 171쪽(제2·3판, 132쪽).

이라고 할 수 있다"라고 말한 후에 다음과 같이 논하고 있다.[506]

> 원래 현에 봉직한다는 것은 현을 위한 것이 아니라 그 사회를 위해 일하는 것
> 이 이치라고 한다면, 전국시대에 일어난 일처럼 자국의 주군을 배반하고 적
> 의 주군을 섬기는 것과 같은 종류의 것이 아님은 너무도 확실하고 명백하다.
> 그대들은 왜 일찍 이에 대해 살피지 못하는가. 그런데도 그대들은 여전히 깨
> 닫지 못하고 예전의 태도를 고치지 않는다면, 새로운 현에서는 그대들을 도
> 저히 쓸 수가 없고, 모든 직책에 내지인을 써서 결국 이곳 토착민은 한 명도
> 직책을 가질 수 없다. 스스로 사회의 멸시를 받고 대부분 일반인과 구별되는
> 것이 마치 아메리카 토착민, 홋카이도의 아이노(아이누) 등과 같은 모습이 될
> 것이다. 그런데 이것은 그대들이 자초한 것이니……아아~실로 아무 생각이
> 없음이 심하다 하지 않을 수 없구나. 그대들이여, 다행히 깨닫는 바가 있다면
> 이 지역 사람들의 권리를 축소시키고 이 땅의 이익을 잃을 만한 거동을 하지
> 말지어다. 나는 머지않아 귀경하려 한다. 떠나면서 그대들을 위해 몇 마디 남
> 기노라.

이 훈시에 앞서 5월 26일(구 번왕이 상경하기 전날), 마쓰다에게 명을 받고 구
산시칸이 출장소에 출두했을 때 요나바루 웨카타는 "지난 23일 통달하신 구 번
관리 및 사족들에게 새로운 현에서 직무를 받들라는 설유의 건은 우리들로서는
받아들이기 어렵습니다. 그리고 그 방법은 종전의 부지록(扶持禄)과 공로가 있는
자들은 특별 심부직(心附職: 부수입이 있는 직무)으로 돌리는 등 모두 종래대로 처
리하는 것으로 결정해 주십시오. 그러면 각별히 전력을 다해 타이를 것입니다",
"또 여러 마기리와 섬에 대한 일도 종래와 같이 명을 받들게 해 주십시오."라고

---

506   松田, 『처분』下, 401~404쪽 (『총서』, 269~270쪽); 喜舍場, 『견문록』, 176~177쪽(제2·3판,
       136~137쪽).

제의했다. 마쓰다는 그날의 회담에서는 구 번왕의 일행 및 그들을 수행하는 요나바루의 출발 전날이라는 이유로 "여하튼 후일에 통지하겠다."[507]라며 그 자리에서 물러났다.

앞서 다룬 훈시가 있었던 3일 뒤인 6월 6일, 마쓰다는 요나바루의 제의에 대답을 하기 위해 남아 있는 두 명의 구 산시칸인 도미카와, 우라소에 웨카타를 호출하여 "원래 여러 관리의 거취와 기타 관청도 옛 관습 그대로 두라고 했다. 그러므로 그 내용을 찬찬히 알려주라는 것인데, 원래 정부는 될 수 있는 한 옛 관습에 따르게 하라는 것이 기본이지만, 어느 것을 옛 관습에 따르고 어느 것을 고칠 것인가는 내가 귀경하여 정부에 결과를 보고한 다음이 아니고는 지금 내가 이것을 미리 결정하기 힘들다."라고 회답하고, "그대들이 약속 없이는 찬찬히 알려 줄 수 없다는 생각이라면 굳이 말할 필요가 없다."[508]고 통고했다. 마쓰다의 보고서 '제3회 봉사류큐시말'에는 6월 9일 기사에 "현의 관리로 하여금 여러 마기리에서 근무하게 하는 건에 대해, 사족과 평민 약간 명을 통역자로 쓰기 위해 현의 관리로 임명하니 모두 받아들였다. 여기서 지난 3일의 훈시에 효과가 있었음을 실제로 확인했다."[509]고 하지만, 마쓰다가 처분관으로 체류하는 동안에 이루어진 것은 새로운 현의 행정에 협력하고 조달하는 정도에 불과했다.

마쓰다는 명령을 받들어 폐번치현의 처분을 끝내고 제반 사무를 오키나와 현령 나베시마 나오요시에게 인도하고 6월 13일 우편선 다고노 우라마루[田子の浦丸]로 나하항을 뒤로 했다. 24일에 귀경한 마쓰다는 다음날 천황이 왕림하신 내각에서 처분의 경위를 아뢰고 보고서를 태정대신에게 제출했다. 보고서에는 폐번치현 처분이 '결국 무기를 사용하지 않고' 임무를 완수했음을 보고하고, 그 경위가 '거의 80일의 긴' 시간이 걸렸음을 언급하면서 "미치유키가 생각하기

507　松田, 『처분』下, 388~390쪽(『총서』, 266~267쪽).

508　松田, 『처분』下, 407~408쪽(『총서』, 270~271쪽).

509　松田, 『처분』下, 412쪽(『총서』, 271쪽).

에 임시방편으로 가볍게 조치하는 것은 매우 쉽지만, 이번 처분은 그 자체가 외국과 관련되어 있는 문제이고 단순히 내치에 머물지 않는 하나의 대사건이었습니다. 따라서 조치함에 있어 인내하기 어려운 많은 일을 참고 그것을 부드럽게 이끌고 가거나 우회하기도 하면서 오로지 여론에 맡기고 그저 스스로 믿는 바에 따라 조치했습니다."[510]라고 결과에 대한 자신감을 피력했다.

이상에서 본 바와 같이 마쓰다가 처분관으로서 임무를 완료함에 따라 류큐병합 즉 좁은 의미의 '류큐처분'도 일단 끝났고, 현지에서는 오키나와 현정의 새로운 역사가 시작되고 있었다. 마지막으로 그 결말과 관련해서 기샤바 조켄의 저서에 의거하면서 한 가지만 더 류큐 현지에서 일어난 사건에 대해 언급한 다음에 4장의 고찰도 일단락을 짓고자 한다.

이미 마쓰다가 류큐를 출발하기 이전부터 번왕의 상경을 잠시 유예하는 것과 교환하는 형식으로 구 왕부기구에서 새로운 현정으로 '제반 인도'가 지지부진하게나마 진행되고 있었다. 그리고 8월 15일에는 왕부의 모든 부국(部局)에서 새로 설치된 오키나와현 관리에게로 담당사무와 장부의 인계가 모두 끝났다. 그 이전에는 "본국에서 갑자기 현청 관리가 왔는데 토착민에 대한 실질적인 사정을 몰랐다. 그뿐만 아니라 토착민은 모두 현의 명령을 받드는 것에 수긍하지 않아 지시를 시행할 수 없는" 상황이었음에도 불구하고 "굳건히 인내하며 가혹한 명령을 가하지 않고", "부드러운 목소리와 유쾌한 표정으로 타이르고 권장할 뿐"이었다. 그러나 나중에는 "이미 제반 인도를 끝냈으므로 그때부터 강경한 주장으로 바뀌"었다. 그리고 8월 18일에는 구 왕부의 관리들이 차례로 경찰에 체포되어 고문을 당했다. 이전에 처분관인 마쓰다가 폐번치현 후에는 구 왕부의 관리들이 공물과 조세의 수납을 금지했음에도 불구하고 4, 5월에 금지령을 위반하고 나라에 바치던 보리를 거두어 들였다는 것이 체포의 이유였다. 또 친청 강경파인 '가메카와 그룹'의 십여 명도 "이들은 백성을 선동하여 현의 명령에 저

---

510   松田, 『처분』下, 427쪽(『총서』, 274쪽).

항하는 우두머리다."라며 체포되었다. 체포는 지방관리와 미야코·야에야마의 자이반 가시라[在番頭][511]에게까지 미쳤고, '약 백여 명'을 임시 경찰서로 사용하던 '옛 객사와 흑설탕 수납고에 유치하고 교대로 끌어내어 지독한 고문'을 가했다.

> 고문은 양손을 묶고 대들보에 걸어 놓은 채 몽둥이로 마구 때렸다. 그 고통의 참혹함은 극에 달했다. 울부짖는 소리가 두 세 마을 너머까지 들렸다. 그 소리를 들은 모든 사람들이 몹시 증오하고 가슴 아파하며 부들부들 떨지 않을 수 없었다. 옥에 갇혀 몽둥이로 맞은 상처, 피부는 찢어지고 썩어 짓무르고 있었다. ……슈리와 나하 모두 소요가 극에 달해 사람들은 불안한 마음이 진정되지 않았다.[512]

그 뒤로도 체포와 고문은 계속되었다. 구 왕부의 산시칸 등 고관들은 스스로 새 현정에 협력한다는 조건으로 체포자들의 석방을 사정해서 얻어냈고 이윽고 사태가 표면적으로는 진정되어 갔다. 그러나 '병력' 그 자체가 아니라 뒤에서 대기하고 있던 '경찰력'만 있었다고는 하나, 폭력기구의 발동으로 민심을 장악하기가 아주 어려웠다는 것은 새 현정에 대한 불복종과 비협력 등의 저항 풍조가 그 후 오래도록 지속되었을 뿐만 아니라, 청국에 망명하여 류큐의 구국과 복국운동을 계속 추진하는 사람들이 끊이지 않았던 것으로도 알 수 있다.

---

511 [역주] 자이반 가시라[在番頭]: 류큐왕부에서 미야코와 야에야마로 파견된 행정관리의 우두머리를 가리킨다. 슈리왕부는 在番制를 통해 두 섬을 직접 통치하는 방식을 취했다.

512 喜舍場, 『견문록』, 186쪽(제2·3판, 144쪽).

제5장

근대 동아시아사 안의 두 개의 병합

제4장에서는 1875년 '류큐번처분'이 본격화되고 마침내 1879년 강제병합(좁은 의미에서 '류큐처분')이 실시되는 과정을 살펴보았다. 다만 제4장은 메이지정부와 류큐왕부와의 관계에 초점을 맞춘 것으로 청국을 비롯하여 그 외 여러 외국의 반응에 대한 고찰을 뒤로 미루어왔다. 그동안 청국과의 관계를 단절하라는 요구를 받아왔던 류큐 측은 메이지정부 수뇌부에 직접 탄원하는데 그치지 않고 도쿄에 주차(駐箚)하고 있는 청국공사에게 구원을 청하고 나중에는 도쿄에 주재하고 있는 각국의 공사에게도 조력과 알선을 호소했지만, 일본 측에게 외교교섭으로 문제를 해결하려는 자세는 보이지 않았다.

'류큐처분'이 끝나는 시기는 일반적으로 1879년 '폐번치현' 처분의 강제 실시를 결말로 보는 경우가 많으며 역사 당사자의 의식에 따른 타당한 관점이라 할 수 있다. 그러나 제2장에서 소개한 긴조 세이토쿠가 주장하는 바와 같이 1880년 '분도개약' 문제의 발생과 소멸까지를 류큐처분기에 포함시켜야 한다는 견해도 있다. '류큐처분'의 전개과정에서 격렬해진 청일 대립의 결말 중에 하나가 확실하게 분도개약 안건을 둘러싼 사건의 경위이며, 또한 조약은 성립되지 못한 채 끝나기는 했지만 이 분도개약 교섭에서 일본 측의 자세는 류큐를 국가이익의 담보로 삼고 임의대로 처분할 수 있는 대상으로 취급하고자 했던 그 이전의 자세와 일정한 공통성과 연속성을 보인 것도 부정할 수 없다.

'류큐처분'의 시작과 종결에 관한 시기문제는 연구자가 '류큐처분'을 어떻게 정의하는가에 따라 달라지는데[513] 본서에서는 그다지 중시하지 않는다. 오히려 본서는 서장에서도 논한 것처럼 일방적 당사자가 사용했던 '류큐처분'에 대한 다의적인 용어를 고집하지 않고 필요에 따라 그 말을 '류큐병합'이라는 보다 객관적인 용어로 대치할 것을 제안하며, 나아가 조선병합('한국병합')과의 유비성에 착목하면서 그 말을 근세부터 근대에 걸친 동아시아 국제질서의 변용이라는 커다란 맥락 안에서 고찰해야 한다는 점을 주장하고자 한다. 그러한 관점을 바탕으로 류큐병합에서 한국병합에 이르는 시기의 동아시아 세계에서 일어난 신구제국의 교체라는 맥락 안에서 근대일본에 의한 두 개의 병합에 대해 대비적으로 고찰해 나가는 것이 본장의 과제이다.

제1절 류큐의 조공금지를 둘러싼 청일대립

1. 조공금지에 대한 청국의 항의

전근대 동아시아 국제관계는 중국황제에 대한 번속국의 조공과 황제에 의한 번속국 국왕의 책봉이라는 관계로 규제된 국제질서로서 관념화되었다. 이러한 중화세계질서 안에서 존립해온 당시의 류큐왕국에게 책봉과 조공은 국가의 존립기반과도 관련되는 중요사항이었다. 청조에서 온 책봉사를 영접하고 국왕 쇼타이의 책봉의례가 행해진 것은 1866년의 일로, 그러한 의례는 국왕의 교체가 있

513　독자적 정의에서 '류큐처분'기를 더욱 길게 설정한 주장으로서 西里喜行, 『淸末中琉日關係史の硏究』(京都大学学術出版會, 2005년), 296쪽, 793~800쪽; 森宣雄, 「琉球は『処分』されたか-近代琉球対外関係史の再考」(『歷史評論』603호, 2000년)을 참조

는 경우에만 시행되었으므로, 당장 문제가 되었던 것은 조공 즉 진공사를 류큐에서 청국으로 파견하는 일이었다. 류큐의 조공은 격년 즉 2년1공으로, 1875년 3월 북경의 청국 조정에 입궐한 사절이 1874년에 복주를 향하여 떠났는데 그것이 마지막 파견이 되었고, 다음 차례인 1877년에 입궐 예정이던 진공사부터는 일본의 금지조치로 파견이 저지당했다. 또한 원래대로라면 청조의 새로운 황제 즉위에 맞춰서 1875년에 파견되었어야 하는 경축사절도 보내지 못하고 저지당했다.

1875년(明治8) 3월 21일 북경주재 일본대리공사인 데이 에이네이는 류큐인이 북경에 와 있다는 풍문을 영국 공사관의 부서기관(附書記官)으로부터 듣고 다음 날 공사관에 고용되어 있는 청국인에게 조사를 시켜보니 18명의 류큐사절이 성내 사역관(四譯館)에 체재하고 있다는 것을 알게 되었다. 그들이 바로 앞에서 서술한 마지막 조공사 일행이었다. 데이 에이네이는 공사관 서기생들과 의논하여 류큐 사절들과 접촉을 시도했으나 사역관 문지기에게 저지당해 이루어지지 않았다. 그래서 3월 24일에 데이 에이네이 등은 총리아문을 방문하여 공친왕(恭親王) 등 고관과 면담했다. 데이는 "요즘 아국의 번속인 류큐인이 북경에 왔다고 들었"는데 "애당초 류큐는 아국의 번병이므로, 이번에 늘 해왔던 것처럼 조공을 위해 귀국에 왔다 하더라도 해당 번왕은 우리 본국의 명을 당연히 구했어야 할 터, …… 만일 해당 번이 이번 일을 우리 본국에 알리지 않고 왔다고는 생각하기 어렵지만, 혹시 속이고 멋대로 사절을 파견했다면 두 군주를 섬기는 것이 되므로 결코 간과할 수 없는 일"이라 말하고, "우리가 직무상 속국인에게 일단 물어보려는 것"이라면서 류큐인을 "우리 공관으로 잠시 보내 줄 것"[514]

---

514 『日本外交文書』제8권, 299~300쪽;『琉球所属問題』(外務省, 1929년) 第一, 25~35쪽(『沖縄
県史』제15권, 琉球政府, 1969년, 수록, 13~16쪽). 본장에서 자주 인용되는『琉球所属問題』
(外務省, 1929년)은『沖縄県史』제15권에 수록되어 있으며 그 외에『宝玲叢刊第2集 琉球
所属問題関係資料(전8권)』제8권(本邦書籍, 1980년)으로 복간되었다. 이하에서는『소속문
제』및『현사』제15권으로 약술한다.

을 요구했다. 그러나 공친왕 등은 류큐나 조선과 같은 조공국의 일은 예부(礼部)
의 관할이라며 전달하는 것조차 거절했다.

북경에서 일어난 이 사건은 3월 28일자 ‘급보’로 데라시마 외무경에게 보
고되었다. 이에 대해 데라시마는 “진공사에 관한 건. 당분간 관망하기 바람, 머
지않아 내무성에서 처리할 것임”이라는 요지(要旨)의 지령을 4월 19일자 공신(公
信) 외에 23일자 전신, 28일자 서간의 형태로도 전달하고 당분간은 공사관에서
철저히 불문에 부칠 것을 거듭 확인했다.[515] 이 시기는 마침 연초에 정부의 호출
을 받고 상경한 요나바루 웨카타 등 류큐 사신이 내무성 내에서 오쿠보[大久保]
내무경과 한참 심각하게 담판을 이어가던 때였다. 그리고 5월 14일 마쓰다 미
치유키에게 첫 번째 류큐 출장 발령이 난 후인 5월 20일에는 데라시마 외무경
으로부터 데이 대리공사 앞으로 또 다시 “류큐번에 관해서는 내무성 처분이 결
정될 때까지 청국정부와의 교섭을 보류해야 한다는 취지”의 재확인 서간이 송
부되는데, 그 서간에는 앞에서 살펴보았던 오쿠보 내무경의 ‘류큐번 처분에 관
한 의견’(= ‘琉球藩処分方之儀伺’)와 그 건에 관한 산조 태정대신의 지령 사본 외에,
오쿠보 보고서인 ‘상경 류큐번 관원 설유 응답의 전말’(= ‘琉球藩官員説諭往答ノ始
末’) 사본까지도 부속서로 첨부되어 있었다.[516] 마쓰다는 그 직후인 6월 12일에
첫 번째 류큐 출장을 위해 시나가와를 출발하여, 7월 14일 슈리성에 들어갔고
청국과의 조공책봉, 경하사절 파견 금지를 비롯한 여러가지 명령을 왕부 고관
에게 정식으로 전달했다.

1875년에 있었던 청국으로의 조공금지 명령에 대해서 도쿄로 상경한 류
큐 사신의 탄원도 효과를 거두지 못했고, 이듬해인 1876년 12월에 류큐왕부가
어려움에 처한 상황을 호소하는 사절을 청국에 파견하기로 결단을 내렸다는 것
은 이미 언급했다. 사절로 청국에 건너간 사람은 고치 웨카타, 이케이[伊計] 페

---

515   『日本外交文書』제8권, 309~310쪽; 『소속문제』第一, 84~85쪽(『현사』제15권, 23~24쪽)

516   『日本外交文書』제8권, 312~313쪽; 『소속문제』第一, 63~120쪽(『현사』제15권, 24~36쪽)

친[蔡大鼎], 나시로사토누시[名城里之子] 페친[林世功][517] 등이었다. 덧붙여서 말하면, 병합처분 후에도 류큐에서 청국으로 탈출해 구국 청원을 행한 자들이 잇따랐는데, 소위 이들이 청국으로 간 선구자들이었다. 류큐국왕의 문서를 휴대한 고치 웨카타 등은 거친 풍랑을 헤치고 무사히 복주에 도착했고, 1877년 3월 빈철 총독인 하경(何璟)과 복건성 순무인 정일창(丁日昌)에게 일본의 저지로 인하여 조공 시기를 지킬 수 없다는 요지의 상황을 호소하는 국왕의 문서를 제시하면서 구원을 요청했다. 이에 대해 청조 정부는 초대 주일공사인 하여장에게 일본정부와 담판을 하도록 했으나[518] 일본은 세이난전쟁 중이었고, 공사 일행의 출발도 많이 지연되어, 1877년 11월에 상해를 출발하여 같은 해 말 도쿄에 도착했다. 일행으로는 부사 장사계(張斯桂) 외에 참찬관 황준헌(黃遵憲)이 동행했다.

임무에 착수한 하여장 등은 일본의 국정 파악에 힘쓰는 동시에 본국과 연락을 취하면서 대처방안을 강구했다. 하여장의 대일 자세는 강경했으며 그가 이홍장에게 보낸 서간에서 볼 수 있듯이, 지금 사태를 방치하면 일본은 "조공을 저지하는데 그치지 않고 반드시 류큐를 멸망시킬 것이다. 류큐가 멸망한다면 더 나아가 조선에도 그 영향이 미치게 될 것이다.…… 더구나 류큐는 대만에 근접해 있다. ……대만을 위해 생각하더라도 오늘날 이를[류큐문제] 둘러싸고 [일본과] 싸움으로써 생기는 폐해는 받아들여야 할 것이다. 지금 이것을 포기하는 것의 폐해가 더욱 크다."[519]라 하면서 일본의 조치를 간과하는 것은 중국의 종속(宗屬)체제를 위협하고 대만의 안전까지 위협할 것이라는 위기감을 가지고 일본과 불화를 초래하더라도 류큐를 구해야 한다고 서술하고 있다. 또한 일본의 정

---

517 [역주] 류큐인은 누구나 중국명을 가지고 있었고 지금도 있다고 한다. 코우치 웨카타의 중국명이 向德宏이다. 이치빼쿠미[伊計親雲上]의 중국명이 사이테티이며, 린세이코[林世功]의 류큐명은 나시로사토누시오샤쿠모이[名城里之子親雲上]이다. 그 당시 이들을 탈청인(脫清人)이라 불렀다.

518 王芸生, 『日本外交六十年史』(末広重雄 감역, 建設社, 1933년), 178쪽.

519 위의 책, 180쪽.

세로 보아 청국과 전쟁을 일으킬 만한 여유가 없다는 당시의 상황 판단을 전하고 있다. 그러나 그때 이홍장의 태도는 '무력으로 서로 싸우게' 되면 '원정을 해야 하는' 사태에 이르게 되므로 적극적인 개입을 피하려 했던 것으로, 총리아문의 지시 하에 기회를 봐서 항의하고 교섭하도록 하는데 불과했다.[520] 그러나 나중에는 류큐분도에 반대하며 일단은 청일 간에 타결을 본 '분도개약'의 실현을 저지했을 뿐만 아니라 류큐 문제에 끝까지 집착한 사람이 이홍장이었다. 이 시기에 그가 보인 대응은 나중에 서술하겠지만 이리(伊犁) 문제를 둘러싼 청국과 러시아간의 대립을 비롯해 힘들고 어려운 일들로 매우 바빴던 배경이 있었던 것으로 생각된다.

이에 앞서 이홍장은 1877년 9월 20일 북경주재 모리 아리노리[森有礼] 공사를 방문하여, "지나(支那)에 대한 류큐국의 진공 건에 대해 일본정부가 파견을 금지했다는 류큐국의 주장이 있는데, 일본정부에 의한 이와 같은 처분이 있었는가"라며 진공 금지 명령의 여부에 대해 물었다. 그러나 모리공사는 "류큐번에 관한 건은 본방(本邦) 내무성 소관으로 외무성과는 무관하므로 위와 같이 진공을 금지했는지 전혀 알지 못하옵니다"[521] 라 답하고, 류큐의 일은 내무성 관할이므로 알 수 없다며 이홍장과의 교섭을 회피하는 태도를 취했다.

도쿄 주재 하여장 공사는 1878년(明治11) 9월 류큐 측의 요청에 응하여, 총리아문과 이홍장의 명령에 근거하여 일본 측과 절충에 들어갔다. 9월 3일 이후 하여장은 일본 외무성을 방문하여 데라시마 외무경과 미야모토[宮本] 서기관과 회담하고 조공 등을 금지하는 정부명령의 철회를 요구했다. 하여장은 명나라 홍무제시대 초기부터 지속적으로 조공해온 청국의 번속국이며 또한 류큐가 외

---

520 이상과 같은 하여장의 제안과 이홍장의 반응에 대해 자세한 것은 鈴木智夫, 「中国における国権主義的外交論の成立-初代駐日公使何如璋の活動を中心に」(『歴史学研究』404호, 1974년 1월. 『洋務運動の研究』, 汲古書院, 1992년)을 참조

521 『日本外交文書』제10권, 199쪽; 『소속문제』第一, 133~134쪽(『県史』제15권, 44~45쪽).

국과 체결한 조약도 역법(曆法)과 문장[文辭] 모두 청국의 제도를 본 딴 것이라는 사실, 일본의 조치가 양국의 수호조규에 있어 '소속방토'의 온전한 보호와 유지라는 규정에 위반한다는 점을 주장하며 거듭 강력하게 항의했다. 9월 3일에 청국공사와 데라시마 외무경과의 최초 교섭은 다음과 같이 시작되었다.[522]

> **청국 공사**: 금일 찾아뵌 것은 다름이 아니라 류큐의 일에 대해 물어보고 싶은 것이 있기 때문입니다. 동국[류큐]은 근래에 귀국[일본]의 부속이었다고 하나, 종래 우리나라에 공납해왔음은 본디 귀국 정부도 알고 계신 일입니다. 그런데도 최근 우리나라에 진공하는 것에 대해 [귀국이] 엄한 명을 내려서 류큐인이 매우 곤혹스러워하므로 이제까지의 관습 그대로 두기를 바랍니다.

> **외무경**: 옛날에는 소국이 대국을 섬기는 예가 있었다 하더라도 요즘 들어 독립적인 힘을 유지하지 못하는 나라는 타국에 병유(倂有, 병합)될 우려가 있습니다. 류큐의 경우 이전에는 타국과의 교제를 그 나라(류큐)에 맡겼다고 하더라도 위와 같은 병폐가 적지 않으니 이를 금지하고 외국과의 교제는 모두 우리 정부에서 인수했으므로 이제 동국[류큐]에서는 외교를 할 수 없으나 단 무역은 애초부터 이와는 관련이 없습니다. 다만 오늘의 독일에는 그러한 예가 매우 많습니다.

> **청국 공사**: 그렇다면 류큐는 귀국의 속지란 말입니까.

> **외무경**: 그렇습니다.

> **청국 공사**: 류큐인도 역시 스스로 귀국인[일본인]이라고 말합니까.

> **외무경**: 예를 들어 소생이라도 만일 일본을 좋아하지 않는다면 타국에 가서

522　『日本外交文書』제11권, 269~271쪽; 『소속문제』第一, 135~139쪽(『현사』제15권, 45~46쪽).

내가 일본인이 아니라고 말하는 것과 같습니다. 류큐인 가운데 본국을 싫어
하는 자가 있다면 어쩌면 일본인이 아니라고 말하는 자가 있을 것입니다.

이와 같이 최초의 담판에서 청국이 류큐와의 전통적인 종속(宗屬)관계나
류큐인의 의향을 근거로 일본에 의한 진공금지 조치의 철회를 요구한데 대해,
일본은 류큐가 자국의 '속지'라는 입장에서 금지조치를 정당화했다. 데라시마
외무경과 하여장은 9월 27일에도 긴 대화를 나누었는데 그 자리에서 다음과 같
은 주목할 만한 교섭이 이루어졌다.[523]

청국 공사: 류큐국왕은 우리나라에서 주잔왕으로 책봉했습니다.

외무경: 왕의 작위는 이전에 유럽 각국이 로마제국에게 제후의 칭호를 요청
한 것과 마찬가지이며, 실제로 힘이 있는 것이 아닙니다.

청국 공사: 힘의 유무와 관계없이 우리나라에서 주잔왕의 인장(印章)을 내려
주었습니다.

외무경: 그런데 우리나라에 훈장제도가 있습니다. 최근 러시아 황제에게 우
리나라의 훈위 일등 훈장을 보내니 러시아 황제가 이를 받고 크게 기뻐했습
니다. 류큐국이 주잔왕 칭호를 귀국에게 받은 것 역시 이러한 예와 같습니다.

청국 공사: …… 이치의 당연함을 논하시고 이야기가 딴 데로 빗나가지 않도
록 해주십시오.

외무경: 그렇다면 귀국은 주잔왕에게 책봉한 것을 가지고 속국이라고 말씀하
시는데, 우리나라는 300년 동안 세금을 거두어 들였으므로 속번이라고 하는

523　『소속문제』第一, 151~152쪽(『県史』제15권, 50~51쪽); 『日本外交文書』제9권, 269~270쪽.

양론이 성립합니다.

청국 공사: 류큐는 수백 년 동안 우리나라에 조공한 증거도 있습니다……

외무경: 조공이라는 것은 예의상 행한 것이며 세금을 납부하는 것과는 다릅니다. 세금은 실지 관할 주인이 아니면 거둬들일 수 없습니다.

이상과 같이 1878년 9월 단계에 있었던 담판에서 주목할 것은, 청국공사가 9월 3일 담판에서 류큐는 "동국[류큐]은 근래에 귀국[일본]의 부속(附屬)이었다고 하나"라는 말로 시작하는 것으로 봐서 재경 류큐 사신으로부터 '번왕책봉' 등의 정보를 알고 있었을 것이라는 점이다. 그러나 9월 27일 담판에서 분명히 알 수 있듯이, 데라시마는 류큐가 일본의 '속지'라는 입장에서 '책봉'을 예전에 로마법왕이 세속군주에게 대관(戴冠)한 것이나 외국의 원수에게 훈장을 수여하는 것과 같은 유형이라면서, 그것이 내용은 없고 형식뿐인 허울에 불과하다는 점을 강조하고 있다. 즉 청국과 류큐와의 책봉·조공관계의 의의를 철저히 부인하고, 오히려 '세금을 거두는' 것의 의의를 강조한 일본 측은 이미 '번왕책봉'에 대해 아무런 언급도 하지 않고 '300년 동안' 사쓰마에 의한 류큐의 지배를 강조하고 있다. 사실상 역사적으로 이러한 착취와 지배의 실태에 대해서는 사쓰마와 류큐 쌍방이 중국에 '은폐정책'을 취해왔지만, 상황이 바뀐 지금에 와서는 사쓰마 출신의 데라시마도 "다만 이 건은 귀국이 아직 모르는 일이었을 것"[524]이라며 오히려 몹시 우쭐대며 말했다.

그리고 앞에서도 언급했지만, 하여장은 10월 7일에 또 다시 부사 장사계와의 연명으로 외무경에게 서간을 보내 일본에 의한 조공금지 등의 조치에 항의했다. 그 항의문[照會文]은 "일본은 당당한 대국인데, 믿음에 등을 돌리고 이웃 나라와의 교류를 배반하고, 약소국을 기만하며, 불신(不信), 불의(不義), 무정

---

524 위의 책 第一. 149쪽(『県史』제15권, 50쪽).

(無情), 무리(無理)한 일을 행했다(以為日本堂堂大国, 諒不肯背隣交, 欺弱國, 爲此不信不義無情無理之事)", "류큐를 기만하고 능멸하여 마음대로 옛 법전을 고치고(欺凌琉球, 擅改旧章)", "아무런 이유 없이 조약을 폐기하고 소국을 제압하는(無端而廢棄條約, 圧制小邦)" 등의 말이 포함된 것으로 일본의 조공 저지 조치를 강하게 비난했다.[525]

이에 대해 데라시마 외무경은 11월 21일자 서간에서 청국 측의 말투를 가리키며, 하여장 등의 주장이 일본정부의 조공금지 이유를 숙지하지 않은 채 '가상의 폭언'을 퍼부은 것이며, 이것이야말로 교린우의(交隣友誼)라는 도리에 반하는 것이라고 응수하고, "만일 과연 귀국정부의 각하에게 명을 내려 이러한 말을 하게 했다면 귀국정부는 앞으로 양국 우호가 보존되기를 원하지 않는 것과 같다"고 답하고, 이것을 본국에 전달하라고 요구했다.[526] 이후에 여러 차례 절충이 있었지만 일본은 청국 측이 위의 폭언을 사죄하고 철회하지 않는 한 이제 담판의 여지가 없다는 태도로 일관하여 교섭은 완전히 교착상태에 빠졌다. 이 시기로 말하면 바로 이토 히로부미 내무경의 명령을 받아 마쓰다 미치유키가 '류큐번 처분안' 작성에 착수했고 11월(날짜는 빠져 있음)에 최초의 작성안을 제출했던 무렵의 일이다.

또 마쓰다의 처분안에도 언급되어 있는 것처럼 일본정부는 영국과 프랑스 등 외국공사의 동향에도 위기감을 품고 있었다. 앞서 서술한 것처럼 마쓰다는 이듬해인 1879년(明治12) 1월 8일에 독책사(督責使)로서 류큐 출장(제2회)을 떠났는데 이틀 뒤인 1월 10일 『조야신문(朝野新聞)』에 '류큐놈을 벌하라'는 제목의 논설이 게재되었다. 그 논설에서 류큐 측이 조약을 체결한 미국과 프랑스, 네덜

---

525 『소속문제』第一, 164~168쪽(『県史』제15권, 53~55쪽); 『日本外交文書』제11권, 271~272쪽. 후자는 번역문이 없음.

526 『소속문제』第一, 169~170쪽(『県史』제15권, 55~56쪽); 『日本外交文書』제11권, 272쪽. 후자는 번역문이 없음.

란드 세 나라의 공사에게 구원해 주기를 호소하는 서간이 공개되었다. 서간은 류큐와 청국과의 책봉 조공의 깊은 역사적 관계를 설명하며 청일양속이 계속되기를 주장하고 있으나, 이 신문 논설은 "심하다, 류큐 놈이 일본제국을 경시하는구나, 심하다, 류큐 놈이 지나국(支邦國)을 우러러 사모하는구나. …… 우리 3천만 형제 중 누가 이 편지를 읽고 나서 큰소리로 화를 내고 류큐 놈의 얼굴에 침을 뱉고 싶지 않을 사람이 있겠는가. 고로 많은 말이 필요 없다, 우리들은 이 류큐 놈들을 토벌해야 마땅하다."[527]라는 강경책을 설파하여 반향을 불러일으켰다. 다만 이 당시의 신문 논조는 강경론만 있었던 것이 아니라, 소수이지만 류큐의 방치론이나 독립론을 설파한 논설도 있었다.[528]

2. 여러 외국의 항의

위에서 살펴본 바와 같이 마쓰다가 독책사로 출발하고 『조야신문』에 류큐가 외국공사에게 보낸 편지가 폭로된 직후인 1879년 1월 13일, 영국 공사인 파크스(Harry Smith Parks)는 외무성으로 데라시마 외무경을 방문하여 류큐 문제에 대해 추궁하고 다음과 같은 대화를 주고받았다. 조금 길지만 일본 측의 기록을 단서로 이 시기 외국공사의 동향에 대해 소개, 검토하고자 한다.[529]

> **외무경**: 이번에 류큐 번인이 각 공사관으로 발송한 편지가 신문에 게재되었습니다. 이 서간이 어디서 나온 것인지 각하는 틀림없이 알고 계시지요?

---

527 『日本近代思想大系12 対外観』(岩波書店, 1988년), 422~425쪽.

528 이 당시의 신문논조에 대해서는 앞에서 게재한 『日本近代思想大系12 対外観』에 수록된 사료 및 芝原拓自, 「解説」, 또한 塩出浩之, 「琉球処分をめぐる日本の新聞報道」(『政策科学・国際関係論集』제9호, 2007년)을 참조

529 松田道之 編, 『琉球処分』下, 131~138쪽(『叢書』, 앞에서 서술, 214~215쪽).

영국공사: 저는 어디서 나온 것인지 전혀 알지 못하며 그 서간은 제게 가장 나중에 왔습니다. 미국 공사 빙엄(Bingham,John Armos) 씨가 도쿄에 있을 때 이미 그 서간에 관한 건을 알고 계셨을 것 같으니 미국 공사가 제일 먼저 말한 것으로 알고 있습니다. 류큐 섬은 일반적으로 귀국(일본)과 청국 양쪽에 속해 있는 땅으로 생각하고 있습니다.

외무경: 양속이라고 할 만한 근거는 전혀 없습니다. 청국과의 관계는 류큐에서 이따금 황제에게 선물을 바치기 위한 사신을 파견한 정도이며 조세를 납부하는 등의 일은 없었습니다. 사신을 보내는 일도 지난 날 시마즈가문[島津家]으로부터 금지된 일이었습니다. 그 이후 (류큐는) 비밀리에 사신을 파견했는데 형편에 따라 시마즈가문도 묵인해왔을 뿐입니다.

영국공사: 이번에 마쓰다 씨를 류큐 섬에 파견해서 번을 모두 폐하고 현(県)으로 했다고 들었습니다. 맞습니까.

외무경: 아니요, 그렇지 않습니다.

영국공사: 이번에 류큐인을 도쿄에서 퇴거시킨 이유는 무엇입니까.

외무경: 이전에는 여러 번에서 류큐 출신의 관리를 파견해 배치한 것은, 도쿄 안에 그 번의 사람들이 많이 체류하고 있었으므로 그들을 단속하기 위함이었으며, 지금은 류큐번 사람들이 그리 많지 않아 류큐 관리의 할 일이 없으므로 도쿄에서 퇴거시킨 것이 이유입니다.

영국공사: 청국에 진공하고 있는 이상, 류큐 섬은 청국에도 속하는 것이라 생각합니다.

외무경: 청국에 조공을 하러 간다는 것은 즉 조세를 납부한다는 의미를 일부 포함하고 있는데 류큐에서 청국으로 사신을 보내는 것은 그런 것이 아니었습

니다. 게다가 대만사건 당시 청국와 정부와의 문서 왕래로 류큐 섬이 청국에 속하지 않음을 확실히 했습니다.

영국공사: 대만사건 당시 청국과 귀국(일본)과의 약관을 보니 위와 같은 내용이 문서에는 없었습니다.

외무경: 그렇지 않습니다. 그 당시 청국정부가 일본에 보낸 문서에…… 불쌍하게 여겨 10만 테일[530]을 보냈다고 쓰여 있고, 피해자는 모두 류큐인이었기 때문입니다. 그러나 청국정부 및 재일 청국공사 등은 위 10만 테일은 이미 번민으로 손해를 입은 우리 지방의 한 지역인 빗추국[備中國]의 백성 두세 명을 위한 것이라고 억지로 맞지 않는 말을 하고 있다고 들었습니다. 그런데 빗추인들 가운데 살해를 당한 사람은 없었습니다.

영국공사: 류큐인은 청국과 조공이 금지될 것을 우려하고 있다고 들었습니다.

외무경: 인민은 그렇지 않지만 관리 중에는 청국에 사절을 보내는 일로 자신이 이익을 얻고, 나아가 대대로 그 일을 하면서 녹봉을 받아왔던 사람들은 우려하겠지요.

영국공사: 류큐 섬이 폐번이라도 된다면 도민은 크게 슬퍼할 것입니다.

외무경: 이것 역시 마찬가지입니다. 관리는 싫어하겠지만 인민은……설령 처음에는 옛 관습을 그리워하겠지만 차츰 일반인들도 기뻐하게 될 것입니다.

영국공사: 그러나 류큐번은 스스로 국법이 있고, 구태여 무기를 사용하지 않고도 인민을 도리로서 잘 다스리고 있으며, 최근에는 사람을 사형에 처하는 일도 없다고 들었습니다.

---

530   [역주] 테일(tael): 중국의 중량단위 및 구 통화단위인 양(兩)의 영어 명칭.

외무경: 사형에 처하지 않는 것만 가지고 가혹하지 않다고 말하기 어렵습니다.

영국공사: 미국공사 빙엄 씨가 떠나기 전에 류큐 섬은 소국이며, 미국이 산도 밍고에서 하는 것처럼 일본과 청국이 양국에서 보호하고 그대로 놓아두는 편이 좋을 것이라고 말했습니다.

외무경: 작은 섬이라 할지라도 우리나라 땅에 속해 있는 류큐 섬을 그대로 내버려 둘 수는 없습니다. 반드시 개화하도록 장려하지 않으면 안 됩니다. 조선의 경우 옛날에는 충분히 훌륭한 국가였다고 생각되는 부분도 있지만, 근세는 극히 쇠퇴한 상황입니다. 이 모든 것이 그대로 방치되었기 때문입니다.

덧붙이자면 같은 날인 13일에는 프랑스 공사도 외무성을 방문해서 영국공사와 똑같이 류큐인의 퇴경 명령을 둘러싼 대화를 주고받았다. 그 외에 프랑스 공사의 "지난번 류큐인이 우리 공사관을 찾아 와서 신문에 게재된 문서를 보여 주었고, 또한 지난 번 번으로 돌아갈 때도 작별인사를 하기 위해 우리 공관으로 찾아 왔습니다. 이것은 모두 작년에 우리나라와 조약을 체결했기 때문에 가능한 일일 것입니다. 들리는 소문으로는 귀 정부가 이번에 류큐번을 폐지하고 현으로 한다는 것을 들었습니다."라는 발언에 대해 데라시마 외무경은 "전혀 그렇지 않습니다."[531] 라고 부정했다.

위의 외무경에 대한 영국과 프랑스 공사의 질의에서 알 수 있듯이, 미국공사 빙엄을 포함하여 일본 주재 외국공사는 류큐에 대해 동정적이고 일본정부에는 비판적이었다. 영국공사 파크스 등과 데라시마 외무경과의 문답에서 우선 다음과 같은 점을 읽을 수 있다.

첫째, 류큐가 외국공사에게 일본의 잘못을 호소하는 움직임이 있었다는 사

531　위의 책 下, 139~140쪽(『叢書』, 215쪽).

실과 그 내용이 국민들에게 널리 알려지는 것에 대해 일본정부가 상당히 신경질적으로 반응했다는 점이다. 당연히 일본으로서는 여러 외국에 의한 국제적 간섭을 꺼리고 경계한 것 외에 국내 여론의 반응에도 신경이 쓰였을 것이다. 당시 여론이 이 문제에 대해 반드시 획일적이지는 않았지만, 여론의 반응이 강경하든 온건하든 결국은 정부당국에 대한 비판으로 되돌아올 우려가 있었다고 할 수 있다.

중요한 것은 두 번째로 류큐병합의 강제실시가 거의 확정되었던 이 시기에 일본정부는 청국뿐만 아니라 여러 외국에도 류큐의 '청일양속'을 부정하고 류큐는 종래부터 오직 일본에만 속해 있었다고 억지 주장을 하고 있다는 점이다. 그리고 일본이 그렇게 주장한 최대의 논리적 근거는 앞에서 본 청국 공사와의 회담과 위에서 살핀 영국공사와의 회담에서 나온 외무경의 발언에서 알 수 있듯이, '조세를 납부했다'는 점에 있었다. 뒤에서도 살펴보겠지만, 일본의 이와 같은 주장에는 류큐와 중국(명·청) 간의 조공과 책봉 관계는 실질적으로 아무런 의미가 없으며, 내용은 없고 형식뿐인 허울에 불과하다는 억지주장을 철저히 강조하고 있는 것과 관련되어 있다. 분명히 류큐 측에서 보면 청국에 대한 조공은 자신들에게 유리한 무역의 기회를 보증하는 것이었지, 결코 사쓰마 시마즈씨에 의한 착취와 같은 부류로는 관념화되어 있지 않았을 것이다. 그러나 착취를 하면서도 조세를 거둔다는 이유로 그만한 권리가 발생한다는 식의 일본 측 주장에는 류큐도 청국도 결코 납득하지 않았다.

세 번째는 위에서 언급한 문제와 밀접하게 관련되어 있다. 즉 류큐가 자기 나라에 '속해 있는 땅[屬地]'이라는 일본 측의 주장에 대해 영국과 프랑스 공사는 당연히 그곳에 거주하고 있는 류큐인이 "청국과 의 조공이 금지될 것을 우려"하는 견해가 있음을 언급하고, 나아가 "폐번이라도 된다면 도민은 크게 슬퍼할 것입니다"라며 따졌다. 그에 대해 외무경은 관리는 슬퍼해도 인민은 다르며, "설령 처음에는 옛 관습을 그리워하겠지만 차츰 일반인들도 기뻐하게 될 것입니다"라고 대답했다. 더욱이 데라시마는 류큐가 일본의 속지이므로 강제로라도 '개화'해야 한다는 주장에 이어서, 조세를 거둔 적도 없고 속지도 아닌 조선에 관해서도 마치 류큐와 같다는 식의 어조로 논하고 있다.

네 번째로 도쿄에 있는 류큐 사신과 직접 접촉했던 만큼 외국공사에게 류큐 측의 주장이나 정보가 꽤 상세히 전해지고 있었다. 류큐 사신의 주장은 주로 류큐의 선비와 백성[士人]이 청국과의 관계 유지를 희망하며 일본의 조공 금지 조치에 강한 반대의사를 가지고 있었다는 점이다. 또 류큐에는 "스스로 국법이 있고, 구태여 무기를 사용하지 않고도 인민을 도리로서 잘 다스리고 있으며, 최근에는 사람을 사형에 처하는 일도 없다고 들었습니다."라고 파크스는 말하고 있는데, 당시 일본 국내에서는 오히려 세이난전쟁의 중심세력인 불평사족의 반란과 농민봉기 등으로 혼란이 극에 달해 있었다.

다섯 번째로 데라시마 외무경의 불성실한 대응과 일본의 무리한 주장을 지적하지 않을 수 없다. 시마즈씨가 류큐에게 청국에 대한 조공을 금지시켰는데도 비밀리에 사신을 파견했고, 형편에 따라 시마즈씨도 편의상 이를 '묵인'해 왔다는 설명과 류큐인의 퇴경 이유에 대해서도 이전과는 다르게 도쿄에서 단속해야 할 류큐인이 없어졌기 때문이라는 설명 등은 분명한 허위임에 틀림없다. 그러한 설명은 일본의 조치가 정당했다는 것과 류큐가 일본 국내와 비슷한 상황이었음을 무리하게 억지주장을 하려는 궤변이었다고 말할 수 있다.

마지막으로 위에서 살펴본 문제점들을 포함하여 총괄적으로 서술하면 다음과 같이 말할 수 있을 것이다. 즉 일본정부는 류큐(나아가 청국)에 대해서는 자기 정당화를 위해 '만국공법'의 입장을 예로 드는 주장을 일삼았지만, 그러한 일본의 시책은 만국공법의 원조인 구미 여러 나라들도 지지하지 않았다는 점이다. 제3장에서 살펴본 바와 같이 영국공사인 파크스와 미국공사인 빙엄은 이전에 일본이 대만출병을 했을 당시 그것이 만국공법에 어긋나며 청국에 대한 적대행위에 해당하는 것으로 자국민과 자국선박의 고용을 금하는 등의 조치를 취했고, 일본은 일단 출병중지 결정을 부득이하게 내린 적이 있었다. 인용문에서 "대만사건 때 청국과 귀국(일본)과의 약관을 보니 위와 같은 내용이 문서에는 없었습니다."라고 청일호환조관 등에 대한 일본의 일방적 해석에 이의를 제기한 것도 청일 간의 화의에 다다른 경위와 조약 내용을 충분히 숙지하고 있었기 때문이라고 할 수 있다. 게다가 파크스는 미국공사 빙엄의 주장을 구실로 삼는 식으로 류큐를 "일본과 청국이 양국에서 보호하고 그대로 두어야 한다"고 논하고 있는데, 그것은 류큐 측의 주장에 따른 의견인 동시에 그들이 이해하기에도 만국공법이 결코 소국의 독립적 존재를 허용하지 않는 것으로 관념화되어 있지는 않음을 보여주고 있다.

종래의 류큐처분 연구에서는 류큐와 청국이 이전부터 내려온 옛 질서의 원리를 굳게 지키고자 했던 것에 비해, 근대일본이 만국공법(근대국제법)의 입장에서 류큐문제에 대처했다는 것이 강조되어 왔다. 그러나 구미 여러 나라에서는 일본의 대 류큐, 대 청국 정책을 그렇게 긍정적으로 평가하지 않았음을 간과해서는 안 될 것이다. 이 점은 일본 주재 외국공사만이 아니라 청국 주재 외국공사의 반응에도 똑같이 적용되었다. 예를 들어 시기적으로는 '폐번치현' 처분 직후에 일어난 일인데, 북경주재 일본공사인 시시도 다마키[宍戸璣]는 1879년 7월 7일자 '류큐처분에 관해서 청국관리 및 북경주차 공사 등의 의향'에 대해 데라시마 외무경 앞으로 보낸 서간에서, 영국공사인 웨이드는 대만출병 후에 "지나 정부가 돈을 지불했다는 말 한마디로 류큐를 일본의 소유라고 할 수 없다, 원래 위 금액은 류큐는 그(청국의) 속국이므로 그 도민을 불쌍히 여겨서 보낸 것이지 결코 일본에 지불한 것이 아니라고 했으며, 그 설명은 웨이드 씨도 따르기 어렵다고 말했습니다."라고 했다. 일찍이 청일화의를 중재했던 웨이드가 일본의 일방적 해석은 부당하다고 본다는 취지를 전달한 다음에 "일본이 류큐를 차지한 것은 오로지 힘에 의한 것일 뿐 도리에 기초한 것이 아닙니다. 따라서 이러한 이치에서 지나 정부가 일본에 화를 내는 것은 당연하며, 이것이 결국 전쟁으로 귀결될 것이라고 합니다…… 게다가 이러한 논의는 영국공사뿐만 아니라 다른 주재공사의 의견도 때때로 청국 정부의 편을 드는 상황임을 삼가 아뢰옵니다."[532]

---

532 『소속문제』第一, 299쪽(『県史』제15권, 96~97쪽).

라고 보고했다. 또한 1879년 10월 7일자 보고에서도 웨이드뿐만 아니라 독일 공사 브란트(M.A. von Brandt) 등도 "이번 류큐 섬에 관한 건 뿐만 아니라, 대만 사건은 자칫하면 우리나라(일본)가 청국을 능멸하는 듯한 행동거지가 많고, 입술과 이처럼 서로 밀접한 관계에 있는 국가 간에는 생각할 수 없는 일이며, 특히 청국뿐만 아니라 우리나라의 외교상 정략은 공명정대한 처분이 적고, 어쨌든 몹시 옳지 않은 길로 가는 경우가 많아, 각국 정부가 불쾌하게 여기는 바이다." 라는 평판이 있다고 전해 왔다.[533]

이렇듯 류큐문제에 대한 청일대립을 둘러싼 여러 외국의 태도는 류큐 및 청국에 대해 동정적이며 일본의 시책이나 행동에는 한결 같이 비판적인 시선으로 보고 있었다. 그런 까닭에 일본정부로서는 청국과 류큐의 공작에 의한 조정이나 중재 움직임 등, 류큐문제에 대한 국제적인 간섭을 강하게 경계하고 있었다. 제4장에서 살펴 본 '폐번치현' 강제처분은 이른바 폭언문제를 구실로 청국의 거듭된 '협상'(외교교섭) 제의를 거절하면서, 서둘러 류큐병합을 기정사실화하려는 일본정부의 일방적인 실력행사였다는 것을 새삼스럽게 확인할 수 있을 것이다.

제2절 그랜트의 알선과 청일간의 분도개약 교섭

1. 류큐문제를 둘러싼 청일간의 논쟁

전술한 바와 같이 류큐·오키나와의 '폐번치현'이 전국에 공포된 것은 1879년

---

533   『소속문제』第一, 398쪽(『県史』제15권, 128~129쪽).

(明治12) 4월 4일의 일이었다. 좁은 의미의 '류큐처분' 실시는 청국의 노여움을 증폭시켰고 그 이전의 조공을 저지시키는 단계와는 질적으로 다른 청일간의 긴장을 초래했다. 마쓰다 미치유키가 처분관 임무를 띠고 세 번째 류큐 출장을 떠난 것은 1879년 3월 12일이었지만, 그에 앞서 3월 3일 하여장 공사는 외무성으로 데라시마 외무경을 방문하여 류큐의 소속을 둘러싸고 긴 담판을 했다.[534] 마쓰다가 출발하기 전날인 3월 11일에는 '경관대(警官隊)의 류큐 파견을 중지하라는 제의'를 하고 거듭 항의했는데,[535] 데라시마는 작년부터 계속해서 폭언의 사죄철회 요구를 반복했고 또한 류큐의 일은 일본의 내정문제라면서 청국의 항의를 일축했다. 그리고 폐치(廢置)(병합) 처분 후인 1879년 5월 10일에는 북경에서 총리아문대신이 시시도 공사 앞으로 '류큐의 폐번치현을 정지하기 바라는 건의 조회'를 보냈고,[536] 5월 20일에는 도쿄에서 청국공사가 데라시마 외무경에게 '류큐의 폐번치현에 관한 그 이유 힐문(詰問)에 관한 건'에서 항의하는 문의가 있었다.[537] 이에 대해 데라시마 외무경도 그 때마다 일본 측 시책의 정당성을 주장하는 회답을 보냈다. 그러한 문서 교환은 이듬해(1880년) 여름에 청일교섭이 북경에서 정식으로 시작될 때까지 이어졌으며, 이른바 류큐의 '귀속문제'를 둘러싼 당시 청일 쌍방의 주장을 재확인하는 적절한 재료가 되고 있다.

나중에 좀 더 자세하게 살펴보겠지만 '폐번치현' 처분 후의 류큐문제는 처분 직후인 1879년 5월부터 7월에 걸쳐 청국 및 일본을 순방한 전 미국대통령 그랜트(Grant, Ulysses S.)의 알선에 의해 청일간의 '분도개약' 교섭과 그 최종적으로 좌절이라는 과정을 겪게 된다. 분명히 그랜트의 알선과 설득은 양국이 교

---

534 『소속문제』第一, 182~200쪽(『県史』제15권, 59~65쪽).

535 『소속문제』第一, 201~225쪽(『県史』제15권, 65~74쪽); 『日本外交文書』제12권, 177쪽.

536 『소속문제』第一, 246~252쪽(『県史』제15권, 80~82쪽); 『日本外交文書』제12권, 178쪽. 단 '폐번치현'은 일본 측의 번역문 표현으로 원 한문에서는 '폐구위현'(廢球為県)이라는 표현이 사용되고 있다.

537 『소속문제』第一, 258~261쪽(『県史』제15권, 84쪽); 『日本外交文書』제12권, 179~180쪽.

섭에 임할 수 있는 계기를 만들기는 했지만, 청일 간에 분도개약의 정식교섭이 시작된 것은 이듬해인 1880년 8월이며, 그 사이 1년 가까이 정식교섭은 이루어지지 않은 채 서로 비판과 반론으로만 응수했다. 양국이 각자의 주장을 상세하게 전개한 것은 이 시기의 일이므로, 그 후 분도개약 교섭 경위를 보기 전에 먼저 양국의 주장과 그 주요한 쟁점을 확인하고자 한다.

전술한 바와 같이 1878년 9월 3일 시작된 청국공사의 외교교섭 시도는 바로 교착상태에 빠졌다. 10월 7일자로 하여장 공사와 부사 장사계가 서명하여 외무경 앞으로 조회의 서간을 보냈고, 이에 대해 데라시마 외무경은 청국 측이 일본의 조공 금지조치의 이유를 숙지하지 않은 채 '가상의 폭언'을 했다며 그에 대한 사죄와 철회를 요구하는 답서를 보냈으며, 이후 정식교섭을 거절하는 구실로 삼았기 때문이다.

청국공사는 그 후에도 마쓰다 미치유키의 두 번째, 세 번째 류큐 파견 전후의 시기에 외무성을 찾아가 회담과 조회 서간을 통해 일본 측과의 절충을 시도했다. 그러나 1879년 3월 3일과 3월 11일 회담에서도 일본 측은 이전의 폭언에 대한 '사죄문서[謝状]'의 제출 없이는 담판에 응할 수 없다는 태도로 일관했다. 다음 날인 12일 청국공사 등은 외무경에게 다시 서간을 보냈고 경관대 등의 류큐 파견 중지를 요구했으나, 3월 15일자 데라시마가 보낸 답서에는 청국공사 등의 서간에 아직도 사죄의 언급이 없으며, 또한 이번 관원의 류큐 파견 중지 요구에 대해서도 류큐 인민의 안보를 위함이라고 짧은 회답을 보냈을 뿐이었다.

류큐 안건은 4월 4일에 '폐번치현'이 공포됨에 따라 일본이 그때까지의 조공금지 조치에서 류큐의 폐멸[廢球為県]로 기정사실화하려는 행보를 명확히 하자 청국이 느끼는 심각함의 정도는 한층 높아졌다. 청국은 본국의 총리아문에서 5월 10일자로 청국에 주재하고 있는 시시도 공사에게 물어보았는데 그것이 시시도 공사에 의해 5월 13일자로 데라시마 외무경에게 전송되었다. 청국 총리아문의 서간은 류큐가 청국과 수백 년 동안 책봉과 조공 등의 관계에 있다는 사실은 만국이 알고 있는 바라는 점을 지적한 다음에, "중국은 이들에게 공물[職

貢]을 받는 것을 제외하고 그 나라의 정치와 종교의 금지법령은 전부 친히 행하게 했다고 들었다. 중국은 확실히 류큐 자체를 한 나라로 인정하고 있다, 즉 중국 및 귀국과 조약을 맺은 각 나라들 역시 류큐와 조약을 맺고 있으며, 그들도 역시 류큐 자체를 한 나라로 인정하고 있다."고 서술했다. 류큐가 청국의 속국인 동시에 하나의 독립국이며, 종주국인 청국은 내정외교에는 관여하지 않으며 또한 류큐가 "그 자체로 한 나라"임을 류큐와 조약을 맺은 각 나라도 인정하고 있다. 그런 까닭에 "이미 류큐는 중국 및 각 나라가 류큐 자체를 한 나라로 인정하고 있는데, 귀국이 뜻밖에도 남의 나라를 멸하고 남의 나라의 사직(社稷)을 끊는 것은 중국 및 각국을 멸시하는 것"이라고 주장하고 있다. 주목해야 할 점은, "류큐는 약소국으로서 양국에 복종하고 있고, 그 나라가 귀국과 가까운 관계라면 어떻게든 이를 잘 보호해야 하는데 까닭 없이 류큐를 멸망시켜 없애면 귀국의 명성에도 이득이 없고 각국의 공론과도 역시 걸맞지 않는 일"이라 서술하고, 류큐가 일본에도 종속되어 있음을 인정한 이상, 당연히 대국은 약소국을 '보호'해야 하는데 일본은 까닭 없이 류큐를 아주 없애려고 한다고 주장하고, 청일 "양국의 영원한 평화를 온전하게 지키기" 위해서라도, "류큐를 멸하기 위해 현으로 하는 일"[538]을 신속히 정지시키라는 요구를 했다.

또 위와 같은 총리아문의 조회에 이어서 청국공사 등도 1879년 5월 20일자로 데라시마 외무경 앞으로 보낸 서간에서 폐번치현 조치에 항의했지만, 데라시마가 보낸 5월 27일자 답서에는 "우리의 내정 상황에 따라 처분한 것임."이라고 짧게 회답했고, 이전의 서간에서 예전의 '부당한 언사'에 대해 아직도 만족할 만한 사죄가 없었다는 점을 지적했다.[539]

그 뒤에도 도쿄에서는 데라시마 외무경과 청국공사 등, 북경에서는 총리아문과 시시도 공사 등과의 사이에서 회담과 문서의 교환이 이어졌다. 총리아

538　『소속문제』第一, 244~252쪽(『県史』제15권, 80~82쪽);『日本外交文書』제12권, 178~180쪽.

539　『소속문제』第一, 262쪽(『県史』제15권, 85쪽);『日本外交文書』제12권, 180쪽.

문대신 등과의 담판이나 그 회답 재촉에 대해서 북경의 시시도 공사는 기본적으로 류큐 안건에는 교섭의 권한을 부여받지 못했다는 태도로 일관했으나, 7월 16일자 데라시마 외무경이 시시도 공사 앞으로 보낸 서간에는 "류큐문제에 관한 간단한 설명을 청 정부에 제시하기 바람"이라는 요지의 명령을 내리고 '지나 정부의 항변에 대해 우리 일본에게 류큐 섬을 점령해도 되는 주권이 있다는 각서'와 주로 한문으로 번역된 '총리아문에의 조회문안'(8월 2일 송부)이 첨부되어 있었다.[540] 이것이 일본 측의 주장을 주도면밀하게 준비하여 최초로 분명하게 밝힌 것이었다.

이 장대한 '비공식 외교문서'에는 일본의 고사(古史)에 남도인(南島人)에게 조공을 받았다는 기록이 있다는 점, 다자이후[太宰府]가 남도를 관할했다는 점, 슌텐왕[瞬天王]은 미나모토노 다메토모[源爲朝]의 서출[落胤]이라는 점 등을 기록하고, 이어서 지리상의 접근성과 류큐의 문자·언어·종교·인종·풍속 관습이 일본과 동일하거나 혹은 근사성(近似性)이 있다고 서술하고 있다. 나아가 '근세의 역사전승[史伝]'으로서 장군 아시카가 요시노리가 사쓰마공 시마즈 다다쿠니[島津忠国]에게 "공로를 치하하여" 류큐를 하사 했다는 것, "이때부터 류큐는 사쓰마에 속하여 오늘날에 이르렀"으나 "그동안 어떤 때에는 류큐가 사쓰마에 대한 조세 납부를 게을리 한 사실"이 있었다는 것, 히데요시의 '조선정벌' 당시 '군자금[軍資]'을 절반밖에 내지 않았다는 것. "그 후 도쿠가와 이에야스가 전문(前文)에서 서술한 의무를 게을리 하여 시마즈 이에히사로 하여금 류큐를 정벌하게 했다는 사실" 등등을 늘어놓았다. 그리고 주목해야 할 점은 시마즈씨의 류큐지배와 관련해서 '규정15조[掟15条]'의 모든 항목을 제시한 다음에, '쇼네이의 서약문[誓詞]'및 '산시칸의 서약문'을 인용하고 있다. 이 '서약문'이란 우리들이 제1장에서 본 기청문을 말한다.[541]

---

540   『소속문제』第一, 304~327쪽(『県史』제15권, 98~110쪽);『日本外交文書』제12권, 182~185쪽.

541   [역주] 사쓰마 시마즈에게 충성을 맹세하게 한 문서. 제1장 67-69쪽 참조

일본의 주장을 정리한 '각서'와 관련해서 다음 두 가지 점에 유의하고자 한다. 하나는 위의 각서에는 게이초시대의 '토벌'이래로 일본이 류큐에게 주권을 행사해 왔다는 증거로서 전술한 서약문의 존재를 강조하는 한편, 진공무역과 관련해서 류큐가 중국[명·청]을 상대로 '기만'하고 '사기'를 쳤다고 주장하고 있는 점이다. 즉 "대체로 류큐의 일은 중국[支那] 스스로가 류큐사람들이 기만하게 만들었다. 처음부터 류큐인은 시장의 이익을 탐하고 그 목적을 달성하기 위해 기꺼이 사기를 쳤다. 지나 정부 역시 그 때문에 속임수에 휘말렸다. ……당시 그들(류큐)은 사쓰마 군대에게 항복하고, 하사받은 법령을 한 조목씩 차례로 좇아 준수하고 감히 법을 어기지 않겠다는 취지의 맹세를 했다. 그리고 그들은 지나와 무역에 관한 해당 법령 조관 일부분을 어기는 죄를 범했다. 특히 통상의 편의를 얻기 위해 류큐의 우두머리인 쇼네이는 우리 병력에 굴하지 않고 독립의 체면을 잘 보전하고 있다는 취지로 명 황제에게 보고한 경우가 그러하다. 생각하건대 이것은 지난날의 내력인데 지나 정부는 아직 상세히 모르고 있다."[542]라고 했다. 류큐국왕 쇼네이가 사쓰마에 항복하고 복종을 맹세했음에도 불구하고 오모테 15조 '일부분을 어기는 죄'를 범했고, 또 중국(명·청)을 속이고 무역상의 이익을 탐했다고 서술하고 있다. 그러나 실제로는 제1장에서 살펴본 바와 같이 류큐의 진공무역은 사쓰마 시마즈씨의 통제 하에 놓여 있었고 사쓰마에 의한 이윤 착취를 류큐도 어쩔 수 없이 계속 감수해왔다. 그 때문에 양자 모두 협동하여 류일관계의 실태가 청국에게 노출되지 않도록 노력해 왔던 것이 실제 상황이었다.

또 한 가지 유의할 점은 이 시기 이후 청일간의 담판에서 이노우에 고와시[井上毅]가 맡았던 역할이다. 때마침 그랜트가 일본에 와서 일본의 요인들과 만나 열심히 청일의 협조를 권하던 시기에 해당하며, 그것을 계기로 이듬해에는 청일간의 분도개약 교섭이 열렸는데, 위에서 살펴본 각서를 비롯하여, 그 뒤에 이루어진 청일 간의 담판에서도 배후에서 일본 측의 외교교섭 참모로서 보조

---

542   『소속문제』第一, 319~320쪽(『県史』제15권, 104쪽).

역할을 담당하고 각종 문서의 원안을 준비한 사람은 이노우에 고와시였다. 이노우에는 이토 내무경의 의뢰를 받아 시마즈씨로부터 위에서 언급한 쇼네이와 산시칸의 기청문('서약문')의 복사본을 입수하는 한편 류큐 역사와 그 밖의 역사를 조사하고 청국을 납득시킬 만한 일본 측 주장에 관한 원안의 기초를 만들었다.[543]

위에서 소개한 것처럼 1879년 7월 16일자로 데라시마가 시시도에게 제시했던 제1차 일본 측 조회에 대한 회답에 앞서, 이노우에 고와시는 7월 3일자로 "류큐의 건에 관해 지나와의 관계는 내외의 중대사로 알고 있으므로 신분에 개의치 않고 의견을 말씀드리겠습니다."라면서 '류큐의 의견'이라는 문서를 산조 태정대신과 이와쿠라 우대신에게 제출했다.[544] 그 문서에서 이노우에는 다음 세 가지 조항을 제안했다. 첫 번째는 도쿄에서 하여장 공사와 담판하기보다 북경에서 총리아문과 시시도 공사가 담판하는 쪽이 '가장 좋은 책략'이라는 것, 두 번째로 안건의 중요성을 감안하여 충분한 준비를 거친 후 담판에 임하기 위해" 내각에서 외무경과 그 외에 참의 두세 명에게 은밀히 조사하라고 명할 것", 세 번째는 "북경의 담판에서 우리의 논리를 충분히 당당하게 주장하고 전달하기 바란다."는 것이었다.

가장 중요한 세 번째 조항과 관련해서 이노우에는 담판에 임하기에 앞서 청국의 주장을 미리 파악하고 다음 세 가지 중 하나일 것으로 예상했다. "1. 류큐는 그(청국)의 속국이다, 2. 류큐는 양속의 나라다, 3. 류큐는 반독립국이다." 이노우에에 의하면 일본에게는 (1)보다 (2), (2)보다 (3)으로 갈수록 반론이 어려워진다. (1)의 경우 청국은 '책봉조공' 관계를 이유로 들겠지만 그것은 "동

543　山下重一, 「改約分島交渉と井上毅」(『明治国家形成と井上毅』, 木鐸社, 1992년, 同, 『琉球・沖縄史研究序説』御茶の水書房, 1999년에 재수록).

544　井上毅伝記編纂委員会 編, 『井上毅傳 史料編 第一』(国学院大学図書館 간행, 1966년), 173~180쪽.

맹과 같은 종류로서 작은 나라의 독립을 방해하는 일은 없다. ……따라서 지나 인이 책봉조공 및 책력을 가지고 속지[屬土]의 증거로 삼아 류큐에 관해 다툰다 면 그 이치는 무엇보다도 가장 공허하여 (일본으로서는) 변론하기 쉽다." 그러나 청국이 한 걸음 양보해서 (2) 양속설을 주장한다면 거꾸로 일본으로서는 반론 하기가 약간 어려워진다. 왜냐하면 "지나에게 조공하고 책봉을 받아 왔다는 것 을 알면서 지금까지 그(류큐) 스스로에게 맡겨놓았으니, 우리 역시 양속을 거의 인정했다는 증거와 비슷하기 때문이다.…… 즉 류큐는 지나(중국)의 온전한 속 국이 아닐 뿐만 아니라 동시에 또한 전적으로 일본의 전유국이라는 것이 의심 스러워지게 된다." 그러나 이노우에에 의하면 "천하에 한 왕이 두 나라를 동시에 통치한다는 말은 들었으나, 아직까지 일국이 두 왕에게 동시에 복종했다는 말 은 듣지 못했다. 일국 양속이라 말하는 사람은 필시 양국 사이에서 음으로 양으 로 사기를 치고 있는 것"이라는 주장이다. 이것이 이노우에가 '거침없이 당당하 게 주장' 한 양속설에 대한 반론이며, 앞에서 살펴 본 일본의 회답문서에서 류큐 의 중국에 대한 사기' 운운 하는 내용은 이노우에가 준비한 반론의 방침에 따라 전개된 것이었다고 말할 수 있다.

그러나 이노우에가 보았을 때 가장 반론하기 어려운 것이 (3)"류큐가 설령 일본에 더 많은 부분에 속해 있다 하더라도 역시 완전히 독립한 것이 아니지만 하나의 국가라는 점은 없어지지 않는다. 그러므로 지금 갑자기 국가 아니라고 부인하는 것은 공법에 어긋난다. 이노우에는 "시험 삼아 그(청국)에 대응하기 위 한 주장을 구상해" 보고 일본에게 불리한 세 가지 사항을 지적하고 있다. 즉 "류 큐가 반독립인 이유의 하나는 군주를 왕이라 부르고 일본의 다른 번에는 이와 같은 예가 없다는 것. 두 번째로 우리나라는 이전에 그(류큐)가 지나에 조공하고 또 다른 외국과 조약을 체결한 것을 묵인했다는 점. 세 번째는 번의 형법을 따 로 시행했다는 등의 증거가 있다."는 점이다. 일본 측에서 말하는 세 가지 약점 에 대해서는 일찍부터 프랑스 법률고문인 보아소나드(Boissonade de Fontarabie, Gustave Emile) 등도 지적한 부분이었다. 첫 번째 왕호에 대해서 말하자면, 역대 류큐의 군주는 중화황제로부터 류큐국 주잔왕에 책봉되었고 류큐 국왕의 인감을 주조해 주셨다. 류큐처분의 기점이 된 '번왕' 책봉도 그러한 동아시아의 전통에서 왕호의 무게가 중요시되는 배경을 감안하여, 왕정복고 후 메이지 천황정부가 류큐 측의 복종을 받아내기 위해 시행했던 것이었다. 그러나 1879년 '폐번치현'처분은 '내정의 형편'에 의한 것으로 전국에 '폐번치현'에서 시행했던 것을 사정에 의해 류큐에서는 뒤늦게 실행한 것에 불과하다는 것이 일본정부의 입장이며 국내외에 대한 설명이었다. 그 점에서 본다면 위의 세 가지로 요약되는 류큐의 특수성은 일본에게는 극히 불편한 사실이었음을 의미했다. 때문에 일본은 일련의 (넓은 의미의)' 류큐처분' 과정에서는, 두 번째 약점과 관련해서 우선 류큐가 맺은 제 외국과의 외교를 (이른바 '사교'로 취급하여) 금지시키고자 했으며, 세 번째 약점에 관해서는 애당초 형법 개정을 기획하여 젊은 조사 관리에게 일본 유학을 명령했고 그 뒤에는 류큐의 재판권 접수를 시도했다. 그리고 청국과의 교류관계를 금지시킨 명령과 함께 재판권의 접수명령을 류큐 측이 공손히 따르지 않았다는 두 가지를 주요한 이유로 들어 '폐왕'처분 즉 류큐 왕국의 폐멸과 강제병합을 실시한 것이다.

위의 세 가지 가운데 두 번째 약점에 관해서도 조금 더 이노우에의 설명을 검토하면서 동시에 종래의 역사해석의 잘못을 바로잡고자 한다. 종래의 류큐처분 연구에서는 메이지 천황정부에 의한 '번왕책봉'과 같은 시기에 시행된 류큐의 '사교'정지 조치에 관련하여, 일본이 류큐의 외교권 접수에 대해서 조약체결 국가에게 적극적으로 통보한 것처럼 서술해 왔다. 류큐와 미국이 맺은 조약에 관한 미국공사의 문의에 대해서, 당시 소에지마 외무경이 조약상의 의무는 일본정부에서 유지하고 선례에 따라 시행한다는 취지의 회답을 보냈다. 사료적으로 겨우 조금 확인된 그런 사실을 가지고 미국에게 사전에 공식적으로 통보했다고 추측하고, 더욱이 회답의 사실조차 확인되지 않았음에도 불구하고 조약을 체결한 다른 두 국가에게도 조회를 했다고 유추하는 독단적인 해석이 지금까지 행해져왔다. 그러나 일본이 미국을 포함하여 류큐와 조약을 맺은 (체약국) 프랑스와 네덜란드에 정식으로 조회했다는 사실은 확인되지 않았다. 오히려 사료는 다음에 인용하는 이노우에의 문장을 포함해서 그와 반대되는 사실을 보여주고 있다.[545]

이노우에 고와시에 따르면 "공법가(公法家)는 오로지 외국 교제권(交際権)을 가지고 독립국과 속국을 구별한다." 때문에 "류큐인이 미국, 프랑스, 네덜란드와의 조약을 맺어서, 그 당시 우리 정부가 이것을 묵인한 것처럼 되어 있기 때문에 실로 변명하기 어려운 상황이 되었다. 그리고 그 조약에는 모두 함풍(咸豊) 연호를 사용했고 또 문장은 서양글자[洋書]와 한문[漢書]으로 이루어졌다." 이들 조약에는 각국의 전권사절이 류큐와 조약을 맺은 사실이 명기되어 있으며, "즉 정당한 조약으로서 그 효력은 충분히 얻은 것으로 본다. 그리고 각 조약의 제1항에는 또 양국이 화목하고 서로 교류한다는 의견을 달았다. 즉 평등한 체결 체제가 성립된 것으로 본다." 이 점에서 이노우에는 "공법가를 따라 규칙을 준수할 때는 류큐는 그의 내치가 우리에게 속해있다는 것에 구애받지 않고 스스로 일국을 이룬 자[者]와 유사하다. 따라서 지나인(支那人)은 여러 차례의 조회에서 빈번하게 이것을 인용하여 증거로 삼았다." 라며, 만국공법에 비추어 봐도 청국 측의 주장에 논리적 근거가 있음을 인정하고 있다. 게다가 다음과 같이 서술하고 있다.[546]

위의 3국과의 체결 건에 대해, 메이지 5년에 류큐를 내번(內藩)으로 편입시킨

---

545 프랑스·네덜란드에 통지하지 않았다는 것은 1876년(明治9) 4월 19일자 '내무대소승으로 부터 고야스[子安] 외무권대승 앞'으로 온 문의에 대한 고야스 외무권대승의 회답(4월 20일자) 및 1879년(明治12) 8월 29일자 '데라시마 외무경으로부터 사메지마[鮫島] 주불공사 앞'지령에 대한 사메지마 주불공사의 회답(11월 14일자)를 참조바람. 모두 『소속문제』 第二, 580~585쪽(『縣史』제15권, 395~397쪽)에 수록.

546 『井上毅傳 史料編 第一』(앞에서 서술), 176~177쪽. 또한 인용문 중 1872년(明治5) 당시 미국공사는 아직 드롱이며 양력으로 같은 해 10월 20일은 정확하게 음력으로 9월 18일. 소에지마의 답신이 10월 5일로 되어 있는 점에도 유의하기 바란다.

뒤 우리 정부가 3국에 어떠한 조회도 한 적이 없다. 오히려 미국공사 '빙엄'으로부터 메이지5년 9월 24일 (즉 1872년 10월 20일)에 위의 조약을 일본정부에서 유지하겠는가라는 문의가 있었으므로 우리 소에지마 외무경이 10월 5일자 편지로 류큐의 정약(定約)은 이 일본 정부가 유지하고 선례에 따라 시행한다고 대답하셨다. 그 뒤 메이지9년 4월 4일(즉 1876년)에 미국 공사는 우리 정부가 류큐의 권리를 제한하거나 달라지는 일이 있는지를 물었고 미국 정부가 류큐와 맺은 현 조약에 달라지거나 바뀌는 일이 생기는 것인지 아닌지를 추궁했다. 그리고 우리 데라시마 외무경은 5월 31일 답서에서 류큐의 내정은 차차 개혁한다고 해도 정약에서 달라지는 것은 발생하지 않고 체결한 조약의 권리를 비난하지 않는다는 취지를 언급하셨다.

위의 건에 관하여 우리가 논쟁의 적수를 상대로 말할 때는 처음에 류큐가 3국과 조약을 맺은 것을 사쓰마에서 그 사정을 몰랐을 수도 있다. 나중에 그 일을 발표해서 국내외 모든 사람이 알게 되었다. 우리 정부는 프랑스와 네덜란드 양국에는 어떠한 조회도 하지 않았고, 미국 공사에게는 그 조약체결을 계속 유지하겠다는 취지의 대답을 했던 시기에 분명히 류큐가 각국과 맺은 동맹은 정당하다고 인정했다. 또 이전에 류큐가 각국과 동맹을 맺을 권리가 있음을 인정했다는 증거가 된다. 이것을 공법가의 설명에 비춰보니 우리 논리의 근본이 되는 중요한 주장에는 앞으로 거대한 장해물이 될 나쁜 징조를 보는 것 같다.

지금까지 말한 것이 이노우에의 '류큐 의견'에 대한 개요였다. 일본정부 내의 내부문서인 만큼 청국에 제시한 공식적 외교문서와는 달리 일본 측 주장의 약점이 비교적 솔직하게 표현되어 있는 것 같다.

이야기를 되돌리면, 위와 같은 이노우에의 의견에도 입각하여 류큐를 온전한 속국으로 보는 일본의 주장에 대해, 청국은 8월 22일자로 재차 조회를 요청했고 류큐는 일본의 전속이 아니라는 것을 주장하고 류큐를 멸망시키는 처분을 비난했다.[547] 그 주장은 거의 지난번과 동일한 것으로, 순치(順治) 연간 이후 수백 년 동안 청국은 주잔왕을 책봉하여 황제의 인감을 하사했으며, 또한 류큐도 2년에 한 번 정기적으로 조공을 계속했고 천자의 통치에 따랐다는 등의 사실을 들어, 이것들은 류큐가 중국에 속해 있다는 명확한 증거가 아니겠는가('此非琉球属中国之明証')라고 반문하고, 동시에 중국이 주잔왕을 책봉해온 것은 류큐가 독립국임을 인정해 왔기 때문이다('蓋中国認琉球自為一国')라고 주장했다. 즉 중국의 주장은 중화세계에서 류큐가 '독립국"으로서 번속했다는 전통적인 질서관념을 전제로 하고 있다. "그 영토를 책봉 받고 공물을 바치는 나라가 실제로 속국이다, 정치와 종교를 금지하지 않았으며, 스스로 나라를 이루었고, 양자는 병행하는 것이며 사리에 어긋나지 않는다. 중국과 류큐는 이와 같다, 즉 속국은 모두 이와 같다."[548]라는 주장처럼, 종주국의 '속방(属邦)', '속국'인 것과 속국이 '스스로 일국을 이룬' (독립국인) 것은 양립하며 모순되지 않는다고 주장한 것이었다. 어쩌면 책봉과 조공이란 원래 중화황제와 주변의 소국 군주와의 퍼스널한 관계였고 그것이 동시에 중화제국과 주변왕국과의 종번(宗藩, 종속(宗属))라는 관계질서로서 관념화되어 왔기 때문이다. 결국 번속국이 '독립국' 이라는 것 즉 고유의 군주권을 가지고 일개의 정치사회가 아니라면, 애초에 책봉조공에 기초한 종속(종번) 관계도 있을 수 없다는 것이다. 그러한 이해를 근대 이전의 전통적 관계에 불과하다고 단순하게 묵살해버리는 것은 타당하지 않다. 왜냐하면 청국은 여러 외국도 류큐를 그와 같은 독립국으로 간주했다고 주장하고 있었기 때문이다.

2. 그랜트(Grant)의 알선과 분도개약 교섭

이러한 청일간의 교섭이 암초에 부딪힌 느낌이 들었던 그때 마침 전 미국 대통

547　『소속문제』第一, 351-358쪽(『縣史』제15권, 113~115쪽).

548　『소속문제』第一, 355쪽(『縣史』제15권, 114쪽).

령이었던 그랜트가 세계를 순회하는 도중에 청국과 일본을 차례로 방문하게 되었으며 그랜트의 알선으로 청일간의 절충이 갑자기 진전을 보게 되었다. 그랜트는 군인 출신으로 남북전쟁에서 북군의 장군으로 활약한 것으로 알려져 있으며 미국 제18대 대통령을 역임한 인물이었다. 그랜트 부처는 1879년 5월말 중국을 방문했다. 공친왕(恭親王)과 이홍장은 그 기회를 이용해서 류큐 문제의 해결을 도모하려 했으며 청일간의 대립을 조정해달라고 의뢰했다. 그랜트는 일본으로 건너 간 후에 미국공사 빙엄과 상담하고 나서 한 개인으로서 조정의 노력을 할 수 있을 것이라는 취지로 약속했다.

그랜트는 귀국길에 일본을 들르는데 1879년 7월 3일 요코하마에 도착하여, 닛코[日光]에 일본정부의 초대를 받았다. 내무경 이토 히로부미, 육군경 사이고 쓰구미치 등은 그의 숙소를 방문했고, 또한 그랜트가 도쿄에 돌아온 뒤에는 이토 외에 우대신(右大臣) 이와쿠라 도모미, 대장경(大蔵卿) 오쿠마 시게노부 등도 그랜트를 방문하고 일본의 입장을 누누이 설명했다. 10일에는 천황이 몸소 그랜트를 방문하고 회담했다.

그랜트는 이런 기회에 지금 일본은 될 수 있는 한 중국과 협조하고 동양의 평화를 유지해야 한다는 의사를 적극 권고하고, 만일 양국이 교전하게 되면 실제로 이익을 얻는 것은 외국라고 주장했다. 그랜트의 자세는 천황과의 회담에서 나온 다음의 발언으로 요약할 수 있다. 즉 그는 "내가 청국에게 들은 바와 일본에게 들은 바와는 크게 차이가 없다."고 하면서도 "실로 양국 간에 화친을 보존하고 유지하는 것이 오늘날 대단히 긴요한 일이라는 점을 생각해보면 쌍방 모두 서로 양보하지 않고는 불가능하다. 내가 아직 여기서 확언할 수는 없지만 내가 들은 바에 의하면 청국에서 해당 섬들 간의 경계를 나누어 태평양으로 나갈 광활한 통로를 그(청국)에게 부여한다는 논의가 이루어지면 그들(清国)은 이것을 승낙할 것이다. 이것이 과연 확실한 주장인지 알 수 없다 할지라도, 또 이 때문에 청국 대신 등이 마음에 분노를 품고 있으면서도 여전히 충분히 논의할 의사가 없지 않다는 것을 알아야 한다."라고 말했다. 보다 구체적으로는 청국이 이번 류큐에 대한 일본의 조치에 화를 내고 있을 뿐만 아니라 "특히 왕년에 대만사건으로 굴욕당한 일을 마음속에서 지울 수 없으므로, 불평은 한층 더 심해져서 결국은 대만을 다시 차지함으로써 청국과 태평양 사이를 차단하고자 하는 것이 일본의 뜻이라고 의심했다. 이것이 청국 대신 등이 일본에 대해 분노와 원한의 마음을 갖게 된 이유"이므로, 일본은 "일보 양보"하여 류큐 여러 섬의 구역을 나누어 대만에 가까운 몇 개의 섬을 청국 영유라고 인정하면 어떠한가라는 그랜트 나름의 선의에 기초한 것이기는 하지만 정말이지 전 군인다운 발상에서 나온 제안이었다.[549]

그랜트가 귀국한 후 일본 측의 대청 교섭 방안의 결정 임무를 맡은 사람은 1879년 9월 데라시마의 후임으로 외무경에 취임한 이노우에 가오루였다. 이노우에는 '류큐존안(琉球存案)'을 이듬해인 1880년 3월 4일 태정관에 제출했다. 이노우에가 정리한 제안은 그랜트가 제시한 호양안(互讓案)을 그대로 답습하여 대만에서 가까운 곳에 있는 미야코·야에야마를 분할하여 청국의 관할로 하고 그 외의 류큐 여러 섬을 일본이 온전히 차지하는 것으로 하고, 일본측은 대만에 가까운 두 개의 섬을 청국에 양보하는 대신에 일본은 청일수호조규를 개정하고 청국에서의 내지 통상권을 획득한다는 것이었다. 이른바 '분도개약'안인데 단지 수호조규 그 자체를 기한 전에 개정[550]하는 것은 청국이 원하지 않을 것이므로 내지통상권을 추가 조항으로 약정한다는 안이었다.[551]

일본정부는 본 교섭에 앞서 천진(天津)에 체류하고 있는 대장성 소서기관

549　『日本外交文書』제12권, 144~145쪽.

550　[역주] 1871년 청일수호조규는 1873년 발효되었으며, 다음 개정은 10년 후에 하는 것으로 되어 있다. 본문 5장 403쪽 참조.

551　『소속문제』第一, 486~492쪽(『縣史』제15권, 158~160쪽). 청일 간의 정식교섭은 이노우에가 낸 제안 선에서 진행되었다. 때문에 분도 '개약'안이 아니라, '증약'이나 '가약'이라는 말이 사용되는 경우도 있으나 여기서는 보다 일반적인 '개약'이라는 말을 사용하고자 한다.

(大蔵少書記官)(뒤에 영사)[552]인 다케조에 신이치로[竹添進一郎]가 이전부터 이홍장과 안면이 있는 점을 이용해서 청국 측의 의향을 탐색하게 했다. 1880년 3월 26일 다케조에는 이홍장과 면담하고 '분도개약'안을 은밀히 보여주며 이홍장의 의견을 물었다. 이에 대해 이홍장은 개약안(改約案)은 개정교섭을 하는 기일이 오면 따로 상의하면 충분하며 그러한 내용은 그랜트의 권고에도 없고, 청국과 러시아간 갈등의 위기에 편승하여 청국정부를 '위협하고 견제'하는 것과 같다면서 반대하고 류큐에 대해서도 청국의 소속임을 주장하며 물러서지 않았다. 나아가 4월 4일 재회담에서 이홍장은 정말 의외로 류큐 삼분론을 주장해서 다케조에를 놀라게 했다. 남도(南島)는 청국에 귀속시키고, 중도(中島)는 류큐에게 귀속시켜 국가회복과 군주를 옹립[復国立君]하고 북도(北島)를 일본에게 귀속시키자는 안이었다.[553] 이홍장의 제안은 그것이 마치 그랜트의 제안인 것 같은 태도였으므로 다케조에로부터 연락을 받은 외무성에서는 빙엄 뿐만 아니라 이미 귀국해서 미국 일리노이 주 시골 마을에 은거하고 있던 그랜트에게까지 그 진위를 조회했다. 그 때문에 정식 교섭의 시작도 늦어졌지만 두 사람은 어디에도 관여하지 않았다는 것이었다.[554]

정부는 4월 17일 각의에서 대청교섭에 관한 방침을 정식으로 결정했다. 이노우에의 방침안은 내지통상권만이 아니라 서구와 동일한 최혜국 대우를 보다 명확하게 요구하는 것으로 수정되고 승인을 받았다.[555] 회담 장소는 일본이 한 발 양보하는 형태로 북경으로 정하고 시시도 다마키 공사를 보좌하기 위해 내각대서기관(內閣大書記官) 이노우에 고와시가 파견되었다. 이렇게 해서 8월 18

---

552   [역주] 대장성 소서기관(大蔵少書記官): 주임관 6등에 해당하는 직급으로 후에 직위가 영사로 바뀜. 다케조에는 후에 천진영사, 북경공사 등을 거쳐 1882년에는 조선변리공사가 된다.

553   『소속문제』第一, 515~522쪽, 522~530쪽(『縣史』제15권, 166~168쪽).

554   『소속문제』第一, 565~567쪽, 614~617쪽(『縣史』제15권, 183~185쪽, 200~202쪽).

555   藤村道生,「琉球分島交渉と対アジア政策の転換」(『歴史学研究』373호, 1971년 6월), 10쪽.

일 이후, 일본 측의 전권변리위원(全權弁理委員)으로 임명받은 시시도 공사 등과 청국 총리아문위원과의 절충이 시작되었다. 교섭에서는 일본이 제안한 분도 및 개약안을 둘러싸고 격렬한 반박이 오고 갔지만 가장 문제가 된 것은 후자 즉 최 혜국조관이었다.

원래 1871년 청일수호조규 체결에 즈음하여 일본 측은 최혜국대우의 요 구를 일단 제기했지만 이홍장의 반대로 그 요구를 삽입하는데 실패했다. 때문 에 그 청일간의 결정에서는, 교역은 개항장에서만 시행하는 것으로 되어 있어 서, 중국 내부가 개방되었던 구미 여러 나라와 비교해서 일본 상인은 상대적으 로 불이익을 받았다면서 일본 정부는 조규 개정을 계획하였던 것이다. 또한 이 수호조규(1873년 4월 발효)는 10년 후에 조약 개정을 허용하는 것으로 되어 있어 아직 그 시기에 이르지 않았었다. 그러나 류큐문제 해결이라는 기회에 편승해 서 염원했던 내지통상권을 획득하려고 했으며, 조약 개정을 실현하는 것이 일 본의 목적이었다. 그것을 위해 일본은 류큐분도와 조약 개정은 따로 분리될 수 없다면서 기한 전에 조약 개정을 억지로 통과시키려고 강압적일 정도로 강제적 인 교섭 자세로 임했다.

일본 측의 강경한 자세의 배경에는 당시 청국이 직면하고 있던 이리문제 (伊犂問題)를 둘러싼 러시아와 청국의 긴장관계가 있었다. 이리(伊犂) 지방은 청 국 신장[新疆] 북서부 러시아 국경 부근에 있는 지역인데, 그 지역에서 일어난 회교도의 반란과 야쿠브 베그(Yakub Beg)의 난과 관련해서 1871년 러시아가 그 지역에 병사를 보내 이리를 점령했고, 이후에 군대의 철수 문제를 둘러싸고 러 시아와 청국 간의 분쟁이 계속되고 있었다. 1879년 9월에는 숭후(崇厚)가 러시 아와 리바디아(Livadia)조약을 맺었으나 청국 내에서는 그 내용이 불리하다는 비판이 강했다. 그에 따라 1880년 2월 청국은 외교교섭의 수완이 좋다는 평판 을 받았던 증기택(曾紀澤)을 새로 모스크바로 파견하여 조약을 다시 체결하자고 했기 때문에 러시아 측이 반발했고, 러사아와 청국 간의 긴장이 현저하게 고조 되었다. 바로 그 때가 청일교섭이 시행되고 있었던 즈음이며 일본은 이 기회를

틈타서 교섭이 종료될 때까지 유리하게 이끌고 가려고 했다.[556]

1880년(明治13) 10월 21일에 도합 8번, 약 3개월에 걸친 교섭의 결과로 시시도 전권과 총리아문 사이에 타협이 이루어졌고 거의 일본의 주장을 따르는 형태로 담판은 종료되었으며, 류큐분도[琉球条約擬稿], 수호조규에 최혜국 대우를 부가하는 것[加約擬稿] 등이 의결되었다. 동시에 10일 이내에 조인하고, 조인하고 3개월 후에 북경에서 비준, 교환하며, 비준과 교환이 이루어지고 1개월 후에는 미야코, 야에야마 두 섬에 공포하고, 공포한 다음 달부터 추가 조약을[加約]을 시행하는 등의 상세한 약속도 정해졌다.[557]

그러나 교섭이 종료된 후 청국 내에서는 이 조약안에 대한 비판이 높아졌고 우서자(右庶子) 진보침(陳宝琛), 좌서자(左庶子) 장지동(張之洞), 이홍장 등이 반대의사를 표명했기 때문에 총리아문은 조인·비준을 연기하기로 했다.[558] 조인 기한이 지나도 청국 측에서 통보가 없어서 의아하게 생각한 시시도 공사가 여러 번 재촉한 결과, 총리아문은 11월 17일 황제의 말씀에 따라 북양대신(北洋大臣) 이홍장, 남양대신(南洋大臣) 유건일(劉乾一)에게 의견을 자세히 알리게 했다['著交南北洋大臣安議具奏']고 전해왔다.[559] 일본 측은, 양국의 전권위원 간에 조약이 성사된 후에 조인도 하지 않고 남북양(南北洋)대신에게 자문을 구하는 것은 필요 없는 절차가 아닌가 라며 이의를 제기했지만, 청국 측은 류큐 안건은 중요한 사항이므로['非尋常交涉案件'] 신중을 기하고 이홍장 등의 상주(上奏)를 기다리

---

556   종래 별로 중시되지 않았던 러시아 측의 동향도 시야에 넣은 연구로서 山城智史,「日淸琉球帰属問題と淸露イリ境界問題-井上薫·李鴻章の対外政策を中心に」(法政大學沖繩文化研究편,『沖繩文化研究』37, 2011년)가 있다.

557   『日本外交文書』제13권, 376~379쪽;『소속문제』第二, 189~195쪽(『縣史』제15권, 268~269쪽).

558   청국 요로자의 다양한 의견에 대해서는 西里喜行,『淸末中琉日關係史の硏究』(京都大学学術出版會, 2005년)가 자세하게 소개하고 있다. 336쪽 이하 참조

559   『日本外交文書』제13권, 379~380쪽;『소속문제』第二, 21~22쪽(『縣史』제15권, 274쪽).

기로 했다는 태도를 바꾸지 않았다. 이노우에 외무경은 청국을 협박하기 위해 거짓으로 전권공사인 시시도를 일시 귀국시킬 수도 있다는 뜻을 그에게 전달했지만, 시시도가 청국의 책임으로 담판을 성사되지 못해 귀국한다는 취지를 알렸는데도 청국이 조인에 응할 조짐은 여전히 없었다. 시시도는 해가 바뀐 1881년 1월 16일 출발을 알리기 위해 총리아문을 방문하고 "류큐안에 대해서는 본 대신이 출발한 후에는 일절 상대할 일은 없습니다."[560]라고 하면서 청일교섭의 중단을 통고하고 1월 20일에 귀국했다.

청국은 약 1개월 후 1881년 2월 24일(光緒 7년 1월 26일), 러시아와 상트페테르부르크 조약(이리조약이라고도 함)을 맺는데 성공했다. 그 직후인 3월 1일에는 먼저 류큐문제부터 재교섭하여 타결시키라는 황제의 말씀이 있었다.[561] 그러나 일본 측에서 그럴 의사는 없었으며 재차 정식 교섭을 기다리는 일은 없었다.

3. 망명 류큐인의 구국청원운동과 분도안의 소멸

이와 같이 분도개약 문제를 둘러싼 청일교섭은 일단 양국 사이에 조약의 타결안이 성립되었고 그것으로 종료된 것처럼 보였지만, 그 조약안은 결국 유산되었다. 그러면 이러한 결말을 가져온 청국 측의 "중변(中変)"(태도 변경)은 무슨 이유였을까. 이 점에 대해 일찍이 에다 도시오[植田捷雄]의 고전적인 연구에서는 "마침 류큐조약안이 성립된 직후에 러청교섭은 러시아 수도에서 상당히 순조롭게 진행되어 양국 관계에 평화가 올 거라는 희망을 품게 했고, 류큐조약의 성립이 이리사건의 영향을 받은 것과 마찬가지로, 청국의 태도가 갑자기 변한 것도 또한 이 사건에 의해 좌우되었다고 보는 것이 타당하리라 생각된다."[562] 라

---

560   『소속문제』第二, 329쪽(『縣史』제15권, 310쪽).

561   『淸季外交史料』제25권, 7쪽.

562   植田捷雄, 「琉球の帰属を繞る日淸交渉」(『東洋文化研究所紀要』2, 1951년), 193쪽.

고 논하고 있다. 이와 같이 청러 갈등의 동향이 커다란 요인이 되었다는 설은 그 것을 뒷받침하는 사료도 많고, 그 이후의 후지무라 미치오[藤村道生]와 야스오카 아키오[安岡昭男] 등의 연구에서도 그대로 이어졌다고 해도 좋다.[563]

청일 간의 분도개약 교섭은 원래 그랜트의 조정으로 시작되었는데 그랜트 는 일본이 류큐분도라는 방식으로 양도하라는 말을 했을 뿐이고, 교환조건으로 서의 조약 개정에 대해서는 일체 언급하지 않았다. 미야코·야에야마 두 섬을 내어주고 최혜국 대우를 획득한다는 것은 어디까지나 일본 측에서 나온 안으로, 더구나 일본의 외무당국도 그것이 객관적으로 보아 공평한 호양정신에 맞지 않 는다는 것은 자각하고 있었고, 그렇기 때문에 일본이 의도하는 조약 개정[=增約] 의 목적을 달성하기 위해서 청러 분쟁으로 인한 청국의 위기를 최대한으로 이 용하는 것이 상책이라고 인식했다.[564] 그러므로 본격적인 교섭이 시작되는 즈 음인 1880년 8월 31일, 천진(天津) 영사인 다케조에로부터 이홍장이 청러 간의 절박한 긴장 관계를 걱정하고 있는 것 같다는 밀신(密信)을 전달받은 이노우에 외무경은 북경의 시시도 공사 앞으로 "총리아문 여러 대신 등의 바쁘고 몹시 곤 란한 상황도 짐작이 된다. 그러므로 이 기회를 틈타 우리 쪽에서 상당히 강하게 담판을 밀어 붙이고 그 때는 어쩌면 우리가 의도한 대로 신속하게 결론에 이를 수 있다고 생각된다. 귀군(貴君)도 바로 지금 그의 약점에 편승하여 조금도 망설 이지 말고 아문을 압박하여 열심히 설득하고 우리의 전략을 필히 성공시키도록 하시오."[565]라는 훈령을 내렸다. 또한 같은 날짜로 천진의 다케조에 영사에게는

563 　安岡昭男, 「日淸間琉球案件交涉の挫折」(『明治前期日淸交涉史硏究』, 嚴南堂書店, 1995년, 제6장); 安岡昭男, 「琉球歸屬をめぐる日淸交涉」(『明治前期大陸政策史の硏究』, 法政大學出 版局, 1998년, 제6장)을 참조

564 　예를 들어 정식교섭에 앞서서 5월 19일자 시시도 공사가 이노우에 외무성 앞으로 보낸 '류큐문제 교섭 방책에 관한 문의의 건'을 참조 『소속문제』第一, 609~613쪽(『縣史』제15 권, 199~200쪽).

565 　『소속문제』第二, 51~52쪽(『縣史』제15권, 224~225쪽).

"청국 정부도 러시아와의 (교섭의) 결말이 어떻게 되는지에 따라 이 사건에 대한 우리나라(일본)와의 담판에 있어서 그 완급을 조절하는 전략이 있는 것은 당연하므로, 이러한 유리한 기회를 놓치지 말고 담판의 개시 방책이나 책략에 주의를 기울이기 바란다. …… 이노우에 고와시와 함께 시시도 공사에게 협력하여 그 기세를 돕도록 하라."[566]는 명령을 내렸다.

분도개약안은 이러한 형태로 타결에 이른 만큼 청국이 조인을 머뭇거릴 때 일본 측이 바로 청국의 '중변'(태도 변경)을 의심한 데는 충분한 이유가 있었다. 청국에서 정식으로 조인·비준 연기 통지를 보낸 직후인 12월 1일 이노우에 외무경은 시시도 공사 앞으로 내훈장송부(內訓狀送付)라는 통지를 발송하는데 거기에서 이노우에는 청국이 "조약안을 뒤엎고 나아가 뭔가 다른 생각을 주장하려는 뜻을 속으로 감추고 있는지 또는 확실한 대답이나 조치를 취하지 않고 고의로 머뭇거려 청러 갈등의 결말을 기다리려는 속임수가 있는지 아직 알 수 없다."라고 하면서, 만일 조인이 이루어지지 않는다면 "우리 정부 및 사신의 명예를 손상시킨……일을 끝까지 문제삼아 공격하라, 충분히 그를 위협하여 제압할 수 있는 수단을 찾도록 하라."[567]는 훈령을 내렸다. 또한 때마침 같은 날인 12월 1일자로 보낸 '류큐문제의 금후 조치에 관한 건'에서는 시시도가 이노우에에게   문의하고 거기서 시시도는 "근래 청나라와 러시아의 갈등에 관한 건에 대해 일반적으로 세상에 떠도는 소문도 없고……근래의 상황으로 봐서 아마 평화적으로 끝날 것 같은 예감이 든다. ……그 뒤 러시아의 수도에서 승기탁(曾紀澤)[568]의 담판 상태를 알려왔으며……앞으로는 평화가 오지 않을까 하는 상

---

566 『소속문제』第二, 55쪽(『縣史』제15권, 225~226쪽). 인용문 중에 '로(魯)'는 러시아를 가리킴.

567 『소속문제』第二, 226~229쪽(『縣史』제15권, 284~285쪽).

568 [역주] 승기탁(曾紀澤): 중국 천산산맥 중북부에 위치한 이리(伊犁)지역을 둘러싼 청국과 러시아간에 발생한 분쟁의 교섭을 맡았던 중국관리이며 1881년 러시아의 수도였던 페테르스부르크(현재 상트페테르부르크)에서 20개의 조약으로 구성된 양국 간의 조약이 체결되었다.

황이므로 류큐안의 결정을 중지하고……돌아오는 봄까지 지연시킬 대책을 정하여 청국과 러시아 갈등의 결말에 따라 류큐안을 체결할지 말지를 결정하려는 생각이라고 사료됩니다."라고 추측한 다음에 "돌아오는 봄이 되면 제일 먼저 논의하여 정한 취지대로 이의없이 결론이 나오면 당연히 그대로 조인을 하게 되겠지만 만일이라도 논의에 대한 이의가 나오면 상대방에게 조롱당하지 않기 위해서는 지금 뭔가 묘안을 하나 덧붙여 두는 것이 좋지 않을까 생각되오니 이 일에 대해서 확실하게 평의를 해 주시기 바랍니다."[569]라고 어떻게든 강경책이 필요하다는 생각을 드러냈다.

한편 천진영사인 다케조에는 이보다 먼저 11월 20일에 이노우에 외무경 앞으로 "위 황제의 말씀으로 견주어 생각해보면 청국 정부는 틀림없이 태도를 변경한 것이며 이러한 태도 변화는 이홍장이 옆에서 참견한 것을 미루어 추측할 수 있습니다."라고 그가 짐작한 바를 전해왔다. 다케조에에 의하면 원래 청일수호조규는 "전적으로 이홍장 혼자서 체결"한 것으로, 그가 가지고 있는 힘으로 내지통상권을 거절한 경위가 있는데도 총리아문이 조약의 개정과 증약을 결정한 것은 "실책"이라고 할 수 있는 것이므로, "이것이 이씨(이홍장)를 불쾌하게 한 이유 중에 하나이며", 또 이번 교섭은 애당초 이홍장과 다케조에 사이에서 시작된 것인데도 "시시도 공사가 청국에 왔을 때 이씨의 부재가 행운이라고 생각하여 만나지 않고 곧장 북경으로 가서 총서(總署 = 총리아문의 약칭)에서 류류안의 담판이 시작되었는데, 이것이 이씨를 불쾌하게 했을 것이라는게 두 번째 이유다." 나아가 청국의 편을 든다고 생각했던 그랜트가 오히려 일본 편을 드는 등 "불쾌함에 불쾌함이 더해진" 결과, 이홍장이 화를 내고 옆에서 참견하여 "남북양대신(南北洋大臣) 등에게 논의하게 하라고 말씀하신 것" 같다고 말했다.[570] 다케조에에

569　『소속문제』第二, 255~256쪽(『縣史』제15권, 288~289쪽). 인용문 중에 '淸俄葛藤'의 '아(俄)'는 俄羅欺(우르스)의 약자로 러시아를 가리킴.

570　『소속문제』第二, 214~216쪽(『縣史』제15권, 275~277쪽).

의 짐작은 청국의 태도변경의 원인을 감정론으로 돌리는 듯한 표현으로 되어 있지만, 청국의 조인이 연기된 것이 "중변(태도변경)"을 의미할 것이라는 점, 그 요인으로 이홍장의 반대가 크게 영향을 끼쳤을 것이라는 것을 지적하고 있다는 점에서는 정곡을 찌르고 있다고 생각된다.

그러나 전술한 바와 같이 종래 연구가 청국의 "중변"에 있어서 이리사건의 영향을 강조해온 것에 대해 니시자토 기코는 그의 방대한 저서인『청말중류일관계사의 연구[清末中琉日関係史の研究]』에서 청국의 요직에 있는 사람이 태도를 변경함에 있어 향덕굉[向德宏 幸地親方朝常] 등 망명 류큐인들이 미친 영향이 컸다는 것에 대해 여러 사료들을 상세하게 검토함으로써 논증하려는 시도를 했다. 그 주장에 의하면 정식 청일교섭이 이루어지고 있던 즈음에는 청러 관계도 일촉즉발과 같은 최고조의 긴장 상태는 지나고 외교교섭의 단계에 들어갔으며 "분도개약 교섭이 타결된 10월 21일부터 열흘 동안에 청러간의 긴장관계가 완화되는 쪽으로 급변했다는 사실은 확인되지 않았다."[571] 그 점에서 이리문제를 둘러싼 청러 관계의 변화를 당연히 지나치게 강조하는 종래의 통설은 설득력이 불충분하다며 향덕굉 등 망명 류큐인의 류큐 분할 반대 = 구국청원 운동이 특히 이홍장의 태도 변경에 결정적인 영향을 미쳤다는 것을 강조하고 있다.

망명 류큐인의 상세한 동향에 대해서는 니시자토의 연구에 양보하기로 하고 실제로 이 시기에는 위기감을 고조시켰던 청국에 체류하고 있는 류큐인의 활동이 활발해졌다. 원래 류큐가 청조의 조공국이었다 하더라도, 청국 내에서 류큐인이 자유롭게 행동할 수 있는 장소는 류큐관이 있던 복주 일대로 제한되어, 정식 조공사절이 상경하는 경우 외에는 북경과 다른 지역을 마음대로 방문할 수 없게 되어 있었다. 그러나 류큐왕국이 폐멸(폐번치현)된다는 풍문을 접하자 그들 중의 중심인물들은 일제히 북경과 천진을 향해 북상했다. 1879년 5월 14일과 6월 5일, 향덕굉은 천진에 있는 이홍장을 직접 만나서 청원서를 상정하

---

571   西里喜行, 앞의 책, 322쪽, 796쪽.

고 9월 13일에는 모정장[毛精長, 国頭親雲上盛乗] 들이 북경 총리아문에 청원서를 제출하는 등 필사적으로 구국청원을 했다. 특히 이홍장은 향덕굉을 몰래 숨겨두고 류큐의 역사와 지리 및 오늘날의 상황 등을 상세하게 청취했던 것 같다.

　　여러 사료에 비추어 보건대, 청국의 태도 변경에 결정적인 역할을 한 사람은 당시 청국의 최대 실력자인 직례총독(直隷総督) 겸 북양대신(北洋大臣)인 이홍장이었다. 망명 류큐인의 활동의 의의를 강조했던 니시자토의 주장도 이홍장이 한 역할의 중요성을 기본으로 하고 있다. 이홍장은 1880년 11월 11일(光緒 6년 10월 초 9일)자 상주(上奏)에서 조약 개정에 대해서는 최혜국 대우의 폐해를 들어 인정하기 어렵다는 이유를 분명히 하고, 류큐분도에 대해서는 남도(미야코·아에야마)가 비좁고 메마른 땅이며 더욱이 류큐가 국가로 회복되어도 생활할 수 없음을 설명하고, 나아가 이리문제를 둘러싼 청러 갈등을 먼저 해결해야 한다고 지적하고, 결론적으로 '지연책'[延宕之一法]이 적절한 정책이라고 주장했다.[572] 이홍장의 상주에서 주목할 점은 최초로 일본이 류큐분도를 제의했을 때에는 그도 남도가 메마른 토지라는 것을 몰랐고, 만일 류큐를 분할해서 남도 한 곳만 획득한다 해도 관리하기에 불편한 땅으로 류큐인에게 반환하는 수밖에 없다("始有割島分隷之說, 臣與總理衙門函商, 謂中國若分球地, 不便收管, 只可還之球人……此時尙未知南島之枯瘠也")라고 생각했다는 것. 게다가 류큐왕국을 회복시켜 책봉한다는 총리아문의 교섭방침을 인정하고 있었다는 것, 그런데 천진까지 구국 청원을 하러 온 류큐인 향덕굉으로부터 중도(中島)(오키나와섬)와는 달리 남도(미야코·아에야마)는 비좁고 메마른 벽지(僻地)로서 게다가 류큐가 국가를 회복해도 자립할 수 없다는 것을 처음으로 알게 되었다("臣因傳詢在津之琉球官向德宏, 始知中島物産較多, 南島貧瘦僻隘, 不能自立")는 것과, 일본이 쇼타이왕과 왕세자의 인도를 거절하

572　『소속문제』第二, 417~427쪽(『縣史』제15권, 338~342쪽). 이 이홍장의 상주는 1882년 2월 3일자로 다케조에 천진 영사가 이노우에 외무경 앞으로 내용 해설을 첨부하여 부속문서로 송부되었다.

고 있을 뿐만 아니라("球王及其世子, 日本又不肯釈還") 작은 남도에 류큐왕의 책봉을 회복시키고 국가를 회복하는 것은 왕가(王家)만이 아니라 류큐의 신민도 반대하고 있다("不止王家不願, 闔國臣民, 亦斷不服")라고 서술하고 현행 타결안을 옳지 않다고 보는 가장 중요한 이유라고 하는 점이다.[573]

앞서 서술한 바와 같이 천진에 주재하고 있는 다케조에 영사는 청일간의 정식 교섭에 앞서 은밀히 이홍장과 만나 그의 의향을 타진하고, 또한 청국 측이 조인을 연기하자 이홍장이 간섭할 결과 청국 측이 태도가 바뀌었을 거라는 관측을 일찍이 본국에 전달했다. 다케조에는 그로부터 약 1년 뒤인 1881년 12월 14일에는 이홍장과 직접 면담하고 사건의 진상을 물어 보았는데, 다케조에가 "위의 약속[定約]을 변경하고 지키지 않는 것은 이홍장[中堂]의 간섭 때문이다. 따라서 나는 중국이 도리를 따르지 않는다고 보며, 또 이홍장은 더더욱 도리를 따르지 않는다고 생각한다."고 발언한 것에 대해, 이홍장은 "약속은 내가 깬 것이다."라고 스스로 인정하고 "아울러 결코 도리가 없는 나라는 아니다. 이에 대해서는 작년에 각하(다케조에)에게 상세하고 확실히 말했다."며, 본 교섭 전에 다케조에에게 반대 이유를 상세하게 설명했다는 점을 지적했다. 나아가 "나는 처음부터 찬성하지 않는다는 것을 각하에게 분명히 말하지 않았는가. 원래 귀국(貴国)의 담판이 실로 도리가 없다고 보며 내가 찬성하지 않는 이상은 가령 총리아문에서 의결했다고 해도 반드시 천자께서 나에게 하문하시므로 내가 처음부터 불가능하다고 한 것은 결코 할 수 없다."[574]라고 말했다.

이렇게 이홍장은 다케조에와의 회담에서 그 자신이 처음부터 일본이 제안한 이분도론(二分島論)이라는 형식의 분도개약에는 반대했다는 점을 강조하고 있지만, 실제로는 한때 총리아문은 일본 측이 제안한 선에서 교섭을 진전시킨 것을 어쩔 수 없다고 보고 소극적이기는 했지만 승인하고 있었던 것 같다. 그

---

573 『소속문제』第二, 421쪽(『縣史』제15권, 339~340쪽).

574 『소속문제』第二, 382~384쪽(『縣史』제15권, 327쪽).

러나 향덕굉 등으로부터 류큐에 대한 상세한 정보와 분도안을 반대하는 호소를 접하고, 총리아문이 타결한 분도개약안을 그대로 승인하기 어렵다면서 반대하는 자세를 보다 확실하게 취하고 천자에게 말씀드린 것이 사실이었을 거라는 생각이 든다.

그런데 위와 같이 일단은 청일 간에 타협이 성립한 '분도개약' 조약안은 최종적으로 이홍장을 중심으로 한 청국 요인들의 반대로 유산되었다. 그러한 결과에 이른 직접적인 요인에는 이리문제를 둘러싼 청러 갈등의 완화(그 전망이 보이기 시작했다는 것)와 망명 류큐인의 청원 등이 있었다. 그런데 보다 배경에 있었던 근본적인 요인으로는, 한편으로 류큐를 분할하여 청일 간의 국경을 명확히 획정함으로써 문제가 해결이 될 수 있다는 그랜트의 소박한 발상과 그러한 발상에 기초한 그의 알선을 이용하면서 청국의 약점에 편승해서 자국의 이익을 꾀하려 했던 일본 측, 다른 한편으로는 종주국·번속국이라는 계층적 국제질서관을 공유하는 양쪽 입장과 사고방식의 근본적인 괴리가 있었다고 할 수 있다. 즉 청국에는 근대적인 영토 확장이라는 발상은 전혀 없었으며 어디까지나 번속국 보호라는 책무를 완수하고 종주국으로서의 체면을 유지하기 위해 가능한 한 중도(中島, 오키나와섬), 만일 양보한다 해도 남도(南島, 미야코·야에야마)를 넘기는 선에서 류큐왕국을 복국시키려고 교섭에 임한 것이었다.

그러한 의미로 일단 타협이 이루어진 '분도개약'안에는 청국과 류큐 측에서 본다면 남도가 협소하고 메마른 섬들임에 불과하다는 것 외에도 또 하나 중대한 난제가 남아 있었다. 즉 만일 류큐의 복국(復國)이 이루어졌다고 해도 청조는 누구를 류큐국왕으로 복봉(復封)시킬 것인가라는 문제가 그것이다. 청일 간 교섭에서는 앞서 살핀 이홍장의 황제에게 올리는 상주문에도 있는 것처럼, 일본 측에서 쇼타이의 인도를 거부하겠다는 의향을 보였다. 일단 일본의 화족으로 서위한 이상, 나아가 폐왕 처분을 받은 쇼타이가 복국한 류큐의 왕위에 다시 취임하는 것은 일본으로서 체면이 서지 않기 때문이다. 이 왕위 문제는 청국 측에서 대처 방안을 논의했을 뿐만 아니라 본래 류큐 측이 정해야 하는 사항이기도 했으므로, 그에 대한 의사를 타진한 것 같은데 상세한 내용은 반드시 정확하게는 전달되지 않고 있다.

이 점에 관련하여 기샤바 조켄의 『류큐견문록』에서 한 구절을 인용해 보자. 앞에서도 서술한 것처럼, 기샤바의 『류큐견문록』은 1879년(明治12) 겨울에는 원고가 완성되었고 같은 해 일어난 사건에 대한 기술로 끝을 맺고 있다. 즉 8월에 그랜트가 일본에 와서 청일간의 타협을 권유하고 "겨우 류큐의 일 때문에 싸움을 하고 평화를 헤치는 것은 무엇보다도 좋은 대책이 아니다.……류큐 여러 섬 사이에 선을 그어 대만과 가까이 있는 몇 몇 섬들을 청국에 할양해서 빨리 분쟁을 끝내는 것이 좋은 생각일 것이다."라고 충고한 점, "그 뒤 청국 정부는 일본에게 합의할 것을 청하고 류큐 본 섬을 독립국으로 만들고 동북 군도(群島)를 일본이 소유하고 서쪽과 남쪽의 몇몇 섬들을 청국의 소유로 하자."[575]는 삼분도안(三分島案)을 제안했는데 일본에게 거절당했다고 서술하고, 그 문장 맨 뒤에 (나중에 가필함) 이른바 해설을 붙인 주(註)를 다는 형태로 분도문제 전말에 대한 설명을 하고 있는데 다음의 한 구절을 삽입하고 있다.[576]

> 류큐분도 사건, 1881년(明治14)이 되어 청국 정부는 도쿄 주차 청국공사로 하여금 합의하게 하고 미야코, 야에야마 두 섬을 청국에게 할양할 것을 요구했다. 일본 정부는 이를 허락했다. 그러나 구 번왕은 화족으로 서위했으니 이것을 되돌리는 것에 동의하지 않았고 따로 왕족을 세워서 왕으로 삼으라고 했다. 청국 공사가 은밀하게 이러한 취지를 도쿄에 있는 옛 번(藩) 관리 등에게 통지하고 가부를 물었다. 관리들이 이를 의논했는데 논의는 두 파로 나뉘어 한 쪽은 이를 거절해야 하며, 극히 작은 도서국(島嶼國)을 세우면 안 된다고 말하고, 다른 한편은 잠시 따로 다른 왕을 세워 두 섬에 나라를 세우자. 만일

575　喜捨場朝賢, 『琉球見聞録』(앞에서 서술), 192~193쪽(제2·제3판, 148~149쪽).

576　위의 책, 149쪽. 또한 이것에 대해서는 『尚泰候實錄』(앞에서 서술), 441쪽에도 같은 서술이 있다.

청국 건륭(乾隆) 황제와 같은 영민하고 총명한 황제가 나타났을 경우에는 일본을 정벌하여 류큐의 모든 섬을 되찾아 국가 중흥을 도모하자고 주장했다. 구 번왕은 후자의 의견을 달가워하지 않았고 일이 잘 되면 나를 봉하고 잘 안 되면 나를 버리고 다른 왕을 세우라고 했다.

이듬해인 1882년(明治15) 음력 3월, 류큐에 있는 옛 번 관리 등은 청국공사의 보고를 듣고 여러 사람이 토의하여 두 섬에 나라를 세울 수 없음을 알고 바로 청국으로 사람을 파견해 반드시 섬 전체를 되찾겠다는 탄원을 하기로 결정하고 이에 따라 도미카와[富川]를 천거했다. 도미카와는 성사시키기 어려운 일임을 알면서도 거절할 수 없었다. 수행원 4, 5명과 함께 극비리에 배를 빌려 복주로 탈주했다. 구 번왕은 사람을 류큐로 파견하여 구 중관리(衆官吏)에게 분도의 가부를 의논하게 했다. 중관리들 또한 의견이 두 파로 나뉘어 하나로 정하지 못했다. 도미카와는 이미 떠나 탄원 중이었으며 지금 이것을 의논해도 의미가 없으니 잠시 탄원의 결과를 기다리자고 해서 즉시 그 논의를 중지했다. 도미카와는 북경에 도착해서 끊임없이 탄원서를 제출하긴 했지만 청국 정부는 뒤돌아보지 않았다.

이 인용 부분은 나중에 첨가해서 삽입된 한 구절이지만 세부적으로 부정확한 점이 들어있다. 왜냐하면 분도문제는 앞에서 살펴본 바와 같이 1881년(明治14)이 아니라 1880년(明治13) 여름이 지나고 도쿄가 아니라 북경에서 정식 교섭이 이루어졌으며, 1881년 1월에는 이미 결렬되었기 때문이다. 또한 분도 제안이 어디까지나 조약 개정과 결합된 형태로 일본 측에서 들고 나왔다는 사정도 제대로 전하지 않고 있다. 그러나 우리가 유의해야 할 것은 원래 청일 간의 '분도개약'교섭이 완전히 비밀 외교로 행해졌고 그의 상세한 내용은 쇼와[昭和][577]가 시작될 때까지 오래 동안 베일에 싸여져 있었다는 것이다. 그 점을 고

---

577 [역주] 쇼와[昭和]: 일본 연호의 하나로 쇼와천황이 재임했던 시기를 가르킨다(1926-1989).

려한다면 기샤바의 기술은 북경에서의 청일 교섭과 교섭이 유산된 것에 대해서는 정확한 정보가 바로 도착하지 않았고, 1881년에 들어와 분도안과 국왕의 복봉 안건이 당면한 문제로서 류큐·오키나와에 전달되었으며 이듬해인 1882년 도미카와 웨카타가 청국으로 밀항한 다음까지 논의가 계속되었다는 사정을 전달하는 구절로 읽을 수 있다.

기샤바의 표현에 따르면 도미카와 웨카타는 류큐의 구 왕부 관리 등에게 "천거"되어 구국청원을 위해 청국으로 "탈주"했다.[578] 치현 후 오키나와에서는 이렇게 관헌의 눈을 속여 청으로 건너간 사람은 그 후에도 청일전쟁이 일어날 무렵까지 계속되었다. 그들을 당시의 표현으로 '탈청인(脫淸人)'이라고 하며 오늘날의 연구자는 '망명 류큐인' 등으로 표기하는데, 오해가 없다고도 할 수 없으므로 부언하자면 그들은 결코 고국에서 박해를 피해서 타향인 청국으로 탈출한 것은 아니다. 망명이라는 점에서는 류큐처분 직후 대부분 오키나와 사족이 이른바 '국내 망명'의 처지에 있었고 구국과 복국을 청원하기 위해 청국으로 건너간 망명 류큐인들은 그들의 대표로서 내보내진 사람들이라고 보는 것이 정확할 것이다.

앞서 서술한 바와 같이 이리문제가 청국과 러시아 간에 해결을 본 직후인 1881년 3월, 정국 황세는 우선 류큐 문제부터 다시 논의하고 타결하라는 명을 내렸다. 그러나 후술하는 것처럼 그 후 류큐 문제는 청국 측에서 재논의를 요구하는 형태로 몇 번이나 비공식인 교섭의 논제가 되기는 했으나 공식적으로 청일 간의 교섭 테이블에 오르지는 않았다. 청일수호조규는 발효로부터 10년이 된 후에야 개정이 가능하도록 되어 있어서, 일본은 그 기한이 되는 1883년 이전에 청국의 약점을 계속 이용하면서 증약(增約, 加約)이라는 형태로 그 실질적인 '개약'을 하고자 했으나 청국이 거절하기 위해 이용한 지연책에 당하고 나서, 그

---

578   오야도마리 조타쿠[親泊朝擢]에 따르면 기샤바 조켄도 "도미카와 웨카타가 청으로 건너갈 때 수행을 명령받았으나 부친의 병으로 거절했다"고 한다. 「喜捨場朝賢翁小傳」(『琉球見聞録』초판), 권말, 5쪽.

러한 변칙적 '개약'을 단념했다. 거꾸로 말하면 그보다도 수호조규의 개정기한을 기다리면서 류큐병합을 기정사실화하는 쪽을 택했던 것이다. 게다가 청국과의 조약개정 쪽은 류큐 문제와 관련시키지 않고 구미 제국과의 조약개정교섭과 동일하거나 혹은 같은 종류의 안건으로서 처리하기로 한 것이다.

다른 한편, 청국 측에서도 류큐를 위해 일본에게 내놓을만한 재료는 이미 부족했다. 오히려 하여장 주일공사가 경고하고 있는 것처럼, 류큐병합 후에는 청일 간의 대립·교섭의 초점은 조선으로 옮겨갔고 1882년에 임오군란, 1884년에는 갑신정변 등의 사건이 잇따라 일어났다. 같은 해인 1884년에는 인도네시아를 본격적으로 침략한 프랑스와 베트남을 구원하겠다는 목적으로 전쟁을 단행했지만(청불전쟁), 복건 해군은 궤멸하여 금방 패했으며 1885년 천진조약을 맺고 베트남에 대한 종주권을 포기하게 되었다. 같은 해인 1885년 말에는 제3차 미얀마전쟁이 있었고, 다음 해(1886년) 1월에는 조공국인 미얀마가 영국의 실질적인 식민지가 되었다. 중화제국체제는 도처에서 파탄이 날 지경에 몰려서 청국은 류큐 문제에 관심을 집중할 수 있는 상황이 아니었던 것이다.

제3절 류큐병합에서 조선 문제로

1. 임오군란과 갑신정변

이렇게 1870년대부터 1880년대에 걸쳐 청조의 중화제국을 중심으로 한 동아시아의 전통적인 국제질서는 서양 여러 나라의 압박과 침략이 가해지고 그것과 연동한 일본의 책동에 의해 급속하게 해체의 길을 걷기 시작했다. 그 과정에서 일찍이 일본에게 류큐가 완전히 병합된데 이어 청일 간 대립의 초점이 된 것이 조선이었다. 정한론정변까지의 조일관계에 대해서는 제3장에서 고찰했으므로 여기서는 그 이후의 동향부터 살펴보고자 한다.

정한론정변의 결과, 조선에게 '번신의 예'를 갖추게 하기 위해 속국화를 직접 추진한다는 의도는 일본 외교의 표면에서는 후퇴했다. 그러나 정변으로 인해 조선에 대한 멸시관과 침략의 의도까지 청산되었다는 의미가 아니라, 차기 오쿠보 정권에서 바뀐 형태로 계승되었다. 내치우선을 주장한 오쿠보의 의견서는 머리말에서 "대체로 국가를 경영하고 다스리며 그 강토(疆土)와 인민을 보전하고 지키는 데는 먼 미래를 생각하여 계획을 세워야 한다. 그 이유는 앞으로 나아가 취할 것과 물러나서 지킬 것은 반드시 그 기회를 살펴 움직이고, 그 기회의 가부를 보고 멈추고 수치스럽다 하더라도 인내하며, 정당성이 있다 하더라도 그 이상의 요구를 하지 않고 그렇게 그 경중을 헤아리고 돌아가는 상황을 감안하여 판단하고 크고 넓게 생각하기 때문"[579]이라는 원칙적인 사고방식을 제시했다. 정한론적 발상에서 냉철한 힘의 정치논리로 전환한다는 주장이다. 오쿠보 정권은 그러한 노선에 입각해서 대만출병에 이어 강화도사건을 야기시키는 것이다.

그런데 일본에서 정한론정변이 있던 무렵에 조선에서도 정권의 변동이 일어나고 있었다. 1873년 10월 국왕인 고종의 아버지로서 정치적 실권을 잡고 '위정척사'(衛正斥邪) 사상에 입각하여 양이정책을 고집하던 대원군은 섭정의 자리에서 물러나 은거했다. 대신에 왕비 민비 일족을 중심으로 하는 정권이 형성되었는데, 그 민씨 정권은 한편으로 청국과의 종속관계에 의거하여 전통체제를 유지하면서 그것과는 모순되지 않는 형태로 개혁정책의 도입을 시도했다. 일본 외무성에서는 이 기회를 잡아 압력을 가한다면 조선을 개국시킬 수 있다는 계

---

579   1873년(明治6) 10월 大久保利通, 「征韓論に関する意見書」(日本史籍協会편, 『大久保利通關係文書』5, 東京大学出版会, 1983년 복각 재판), 54쪽.

획이 부상하여, 외무소승 모리야마 시게루를 이사관으로 파견했지만 모리야마의 고압적이고 게다가 비타협적인 자세로 인해 제대로 성사되지 않았다. 일본 정부는 3척의 군함을 조선 근해에 파견하여 군사적인 위협을 가했는데 그 중의 한 척이 운양호였다.

강화도사건은 1875년 9월 20일에 일어난 일로, 류큐에서는 마쓰다 미치유키가 첫 번째 출장에서 왕부와의 힘겨운 교섭을 단념하고 바로 귀경길에 올라 선박여행이 끝나가던 즈음에 해당한다. 일본은 이미 같은 해 5월에 운양호, 6월에 제2 정묘호가 부산 초량에 입항했고 조일 관계의 타개를 위한 시위를 벌이고 있었다. 그 후 같은 목적으로 조선 서해안을 측량 중이던 운양호가 조선의 수도인 한성(현재 서울)으로 통하는 한강 하구에 위치한 강화도 부근에서 강화도 성새(城塞)에서 교전하였으며 계속해서 가까운 남쪽에 있는 영종도를 습격하는 사건을 일으켰던 것이다. 운양호는 영종도의 요새를 급습하여 패배한 수비병은 흩어져 달아났고, 함대에 있던 장병을 상륙시켜 성내의 건물·민가를 불태우고 총포 등의 병기와 그 외의 전리품을 가지고 돌아갔다.

이 사건에 대해서는 운양호가 조선의 요충지인 본토와 강화도 사이에 있는 수로에 깊숙이 침입하는 도발 행위를 했고, 강화도 초지진(草芝鎭) 포대에서 발포가 있어 이에 응전(應戰)한 것이 발단이 되었다고 했는데, 오늘날에는 공격을 유발시키기 위한 일본 측의 계획적인 의도와 사후에 정보의 은폐가 있었다는 점이 밝혀졌다.[580] 그러나 당시에 일본은 도발 행위를 부정하고 포격에 대한 사죄를 강경하게 요구했으며, 조선 정부도 사건의 우발성과 조선 수병의 잘못을 일부 인정하는 형태로 양국 간의 사후 처리가 진행되었다.

일본 국내에서는 이 사건이 보도되자 개전론이 터져 나왔다. 오쿠보 정권은 전권대사로서 참의·개척사(開拓使)·육군중장인 구로다 기요타카[黒田清隆]

580　鈴木淳, 「『雲揚』艦長井上良馨の明治八年九月二九日付け江華島事件報告書」(『史学雑誌』제
111편 제12호, 2002년).

와 부전권대사로 이노우에 가오루를 조선에 파견하기로 결정했다. 1876년 2월 포격에 대한 문책을 하기 위해 7척의 전함을 이끌고 강화부에 진입한 구로다 등은 사건의 책임과 국내에서 개전론이 고조되고 있음을 강조하며 조선 측을 위력으로 압박해서 조일수호조규(강화도조약)를 체결시켰다. 조선을 개국하게 만든 이 조약은 제1조에서 "조선국은 자주국으로서 일본국과 평등한 권리를 보유한다."라고 규정하고 있지만 거기에는 조선에 대한 청국의 종주권을 부정하고자 하는 일본 측의 의도가 있었다. 그 때문에 조선의 '자주'와 일본과의 '평등한 권리'를 주장하고 있지만, 위 조약 및 부속 약정의 내용은 부산·원산·인천의 개항, 각 개항장의 거류지와 영사관 설치, 일본영사의 재판권·일본화폐 유통의 승인, 관세자주권의 부인(무관세무역) 등을 포함하고 있어서 일본 측에게 일방적으로 유리한 조약체계였다.[581]

이리하여 오쿠보정권 하에서 조선지배를 겨냥한 조약외교, 만국공법의 논리에 입각한 침략외교가 시작되었다. 포함외교(砲艦外交)에 의한 불평등조약의 강요는 일본 국내에서는 정부에 대해 비판적인 정한론파로부터 매우 빠르게 설득력을 빼앗는데 성공한 반면, 조선에는 경제적 혼란이 초래되었다. 후술하는 임오군란의 배경에는 위와 같은 조건하에서 대일 개항 이후에 발생한 경제적 혼란과 곤궁에 대한 조선 민중의 축적된 불만이 있었다는 것은 명기해 두는 것이 좋을 것 같다. 그런데 조선은 이렇게 일본의 외압으로 개국하게 되지만 류큐 병합이 있었던 1879년경 조선에서는 민씨 정권아래 일정한 개혁파 세력이 형성되어 있었다. 김윤식과 김홍집, 어윤중 등의 온건 개화파가 중심이 되어 청국과의 종속관계라는 틀 안에서 이홍장 등 청국 양무파와 제휴하여 개혁을 진행시키고자 했다. 이홍장도 일본의 외압에 대처하기 위해 일찍부터 조선의 자주적

---

581 「日鮮修好条規」,「日鮮修好条規附録」,「朝鮮国議定書港に於いて日本人民貿易規則」(『日本外交年表並主要文書』上, 原書房, 1976년), 65~70쪽. 또한 이 책은 '연표'와 '문서'로 나뉘어져 있고 전체 쪽수는 매겨져 있지 않지만 이하에서는 '문서'의 쪽수를 기입한다.

개국을 권했고, 특히 류큐병합 후에는 미국 등과 서구 각국과도 조약을 체결함으로써 일본을 견제해야 한다고 생각했다. 민씨 정권은 1880년 일본공사 파견에 대한 답례로 김홍집 등의 수신사를 도쿄로 파견하고 일본의 개화정책을 시찰하게 했으나, 그 때 청국의 하여장 주일공사는 황준헌이 쓴 『조선책략』[582]을 김홍집에게 선물했다. 그 책에서 황준헌은 제일 위협이 되는 나라로 러시아를 지적하면서 조선이 일본만이 아니라 미국 등과도 관계를 맺고 국내 개혁을 행할 것을 장려했다. 그 뒤인 1881년 11월 조선은 청국에 김윤식을 파견하고 이홍장의 후원 하에서 미국과 교섭하도록 하고 이듬해인 1882년 5월에 조미수호조약을 체결했다.

민씨 정권은 귀국한 김홍집 등의 시찰보고와 제언을 받고 1881년에는 일본과 청국을 모방한 정부기구 개혁을 실행하고 이듬해에도 관제개혁을 했으며 개혁파 관료의 등용이 진행되었다. 1881년 4월에는 군대의 근대화를 위한 사관양성을 목적으로 '별기군'(別技軍)이 설치되고 일본 공사관 부속 무관을 초대하여 일본에서 구입한 양식 무기를 사용한 교련이 실시되었다. 그리고 그 별기군이 특별대우를 받은 반면에 구식 군대는 대폭적으로 정리 축소되었고 힘겨운 재정 상황 하에서 대우도 현저하게 악화되었다.

그런 가운데 1882년 7월 한성에서 일본과 민씨정권에 반대하는 병사의 반란이 일어났다(임오군란). 사건의 발단은 군대에서 급여의 현물지급이 계속 시행되지 않았다. 13개월이나 계속 지급이 늦어진 후에 겨우 몇 개월분이 지급되었지만, 배급된 쌀의 중량이 부족했을 뿐만 아니라 조악한 물건이었기 때문에 병사의 분노가 폭발하여, 일제히 봉기로 발전했고 여기에 한성의 하층민중이 합류했다. 군중은 무기창고와 관리관청의 책임자를 습격하고 일본 공사관으로 우르르 몰려갔다. 별기군의 일본인 교관들이 살해되었고 일본 공사 하나부사 요

582　黃遵憲의 『朝鮮策略』은 『新編 原典中國近代思想史2 万国公法の時代-洋務·変法運動』(岩波書店, 2010년), 176~191쪽에 번역이 수록되어 있다.

시모토와 공사관원은 영국선박의 도움을 받아 나가사키로 도망쳤다. 민비는 궁녀로 변장하여 왕궁을 탈출했으나 정부고관의 대부분이 처형당했다.

병사와 민중의 자연발생적인 봉기는 위정척사파의 일시적 복권을 초래했다. 국왕의 요청으로 대원군이 왕궁으로 돌아오고 다시 권력을 장악했다. 일본으로 도망갔던 하나부사 공사는 그 후 병사 1,500명을 이끌고 인천에 상륙하여 한성으로 들어오자마자 사죄와 배상금 등의 강경한 요구를 내밀었다. 대원군 정권은 이것을 거절했고 정치개혁을 시행하여 민중의 신망은 높아졌다.

그러나 조선의 사대개화파의 요청을 받은 청국은 일본의 출병에 대항했으며 또한 대원군의 쇄국양이노선으로의 역행을 저지하기 위해 육군 병사 3,000명과 해군을 파견했다. 그리고 대원군을 체포하여 천진으로 납치함과 동시에 민비파를 정권에 복귀시켰다. 그 민씨 정권은 하나부사와 교섭하여 8월 말 제물포(인천)조약을 체결했다. 주요한 내용으로 군란 주모자 처벌, 일본 측에 위자료와 손해배상, 사죄사절[謝罪使]의 일본파견 외에 공사관 보호를 명목으로 배치한 일본군 약간 명의 주병권(駐兵權)이 포함되었다. 동시에 강화도조약이 조인되고 일본인 상인의 활동범위 확대, 일본공사관 관리의 조선내지 여행이 승인되었다.[583]

청국은 군란 후에도 병사를 철수시키지 않고 조선의 내정과 외교에 대한 영향력을 강화했다. 국왕 고종이나 청국의 지원으로 정권에 복귀한 민비파는 일본에 대한 불신의 정도는 더욱 높아진 반면, 종래보다 더욱 청국에의 의존은 더욱 깊어졌다. 민씨 정권은 일본과 제물포조약을 맺은 직후인 1882년 10월 이홍장의 주도로 청국과도 조중상민수륙무역장정(朝中商民水陸貿易章程)을 맺었다. 이에 따라 종속(宗属)관계를 확인함과 동시에, 청국 상민의 여행통상권, 영사재판권 등이 결정되었고, 청국 상인의 침투가 활발해져갔다. 또한 원세개(袁世凱)의 지도하에 조선군의 근대적 개혁도 진행되었다.

---

583   양 조약에 대해서는 『日本外交年表並主要文書』上(앞에서 서술), 90~91쪽.

임오군란 후, 조선에는 청국과의 사대관계를 중시하고 그 틀 안에서 개혁을 실행하고자 하는 민씨 정권에 대해 청국의 종주권으로부터 독립을 주장하는 급진 개화파가 대두했고, 양자의 대립이 커져갔다. 김옥균과 박영효, 홍영식 등의 급진 개화파는 한성의 명문 양반가의 우수한 자제로 일본의 유신변혁을 모방한 급진적 개혁을 지향하고, 그것을 위해 일본의 관리와 민간인[官民]과 손을 잡는 것도 마다하지 않았다. 그 일본의 세력이 조선에서 크게 후퇴하여 민씨 정권으로부터는 완전히 소외된 상황 하에서 그들은 쿠데타로 활로를 찾기 위한 계획을 세웠다. 마침 그 때 인도차이나에서는 청불전쟁이 일어났고, 그로 인해 조선에 주둔하고 있던 청국군의 절반 정도가 철수했으며, 일본에서도 이 기회를 이용하려는 기운이 생겼다. 비밀리에 일본을 방문한 김옥균은 자유당의 고토 쇼지로, 이노우에 가오루 외무경과 귀국해 있던 다케조에 신이치로 공사 등을 만나 협력을 요청했다.

1884년 12월 4일 우편국 개청의 축하연을 호기로 삼아 정부 요인의 습격이 시행되어 쿠데타가 시작되었다(갑신정변). 조선으로 돌아가 있던 다케조에 공사와 공사관에 배치되어 있던 일본군도 여기에 가담했다. 김옥균 등은 바로 왕과 왕비를 경복궁에 잡아놓고 왕명으로 일본군을 동원하여 일본유학에서 돌아온 사관학생들과 같이 왕궁을 경호했다. 많은 민비파 고관들은 습격당하고, 살해당했다. 이튿날인 5일 김옥균 등은 대원군파를 포함한 신정권을 수립하고 급진적인 개혁을 지향하는 정치 강령을 발표했다.

그러나 김옥균 등의 쿠데타는 바로 원세개 등이 지휘하는 주둔 청국군에 의해 진압되었다. 개화파와의 약속을 깨고 다케조에 공사는 군대를 철수시켰고 공사관원들과 인천으로 퇴각했으며 지토세마루[千歲丸]를 타고 도망쳐서 귀국했다. 김옥균 등 9명은 다케조에로부터 승선을 거부당했으나, 함장의 의협심에 도움을 받아 겨우 일본으로 탈출했다. 망명 후 김옥균은 일본정부로부터는 골칫거리 취급을 당했고 민씨 정권이 보낸 자객에게 쫓기다가 상해로 유인되어 암살당했다.

정변이 끝난 후 1885년 1월에 일본은 전권대사로 이노우에 가오루 외무경을 조선에 파견했다. 군함 7척과 2개 대대를 이끌고 조선으로 간 이노우에는 일본공사관의 내정 개입에 대한 책임을 회피하고, 오직 일본 측 피해 배상만을 주장하며 한성조약을 체결했다.[584] 조약 내용은 일본에 대한 사죄, 인적 물적 피해 보상, 공사관의 호위병 주둔 등이었다. 또한 1885년 4월에는 이토 히로부미가 청국 천진에 가서 이홍장과 천진조약을 체결했다.[585] 청일 쌍방이 조선에서 철병할 것, 양국은 앞으로 조선군의 훈련 고문을 보내지 않을 것, 장래에 변란으로 양국 또는 한 나라가 출병할 경우에는 서로 사전 통고를 할 것[行文知照] 등 세 가지 항목이었다.

이상 정한론정변 이후부터 1880년대 전반기까지 조선의 정치적 사정, 조선을 둘러싼 청일관계를 간단하게 살펴보았다. 대만출병, 류큐의 조공저지와 강제병합을 거쳐, 일본에 대한 불신과 위기감이 깊어진 청국은 1880년대 전반에는 동아시아의 또 하나의 조공국이며 지정학적으로도 중요한 조선에서 연달아 일어난 사건과 그에 따른 청일교섭에 우선적으로 대처하지 않으면 안 되었던 사정을 알 수 있다. 이러한 분도개약 문제 이후의 추이 속에서 류큐문제 쪽은 절박함이 서서히 감소되었다는 생각이 들지만, 다음에서 보는 것처럼 청국은 일본에 대한 류큐병합의 부인과 류큐문제의 교섭 재개를 요구하는 입장을 바꾸지 않았다.

2. 1880년대 후반의 청일수호조규 개정교섭과 류큐 안건

1880년대 전반기와는 다르게 천진조약이 체결된 1885년부터 청일전쟁 개전까지 10년 가깝게 청일 관계가 표면적으로는 비교적 평온했던 시기였다. 그 배경

---

584   『日本外交年表竝主要文書』上(앞에서 서술), 101쪽.

585   위의 책上, 103~104쪽.

에는 김옥균 등의 쿠데타 실패로 일본이 조선에 개입할 발판을 잃어버린 부분
이 있었다. 한편으로 일본은 1883년에는 해군, 이듬해에는 육군의 군비확장 계
획을 실시했고, 또 1888년에는 그때까지 국내 치안유지에 주안점을 두었던 진
대제(鎭台制)를 대륙에서의 전쟁에 대응할 수 있는 사단제(師団制)로 바꾸고 이듬
해에는 징병령의 개정을 실시했다. 단지 일본이 오로지 청국과의 전쟁을 상정
하고 군의 확대 노선으로 달렸다고만 본다면 너무나 단순한 생각이다. 천진조
약을 맺은 이후에는 청국과의 협조 외교의 전망이 나온 반면에 1885년 이후 영
국의 거문도 점령사건에서 알 수 있듯이 러시아와 영국의 대립이 조선과 동아
시아로까지 파급되었고, 특히 1891년 시베리아철도 공사가 착수됨에 따라 러
시아의 동아시아 진출에 대한 경계심이 높아졌다. 또한 일본에서 1880년대 후
반은 긴축재정 시기로서 당초의 군비확장 계획도 답보상태를 보였다. 그러나
1890년 야마가타 아리토모의 '외교정략론'이나 제국의회에서 했던 수상의 연
설이 보여주는 것처럼[586] 조선을 일본의 '이익선'(利益線)[587]으로서 그 지배권의
확립을 목표로 하는 정책의 의도에는 변함이 없고, 1890년을 전환기로 일본은
다시 군비확장을 가속화했다.

　위에서 살펴본 동향을 배경으로 천진조약 이후, 일본에서는 청국과의 수
호조규 등의 개정교섭을 재개하려는 정치적 분위기가 나타났다. 실제로 1886년
에서 1888년에 걸쳐 개정 교섭을 시도했다. 이 때는 결국 실패로 끝났으나 일본
은 구미 여러 나라들과도 조약 개정교섭을 실행했으며 더욱이 이노우에 가오루
외상(外相) 등은 성공에 대한 일정한 전망을 계속 가지고 교섭에 임했다. 그러나

586　山県有朋의 '외교정략론'은 大山梓 편, 『山県有朋意見書』(原書房, 1966년), 196~201쪽, 야
　　마가타 총리대신의 「帝国の國是に就いての演説」은 같은 책 204~207쪽.

587　[역주] 야마가타 아리토모는 1888년에 처음 '주권선'과 '이익선'이라는 용어를 사용했다.
　　'이익선'은 자국의 국경에서 떨어진 지역에서도 국가의 이익과 관계되는 경계선을 의미한
　　다, 이에 반해 '주권선'은 국가를 규정하는 국경을 의미한다. 이 용어를 제기한 배경에는
　　당시 아시아의 정치적 상황에서 영국의 진출과 시베리아철도를 경유하는 청국의 위기를
　　관리하기 위해서는 조선반도에 주목할 필요가 있다고 생각했다는 점이 있다.

영사재판권(치외법권)의 철폐와 관세 자주권의 회복 등으로 구미와의 조약 개정 교섭이 잘 되었다 하더라도 구미와의 조약들과 청국과의 수호조규 등 그 사이에 놓여 있는 정합성을 해결해야 하는 난제가 있었다. 예를 들어 대등조약인 청일수호조규는 청국이 일본의 영사재판권 등을 인정하고 있지만 그 조약을 그대로 유지하면서, 일본이 구미 여러 나라들한테서만 영사 재판권 등의 법적 권리를 회복시키기에는 최혜국대우라는 조건과의 관련에서 볼 때 여러 가지 곤란한 점이 예상되었다. 관세자주권의 회복도 마찬가지였다. 그 난관을 해소하려고 일본은 청국에 대해 교섭을 제기하게 되는데 그러나 류큐문제의 재논의에는 응하지 않는 것을 교섭의 원칙으로 삼았다.[588]

한편 청국 측의 태도를 살펴보면, 앞에서 서술한 것처럼 1881년 3월 황제의 말씀은 류큐문제부터 먼저 다시 논의하고 해결하라는 것으로 1881년 5월에는 천진의 다케조에 신이치로 영사는 "위의 말씀은 일본에서 류큐왕의 책봉회복을 인정할 경우에는 내지 통상을 허가하겠다는 뜻으로서, 그들이 원하는 바는 두 섬의 할양을 받는 실질적인 이익[実益]이 아니다. 결국 류큐왕의 책봉을 회복시키겠다는 허울뿐인 명분을 구하는 데에 있다."라며 황제의 말씀이 실린 『상해신보』를 첨부해서 이노우에 외무경에게도 보고했다.[589] 즉 당시 일본 측이 요구했던 '내지통상'을 인정하는 것은 청국에게는 불이익이었지만 그 점을 양보하더라도 류큐의 책봉회복과 국가 회복을 우선시한 것으로, 청국에게는 류큐문제를 이용한 경제적 국익 추구나 하물며 영토적 야심 등이 없다는 것은 일본도 인식하고 있었다. 청국의 그러한 자세는 분도개약 교섭 초기부터 일관된 것이었으며, 1886년부터 진행되어 왔던 수호조규 등의 개정교섭에서도 변경된 것은

588　이 시기의 조약개정 외교에 대해서는 津田多賀子, 「日淸條約の改正槪念と日淸戰爭」(『歷史学硏究』625호, 1993년); 五百旗頭薫, 「隣國日本の近代化-日本の条約改正と日淸関係」(岡本隆司·川島眞 편, 『中国近代外交の胎動』, 東京大学出版会, 2009년)을 참조

589　『소속문제』第二, 273쪽(『沖縄縣史』제15권, 324쪽).

전혀 없었다고 해도 좋을 것이다.[590]

　1886년 3월에 이노우에 가오루 외상은 시오다 사부로[塩田三郎]를 청국과의 조약교섭 전권공사로 임명했다. 일본 측의 방침은 그때 시오다에게 전달된 내훈(內訓)과 수호조규 개정안에서 알 수 있다.[591] 이노우에는 내부 훈령에서 제일 먼저 "청일조약 개정을 제기함에 있어서 청국 정부는 류큐안이 아직 해결되지 않은 상태이고 교린상의 성실함이 부족하여 유감이라는 점을 구실로 내세워 개정 교섭을 거부하려 할지도 모른다."면서 청국이 류큐 문제를 들고 나오는 것을 경계하고, "귀관은 류큐안에 관해서는 우리 정부에서 아무런 훈령을 받은 것"[592]이 없다는 취지의 답변을 하고 재논의에 응하지 말라는 훈령을 내렸다. 일본 측이 이번 교섭에서 중시한 것은 '내지통상'이 아니라 영사재판권을 둘러싼 법적 권리문제, 조약 기한 문제, 관세율 문제 등이었다. 즉 류큐 문제와 분리시킨다는 방침을 세운 이상, 그 자체로는 청국이 강하게 반발하는 내지통상권이라는 과대한 요구는 하지 않으면서 구미 여러 나라와의 조약개정과의 정합성을 따질 필요가 있다는 점을 고려하여 당면 목표로 해야 하는 요구사항이 책정되었던 것이다.

　시오다 공사는 1886년 4월 이홍장과 접촉한 뒤, 5월 말 총리아문에 조약개정 교섭을 제기했으나 류큐문제를 분리시킨 일본의 제안에 청국 측의 반응은 예상한 대로 소극적이었다. 이홍장은 자신이 표면에 나서기를 피하면서 총리아문에게는 청일 간의 교섭은 일본의 구미와의 조약개정이 정리될 때까지 합의하지 않을 것, 그때까지는 교섭을 미루고 류큐 문제도 동시에 교섭하여 타결할 것, 요컨대 향후 두 안건이 동시에 해결될 때까지 기다려야 한다는 것을 주장했다.[593] 청국 측은 총리아문이 류큐 문제와의 관련을 지적하거나 서승조(徐承祖)

590　津田多賀子, 앞의 논문, 64쪽.

591　『日本外交文書』제19권, 121~124쪽.

592　위의 책, 제19권, 121쪽.

593　津田多賀子, 앞의 논문, 66~67쪽.

주일공사가 두 안건의 동시 해결을 제안하기도 했으나,[594] 일본은 대응할 자세를 보이지 않았고 본격적인 교섭을 위한 전제조건은 좀처럼 갖추어지지 않았다.

이노우에 외상은 1886년 7월 6일 시오다 공사에게 '청일조약 개정 제의에 관하여 대 구미조약개정과의 관계상 신속하게 진전 방안에 대한 훈령'을 내리고, 사전교섭에 관한 시오다의 보고에 따르면 총리아문 왕대신(王大臣) 등이 "다양한 핑계를 내세워 우리의 청구를 거부하고 있다. 그 기회에 편승하여 류큐 문제를 종결시키고 성과를 올리려는 계획인 것 같다."[595]라고 하면서, 정식교섭의 조기 개시를 강하게 지시했다. 또한 한편으로는 도쿄에서 서승조 공사와의 담판에 대해 보고한 다음 "총리아문 왕대신 및 청국 공사 서승조 등이 걸핏하면 언제나 류큐안 운운하며 말을 꺼내는 것은, 청국 조정의 의도가 어쩌면 이것으로 조선의 처리 즉 조선이 청국의 영토에 속해있음을 우리로 하여금 인정하게 만드는 방향으로 논의를 끌고 가려는 것일지도 모른다."라고도 서술하고, 청국 측이 조선 문제에서 거래하기 위한 재료로 이용하려고 류큐 안건을 끄집어내고 있는 것이 아닌지를 의심하고, "청국 조정이 만일 그러한 생각으로 먼저 류큐 운운하면서 우리를 시험한다면 우리 역시 스스로 그들의 이러한 생각을 염두에 두어 행동하고 접촉하지 않으면 안 된다. 따라서 아무쪼록 그 의도를 잘 궁리하여 이에 관한 청조의 의도가 과연 어디에 있는지를 탐색하도록 하라"[596]는 훈령을 내렸다.

그러나 청일 간의 교섭은 8월에 나가사키(청국수병) 사건[597]이 발생함으로써 중단되었고 이듬해인 1887년 2월에 사건이 해결된 후에 겨우 재개의 전망이

594　『日本外交文書』제20권, 163~168쪽.

595　『日本外交文書』제19권, 159쪽.

596　위의 책, 164쪽.

597　[역주] 나가사키[長崎]사건: 1886년 8월에 나가사키에 내항한 청나라 북양함대의 수병이 일으킨 폭동사건으로 일본의 반청감정을 자극했고 청일간의 역학관계에 변화를 가져왔으며 후일 청일전쟁을 일으키는 원인 중 하나가 된 사건이다.

보였다. 1887년 6월 일본의 제안에 대한 청국 측의 회답으로 '개정조약 초고[底稿]'를 보냈다. 청국이 제시한 대안은 일본 측이 중시했던 법적 권리문제 등의 기본적 요구를 모두 거부한 내용으로, 그에 덧붙여서 류큐 문제가 미해결이지 않을까라는 점을 확인했다.[598]

일본 측에서는 그 후 1887년 7월에 서구 여러 나라와의 조약개정 교섭이 무기한 연기되고, 9월에는 그 책임을 지고 이노우에 외상이 사임했다. 후임에는 이토 히로부미 수상이 잠시 겸임하다가 오쿠마 시게노부가 취임했다. 그동안 시오다 공사는 총리아문과의 교섭을 반복했고 거류지에서의 상인 활동 영역[遊步圈]의 확대와 행정권 회복 문제 등에서 몇 가지 '소개정(小改正)'에 대한 청국 측의 승낙을 이끌어냈다. 시오다는 '소개정'만으로도 만족해야 함을 본국에 제언했지만, 이번 소개정 만으로 교섭이 끝나 버리면 향후 10년 동안은 개정할 수 없게 된다는 불안 외에, 총리아문의 태도에도 애매모호함이 있었다. 이토나 오쿠마 외상은 일본이 장래 구미와의 조약 개정을 할 경우는 청국도 그것에 맞추어 개정에 상응한다는 문서상의 확약과 단기의 조약 기한 등에서 청국의 양보가 없는 한, 교섭이 결렬되어도 어쩔 수 없다는 입장을 바꾸지 않았다. 1888년 9월 시오다는 총리아문에게 교섭 중지를 통고하고, 그 후 청일전쟁까지 청일 간에 수호조규의 개정교섭이 재개되는 일은 없었다.

일본은 메이지유신 이래 구미 여러 나라와의 불평등조약의 개정을 국가적 목표로 삼아왔다. 이 점은 잘 알려져 있지만 1880년의 분도개약 교섭 후, 청일 간의 수호조규개정(개약) 교섭이 1880년대 후반에도 있었다는 사실은 별로 알려지지 않았다. 원래 구미와 청국에 대한 두 개의 조약개정 교섭 사이에는 전자가 성공하기 위해서는 후자와의 정합성 문제를 피할 수 없다는 제약이 있었다. 그렇지만 일본에 의한 일방적인 류큐병합 문제가 최대의 난관이 되었으며, 원래 평등한 조약인 청일수호조규를 일본의 구미와의 조약 개정에 정합시키려

---

598   위의 책, 174~178쪽.

는 시도는 좌절되었다. 그러나 청국과의 조약개정의 가능성을 완전히 단념한다면 일본에게 남겨진 주요한 방법은, 구미와의 조약개정이 늦어져 교섭이 보다 곤란하게 되거나, 청일수호조규를 파기하고 그에 수반되는 무조약 상태로 인한 혼란을 감수하거나, 혹은 단번에 문제를 해결하기 위해 전쟁을 하는 세 가지 방향으로 대략 좁혀진다. 현실적으로 이루어진 것은 청일전쟁 직전 영국과의 조약 일부 개정과 청일전쟁 개전에 따른 대청 조약들의 파기, 그리고 전후 처리로서 일본에 유리한 불평등조약의 강요였다.

제4절 청일전쟁과 조선·오키나와

1. 청일 대립·전쟁의 초점으로서의 조선

근대 일본이 본격적으로 일으킨 최초의 대외전쟁인 청일전쟁은 메이지 초기부터의 정치외교사의 한 귀결일 뿐만 아니라 그 뒤 일본·중국사의 동향을 평가하는 대사건이었다. 이 전쟁을 거쳐 일본은 동아시아의 강국이 되고, 제국주의 열강으로의 한 발을 내딛었던 것에 비해, 역으로 청조 중국은 최후의 조공국인 조선을 잃었을 뿐 아니라, 스스로가 일본을 시작으로 열강에 잠식당하고 반식민지로 쇠퇴되지 않을 수 없었다. 근대사를 개략적으로 살펴보면, 동아시아에서 신구제국의 교체를 상징하는 사건이었다고 말할 수 있다. 그러한 중요성에 비추어보면, 이 전쟁의 경위와 의미에 대해 논해야 할 사항은 많지만, 지면의 제약으로 인해 여기서는 간략하게 논술할 수밖에 없다.[599] 이하에서는 근대 일본

599　中塚明, 『日淸戰爭の硏究』(靑木書店, 1968년); 藤村道生, 『日淸戰爭』(岩波新書, 1973년);
　　　藤村道生, 『日淸戰爭前後のアジア政策』(岩波新書, 1995년); 原田敬一, 『日淸·日露戰爭』

에 의한 류큐병합과 조선(한국)병합과의 유비성이라는 관점에서 논하는 최초의 서술로서, 청일전쟁부터 러일전쟁을 거쳐 한국병합에 이르는 거대한 역사의 몇 가지 국면에 대해 스케치함으로써 최소한의 책임을 다하고자 한다.

류큐에서 '번왕책봉'이 있었던 즈음에 일본 정부 내에서는 조선도 황국에 '번속'시켜야 한다는 논의가 있었지만, 그 이후 만국공법(국제법)을 이용한 조약 외교노선으로 전환되었다는 점은 이미 서술했다. 거기서 목표로 삼았던 것은, 종주국인 청국과의 종속관계를 부정하고, 청국의 후원을 끊어버림으로써 조선을 전적으로 유일하게 일본만의 세력 하에 두는 것이었다. 류큐의 경우는 국력이 모자라고 군사력도 없는 소국으로, 역사적 여건에도 차이가 있으므로, 일본은 교묘하게 '책봉'이라는 수법을 택하여 '번속'화를 꾀하고, 수년 후에는 극히 얼마 안 되는 병력을 동원하여 위협하고 강제병합으로 몰고 갔다. 그러나 조선의 경우는 1873년(明治6)의 정한논쟁이 보여주고 있듯이 국력과 무력이 정비되지 않은 상태에서 즉시 정한을 실행하는 것은 곤란하다는 인식이 강했다. 때문에 오히려 일본 측이 조선의 '자주''독립'을 계속 주장하면서, 그 후에도 오랫동안 노골적인 포함외교를 지속적으로 반복했다. 물론 이러한 일본의 공세에 대해, 조선도 또한 종주국인 청국의 후원에 의지하여 자신을 지키고자 했고, 청국으로서도 전통적인 종속관계를 근거로 지원과 개입을 심화시켰다. 청일전쟁은 그렇게 수십 년 동안 이어온 일본과 청국의 대립과 각축에 의한 결과였다. "일본은 조선 문제를 해결하고, 동시에 현안인 류큐 귀속문제 및 청국이 일본에서 갖고 있는 영사재판권을 철폐시키기 위해 청국과의 전쟁을 결의한"[600] 것이다.

류큐병합 뒤 일본과 청국은 조선을 둘러싼 대립을 심화시켜왔는데, 그러면 구체적으로 왜 일본은 1894년이라는 시점에서 전쟁을 시작한 것일까. 조선

(岩波新書, 2007년) 등 참조. 전쟁이 시작된 과정에 대해서는 高橋秀直, 『日淸戰爭への道』(東京創元社, 1995년), 전투의 경과에 대해서는 原田敬一, 『日淸戰爭』(吉川弘文館, 2008년)이 자세하다.

600　藤村道生, 『日淸戰爭前後のアジア政策』(앞에서 서술), 220쪽.

의 동학농민 봉기라는 계기를 차치한다면, 여기에는 중요한 세 가지 이유가 있다. 첫째는 임오군란 이후 1880년대부터 군비확장을 계속해왔던 일본이 겨우 이 시기가 되어 청국을 상대로 전쟁을 수행할 수 있다는 전망이 보였다는 것이다. 전쟁의 기회가 오기를 기다리던 시점에 동학농민의 봉기와 청국에게 조선정부가 원군을 부탁했고, 이것은 일본에게 개전의 구실을 만들어 주었다. 둘째는 일본 국내정치상의 이유로서, 당시의 번벌(藩閥)정부가 주로 대외문제를 둘러싸고 자유민권운동의 흐름을 이어받은 의회 안팎의 민당(民党) 세력으로부터 연약한 외교라는 비판을 받아서, 정권운영이 정체상태였던 적이 있었다. 일본에서는 1889년에 대일본제국헌법이 발포되고, 이듬해에 제1회 제국의회가 열리는데, 초기 의회에서는 자유민권운동의 흐름을 이어받은 '민당'세력이 다수를 차지했고, 민력휴양(民力休養)[601]과 정치비용 절감 등을 요구하며 번벌 정부를 공격했다, 특히 1894년 5월 제6회 의회 소집에서 민당은 서양 여러 나라와의 조약개정문제를 둘러싸고 이토 히로부미 내각을 격렬하게 공격하고, 중의원에서 내각의 탄핵 상주안을 가결하여 정부는 의회를 해산시켰다. 이러한 정부에 대한 국내의 비판을 대신할 목적으로 무리하게 전쟁을 일으켰다. 세 번째 이유는, 여러 외국이 전쟁에 개입할 위험성은 적다는 일본정부의 판단이 있었다.

1894년 8월 1일 청국에 대한 전쟁선포의 조서는, 개전 이유에 대해 "조선은 애초에 제국이 개화시켜 이끌어주어 열국의 대열에 오르게 된 하나의 독립국이다. 그런데 청국은 언제나 조선을 자신의 속국[屬邦]이라며 음으로 양으로 조선의 내정에 간섭하고, 거기에서 내란이 일어나면 속국을 위기에서 구한다는 구실로 조선에 병사를 보냈다. (후략)[602]"라고 서술하고, 조선의 '독립'을 침해하

---

601 [역주] 민력휴양(民力休養): 부담을 가볍게 하여 백성의 힘을 펴게 한다는 뜻으로 1890년에 행해진 중의원 총선거에서 구 민권파가 대승하여 입헌자유당과 입헌개진당 등의 민당이 과반수를 차지한다.

602 『日本外交年表竝主要文書』上(앞에서 서술), 154~155쪽.

려는 청국으로부터 조선을 지키는 것이 이 전쟁의 목적임을 국내외에 표명했다.

그러나 조선의 '독립'을 위해서라는 말과는 정반대로 전쟁은 청국과의 개전 이전에 조선내정에의 무력개입 즉 실질적으로 조선과의 전쟁이라는 형태로 시작되었다. 주지하는 바와 같이 조선에서는 1894년 봄 이후 전라도 남부를 중심으로 '동학'을 신봉하고 폐정개혁(弊政改革)을 요구하는 농민운동이 격렬하게 확대되었으며, 농민군은 계속 정부군과 전투를 반복하면서 한성을 향해 북상하는 사태가 발생했다(동학농민운동·갑오농민전쟁). 위기감을 느낀 조선정부는 6월 3일 청국에 정식으로 출병을 요청했다. 한편 일본도 청국의 출병에 대비하여 이미 6월 2일에 파병준비를 각의에서 결정하고, 5일에는 대본영을 설치했다.

청국군은 농민군의 본거지에서 가까운 아산에 상륙한 반면, 일본은 수도 한성에서 가까운 인천에 파견군을 상륙시켰다. 그러나 양국의 군사충돌을 두려워한 조선정부는 이미 농민군에게 양보하여 폐정개혁을 약속한 후로 '전주화약(全州和約)'을 맺은 상태였다. 출병 명분을 잃은 일본은 청국에게 서로 협동하여 조선을 개혁하자는 제안을 했으나 당연히 거절당했다. 한편 조선에 대해서는 청국과의 종속관계를 이유로 왕궁을 포위한 다음, 청국군을 철수시킬 것과 청국과의 종속관계를 인정한 형태의 여러 조약의 파기를 요구했다. 그리고 회답기한이 다가오는 6월 23일 일본은 왕궁인 경복궁을 습격하여 점령하고, 민씨 정권을 무너뜨리고 대원군을 집정에 복귀시켜 친일파 정권을 수립했다. 이 신정부로부터 청국군을 몰아내달라는 의뢰를 얻어낸 일본은, 7월 25일에 조선 서해안의 풍도(豊島) 먼 바다에서 청국군과 교전했고, 일주일 후 청국에 대한 선전포고를 했다.

개전(開戰)의 정보가 전해지자 일본 국내는 관민 모두 전쟁을 열광적으로 지지했다. 정부는 특별히 대본영을 히로시마로 옮기고, 천황이 참석한 임시제국의회가 히로시마에서 개최되었다. 의회는 전쟁관련 예산과 법안을 만장일치로 통과시키는 등 거국일치의 전시체제가 성립되었다. 전쟁의 판국은 줄곧 일본의 우세로 일본군은 평양과 황해 전투에서 승리하고, 요동반도의 여순(旅順)·

대련(大連)을 점령하고, 1895년 2월에는 이홍장의 북양해군의 거점인 웨이하이 [威海衛]도 점령했다. 전쟁 초반에 전쟁터는 조선반도로서, 10월에 동학농민군은 일본세력을 몰아내고 일본이 옹립한 정부의 타도를 목표로 다시 봉기했지만 철저하게 제압당했다. 또한 전쟁의 수행을 위한 식량·물자·사람과 말의 징발이 실시되었는데, 이에 반대하는 조선민중의 일본군에 대한 다양한 저항도 일어나는 등 청일전쟁은 일본에게 조선민중과의 전쟁이기도 했다.

11월 상순 미국, 영국, 러시아는 청일 양국에게 조정 의사를 전달했는데, 일본은 아직 강화의 단계가 아니라며 이토 수상은 웨이하이를 단번에 공략하고 대만을 약탈하려는 계획을 꾸몄다. 대만의 할양을 요구하는 여론이 있었고, 그 때문에 대만점령작전을 성공시켜야 할 필요가 있었다. 강화교섭은 1895년 2월부터 시작하여 3월 20일 청국의 전권대표인 이홍장과 이토 히로부미 수상, 무쓰 무네미쓰[陸奥宗光] 외상 사이에 정식교섭이 이루어졌지만, 일본군은 교섭 중에도 동시에 군사작전을 확대하여, 3월 23일에 팽호제도(澎湖諸島)를 점령하고 일본은 대만과 팽호제도의 할양을 강화조건으로 제시했다. 더욱이 강화교섭의 개시 직전인 1895년 1월에 일본은 센가쿠제도[尖閣諸島]의 오키나와현 편입을 각의에서 결정하고 사실상 자신의 영토로 한다는 것을 선언했다.

1895년 4월 17일 일본 측 전권대표인 이토 히로부미·무쓰 무네미쓰와 청국 전권대표인 이홍장은 강화조약에 조인했다. 조약 제1조는 "청국은 조선국의 완전무결한 독립자주국임을 확인한다. 따라서 이 독립자주를 손상시키는 조선국의 청국에 대한 조공전례[貢獻典禮] 등은 앞으로 완전히 이를 폐지할 것"[603]이라고 규정하고, 청국에게 조선과의 전통적인 종속관계(조공·책봉)의 폐지를 승인받았다. 류큐의 경우는 1875년에 일방적으로 종속관계의 금지 명령을 받았고 경하사 파견과 조공이 우격다짐으로 저지당했지만, 조선의 경우는 전쟁의 결과 종주국인 청국 스스로가 종속관계의 부정을 승인하도록 했던 것이다.

---

603 『日本外交年表竝主要文書』上(앞에서 서술), 165쪽 이하를 참조

그 외에 조약 제2조, 요동반도, 대만, 팽호제도를 일본에 할양한다, 제4조, 배상금은 고평은(庫平銀) 2억 냥(兩)으로 결정되었다. 이 배상금은 실로 엄청난 액수로 강화 후 삼국간섭에 의한 요동반도 반환에 따르는 보상금[代償金] 3천 냥을 포함시키면 당시 청국의 세입총액의 약 2년 반 분량으로 일본의 국가예산 총액의 4배가 조금 넘는 정도에 해당된다.

또한 제6조에서는 청일수호조규 등 기존 조약의 파기와 새로운 조약관계로의 이행을 약속받고, 7월에는 세목을 정한 불평등조약인 청일통상항해조례가 체결되었다. 일본 측에서 보면 류큐병합 후 분도개약교섭, 1880년대 후반의 수호조규 개정교섭에서 문제가 되었던 안건이 이것으로 한꺼번에 해결되었다. 결과적으로 보면 청일전쟁으로 인해 일본의 차지가 되고 식민지가 된 것은 원래 전쟁 목적과는 직접 관계가 없었던 대만, 팽호제도였다.[604] 강화교섭에서 류큐문제가 의제로 오르는 일은 없었고 또한 일본의 영토가 류큐열도에서 남쪽까지 연장 확대됨으로써 청일간의 현안이었던 류큐문제도 자연 소멸되는 형태가 되었다.

2. 청일전쟁 전후의 오키나와

청일전쟁은 이미 15년 전 일본에 병합되었던 류큐(이후 오키나와로 칭함)에게도 역사적으로 커다란 고비였던 사건이었다. 그 결과는 오키나와의 일반 민심의 귀추에 막대한 영향을 끼쳤고, 또한 일본정부가 종래에 해 왔던 현(縣) 통치의 방침이 전환되는 결과를 초래했다.

지금까지는 병합 후 일본정부·오키나와현청의 통치에 대한 고찰을 생략해왔는데 여기서 간단하게 언급해두자면, 오키나와 근대사연구에서는 1879년

604　덧붙이면 대만총독부의 초대 총독에는 본서의 제2장에서 소개한 가바야마 스케노리(해군 대장)이 임명되어, 장기에 걸친 현지주민의 강력한 저항운동을 탄압하는 정복전쟁을 지휘했다.

병합처분에서 청일전쟁 후인 1900년경까지를 '구관온존기'(舊慣溫存期)라 불러 왔다. 지할제(地割制)를 중심으로 한 토지제도, 현물납을 기본으로 하는 조세제도, 왕부 말단의 지방 관리·조직을 계승한 지방제도 등 류큐왕국시대의 '옛 관습'[舊慣]이 개혁되지 않은 채 일본정부·오키나와현청의 통치정책으로 계속 그대로 두었었다. 구관존치의 최초 제안자는 마쓰다 미치유키였는데, 그러한 '비개혁[不改革]'을 기본으로 하는 통치정책이 약 20년이나 지속된 배경에는 지금까지 살펴본 바와 같이 류큐 문제가 계속 청일간의 현안이었다는데 있다. 또한 그것과 밀접하게 관련된 것은 오키나와의 현지 사정으로서 황국 일본에 대한 불신과 거부, 즉 메이지 천황국가에 대한 충성심이 없었고, 그 배경에는 청국의 구원을 받아 류큐의 복국이 이루어질 거라는 희망이 청일전쟁의 끝이 보일 때까지 끈질기게 계속된 점이 있었다. 예를 들어 청일전쟁 발발 1년 전인 1893년 6월 오키나와를 탐방했던 사사모리 기스케[笹森儀助]는 다음과 같이 기록하고 있다.[605]

주로 사족이 앞장서서 주장하는 것은 흑당(黑黨)·완고당(頑固黨)·개화당(開化黨) 3파로 나뉘어 있고, 각 파의 운동방법·수단에 다소 차이는 있다고 하나, 번정(藩政) 복구라는 목적에는 모두 뜻을 같이 했다. 흑당·완고당 양파는 오로지 지나 정부에 부탁하는 방법을 택해 빈번하게 밀항하여 지나 정부에 탄원하고, 안으로는 무슨 일이 있을 때마다, 법령 하나가 나올 때마다 남몰래 비방하여 일본과 오키나와의 민심을 이간시키려고 애썼다. 또는 지나 정부가 류큐국 보호를 위해 군함을 보낸다는 등의 뜬소문을 퍼트리고, 그럼으로써 어리석은 백성을 현혹시켜 민심을 잡으려고 했다. 그런데 흑당은 지나 전속주의, 완고당은 청일 양속주의이다. 따라서 그 이념은 다를지라도 지나에게 기대어 복귀를 꾀하는 한 가지 일에 부딪치면 양당이 서로 제휴하여 움직였다. ……
개화당은 양당에 반대하고 언제나 개화와 진보에 매달렸다. 그들의 희망은

605　笹森儀助, 『南嶋探險-琉球漫遊記 1』(東喜望校注, 平凡社東洋文庫, 1982년), 39~41쪽.

일본에 전속(專屬)하고, 구 번주를 왕위에 복귀시키려는 생각은 아직 사라지
지 않았다. …… 일반 평민에서는 우리 신정부를 좋아하는 모습이 실제로 틀
림없이 있다.

이와 같이 청일전쟁 이전의 오키나와는 소위 '사족'이 두 파 내지 세 파로
나뉘어져 있었고, 류큐왕국의 복국과 왕위복구에 대한 희망을 계속 가지고 있
었다. 결론부터 말하면, 청일전쟁의 결말은 그렇게 청국을 믿고 의지하고 있던
류큐복국에 대한 희망을 무참하게도 깨부수어 버렸다. 그리고 이것을 전환점으
로 결국 민심은 일본제국 쪽으로 통합되는 모습을 보였고, 일본정부도 오키나
와의 옛 관습의 여러 제도의 개혁실시에 점차 착수하게 되었던 것이다.

위에서 말한 사사모리의 기록과 관련해서, 병합 후 '사족'의 동향에 대해
필자의 견해를 피력해 보자면, 그가 기록한 상황은 어디까지나 청일전쟁 직전
의 상태, 즉 1879년 류큐병합에서 10여 년 후의 상태라는 점에 유의해야 한다.
앞에서도 다루었지만 종래의 '류큐처분'연구에서는 주로 1875년의 마쓰다 미치
유키의 류큐출장 복명서[奉使琉球始末] 등을 근거로 당시에 이미 류큐의 '사족'
이 친일파('우리 정부에 은혜와 의리가 있다고 생각하는 당')를 포함한 두 파 혹은 세 파
로 갈라져 있다는 주장이 있었다. 사사모리의 기록은 언뜻 그 주장과 부합하는
것처럼 생각될지도 모르겠지만, 마쓰다의 복명서와 사사모리의 기록 사이에는
20년 가까운 간격이 있으며, 병합이 실시된 1879년부터도 15년 가까운 일본통
치의 역사가 가로놓여 있다. 이 시간적 간격과 일본 통치라는 기정사실을 근거
로 한다면, 마쓰다의 보고와 그에 의거한 종래의 연구 쪽에 문제가 있다는 것은
쉽게 추정할 수 있을 것이다.

사사모리 기스케의 '남도탐험(南嶋探險)'은 이 시대의 모습을 엿볼 수 있는
매우 흥미로운 기술이 많이 포함되어 있지만, 그 하나로, "(7월 4일) 쓰가와 사료
계를 내방하여 여러 가지 사료를 오키나와사로 정리하는 것에 대한 이야기를
했다. 쓰가와씨가 말하기를, 본 현인(縣人)은 다른 부현인(府縣人)을 외국인으로

본다. 그러므로 서로 친하게 지내지 않는다. 이것이 어떤 의미이냐면 예부터 내려 온 연혁을 밝히지 않은 결과이다."[606]라는 기술이 있다. 쓰가와 사료계[律川史料係]의 "일본인의 저서는 우리 신대(神代)부터의 옛 기록을 펼쳐보아도 이치에 맞지 않는 말을 억지로 끌어다 붙인 주장들이 많고, 진짜 증거로 삼을만한 것이 없다. 본디 류큐인의 민심을 얻기 어렵다. 따라서 나는 지나·일본에 치우치지 않고 진정한 증거를 얻고 싶어서 백방으로 탐색했다.", "진실로 일본·류큐는 고대부터의 관계를 분명하게 하고, 민심을 유지시켜야 한다."[607]고 하는 등의 말에서 통치자 측이 아직 지배의 정당화가 결여되었다고 느끼고 있는 점, 그 정당화의 근거를 류일관계의 오래된 역사에서 찾으려 하고 있음을 엿볼 수 있다.

류큐병합 뒤인 1880년대 오키나와의 사회 상황에 대해서는 사실 사료가 적고, 잘 알려지지 않은 부분이 많다. 오직 그 시대의 체험을 이야기할 수 있는 사람으로 신세대인 오타 조후[太田朝敷]에 의하면, 1886년경부터 "완고당과 개화당의 색채가 해마다 확실해져" 왔고, 1880년대 말에 걸쳐 그 반목이 "점점 심해졌다"[608]고 한다. 그 배경에는 류큐병합에서 몇 년이 흘러도 뚜렷한 청국의 구원이 없었다는 것, 1884년에는 쇼타이가 정부로부터 허가를 받아 성묘[墓參]하기 위해 오키나와에 잠시 귀성했는데, 그 때 주변에 경거망동을 주의시켰을 것이라는 점, 오키나와현 개설 후 현청의 관리, 교원, 기류(寄留)상인 등 일본 본토에서 흘러 들어온 사람이 늘어나, 그 시대의 일본 사조를 가지고 온 것 등등이 있었을 것이다. '완고'와 대비되는 '개화'라는 말도 그렇게 유입된 말의 하나이지 않았을까.

오키나와에서 이른바 '개화'파의 탄생을 생각할 경우 잊지 말아야 할 것은, 폐번치현 후 사족의 생활 빈곤의 문제이다. 오키나와 사족의 수는 많았지만 압

---

606   위의 책, 159쪽.

607   위의 책, 139쪽, 159쪽.

608   太田朝敷, 『沖繩県政五十年』(國民教育社, 1932년), 97~98쪽(제2판, おきなわ社, 1957년, 76쪽, 78쪽. 『太田朝敷選集』上巻, 第一書房, 1993년, 61~62쪽).

도적인 다수는 녹봉이 없는 사족으로 류큐왕부의 해체와 더불어 전원이 현재와 미래의 사관직[士官先]을 잃었고, 길거리로 내쫓겼다. 옛 관습의 여러 제도가 존속됨에 따라 농민층에게는 농사를 지을 수 있는 햐쿠쇼치[百姓地]가 있었고, 지방 관리 쪽도 관리직과 인원도 옛날 그대로였지만, 대다수인 슈리와 나하 등의 사족의 경우는 기샤바 조켄이 그러했던 것처럼, 일부는 지방으로 내려가서 황무지 개간이나 햐쿠쇼치에서 소작를 하는 것 외에 입에 풀칠을 할 수 있는 것은 없었다. 똑같이 그들 사족 중에는 생활고로 혹은 권유를 받아 현청 하급관리가 된 사람도 생겼다. 이전의 기샤바 조켄의 서술에 입각하여 구 왕부 관리가 신현정(新縣政)으로의 제반 사무인수에 저항해서 '고문'을 당했다고 논했는데, 오타 조후는 그 전후로 자신의 부친(양부)이 다른 곳으로 옮겨간 것에 대해, "나의 아버지 오타 사토누시 페친 초메이[太田里之子親雲上 朝明]는 모노부교호[御物奉行方]의 서기를 맡고 있었기 때문에…… 십여 일이나 경찰서에 유치되었고 상당히 심하게 맞은 것 같았지만, 붙잡혀 있는 동안 구 번의 수뇌부로부터 설득당해서 마침내 현의 [사무 인계] 요구에 응하자 간신히 방면되었는데, 얼마 안 있어 오키나와현 소속 판임관(判任官)으로 조세괴에시 근무하라는 발령을 받았고, 거금 25엔이나 30엔의 월급을 받았으며, 메이지19년까지 근무"[609] 했다고 서술되어 있다. 오타 조후가 제1회 현비 유학생으로 도쿄에서 유학하고, 젊은 '개화'파의 대표적 인물로 성장한 것도 위와 같은 부친의 전향[轉身]과 관계가 있었을 것이다. 여하튼 지금까지 서술한 바와 같이 여러 요인이 복합되어 있고, 이하 후유가 "누구도 대세를 거스를 수 없다. 자멸을 원하지 않는 사람은 대세에 복종하지 않으면 안 된다. 한 사람이 일본화 되고, 두 사람이 일본화 되고, 결국에는 청일전쟁이 마무리 될 즈음에는 이전에 메이지정부를 욕했던 사람들의 입에서 제국만세의 목소리를 들을 수 있게 되었다."[610]라며 메이지 말년에 회고한 것처럼, 일본

---

609   위의 책, 48~49쪽(제2판, 35쪽. 『選集』上卷, 30쪽).

610   伊波普猷, 『古琉球』(沖繩公論社, 1911년), 96쪽.

의 통치가 기정사실화되는 가운데 '개화'된 당파가 생겨나고 서서히 수가 늘어
갔던 것이다.

또 하나 유의할 것은 일본식 학교교육의 영향이다. 류큐의 선비는 과거시
험에 급제하기 위해 면학에 힘쓰는 것을 본분으로 삼았고, 수도 인구의 4분의 1
을 넘었다. 그러나 1879년 병합처분에 따라 예로부터의 교육기관도 일단 모두
폐지되고, 그 후에는 슈리와 나하의 옛 학교시설 등도 이용하면서 신교육이 제
로에서 시작되었다. 옛 관습의 존속정책을 취했던 반면에 취학률은 지지부진
하여 오르지 않았지만 신정부의 위정자는 교육에는 힘을 쏟았다. 오타 조후가
"일반 현민은 도저히 구제하기 어려운 자로서……2대째부터 근본적으로 개조
한다는 것이 당시 정부 및 현 당국이 채택한 교육에 대한 특정방침이었던 것 같
다."[611]고 회고하고 있듯이, 정부와 현은
'일반현민'(기성세대)의 빠른 귀순에 대해서
는 거의 포기하고 자녀 세대부터 일본으로
의 '동화'에 기대를 걸었으며, 그것을 위한
교육의 보급에 힘을 기울였던 것이다. 오
타는 앞에서 서술한 1880년대 후반에 "완
고와 개화의 색채가 해마다 확실해졌다."
는 것과 이 시기에 얼마 되지 않지만 취학
률이 올랐던 것과의 연관성을 지적하고 있
는데 아무튼 일본식 신교육을 받은 '개화'
파적인 성향의 젊은 세대도 서서히 자라고
있었다(표 2 참조).

이리하여 1894년 7월에 청일전쟁이
시작되었다는 뉴스가 전해지자, 그때까

표 2 취학 적령아동의 취학률

연차	아동 실수	취학률
	명	%
메이지 14(1881)년	1,006	?
17(　84)년	1,854	2.5
18(　85)년	2,068	3.0
19(　86)년	2,991	4.2
20(　87)년	4,824	6.8
21(　88)년	5,523	7.8
22(　89)년	8,817	12.1
23(　90)년	10,758	14.2
24(　91)년	11,361	14.9
25(　92)년	12,387	17.3
26(　93)년	14,051	19.9
27(　94)년	16.192	22.0
28(　95)년	16,755	24.2
29(　96)년	22,150	31.2

* 오타 조후(太田朝敷), 『오키나와현정 50년』.

611　太田朝敷, 『沖縄県政50年』(앞에서 서술), 92쪽(제2판 72쪽. 『選集』上巻, 58쪽).

지 암암리에 세력을 유지해왔던 친청파(親淸派)인 완고당과 일본 통치에 귀순했거나 순응한 개화당의 대립과 반목이 격렬해졌다. 완고당은 매월 초하루와 15일에는 절과 신사[寺社]·참배소 등을 돌며 청국의 승리를 기원했다. 다른 한편으로 오키나와 초기 신문으로서 오타 조후 등 개화파 청년 세대에 의해 지난해인 1893년에 창설된 '류큐신보'는 호외를 내고 일본의 연전연승 뉴스를 전했으며, 그것을 믿지 않으려는 완고당을 신문에서 공격했다. 또한 이전부터 가끔 있었던 청국이 남양함대를 오키나와로 파견한다는 소문이 이때는 정말로 일어날 것처럼 생생하게 확대되었다. 그에 반해 가고시마 등 '내지'에서 온 기류상인이나 관리 등은 '동맹의회'라는 자위조직을 만들어 유사시를 대비했다. 이하 후유는 바로 그 당시에 현립 중학교에서 공부하고 있었는데, 그 중학교와 사범학교에서도 의용단이 조직되어 청국 함대의 습격에 대비하는 군사훈련이 행해지는 등 현 내의 긴박감이 현저하게 높아졌다.[612] 그러나 오키나와까지 전쟁의 불길이 미치는 일은 없었고 전쟁은 청국의 패배로 종결되었다. 시모노세키강화조약에서 대만마저 일본령이 되었으며, 청일 간에 현안이었던 류큐·오키나와의 '귀속문제'도 자연스럽게 결말을 맺었다. 그때까지 비밀리에 세력을 유지해왔던 완고당은 결국 급속하게 영향력을 잃어버렸고, 청국의 구원에 의한 복국에 기대를 품었던 구세대들도 일본국가에 포섭된 현실을 바꾸기 어렵다는 것으로 받아들이게 되었다.

---

612   伊波普猷, 『沖繩歷史物語』(『伊波普猷全集』제2권, 平凡社, 1974년, 수록) 445쪽; 『那覇市史 第2卷 通史編』(那覇市役所, 1974년), 137쪽 참조

제5절 두 개의 병합, 류큐와 조선

1. 러일전쟁에서 한국병합으로

지금까지 살펴본 바와 같이, 일본이 청일전쟁에서 노렸던 최대의 목적은 청국의 영향력을 조선에서 배제시킴으로써 오로지 자신의 세력 하에 두는 것이었다. 그러나 청국과 조선의 종속관계의 완전폐지와 그 외의 사항은 성과를 얻었으나 조선을 일본의 영향 하에 둔다는 목적을 바로 달성하지 못했다. 요동반도의 할양을 둘러싼 삼국간섭이 있었고, 러시아가 조선과 만주[東三省]로 한층 세력을 확대하는 등, 서구열강의 동향을 경계하지 않을 수 없었기 때문이다. 일본이 원래의 목적을 달성하기 위해서는 다음 경쟁상대로 1880년대 중반부터 동아시아로의 진출이 두드러진 러시아를 물리칠 필요가 있었다. 하지만 일본은 러일전쟁에서 승리함으로써 조선의 '자주·독립'을 실현시켰느냐 하면 사실은 전혀 반대로 전쟁 중에 이미 조선의 속국화를 추진했다. 결국 강화도조약을 맺은 이후로 일본의 침략적인 조약외교가 주장한 조선의 '자주와 독립'은 그 침략적 야망을 자타에게 숨기려는 수식어에 지나지 않았다. 명분론으로서 조선의 '독립'을 주창했다 하더라도 그것은 어디까지나 친일적 독립이며 일본의 지도하에서의 독립이어야 한다고 생각했다.

그러한 일본의 침략적 성향을 말도 안 되는 그로테스크한 형태로 보여준 것이 청일전쟁 직후에 일어난 민비살해사건(을미사변)이라는 만행이었다.[613] 청일간의 강화가 이루어진 후 일본이 삼국간섭을 받아들였다는 것을 알게 된 조선에서는 친일파는 열세가 되었고, 러시아로 기울어 있던 세력이 신장했다. 이에 위기감을 품은 미우라 고로[三浦梧楼] 공사 등은 일본의 수비군과 거류민가운

613　金文子,『朝鮮王妃殺害と日本人』(高文硏, 2009년); 崔文衡,『閔妃は誰に殺されたのか-見えざる日露戦争の序曲』(彩流社, 2004년)을 참조

데 정치깡패를 이용하여 왕비이며 반일친러파인 민비(명성황후)의 암살 계획을 세우고, 왕궁에 침입하여 왕비와 궁내부 대신 등을 살해했던 것이다. 사건 후 일본은 이노우에 시게루를 공사로 파견하여 개혁하도록 지도하여, 일단은 영향력을 회복했다. 일본의 후원으로 새롭게 조직된 김홍집 내각은 태양력을 사용하고, 단발령을 강경하게 실시하는 등 상당히 급진적인 여러 가지 개혁을 추진했다. 그러나 국모의 살해와 일본의 노골적인 내정간섭은 조선민중의 반일 감정을 극에 달하게 했고, 특히 단발령에 대한 민중의 불만이 직접적인 계기가 되어 각지에서 항일의병투쟁이 전개되었다. 이러한 국민의 반항이 거세지는 상황에서 1896년 2월에는 신변에 위험을 느낀 국왕 고종이 러시아공사관으로 거처를 옮기는 사태[露館播遷]가 일어났으며, 이러한 비정상적인 사태는 약 1년간이나 계속되었다. 아관파천의 결과 일본의 후원을 받았던 내각은 무너지고, 개혁도 유산되었으며, 결정적으로 일본은 정치적으로 후퇴하게 되었다. 이러한 가운데 거꾸로 러시아는 친러파 정권을 움직여서 어느 정도 이권을 챙겼다.

이렇게 조선은 청국과의 종속관계에 의거하여 외압에 대처하는 방식이 이제 와서는 소용없게 된 상황에서, 일본을 견제하기 위하여 러시아에 접근하여 양자의 세력균형정책을 취하면서 국가의 독립과 자강을 꾀하려 했다. 이 시기에 국민운동으로 널리 퍼진 서재필 등의 독립협회운동도 이러한 청일전쟁 후의 상황에 대응한 것이었다. 서재필은『독립신문』을 발간하여 계몽활동을 하고 1896년 7월 독립협회의 결성을 주도했는데 이 협회는 중국의 칙사를 환영하기 위한 영은문(迎恩門)을 부수고 그곳에 독립문을 세웠으며, 모화관(慕華館)을 독립관으로 개명하여 집회장소로 활용하는 등 새로운 상황에 대응한 민족적 ‘자주와 독립’의 정치의식을 키우기 위한 활동을 했다.

오랫동안 러시아 공사관에 머물렀던 고종은 독립협회 등의 ‘환궁’요청을 받고 경운궁으로 돌아왔다. 이를 계기로 국왕을 황제로 하는 문제가 부각되어, 1897년 10월 국왕 고종은 ‘황제’즉위식을 가졌고, 조선의 국호를 ‘대한제국’으로 고쳤다. 조선이 청국과 일본을 비롯하여 각국과의 동등한 주권국가임을 내외에 천명하기 위한 것이었다. 1899년 8월에는 헌법에 해당하는 '대한국국제(大韓國國制)'가 제정되었는데 그것은 황제에게 정치권력을 집중시키는 전제적 국가제도였다. 이러한 체제하에 자주적인 토지제도개혁 등 '광무개혁'이라 불리는 온건한 개혁정책이 추진되었다.

러일전쟁에 이르는 시기에 동아시아에서 일어난 열강의 복잡한 동향을 여기서 논할 여유는 없다.[614] 요점만 말하면 청일전쟁 후 청국에는 서구 열강이 일제히 진출했는데, 1900년 '부청멸양'(扶淸滅洋)을 주장하는 의화단을 중심으로 외국인 배척 폭동이 격화되었고, 청조도 동조했다. 열강은 그 진압을 위해 공동으로 청국 북부에 출병하고 일본도 최대 병력을 보내 참전했다. 러시아도 대군을 보내 만주를 점령했으나 사변이 종식된 후에도 좀처럼 군대를 철수하지 않고 이권을 확대시켰다. 그런 가운데 일본은 러시아에 대해서는 만주를 일본의 이익범위(利益範圍)에서 제외시키는 대신에, 한국에서 일본의 정치적 지배를 인정받으려고 했지만 러시아의 거절에 부딪치자 마침내 1904년 2월 개전을 단행했다. 그 배경에는 러시아와 대립하고 있던 영국과의 조약개정교섭이 진행되고 1902년에는 일본이 러시아를 상대로 전쟁을 일으켰을 경우 영국에게는 중립을 지킨다는 호의적인 약속을 받아 낸 영일동맹(1902년)이 성립되었던 것 외에, 한국에서 자주적 개혁의 진전과 자국의 정치적 후퇴에 대한 일본의 초조함이 있었다.

이러한 사정으로 일본은 러일간의 전쟁을 시작함과 동시에 한국을 보호국

614　山室信一, 『日露戰爭の世紀-連鎖史觀から見る日本と世界』(岩波新書, 2005년). 러일전쟁에 대해서는 당시부터 러시아의 위협을 강조하고 일본의 전쟁과 조선침략을 정당화하는 일이 이루어져왔지만, 러시아의 동향도 상세하게 해명하고 다각적으로 이 전쟁의 실태를 좇은 연구로서 和田春樹, 『日露戰爭』上·下(岩波書店, 2009~2010년), 이 전쟁을 한국의 시점을 포함하여 넓게 국제관계사적으로 고찰한 것으로 崔文衡, 『日露戰爭の世界史』(藤原書店, 2004년)를 참조.

으로 만드는데 즉각 착수하고 추진했다.[615] 한국은 그에 앞서 1904년 1월 러일 간의 교전이 있었을 즈음에 전시 국외중립(戰時局外中立)을 선언했지만, 일본은 2월 그 국외 중립선언을 무시하고 인천에 상륙하여 한일의정서를 체결하고 전쟁을 수행함에 있어 협력을 약속받아 낸 뒤 전쟁 중이던 1904년 8월에 제1차 한일협약을 맺고 일본정부가 추천한 자를 재정고문과 외교고문으로 인정할 것을 요구했다. 그리고 러일간의 강화가 이루어지고 난 직후인 1905년 11월에는 무력에 의한 위협으로 제2차 한일협약을 체결하고 외교권을 접수하여 보호국으로 한 다음에, 통감부를 설치하고 초대 통감에는 이토 히로부미가 취임했다. 각 부국(部局)에 일본인 고문을 배치하여 한국 내정에 대한 감독을 강화했다. 그 후 1907년 6월 네덜란드의 헤이그에서 열린 제2차 만국평화회의에 고종이 일본의 압박 하에서 맺은 협약의 부당성과 한국의 독립회복을 호소하기 위한 밀사를 파견한 일이 밝혀지자(헤이그 밀사사건), 일본은 고종으로부터 황제 자리를 순종에게 양위하게 함과 동시에 7월에는 제3차 한일협약을 맺고 한국의 내정권마저 완전하게 장악하고 게다가 군대도 해산시켰다.

그러나 일본이 조선을 보호국으로 만들려는 시도가 진전되는 것과는 달리 안으로 한국 민중의 다양한 저항운동이 일어났다는 것도 잘 알려져 있다. 개화사상에 기초하여 애국계몽운동이 광범하게 전개된 것 외에 특히 군대의 해산은 전국적으로 의병투쟁이 확대되는 계기가 되었다. 당초에 한국을 보호국인 상태로 유지하면서 통감정치를 계속한다는 방침이었던 이토 히로부미는 항일운동을 억누르기 위해서라도 병합을 서둘렀던 야마가타 아리토모와 가쓰라 다로 등의 강경파와는 다른 의견을 가지고 있었지만 의병투쟁은 탄압해도 전혀 수습되지 않았고, 일본 국내에서는 이토에 대한 비판이 고조되었다. 이토는 정부 안

---

⁶¹⁵ 한국병합과 그 전사에 대해서는 많은 연구가 있다. 山辺健太郎, 『日韓併合小史』(岩波書店, 1966년); 森山茂德, 『近代日韓関係史研究』(東京大学出版会); 森山茂德, 『日韓併合』(吉川弘文館, 1992년); 海野福壽, 『韓国併合』(岩波書店, 1995년); 海野福壽, 『韓国併合史の研究』(岩波書店, 2000년) 등 참조.

팎의 비판과 성과가 보이지 않는 통감정치에 대한 생각을 접고 병합에 동의했다.[616] 1909년 6월 이토는 통감을 사임하고 7월 6일에 일본정부는 '적당한 시기'를 살펴서 선택하여 한국의 병합 실시를 각의에서 결정했다.[617] 10월에는 러시아 재무상과의 비공식회담을 위해 길림성을 방문한 이토 히로부미는 하얼빈역 앞에서 민족주의 운동가 안중근에게 사살되지만, 병합계획의 실시를 향한 준비는 착착 진행되었다.

1910년 8월 22일 계엄 상태 하에 '한국병합에 관한 조약'이 한성에서 데라우치 마사타케[寺內正毅] 총독과 한국 수상인 이완용 사이에서 조인되었다.[618] 조인은 비밀리에 이루어졌고, 일주일 후에 천황의 조서와 병합에 수반되는 여러 칙령이 함께 공포되었다. 조약 제1조에 한국 황제는 '일체의 통치권을 완전하고도 영구히' 천황에게 '양여'하기로 하고 이를 계승하며 이를 받아 제2조애서 천황이 '양여를 수락하고 나아가 완전히 한국을 일본제국에 병합하는 것을 승낙한다'라는 것이었다. 본서의 서장에서 인용했지만 구라치 데쓰기치가 "자신은 한국이 완전히 폐멸하고 제국영토의 일부가 된 뜻을 분명히 하기" 위해 '병합이라는 문자'를 사용했다고 말하고 있듯이, 이 조약에 의해 대한제국은 멸망하고 일본제국의 영토가 되었던 것이다. 병합 후에 '조선'이라는 호칭이 다시 사용되었다.

조선의 병합은 이렇게 '근대'적 조약이라는 형식으로 이루어졌다. 그러나 주목할 것으로는 이 조약과 동시에 공지된 천황의 조칙에는 병합에 따라 천황이 한국 황제를 '이왕'에 책봉하는 것이 명시되어 있다. "짐은 영원토록 계속되는[天壤無窮] 통치의 근본을 넓히고 국가대사[国家非常]인 예수(礼数)를 정비하고자 하며, 전 한국 황제를 책봉하여 왕으로 삼고 창덕궁 이왕이라 칭한다"[619]라

---

616 小川原宏幸, 『伊藤博文の韓国併合構想と朝鮮社会』(岩波書店, 2010년).

617 「韓国併合に関する件」(『日本外交文書』제42권 第一册), 179~180쪽.

618 『日本外交年表並主要文書』上(앞에서 서술), 340쪽.

619 統監部, 『韓国併合顛末記』(1910년), 11쪽.

고 되어 있다. 영원토록 계속되는 '통치의 근본'이란 천지와 함께 영원히 이어지는 '통치의 근본'이며, 국가의 대사인 '예수'란 국가의 큰 일인 '예의와 대우의 격식' 정도를 이르는 것이다. 병합조약 제3조는 한국 황제와 황족 '및 후손으로 하여금 각 그 지위에 상응하는 존칭과 위엄 및 명예를 향유하게 한다'라고 약정했다. 그 '예수'의 정비로서 일본국 황제인 천황에 의한 '전(前) 한국 황제를 책봉하여 왕으로 삼는' 책봉이 시행되었다.[620] 대일본제국 틀 안의 황족·화족과는 별도로 조선의 '왕족'과 '공족(公族)'(생략하여 '왕공족')이 창설되었다.[621]

이렇게 보면 조약과 책봉이라는 두 가지 원리가 기묘하게 병존하고 교착되는 문제와 함께, 근대 일본에 의한 두 병합 즉 류큐병합과 조선병합의 유비성, 그 차이와 유사성을 새삼스럽게 깨닫게 된다. 류큐의 경우는 최초로 천왕에 의한 쇼타이왕의 책봉과 형식뿐인 화족으로 편입시키고 외국과의 '사교'가 정지되고 청국과의 조공정지 등의 명령과 강요가 계속되었으며, 마지막에는 우격다짐으로 '처분'이라는 형태의 강제병합이 실시되었다. 그에 비해 조선의 경우는 '류큐번왕' 책봉 무렵에 문제가 된 조선의 '번속'화는 미루어졌고, 강화도사건 이후 기나긴 침략적 조약외교 즉 '자주·독립'이라는 미명 아래 몇 번이나 내정개입의 시기를 거쳐, 마지막에 외교권 박탈·보호국화로 저항수단을 빼앗아 간 다음 합의('임의적 조약')의 체제를 취한 완전병합('한일병합조약')과 조선 '이왕'의 책봉이 이루어진 것이다.

---

620 병합 '십수 일' 후 '칙사로서 이나바[稲葉] 시종은 하치스카[蜂須賀] 식부관(式部官)을 동반하여' 조선을 방문하고 창덕궁에서 '이왕 봉책 칙서' 수여의 장엄한 의례가 집행되었다. 權藤四郎介, 『李王朝秘史』(朝鮮新聞社, 1925년, 제4판·1927년), 37쪽 이하를 참조

621 新城道彦, 『天皇の韓国併合−王公族の創設と帝国の葛藤』(法政大学出版局, 2011년) 참조

2. 두 가지의 동조론(同祖論), 동화주의와 황민화

한국병합조약이 발효된 것은 1910년 8월 29일의 일인데, 그로부터 약 일주일 후인 9월 7일자 일기에 오키나와에서 초등학교 교원으로 있던 젊은 히가 슌초 [比嘉春潮]는 (9월 7일 일기에) 다음과 같이 쓰고 있다.[622]

> 지난 달 29일 한일병합. 만감이 교차하여 제대로 쓸 수 없었다, 제대로 알고 싶은 것은 우리 류큐사의 참된 모습이구나. / 사람들이 말하기를, 류큐는 장남, 대만은 차남, 조선은 삼남이라 한다. 아아~, 다른 부현인보다 류큐인이라 경멸당하고 경멸당하는 것도 이유가 전혀 없는 것은 아니다. 류큐인이여!. 류큐인이라고 하여 경멸당할 정당한 이유가 없다. 타인의 감정은 이치로 좌우되는 것이 아니다. ……아아~ 류큐인이여! 하지만 우리들의 소위 선배는 왜 다른 부현(府県)에 있으면서 자기가 류큐인임을 알리기 두려워하는가. 누군가 일어나서 〈우리는 류큐인〉이라고 큰 소리로 부르짖는 자 없는가. …… / 우리는 베짱이 없는 우리들의 조상을 원망하고 패기 없는 우리 자신이 부끄럽지 않은가.

이것은 한국병합 소식을 접하고, 결국은 조선이 공식적으로 일본제국의 영토가 되었음을 안 히가는 자신의 심경을 기술한 한 구절인데, 10일 정도 중단했던 일기를 재개한 날에 히가는 위와 같이 병합 사실을 간단히 언급한 후에 바로 류큐·오키나와가 처한 사정으로 글이 바뀌었다. 류큐처분 후 오키나와인의 역사적 경험에 비추어 조선과 조선인의 앞날이 도저히 남의 일이라 생각할 수 없었을 것 같은 모습이나 동정해도 어떻게 할 수 없는 자신의 입장과 동포의 무력한 처지라는 생각이 들어 '화가 나서 억울하다고도 원통하다고도 할 수 없는

---

622 『比嘉春潮全集』제5권(沖縄タイムス社, 1973년), 192쪽.

비통한 심경으로 생각에 빠져 있는 모습이 읽혀진다.

그로부터 8개월 후인 1911년 4월 29일자 일기에 히가는 이하 후유가 처음 발간한 소책자 『류큐인종론』(琉球人種論)을 읽고 다음과 같은 감상을 이렇게 기록했다.[623]

『류큐인종론』 다 읽음. 일본인종이다라는 결론. 이하 선생의 지론이다. / 그런데 선생이 왜 이러한 이론을 공표했는지에 대해서는 이유가 있다. / 선생의 생각으로는 지금 류큐인은 일본인과 동화하는 것이 행복을 얻는 길이다. 그런 까닭에 위와 같이 논술했다. 쇼조켄[向象賢]과 사이온[蔡溫], 기완 초호[宣灣朝保]이라는 사람들도 결코 일본이 좋아서 편드는 사람이 아니다. 오히려 지나 숭배사상을 갖고 있다. 그러나 만인의 행복을 위해 동종족론을 주장하고 있다. 이하선생은 물론 지나 숭배는 아니지만 류큐인을 문명인으로 부끄럽지 않은 인종, 아니 어떤 특수한 문명을 만들어냈으며 또한 만들어 낼 수 있는 인종으로서 종족적 자존심을 갖고 있다. 여기에 우리가 선생을 따르는 부분이다. 그래서 류큐인으로서 자존심을 갖고 있는 자신도 가끔 류큐인은 대의명분을 내세울 만한 처지가 아니라고 생각하여 지금이야말로 일본인과 같은 인종이라 말하고 있지만, 어떻게 세상의 사태가 변하느냐에 따라 오키나와 지도자로 임명되는 사람의 입에서 지나동족론이 주창될지 알 수가 없구나. / 메이지6, 7년경(1873~4) 지나와 일본과의 류큐문제를 생각하면, 위의 선생의 학설은 수긍이 가는 점이 있다.

상세한 것은 '보론'에 양보겠지만, 이하는 1911년 3월에 『류큐인종론』을 , 그리고 12월에 '류큐인의 선조에 대하여'라고 제목을 바꾸어 권두논문에 넣어서 『고류큐[古琉球]』를 발간했다. 그 『류큐인종론』을 읽은 히가가 '일본인종이라

623　위의 책, 195쪽.

는 결론'으로 요약한 것처럼 그의 책에서는 이하의 '지론'으로서, 나중에는 '류일동조론'으로 불리게 된 학설을 학술적인 체계를 갖추어 논하고 있다. 히가의 일기에서 우선 눈길을 끄는 것은 "그렇지만 선생이 왜 이런 학설을 공표했는지"에 대한 이유가 있다고 보고, "선생의 생각으로는 지금 류큐인은 일본인과 동화하는 것이 행복을 얻는 길이다. 그런 까닭에 위와 같이 논했다"고 서술하고, 이하 학설의 밑바탕에는 일종의 정치적·학문 외적 동기가 숨어있다고 기술하고 있다. 즉 지금의 "류큐인은 대의명분을 주장할 만한 처지가 아니다" "일본인과 동화하는 것이 행복을 얻는 길이다"라고 생각했기 때문에 '류일동조론'을 주장하고 있다는 것이다.

히가의 추측이 옳든 그르든 간에 상관없이 그의 일기와 관련하여 여기서 다시 한 번 덧붙이고 싶은 것은, 이하의 류일동조론이 '한국병합' 전후의 시기에 탄생했다는 것과 후자와 관련해서도 유사한 생각으로 '일선동조론'이 주장되었다는 것이다.[624] 다음에서는 이 두 가지 주장을 확인하고 나서 두 가지 동조론과 일본에 의한 통치원칙이었던 '동화'주의와의 관련성에 대해 고찰하고자 한다.

요시노 마코토[吉野誠]가 지적한 바와 같이 "일선동조론은 일본 본국의 군신동조론을 식민지조선으로까지 확대시키려는 논의"[625]였다. 이 지적은 조선과 류큐를 바꾸어보면 '류일동조론'에 거의 그대로 들어맞는다. 그러한 점에서 양자는 동시 병행적으로 형성되었다는 것이다. 게다가 예를 들면 이하가 『류큐인 종론』('류큐인의 선조에 대해' 『고류큐』 수록)에서 자신의 학설을 뒷받침하기 위해 끌

---

624 덧붙이면 이하 후유에게는 동시대의 '한국병합'에 대한 비판적 시각은 없었다. 그는 "조선 문제는 실제로 류큐문제와 아주 닮아 있습니다. ……조선의 향후 과정도 대략 상상할 수 있사옵니다"고 류큐와 조선의 유사성을 지적했을 뿐만 아니라, 기완 조보[宜灣朝保]를 류큐의 3대 정치가의 한 사람으로서 칭찬하던 기회에 "그는 막부말 가쓰 야스요시[勝安房]와 조선의 이완용과 나란히 불러져야 할 인물입니다"(방점은 원저자)라고 까지 말하고 있다. 伊波普猷, 『古琉球』(沖繩公論社, 1911년), 88~89쪽.

625 吉野誠, 『東アジア史のなかの日本と朝鮮』(明石書店, 2004년) 268쪽.

어들인 가나자와 쇼자부로와 도리이 류조와 같이 이러한 두 개의 동조론을 동시에 주장하는 사람도 있다.[626] 두 가지 동조론에 차이가 있다면 일선동조론은 오로지 일본 측의 학자가 주장하기 시작하여 일본의 한국병합과 그 후의 조선통치를 정당화하는 역할을 수행한데 비해, 류일동조론은 일본인(본토 출신자)만이 아니라 대표적으로 이하 후유처럼 병합 후 십수 년을 거쳐 오키나와인 자신들도 주장했다는 점과 그 후에도 오랫동안 열심히 외쳐왔다는 것이다.

중요한 것은 이 주장들이 근대일본의 국민국가 형성의 특질과 깊게 관련되었을 것이라는 점이다. 일본에게 국민통합의 이념은 천황제지배의 정통화와 불가분의 형태로 형성되었다. 일본제국헌법이 제정된 이후 호즈미 야쓰카[穂積八束]와 가토 히로유키[加藤弘之] 등의 많은 학자·지식인이 이른바 '군신동조(君臣同祖)'를 강조하는 '가족국가론'을 주장했고 혈통주의적 '민족'관념에 기초하여 천황가에게 일본민족의 종가(宗家)로서의 가치를 부여하고 '만세일계의 천황'이 통치하는 제국체제를 정통화시키기 위한 이론을 꼼꼼하게 손질하여 완성시켰다. 혈통·혈족의 의미를 강하게 띠고 있는 일본어의 '민족'이라는 말도 바로 이 시기에 성립되어 보급된 것이라 할 수 있다.

그러나 '일본민족'을 둘러싼 이러한 혈연적 일체성을 강조하는 '단일민족론'적인 생각은 황국일본의 영토가 류큐, 대만, 조선을 포섭하게 되면 분명히 모순에 봉착할 수밖에 없다. 분명히 병합과 통치의 정통학설로는, 조선은 고대 '삼한정벌'의 역사적 전통 등이, 류큐에 대해서도 다메토모전설[爲朝傳説]이나 더욱 거슬러 올라가서 쇼쿠니혼기[続日本紀] 등에 고대 남도인이 조정에 와서 공물을 바쳤다는 기술 등이 다양하게 논의되었다. 앞에서 살핀 바와 같이 사사모리 기스케의 『남도탐험』(南嶋探検)에서 리쓰가와 사료계는 "본 현인(県人)은 타 부현

---

626 가나자와는 한국병합 직전에 "한국의 국어는 우리 일본제국의 언어와 동일계통에 속한다고 하고 우리 국어의 한 분파에 불과하다는 것, 가령 류큐방언인 우리 국어와 같은 관계에 있는 것이라 한다."고 서술하고 있다. 金沢庄三郎, 『日鮮兩國語同系論』(三省堂書店, 1910년 1월 간행) 서설, 1쪽.

인을 외국인으로 본다. 그러므로 서로 친하지 않다"[627]라는 현상에 대한 원인을 '고대의 연혁'이 불분명하거나 아직 해명되지 않았기 때문으로 돌리고 있다. 히가 순초의 일기가 한국병합에 대하여 "만감이 교차하여 제대로 쓸 수 없었다."라고 짧게 언급하고, 바로 "알고 싶은 것은 우리 류큐사의 참된 모습이구나."라고 계속 언급한 것도, 과거의 역사적 관계에서 지배 정통화의 근거를 찾고 또한 그것을 수용하려는 사회통념이 널리 존재했었던 것과 관련되어 있을 것이다. 그러나 이전의 '정한론'이 아무 생각 없이 전제로 삼았던 것[628]과 같이 '국학자류'의 역사해석은 머지않아 근대적 학문으로 확립된 역사학의 비판적 논의와 검토의 대상이 되었고, 점차 설득력이 감소했으며 어차피 그렇게 될 숙명에 있었다. 그래서 역사적 전승에서 정통성의 근거를 찾았던 생각을 대신했다기 보다 그것과 병행하여 나온 것이 '민족'의 동조동원성(同祖同源性)을 설명하는 '일선동조론'이며 '류일동조론'이었다.

'일선동조론'은 청일전쟁 무렵부터 나온 주장으로 러일전쟁 후에 한국을 보호국으로 만드는 과정, 나아가 한국병합을 계기로 확대되었다.[629] 그것은 그 때까지 단일민족론적인 가족국가론을 유지하면서 이민족을 일본제국체제에 포

627　笹森儀助, 『南嶋探驗-琉球漫遊記 1』(앞에서 서술), 204쪽.

628　[역주] 일본서기에는 252년 진구황후가 삼한정벌을 지휘했다는 일화가 기록되어 있다. 진구황후가 군사를 이끌고 신라를 공격했을 때, 신라는 동쪽에 일본이라는 신국과 천황이라는 성왕이 있다고 들었다면서 싸우지도 않고 항복했다고 한다. 그 결과 신라뿐만이 아니라 고구려와 백제도 조공을 약속했다는 것이 삼한정벌의 주요내용이다. 이는 역사적 사실로서 증명된 바가 없는 설화이지만 정한론자들은 삼한정벌의 역사적 사실에 대한 확인없이 조선정벌의 정당성을 주장할 때마다 사용했던 논리로 여기서 '아무 생각 없이'라는 말은 이러한 일본의 역사관을 빗대어 사용하고 있다.

629　'일선동조론'에 대해서는 吉野誠, 「植民地支配と日鮮同祖論」(『明治維新と征韓論』, 明石書店, 2002년); 小熊英二, 『単一民族神話の起源-〈日本人〉の自画像』(新曜社, 1995년, 제5장); 三谷憲正, 「日本近代の《朝鮮観》-〈日鮮同祖論〉を視座として」(『佛教大學總合硏究所紀要別册』, 2000년 3월) 등을 참조

섭하는 이 사태를 두 민족의 동조동원성[同祖同源論]이라는 생각으로 봉합하려고 했던 것이다. 한국병합에 즈음하여 본래 선조가 같은 두 민족이 다시 만세일계의 천황을 모시는 일본제국에 통일됨으로써 본연의 모습으로 돌아왔다고 그 의의를 칭송했다. 예를 들어 병합 직후 기타 사다키치[喜田貞吉]는 다음과 같이 서술하고 있다. "이번 병합은 한국을 멸한 것이 아니라 태고의 모습으로 복귀시킨 것이다. 조선인은 망국의 인민이 아니라 그 빈약한 처지에서 벗어나 처음으로 돌아가 하늘 아래에서 당당하게 활보할 대일본 국민이 된 것이다. 그러므로 우리로서는 이제 이를 구별할 필요가 없고, 그들로서도 역시 스스로 진보하여 옛날로 되돌아가 모든 장벽을 없애고 우리에게 동화되지 않으면 안 된다."[630] 또한 병합된 이후에도 조선에서는 비밀리에 민족독립 주장과 저항운동이 계속되는 가운데, 그러한 언설은 일본제국의 통합을 강화하는데 직간접적으로 유용한 이론으로 정치적 역할을 수행했다. 예를 들어 도리이 류조는 제1차 세계대전 후 '민족자결'의 흐름 안에서 일어난 3·1독립운동 직후에 "어떤 사람은 '민족자결'이라는 측면에서 조선인은 내지인으로부터 분리 독립해야 한다고 호소하는데 이것 또한 크게 잘못하고 있는 부분입니다. 왜냐하면 조선인과 일본인은 동일한 민족입니다. 서로 동일한 민족이 분리되고 독립할 이유가 어디에 있습니까? ……조선인과 일본인의 경우는 동일민족이므로 서로 합병 통일되는 것은 올바른 것이며, 이렇게 되는 것만이 비로소 '민족자결'의 목적은 충분히 달성될 수 있습니다."[631]라고 주장했던 것이다.

그러한 정치적 함의를 가지고, 기타 사다키치를 비롯한 다양한 논자가 다양한 용어로 일본과 조선 두 민족의 동조동원론을 발전시켰다. '일선동조론'이

630　喜田貞吉, 『韓国の併合と国史』(三省堂, 1910년), 76~77쪽.

631　鳥居龍蔵, 「日鮮人は『同源』なり」(『同源』제1호, 1910년, 『鳥居龍蔵全集』제12권, 朝日新聞社, 1976년), 538쪽.

라는 용어 자체도 1929년 가나자와 쇼자부로의 『일선동조론』[632]이 나온 이후에 일반화되었는데, 지금까지 자명한 것처럼 사용해 왔던 '류일동조론'이라는 말도 실은 나중에 일반화된 용어로서 이하 후유 본인은 사용하지 않았다. 아마도 '일선동조론'과의 비유로서 사용되기 시작했던 말일 것이다.

그런데 위와 같은 동조동원론과 밀접하게 관련된 것으로, 일본의 '식민지' 지배의 특성인 동화주의 문제가 있다. 지금까지 살펴본 바와 같이 류큐병합에서 한국병합에 이르는 동아시아 근대 역사는 청조를 기축으로 한 종래의 중화제국체제를 대신하여 일본이 새로운 식민지제국으로 대두하는 과정이며, 신구제국의 교체라고 말할 수 있다.[633] 일본 식민지지배의 특성인 동화주의는 이러한 새롭게 대두된 지배권을 확대시킨 일본제국의 동심원적 구조와 관련되어 있다고 할 수 있다.

근대 서양의 나라들은 자원을 구하려고 멀리 떨어진 서양이 아닌 여러 지역을 식민지로 만들었고, 많은 경우 현지 주민의 입법권을 인정하고 그들이 참여하는 정부기관의 설치를 인정하는 '자주주의'(자치주의라고도 부름) 원리에 의해 통치했다. 그러나 일본은 류큐를 포함하여 대만과 조선 등 본국에서 가까운 곳부터 동심원적으로 지배지역을 확대하고, 본국 즉 황국내지의 제도 문물을 강제적으로 이입·모방하게 하는 '동화주의'를 새로 영토가 된 여러 지역에서 통치원리로 채택하여 사용했다.[634]

이 '동화'원리 혹은 그 원리에 의해 '천황 아래 있는 사람들에게 은혜를 베푼다는[皇化]' 거만한 발상에는 분명히 동아시아의 전통적 '화이'사상의 '왕화(王化)'사상 즉 '예', '덕' 등의 교화사상을 연상시키는 부분이 있다. 실제로 천황

---

632   金沢庄三郎, 『日鮮同祖論』(刀江書院, 1929년)

633   大江志乃夫, 「東アジア新旧帝国の交替」(『岩波講座　近代日本と植民地1　植民地帝国日本』, 岩波書店, 1992년); 永井和, 「東アジアにおける国際関係の変容と日本の近代」(『日本史研究』 제289호, 1986년).

634   駒込武, 『植民地帝国日本の文化統合』(岩波書店, 1996년).

제국가인 일본은 사실 20세기에 들어설 때까지 '책봉' 등 화이질서의 전통사상에 깊이 사로잡혀 있었다. 그러나 1925년 손문이 고베[神戸]에서 아시아주의라는 연설을 행하고 일본이 향후 '패도'(霸道)가 아니라 '왕도'(王道)의 노선을 택해야 할 것이라고 조용하게 경고한 것처럼, 근대일본은 한편으로 동아시아의 전통에 깊이 사로잡혀 있으면서 다른 한편으로는 자기우월 의식과 아시아 멸시관을 증폭시키고, 결국은 아시아적, 유교적 이념을 심하게 왜곡시킨 형태로 계승했다고 말할 수 있지 않을까. 즉 본래의 화이사상에서 화이의 차이는 문화와 문명의 높고 낮음에 따라 판가름하는 것으로 관념화되었는데, 그러나 화이사상에서는 고도의 중화문화는 주변에서 스스로 우러러 받드는 형태로 주변을 왕화(王化)·덕화(德化)시키는 것으로 생각한다. 중화는 자문화를 주변에 강요하는 것이 아니라 주변의 나라와 지역에서 우러러 사모함['慕華']으로써, 중화의 본래의 모습을 보여주지 않으면 안 된다. 그것이 본래의 중화사상일 것이다.[635] 사실 그렇게 동아시아 지역은 중화의 한자문화·유교문화의 큰 영향 하에 있으면서 각 국가·지역에는 각각 고유의 문화가 발달하고 공존하는 다문화 세계이기도 했다.

그에 비해 일본의 식민지지배의 기본이 된 동화주의는 종래의 화이사상 즉 중화세계질서의 이념에서 바로 '모화(慕華)' 이념, 즉 주변이 스스로 숭배하는 자발성의 계기를 미련없이 내던졌던 것이다. 즉 '왕도'와 '예', '왕화'·'덕화' 등의 이념이 아니라, '패도'에 의한 통치, 결국은 군사적 폭력의 힘을 빌어 지배와 자문화의 강요로 환치시킨 것이라고 말할 수 있을 것이다.[636]

이리하여 근대일본은 스스로가 동아시아의 한자·유교문화권에 속하면

---

635 茂木敏夫, 「中国から見た〈朝貢体制〉-理念と実態 そして近代における再定義」(『アジア文化交流研究』제1호, 2006년); 『西嶋定生東アジア史論集 第3巻 東アジア世界と册封体制』(岩波書店, 2002년), 79쪽, 98쪽 이하를 참조

636 일본 식민지지배의 '군사적·동화적' 특징에 대해서는 矢内原忠雄, 「軍事的と同化的·日仏植民政策比較の一論」(1937년, 『国家学会雑誌』에 처음 나옴, 『矢内原忠雄全集』제4권(岩波書店, 1963년, 수록)을 참조

서 본국에서 거리적으로도 문화적으로도 가까운 '동족동조'(同族同祖), '동종동문'(同種同文)의 여러 지역·여러 국가부터 지배 지역을 확대시켜 갔으나, 그 과정에서 황국 이데올로기와 조금 먼저 서구문명을 도입한 실적과 성과에 기초하여 일본형 화이사상이라 부르기에는 너무 변형(deformer)되고 지나치게 자기중심적인 의식을 앙진(昂進)시켰다. 그러한 지배의 확대와 거만한 자의식에 맞추어 취했던 방식이 일본어의 강요에서 시작된 '동화'정책이며, 그것이 강화된 '황민화'정책이었다. 거기에는 확실히 동조동원이기 때문에 민족으로서의 자질은 일본 본국(내지)에 가까울수록 높아지며, 다른 한편으로는 일본 본국(내지)와 주변의 민족·지역과의 현재 문명적 개화도의 낙차가 강조되는 모순을 수반하면서, 그런 까닭에 동화가 가능하며, 또한 필요하다는 식으로 식민지 지배와 동화주의에 의한 통치의 정당화가 이루어졌던 것이다.

3. 전후의 '류큐처분' 연구와 류일동조론의 심리적 속박

류일동조론은 오키나와인도 오랫동안 앞장서서 열심히 류일동조론을 주장했다. 류일동조론이 전후까지 이어진 한 예로 오키나와 교육학자인 아사토 히코노리[安里彦紀]의 『오키나와의 근대교육』에서 한 구절을 인용해보자. 복귀한 이듬해인 1973년에 출판된 이 책의 '서문'에는 다음과 같은 문장이 있다.[637]

오키나와는 원래 본질적으로는 본토와 동일민족이며 동일문화권에 있으면서, 오랫동안 일본·중국 양쪽에 속했던 역사와 게다가 본토와 멀리 떨어져있는 지리적 관계도 있고, 그 문화, 사회, 언어, 습관 등의 현상 면에서는 본토와 상당히 동떨어진 양상을 가지고 있었고, 때문에 본토 사람들에게는 오키

---

637   安里彦紀, 『沖繩の近代教育』(亞紀書房, 1973년).

나와 현민은 마치 새롭게 편입된 이민족과 같은 오해를 받는다.

아사토의 저서는 '류큐처분' 이후 근대 오키나와의 교육사에 관한 연구이지만, 위의 한 구절은 이하 후유 이래 '류일동조론'이 얼마나 오랫동안 생명력을 가졌는가를 여실히 말해주고 있다. 이 점은 '일선동조론'이 일본의 패전과 함께 하룻밤에 존재의 의미와 설득력을 상실하고, 그 후에는 전혀 화제가 되지 않았으며 누구도 그것을 문제 삼지 않았던 사실과 비교하면, 뭐라고 형용하기 어려운 대조성을 이루고 있다. 아사토는 오키나와가 일본 본토와는 언어와 사회, 문화 등의 '현상이라는 측면'에서는 크게 다르지만, 그러나 '본질적'으로는 일본인과 '동일민족'이라는 것, 그 점에서 '새로 신하가 된 이민족'과는 다르다고 서술하고 있다. 새로 신하가 된 이민족이란 오키나와보다 늦게 일본제국에 편입된 지역의 사람들로, 아사토가 이 '서문'을 쓴 시기에는 조선민족도 그 범주에 들어있다고 생각했을 것이다. 즉 이사토의 주장에는 '일선동조론'은 잘못이지만, '류일동조론'은 본질적으로 옳다는 것이 선험적으로(a priori) 전제되어 있는 것이다.

일본제국의 패전 후에 두 동조론이 놓인 운명의 차이는 조선과 류큐·오키나와가 놓였던 상황의 차이가 반영되어 있다. 아시아·태평양 전쟁의 패전과 함께, 일본은 단번에 해외식민지를 잃어버렸고 당연히 조선민족은 해방되었다. 단지 조선반도에 남아있던 일본군을 무장해제하기 위해 남북에 미소 양국의 군대가 주둔하고 그 때 점령지 관할을 위해 편의적으로 그어졌던 경계선이 결국 냉전 상황 속에서 분단국가를 낳아 고정화되었다는 것, 그 점에서 조선반도의 분단 상태에는 또한 일본도 책임이 있음은 말할 것도 없다. 그러한 사정이 있기는 했지만 패전 후의 출발이라는 시점에서는 일본으로부터 조선반도의 민족적 독립 그 자체는 쌍방에게 자명한 사항이었다고 할 수 있다.

한편으로 오키나와는 비참한 지상전이 계속되고 일본 본토와는 분리되어 미국의 직접적인 점령 하에 놓인 후에 1952년 대일 강화조약이 체결됨에 따라 주민은 그 후에도 미국의 시정권(施政權) 하에서 군사기지와의 공생을 강요당하

게 되었다. 그러한 상황에서 오키나와 사람들이 선택해서 전개한 것이 '조국복귀운동'이었다. 류일동조론이 전후로까지 이어진 배경에는 이러한 오키나와가 일본(본토)에서 분단되고 미군 통치 하에서 여러모로 주민의 피해와 권리의 억압이 있었고, 또한 그러한 '이민족 지배'에 저항하고 거기에서 벗어나려는 방법으로 일본 복귀를 희망한 '시마구루미[島ぐるみ]'라는 정치운동이 있었다. 류일동조론은 일본의 패전 후까지 생명이 연장되었다기보다 오히려 전후기에 더 열심히 논의되었고, 다양한 분야의 오키나와 연구자에게 이론적 패러다임으로서 공유되었다. 이하 후유와 히가시온나 간준 외에 '오키나와학' 연구의 선구자들에 대해서도 오히려 패전 후가 되어서야 좋은 평판이 점점 많아졌고 가치가 올라갔으며 다양하게 칭송을 받았던 것이다.

그런데 어떤 의미에서는 본서 전체의 고찰을 총괄하는 형태가 되겠지만, 마지막으로 논하고 싶은 것은 류일동조론이 패전 후에 전개되었다는 점보다는 그것이 전후의 역사연구, 특히 '류큐처분'연구와 어떻게 관련되어 있는지에 대한 문제이다. 이 문제를 생각함에 있어 하나의 팁으로 1970년이라는 시점에서 긴조 세이도쿠·니시자토 기코 두 명에 의해 집필된 논문인 「'오키나와역사' 연구의 현황과 문제점」[638]에 주목하고자 한다. 긴조와 니시자토 두 사람은 1970년대 이후 '류큐처분'과 오키나와 근대사 연구를 이끌었던 연구자로 그들의 논문에서는 1970년대 전후의 분위기를 생생히 반영하고 있다는 생각이 든다.

이 논문의 서두에서 "오키나와 역사는 궁극적으로는 일본역사와 한 고리인 역사이다."라고 쓰고 있으며, '오키나와 역사' 즉 류큐·오키나와사가 '일본역사의 일부분이라는 점을 몇 번이고 반복하고 있다. 즉 분명히 류큐·오키나와역사에도 다양한 독자성을 꼽을 수 있지만, "그 경우 가장 중요한 것은 오키나와사회의 역사적 독자성은, 유구한 옛날부터 기본적으로 공통의 인종·언어·문화

---

[638]　金城正篤·西里喜行, 「『沖縄歴史』研究の現状と問題点」(『歴史学研究』357호, 1970년, 新里恵二편, 『沖縄文化論業 第1巻 歴史編』, 平凡社, 1972년에 재록).

를 가진 '일본민족'에서 갈라진 한 가지로서의 오키나와 독자성이었다는 것이
다. 다른 말로 하자면 오키나와 사회의 역사적 독자성은 기본적으로 어디까지
나 일본역사의 내용을 풍부하게 하는 것으로서의 독자성으로 평가받아야 할 것
이다"[639]라고 본 것이다. 이 당위론적 명제는 거의 논증된 바 없는 주장이지만,
그에 대한 그럴듯한 이유를 위 논문에서 찾는다면, "오키나와가 지리적으로 일
본의 변경(辺境)에 위치하여 발전한 본토사회보다 뒤떨어지기 쉽다고 하더라도,
또한 강렬한 지방적·개성적 문화를 창조하고 보유했다고 하더라도, 오키나와
역사는 계속 일본 본토의 정치적, 사회적, 문화적 영향을 받았으며 일본 본토와
의 통일이라는 커다란 방향을 지향하고 그 자체가 일본역사를 구성하는 한 부
분으로서 발전해왔다"[640]라는 명제를 그 논거로 하고 있다.

　　위의 인용문만으로도 이러한 주장이 류일동조론을 모범으로 삼고 있다는
것은 분명하지만, 두 사람은 이 점에 대해 연구사의 정리라는 형태로 명료하게
다음과 같이 서술했다.[641]

'오키나와 역사' 연구의 흐름을 예를 들어 크게 전쟁 전(戰前)과 전쟁 후(戰後)
로 구분한다면 이하 후유를 비롯한 전전의 연구자들의 가장 큰 동기와 과제
는 오키나와인이 일본민족의 일원이라는 점을 증명하는 것에 있었다. ……전
후 연구자는 이러한 선학들이 남긴 성과와 유산을 발판으로 출발했다. 전전
의 '오키나와 역사' 연구가 앞에서 서술한 것처럼 '오키나와인이 일본민족의
한줄기에서 나온 가지'임을 증명하는 일에 최대한으로 시간과 에너지를 쏟아
부었다면, 전후의 연구는 이미 자명한 진리로서 확립된 결론에서 한걸음 더
나아가 일본 역사 안에 오키나와를 어떻게 자리매김할 것인가 라는 점이 중

639　위의 책, 『沖繩文化論業 第1巻 歷史編』, 82쪽.

640　위의 책, 86쪽.

641　위의 책, 87쪽.

심 테마가 되었다.

두 사람의 표현에 따르면, 전후 연구는 "일본민족의 분단이라는 현실 속에서 진행되어야만 했다. ……오키나와의 분리라는 비극적 현실은 또다시 '통일'이라는 민족적 과제를, '오키나와 역사' 연구자는 자신의 과제로서 또 다시 새롭게 추구해야 하는 상황에 놓였다. ……전후 '오키나와 역사' 연구자는 이러한 현실적인 과제에 입각하여 오키나와 현민의 조국복귀운동 및 본토 국민의 오키나와 반환운동과 함께, 또한 운동의 지지를 받으면서 연구를 심화시키고 발전시켜 왔다."[642] 그리고 그러한 전후의 연구에서 가장 관심을 모으고 일본근대사 연구자와 맞대고 열띤 논쟁이 전개된 것이 '류큐처분'의 평가에 관한 것이었다.

> '류큐처분'의 평가를 둘러싼 논쟁의 쟁점 중에 하나는, 일본의 근대적 민족통일 본연의 모습을 둘러싼 문제였다. 즉 메이지 정부 하에서 오키나와의 '통일' 방식을 '침략적'(이노우에 기요시)으로 볼 것인지, '비민주적'[新里惠二]이라 할 건지, 또 시모무라 후지오[下村富士男] 씨와 같이……별 망설임 없이 그 자체가 '진보적'이었다고 '처분'을 시인하는 관점에 설 것인지, 어쨌든 '류큐처분'의 평가를 둘러싼 논쟁에서 '민족통일' 문제가 하나의 논점으로 제기되어 왔다는 것은 샌프란시스코조약 제3조에 의해 오키나와가 일본의 시정권에서 분리되고, 일본이 민족적으로 분단된 현실에 기인하고 있다는 것이다.[643]

약간 인용이 길어졌는데, 이상이 긴조와 니시자토의 공저 논문에 있는 패전 후의 역사연구 특히 '류큐처분' 연구를 둘러싼 상황 설명이다. 극히 간단하게 요약하면, 이하 후유의 류일동조론은 '민족의 분단'을 강요당한 전쟁 후(戰後

---

642 위의 책, 89쪽.

643 위의 책.

期)까지 이어졌고, 그래서 '류큐처분'의 역사연구에서도 '민족통일' 본연의 모습에 대한 문제가 중심적인 쟁점이 되었다는 것이다. 이와 관련하여 말하면 제2장에서 살펴본 바와 같이, 위 논문의 저자 중 한사람인 긴조 세이토쿠는 그 후에도 『류큐처분론』(1978년)에서 성과있는 연구를 추진하여, 적극적으로 류큐처분을 '민족통일'로서 평가하는 통설적 견해에 반대하고, '국가통일'이었다 해도 '민족통일사업'이라고는 말하기 어렵다는 자신의 의견을 피력했다. 또한 니시자토 기코는 류큐처분 후 '구관온존'기를 중심으로 한 연구를 발전시켜, 메이지정부의 오키나와에 대한 구조적 차별정책에 대한 해명과 동시에, 긴조와 함께 『오키나와현사』와 『나하시사』[那覇市史]에서 해당 시기의 역사를 맡아서 집필했다. 여하튼 이 공저 논문의 단계에서는 두 사람 모두 류큐처분을 '민족통일'로 혹은 1879년 이후에 바로 통일적 민족 형성이 완료되었다는 평가에 대해서는 부정적이었으며, '진정한 민족통일'을 오키나와의 일본복귀(1972년)와 그 이후 과제로 미루는 입장이었다고 말할 수 있을 것이다.

그에 반해 1970년대 후반기를 중심으로 긴조와 니시자토 등의 '통설'적 연구를 '차별사관'이라 비판하면서, 이와 대치되는 형태로 자신의 의견을 전개했던 아라키 모리아키는 그의 주요 연구 영역을 일본경제사 연구에서 류큐·오키나와사 연구로 바꾼 사람이다. 아라키는 류큐·오키나와사를 '과학적 역사학'으로 확립시킬 필요성을 강조하고, 새로운 사료의 발굴과 이미 알려진 사료의 새로운 독해 등으로 확실히 기존의 학설을 버리고 새로운 사실에 대한 인식을 제시했다. 그러나 제2장에서 서술한 바와 같이 '류큐처분' 연구와 그것이 함의하고 있는 포괄적인 역사 이해는 결국 경제 환원주의에 빠져, 역사를 살았던 사람들의 '의식'과 '사상' 차원의 문제를 취급하지 못했다. 아라키는 통사적인 시대 구분에 대해 논하고 있지는 않는데, '류큐처분'론과의 관련에서는 류큐사회가 일본본토와 종족적으로도 언어적으로도 같은 계통이지만, 일본과는 별개로 독자적인 국가형성을 달성한 후 사쓰마 시마즈씨의 류큐침공과 류큐처분이라는 두 단계를 거쳐 일본국가·사회에 편입되고 민족통일이 완수되었다는 방식의 해석을 제시했다. 그리고 사쓰마의 침공 이후 근세기에 류큐의 '막번체제'로 포섭되었다는 것을 강렬하게 강조하는 동시에 류큐처분을 '위로부터의·타율적인·민족통일'이라고 규정한 것이다.

오늘날 되돌아보면, 패전 후까지 역사이해의 메타이론으로서 이어져 왔던 류일동조론은 위와 같은 아라키의 학설에 의해서, 혹은 그가 자신의 학설을 주장했던 1970년대 말 경에 종국을 맞았던 것이 아닌가 생각된다. 아라키의 주장에는 류일동조론에 스탈린식 민족이론을 첨가하여 그 나름의 '민족'이론과 나아가 류큐·오키나와사의 경제 환원주의적 해석을 '과학적'이라고 강조하고, 두 단계인 '민족통일'이라는 큰 틀에서 정리하고 있지만, 그러나 나의 의견으로는 그 이론에는 프로크루스테스 침대의 비유처럼 '민족통일의 두 단계'설에 맞추어 사실(史実)을 무리하게 해석하거나 혹은 해석을 바꾸는 경향이 강했으며, 그 결과 한편으로 긴조와 니시자토 등이 계승했던 전후 역사학이 보여준 양질의 유산 즉 비판의식이 상실되었다. 거기에는 일본과 류큐가 동일민족이며 그들의 역사가 '민족통일'의 일환이라는 점을 근거로, 무력적인 지배와 착취 등의 문제는 없어지고, 면죄 받아야 할 문제로 해석되는 것 같다. 그러한 비판의식의 상실과 함께 류일동조론은 역사해석의 메타이론으로서 완성되었고, 주장의 공허함이 드러나 그 생명을 다했다고 말할 수 있을 것이다.

일본의 전후역사학에서 이노우에 기요시와 도야마 시게키 등이 메이지유신연구와 관련하여 '류큐처분'에 대해서도 그 나름의 탁월한 통찰을 보여 주었다.[644] 그리고 그들 연구를 보면 본서 서장에서 언급한 것처럼 일본과 류큐·오키나와의 민족적 근친성에 대한 논의부터 글이 전개되었다. 그러나 민족적 근친성을 전제로 하면서도 이노우에와 도야마 등에게는 류큐처분에 대해서도 메이지천황제 국가의 절대주의적인 성격과 국위선양을 위한 대외 침략지향과의

644　遠山茂樹, 「明治初年の琉球問題」(초판은 1957년); 井上清, 「琉球処分とその後」(초판은 1962년), 모두 新里恵二 편, 『沖縄文化論叢 第1巻 歴史編』(平凡社, 1972년)에 수록.

관련해서 비판적으로 고찰하려는 자세가 있었으며, 류큐처분을 기술하는데도 '병합'과 '침략'이라는 말을 매우 일반적으로 쓰고 있다. 그러나 오키나와의 시정권 반환운동이 오키나와 및 일본본토 양쪽에서 왕성해짐에 따라 뭔가 심하게 금기시된 것 같은 생각이 든다 이 점과 관련해서 이노우에 기요시는 1971년에 다음과 같이 서술하고 있다.

> "내가 이전에 메이지의 류큐처분은 본토의 폐번치현과 본질적으로 동질의 민
> 족 국가적 통일이 아니라 천황제의 류큐침략 및 병합이라고 주장하면, 오키
> 나와인은 격렬하게 반대했다. …… 나의 의견은 오키나와의 '조국복귀' 운동
> 에 방해가 된다고, ……이노우에의 의견은 이 운동의 역사적 기초를 파괴하
> 는 것이라고 말했다."[645]

그런데 복귀 후 40년이 더 지난 오늘날에는 그러한 이야기도 일종의 지나간 과거의 일화에 가까운 것이 되었다. 분명히 미군 기지문제와 오키나와전을 둘러싼 역사인식문제 등 현재 여전히 오키나와가 안고 있는 고유의 문제가 많이 남아 있고, 혹은 새롭게 생겨나기도 한다. 하지만 그 문제들의 해결을 '진정한 민족통일' 등의 용어를 사용하여 이야기할 거라고는 오늘날에는 이미 아무도 생각하지 않을 것이다.

그러나 류큐·오키나와사 연구가 긴조·니시자토가 지적한 정치적 요청과 이노우에 기요시가 지적한 종류의 압력 하에서 오래 동안 지속되어 왔다는 점은 잊어서는 안 된다. 메이지 시기 청일간에 있어서 류큐 문제만이 아니라 전후 오키나와 문제도 이른바 '귀속문제'로 받아들여졌고, 그렇게 논의된 경우가 많았다. 거기에는 류큐·오키나와가 일본이라는 점, 일본에 귀속시켜야 할 점

645　井上清, 「日本歷史のなかの沖繩」(처음 나온 것은 『解放教育』제4호, 1971년 10월, 井上清, 『尖閣』列島-釣魚諸島の史的解明』, 現代評論社, 1972년, 235~237쪽).

을 어떻게 해서라도 논증해야만 하는 정치적·학문 외적 동기가 강하게 작용했고, 그 때문에 당연히 객관적으로 이루어져야 할 과거의 개별적인 역사적 사실에 대한 확실한 결정 과 그것들의 해석조차도 왜곡되었고, 더욱이 오늘날에 이르기까지 정정되지 않은 경우가 적지 않았다. 이것이야말로 본서에서 제기했던 주장이 종래의 통설에 대해 상당히 비판적이고 필자 나름으로 사실(史実)의 정확성에 온힘을 기울여 독자적인 견해를 대치시킨 이유라고 해도 좋을 것이다.

본서에서는 류일동조론의 심리적인 속박으로부터도, 류큐·오키나와사가 일본사의 일환이 되어야만 한다는 강박관념에서도 자유로워져서, '근대'일본의 류큐병합 역사를 병합한 측의 관점이 아니라 병합당한 측의 관점에서도, 또한 류큐병합의 연구에 있어서 류일관계에만 시야를 제한시키는 것이 아니라 동아시아 국제질서의 '근대'적 변용이라는 커다란 맥락 안에서 자리매김하면서 고찰하기 위해 필자 나름의 노력을 했다. 류큐병합사라는 주제를 다루는데 있어서 무엇보다도 그러한 자세와 관점이야말로 요구되고 있다고 생각하기 때문이다.

기샤바 조켄과 『류큐견문록』

제1절 '류큐처분' 연구의 두 가지 기본 사료

1. 마쓰다 미치유키 편집 『류큐처분』

역사학(정치사)의 연구대상으로서 '류큐처분' 연구에는 몇 가지 기본적인 사료가 있는데, 그 가운데 가장 중요한 것이 마쓰다 미치유키가 펴낸 『류큐처분』이라는 데는 누구라도 이론(異論)이 없을 것이다. 주지하는 바와 같이 이 책은 메이지 정부 내에서 류큐문제를 직접 담당했고 1879년(明治12) 3월에는 정부의 '처분관'으로서 류큐로 건너가 '폐번치현'처분을 단행한 마쓰다 미치유키(당시 내무 대서기관)가 류큐병합의 임무를 완수하고 귀경한 직후에 당시 내무경이던 이토 히로부미의 명에 따라 정부의 내부자료로서 중요한 관계서류 일체를 수집하여 편찬한 것이며, 그런 의미에서 '류큐처분'에 관한 메이지 정부의 공문서집이라고 할 만한 사료다.

그에 반해서 종래의 연구에서는 그 진가를 인정받지 못했지만 류큐병합의 실제 모습을 적절하게 이해하는데 있어서, 어떤 의미에서는 『류큐처분』을 능가한다고 할 만큼의 중요한 또 하나의 사료가 있다. 기샤바 조켄의 『류큐견문록』이 그것으로 류큐의 입장에서 처분을 관찰한 기록이며 편술(編述)한 시기도 마쓰다의 편저와 같은 무렵이다.

덧붙여서 말하면 류큐 측에서 '류큐처분' 및 그 전후의 시기를 묘사한 것으로는 마지막 국왕인 쇼타이의 생애와 치세를 다룬 히가시온나 간준의 『쇼타이후실록』[646](1924년 초판)이 있다.[647] 쇼타이 왕의 생애와 치세 가운데 류큐병합 시기가 가장 다사다난했으므로, 이 책에서도 해당 시기의 기술에 많은 지면이 할애되어 있다. 뿐만 아니라 히가시온나는 이 책을 집필할 때 도쿄와 오키나와 두 곳의 쇼[尙] 가문이 소장하고 있던 류큐왕부 문서들을 참고했으며 많은 부분을 인용하고 있다. 오늘날에는 이와 같은 제1차 사료의 대부분이 소실되었거나, 남아 있다 해도 이용 불가능한 상태에 있다는 점에서 히가시온나의 저서는 사료적으로도 중요한 가치를 지니고 있다.

이와 같이 『쇼타이후실록』은 류큐왕부와 관련된 제1차 사료에 의거해서 펴낸 중요한 저술이지만, 폐번치현 후에 일본식 신교육을 받고 자란 젊은 역사가가 쓴 것으로, 메이지 이후 넓은 의미에서 황국사관의 영향이 깊이 침투되어 있을 뿐만 아니라, 또한 자신의 직접적인 체험과 관찰에 기초하여 류큐병합 시기의 일을 묘사하고 있는 것도 아니다. 그것은 역사학자로서 히가시온나가 왕부 관련 문서 외에 기샤바 조켄의 저작 및 마쓰다의 편저도 일부 참조하면서 다이쇼 말년에 사후적으로 조사하여 쓴 것이다.

따라서 '류큐처분' 과정을 류큐 측에서 직접 체험하고 관찰한 동시대인의 기록으로는 기샤바의 『류큐견문록』이 유일무이한 사료가 되는 셈이다. 유일무이할 뿐만 아니라 기샤바의 예리한 관찰력과 언제나 일정거리를 유지하며 대상을 바라보는 냉정함을 잃지 않고, 극히 객관성이 풍부한 체험과 견문의 기록을 후세인 우리들에게 남겨 놓았다. 그러한 의미에서 우리들은 그의 『류큐견문록』을 마쓰다의 편저와 나란히 '류큐처분'연구의 양대 사료 중에 하나로 불러도 좋

646　[역주] http://dl.ndl.go.jp/info:ndljp/pid/1020228에서 원문을 볼 수 있다.

647　東恩納寛惇, 『尚泰侯実録』(초판: 1924년, 재판: 原書房, 『東恩納寛惇全集』2, 第一書房, 1978년, 所收).

으리라 생각한다.

기샤바의 『류큐견문록』이 갖는 중요성
을 이처럼 세상에 널리 밝히려는 것은 물론
마쓰다의 편저인 『류큐처분』의 사료적 가치
를 폄하하려는 의미가 아니다. 확실히 『류큐
처분』에 수록된 여러 사료에는 마쓰다 자신
의 복명서를 비롯하여 대체로 천황제 국가와
자기를 동일시한 권력자의 시각과 논리에 기
초한 것이 많으며, 그런 의미에서 신중한 사
료비판을 필요로 하는 문서와 기술 부분이

마쓰다 미치유키

다수 포함되어 있다. 그러나 이러한 한계가 있음에도 불구하고, 정보 내용의 풍
부함과 공문서의 망라성은 솔직하게 인정하지 않으면 안 될 것이다.

여기에서 마쓰다 미치유키라는 인물에 대해 조금 소개하기로 하자.[648] 마
쓰다는 1839년(天保10) 출생이므로 기샤바보다 1살 연상이다. 돗토리[鳥取]번 출
신으로 구보(久保) 집안에서 태어나, 어렸을 적에 마쓰다 이치다유우[松田市太夫]
의 양자가 되었고, 성장하여 히로세 탄소[広瀬淡窓]의 사숙(私塾)에서 공부했다.
1862년(文久2) 양부와 함께 교토로 가서 국사주선(国事周旋)[649]의 임무를 담당하
며 존황양이파 지사들과 돈독하게 교류했다. 1868년(明治1) 징집되어 내국(內國)
사무국판사로 신정부에 출사했다. 이후 교토부 대참사, 오쓰현령[大津県令] 등을
거쳐 1875년 3월 내무대승, 그 후 1877년 1월 관제개혁과 더불어 내무 대서기
관이 되었으며, 태정관 대서기관을 겸하고 있었다. 이 내무대승·대서기관을 지

---

648   마쓰다 미치유키의 전기(傳記)로는 木山竹治 編著, 『松田道之伝』(鳥取県教育会, 1925년)
       이 있다.

649   [역주] 국사주선(国事周旋): 번의 힘을 배경으로 공공연하게 정치활동을 행한 대표적인 세
       력이 조슈와 사쓰마였다. 이처럼 번이 정치활동을 행하는 것을 '국사주선'이라 하고, 구체
       적으로는 조정과 막부의 관계에 끼어들어 유력한 번[雄藩]이 발언권을 발휘할 수 있도록
       활동했다.

냈던 1875년 이후에 류큐문제를 담당했고, 1879(明治12)년 류큐병합 처분을 지휘하고 실행한 직후에『류큐처분』을 편찬했다.

마쓰다는 1879년 12월 도쿄부 지사(知事)로 전출되어, 도쿄의 방화대책, 수도·가스등(燈) 정비, 시나가와 항구건설 등의 정책을 시행하는데 있어 기량을 발휘했고, 1882년 7월 현직에 있는 동안에 43세의 젊은 나이로 세상을 떠났다. 덧붙여서 말하면 마쓰다의 옛 주군인 돗토리 번주 이케다가[池田家]는 보신전쟁 때 최종적으로 조정 편에 서기는 했지만 도쿠가와 가문과 혈연관계를 맺고 있다는 이유도 있었고, 가신 중에 딱히 메이지유신 때 공을 세운 사람도 없었던 까닭에 유신 후에 마쓰다 미치유키는 번벌의 후원을 전혀 받지 못했다. 요컨대 마쓰다는 전형적인 유신관료이며 메이지 국가의 요청에 충실히 따르며 자기가 맡은 직무에 충실했고 능력과 노력으로 내무성의 고위직까지 올랐던 인물이었다.

애당초 '류큐처분'연구는 많은 논자가 인정하고 있듯이 패전 후(태평양전쟁(1945년)이후)가 되어서야 비로소 학술적인 수준에 이르렀다 해도 과언이 아니다. 그 이유의 하나로 마쓰다의『류큐처분』이 전전기(戰前期)에는 일반인에게 전혀 알려져 있지 않았거나 이용하기에 꽤 어려운 저술이었던 사정도 있었다. 즉 이 책은 '류큐처분' 직후에 메이지정부(내무성)의 내부자료로 인쇄되었을 뿐 일반인에게 시판된 것이 아니었으며, 전후 1962년에 가자마 쇼보[風間書房]에서 『메이지문화자료총서』[明治文化資料叢書]의 한 권(제4권 외교편)으로 출판되기까지 오랜 기간 완전히 희구본[稀覯本]이었다.

그 때문에 예를 들어 나카하라 젠추[仲原善忠]는 1952년 한 논문에서 "특히 일본국가에 완전히 융합되는 메이지 8년부터 12년까지에 이르는 류큐처분에 대한 종래의 기술은 만족할 만한 것이 하나도 없다고 나는 생각한다. 내무성에서 출판한『류큐처분』(상, 중, 하)의 하권……을 무슨 까닭인지 아무도 보지 않았던 것 같다."[650]라고 서술하고 있을 정도이다. 또 작가 오시로 다쓰히로[大城立

650　仲原善忠,『沖縄現代政治史』(초고『沖縄』18호,『仲原善忠全集』上巻, 沖縄タイムス社 간행, 1969년, 459쪽)

裕]는 『소설 류큐처분』(1959~60년)[651]을 저술하여 역사가들을 질리게 만들었다는 평을 받았는데, 그의 회고에 따르면, 이 소설이 가능했던 것도 마쓰다가 엮은 이 희구본을 구해볼 수 있었기 때문이었다.[652]

이처럼 마쓰다의 편저는 메이지정부의 공문서를 중심으로 제1차 사료를 빠짐없이 폭넓게 사용하여 집성한 중요하면서도 아주 편리한 사료집이지만, 잡다한 문서가 혼재되어 있거나 원래 문서의 일부만 발췌해서 수록해놓기도 했기 때문에 지금까지의 연구에서도 오독을 하거나 의외로 제대로 이해하지 못한 것처럼 느껴지는 경우가 있다. 까닭인 즉 '류큐처분'을 논한 종래의 역사서에는 마쓰다의 편저를 체계적으로 점검하면 확인할 수 있는 잘못된 기술이 드문드문 보이기 때문이다. 한편 그와 별도로 이 책이 어쩌면 단시일에 서둘러 편찬했기 때문인지 자세하게 말하면 특히 전반부에는 오자·탈자·누락 등이 많이 보이고, 마쓰다 사용했던 제1차 사료와 다른 사료에서 확인할 수 있는 경우도 적지 않기 때문에 특히 중요한 사료에 대해서는 신중하게 점검하는 것이 매우 바람직하다.

여기에서는 그러한 예로서 두 가지만 지적해두고 싶다. 첫 번째는 본서 제2장에서 논한 류큐병합사의 출발점과 관련된 것으로, 1872년(明治5) 메이지천황이 쇼타이를 류큐번왕으로 책봉했을 때의 '책봉조서'에 관한 것이다. 조칙의 중요한 부분을 인용하면 "이제, 류큐는 가까운 남쪽 부근에 있고, 마음이 서로 맞고 언문(言文)이 다르지 않으며 대대로 사쓰마의 부용이었다. 그리고 그대 쇼타이는 성실히 임무를 다하니 마땅히 영예로운 작위[顯爵]를 주노라. 지위를 높여 류큐번왕이라 하고, 화족의 서열에 둔다."[653]라고 하는 것이 맞지만, 마쓰다의 편저에는 '대대로 사쓰마의 부용이다'가 '사쓰마에 부용하는 번이다.'로 되어

---

651 오시로의 『소설 류큐처분』은 1959~60년 지방지에 연재되었고, 1968년 講談社에서 단행본으로 공식 간행되었다.

652 大城立裕, 『光源を求めて』(沖縄タイムス社, 1997년), 171~173쪽.

653 [역주] 원문: 今琉球近ク南服ニ在リ氣類相同ク言文殊ナル無ク世々薩摩ノ附庸タリ而シテ爾尚泰能ク勤誠ヲ致ス宜ク顯爵ヲ予フヘシ陞シテ琉球藩王ト爲シ叙シテ華族ニ列ス

있어 독자들이 예단할 수도 있다는 점이 있고 그 외에, 가장 중요한 문장인 '지위를 높여 류큐번왕이라 한다(陞シテ琉球藩王ト爲シ)'의 '지위를 높여[陞シテ]'를 '벼슬을 내려[陞シテ]'라고 잘못 표기하여 의미가 전달되지 않고 있다. 덧붙이자면 '陞[しょう]シテ'는 '陞[のぼ]シテ'로도 읽히며 '지위를 높이다'라는 의미다.

종래의 연구와 역사서에는 이 부분을 인용할 경우 반드시라고 해도 좋을 정도로 '지위를 높여[陞シテ]'를 생략하고 쇼타이를 '벼슬을 내려 류큐번왕이라 하고 화족의 서열에 둔다.'라고 기술해왔다. 그 이유의 하나로 마쓰다 편저의 잘못된 표기가 있었을 것이다, 또 종래의 연구와 역사서는 이 책봉 사건을 가리켜 '류큐번의 설치'라고 서술할 뿐만 아니라, 쇼타이에게 '번왕'을 '선고'했다는 등, '지위를 높여[陞シテ]'와는 반대로(그런 까닭에 '지위를 높여'를 생략하고) 국왕에서 '번왕'으로 격하했다는 느낌으로 기술해왔다. 여기에는 어쩌면 이 사건이 넓은 의미의 '류큐처분'이 시작되는 시기로 여겨져 왔던 점에서 '처분'이라는 호칭에 상응한 형태로 기술되어야 한다는 예단이 작용하고 있었던 것은 아닐까(상세한 점은 본서 제2장 제1절, 제4절 2항을 참조).

다음에 언급할 또 하나의 예도 위와 같이 '류큐처분' 개념의 다의성(多義性)과 관련된 것으로, 마쓰다 미치유키의 '처분관' 직함에 대해서다. 종래 '류큐처분'의 역사 기술에서는 다음과 같은 기술이 극히 일반적으로 행해져왔다. 즉 1875년 내무대승 마쓰다 미치유키의 첫 번째 류큐출장에 대해 긴조 세이토쿠의 『류큐처분론』을 보면, "1875년(明治8) 5월, 정부는 마쓰다 미치유키(내무대승, 이후 내무 대서기관)를 처분관으로 임명하고 류큐 출장을 명했다.", 같은 해 마쓰다를 "처분관으로 임명하여 류큐로 건너가게 했다."[654]라는 식으로 기술되어 있다. 그러나 이러한 기술은 오해를 불러일으키는 부정확한 표현이라 말할 수 있다.

분명히 1875년 여름 단계에서는 메이지정부(내무성) 안에서 류큐 문제는

---

654   金城正篤, 『류큐처분론』(沖繩タイムス社, 1978년), 6쪽, 13쪽; 『沖繩県史』제1권·통사(오키나와현 교육위원회 편집 1976년), 54쪽.

그때까지 담당해오던 하야시 도모유키[林友幸] 대신에 같은 해 3월23일에 시가[滋賀]현령에서 내무대승으로 막 전직한 마쓰다 도모유키가 담당하도록 되어 있었다. 그리고 같은 해 5월13일에는 출장 명령을 받고, 6월12일 시나가와를 출발하여 7월10일 나하에 도착해서 청국과의 조공책봉 등의 통교관계 금지를 비롯한 메이지정부의 일련의 명령·요구를 류큐 측에 전하고, 그 명령에 따르고 엄수할 것을 압박했다. 이 단계에서 정부의 대류큐정책을 넓은 의미에서의 '류큐처분'이라 부르는 것은 그렇다 치더라도(실제로는 '류큐번처분'이라 불렀다.), 이 시점에서 마쓰다를 '처분관'으로 표기하고 거기에 정부의 임명행위가 있었던 것처럼 서술한 것은 사실(史實)에 반하는 부정확한 기술이라 하지 않을 수 없다. 왜냐하면 '처분관'이란 무력을 배경으로 류큐병합('폐번치현' = 좁은 의미의 '류큐처분')을 실시하기 위해 내무성 관리인 일개 문관(文官)임에도 불구하고, 류큐번왕의 구인(拘引)과 류큐 측에 대한 무력행사의 권한 등, 군대·경찰의 지휘권을 포함한 최고지휘권을 위임받은 마쓰다에게 특별히 부여된 직함으로써, 그가 '처분관'의 자격으로 류큐에 온 것은 1879년(明治12) 3월의 마지막(세 번째) 류큐 출장 때뿐이었기 때문이다. 이 점은 『류큐처분』에 수록된 마쓰다의 두 차례에 걸친 처분안과 정부의 출장 명령서, 그가 류큐 측에 직접 건네준 명령서의 직함 등을 주의 깊게 살펴보면 확인할 수 있는 것이다. 덧붙여서 말하면 제4장에서 살핀 것처럼, 마쓰다 자신이 작성한 처분안에 기초를 둔 것으로 1879년 강제병합에 즈음하여 '처분관'이라는 직책을 만든 것은, 결과적으로 스스로 그 직함을 갖고 병합처분을 현지에서 단행하게 되었지만, 세 번째로 류큐출장을 가서 '처분관' 임무를 직접 담당하는 것이 처음부터 결정되어 있었던 것은 아니었다.

　　이처럼 마쓰다의 『류큐처분』에 관해서도 지금까지도 실증적인 차원의 사실 확인조차 반드시 충분히 근거에 입각하지 않았던 면이 적지 않다. 그리고 그 점을 충분히 인정한다고 해도, 지금까지의 연구에 있어서 보다 본질적인 문제점은 그러한 자세한 기술이나 실증성의 엄밀함이라기보다 오히려 다른 데 있었다고 보아야 할 것이다. 즉 지금까지의 연구에서는 기샤바 조켄의 『류큐견문록』

이 완전히 무시되었거나 심각하게 경시되어 왔다는 점이다. 그 때문에 종래의 연구에서는 당시 류큐왕부 내의 모습이나 류큐 선비층의 자기의식·국가의식 등이 거의 고려되지 않거나, 그렇지 않은 경우라도 마쓰다의 『류큐처분』을 근거로 하여 권력자의 눈에 비친 모습 외에는 언급되지 않았던 것이다.

이러한 한계를 넘어서려면 기샤바 조켄의 『류큐견문록』을 마쓰다에 대한 또 다른 한 쪽의 기본사료로 자리매김하고, 그 사료적 가치를 최대한 살리는 것이 최선의 방법이며, 어떤 의미에서는 그것 말고는 다른 방법이 없지 않을까. 이것이 본 연구가 처음 출발할 때부터 기본으로 삼았던 문제의식이었으며, 그러한 테제(These)가 설득력을 가지려면 그 저자와 저작의 신뢰성 문제가 매우 중요하다 하지 않을 수 없다.

그래서 보론에서는 『류큐견문록』이라는 희귀한 역사기록을 후세에 남긴 기샤바 조켄의 인물상을 살피는 동시에, 이 책과 그의 다른 저작의 성립과 간행에 이르게 된 상황에 대해 서지학적(書誌学的)인 검토를 덧붙이고 싶다.

2. 기샤바 조켄의 생애와 저작

기샤바 조켄은 1840년 당시 류큐왕국의 수도라 할 수 있는 슈리의 기보무라[儀保村, 당시 슈리는 15개의 마을로 이루어져 있었다]에서 태어났고 이후 테시라지무라[汀志良次村, 현재의 슈리 테라초[汀良町]]로 이사했다. 생가는 구시카와우둔[具志川御殿][655](御殿이란 아지가문[按司家] 내지는 그 저택)과 관계가 있고 쇼케[尚家]와는 먼 친척이다. 그러나 그러한 관계(쇼씨 집안에 속하는 것)는 특별히 혜택 받은 조건이라 할 수 없고 하급사족 출신에 지나지 않았다. 학자이며 서예에 능했던 부친 조뵤[朝苗]의 셋째아들로 태어나, 어릴 적 이름이 지로[次郎], 실명(實名)은 조켄[朝

賢], 당명(唐名)은 향정익(向廷翼)이었다.[656] 성
장하여 당시 류큐왕국에서 최고학부인 '국학'
까지 진학했으나, 국학시절부터 당대 제일의
훌륭한 유학자로 국왕의 대강관(待講官)을 지
낸 쓰하코웨카타[津波古親方, 실명은 政正, 당명
은 東國興]에게 사사받았는데 시문이 뛰어났
고, 호는 도테이[東汀]로 불렸다.

기샤바 조켄

　기샤바는 1866년 청국 황제가 류큐국왕
쇼타이의 책봉을 위해 보낸 책봉사가 류큐에
왔을 때 통역을 했고, 1868년(明治1)에는 쓰
하코 웨카타의 천거로 쇼타이왕의 소바쓰카에[側仕]가 되었다. 그때에 기샤바는
29세, 쇼타이가 27세 무렵의 일이다. 그로부터 삼십대의 장년기에 해당하는 약
10년간 소바쓰카에라는 관직에 있었고, 그 재직 기간의 후반부가 '류큐처분기'
의 혹독한 시기와 겹쳐 있다. 그리고 '폐번치현'의 전년도에 해당하는 1878년(明
治11) 소바쓰카에의 직무를 끝내고 신푸야쿠[心附役][657]로서 규치카타야쿠[給地
藏役][658]에 취임했으나, 이듬해 강제병합('폐번치현')과 더불어 류큐왕부는 해체되
고, 기샤바 역시 관직을 잃고 무급사족으로 힘겨운 말년을 보내야만 했다.

　기샤바는 이처럼 '류큐처분' 시기에 슈리성의 심장부에 있던 쇼타이왕을 가

656　근세 류큐에서는 선비[士] 신분인 자는 모두 '당명(唐名)'이라는 중국식 이름이 있었다. 특
　　　히 신분이 높은 선비는 영지 변경에 맞추어 성(姓)을 바꿀 수 있는 관행이 있었는데, 당명
　　　은 평생 바꿀 수 없었으므로 그들 본연의 정체성과도 관련되어 있었다고 생각할 수 있다.

657　신푸야쿠[心附役]: 부수입이 있는 좋은 대우를 받는 직책. 왕부에서 출사하여 관리가 된
　　　선비[士]는 처음 십여 년간은 지위가 낮은 역할에 박봉 내지 무급으로 일하고, 근공(勤功)
　　　을 쌓으면 좋은 대우를 받는데 임기가 짧은 신푸야쿠로 승진하는 경우가 많았다.

658　[역주] 규치카타야쿠[給地藏役]: 규치쿠라[給地藏]의 관리를 뜻함. 규치쿠라는 왕부기구의
　　　하나이다. 왕부의 금전 출납, 물품의 제조 등을 담당했으며 또한 각 지방의 세수(稅收)에
　　　관한 업무도 취급했다. 이곳에 임명되면 특별 부수입이 있었다고 한다. 제1장 표 4 참조.

까이에서 국왕의 신변 이야기를 들어주는 일과 동시에 문서관리도 겸하고 있어
서 류큐병합을 직접 보고 듣고, 또 그와 관련하여 메이지 정부와 왕부가 교환한
문서를 열람 및 등사(謄寫)할 수 있었다. 이것이 기샤바가 『류큐견문록』을 남길
수 있었던 이유다. 이 책은 '폐번치현'직후 즉 1879년(明治12) 겨울에 거의 마무
리되어 있었지만, 공식적인 간행은 뒤에서 서술하겠지만 말년인 1914년까지 약
35년을 기다려야만 했다.

　　기샤바는 『류큐견문록』외에도 『류큐삼원록』[琉球三冤録]이라는 짧은 역사
서, 게다가 『도테이 수필』[東汀随筆], 『도테이 수필 속편』[東汀随筆続編]인 수필과
기록을 남기고 있다. 이 가운데 『류큐삼원록』은 류큐국왕 말기에 일어난 이른바
'마키시 · 온가사건'에 대해 서술한 귀중한 사료로서, 『류큐견문록』이 처음 간행
될 때 '부록'으로 실렸다.[659] 『도테이 수필』(본편)은 『류큐견문록』이 간행(1914년)
된 직후쯤에, 즉 말년의 기샤바가 와병 중에 집필한 수필집인데, 이 책이 처음
간행된 것도 1927년(昭和2), 즉 1916년(大正5)에 기샤바가 서거한 후의 일이었
다. 또 『도테이 수필 속편』은 1952년 『류큐견문록』제2판이 간행될 때 『류큐삼원
록』과 함께 '부록'으로 실리면서 비로소 세상과 만나게 된다. 그 외 기샤바의 저
작으로 1천여 편의 한시를 모은 『도테이 시집』[東汀詩集]이 편찬되었으나 유감스
럽게도 오키나와 전투로 피해를 입어 오늘날에는 완전히 사라졌다.

　　류큐병합 후 기샤바의 말년에 대해서도 여기에 간단히 언급해둔다. 다행
히도 기샤바가 남긴 『도테이 수필 속편』에는 폐번치현 후 그의 움직임을 전하는
기록이 많이 포함되어 있다. 그에 따르면 '폐번치현'으로 인한 류큐왕부 해체로
직업을 잃은 그는 당시 오키나와의 많은 무급사족과 마찬가지로 농촌으로 이
주하여 황무지를 개간하고 농업에 종사하는 것으로 새로운 생계수단을 찾았다.
이러한 농촌 이주는 오키나와에서 이미 류큐왕부 시대부터 궁핍한 하급 선비층
사이에서 행해지고 있었던 일이지만, 치현 후 기샤바처럼 어쩔 수 없이 지방으

659　마키시 · 온가 사건[牧志 · 恩河事件]에 대해서는 본서 제1장 제4, 5절을 참조

로 내려간 '폐번의 사무레(サムレー)'도 급증했다.

　기샤바의 특별한 점은 시대 환경의 격변 속에서도 나름대로 적극 활로를 개척하려는 자세에 있었다. 이 점에서 먼저 지적할 점은 기샤바에 의해 시작된 구메지마[久米島]에서의 '대원개간사(大原開墾社)' 라는 사업일 것이다. 기샤바는 이미 메이지 10년대 중반 새로운 현정(縣政)에 대한 사족층의 불복종 분위기가 압도적으로 지배하고 있을 때, 정부 = 현(縣)의 사족수산금(士族授産金)으로 개간을 기획하고, 일찍이 쇼타이왕의 소바쓰카에 일을 함께 했던 야마우치 세이키[山內盛熹], 치넨 마사노리[知念政憲] 등을 공동발기인으로, 슈리와 기타 사족들에게 호소하는 '광고'를 돌려 동지들을 모았다.[660] 결과적으로 20명의 동지와 함께 오키나와 본도(本島) 남부 부근의 외딴 섬 구메지마의 구시카와마기리 오하라[具志川間切大原]에 새로운 집락(集落)(야두이[屋取][661]로 읽음)을 만들고 개간사업을 행하였다.[662] 기샤바는 개인적인 사정으로 곧 이 사업에서 떠났지만 당시 오키나와현에서 그가 행한 이 수산(授産)사업[663]은 완전히 예외적인 일이었다.[664]

　기샤바는 그 후 오키나와 본섬 남부 다마구스쿠 마기리[玉城間切]에서 경작지를 구해 이주하고, 가족과 함께 농사를 지으며 일개 농민으로 삶을 영위했다. 기샤바는 나이 쉰 무렵에 다마구스쿠 마기리에 정착했다. 오십대에 이르러서도 온힘을 다해 새로운 삶의 기반을 마련하는데 힘쓰면서도 동시에 다양한 정치적,

---

660　『東汀随筆続編』(『류큐견문록』, 至言社, 1976년, 수록, 206쪽).

661　[역주] 야두이(屋取): 근세후기 궁핍한 사족이 슈리를 떠나 지방으로 낙향하여 인적이 드
　　　문 땅에 오두막을 짓고 황무지를 개간하여 농업을 영위했다. 야두이는 타지에 산다는 뜻.
　　　거주인으로도 불리며 한데 모여 집락을 형성하고 있었다. 야두이를 기원으로 하는 집락
　　　(무라)은 130여 곳에 이른다.

662　기샤바 등이 창건한 大原屋取는, 현재 구메지마초지오하라[久米島町字大原]에서 1985년
　　　에 '이주 100주년'을 성대하게 축하했다. 『오하라 이주 100주년 기념지』(오하라 이주 100
　　　주년 기념사업위원회 발행, 1986년)

663　[역주] 수산(授産): 실업자, 빈곤자 등에게 일을 주어 생계를 마련해주는 사업을 의미.

664　오키나와현에서 실시된 사족수산사업은 기샤바 등의 사업을 포함하여 2건 뿐이었다.

사회적 활동도 했다. 『도테이 수필 속편』이 전하는 이러한 활동 가운데 특히 두드러지는 것을 뽑아내어 히가 슌초[比嘉春潮]는 다음과 같이 정리하고 있다.[665]

옹(翁)은 자기 생활의 안정만으로 만족하는 사람이 아니었다. 오하라 개간에 관해서는 그 뒤에도 끊임없이 경영에 대해 기획하며 바쁘게 뛰어다녔을 뿐만 아니라, 당시 폐번 직후 현의 혼란한 사회 불안에 무관심한 채 지내지도 않았다. 1889년(明治22)에는 교육비 부과의 불공평함을 논하고, 슈리·나하 평민출신자 등 정부고용인에 대한 보조금 교부를 청원하고, 쇼가[尚家] 주위로 모여드는 옛 관리들이 쓸모없는 기획으로 쇼가[主家]의 재산을 위태롭게 하는 것을 우려하여 쇼타이후[尚泰侯]에게 진언을 계획하고, 1890년에는 니시하라마기리 스에요시촌[西原間切末吉村]의 봉공인(奉公人) 계급의 횡포에 대해 촌민을 규합해서 그 부당함을 지토다이에게 호소하여, 흉년을 대비한 저축에 관해 의견을 말하고, 각 마기리[間切] 관리인[役所員]의 정치적 폐단을 정밀하게 조사하고 적발하여 바로 잡을 것을 지사에게 진정하는 등 많은 일을 하고 있었다. 몇 년인가 침묵이 있은 후 1899년 토지정리법이 공포되자 야두이[屋取集落] 거주인들의 이익을 위해 법규 개정 청원운동을 일으키고, 이를 위해 한때 나하로 거처를 옮겨서까지 온힘을 쏟았지만, 아무리해도 대세에 저항하지 못하고 성공을 거두지 못했다. 다만 옹의 이러한 사회적 활동의 목표는 종종 시세의 폐단과 충돌하기는 해도 혁신에 대단히 이로운 면도 있었으나, 역시 옛 번의 사족이라는 입장에 얽매인 경향도 없지 않았다.

히가의 위 문장은 그 자체로는 정확하게 정리되어 있지만, 그 논술에 류큐·근대 오키나와사의 특유한 용어가 많이 사용된 점이 보여주는 것처럼, 폐번

665　比嘉春潮, 「喜舍場朝賢翁」(『류큐견문록』第二版, 1951년, 294~295쪽); 『比嘉春潮全集』제4권(沖縄タイムス社 간행, 1972년), 101~102쪽.

치현 뒤 기샤바의 활동이 정확히 전달되게 하려면 '구관온존기(舊慣溫存期)'로 불리는 이 시기 오키나와의 사회 현상과 거기에서의 사족과 농민의 사회지위나 생활 상황에 대해서도 상세한 설명이 필요할 것이다. 그러나 여기에서는 최소한의 범위내에서 다음과 같은 사항만 확인하는데 그치고자 한다. 즉 기샤바의 다양한 활동이 주로 본인 자신도 마찬가지로 시대가 변하면서 새로운 삶을 개척해야 할 필요에 직면하여 고민하는 궁핍한 사족, 더 나아가 일반 지방농민을 위해 소위 '재야의 지성'으로서 지혜를 빌려주고, 때로는 당국에도 적극적으로 압력을 가하는 정치적, 사회적인 활동이었다는 점이다. 『도테이 수필 속편』에는 당시 기샤바가 직접 쓰거나 아니면 타인의 요구로 대신 작성한 각종 청원서, 진정서가 시대 상황을 전하는 자료로서 들어가 있으며, 이 또한 오키나와 근대사를 밑에서부터 조명한 귀중한 사료가 되고 있다.

제2절 『류큐견문록』의 성립 사정

1. 집필 목적과 만년(晩年)의 간행

지금까지 『류큐견문록』의 중요성에 대해 간단히 서술하고, 저자인 기샤바의 생애를 개관했다. 하지만 여기서 잠시 생각해보면, 『류큐견문록』이라는 제목 자체에 일종의 위화감이라고 해야 하나, 뭔가 부자연스러움을 느낀 독자도 많지 않을까 생각된다. 지금까지 살핀 대로 저자는 분명 류큐인이다. 일반적으로 '견문록' 이라고 하면 여행자가 낯선 땅을 방문하여 그곳에서 보고 들은 진기한 일들을 기록하는 것으로 보통 받아들일 것이다. 가령 유명한 마르코 폴로의 『동방견문록』처럼……. 그런데 왜 류큐인이 쓴 책 제복이 『류큐견문록』일까. 그러한 의

문도 머릿속 어딘가에 남겨두면서 기샤바가 『류큐견문록』을 편집 저술한 목적, 의도, 성립 경위에 대해 조금 깊이 들어가서 고찰해보자.

이와 관련하여 먼저 주목해야 할 점은, 기샤바가 '류큐견문록서[琉球見聞錄序]'라는 한자로 된 서문을 쓰고 있다는 것이다. 필자도 한문은 서툴지만 이 서문만은 일부 그대로 인용하고 싶다.

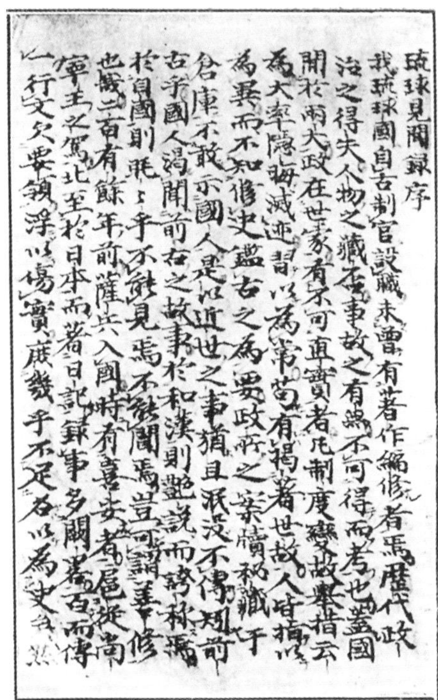
한자로 쓴 서문

我琉球国自ㄴ古制官設ㄴ職. 未ㄴ曾有ㄴ著作編修者ㄴ焉. (中略) 二百有餘年前. 薩兵入ㄴ國. 時有ㄴ喜安者. 扈ㄴ從尙寧王之駕ㄴ. 北至ㄴ於日本 而著ㄴ日記ㄴ錄. 事多ㄴ闕略ㄴ. 百而伝ㄴ一. 行ㄴ文缺ㄴ要領. 浮以傷ㄴ實. (中略) 今般有廢藩置県ㄴ. 事宛出乎尙寧王之覆轍ㄴ. 実千古未曾有之一大事変也. 予歎ㄴ其事與ㄴ歲時ㄴ共銷磨. 隔ㄴ世則莫ㄴ以可ㄴ老徵ㄴ. 故茆簷之下. 家計之暇. 竊執ㄴ史氏之筆ㄴ. 八年間凡與ㄴ日本ㄴ之所ㄴ関涉ㄴ. 隨見隨謄. 隨聞隨筆. 値ㄴ有ㄴ一事ㄴ. 必綜ㄴ実訂ㄴ訛 言簡義詳. 毫不ㄴ効ㄴ稗官者流之好爲ㄴ麗飾ㄴ. 務悅ㄴ人之耳目ㄴ之習ㄴ. 日久而文字堆積. 即編次爲ㄴ四卷. 目ㄴ之曰ㄴ琉球見聞錄ㄴ. (後略)

大日本明治十二年. 大清光緒五年. 尙泰王三十二年. 歲次己卯季冬琉球国喜舍場朝賢序

원문을 읽는다기보다 원뜻을 훼손하지 않으면서 현대식으로 의역하면 다음과 같을 것이다.

우리 류큐국은 예로부터 관제(官制)를 만들어 그 직책을 마련했으나, 지금까지 한 번도 저서를 편찬한 자가 없었다. (중략) 2백여 년 전 사쓰마의 병력이 침입했다. 그때 기안[喜安]이라는 인물이 있어 쇼네이왕의 가마를 수행하여 북쪽에 있는 일본으로 가서 그곳에서 일기를 서술한 것이 있다. 하지만 이 일기에는 여러 가지 일을 기록하고 있는데 빠진 부분이 많고, 많은 것을 이야기하고 있지만 전달하는 것은 적다. (중략) 이번에 폐번치현이 있었다. 이 일은 마치 쇼네이왕의 전철을 밟은 듯하며, 실로 역사가 생긴 이래로 처음 있는 일대 사변이다. 나는 그 폐번치현이 세월과 더불어 닳아 없어지고 세상이 바뀌면 점점 약해져서 사라지는 것을 한탄하고, 그런 까닭에 초가집 처마 밑에서 집안 살림을 하는 틈틈이 남모르게 사씨(史氏, 역사를 집필하는 관리)의 붓을 잡고 8년간 대략 일본이 관계하고 교섭했던 바를 본대로 필사하고 들은 대로 적었다. 한 사건이 있으면 반드시 진실을 조사하고 잘못을 정정했다. 결코 패관자류(稗官者流)를 좇아 화려한 수식을 가하거나 애써 사람들의 눈과 귀를 즐겁게 하려고는 하지 않았다. 시일이 오래되고 써놓은 것이 많이 쌓였으므로 순서에 따라 편집하여 4권으로 묶고 이것의 제목을 류큐견문록이라 한다.

요컨대 이번 '폐번치현'은 옛 사쓰마군의 침입과 비교할만한 지금까지 한 번도 유래가 없는 사변이지만, 2백년도 더 된 사건에 대해 류큐 측에서 기록으로 남긴 사람이 없고 기안일기[喜安日記]도 그럴듯한 수식으로 꾸민 문장이 많아서 거의 진실을 전하지 못하고 있다. 그래서 나는 이 일대사변에 대한 일이 시간이 흐르면서 잊히고 증거가 사라지는 것이 두려워 8년 동안 보고 들은 그대로의 일을 될 수 있는 한 정확하고 그럴듯한 수식으로 꾸민 문장을 배제하며 기록해왔다. 그렇게 순서를 매겨 수집한 것이 류큐견문록으로 이름이 붙여진 4권의 책이다. 마지막으로 일본, 중국 및 류큐 고유의 역법으로 연도를 기록하고 계절이 겨울이라는 점을 첨부하여 '류큐국 기샤바 조켄 서문[琉球国喜舍場朝賢序]'이라 기록하고 있다.

앞에서 살핀 것처럼 기샤바는 '폐번치현'처분을 기록으로 남기는 것에 대해 역사라는 긴 시간을 가지고 의미부여를 하고 있다. 이번 '사변'을 이백 수십 년 전 사쓰마의 침입과 비교한 것처럼, 대개 100년을 단위로 생각했다고 할 수 있을지도 모른다. 100년, 200년 후에도 사실이 전해질 수 있게 하는 것. 그렇다, 이것이 바로 기샤바의 목적이며, 동시에 거기에는 미래 세대에게 이 좌절의 역사에서 뭔가 배워 교훈으로 삼기 바란다는 염원이 담겨 있다고 생각한다. 어쩌면 기샤바의 이 견문록은 오늘을 살고 있는 우리들에게 보낸 편지라 해도 좋지 않을까.

제목이 왜 '류큐견문록'인지는 위에서 본 기샤바의 짧은 한자 서문 외에는 설명이 없다. 따라서 필자의 억측이 들어갔을지는 모르지만, 우선 생각해 볼 수 있는 이유로는 이번 '사변'을 류큐측 즉 병합 처분을 '당한 측'에서 기록하는 사람이 자신밖에 없다는 점, 그리고 그와 같은 기록 없이는 역사의 진실을 후대에 바르게 전할 수 없다고 기샤바가 생각하고 있었다는 점이다. 그리고 '폐번치현'으로 류큐라는 나라 이름이 사라지고 정치사회 구조도 크게 바뀌어 머지않아 류큐가 류큐의 모습이 아니게 될 것이기 때문이라고 생각한 점, 그 의미에서 '류큐'가 그 땅에서 살아가는 자에게도 머지않아 '다른 나라'같은 존재가 되리라는 예감이 기샤바에게 있었을지도 모른다. 여하튼 기샤바의 『류큐견문록』은 '8년간 대략 일본이 관계하고 교섭했던 것'(이 책의 '범례')을 류큐 측의 시각에서 기록한 것으로, 류큐인이 아니고 또 류큐에 대해 잘 모르는 일반 일본인에게 역사의 진실을 전하는 것을 목적으로 한다. 동시에 '세대가 바뀌어'과거의 류큐를 알지 못하는 그러나 변함없이 류큐에 뿌리를 두고 있을 미래 세대가 독자가 될 수 있다고 상정하고 있었던 것은 아닐까.

제목에 대해서는 이 정도로 하고, 좀 더 확실하게 말할 수 있을만한 이야기로 넘어가자. 마지막 인용문에 있는 것처럼 기샤바가 모은 기록을 4권으로 편성하여 엮은 것은 1879년(明治12) 음력 겨울이었다. 기본적으로는 그렇게 말할 수 있다. 다만 이 책이 간행된 것은 그로부터 35년 후 1914년(大正3)의 일이며, 어쩌면 그 간행을 준비하는 단계에서 약간 보충이 있었음을 서술하지 않을 수 없다. 하지만 본질적인 부분에서 다르게 바뀐 것은 없었고 몇 군데 가필한 곳조차도 보면 알 수 있게 되어 있다. 하나는 아마 류큐의 사정에 대해 잘 알지 못하는 독자를 배려한다는 등의 이유에서 본문 속에 괄호를 붙이고 설명문이 몇 곳인가 삽입되어 있다. 또 하나는 이 책이 취급하고 있는 대상이 류큐의 마지막 시기와 관련되는데, 본래의 형태는 1879년 12월 22일자 오키나와 현령 나베시마 나오요시[鍋島直彬]의 고시를 게재하고 이와 관련한 정치적 상황을 제일 마지막 시기라 논하고 있지만, 그것에 추가된 형태로 이듬해 1880년(明治13) 여름 이후 미국 전 대통령 그랜트의 알선으로 청일간의 소위 '분도개약' 교섭에 관한 에피소드로서 '류큐분도 사건 운운'이라는 기술이 단락 전체를 한 글자 들어간 형식으로 가필되어 있다.[666] 이처럼 사소하기는 하나 사후적으로 손을 대고 있는데 그것은 겉으로 보아 판단할 수 있게 되어 있다.

『류큐견문록』의 성립 사정은 위와 같지만, 앞서 서술했듯이 이 책의 간행은 1914년에 와서야 이루어졌다. 35년이 흐른 뒤 당시 오키나와의 젊은 지식인 이하 후유와 오야도마리 조타쿠[親泊朝擢]가 협력하여 간행되었다. 잘 알려져 있는 것처럼 이하 후유는 오키나와 최초의 문학사이자 후에 '오키나와학의 아버지'로 불리는 인물이다.[667] 이하 후유는 '폐번치현'이 되는 3년 전인 1876년 출생으로 기샤바와는 36살이라는 나이차가 있으며, 당시 1910년 이후로 오키나와 현립도서관장(촉탁)이었고, 1911년에 그의 최초 논문집으로 오키나와학의

---

666 『류큐견문록』(親泊朝擢 간행, 1914년), 192~193쪽, 같은 책(제2, 3판), 149쪽.

667 이하 후유의 업적, 특히 그의 『古琉球』에 대해서는 鹿野政直, 『沖繩の淵−伊波普猷とその時代』(岩波書店, 1993년)을 참조.

고전이 된 『고류큐』를 간행되었다. 기샤바가 한문으로 쓴 저자 서문은 앞서 본 바와 같지만, 실은 이 책의 서문 앞에 지금은 유명해진 '서장에 갈음하여-류큐 처분은 일종의 노예해방이다.'라는 이하 후유의 소론(小論)이 들어가 있다. 이하 후유는 『류큐견문록』 간행을 위해 기고한 소론인 '서장에 갈음하여' 말미에 "36 년간 나무상자 안에 숨어있던 기샤바옹의 『류큐견문록』이 세상의 빛을 보게 되어 기쁜 마음으로 류큐처분에 관한 비견(卑見)을 서술하는 바이다"라고 기록하고 있다.

한편 오야도마리 조타쿠는 기샤바 저작의 '발행인'이면서 책의 맨 끝에 '기샤바조켄옹소전[喜舍場朝賢翁小伝]'을 썼다. 간략한 전기 말미에 "불혹의 나이인 마흔 무렵에 류큐견문록을 저술하기 시작했으므로 그 식견과 용솟음치는 열정과 성의를 담아 원고를 완성했을 것이다. 그런데 옹의 이 저서가 75세에 이른 오늘에 이르러 겨우 쌓였던 묵은 먼지를 털어내고 세상 밖으로 나오게 된 것은 시대가 바뀜에 따라 새로운 오키나와가 시작되는 희망의 빛이지 않을까. 나는 이 책을 발행함에 있어서 오키나와 민족의 자각과 분투를 바라마지 않는 바이다"라고 쓰고 있다. 또 "옹은 지금 시마지리군 다마구스쿠손[島尻郡玉城村]에서 오로지 맑은 바람과 밝은 달을 친구 삼아 조용히 살고 계신다"고 근황을 전하면서 원고를 마감하고 있다. 덧붙여서 오야도마리는 이하 후유와 같은 시대(이하보다 한 살 많음)의 교육자로 이 당시 초등학교 교장에서 현(縣)의 학무과로 직장을 옮겼으며, 또한 잡지 『오키나와 교육』편집 발행인이었다.

『류큐견문록』초판의 발간사항을 보면 '편집자 기샤바 조켄'. '발행인 오야도마리 조타쿠'라고 되어 있고 각각 오키나와현 주소가 오른쪽에 작은 글씨로 붙어 있다. 그리고 '인쇄인 시마 렌타로[島連太朗]', '인쇄소 산슈샤[三秀舍]'라고 쓰여 있으며 모두 도쿄 간다구[神田区]의 같은 주소로 되어 있다. 발행 '1914년 (大正3) 5월 25일', 그 아래에 '정가 1엔 20전'(활자인쇄는 아님.)이라고 스탬프가 찍혀 있다. 요컨대 초판은 출판사와 서점 간행이 아니라 오야도마리 조타쿠가 발행인으로 되어 있으며, 그의 개인적인 많은 조력이 뒷받침되었음을 엿볼 수 있다. 인쇄 부수도 '극히 소수' 이다(뒤에 나오는 신문기사).

뒤에서 상세하게 서술하는 것과 같이 『류큐견문록』은 패전 뒤 1952년에 제2판, 1977년에 제3판이 나왔다. 세 번 인쇄되면서 몇 가지가 바뀌었는데, 여기서는 초판과 패전 후에 나온 두 판본과의 중요한 차이점에 대해 두 가지만 지적해 두고 싶다. 첫째, 초판의 권두에 '삼가 이 책을 / 고 쇼타이 후작의 / 영령에 바친다.' 라는 3행의 헌사가 실려 있다. 덧붙여 말하면 기샤바가 예전에 모셨던 쇼타이는 1901년(明治34) 도쿄에서 서거했다. 또 하나의 차이점으로 초판은 제목에 '일명 폐번사건'이라는 부제가 붙어 있다. 요컨대 『류큐견문록-일명 폐번사건』이 이 책 초판의 제목이었다. 이 헌사와 부제는 제2판 이후에는 완전히 삭제되었을 뿐만 아니라, 발행자의 머리말에도 전혀 언급되지 않았다. 그러므로 초판에 헌사와 부제가 있었던 것도 거의 알려지지 않았다.

초판이 발행되기에 앞서, 당시의 지방지 『오키나와 마이니치신문』은 다음과 같은 '류큐견문록 출판'이라는 표제의 예고기사를 싣고 있다.

> 현대 오키나와 제일류 한시 시인이자 주자학의 석학인 기샤바 조켄 옹은 전부터 오래된 원고 류큐견문록 (일명 폐번사건)을 공식적으로 편찬하려는 뜻을 갖고 있었다. 이번에 이것을 도쿄에서 출판하기로 결정하고 지금 도쿄 산슈사에서 인쇄중인데, 이번 달 말이나 다음 달 초순경 인쇄가 완료될 것이며 제본된 책은 그곳 책방에서 판매한다고 하는데……기샤바 씨는 폐번 당시 류큐 국왕의 소바쓰카에를 맡았던 인물인데, 옹의 저작은 류큐 연구자에게 좋은 사료가 될 것이다. 동시에 당시 사성을 알고 싶어도 알지 못했던 일반 사람들의 의혹을 풀 수 있을 것이다. 인쇄 부수는 극히 소수라고 하니 구독 희망자는 주의하기 바란다. (1914년 4월 13일)

위 기사에는 기샤바를 '현대의 오키나와에서 제일 뛰어난 한시(漢詩) 시인', '주자학의 석학'으로 표현하고 있다는 점과 그가 이 책을 일찍부터 '일반에게 공개하려는 뜻'을 갖고 있었다고 기록한 점이 주목된다. 또 이 기사보다 앞서 서술한 '일명 폐번사건'이라는 부제와 관련된 것인데, 류큐왕국의 해체를 의미하는 '폐번치현'은, 치현이 아니라 무엇보다 '폐번'이라는 '사건'으로 사람들의 입에 오르내렸음을 엿볼 수 있다.

이상과 같이 『류큐견문록』은 기샤바가 마흔 살 무렵에 탈고하고 소중히 간직해두었다가 기샤바의 나이 75세가 되어서야 간행되었다. 우리들은 이 35년간을 어떻게 생각해야 할까. 몇 가지 이유를 생각할 수 있는데, 가장 큰 이유로는 '류큐처분' 뒤에도 2, 30년은 예전 류큐왕부 관계 당사자들이 여전히 건재하여 이 책을 공표하기에는 여러 장애가 발생할 수 있다는 우려가 있었던 것은 아닐까. 분명히 이 책에는 류큐왕부의 수뇌부가 전대미문의 사태에 당황하여 헛되이 애원과 탄원을 반복하는 모습이 구체적으로 실명을 제시하며 냉정하게 묘사하고 있고, 또 강경파 가메가와당[龜川党]의 비민주적인 태도를 비판하는 듯한 부분도 있다. 여하튼 기샤바는 설령 진실이라도 공표하면 명예가 손상될 사람이 많다는 염려를 하고 있었을 것으로 생각된다.

거꾸로 말하면 이 책이 처음 간행된 다이쇼 초기에는 위와 같은 장애 요소가 많이 해소되었을 것이다. 이미 청일전쟁을 거친 메이지 30년대(1900년대) 이후 오키나와에서는 완고당과 개화당이라는 구세대 사족 층의 당파적 대립도 거의 해소되고 있었다. 지적 영향력이라는 점에서 일본 본토의 사조가 더욱 더 깊이 침투하고 있었고, 본토 출신의 교육관계자나 현의 관리[県官], 상인 등이 변함없이 커다란 세력을 차지하고 있었다. 한편에서는 『류큐신보』의 주필이었던 오타 조후를 비롯하여 오키나와 출신으로 최초로 문학부를 졸업한 문학학사인 이하 후유, 오야도마리 조타쿠와 같은 교원·교육관계자 등 오키나와 신세대 지식인도 그 나름 존재감을 드러내면서 자기주장을 할 수 있게 되었다.

『오키나와 마이니치신문』에는 '주하치코우시[十八公子]'라는 필명으로 『류큐견문록』을 읽고 쓴 독후감을 기사로 싣고 있는데, 내용을 보면 폐번치현 뒤 새로운 교육 즉 동화교육 속에서 자라난 세대의 목소리를 들을 수 있다.

기샤바의 명저 류큐견문록을 읽고 나는 과거 류큐인을 위한 애닯은 마음과 아울러 미래 오키나와를 위한 염려를 하지 않을 수 없다. 당시 쇼타이후의 명확한 사태 파악은 단호한 데가 있다. 또 옹과 같은 식견가가 있어 정부의 처분에 호의를 가지게 된 것과 상관없이, 고루한 그룹이 있어 잘못된 실행을 한 것은 아무리 생각해도 유감스러운 바이다. 즉 그들은 류큐 민족의 성쇠를 생각하지 않고 오로지 개인 일신의 쾌락을 생각했다. 왜냐하면 그들이 논의한 것은 정의에 의거하지 않았고 대부분 요직을 잃는다든가 자손이 어려워지는 것만 생각했기 때문이다. …… 과거의 류큐야 어찌되었건 현재의 오키나와에도 이런 현상이 없지는 않으리라. 애초에 오키나와현의 문물은 소걸음과 다를 바 없이 발전이 지지부진했다. 이것은 당국자의 책임도 적지 않을 것이다. 즉 관리를 위한 정치를 했지 인민을 위한 정치를 하지 않았다 …… 관리란 모름지기 인민과 자주 접촉하며 신임을 얻어야 지도하고 이끌어 가는데 효과를 발휘할 수 있다. 그러나 인민의 이해득실을 구름이나 연기가 눈앞에서 흔적 없이 사라지듯이 하면 과연 무슨 일을 할 수 있으며 무엇을 얻을 수 있겠는가. 과거에 의거해 미루어 생각해보니 지금의 오키나와를 위한 인민의 분노가 이와 같다. (1914년 6월 20일)

『류큐견문록』의 공식적인 발표가 늦어진 직접적인 이유는 앞서 서술한 바와 같이 '폐번사건'에 휘말린 구세대 관계자에 대한 배려가 있었던 것으로 상정된다. 하지만 거꾸로 기샤바에게 발표를 서두르게 만든 요인은, 폐번치현 뒤 4반세기 이상이 지나고 오키나와에도 신문이나 잡지 등의 발간과 더불어, 위의 독후감 기사가 시사하는 바와 같이 정치나 사회 문제에 관심을 기울이는 일정한 독자층, 그 현상에 '공분'을 품는 새로운 세대가 출현했다는 사정도 지적할 수 있다고 생각된다.

일본 본토에서는 류큐병합 무렵에는 이미 많은 신문이 발행되었고 류큐문제에 대해서도 다양한 논평이 실리고 있었는데, 오키나와에서는 오타 조후가 주필이었던 『류큐신보』가 최초의 신문으로 발행된 것이 겨우 1893년(明治26)부터였다. 덧붙이자면 기샤바는 류큐신보사 창설을 축하하고 오키나와에서도 신문을 발간하게 된 것의 획기적인 의의를 강조하는 글인 '류큐신보사 창설을 경축하는 축사문'을 썼다.[668] 오키나와에서는 『류큐신보』 단독의 독점 상태가 오래 지속된 뒤 1905년 『오키나와신문』, 1908년 『오키나와 마이니치신문』이 발간되었다. 그리고 우리들이 확인해두어야 할 점은 기샤바가 『류큐신보』 지면에 수많은 한시를 투고하고 있다는 점이다. 기샤바는 특히 그의 말년에 한시결사(漢詩結社)의 초청을 받아 후속세대에게 시작(詩作) 지도를 했는데, 스승과 제자 모두 이따금 신문 지면에 작품을 발표했다.[669] 어쩌면 이러한 점에서 기샤바가 이미 메이지 후반기 즉 1914년 『류큐견문록』이 간행된 시기까지 '현대 오키나와 굴지의 한시인'(앞의 출판 예고기사)으로 알려지게 되었을 것이다. 당시로서는 신문의 한시 코너[漢詩欄]야말로 구세대 교양인의 존재를 새로운 세대의 지식인 내지는 '독서하는 대중'(하버마스)에게 알릴 수 있는 유일한 매체였을지도 모른다.

어찌 되었건 기샤바는 '야두이'에 거주하는 일개 농민으로 매일 논밭을 경작하면서도 오키나와에서는 아직 소수의 독자층만 가지고 있던 신문을 구독하는 교양인이기도 했다. 『류큐견문록』에 서문을 기고한 이하는 "류큐 처분은 일종의 노예해방이다"이라 말하면서도 그 해방은 '너무 형식상의 일'에 불과했고, "근래 오키나와의 일부 청년들에게서 자신에 대해, 부모형제에 대해, 사회에 대해 반항적 정신이 고조되고 있는 것은 시간이 지나면 그들이 자기 해방을 요구하는 마음속의 절규와 다를 바 없다. 이것은 오히려 기뻐해야 할 현상이다."(방점은 원저자)라고 쓰고 있다. 또 앞서 서술한 것처럼 오야도마리는 『류큐견문록』 출판을 "시대가 바뀜에 따라 새로운 오키나와가 시작되는 희망의 빛이지 아닐까."라 쓰고, "나는 본서를 발행함에 있어서 오키나와 민족의 자각과 분투를 바라마

---

668   『東汀随筆続編』第5回 第四(『류큐견문록』, 앞에서 서술, 제2·3편, 수록, 234~235쪽)

669   下地智子, 「喜舍場朝賢の漢詩」(『琉球アジア社会文化研究』 創刊號, 1998년)을 참조

지 않는 바이다."(방점은 필자)라고 쓰고 있었다. 기샤바는 신문을 읽는 일과 무엇보다 『류큐견문록』에서 보여주는 것처럼 그의 확실한 안목을 가진 관찰력으로 이러한 '시대의 추이'를 간파하고 이 책의 간행에 의의를 느꼈던 것은 아닐까. 그 의사를 굳히는 데에는 예전에 모셨던 쇼타이의 서거가 전환점이 되었을지도 모른다.

2. 패전 후 재간행

『류큐견문록』은 패전 후 1952년에 제2판이 간행되었다. 먼저 간행기록부터 살펴보면 '저자 기샤바 조켄', '발행인 가네시마 가네토미[兼島兼福]', '발행처 도테이 유작 간행회[東汀遺著刊行會]'로 되어 있다. 발행인과 발행처 모두 도쿄 내의 동일 주소이며, 또 인쇄본도 도쿄로 되어 있음을 알 수 있다. 제2판에는 '부록'으로 초판에도 수록되어 있던 『류큐삼원록』 외에 『도테이 수필 속편』이 처음으로 수록되었다.[670] 발행처를 '도테이 유작간행회'라 부르게 된 것은 그 때문일 것이다. 발행일자는 '1914년 5월 21일 초판 인쇄발행, 1952년 11월 3일 재간행 인쇄발행', 그 아래에 '비매품'이라고 인쇄되어 있다.[671]

　　제2판이 간행된 배경으로 먼저 다음 사항에 유의해둘 필요가 있을 것이다. 즉 태평양전쟁 말기 오키나와전에 이어 류큐제도가 미군의 직접 점령 하에 놓이게 된 점, 그 간행년도가 바로 일본의 주권회복과 함께 오키나와＝류큐와의 분단 상태가 지속되는 것으로 결정된 대일평화조약(이른바 샌프란시스코 강화조약)이 발효된 해이며(조약 발효는 4월 28일), 사람과 정보의 왕래도 완전히 제약된 가

670　『東汀隨筆續編』의 원본은 이하 후유가 소중히 간직했었지만, 1952년 『류큐견문록』복간 때 히가 슌초의 권유로 부록으로 활자화되었다. 『比嘉春潮全集』제5권(沖縄タイムス社, 1973년), 443쪽.

671　본래 일부는 판매된 것 같고 '정가 4백원'이라는 종이가 붙은 책을 확인할 수 있다.

운데 도쿄에서 발행되었다는 점이다. '간행책임자'인 가네시마 난코[兼島南虎]가 1952년판의 간행에 이르게 된 사정을 이 책 서두에 '재간행에 즈음하여'라는 제목으로 다음과 같이 쓰고 있다.

초판은 저자의 살아생전인 1914년 오야도마리 조타쿠 선생의 협력으로 간행되었습니다만, 부수도 적었고 불행하게도 이번 전쟁의 재화로 말미암아 고향인 오키나와의 보존본은 완전히 불타 재로 변해버렸고, 지금은 도쿄의 고서적 시장에서도 거의 입수하기 어려워졌기 때문에, 요즘 시국을 감안하여 저자의 손자……등이 재간행을 기획하고, 재일(在日), 재미(在美) 손자와 친척들을 불러 능력에 맞게 출자해줄 것을 부탁해 간행하기에 이르렀습니다. / 재간행[再刊] 의도가 저자에 대한 경애와 추모에서 보존본으로 남기고 싶다는 취지도 있었지만, 그 이상으로 사회적, 역사적 문헌으로 위에서 기술한 점(과 같은)에 다음과 같이 깊은 의의가 있다고 생각되었으므로 간행했습니다.

라고 하면서 그 의의로 두 가지를 들고 있다. 첫째, "저자가 류큐의 마지막 국왕 쇼타이의 측근에 있으면서 폐번치현의 추이와 변화과정을 직접 체험하고 보고 들은 바를 분명하게 기록했을 뿐만 아니라, 또한 오키나와인의 입장에서 비판한 몇 안 되는 귀중한 문헌의 하나라는 점", 둘째로 이하 후유가 그의 서문에서 '류큐처분은 일종의 노예해방이다.'라고 '갈파'하고, "오키나와 청년들의 마음으로부터 자기보존을 위해서는 금력과 권력 앞에서 쉽사리 무릎을 꿇고, 모든 민족을 제물로 바치고 뒤돌아보지 않는 노예근성을 없애 버리고 싶다."라고 서술하고 있는데, 그것은 "오늘의 입지적 숙명인가 또는 역사의 야유인가, …… 마치 80년 전 국제분쟁의 표적이 되었던 무렵과 비슷한 처지를 맞아 비운의 갈림길에 서서 통곡하고 있는 것처럼 보이며, 현재 오키나와인에게 보내는 경고이자 또 앞으로 나아갈 길을 암시하는 것처럼 생각된다."[672]는 것이었다.

앞서 서술했듯이 제2판에는 『도테이 수필 속편』이 부록으로 처음 수록되었는데. 다른 한편으로 초판 권말에 있던 오야도마리 조타쿠의 '기샤바 조켄 옹 간략한 전기[小伝]'는 삭제되고 대신에 히가 슌초가 이 수필 속편을 참조하면서 '기샤바 조켄 옹'이라는 (앞에서 일부 인용했던) 소론을 썼다. 히가는 소론에서 다음과 같이 끝맺고 있다.[673]

> 나는 이 짧은 글을 씀에 있어서 옹의 저서와 오야도마리 씨가 쓴 소전(小伝) 외에, 유족들한테도 거의 자료를 얻지 못했다. 옹의 위패도 그 외 기록들 모두 지금은 전쟁으로 소실되어 버렸다, 때문에 옹의 서거 연월조차 1927년 도테이 수필 서문에 이하 선생이 '몇 년 전 작고하신 도테이 옹 운운'만 있는 정도이고 정확히 기억하고 있는 사람이 없다, 실로 유감스러운 일이다.

물론 오늘날에는 기샤바의 서거 날짜가 1916년(大正5) 4월 14일로 알려져 있다. 히가 슌초(히가는 다이쇼 말년(1926년)에 상경하여 패전 후 1977년 사망할 때까지 도쿄에 거주했다.)의 위 문장은 당시 미군통치하에 있던 오키나와와 일본 본토 간의 정보를 비롯해 왕래까지도 삼엄하게 제약을 받고 있었음을 말해준다고 보아야 할 것이다.

『류큐견문록』은 그 뒤 1977년에 시겐샤[至言社]에서 재판 간행되었다. 마찬가지로 시겐샤에서는 뒤에서 서술하겠지만 1980년에 기샤바의 『도테이 수필』도 처음 활자로 발행되었다. (둘 다 현재 절판). 1960년대의 조국복귀운동, 1972년 오키나와 시정권 반환에 이어 1970년대부터 80년대 초 무렵에는 일본 본토에서도 '오키나와 문제'에 대한 관심이 가장 높아졌고, 또한 '류큐처분'기를

672　『류큐견문록』(東汀遺著刊行会 第二版, 1952년), 1~2쪽.

673　위의 책, 295쪽

비롯하여 오키나와 근현대사 연구가 성행한 시기였다. 기샤바의 두 저술(특히 후자『도테이 수필』)을 시겐샤에서 간행한 것도 그러한 시대적 배경이 없었다면 불가능했을 것으로 생각된다.

여하튼 시겐샤가 발행한『류큐견문록』의 형식은 1952년 제2판에 준거하여 이하 후유의 서문, '부록'으로『류큐삼원록』,『도테이 수필 속편』을 수록하고 있는데, 위에 인용한 제2판 책 맨 끝에 실렸던 히가 슌초의 '기샤바 조켄옹'은 삭제되고, 대신『시미안만쇼』[蠹魚庵漫章](1972년)에 수록된 '기샤바 조켄옹과 그의 저서'의 문장이 '해설'로서 게재했다. 우리들이 오늘날 도서관에서 이용하고 있는 기샤바의 책은 거의 대부분이 시겐샤 발행(제3판)이다.

제3절 말년에 집필한『도테이 수필』

1. 이하 후유와 교류

다음으로 기샤바의 또 다른 저작의 성립, 출판 상황에 대해서도 간단하게 다루고자 한다. 기샤바가 한시에 능하고 도테이[東汀]라는 호를 쓰고 있음은 앞서 서술했다. 그의 아호를 제목으로 붙인『도테이 수필』[正編]은 기샤바가 1916년 세상을 떠난 뒤 1927년(昭和2) 도쿄의 규요도[球陽堂] 출판부에서 공판(孔版) 인쇄본으로, 1934년(昭和9) 나하 아라키서점[荒木書店]에서 등사판 인쇄본으로 출판된 후 앞서 서술한 바와 같이 1980년에 비로소 활자 인쇄로『류큐견문록』과 함께 시겐샤에서 출판되었다.[674]

앞에서 인용한 히가 슌초의 문장에서도 다루었듯이, 1927년 규요도 출판

674　같은 책, 「범례」, 그 위에 名嘉正八郎의 해설 '저작과 인물'도 참조

부에서 간행된 판본에 '도테이 수필 간행에 갈음하여'라는 표제 아래 이하 후유
의 코멘트가 '이하 후유씨 이야기[伊波普猷氏談]'라는 형식으로 들어 있는데, 그
것이 1980년 시겐샤에서 나온 판본에도 수록되어 있으므로 여기서 인용해두고
싶다.[675]

> 몇 년 전 작고하신 도테이 기샤바 조켄 옹은 류큐 굴지의 한시 시인이며 게다
> 가 류큐 마지막 국왕 쇼타이의 측근에서 근무하셨으므로 유식하여 실로 막힘
> 이 없으며 신화전설에도 정통했던 인물이었다. 옹이『류큐견문록』을 세상에
> 공개했을 무렵, 매일같이 오키나와 도서관으로 나를 찾아오실 때마다 온갖
> 진귀한 이야기를 들려주셨다. 이런 이야기는 나 혼자만 듣고 말 것이 아니라
> 고 생각해서 이것을 수필 형식으로 후세에 남길 것을 옹에게 권했다. 그 무렵
> 옹은 중풍에 걸려 있었는데 나의 청에 따라 2, 3주 동안에 10책 263장의 수
> 필을 엮으셨다.
> 그리고 이것이 완성될 무렵 옹의 병세가 상당히 악화되었음에도 불구하고 또
> 다시 나의 청을 받아들여 속편에 착수하여 9책 94장을 엮으셨는데, 그로 인
> 해 건강을 해치게 되어 다시 일어날 수 없게 되었다.
> 수필을 권했던 나는 너무 죄송스러운 마음이었는데 오히려 옹은 병상에서 내
> 게 고마워하고 있다는 말을 듣고 안심했다.

여기서 말하고 있는 것은 류큐 왕국시대의 지성과 교양을 연마한 마지막
세대의 지식인, 즉 '주자학의 석학인 기샤바 조켄옹'(앞에서 나옴.)과 메이지 일본
교육·고등교육을 받은 신세대 지식인으로 '오키나와학'이라는 앎의 새로운 경
지를 개척하고 있던 이하 후유라는 신구 두 세대에 속하는 지식인간의 실로 귀
하고도 아름다운 만남이며 지성과 영혼의 교류이다. 그 '이하 후유 씨 이야기'가

675 　같은 책, 8쪽.

보여주듯이 『도테이 수필』과 『도테이 수필 속편』 두 저술은 당시 오키나와 현립 도서관장(촉탁)이었던 이하 후유가 말년의 기샤바에게 권하여 집필(편집)이 이루어졌다. 이하는 원고본 또는 문자 그대로 베껴 쓴 사본 몇 부를 현립도서관 소장본으로 보관하고 일반인이 활용할 수 있도록 제공한 모양이다(『도테이 시집』 역시 마찬가지였다.). 이렇게 해서 집필이 이루어진 두 수필집은 그 뒤 앞서 서술한 바와 같은 경위를 거쳐 각각 간행되었다.

『류큐견문록』에 '서장에 갈음하여'를 실은 이하 후유와 그 '발행자'이며 동시에 저자 기샤바의 소전을 쓴 오야도마리 조타쿠 두 사람 가운데 어느 쪽이 먼저 기샤바와 만나 교류하고 또 더 친한 사이였을까. 필자는 소전으로 추측하건대 아마 후자 쪽이 먼저이고 또 더 절친한 사이였으리라 생각되지만 정확한 것은 알 수 없다. 다만 이하와 오야도마리 두 사람이 상당히 친밀한 사이였음을 엿볼 수 있는 자료는 적지 않다. 그와 같은 경위도 있어서 기샤바의 『류큐견문록』은 발행인으로서 출판에 전력을 다한 오야도마리가, 당시 이미 『고류큐』(1911년 초판)를 출간하고 오키나와 연구의 개척자로 명성을 굳히고 있던 이하 후유에게 '서장에 갈음하여'를 실어줄 것을 의뢰했는지, 반대로 이하가 당시 교원 대상의 잡지 『오키나와 교육』 편집자로 있으면서 출판 사정에도 밝았던 오야도마리에게 발행인이 되어달라고 했는지 상세한 점은 불분명한 채로 남겨둘 수밖에 없지만, 어찌 되었건 이 두 신세대 지식인의 협력으로 비로소 30년 동안의 깊은 잠을 깨고 세상 밖으로 나오게 되었다.

앞서 서술한 '이하 후유 씨 인터뷰'에 대해서는 정정한다기보다 조금 더 보충 설명이 필요하다. 즉 『도테이 수필』(본편)은 이하의 인터뷰에서 말하는 것처럼 다이쇼 초기에 집필되었지만, 그 직후에 '엮은' 『도테이 수필 속편』 쪽은 당시에 새로 쓴 것이 적고 이전부터 써서 모아두었던 옛 원고와 보관하고 있던 문서 등을 그 무렵에 편집해 원고를 만들었다고 보는 것이 정확하다. 여러 가지 기회에 쓰여 진 옛 원고에는 날짜가 들어있는 청원문이나 서간 등이 많이 포함되어 있으며, 두 개의 '수필'집의 문장이 완전히 다른 시기에 쓰였음을 보여준다. 즉

『도테이 수필 속편』은 '수필'과 '속편'이라는 제목이 연상시키는 것과는 다르게, 여러 다양한 기회에 쓴 잡다한 문서로 편집되어 마치 자료집(사료집) 같은 작품이 되었으며 또한 수록된 여러 문서가 집필된 시기도 『도테이 수필』(본편)보다 이전(단 『류큐견문록』이후)의 시기로 폭넓은 범위에 걸쳐있다.

2. 쇠퇴한 필력

그런데 기샤바의 『류큐견문록』과 그것이 출판될 무렵 이하의 권유로 집필된 『도테이 수필』(본편) 사이에는 집필 시기는 30여년이라는 간격이 있다. 두 저술 즉 오야도마리가 '옹이 마흔 살의 불혹 무렵'에 '식견과 열성'으로 원고를 완성했다는 『류큐견문록』과, 이하가 '그 무렵 옹은 중풍을 앓고 있었다.'라고 말하고 있는 70대 중반이었던 그의 말년에 기샤바가 엮은 『도테이 수필』(본편)을 비교하면 두 작품의 차이가 역력하다. 히가 슌초는 잡지 『오키나와 문화』에 연재한 에세이 '류큐문헌잡화[琉球文献雜話]'(1948~49년)의 '8. 도테이 수필에 관하여'에서, 『도테이 수필』에 대해 "오키나와 근대 인물과 사건에 관해 세상에 알려지지 않은 이야기와 에피소드, 일상생활, 유식하여 실로 막힘이 없는 학식과 지식, 제도 등 모든 방면에 걸쳐 생각나는 대로 술술 거침없이 쓴 것이다. 특히 쇼보쿠왕[尚穆王, 1739~1794] 이하 근대 류큐왕가와 후궁의 내밀한 모습이나 사쓰마 관계의 정치 사정, 학자 예능인의 일화 등과 같이 드러나지 않는 측면에서 본 오키나와 역사자료의 풍부함은 한없이 읽는 재미가 있다."라고 소개했다. "다만 이 수필은 『류큐견문록』과 『류큐삼원록』과 같은 생동감 넘치는 문장이 아니라, 필치가 서로 뒤섞여 오히려 서툴고 사실에도 천착하지 못한 오류가 있는 것은 노령인데다 병중에 집필하여 다듬을 틈이 없었던 것이 아닐까."[676]라는 해석과 비평

---

676 『比嘉春潮全集』제3권, 475~476쪽.

을 달았다.

분명 기샤바 말년의 저술인 『도테이 수필』은 그 나름으로는 유창하고 아름다움이 담긴 문어체 문장에 이따금 류큐어＝류큐 사투리가 섞여 있거나 문장 흐름이 어지럽게 왔다 갔다 하기도 하고, 구어체 표현이 뒤섞인 듯한 대목도 있다. 필치가 서로 뒤섞인 것에 대해서는 그때그때 떠오르는 생각이나 느낌이기도 하고 또 일상을 실감나게 전하거나 유머 넘치게 표현하기 위해 의도적으로 그렇게 쓴 곳도 있으나, 전체적으로 문어체를 약간 산문화하여 늘어진 문장이라 생동감이 느껴지지 않는 것도 부정할 수 없다. 앞에서 이하 후유나 히가 슌초가 말한 것처럼, 중요한 것은 "노령인데다 병중에 집필하여 다듬을 틈이 없었다."는 것이 근거는 되겠지만, 그것만이 이유였을까.

앞에서 언급한 오야도마리 조타쿠의 소전에 따르면, 노후에 기샤바의 생활은 부지런히 일하면서 틈나는 대로 공부하는 나날을 보내며 바람과 맑은 달을 벗 삼아 자신이 잘하는 한시를 지으면서 유유자적한 삶을 즐길 수 있게 되었지만, 그렇게 되기까지 30여 년 가까운 세월을 당시 오키나와 대부분의 농민들이 그러했던 것처럼 기샤바 역시 비바람을 무릅쓰고 농사일에 전념할 수밖에 없는 나날의 연속이지 않았을까. 30여 년의 간극을 둔 두 저작을 읽고 비교해 보면서, 필자는 자연스럽게 기샤바 정도의 교양인을 그러한 농민으로 살아가도록 들판으로 내몰 수밖에 없었던 메이지시기의 오키나와를 떠올리지 않을 수 없었다.

이상 우리들은 기샤바 조켄의 경력과 생애를 개관하고, 그의 주요 저서인 동시에 '류큐처분'연구의 기본사료가 될 『류큐견문록』의 성립과 간행 사정을 살펴보았다. 기샤바는 류큐왕부 시대에 태어나 그 시대의 지적 환경 아래 성인이 되었고, 왕부시대의 경력이라 해봐야 국왕 쇼타이를 측근에서 모신 정도에 지나지 않았다. 또 류큐병합 즉 오키나와현 설치 이후에도 생의 후반부를 농민의 한 사람으로 보냈을 뿐이다. 그럼에도 불구하고 그는 무엇보다도 『류큐견문록』이라는 시대의 증언실록을 씀으로써 역사에 그 이름을 남기게 되었다. 기샤바 조켄이란 인물은 분명 오늘날에도 일부 역사학자나 오키나와 연구자에게만 알려져 있는 정도이지 일반인에게는 거의 무명의 존재라 할 수 있다. 하지만 류큐 왕부 시대부터 메이지 오키나와로의 전환기를 살아온 구시대 교양인으로서 유일하게 예외적으로 후세의 우리들이 주목하는 존재가 될 수 있었던 것은, 세대 교체의 한 획을 그은 사건인 '류큐처분'을 냉철할 정도로 객관적으로 기록한『류큐견문록』이라는 훌륭한 역사서를 그가 남겼기 때문이다.

그러나 이 책은 지금까지 확인한 바와 같이 집필하고도 30여 년이나 나무 상자 속에서 잠을 자다가 처음 출판된 것이 다이쇼 초년(1912년), 제2판이 패전 뒤 1952년이다. 그것도 이하나 오야도마리 같은 신세대 선각자의 협력을 얻어 개인적으로 발행하여 간행되었고, 또 친척과 지인들이 힘을 모아 '비매품'으로 재간행되었다. 1977년 시젠샤에서 제3판이 간행되기까지, 일부 오키나와 연구자에게만 소중히 간직되었을 뿐 일반 연구자들에게는 상당히 이용하기 곤란한 저술로 남아있었던 것이다.

확실히 후유와 히가시온나 간준, 마지키나 안코[真境名安興]와 같은 연구자들은 이미 개인적으로도 참다운 벗이자 오키나와학의 선구자들이기도 했고, 기샤바의 책이 간행된 직후 다이쇼기[大正期] 연구에서 이 책을 참조하고 이용하고 있음을 알 수 있다. 하지만 메이지 신교육의 나쁜 측면(동화·황민화교육)의 영향이라고 해야 할까, 그들이 살았던 시대 상황과 정치문화에 제약이 있었던 부분이 컸던 탓일까, 유감스럽게도 '오키나와학'의 선구적인 세대와 뒤이어 나온 연구자들은 기샤바의 기록을 충분히 살리지는 못했다. 애초에 그들은 '류큐처분'을 주제로 다룬 저작과 논문을 남기지 않았고, 또한 류큐처분을 논했다 해도 뒤에서 서술하는 것처럼 '류일동조론'이나 넓은 의미의 황국사관을 수용한 그들의 역사 해석의 틀 속에서는 기샤바의 저술이 갖고 있는 본래의 생동감을 드러낼 수 없었기 때문이다.

이 기회에 1945년부터 복귀가 있었던 1972년을 끼고 1977년까지에 이르는 패전 후로 눈을 돌려보면, 작가 야마자토 에이키치[山里永吉]를 비롯하여 마에나 기켄[真栄田義見] 기타 오키나와 향토사가들이 기샤바의 여러 저작을 즐겨 이용하고 있는 것이 눈에 띈다. 다시 '류큐의 시대'가 되어 '귀속문제'가 불붙었고, 향토 오키나와의 역사와 전통문화에 대한 관심이 높아진 것이 커다란 배경이 되었다고 말할 수 있다.[677] 하지만 향토의 좁은 범위의 독자를 염두에 둔 계몽서라는 형식으로 발표된 그들의 저작은 유감스럽게도 학술연구의 수준과는 거리가 멀 수밖에 없었다. 그들 옛 세대와는 별도로 '류큐처분'을 포함한 오키나와 근대사의 학술적 연구는 오히려 패전 뒤에 역사학·사회과학의 전문교육을 받고 대학이나 기타 학술기관 연구자가 된 새로운 세대가 담당하게 되었고, 일본의 전후 역사학에서 메이지유신과 근대사에 대한 총체적인 연구가 진전되면서 심화 발전하게 된다. 그러나 이들 종래의 일본 근대사 및 오키나와 근대사 연구의 기본 틀에서 '류큐처분' 연구도 유감스럽지만 기샤바의 『류큐견문록』을 충분히 배려하고 있지 않다. 거기에는 두 가지 이유가 있다고 생각한다. 첫째, 지금까지 보아 왔던 것처럼 공적 발행을 둘러싼 사정으로 『류큐견문록』이 전후에도 오랫동안 입수하기 어려운 사료라는데 있다. 그러나 그에 못지않게 중요한 이유로서, 둘째, 전후 역사학의 이론 틀에서는 연구하는 측이 기샤바의 기록을 끄집어내서 연구에 활용할 수 없었다는 문제점을 지적할 수 있다. 그리고 그 문제는 나중에 이 장의 마지막(5절)에서 알 수 있듯이, 이미 기샤바와 이하 후유라는 신구 두 세대의 만남 속에 뿌리를 두고 있다고 말할 수 있다.

677　山里永吉, 『壷中天地-裏からのぞいた琉球史』(光有社, 1963년); 真栄田義見, 『沖縄·世替わりの思想-人と学問の系譜』(沖縄タイムス社, 1983년), 835쪽.

제4절 **젊은 날의 기샤바 조켄**

1. 최고학부 '국학'에서 배우다

보론에서는 지금까지 기샤바 조켄의 인물상을 개관하고 그가 남긴 『류큐견문록』 외의 여러 저작의 집필과 출판을 둘러싼 경위에 대해 살펴보았다. 지금까지의 논술에 입각하면서 이 책의 남아 있는 집필 분량내에서 다음 두 가지를 더 보충하고자 한다. 첫째, 젊은 날 '류큐처분'기를 맞아하기까지의 기샤바 조켄에 대하여 위에서 설명해 왔던 말년에 쓴 『도테이 수필』과 중간기[678]에 쓴 『도테이 수필 속편』도 활용하면서 조금 더 상세하게 살펴보고자 한다. 『류큐견문록』이라는 사료의 신뢰성을 규명하려면 저자의 인물상을 아는 것, 특히 책을 쓰기까지 그가 걸어온 경력을 아는 것이 중요하다고 생각하기 때문이다. 둘째, 기샤바의 『류큐견문록』과 이하 후유의 '서장에 갈음하여'를 내용적으로 비교해 보는 것이다.

기샤바의 전기는 앞서 언급했듯이 1914년 『류큐견문록』 초판에 수록된 오야도마리 조타쿠의 '기샤바 조켄옹 소전' 및 대부분 그것에 의거하여 쓰여진 1952년 재판에 수록된 히가 슌초의 '기샤바 조켄옹'이 있다. 전자는 5쪽, 후자는 3쪽에 불과한 짧은 글로 기샤바의 출생과 성장과정에 대해서는 전하고 있는 정보가 너무도 빈약하다. 오야도마리의 소전에는 "(기샤바 가문의) 그 시작은 구지카와[具志川] 저택이다."라는 한 마디뿐이다. 히가 슌초의 그 한마디를 받아 "기샤바의 가문의 시작은 구지카와 저택이며, 쇼가[尚家]의 먼 친척으로 번의 관리

---

678   [역주] 중간기: 류큐견문록은 1879년이전 수년간 집필한 것이며, 도테이수필은 1914년 전후(기샤바 사망 2년 전)에 집필한 책이다. 단 도테이수필 속편은 나중에 위의 두 저술에 있는 잡다한 문서를 편집한 책이다. 여기서 중간기라고 한 것은 위의 두 저서사이의 '폭넓은 시기'에 쓴 글이라는 의미로 사용하고 있다. 본문 보론 492-493쪽 참조

가 될 만한 가문이었다."라고 서술하고 있는데, 히가의 문장도 기샤바의 가문은 평민이 아니라 쇼우시[向氏]와 같은 문중에 속하는 선비 가문이었다는 것 말고는 다른 내용을 전하고 있지 않다.

그 이후 기샤바에 대해서는 신자토 긴후쿠[新里金福]·오시로 다쓰히로[大城立裕] 공저인 『근대 오키나와 사람들[近代沖繩の人びと]』 속에서 신자토가 '기샤바 조켄'에 대해 3쪽 정도의 글을 썼는데, "기샤바는 당시 수재들의 공통 목표의 하나였던 관생과거(官生科擧)에 뜻을 두고 있었으나 급제하지는 못했다고 한다. 그러므로 소바쓰카에[側仕]라 해도 직책은 그가 목표로 삼았던 지위는 아니었던 것으로 추측된다. / 하지만 그것은 그의 기록이 객관성을 획득하기 위해서는 오히려 유효하게 작용했다고 생각한다. 왕부의 후의를 받았다면 그에 대한 의리를 굳게 지키기 위해서 그가 서술한 필적이 한편에 치우치지 않았다고도 할 수 없기 때문이다"[679]라고 지적하고 있으나, 기샤바의 출신에 대해서는 특별히 새로운 정보를 덧붙이고 있지 않다. 또한 『오키나와현사[沖繩縣史]』의 별권인 『오키나와 근대사사전』, 오키나와 타임즈사가 편집한 『오키나와 대백과사전』에는 이노우에 히데오[井上秀雄]가 기샤바 조켄에 대해 아주 짧게 쓰고 있는데, 두 사람 모두 새로 썼다기보다는 히가 슌초의 소전을 약간 손질해서 고쳐 썼다. 바꿔 말하면 대부분 그대로 인용해서 쓴 글이다.[680]

기샤바 조켄 평전으로 우리들에게 남아 있는 것은 위에서 열거한 짧은 글 뿐이며, 극히 제한된 정보에 지나지 않는다. 특히 그의 생가를 둘러싼 정보는 부친이 서예가 뛰어난 사람이며 산신[三線][681]에 능했다는 점과 조켄이 셋째 아들이었다는 점만 단편적으로 전해질 뿐 상세한 것은 잘 알 수 없다. 그러나 어떤

679　新里金福·大城立裕, 『近代沖繩の人びと』(琉球新報社編, 太平出版社刊, 1972년), 37쪽.

680　『沖繩縣史 別卷 沖繩近代史辭典』(沖繩縣敎育委員會編集·發行, 1977년), 187~188쪽. 37쪽;『沖繩大白科辭典』上卷(沖繩タイムス社, 1983년), 835쪽.

681　[역주] 일본 악기인 샤미센[三味線]과 비슷하게 생긴 오키나와의 발현 악기.

의미에서는 그 자체가 기샤바가 특별히 내세울 만큼 좋은 가문 출신이 아니었음을 추측하게 한다.

조켄은 1872년(明治5) 류큐왕부가 파견한 유신경하사 일행을 따라 함께 상경하는데, 그때 메이지정부에 보낸 류큐사절 일행의 명부에 '기샤바 지쿠둔[喜舍場築登之]'으로 기록되어 있다.[682] 당시 품계가 '지쿠둔[築登之]'이었음을 알 수 있다. 또한 오키나와현 나하 시가 1976년에 편집한 『시슈[氏集](那覇·首里)』를 보면, 기샤바 가문이 쇼우시[向氏]에 속하고 지쿠둔 가문[築登之節目]이었음을 확인할 수 있다.[683] 지쿠둔 가문이란 류큐 대다수의 선비층인 하급사족(평사족) 가문을 말한다. 게다가 류큐 대부분의 사족은 일본 본토의 무사와 같은 세습 가록[世祿]제도가 없었으므로, 조켄은 태어날 때부터 가문의 특권을 이용해 경력을 얻거나 승진할 만한 유리한 조건을 가졌을 가능성이 없었다고 할 수 있다.

요컨대 기샤바 조켄은 1840년 당시 정치의 중심지인 슈리에서 태어났고, 기샤바의 집안은 선비가문이었지만 하층인 지쿠둔 가문에 속했다. 그런 사람의 경우 당시 류큐 신분제 사회에서 살아남아 조금이라도 신분 상승을 하려면 본인의 능력을 인정받아 왕부 내의 관직을 얻어 직무상의 공로를 쌓아 등급을 한 단계씩 올라가는 수밖에 없었다. 젊은 기샤바가 당시 류큐왕국의 최고학부인 '국학'에서 공부하고, 청국으로 관비유학생 선발시험인 '관생과거'에 급제하는 것을 목표로 삼고 있었다는 것은 그에게도 신분 상승의 꿈이 있었음을 말해준다.

덧붙여서 여기서 류큐왕부시대의 교육제도에 대해 서술해 보면, 당시 슈리는 15개 마을(행정단위)로 구성되어 있었고, 각 촌에는 초등교육을 위한 무라학교[村学校]가 있었다(정확하게는 14개 무라학교가 있었다.). 15개 촌은 3개의 히라[平等]라는 상위단위로 구분되고 각 히라에 중등교육을 위한 히라학교[平等学校]

682　松田, 『処分』上, 34쪽(『叢書』, 14쪽).

683　那覇市企画部市史編集室 편, 『氏集(那覇·首里)』(那覇市資料編 第1卷 5別册(那覇市, 1976년), 5쪽(116).

가 있었으며, 무라학교를 마친 자가 그곳으로 진학했다. 국학은 그 상위에 위치하며 구메무라[久米村]의 명륜당과 더불어 당시 류큐왕국의 최고학부였다. 명륜당은 국학보다도 오래된 전통을 갖고 있으며, 명나라 시대 중국 복건지방에서 이주자[閩人36姓]의 자손이 집단으로 거주하고 있던 구메무라의 자제가 진학하여, 책봉과 진공이라는 교류관계에 있던 청국과의 이른바 외교와 무역실무 담당자 양성을 주요 목적으로 했으며, 한문 중심으로 유교색 짙은 교육을 시행했다.

그에 비해 국학에는 일반적으로 슈리(및 나하·도마리무라) 선비의 자제가 진학했다. 학생은 가문의 격이 높은 자와 그렇지 않은 자가 있고, 가문의 격이 높은 자는 그곳에서 배우는 것이 의무였지만 일반 선비의 자제는 시험을 통해 선발되어야만 들어갈 수 있었다. 또 국학에서는 매월 한번 있는 시험 외에, 연 4회 계절마다 시험이 있었다고 한다. 기샤바가 그러한 시험에서 받았던 성적도 알고 싶지만, 그런 종류의 기록은 남아 있지 않다. 하지만 그가 특히 한시에 대해서는 이미 국학시절부터 두각을 나타냈다는 것은 분명한 것 같다. 『도테이 수필』에 '쓰하코 웨카타[津波古親方]의 찬사에 의한 시명(詩名)인 갑자기 생긴 일'이라는 제목의 글이 하나 있다.[684]

나는 어린 나이에 국학에서 공부했다. 매월 시과(試課)에서 중급을 넘지 못했다. 하루는 시(詩) 습작을 들고 쓰하코 웨카타 동국흥(東國興) 선생을 알현해 가르침을 청했다. 그 가운데 니시모리[西森]라는 곳에 있는 작은 소나무[小松]를 노래한 시로 '지금은 일신의 그릇이 작다고 말하지 마라, 장래에는 틀림없이 노력하여 위대한 사람이 될 것이다.' 라고 선생께서 극찬하시며, 지체 높은 관리들 앞에서 읊게 하여 이 일로 금세 명성이 높아졌다. 당시에는 지체 높은 관리도 낮은 관리도 좋은 시를 원하여 교류하는 일이 많았다. 이것은 이

684   喜舍場朝賢, 『東汀随筆』(至言社, 1980년), 72쪽.

른바 백락(佰樂)이 한 번 인정하면 그 가치가 10배가 된다는 말[685]이 허언이 아님을 깨닫게 해준다. 그 때 우라소에[浦添] 웨카타(나중에 산시칸으로 임명됨.)는 친동생 우라소에 아무개[某]를 파견해 스에요시[末吉] 촌에 있는 별장에 대한 시를 써달라고 했다. 나는 거절할 수 없었다. 시를 지어 바쳤다. 그 뒤 국학선생이 나를 불러 이르기를 "기샤바야, 그대는 역시 시를 잘 짓는구나." 라고 하셨다. 나는 "선생님, 무슨 말씀이온지요."하고 물으니, 선생은 "그대가 이전에 지은 우라조에 공의 별장에 대한 시를 우리 구메무라의 여러 선생들과 함께 (우라소에) 공의 저택에서 보았는데 여러 선생들이 모두 칭찬했다."고 말씀하셨다.

이에 따르면 기샤바는 쓰하코 웨카타에게 한시에 재능이 있음을 인정받아 지체 높은 관리들 사이에서 금세 명성이 높아졌고, 우라소에 웨카타의 별장에 대해 읊었던 시는 구메무라의 여러 선생들도 극찬을 했다고 한다. 기샤바의 문체는 쓰하코 웨카타에 대해 존경하는 마음이 컸을 뿐만 아니라, 당시 구메무라의 여러 선생들이 얼마나 높은 지적 권위를 갖고 있었는지를 엿볼 수 있다.

그런데『도테이 수필 속편』의 한 구절에는 젊은 날 기샤바가 '관생과거'를 목표로 공부하고 있었다는 기술이 보이는데, 오야도마리 조타쿠이가 쓴 간단한 전기도 기샤바가 관비유학생이 되는 것에 뜻을 두고 있었음을 다음과 같이 전하고 있다.[686]

---

685 [역주] 이 말은 한유(韓愈 : 768~824년)의 '雜說四'에 나오는 문장이다. 중국 당나라를 대표하는 문장가이자 사상가다. "하루에 천리를 달릴 수 있는 명마는 언제나 존재하지만 그 말을 찾아낸 백락은 언제나 존재한다고는 할 수 없다."라는 뜻을 빌려 인용하고 있다(세상에 백락이 있은 뒤에 천리마가 있었다. 천리마는 항상 있지만 백락이 항상 있는 것이 아니다.)(世有伯樂, 然後有千裏馬, 千裏馬常有, 而伯樂不常有)'.

686 『류큐견문록』초판, 권말, 2쪽.

그 시대 수재는 모두 평정소과거(評定所科擧), 관생과거(官生科擧), 어우필과거(御右筆科擧)에서 급제를 목적으로 무라학교, 히라학교, 국학과 같은 학교의 단계를 밟아 공부했다. 기샤바 옹은 조금 더 성장해서 쇼타이 후작의 시시관(侍詩官)인 쓰하코 웨카타의 사사를 받았다. 쓰하코 웨카타는 학문과 덕행이 뛰어나 국사(國師)로서 좋은 평판을 받았고, 옹은 그의 감화를 받은 면이 많았던 것으로 보인다. 그리고 국학에서도 두각을 드러내며 관생과거에 뜻을 두었다. 그런데 당시에는 사사로운 정에 이끌려 일어나는 폐단이 있었고, 명성에 실제로 부합하지 않은 합격자도 있었지만, 기샤바 옹은 실력으로는 나으면 나았지 못하지 않았던 것 같다.

관생과거란 앞에서도 다루었듯이 중국 관비유학생 선발시험으로, 여기서 선발된 자는 최고학부인 국자감((명조), 남경의 국자감, 청조에 와서 북경의 국자감)에서 배울 수 있었다. 파견 연수는 보통 3년간이지만 그 중에는 7, 8년에 걸쳐 연구하는 자도 있었다. 실제 기샤바가 스승으로 삼았던 쓰하코 웨카타도 젊은 날에는 관생으로 7년 정도 북경의 국자감에서 수학했다. 그러나 관생은 한 번에 4명(구메촌에서 2명, 슈리 선비 중에서 2명)이 파견되며, 파견의 횟수는 국왕 일대에 보통 한 번 있을 정도로 적었다. 따라서 기샤바는 한시·한적(漢籍)에 우수하고 1866년(慶応2) 26세 무렵 책봉사가 왔을 때 통역을 맡아 명성을 높였을 정도였으므로, 그가 관생이 되어 북경에서 유학하는 꿈을 꾸었다고 해도 이상할 것이 없었다. 하지만 실현 가능성으로 보면 거의 무(無)에 가까울 정도로 극소수밖에 선발하지 않았다. 적어도 관생의 연령은 가장 많게 잡아도 29세로 제한되어 있었으므로, 기샤바가 29세로 소바쓰카에가 되었을 무렵에는 젊은 날 품었던 관생유학의 꿈은 어쩔 수 없이 단념할 수밖에 없지 않았을까.

왕부의 여러 관직에서 벼슬을 하기 위한 과거(일반적으로 과(科)나 과시(科試)라 했다.)의 종류는 다양했다. 예를 들면 국학의 강담교사[講談師匠]나 중국어교사[官話師匠]가 되는 과거가 있었고, 또 회화과나 가요과와 같은 예술에 관한 것

도 있었다. 그처럼 특수한 것을 별도로 하면, 효조쇼코[平定所科]나 고유힛코[御
祐筆科], 나하힛샤코[那覇筆者科] 등과 같은 왕부의 중하급 사무직에 취직하기 위
한 시험이 중심을 이루고 있었다. 그리고 이들 각 종 과목에 지원하는데 중등과
정인 히라학교는 마쳐야 했지만, 반드시 국학에서 배우는 것을 요건에 넣지는
않았다. 그러나 당시 슈리와 나하에는 벼슬을 원하는 희망자들로 넘쳐났으므로
이런 종류의 과거시험[科試]도 상당한 어려운 관문이었음에 틀림이 없었다. 마
지키나 안코의『오키나와교육사요』[沖縄教育史要, 1931년]에 따르면, "수험자의
최저 나이는 제한이 없었던 것으로 보이지만, 최고 나이는 39세까지로 제한했
고, 그 나이가 될 때까지는 매년 시험에 응시하는 것을 선비된 자의 본분으로 삼
았다. 1회 수험자는 5, 6백 명에 달했고, 그 중 선발인원은 불과 몇 명만 등용되
었으므로 경쟁이 치열했을 것으로 상상된다."[687]

앞에서 인용한 오야도마리 조타쿠의 글은 기샤바가 이런 종류의 과시에
도 합격하지 못했음을 에둘러 서술하고 있는 것처럼 읽혀지지만, 관생과거라는
좀 더 높은 곳에 뜻을 두었기 때문에 애초에 시험을 보지 않았을 가능성도 부정
하기 어렵다. 어찌 되었건 다시 오야도마리를 인용하면 기샤바는 "메이지 원년
(1868년) = 29세 때 쇼타이 왕의 오모리야쿠 도미사토 웨카타[御守役富里親方]와
쓰하코 웨카타 등의 추천으로 쇼타이왕의 소바쓰카에가 되어 서류보관부에서
근무했다."[688] 기샤바가 과거를 치르지 않고 소바쓰카에가 된 것은 아마 소바쓰
카에라는 직무가 과거에 적당하지 않다고 보았거나, 또는 다음에서 알 수 있듯
이 왕부 내 긴주카타[近習方] 가운데서도 긴주야쿠힛샤[近習役筆者]와 나란히 하
위직으로 평가되었던 점으로 보아 과거합격을 요건으로 했던 여러 관직보다도
하급직이었기 때문일 것이다.

---

687   『真境名安興全集』제2권(琉球新報社, 1991년), 418쪽.

688   『류큐견문록』초판, 2쪽.

2. 국왕 '소바쓰카에[側士]'의 지위

왕부에서 소바쓰카에가 속한 '긴주카타[近習方]'라는 직무제도에 대해 여기에서는 『도테이 수필』에서 인용하기로 한다. 봉록이란 이른바 '류큐번'시대에 조사한 것과 매우 비슷하므로 기샤바가 재직했던 무렵의 액수이다.[689]

긴주가시라[近習頭] 1명. 정2품부터 종3품까지 관록(官祿) 30석 연공[物成] 9석 남짓.

긴주야쿠[近習役] 6명. 종4품. 봉록 각 6석. 근공(勤功)에 따라 도당관(渡唐官) 관사, 사키시마재번[先島在番][690] 또 특별 부수입이 있는 직무[心付役]나 영지가 주어진다.

긴주아이츠키야쿠[近習相付役] 3명. 종4품부터 종6품까지 봉록 각 4석 긴주야쿠[近習役]로 승진.

긴주힛샤[近習筆者] 11명. 쌀 1인분의 절반을 준다. 직무 순서에 따라서 매년 6월, 12월 각 1인에게 특별 부수입이 있는 직무[心付役]에 명한다.

소바쓰카에[側仕] 10명. 왕실 내전[奧向]에서 식용할 쌀과 고실(故實)을 준다[고실이란 반찬값이다]. 근무 공로에 따라 특별 부수입이 있는 직무를 신청.

호초닌[庖丁人] 1명. 봉록 4석. 서원의 요리사[書院庖丁人]로 진급.

호초닌 쇼반[同小盤] 2명. 봉록 각 3석.

이로써 알 수 있듯이 기샤바가 수행했던 소바쓰카에는 '긴주카타'가운데서도 하급직이며, 봉록도 쌀로 주는 녹봉[石高]이 아니라 쌀과 반찬값 밖에 지급되

689　『東汀隨筆』(앞에서 서술), 148~149쪽.

690　[역주] 사키시마에 있는 왕부 관공서의 관리인.

지 않았고,[691] 다비야쿠[旅役][692]와 규치조야쿠[給地藏役] 등의 특별 부수입이 있는 직무로 진급하는 조건도 좋지 않았다. 그리고 우스바시야쿠로 있던 10년째인 1878년(明治11) 기샤바는 겨우 공로가 인정되었는지 특별 부수입이 있는 직무에서 규치카타야쿠로 일하게 되었다. 그러나 주지한 바와 같이 다음해는 류큐 왕부('류큐번')은 폐멸되고 기샤바 역시 사관(土官)으로서의 일자리를 잃게 된다.

기샤바는 쓰하코 웨카타의 천거로 소바쓰카에로 일했는데 『도테이 수필』에는 그 직무의 지위가 낮다는 것을 꼬집는 것처럼 긴주카타의 상사나 동료들의 저속함을 언급한 한 구절이 있다.[693]

> 하루는 미리 국왕의 내명을 받고 쓰하코 웨카타(시강관)에게 갔다. 일을 마치고 한가하게 이야기를 나누었다. 웨카타가 나에게 말하기를 그대를 소바쓰카에로 천거하게 된 것은 다른 사람과 달리 학문을 많이 쌓았기 때문이다. 어전에는 서적이 많이 있으므로 그대가 한가할 때는 책을 보고 중요하다 생각되는 바는 마음에 새기고 어전에서 필요할 때 적절하게 기회를 보아 이를 이야기하는 것이야말로 가장 좋은 보좌라 할 수 있다. 내(쓰하코)가 이따금 어전에 올라가는데 긴주[近習] 등이 말하는 것을 들으면 한 마디도 가치가 없는 오직 웃음거리일 뿐이라고 말씀하셨다. 실로 명언이라 할 만하다.

앞서 서술했듯이 『도테이 수필』은 기샤바가 가장 말년에 집필한 것이며, 히가 슌초가 말한 것처럼 또 이미 위의 인용에서 확인된 것처럼 문장에서 젊은 날의 재기발랄함은 볼 수 없게 되었다. 다음에 제시한 한 구절도 바로 히가 슌초

---

691 문장 속의 '밥쌀(飯米)'은 1인당 1일 5합이 지급되었다. 단 '소바쓰카에'의 수당은 분명하지 않음.

692 [역주] 다비야쿠[旅役]: 일종의 파견직. 다비야쿠에는 류큐국내로 파견되는 지게다비[地下旅], 일본으로 파견되는 야마토다비[大和旅], 당나라로 파견되는 가라다비[唐旅]로 나뉘어져 있다. 가신이 담당한 파견 횟수에 따라 지위가 올라가며 그에 따른 녹봉이 주어진다.

693 『東汀隨筆』, 103쪽.

의 평을 확증이라도 하듯, 필치가 서로 뒤섞여 오히려 더듬더듬하고 문어체가 구어체가 되기 시작한 문장인데, 류큐라는 작은 왕국에서 국왕과 그 신변의 내밀한 곳의 일을 맡아 처리하는 긴주와 소바쓰카에들과의 관계, 국왕과 신하들 간의 대화 모습을 묘사한 한 구절로서 인용하고자 한다.[694]

국왕께서 이따금 사키야마[崎山] 별궁으로 유람을 가셨는데 요즘 들어 그곳에 가실 때마다 주연을 여는 일이 부쩍 많다. 왕의 어용주(소주)를 왕의 부엌[大台所]에서 자주 가져오게 했는데 최근에 양조한 금주(今酒)다. 어떤 긴주가 말하기를 "금주를 드시면 몸에 지장을 주게 되옵니다. 부엌에 난만[南蠻]의 소주 항아리가 있는데 이것을 가져오게 하여 사치야마 별궁에 저장해 묵히는 것이 좋을 것 같사옵니다." 하고 말씀드리니 왕께서 이를 허락하시었다. 내 생각으로는 이와 같이 좋은 술을 권하여 올리는 것이야말로 큰 폐해를 가져올 조짐으로 위험하지 않을까 싶었다. 그러나 아무 것도 말하지 않았다. 때마침 탄생 축하연으로 9일간 매일 주연이 열렸다. 왕도 취하시고 나도 역시 취했다. 좌우 가리지 않고 기탄없이 (왕께서) 이야기를 하시었다. 나는 삼가 농담 삼아 사과하면서 아뢰었다. "제게 한 가지 바라는 것이 있사옵니다. 요즈음 사키야마 별궁에 술이 연못을 이룰 정도로 매우 호화스럽다고 들었사온데, 방탕한 생활까지 하시면 어찌하옵니까." 왕이 언짢으신 표정으로 "썩어빠진 유생, 썩어빠진 유생" 하시며 나에게 소주를 억지로 마시게 하셨다. 나는 틈을 엿보다 도망쳤다. 내가 한 말이 농담처럼 들릴지 모르겠지만 왕을 위함이 컸다. 그 이후 술을 저장하는 일을 그만두게 되었다.

여기서 소주라고 한 것은 아와모리[泡盛]를 말하며, '이마자케[今酒]'를 '묵힌다는' 것은 새 술을 독이나 항아리에 넣어 숙성시켜 쿠-스(묵은 술[古酒])을 만

---

694 같은 책, 99쪽

드는 것이다. 위 일화의 포인트는 별궁에서 잇달아 주연이 벌어지자 술을 묵히기 위해 쌓아두려는 국왕에게 기샤바가 '주지육림(酒池肉林)'이라는 고사를 인용하며 '육림(肉林)'(주연의 사치스러운 성찬)까지 하면 어찌하옵니까 라고 말해 도가 지나친 음주와 주연을 완곡히 만류한 점에 있다. 1868년(明治1) 처음 소바쓰카에가 되었을 때 기샤바 29세, 쇼타이 왕은 27세였다. 그리고 몇 년 뒤에 넓은 의미의 '류큐처분' 시기가 시작된다. 위의 일화는 1872년(明治5) '번왕책봉'에 앞선 시기이거나 적어도 메이지 정부와의 긴장관계가 본격화되어 폭풍우가 몰아치기 전의 고요함과 같은 나날의 한 단면이었을 것이다.

'류큐처분' 시기 특히 후반기에는 병상에 누워있는 날이 많았으므로, 류큐 국왕('번왕') 쇼타이는 행위자로서 정식무대에 등장하는 일은 적었다. 말하자면 음지의 주역 내지는 숨은 주역이라 할 만한 직무 외에는 행하지 않았다. 그렇다 해도 적어도 류큐왕국의 최고 정점에 있었던 인물이며, 계속해서 왕궁 깊은 곳에 숨어 있으면서도 주역의 한 사람으로 계속 존재했으며 결정적인 국면에서는 그 나름의 역할을 다한 것도 사실이었다. 이 점에 대해서는 제4장에서 살핀 바와 같지만, 여기서는 기샤바의 수필에서 젊은 날의 쇼타이와 기샤바가 어떻게 그려지고 있는지, 좀 더 단적으로 말해서 기샤바는 쇼타이를 어떻게 평가하고 있는지를 보고자 한다. 다음은 『류큐견문록』과 『도테이 수필』과의 중간기에 쓴 글을 모은 『도테이 수필 속편』에서 인용한 글이다.[695]

1869년(明治2) 가을 태풍이 자주 발생해 번의 고구마, 기타 작물이 모두 파손되고 사방의 온 들판을 휩쓸어버려, 이듬해 봄 대기근이 들 것으로 예상하고 나라 안의 위아래 모든 사람들이 우려하고 있던 바, 아니나 다를까 역시 이듬해 2, 3월에 기근이 들었다. 슈리와 나하 시골에 이르기까지 모두 소철나무를 먹지 않을 수 없었다. 그렇기는 하지만 다행히 국조 산시칸이 미리 가고시마에

695　『東汀随筆続編』(앞에서 서술, 『류큐견문록』제2, 3판), 285~286쪽.

서 미곡을 매입해 구휼 준비를 했고, 아직 기근이 창궐하지 않아 백성이 굶주림을 하소연하기 전에 빈부의 정도를 헤아리고 인구의 많고 적음을 계산해 알맞게 구휼미를 나누어주었으므로 온 나라에 굶어죽는 사람이 한 명도 없었다. 일전에 작년 음력 10월27일, 선왕 쇼온[尚溫]의 왕비인 기코에오기미가나시[聞得大君加奈志]가 세상을 떠나자 선덕(仙德)님이라는 호를 붙여 받들었다. 쇼타이왕에게는 큰 할머니가 되지만, 왕통을 잇고 중요한 위치에 있었으므로 친어머니처럼 50일 동안 상복을 입었다. 때문에 상중에는 밤에도 낮에도 기코에오기미[聞得大君] 곁에 머물며 주무셨다. 나는 그때 소바쓰카에의 직책을 맡고 있었으므로 쇼타이왕을 수행하여 모셨고 해당 어전으로 출근했다. 어느 날 저녁 왕이 무료함을 견디지 못하시고 잠시 베개에 기대 누우셨다. 나는 무릎을 꿇고 곁에 앉아 이런저런 이야기를 해드렸다. 마침 좋은 기회라 여기고 "세상 사람들은 모두 내년 2, 3월에 대기근이 들 것으로 예상하는데 지금(음력 12월) 이미 그 조짐이 보이옵니다. 외부사람들 말로는 요즈음 나하 시내에 시골사람이 고구마를 말에 싣고 팔러 와서 아동과 바꿔가는 일이 있었다고 하옵니다."하고 말씀을 올렸다. 왕께서 그 말을 들으시자마자 "오호라" 한 마디 하시고 바로 몸을 일으켜 꿇어앉아 오랫동안 말씀이 없으셨다. 나는 크게 놀라 스스로 실언을 후회하고 그저 왕의 안색만 살폈다. 잠깐 있다가 다시 옆으로 몸을 누우셨다. 그 다음날 산시칸을 어전에 불러 모아 "세상이 이미 기근 상태라는 말을 전해 들었는데 속히 미곡을 매입하는 것이 어떠한가." 하고 말씀하셨다. 산시칸이 즉시 왕명을 받들어 파발꾼을 가고시마에 파견하여 쌀 몇 천 가마를 매입하게 했다. 이번 일을 계기로 지난 일을 살펴보면 쇼타이왕께서 기근으로 굶주리는 백성을 불쌍히 여겨 돌보아 주시는 마음은 천성에서 나오는 것이지 조금도 꾸민 것이 아님을 알 수 있다. 옛날 양나라의 혜왕[梁惠王]이 나라에 기근이 들어도 창고를 열어 곡식을 베풀 줄을 몰랐음과 비교하면 하늘과 땅 차이라 하겠다.

류큐 마지막 국왕 쇼타이는 특히 일본의 패전 이전의 오키나와 지식인들 사이에서 개명적(開明的)인 명군이었다는 것이 일반적인 평가다. 이제까지 언급했던 인물 중에서도 오야도마리 조타쿠와 히가 슌초가 그와 같이 평가했으며, 마지키나 안코나 『쇼타이후실록』을 쓴 히가시온나 간준은 한층 더 높이 평가하고 있다. 이 사람들뿐만 아니라 메이지 시대나 다이쇼 시대에 태어난 지식인들이 쇼타이를 명군으로 평가하는 데에는 대체로 쇼타이가 끝내 사회를 혼란정국에 빠트리지 않고 '폐번치현'을 받아들였다는 것이 주된 근거였다. 그 점에서 오히려 그가 주변의 관리와는 달리 시대 흐름을 더 잘 인식하고 있었던 것으로 추정해 개명적이었다는 결론이 나오게 되었다고 해도 좋을 것이다. 흥미로운 점은 기샤바의 수필에는 그러한 근거가 될 만한 평가는 보이지 않고, 위의 인용에서 '천성'이라는 평가와 한시 읊기를 즐기지는 않았지만, 그것을 음미했을 때는 의외로 훌륭한 작품을 지어냈다는 식의 문장이 있을 뿐이다.[696]

한편 다음 이야기는 넓은 의미의 '류큐처분'시기에 들어갈 무렵 정확하게는 1875년(明治8)의 모습을 묘사한 것인데, 오히려 쇼타이의 결점과 관련하여 『도테이 수필』에 '국가의 흥폐존망은 귀신에 의존할 바가 아니라는 뜻을 상주한 일'이라는 제목의 문장이 있다. 즉

[메이지] 정부의 명령이 있어 우리나라로 하여금 중국에 진공을 중지하게 했다. 이것을 거부하려는 사자(使者)인 산시칸 이케구수쿠[池城] 웨카타가 몇 번이나 도쿄에서 탄원을 해도 정부는 듣지 않았다. 국왕은 사람이 할 수 있는 노력은 다 해보았다, 이렇게 된 바에는 신의 힘을 빌리지 않으면 안 되겠다는 마음을 먹고 귀신을 받드는 일에 힘을 쏟았다. 그 때 게이즈자[系図座]에 보존하고 있던 옛 기록 수십 권을 가져오게 해서 필사를 명하셨다. 전국의 신사가 유래된 사실을 기술한 책이었다. 나는 명을 받들어 다른 방에서 필사했다. 주

696   위의 책, 282쪽을 참조

변에 사람이 없을 때 왕이 나에게 "이것은 좋은 서물(書物)이냐, 기샤바야."라
고 물으셨다. 나는 "예"라고 대답했다. 그리고 몸가짐을 바르게 하고 삼가 말
씀 올리기를, "국가의 흥폐존망은 군신이 마음을 협력하여 정사를 잘 돌보는
데 있사옵니다. 귀신에 의존할 바가 아니옵니다."라고 말씀드렸다. (왕께서)
"어떤 근거로 그대는 그런 이야기를 들려주는 것이냐."라고 말씀하셨다. 나는
"먼 옛날의 시대에 그 증거가 있사옵니다."라고 대답했다.……

이리 하여 기샤바는 옛날 춘추시대의 어떤 나라에서는 군신이 협력해서
온힘을 다해 애쓰지 않고, 귀신에게 정무를 맡긴 채 군신이 모두 태만하여 주나
라 천자의 신하가 예언한 대로 결국 멸망했다는 고사를 말한 취지를 적었고, "왕
께서는 침묵하고 아무 말씀도 하지 않으셨다. 그러나 귀신을 받들어 모시는 일
은 옛날 그대로이며 바꾸지 않으셨다."라고 맺고 있다.[697]

분명히 『류큐견문록』에서도 "번왕이 중관리를 파견하여 국내 각지의 사원,
부처님, 성스러운 곳에서 기도를 올리게 했다. 또 전국에 명하여 백성들도 모두
기원하게 했다."[698]라고 그 당시의 모습을 기록하는 한편, 류큐의 중관리가 정
부의 압박으로 궁지에 몰려서 각지의 귀신에게 기원하는 모습을 실로 냉담하게
묘사한 대목이 여러 번 나온다. 하지만 그렇다고 해도 한 나라의 최고 정점에서
군림하는 왕에게 설령 고사(옛날 일)라고는 하나 망국 이야기를 하며 간언했다고
는 믿기 어려운 소리다. 여하튼 여기서 중요한 점은 말년의 기샤바가 젊은 날에
국왕 쇼타이에 대해 보국의 핵심을 논했다고 쓰고 있는 점이다.

기샤바는 『류큐견문록』에서 가메가와당(친청국 강경파)의 일부가 메이지정
부의 명령에 반항한 것은 "가문의 품격을 유지하기 위함이지 국가를 사랑해서

---

697 위의 책, 105~106쪽.

698 『류큐견문록』초판, 15~16쪽(제2, 3판, 12쪽).

가 아니다."[699]라는 취지의 말을 그로서는 드물게 자기 주관을 조금 겉으로 드러내는 식으로 서술하고 있다. 이 부분은 일본의 패전 후부터 류큐처분(연구)과 관련하여 좀처럼 없는 일이지만『류큐견문록』이 언급될 경우에는 거의 그 부분만 인용되고 있을 좋을 정도로 알려져 있고, 류큐 사족(또는 강경파)은 계급적, 계층적 이해관계 때문에 일련의 '류큐처분'과정에서 메이지 정부에 반항했다는 해석으로 이용되어 왔다. 여기서 그와 같은 해석의 타당성 여부를 상세하게 논할 수 없지만, 적어도 말할 수 있는 것은 기샤바가 드물게도 주관성과 감정을 약간 드러내면서 그와 같은 비판어린 문장을 쓴 이면에는 그의 (그리고 많은 류큐 선비의) 애국심, 즉 류큐라는 국가(사직)를 유지하고자 하는 강한 의지와 사상이 있었다고 해석할 수 있다는 점이다. 바꾸어 말해서 그가 (말하자면 반일) 강경파에 대해 비판적이었다고 해서 바로 메이지 정부에 호의적이고 속된 말로 개명파였다는 것으로 곧바로 귀결된다는 의미는 아니다. 앞서 인용한 대로 쇼타이왕에 대해 보국의 핵심이라고 분명하게 언급한 구절에서도 알 수 있듯이, 그에게도 류큐의 보국이 바로 '국가를 사랑하는' 것이며, 그의 눈에도 메이지 정부의 요구가 그것과는 양립하기 어려운 것으로 비쳤다는 점은 긴 설명을 필요로 하지 않는다고 생각한다.

쇼타이왕이 어린 나이에 즉위한 점, '류큐처분'기에는 병치레가 잦았던 점이 요인으로 작용했던 것일까, 그렇지 않으면 류큐왕국의 전통에서 연유한 탓일까, 적어도 쇼타이왕이 세상을 다스릴 때는 나라에 위태로운 고비가 지속되어 국가를 사랑하기 때문에 주군에게 간언하는 것은 그렇게 이상한 일은 아니었던 것 같다. 간언이라는 점에서 보면, 앞서 기샤바의 비판적인 언사도 실은 진퇴양난에 빠진 쇼타이왕이 조지(朝旨, 청국과의 통교를 단절하는 것, 그 외의 명령)를 준봉(遵奉)하려 했던 것인데 반해, 가메가와당이 그것에 반대하는 간언을 하고 말리기 위해 성에 들어가서 소란을 피울 때의 모습을 서술한 구절에서 나오는

---

699 위의 책, 초판, 107쪽(제2, 3판, 82쪽).

말이다. 그들의 행동이 실은 애국심이 결여되어 있다고 비난하는 것이기 때문에 기샤바가 쇼타이왕에게 중국의 옛 망국의 고사를 인용하면서 "국가의 흥폐존망은 군신이 마음을 협력하여 정사를 잘 돌보는데 있사옵니다. 귀신에 의존할 바가 아니옵니다."라며 보국의 핵심을 말했다고 해도 그리 이상하게 여길 것은 없을지도 모른다.

제5절 **이하 후유 이후의 '류큐처분' 연구**

1. 이하 후유의 류큐처분 = 해방설

종래의 '류큐처분' 연구에서는 기샤바 조켄이 남긴 귀중한 기록은 거의 활용된 적이 없고 부당하게도 등한시되어 왔는데, 그 이유는 기샤바 기록이 이용하기 곤란하다는 것만이 아니라 오히려 보다 중요한 요인은 종래의 연구 이론의 틀이나 대상을 마주 대하는 자세 쪽에 있었던 것이 아닐까. 본 논고에서는 이와 같은 가설적 주장을 여러 번 반복해왔다. 그러한 상정(想定)의 타당 여부는 본서의 고찰이 그의 기록을 채용함으로써 얼마나 종래 연구의 오류를 수정하고, 보다 설득력 있는 역사상을 제시하고 있는지 없는지에 대해서는 본서를 읽은 독자의 판단에 맡길 수밖에 없을 것이다. 보론에서는 본 연구의 밑바탕에 있는 문제의식을 명시하는 동시에 기샤바 저작의 서지학적 고찰에서 미비한 점이 없도록 하는 것이 목적이었지만, 그러한 목적에 충실하기 위해서라도 마지막으로『류큐견문록』과 이하 후유의 류큐처분관(琉球処分観)과의 관계에 대해 간단히 논하고자 한다. 즉 기샤바의『류큐견문록』내용 그 자체와 류큐견문록의 간행에 즈음하여 이하 후유가 기고한 '서장에 갈음하여-류큐처분은 일종의 노예해방이다.'라는 소론과의 관계의 문제로 되돌아가서, 이하 후유의 주장과 이하 후유 이후 즉 패전 후에 이르기까지 '류큐처분' 연구에 대해 간단히 개관하고자 한다.

이하의 '류큐처분은 일종의 노예해방이다.'라는 극히 짧지만 근대 오키나와 지식인이 처음으로 '류큐처분'을 학문적으로 평가한 것일 뿐만 아니라, 그 이후의 오키나와사 연구에 매우 깊은 영향을 미친 논고로서, 일찍부터 연구자들 사이에서 잘 알려져 왔다. 이 소론이 기샤바 저작의 '서장에 갈음하여'로 발표된 뒤 이하의 주요 저서인 『고류큐』(초판 1911년)의 재판(1916년), 3판(1922년)에 '류큐처분은 일종의 노예해방이다.'라는 제목으로 수록되었고, 『고류큐』가 그의 대표작일 뿐만 아니라 '오키나와학'의 가장 중요한 고전 중의 하나로 간주되어 왔기 때문이다. 소론의 내용은 이미 제목이 보여주고 있듯이 류큐처분을 '일종의 노예해방'의 입장에서 매우 긍정적으로 평가한 것이었다.

그러나 여기서 유의하고 싶은 점은, 기샤바의 『류큐견문록』 자체와 이하의 '서장에 갈음하여' 사이에는 내용적으로 상당히 맞지 않는 부분이 존재한다는 것이다. 즉 이하의 잘 알려진 이 소론에서 『류큐견문록』의 내용을 추측할 수 없으며, 또 안이하게 미루어 짐작하여 결론을 내려서도 안 되는 일이다. 『류큐견문록』의 내용에 대해서는 본서의 여러 곳에 인용하고 있으므로 여기서 상세하게 논하지는 않겠지만, 양자 간에 내용적으로 어긋나 있는 부분은 조금이라도 같이 놓고 읽어보면 일목요연하다. 기샤바의 『류큐견문록』이 류큐처분기로 한정시켜 역사적 사건을 객관적으로 담담하게 기술하는 것을 지향하고 있는데 반해, 이하의 소론에서는 류큐의 근세부터 근대로의 전환을 대략적으로 관찰하고, 그가 바로 이 시기에 확립되고 있던 '류일동조론'의 입장에서 '류큐처분'의 역사적 의의를 높이 평가하고 있다고 말할 수 있는 것처럼, 이른바 역사적 사건의 존재론적인 판단에 그치지 않고 그것을 넘어선 역사철학적인 가치판단을 전면에 내세우고 있다.

이하는 1906년 도쿄제국대학을 졸업한 후 바로 귀향했고, 1909년 이후에는 오키나와 현립도서관장으로 근무하면서 뒤에 '오키나와학'으로 불리는 문학·역사·민속 등을 종합적으로 연구했다. 그리고 1911년 3월에 『류큐인종론』,

5월에『류큐사의 추세』라는 소책자를 간행, 12월에는 이 두 논고를 중심으로 여러 논문을 수집한『고류큐』(초판)를 간행하고, 자신의 학설인 류일동조론과 그것을 바탕으로 한 역사론의 기본틀을 널리 세상에 알렸다.『고류큐』에 수록할 때에 '류큐인종론'은 '류큐인의 선조에 대하여'로 제목이 바뀌었지만, 이 책의 첫머리를 장식하는 그 논문에서 이하는 쇼조켄[向象賢, 羽地朝秀]과 기완초호[宜湾朝保]라는 근세 류큐의 정치가 이외에, 일본어와 류큐어가 공통의 기원을 가지고 있다는 '조어(祖語)'의 존재를 상정한 B. H. 체임벌린(B. H. Chamberlain)의 연구를 중심으로 인류학자 도리이 류조나 언어학자 가나자와 쇼자부로 등의 연구를 인용하면서 일본인과 류큐인이 약 2천 년 전에 동일한 선조로부터 갈라져 나왔다는 설을 주장했다.[700]

한편 이하의 역사론은 말하자면 고류큐시대 류큐인이 국가운영이나 문화적 영위에서 독자적으로 뛰어난 능력을 발휘했다고 하는 한편, 시마즈씨의 침공 이후 근세기 류큐에 대해서는 사쓰마의 식민지적 지배 아래 류큐인 전체가 '노예'상태에 놓였다고 보고, '류큐처분'을 그러한 자유나 주체성을 상실한 상태에서 류큐민족을 해방시켰다는 의미를 부여한 것이었다.

이하의 류큐처분론은 이처럼 근세 류큐를 사쓰마 지배＝노예상태의 암흑시대로 묘사하고, 그것과는 대조적으로 '류큐처분'에 의한, 말하자면 광복＝해방을 부각시키려는 주장이었지만, 그곳에는 류일동조론이라는 역사의 메타 이론이 해방이라는, 말하자면 '거대서사'를 뒷받침하는 역할을 담당했다고 할 수 있다. '류큐인의 선조에 대하여'에서 한 단락을 인용하면 그 말미의 문장은 다음과 같다.[701]

그때(1609년(慶長14)의 류큐정벌)부터 메이지 1년에 이르기까지 류큐의 존재는

---

700   伊波普猷,『古琉球』(外間守善 교정, 岩波文庫, 2000년)을 참조.

701   伊波普猷,『古琉球』(沖縄公論社, 1911년), 60쪽; 위와 같은 책(岩波文庫), 67쪽.

오히려 비참한 존재였으며 이루 말할 수 없는 지경에 있었다. 그래서 나는 메이지 초년 국민적 통일의 결과, 다 죽어가는 류큐왕국은 멸망했지만 류큐 민족은 소생하여 뜻밖에 이천년 전의 옛날, 이별했던 동포와 해후하여 같은 정치 아래 행복한 삶을 보내게 되었다는 한 마디로 이 원고를 맺는다.

여기서는 논증의 결론이 제시되어 있다기보다 류일동조론에 내재하는 변증법적 논리에서 나오는 요청 즉 동일한 선조로부터 갈라져 나온 일본과 류큐 두 민족이 '메이지 원년의 국민적 통일' = '류큐처분'으로 다시 본래 모습으로 되돌아갔으므로 소외상태가 극에 달해 거의 죽을 지경에 이를 정도의 처지에 빠져 있던 류큐 민족도 소생하여 '행복한 삶'을 회복하게 될 것이라는 논증 이전의 입장을 써둔 것에 지나지 않는다.

이하의 (『류큐견문록』의) '서장에 갈음하여'에서도 사쓰마 지배에 대한 기술이 약간 부연되어 있고, 또 부커 워싱턴(Booker T. *Washington*)의 노예해방론에 대한 이론이 첨가되어 있기는 하지만, 논의의 구도에 커다란 변화는 없다. 이하의 이 논고가 그 후 류큐·오키나와사 연구와 '류큐처분'연구에 미친 영향을 감안하여 조금 길기는 하지만 인용하기로 한다.

애초에 시마즈씨의 류큐정벌 동기는 잇속에 밝은 사쓰마의 정치가가 당시 일본은 쇄국시대여서 나가사키 이외의 지역에서는 일체 외국무역을 할 수 없었음에도 불구하고, 류큐의 지위를 이용하여 중일무역이라는 밀무역을 하려 한데 있다. 그래서 시마즈씨는 모처럼 전쟁에는 이겼지만 류큐왕국을 파괴하려 하지 않고 "허울뿐인 왕국"만은 보존해둔 채 이를 밀무역의 기관으로 사용했던 것이다. …… 실제로 시마즈씨는 류큐 인민보다 더 많이 류큐의 토지를 사랑했다. 이것이 곧 식민정책이다. 노예제도다. …… 류큐에는 바로 36년 전까지 왕관, 사모(紗帽), 오채건(五彩巾), 자건(紫巾), 황건(黃巾), 홍건(紅巾), 청건(靑巾) 등 다양한 관을 쓴 아름다운 노예가 무수히 많았던 까닭이다. ……

그런데 시대가 완전히 바뀌어 유신이 되었다. 일본인은 국민적 통일을 해야 할 기운이 도래했음을 자각하게 되었다. ……앞에서도 서술한 바와 같이 소위 류큐왕국은 임진왜란[慶長役] 이후는 일본의 다이묘 가운데 하나인 시마즈 씨가 명목적으로는 중국에, 실질적으로는 자국에 예속시키고 남몰래 일본과 중국 무역을 영위하기 위해 설치한 기관에 지나지 않았으므로 그 존재 이유가 사라지자마자 동요가 일어난 것은 당연한 일이다. ……

나는 류큐처분은 일종의 노예해방이라 생각하고 있다. 누구라도 냉정하게 생각하는 사람은 정말 그렇다고 틀림없이 수긍했을 것이다. …… 류큐 역사의 진상을 알고 있는 사람은 류큐처분의 결과, 소위 류큐왕국은 멸망했지만 류큐민족은 일본제국 안으로 들어가 부활했다는 것을 납득할 것이다.

당시 류큐인이 만일 제3자의 위치에 서서 자기의 입장을 관찰할 수 있었다면 그들은 폐번치현에 의해 다른 부, 현과 마찬가지로 메이지천황의 어진 정치를 누리고, 게다가 3백 년 동안 빼앗겼던 개인의 자유와 권리를 획득하고 개인의 생명과 재산의 안전을 보증 받은 것을 은근히 마음속으로 기뻐했을 것이다. 『류큐견문록』의 저자 기샤바 조켄의 경우는 확실히 제3자의 위치에 서서 시세를 달관했던 지식인의 한 사람이다. 그러나 그와 동시대 사람들은 어디까지나 파괴된 "허울뿐인 왕국"을 꿈꾸며 울부짖고 부활한 류큐 민족으로의 큰 비약에는 생각이 미치지 못했던 것이다(방점은 원저자).

이와 같이 이하는 "류큐민족은 일본제국 안으로 들어가 부활했다."라고 과거형으로 쓰고 있을 뿐만 아니라 '당시 류큐인'이면서 만일 제3자의 입장에서 류큐처분의 역사를 관찰할 수 있었다면 '메이지천황의 어진 정치[仁政]'를 누리고 자유와 권리를 회복할 수 있게 된 것을 "은근히 마음속으로 기뻐했을 것이다."라고 서술했다. '서장에 갈음하여'에서는 이 한 군데에서만 저자인 기샤바에 대해 다루고, "확실히 제3자의 위치에 서서 시세를 달관한 지식인의 한 사람"이라 쓰고 있다. 마지막으로, 앞에서도 다루었던 것처럼 『류큐견문록』이 발행될

즈음에 "기쁜 나머지 이 한 편의 글을 써서 류큐처분에 관한 비견(卑見)을 서술
했다."(방점은 필자)라고, 즉 기샤바 저술의 소개와 해설 등이 아니라 자신의 소견
을 논술했다는 뜻으로 괄호 안에 덧붙여 썼던 것이다.

　이상으로 살펴본 바와 같이, 이하의 이 소론은『류큐견문록』의 발행을 계
기로 집필되었고, '서장에 갈음하여'가 책 권두에 실려 있는데, 앞서 인용한 '류
큐인의 선조에 대하여'말미의 문장이 보여주듯이 내용적으로 이미 3년 전에 간
행된『고류큐』(초판, 1911년)에서 보여준 류일동조론을 전제로 한 것으로 이 책에
이미 골격이 드러나 있었다. 그리고 1914년에 발표된 후 '서장에 갈음하여'를
생략하고 '류큐처분은 일종의 노예해방이다.'라는 제목으로『고류큐』재판(1916
년), 3판(1922년)에 수록된 것에서 볼 수 있듯이,[702] 그것은 류일동조론과 불가분
하게 연결된 이하의 독자적인 류큐처분론이며, 그의 간행이 발표의 계기가 된
기샤바 조켄의『류큐견문록』과는 내용적으로 전혀 겹치지도 관련성도 없다.

　그런데 이하 후유의 류일동조론을 전제로 한 류큐처분＝해방설에 지금까
지 신경을 썼던 것은, 그의 이론이 여러 가지 면에서 그 이후의 역사연구 방향을
앞지르고 있었기 때문이다. 일반적으로 '류일동조론'은 일본민족과 류큐민족의
조상을 동일하게 보고 있다. 즉 기원이 같은 민족이라고 가르치고 있지만, 중요
한 점은 이하에게는 약 2천 년 전에 헤어진 두 민족이 류큐처분으로 '국민적 통
일'을 이루고 류큐민족이 '메이지 천황의 어진 정치'를 누리게 된 것은, 말하자
면 선험적으로(a priori) 그들의 행복을 마땅히 약속해야 하는 것으로 전제되어
있다는 점이다. 이하는 근세 사쓰마에 의한 '류큐민족'의 지배를 '노예'상태로서
암울하게 묘사함으로써 류큐처분＝해방설에 역사학적인 논증의 일정한 형식을
부여하려 하고 있다. 그러나 류큐가 병합되고 이미 약 30년이나 경과했음에도
불구하고, 그동안 이른바 '해방'의 실태에 대해서는 구체적인 논증의 필요성을

702　이 소론은 그 후에 「류큐인의 해방」으로 제목을 바꾸어『古琉球の政治』(1927년)에 부록으
　　　로 수록되었다.

조금도 인정하지 않는 것 같다. 거기에는 류큐처분 = 해방의 등식은 '메이지천황의 어진 정치'와 마찬가지로 의심해서는 안 되는 것으로 전제되어 있다. 하지만 그러한 논증을 하기 이전의 전제로서 자명하게 여기고 나아가 밑바탕에서부터 떠받치고 있는 것이 바로 그의 류일동조론이며, 그러한 인식에 입각하여 '국민적 통일'(= '민족통일')을 소위 본래 모습으로의 회귀 = '해방'으로서 무조건적으로 긍정하는 역사관이었다고 말할 수 있을 것이다.

2. 전후 역사학과 민족이라는 주제

위에서 살펴본 바와 같이 이하의 역사관은 기본적으로 전후 '류큐처분' 연구에도 계승되었다. 물론 전후 역사학에서는 황국사관 대신 마르크스주의의 영향이 강했고, 사료 공개와 발굴도 진행되어 실증성의 측면에서도 훨씬 정밀하고 치밀해진 형태로 연구가 진행되었다. 특히 '류큐처분'과 밀접하게 관련된 메이지유신과 메이지국가 형성 연구는 제2차 세계대전이 일어나기 전 일본 강좌파의 강한 영향을 받아 메이지 국가를 유신의 결과로 성립된 절대주의 국가로 파악하고, 그 전제적·반봉건적 성격에 대해 극히 비판적인 입장을 취하는 연구가 주류를 차지했다. 그러나 그러한 경우를 포함하여 패전 후의 연구에서는 일반적으로 '류큐처분'은 '민족통일'이라는 관점에서 논해졌고, 어떤 형태로든 긍정적으로 평가되는 경우가 대부분이었다.

일본의 전후 역사학에서 특히 1940년대 말부터 1950년대 전반기에 '민족독립'과 '국민의 역사'라는 테마에 관심을 기울이게 된 데에는 점령기 후반 미국 점령정책의 반동화(逆 course)와 대일강화조약·미일안전보장조약의 체결이 있고, 그 뒤로도 일본정부의 대미 종속과 반동적 정책이 계속되었다는 배경이 있었다.[703] 그러한 가운데 미일안보체제 타파에 의한 '민족독립'이라는 현실적인

703　石母田正, 『歷史と民族の發見-歷史学の課題と方法』(東京大学出版会, 1952년).

과제의식이 이윽고 메이지유신사와 일본근대사 연구에도 투영되었고, 나아가 강화조약으로 일본 본토에서 분리되어 미국의 시정하에서 '조국복귀'운동이 전개되고 있던 오키나와 근대사의 단서라고 할 수 있는 '류큐처분'의 연구에도 투영되었다. 미군에 의한 오키나와의 분리지배는 바로 '민족 분단'이며, 그렇다고 한다면 과거 어느 시점에서 '민족통일'이 이루어지지 않으면 안 된다. 바로 그러한 '민족통일'내지는 통일적 민족형성의 전제를 만들어 낸 것이 바로 '류큐처분'으로 평가되었던 것이다.

그렇기는 하지만 여기서 본래의 주제로 되돌아가서, 기샤바 조켄의 『류큐견문록』은 위에서 서술한 것과 같은 패전 후 역사연구의 모티브인 '민족통일'에 거의 들어맞는 부분이 없다. 바로 이 점 때문에 기샤바의 기록이 패전 후의 '류큐처분'연구에서도 무시당하고, 잊혀져왔던 가장 큰 이유라 생각한다. 이와 관련하여 마지막으로 전후 역사학에서 유일하게 예외적으로 기샤바 저작의 의의를 높이 평가한 적이 있는 도마 세이타의 연구에 대해 간단하게 소개하고자 한다. 도마는 앞서 서술한 1950년경 이후의 일본 역사학에서 '민족'문제가 주제가 되었고, '국민적 역사학'운동에도 관여한 경력이 있고, 원래 일본 고대사 연구 전공자인데 근대사나 동아시아사에도 조예가 깊었다.[704] 그러한 연구경력을 기반으로 도마는 류큐·오키나와사에도 몰두하게 되었고, 그 성과를 1977년 논집 『근대 동아시아세계의 형성』에 담아냈다. 그 논문집에 기샤바의 『류큐견문록』이나 『류큐삼원록』을 염두에 둔 다음과 같은 서술이 있다.

> 자신뿐만 아니라 오키나와에도 가장 중요한 역사적 사건 두 가지를 실록으로 낱낱이 써낸 기샤바라는 인물은 역사가로도 뛰어난 인물이었다고 말하지 않으면 안 된다. 게다가 몇 십 년 지난 오늘날에도 그만큼 밀도 있는 작업은 나오지 않고 있다. 공덕을 기리는 글로서 유신사(維新史)가 본토의 옛 번주의 관

---

704 1950년 전후 대표적인 연구로서 藤間生大, 『埋もれた金印』(岩波新書, 1950년); 同, 『日本民族の形成』(岩波新書, 1951년).

계자들에 의해 만들어졌지만, 이 책에는 일개 야인에 의해 오키나와의 개체성의 진실이 명확하게 표현되어 있다.[705]

고뇌로 점철된 『류큐삼원록』이나 『류큐견문록』은 그 냉엄한 서술로 인해 사태를 전하는 정확한 사료가 되었을 뿐만 아니라, 사상의 충실함과 고귀함에 의해 일본사학사 안에서도 독특한 위치를 차지하는 것이라고 나는 생각한다.

류큐 민족체는 그 멸망을 애도하는 중후한 진혼곡을 가질 수 있게 되었다.[706]

위의 인용에서 마지막 문장이 시사하는 바와 같이, 도마는 스탈린의 민족이론을 모방하여 '민족(나찌야, нация)'과 '민족체(나로드느스띠, народность)'를 구별하고, '류큐 민족체'의 '일본민족으로의 전화(轉化)'라는 도식을 이용하여 류큐사 및 오키나와 근대사를 논했다. 오늘날의 스타일로 말하면, 대략 민족은 네이션(nation), 민족체는 거의 에트니(Ethnie)에 해당한다고 해도 좋지만, 도마는 특히 '나로드느스띠(민족체)의 형성에 미치는 정치적 계기의 중요성'[707]을 강조하고 있다. 산잔[三山] 통일부터 사쓰마 침입에 이르기까지의 류큐왕국(고류큐) 즉 독자적인 언어와 문화 등을 지닌 독립된 정치사회였던 시기를 '류큐 민족체'의 완성기로 간주하고, 그것이 근세의 사쓰마 침입과 지배 하에서 야마토(일본)의 문화적 영향을 받게 되고, 이어서 메이지 초기의 '류큐처분'이라는 커다란 고비를 거쳐 '일본민족'으로 변한다는 아라키 모리아키의 민족통일 2단계설과 같은 구도 아래에서 류큐·오키나와사의 추이를 논하고 있다. 그와 같은 구도 아래 그는 기샤바 기록의 유례없는 가치를 지적하면서도 그것을 일본민족으로 바뀌기 직전에 '오키나와의 개체성의 진실'을 표현한 것, '류큐 민족체'의 '멸망을 애도하는 중후한 진혼곡'으로서 의의를 부여하고 있다.

705　藤間生大, 『近代東アジア世界の形成』(春秋社, 1977년), 373쪽.

706　위의 책, 407쪽.

707　위의 책, 364쪽.

확실히 사료의 진위를 꿰뚫는 도마의 통찰에는 예리한 데가 있으며, 실제로 이 책에서는 기샤바의 저술을 많이 인용하여 '마키시·온가 사건'이나 '류큐처분'을 논하고 있다. 그러나 필자가 생각하기에, 전자에 대해서는 본서 제1장에서 아라키 모리아키에 의거하여 비판했던 것처럼 개명파 대 수구파의 대립이라는 단조로운 도식주의에 빠져 있고, 또 '류큐처분'의 기술이나 해석에서도 리얼리티와 정확성이 크게 결여되고 말아서, 그로 인해 오늘날에는 그의 저술을 연구자들이 돌아다보지 않게 되었다. 이처럼 도마가 기샤바 기록의 중요성을 깨달았으면서도 그 진가를 살려내지 못한 이유는, 첫 번째로, 애당초 류큐·오키나와사의 사전지식이 부족했고 여러 가지 사실이나 그 문맥을 이해함에 있어 단순한 오류가 많은 점을 지적할 수 있다. 두 번째는, 류일동조론을 전제로 한 것처럼 '민족통일'이라는 전후 역사학의 틀이나 그 틀의 한 변종으로서 '류큐 민족체의 일본 민족으로의 전화(轉化)'라는 구도를 토대로 삼아 그 사실들을 다시 짜맞추기에는 많은 무리가 따랐음을 지적할 수 있다. 더구나 이론도식에 사실(史實)을 억지로 끼워 맞추고 있는 결함이 류큐·오키나와사의 정확한 이해를 도리어 방해하고 있다. 거꾸로 후자의 부정확한 이해가 이론도식을 확실하게 증명해주는 근거가 되고 있는 악순환적인 관계에 스스로 갇혀버리는 경향이 그러한 학문적 흐름에서는 인정받고 있는 것처럼 생각된다.

앞서 서술한 패전 후 오키나와가 처했던 특이한 상황에서 시작된 학문적인 인식으로 도마 역시 "오키나와인의 해방은 일본민족의 일환이 되는 실천을 통해서만 가능하다."고 주장하고 있다. 그런 까닭에 "오키나와 역사가인 신자토 게이지 등이 메이지정부의 '류큐처분'에 의해 오키나와인이 심하게 억압을 받게 되었음에도 불구하고, 오히려 그 점에서 본토 인민과 연대할 수 있는 가능성"이 형성되었기 때문에 "고통을 견디면서 이 '처분'을 평가하려 한다."[708]라고 서술하고 있다. 또 "현실세계에서는 '류큐처분'에 의해 '민족통일'이 이루어졌지만,

---

708 위의 책, 365쪽.

그것은 다분히 정치적 통일의 계기가 강하여 야마토와 류큐의 순조로운 상호 침투에 의해 풍요로운 일본 민족을 만드는 계기를 소멸시켜버렸다.”[709]라고 자기 자신의 평가를 표현했다.

이처럼 도마의 ‘류큐처분’평가 자체는 긴조 세이토쿠의 결론에 가까우며, 큰 틀에서 아라키 모리아키 등이 주장하는 바와도 같은 것으로 볼 수 있지만, 각각의 사실 이해의 정확성과 진실성의 측면에서는 긴조나 아라키에는 훨씬 미치지 못한다고 생각된다. 그러나 제5장 끝부분에서도 서술한 것처럼, 좀 더 본질적인 문제는 각각 사실의 해석 수준에 그치지 않고, 그들이 공유하고 있던 ‘(진짜)민족통일’이라는 물음의 설정 자체가 어느 틈엔가 시대에 추월당해 버리고, 오늘날에는 완전히 유의성을 잃어버린데 있을 것이다. 어찌 되었건 일본의 전후 역사학에서는 유일하게 예외적으로 기샤바 조켄에게 주목한 도마 세이타도, 기샤바가 남긴 기록을 활용하여 류큐병합의 역사를 정확하게 그려내는 과제는 성공하지 못했다. 그리하여 이 과제는 오늘날에 이르기까지 미완인 채로 우리들의 재도전을 기다리고 있다고 해도 좋지 않을까.

본서의 모티브는 ‘당시의 실상과 참된 상황’(『류큐견문록』 범례)을 전하겠다는 의도를 가지고 쓰여진 기샤바의 기록과 거기에 체현되어 있는 지적 성실성에 가급적 다가가면서 동시에 후세에 살고 있는 연구자의 특권을 살려서 시야를 동아시아 세계로 크게 확대시킴으로써 거시적 관점과 미시적 관점에서 류큐병합의 역사과정을 재검토하고, 정확한 역사상(歷史像)의 재구축을 시도하는 데 있었다. 연구에 대한 평소의 생각은 보론에서 논술한 바와 같지만, 전체적으로 본서가 류큐병합사의 재구축이라는 시도에 어느 정도 성공했는지는 현명한 독자 여러분들의 솔직한 평가에 맡긴다.

---

709   위의 책, 409쪽.

본서의 주제인 류큐병합에 대해서는 지금까지 일반적으로 '류큐처분'으로 불렸고 연구 분야에서도 그 개념이 사용되어 왔다. 본서 서장에서는 그러한 종래의 '류큐처분' 연구가 가졌어야 할 본연의 자세와 통설적 이해에 대해 근본적인 의문을 제기했다. 동시에 지금까지의 고찰을 통해 기존의 통설을 대대적으로 재검토하여 본서만의 독자적인 새로운 역사 이해를 상세하게 논술해왔다. 종장에서는 약간의 보충 설명을 덧붙이면서 지금까지 고찰한 결론을 알기 쉽게 개괄하고, 아울러 본서에서 논하고자 했던 문제의 특징 내지는 독자성이 어디에 있는가에 대해서도 필자 본인의 이해를 기록해 두고자 한다.

서장에서 서술한 바와 같이, 본서에서는 '류큐처분'의 재고(再考)를 기획함에 있어 다음 두 가지를 중시했다. 첫 번째는, 류큐·오키나와에 내재하는 경험을 통해 그 내부의 시각에서 역사를 살핀다는 관점이다. 반복해서 서술해 왔던 것처럼, 종래의 '류큐처분' 연구는 그 역사를 '처분하는 권력자' 측에서만 보는 경향이 있었는데, 본서에서는 그것에 반대한다기보다는, 그러한 측면과 동시에 역사를 처분·병합당한 측에서 살피는 것의 중요성을 지적하고, 이전부터 지금까지 당연시되어 왔던 역사상(歷史像)의 편중을 바로 잡으려는 시도를 했다. 적어도 그와 같은 관점을 한편에서 유지하지 않는 한, 예로부터의 잘못된 역사해석을 좀처럼 극복하기 어렵다는 것이 본서의 집필을 시작함에 있어 가졌던 첫 번째 문제의식이다. 그런 까닭에 동시대의 준거사료로서 기샤바 조켄의 『류큐견문록』을 중시하고 활용했다.

보론에서 서술한 바와 같이 기샤바 조켄은 '류큐처분'의 시기, 마침 쇼타이왕의 소바쓰카에로 근무했던 류큐왕부 관리의 한 사람으로, 그러한 위치에서 실제로 보고 들었던 것을 유일무이한 기록으로 후세에 남겼다. 미증유의 대사건에 휘말리면서도 내면의 사명감으로 '남모르게 역사가로서 집필[竊執史氏之筆]'[710]한 것도 위대한 업적으로 평가되어야 하겠지만, 동시에 과소평가되어서는 안 되는 것이 기샤바의 역사가로서 타고난 자질이며, '지적 성실성'이다. 그가 『류큐견문록』을 쓰고 또 통합하는데 있어서 무엇보다 중시한 것이 '당시의 실상과 참된 상황'[711]을 전하는 것, 요컨대 역사의 진실된 모습을 후세에 전하여 남겼다는 점이었다. 그 점에서 그가 남긴 기록에는 사료의 신뢰성 측면에서도 유례가 없다는 점이다. 본서의 커다란 특징 가운데 하나는 잊혀진 역사가인 기샤바 조켄에 대한 재평가를 시도하고, 충분히 신뢰할 수 있는 현장의 견문 기록을 활용함으로써, 종래와는 다른 각도에서 '류큐처분'의 역사를 조명하고 그 역사상을 대폭적으로 보정(補訂)한 점에 있다.

본서 '류큐처분'의 재고찰에서 또 하나 중시했던 점이 근대일본에 의한 류큐병합이라는 사건을 근세에서 근대로 넘어가는 동아시아 국제질서의 커다란 변용이라는 맥락 속에서 살피고자 했다는 점이다. 때문에 본서에서는 류큐병합사의 구체적인 검토에 앞서서, 제1장에서 '근세 동아시아 속의 류큐왕국'에 대해 고찰하고, 이어서 본서의 주제인 1879년 류큐병합까지의 역사를 사이에 넣었고, 마지막 제5장 '근대 동아시아사 속의 두 개의 병합'을 배치하여, 근대 일본에 의한 두 개의 병합-류큐병합과 한국병합-을 주로 '중화세계질서에서 식민지제국 일본으로'라는 동아시아사의 커다란 맥락 속에 자리매김하여 고찰했다. 단 본서의 주제는 어디까지나 류큐병합의 역사에 있으므로 전통적인 중화제국

---

710   『류큐견문록』, 한문 저자가 쓴 서문(自序). 보론 472쪽.

711   『류큐견문록』, '범례'. 제4장 342-343쪽.

체제의 붕괴와 근대일본의 식민지제국의 대두라는 동아시아사의 맥락에 대해서는 문자 그대로 맥락으로서 중요하게 참조할만한 것만을 다루었을 뿐, '중화세계질서'이든 '식민지제국일본'이든 어느 것도 그 자체로는 불충분한 논술에 그칠 수밖에 없었다. 본서에서 강조하고 싶었던 점은 이러한 동아시아사의 맥락을 적절하게 두루 살피지 않고서는, 다시 말해 일본사의 일국사적인 시점과 류큐·오키나와사라는 좁은 시야에 머물러 있는 한, '류큐처분'(이나 그 이후 오키나와 근대사)의 본질적인 측면이 상당히 파악하기 어렵게 되며, 특히 류큐병합과 조선병합과의 유비적 관계 자체에 착안하려는 주제에서 보면 당연히 있어야 마땅한 관점조차 생기기 어렵다는 점이다. 본서의 두 번째 특징은 이러한 동아시아사의 맥락을 두루 살피고, 근대일본에 의한 류큐병합과 조선병합이라는 두 병합과 그들의 역사적 의미를 비교사적으로 고찰하는데 있다.

이제 위와 같은 문제의식과 분석의 시각으로 본서에서 고찰한 것을 정리하고 불충분한 점을 적절하게 보충해보고자 한다. 제1장에서는 류큐병합의 역사적 여건을 확인하는 관점에서 근세 류큐왕국에 대해 고찰했다. '류큐처분'을 어떻게 평가하는가는 근세 류큐왕국의 대외적 지위와 정치사회의 내부구조를 어떻게 인식할 것인가 라는 문제와 밀접하게 관련된다. 연구사에 있어서 과거의 논쟁을 빌려 말하면, 사토 사부로[佐藤三郎]나 시모무라 후지오와 같이 근세 류큐가 이미 일본에 포섭되어 있었던 측면을 과대평가하는 연구자는 '류큐처분'이 일본의 내정문제에 지나지 않으며, 근대 일본의 서막을 연 메이지유신과 마찬가지로 긍정적으로 평가해야 한다는 결론을 쉽게 내리기 마련이며, 이노우에 기요시처럼 류큐왕국이 아직 일정한 독립성을 보유한 독자적인 국가로서 존재했다고 보는 논자는 '류큐처분' 자체는 침략적(민족통일)이었다는 결론으로 기울 것이다.[712]

712　佐藤三郎,『琉球藩処分問題の考察』(『山形大学人文科学紀要』第2卷　第1号, 1954년); 下村富士男,「『琉球王国』論」(『日本歷史』176号, 1963년); 井上清,「沖縄」(岩波講座『日本歷史』第

이처럼 '류큐처분'의 평가는 역사적 여건으로서 근세 류큐 및 류일 관계를 어떻게 파악해야 하는가 라는 문제와 밀접하게 관련되어 있지만, 필자의 의견으로는 종전의 연구에서는 근세 류큐의 정치사회에 관한 인식 자체가 때때로 정확성이 상당히 결여되어 있다는 단점이 있다. 대략적인 느낌을 서술하자면, 일본사 연구자가 '류큐처분'을 논할 경우 일본 근세사회와의 단순한 유추를 통해 근세 류큐를 이해하거나 오해하는 경향이나, 도쿠가와 일본과 메이지 일본을 똑같은 일본으로 간주하고 그 연속선상에서 쉽게 생각하는 경향을 인정하는 것처럼 보인다. 또 류큐·오키나와사 연구자에 대해 말하면, 역사용어뿐만 아니라 문제의식 자체가 일본사 연구에서 빌려온 것이 많고, 특히 '류큐처분'에 대해 단순하게 메이지유신과 견주어 비교하고 근세에 대해서도 그 연장선상에서 문제를 바라보는 발상이 있다고 생각한다.

제1장에서는 위와 같은 단점을 염두에 두고, 류큐 선비[士]의 성격과 소위 사족의 비율 문제 등을 중심으로 근세 류큐의 특징을 지적하면서, 류큐의 중화세계와 도쿠가와 일본에의 '양속'문제, 근세 동아시아 세계에서 류큐와 조선의 유비성에 대해 고찰했다. 먼저 전자에 대해 말하면 같은 근세라 해도 일본과 류큐는 상당히 다른 정치사회였다는 점을 지적하고, 안이한 유추가 통용되지 않는다는 점, 그 점에서는 메이지유신과 '류큐처분'의 관계에서도 마찬가지라는 점을 논했다. '막번체제 속의 이국'이라는 공식이나 사쓰마는 메이지유신의 추진세력이었으므로 류큐 내에서도 친사쓰마파를 진보파로 보는 식으로 지나치게 단순화시켰다는 점은 본론에서 상세하게 서술했으므로 여기서는 하나 더 그 문제성을 보충해두고 싶다.

막부말·유신기의 격동과 변혁의 직접적 원인이 된 것은 페리의 내항('흑선')으로 상징되는 외압(서양의 충격)이었지만, 전후 역사학에서는 그 유신의 변

16卷, 近代3, 1962년). 모든 논고가 新里惠二 편저, 『沖繩文化論叢1 歷史編』(平凡社, 1972년)에 수록되어 있다.

혁에 일정한 필연성을 부여함으로써 봉건제인 막번제 국가의 모순이 심화되었음을 강조했다. 덴포기 무렵까지 심각해진 봉건제의 모순에 대응하려고 여러 번들이 개혁에 착수했지만, 개혁에 성공한 서남웅번(西南雄藩)[713]이 막부말기에 대두했고, 이윽고 메이지유신의 주역이 되었다는 것이 일반적인 유신사에 대한 이해일 것이다. 그와 같은 마르크스주의의 발전단계론을 전제로 한 일본의 전후역사학에게 배워서, 류큐·오키나와사 연구에도 일종의 '류큐처분'의 필요성이라는 합의하에서 근세말기 류큐왕국의 봉건제로서 갖는 심각한 모순이 지적되었고, 그러한 현상으로서 왕부의 절박한 재정, 사회의 궁핍화, 유통화폐의 혼란 등이 강조되어 왔다. 그와 동시에 류큐의 경우 새로운 사회의 담당자가 된 사회계층이 봉건제의 내부에서 육성되지 않았다는 점을 확인시키고, 그런 까닭에 근대일본에 병합되는 것 외에는 근대화의 길이 없었다는 식의 합의 내지는 논조가 부여되어 왔다. 그러나 근세 류큐의 궁핍화와 혼란을 봉건제의 내적 모순의 결과로만 파악하고, 그로 인해 '류큐처분'을 긍정적으로 평가하는 것에는 분명 논리적으로 무리가 따른다. 본서에서 서술한 바와 같이, 거기에는 근세류큐의 정치사회가 총체적으로 사쓰마 시마즈씨로부터 지속적으로 경제적 착취를 받아왔던 요소(와 그 동태)가 무시되거나 경시되었기 때문이다. 그와 동시에 근대로 이행함과 동시에 도쿠가와 체제하에서 다이묘의 하나였던 사쓰마 시마즈씨의 봉건적 특권은 부인되었고 류큐에 대한 지배와 착취의 근거마저도 스스로 없애버렸다는 점, 그 점에 대해서도 종래의 연구에서 거의 고려되지 않았다.

　　다음으로 근세 류큐의 중화세계 및 도쿠가와 일본에 대한 '양속'의 문제이다. 일반적으로 근세 류큐왕국을 '청일(중일) 양속'이라는 한 마디로 특징짓고,

---

713　[역주] 서남웅번(西南雄藩): 막부말·유신기에 활약한 유력한 번. 역사적인 개념으로 막번체제 하의 봉건적 모순이 확대되는 가운데, 한편으로 그 역할의 선두에 서면서 다른 한편으로 그 기초를 해체하는 방향으로 나아가 새로운 통일국가에서 그 역할을 완수한 번. 구체적으로 에치젠[越前, 福井], 미토[水戶], 사쓰마[薩摩], 히젠[肥前, 佐賀], 오와리[尾張], 인슈[因州, 현재 鳥取를 가르킴], 우와지마[宇和島], 도사[土佐], 조슈[長州, 하기[萩]] 등. 특히 삿초도히[薩長土肥]는 메이지유신을 추진한 번으로 '서남웅번(西南雄藩)'으로 불림.

메이지유신을 겪은 근대일본이 처음부터 그('양속'의) 관계를 없애고자 계획하고 이른바 일본에의 전속화(專屬化)와 병합처분을 향해 착수한 것처럼 논의되어왔다. 그러나 그러한 이해에는 단순화라는 오류가 있다는 것이 본서의 입장이다. 제1장은 그 점을 명확히 하는 사전작업으로, 한 마디로 '양속'이라 해도 류큐가 중화제국에 '번속'된 경우의 종속방식과, 도쿠가와 일본에 종속된 경우의 방식에는 근본적인 차이가 있었다는 점과, 양자의 구체적인 모습에 대해 고찰했다. 이 점을 확인하는 것은 류큐가 도쿠가와 일본에 특이한 형태로 종속되어 있었다 해도, 그것이 유신 후 황국일본에 그대로 계승된 것은 아니라는 2장 이후의 논의를 이해하는데 매우 중요한 전제가 된다.

　　제2장에서는 '류큐처분'의 기점이 되는 1872년 '류큐번왕의 책봉'에 대해 고찰했다. 지금까지 기점이 되는 이 사건에 대해서는 주로 '류큐번 설치'로 기술되었다. 메이지정부에 의한 류큐의 '양속' 해소를 목표로 한 최초의 조치로 해석되어 왔지만, 본서에서는 그것을 '(류큐)번왕책봉'으로 부를 것을 주장하고, 종래의 역사기술에 대한 재검토를 제기했다. 거듭 말하건대 그것은 류큐의 '청일양속'을 해소한다기보다 오히려 그것을 '분명'하게 하기 위한 조치였다고 하는, 어떤 의미에서는 이전과 완전히 반대되는 해석을 제시했다. '번왕책봉'으로 부를 것을 제기한 것은, 그것이 당시 사람들에게 바로 그렇게 ('번왕'의 '책봉'으로) 이해되고 의미가 부여되었기 때문이다. 분명히 메이지정부는 번왕책봉 후 류큐의 호칭으로서 '류큐번'이라는 말을 사용했다. 그러나 당시 메이지정부의 공식문서에도 또 당시 사람들이 쓴 문서들에도 '류큐번 설치'등으로 기술된 예는 존재하지 않는다. 역사적으로는 문자 그대로 '책봉(冊封)'이나 '봉책(封冊)'이라는 말이 사용되었고, '천황의 말씀[勅]으로 번왕으로 삼다.'라든가 '천황의 명령[詔]으로 번왕으로 하다.'고 한 것처럼, 어디까지나 천황과 쇼타이왕의 관계설정을 위한 행위로서 이해되고 있었다(다시 말하면 최초 군신관계의 설정행위가 있고, 그 결과로서 '번왕'의 통치기구와 통치영역이 '번'으로 불렸던 것이었지 그 반대는 아니었다). 이와 같은 사실을 정확하게 표현하고, 설명해야 한다는 주장 내지는 문제 제기가 '류큐

처분'의 이해와 직접 관련된 본서의 독자적인 논점이라 할 것이다.

또 위 주장과 관련된 중요한 논의로서, 이전부터 번왕책봉(≒류큐번 설치)을 1871년 말 대만에서의 류큐인 조난사건과 관련시켜 그것이 대만출병을 위한 준비조치였다는 설이 제창되어 왔지만 그러한 해석은 잘못이며, 실증적으로 증명할 수 없다는 것을 처음으로 적극적이고 체계적으로 시도했다는 점도 본서의 커다란 독자성이라 할 수 있다.

그렇다면 왜 '번왕책봉'이 행해졌던 것일까. 왜 그 시점이었을까. 이것들을 설명하는 것이 제2장의 중심과제였으나, 간략하게 결론을 말하면 다음과 같다. 즉 근세의 류큐는 사쓰마시마즈씨의 침공 이후 무력의 위세에 의한 일정한 지배, 특히 상당한 경제적 수탈을 받은 동시에 근세일본의 중앙정권이었던 도쿠가와정권과는 '통신의 나라'로서 일종의 국교관계를 맺어왔다. 류큐는 그러한 형태로 에도의 공의(막부)와는 관계가 있었지만, 교토의 금리(禁裏, 조정)와는 그때까지 직접적으로 관계가 없는 존재였다. 그러나 메이지유신의 왕정복고로 외교권을 포함한 중앙정치권력(주권)이 도쿠가와장군에서 천황(조정)으로 옮겨가고, 후자의 태정관 정부를 주축으로 집권화가 추진되었다. 그와 같은 근대국가 형성 과정에서 판적봉환을 거쳐 폐번치현이 이루어진 것이다. 류큐의 왕권이 충성을 서약해왔던 시마즈씨의 가고시마번도 폐번되었다. 그 결과 새롭게 주권적 권력을 차지한 조정 = 메이지천황 정부는 류큐(의 왕권)와의 관계설정 내지는 일본정부로서의 관계 재편이라는 과제에 직면하게 되고, 거기서 채택된 조치가 메이지천황에 의한 류큐국왕 쇼타이의 '류큐번왕 책봉'이었다.

애당초 일본의 천황제는 역사적으로 이웃 중국의 왕조문화, 예로부터 문화적 선진국이었던 중화제국의 제도를 본떠 만들어진 것이었다. 다만 일본의 경우는 천자(황제)의 통치와 얽힌 여러 개념을 수용하기는 했지만 중국과는 다르게, 주변에 '번속'하는 국가들이 없었던 제국이었다.[714] 또 긴 역사를 통해 기

714　吉野誠, 『東アジアのなかの日本と朝鮮』(앞에서 서술), 제8장.

본적으로 중국을 기축으로 한 중화세계질서(책봉체제)에도 끼여 있지 않았다. 그러므로 일본사에서 '책봉'이나 '조공'의 개념은 거의 나오지 않는다. 그러나 왕정복고의 결과 황국사상의 일부로서 그것들의 관념도 활성화된다. 그와 같은 유신 초기의 조건하에서 메이지천황 정부는 천황(일본국의 천자·황제)에 의한 '류큐번왕'의 '책봉'을 행하고, 천황과 쇼타이왕(류큐국왕으로서의 '번왕')과의 사이에 군신관계를 설정하고, 류큐를 황국일본에 '번속'시켰다. '번왕'의 '번'은 원래 그와 같은 '번속'의 의미로 사용되었다고 해석하는 것이 타당할 것이다.

　　이 점과 관련하여 같은 무렵 일본정부는 조선도 황국일본에 '번속'시키려는 생각이 있었다는 점, 즉 조선(한국)을 강제로라도 번속시키려는 사상이 바로 '정한론'사상이었다는 것을 제3장에서 지적했다. 류큐와 마찬가지로 조선 역시 몇 백 년 동안 중국(명·청)과 책봉·조공관계를 맺어왔을 뿐만 아니라, 에도시대에 일본의 중앙권력으로서 근세 외교를 담당해왔던 도쿠가와정권과는 '서로 신의를 통해 교류하는 나라'로서 자리매김되어 왔다. 그러나 그와 같은 전통적 관계도 일본의 '왕정일신'과 함께 사정이 확 달라진다. 1871년 7월 전국적인 폐번치현과 더불어 시마즈씨의 가고시마번과 마찬가지로 도쿠가와정권과 조선왕조를 중개하고 조일무역을 독점해왔던 소씨의 이즈하라(쓰시마)번도 폐지되었다. 소씨도 '가역(家役)'을 반환하고, '쓰시마의 사교'를 정지한 뒤에 조선과의 국교 재편 문제가 부상했다. 그러나 왕정복고에 따른 명분론적 발상과 진구황후의 삼한정벌 전승 등, 결국은 황국 이데올로기에 기초한 자기우월과 조선멸시 의식 때문에 조선과의 수교문제는 막다른 상황에 놓였다. 그리고 1872년 8월 중순의 단계에서 외무성은 구 쓰시마 세력으로부터 조선의 초량왜관을 접수함으로써 '사교' 폐지의 완전한 실시 방침을 정하고, 8월 18일 천황의 재가를 받았다. 이와 동시에 바로 류큐의 번왕책봉과 '사교'정지도 결정되었고 천황의 재가를 받았다는 것이 필자의 추정이다.[715] 대만문제와 관련해서 말하면, 8월 18일의

715　본서 제2장 217쪽; 제3장 248-249쪽을 참조

단계는 물론이고, 9월 14일 번왕책봉 단계에서조차 정부 내에서 대만출병 방침이 확고했었다는 사실은 확인되지 않는다. 오히려 여러 사료는 그와 반대되는 모습을 보여주고 있다. 그런 까닭에 번왕책봉(≒류큐번설치)과 대만출병 문제는 분리해서 생각해야 한다는 것이 본서의 결론이다.

1872년의 번왕책봉은 확실히 넓은 의미에서 '류큐처분'의 출발점이 된 사건이었지만, 그 뒤 약 2년 정도는 '처분'이라는 말이 연상시키는 것과는 상당히 달랐으며, 메이지 정부와 류큐왕부의 관계는 비교적 평온했다. 어떤 의미에서는 중화제국과 조선이나 류큐간의 전통적인 '종속(宗屬)관계'(종번(宗藩) 관계)와도 비슷하며, 메이지정부의 류큐에 대한 내정간섭의 지향이 아직 약했기 때문이다. 그 점에서 이 시기는 메이지정부가 그런대로 '책봉' 논리에 충실했던 단계였을지도 모른다. 그러나 비교적 평온했던 그 2년 동안에 일본의 중앙정치에서는 정한론정변과 대만출병이라는 두 가지 중요한 사건이 일어났다. 그리고 출병 뒤 청일화의교섭을 끝내자마자 메이지정부는 류큐왕부에 대해 청국과의 관계 금지를 비롯하여 내정에도 크게 간섭하는 듯한 요구들을 들이대는 강경방침으로 바뀌었고, 양자의 관계가 순식간에 경색되었다. 이처럼 대만출병은 '류큐처분'의 출발점과 관련된 것이 아니라 메이지정부가 당초 책봉의 논리에서 이반(離反)하여 강경한 간섭정책으로 전환하는 시기에 해당되는 사건으로서 중요한 것이다. 본서에는 이와 같은 '류큐처분'의 여러 단계와 그 기복에도 유의하고, 1875년 이후 '류큐번처분'이 본격화된 배경을 정한론정변이나 대만출병이라는 사건과 그 과정에서 생긴 메이지정부에 의한 책봉의 논리에서 이반(만국공법의 원리로 전환)이라는 방침전환과 관련지어서 체계적인 설명을 하고자 했다.

1873년 10월의 정한론정변은 가록(家祿) 삭감과 징병제 시행 등 사족의 여러가지 특권을 부정하는 개혁이 겹친 일도 있어서 정부 안팎으로 유례없는 불평사족의 반발을 불러일으켰다. 정변 후 오쿠보가 주도하는 정권은 이러한 불평사족의 반정부 열기가 고조됨에 따라 이에 대처하기 위해 채택한 것이 이듬해 1874년 5월의 대만출병이었다. 그러나 출병의 명목으로는 대만'번지'가 '주인 없는 땅[無主地]'이라는 억지 해석과 더불어 약 2년 반 전에 대만에서 일어난 류큐인 조난사건이 주된 근거가 되었다. 정벌군의 전투행위는 단기간에 종료되긴 했지만, 원래 이 출병은 목적 자체가 애매하고 그런 까닭에 철병에 대한 명확한 사전계획도 없이 주둔이 장기화됨에 따라 병사의 6분의 1이 병사하고 전쟁비용도 막대한 금액에 달했다. 그런 의미에서 무모하면서도 수지타산에 맞지 않는 군사행위였다. 또한 출병에 수반되는 청일간의 분분한 논의는 영국공사 웨이드의 중개로 겨우 화의가 성립되었으나, 강화문서(청일양국호환조관)도 애매하고 양의적인 것이었다.

그렇다 하더라도 대만출병이나 호환조관의 해석에 대해서도 종래의 역사기술에는 여러 가지 문제가 많다고 생각된다. 대부분은 당시 정권기반이 매우 취약했던 메이지정부가 자기 정당화를 위해 국내외에 선전했던 주장이 오늘날까지 무비판적으로 계승되어 왔던 것에 기원하고 있다고 해도 좋다. 예를 들어 많은 역사서에는 청국이 대만출병을 '의거'로서 인식했고, 호환조관에는 류큐인이 '일본국 속민'이라는 것이 명기되었다는 취지로 기술되어 있다. 그러나 호환조관은 류큐인을 '일본국 속민'으로 명기하고 있지 않으며, 출병 의도가 '민을 보호하는 의거(보민의거)'에 있었다는 일본의 주장은 인정한다 하더라도, 일본군의 대만침략 자체를 '의거'로서 (적극적으로) 인식하고 있었을 리도 없다. 여하튼 여기서 중요한 점은 오쿠보와 메이지정부가 북경교섭의 결과를 되도록 자기 쪽에 유리하게 해석하고 선전한 점, 또한 그렇게 하면 할수록 이미 류큐에 대해 유화적인 자세를 취할 수 없게 되어버린 점이다.

제4장에서는 메이지정부의 류큐왕부에 대한 정책이 '류큐번 처분'으로 불린 강경노선으로 바뀌고, 양자의 대립관계가 심각해지는 1875년부터 결국에는 '폐번치현'이라는 이름 아래 류큐병합이 강제 실시된 1879년까지의 역사과정을 고찰했다. 특히 1875년 여름에는 내무대승 마쓰다 미치유키가 류큐로 파견되고, 정부의 제 명령을 전하여 왕부 고관들과 격렬하게 대립하게 되었지만, 본서에서는 이러한 권력 상황 아래에서의 류일교섭의 양상을, 기샤바 조켄을 참

고로 하면서 류큐 측의 관점에서도 묘사하여 종래의 역사상을 상대화하고 그에 따른 대폭적인 정정을 시도했다.

오쿠보는 1874년 11월말 북경에서 귀국해서 본격적으로 '류큐번 처분'에 뛰어든다. 12월 15일자 품의서에서도 파악할 수 있듯이, 그때 오쿠보가 가장 원했던 것은 대만출병에 대해 '의리와 은혜를 받들어 감사'한다는 명분하에 류큐 번왕을 상경시키는 일이었다. 하지만 그것은 실현 가능성이 없었으므로, 일본 정부로서는 류큐왕부의 고관을 불러들여 '대만출병의 전말[경위], 청국과의 담판[교섭]의 복잡한 과정'등을 설득하고, '청국과의 관계를 완전히 없애고, [구마모토] 진대의 지영(支營)'을 설치하고, '그 외에 형벌, 법률, 교육을 비롯하여 제도 개혁에 관한 일 등을 순차적으로 행할 수 있도록   단단히 지시하고 설득'해야 한다고 보고했다. 그런데도 12월 22일 태정관 지령은 "보고의 취지는 알아들었습니다."라 하면서도 "덧붙여 청국과의 관계 처분에 관한 건은, 나중에 다시 한 번 물어야 할 일"[716]이라면서, 대청(對淸) 관계의 단절에 관한 건은 당면한 요구에서 벗어나 있었다. 그런데 오쿠보가 불러서 상경한 류큐 사신들에 대한 설득과 회유가 실패로 끝나갈 무렵,   때마침 청국 선 황제[先帝]의 붕어, 신 황제[新帝]의 즉위에 관한 정보가 들어왔고, 류큐에서 청국으로 보내는 경하사 파견을 저지하는 것이 긴급 현안이 되었다. 대만출병을 거친 이 시점에 와서 류큐에서 청국으로 가는 사절 파견을 허용하게 되면 정부의 체면을 구기게 되고 정권을 뒤흔드는 일 밖에 되지 않았다. 그래서 메이지정부는 서둘러 마쓰다 미치유키에게 류큐 출장을 명하여, 대청관계의 중지와 기타 여러 가지 요구사항을 전달하도록 명령하고, 현안문제인 경하사와 이후의 조공사 파견을 실력으로 저지했던 것이었다.

거듭 1875년 정책전환의 의미를 정리하면, 그 이전의 시기는 번왕책봉에 의해 류큐를 황국일본에도 '분명'히 번속시키고, 차츰 '번속'의 취지에 구체성을

716　松田, 『処分』中, 349쪽(『叢書』, 78쪽).

부여한다는 명분이 있었다. 그것을 상징적으로 보여준 것이 제4장에서 인용한 이치지 사다카의 의견서였다고 할 수 있다. 그는 "류큐번에 관한 건은 작년 비로소 책봉을 내려주시어 직접 관리하게 되었으나 종래 청국과는 건국 초[国初]부터 왕래"했다고 하고, 류큐의 양속적인 현상을 지적한 다음에, 일본에서도 "사랑으로 보살피고 길러"서 "천황의 아래로 복종시키고 나서 ……인심이 향하는 대로 어느 쪽이든 하나로 귀착하도록 타이르고 류큐번으로부터 우리나라의 보호만을 받고 싶다는 청원을 하게 하는데 목적이 있다."[717]라고 서술하고 있다는 점이다.

그러나 앞서 서술한 것처럼 그 뒤 사정이 변함에 따라 메이지정부는 그와 같이 느긋하게 상대하고 있을 수 없게 되었다. 하지만 대부분 일본 국내의 정치 사정으로 방침 전환이 생겨난 것이며 류큐 측에서 보면 부당한 처사였음에 틀림이 없다. 류큐의 입장은 예를 들어 본론에서 언급한 마쓰다에 대한 번왕의 답서와 동시에 제출된 섭정·산시칸 답서의 한 구절에서 단적으로 살필 수 있다. 그곳에는 "해당 번에 관한 건은 바다의 고립된 땅에 있다 해도 개벽 이래 하나의 국가로서 명분을 유지해왔고, 황국(일본)과 지나(중국)에 속했다 해도 일본과 중국에 속해있다는 의미가 아니라 왕위 책봉을 받았다는 의미"[718]라며, 류큐가 스스로 나라를 세우고 번속국이기는 하나 고유의 군주권을 가지고 있었다는 취지의 주장을 하고 있다. 책봉이란 원래 그와 같은 군주국끼리의 상하관계를 수반한 국제질서였고, 번속국의 내정은 그 나라의 자치에 맡기는 것이 당연하다는 함의가 포함되어 있었을 것이다. 그런 까닭에 류큐 측은 종래의 왕부 직제로 지금까지 무탈하게 다스려왔음을 설명하고, 거기에 덧붙여서 전 외무경 소에지마 다네오미의 "국체정체(国体政体) 영구 불변경"의 약속과 내무성 이관 후 내무대승 하야시 도모유키[林友幸]에 의한 재확인에 대해 언급하고, 마쓰다에 의한 직

---

717   「류큐번 취급서류」(앞에서 서술), 방점은 필자. 본서 296~297쪽; 原口邦紘, 「外務省六等給
        仕伊地知貞馨と琉球藩(上)」(앞에서 서술), 475쪽 참조

718   기샤바 조켄, 『견문록』, 32쪽(제2, 3판, 26쪽 / 松田, 『처분』中, 125쪽, 『총서』, 119쪽).

제개혁 요구를 거절했던 것이었다.

그것에 대해 마쓰다 미치유키는 앞의 섭정·산시칸의 "서면(書面)에 있는 주된 생각에 의하면, 우리 정부가 류큐를 관할한 것은 청국이 류큐를 관할한 것보다 훨씬 뒤인 것 같다."고 인식하면서도, 역사 연혁의 문제까지 파고들어 류큐 측과 논쟁하는 것은 매우 조심스럽게 회피했다. 그는 귀경한 뒤 복명서에서 "애당초 류큐가 순전히 우리 정부의 관할임을 아주 분명하게 보여주는 것이, 류큐번에 대해서는 지난 1872년(明治5) 번왕으로 임명한 데 있으며, 청국에 대해서는 대만출병의 시작과 결과다. 즉 이 두 가지가 세계에 대해 공명정대한 이유가되는 것이며, 어찌 쓸데없이 옛날로 거슬러 올라가서 장황하게 변론할 필요가있으랴……이 점은 내가 깊이 주의를 기울였던 부분이다."[719]라 쓰고 있다. 그는 이처럼 두 가지 논거를 내세우면서도 다른 한편으로 일본의 관할이 예로부터 류큐에도 미치고 있었다는 일방적인 주장을 완전히 포기하지도 않았다.

마쓰다가 거론한 두 가지 근거 가운데 첫 번째인 번왕책봉에 대해 말하면, 마쓰다는 한편으로 류큐가 일본 내지의 부와 현에 가까운 존재이며, 번왕은 천황이나 '원래 속해있는 정부[本屬政府]'에 종사할 의무가 있다며 류큐왕부에 직제개혁 등을 요구한 것과, 다른 한편으로 대만출병에 대한 감사의 표시로 번왕상경을 요구한 정부의 입장에는 일정한 모순이 있다는 점을 자각하고 있었다. 왜냐하면 바로 일본 내지의 부와 현과는 다르게 류큐의 선비와 백성이 번왕의신민이지 천황의 신민이 아니라는 이유야말로, 의리와 은혜를 받들고 보답의요구가 성립될 수 있기 때문이다.[720] 또 한편으로 두 번째의 대만출병에 관해서

---

719   松田, 『처분』中, 147쪽(『총서』, 123쪽).

720   마쓰다는 류큐로 출발하기 앞서 오쿠보 내무경에게 '着琉之上取計方儀伺書'를 제출하여
      류큐 측과의 교섭에 임하는 방침의 세밀한 확인을 행하고 있었지만, 번왕 상경 건에 대해
      서는 내지의 부현과 다르게 '지섭에 임하는 방침의 세밀한 확인을 행하고 있었지만, 번왕
      상경 건에 대해서는 내지의 부현과 다르게 '지금 당해 번은 번왕으로서 그 인민은 번왕
      의 신민이라면, 그 인민을 본속 정부에 의해 보호를 받아들여야 한다면 그 번왕이 상경하

는 대략 '보복', '응징', '보민' 등을 류큐 측에서 메이지정부에 의뢰한 적이 없었다. 그러한 까닭에 마쓰다도 그 점에 대해서는 일체 언급하지 않았고, 막대한 희생과 경비가 들어간 대만출병이 오로지 류큐인(피해민)을 위함이었다는 취지를 내세우며 류큐 측에 은혜를 입었으니 보답하고 받들 것을 요구하는 동시에, 청일호환조규의 일방적인 해석을 주장하며, 화의교섭의 당사자가 아니었던 류큐의 약점을 이용하려고 했다. 예를 들어 본론에서 언급한 '비공식적 회의' 토론의 한 장면에서 다음과 같은 대화가 오고갔다.[721]

> **마쓰다 질문**: 대만정벌은 황국에서 처분한 무휼금도 위와 결부시켜 황국에 인도 운운하고 [류큐 측의 문서에] 있지만, 대만정벌의 건은 오직 류큐인이 살해당한 일로 인해 처분한 것이며, 위의 담판을 위해 오쿠보 대신을 지나에 파견하여 이미 보상금 등을 보낸 것으로 본다면, 해당 번 (류큐)은 일본의 관할이라는 것을 지나도 승인하여 해당 번에 보내지 않고 일본에 인도한 것이다. 이미 이때 일본의 관할임이 결정되었다고 본다면, 대만에서 생존자를 지나에서 보호하는 것은 이치가 아니다.

> **산시칸 대답**: 우리 번으로 보낸 공문(공식적인 외교 문서)에는 대만부에 따져 물었고 포악함을 응징하고 회유했음을 보여주는 내용이었다.
> 마쓰다 말 이것은 지나의 허위조작이다.

우리들이 제3장 및 제5장에서 살폈던 점에서 보면, 위의 의견교환에서는 오히려 류큐의 말이 맞으며 마쓰다 쪽이 '거짓 주장'을 늘어놓고 있다. 그러나

여 감사해야 한다. ……해당 번에서는 군주 국왕의 본속(本屬) 정부에 대해 예로서 대해야 함은 불가결한 임무이다'는 방침으로 임하고 싶다고 상신하고, 오쿠보의 승인을 얻었다. 松田, 『처분』中, 14~15쪽(『총서』, 97쪽).

721　기샤바 조켄, 『류큐견문록』, 53쪽(제2,3판, 41쪽).

본론에서 논술한 것처럼 그곳에서 이루어졌던 것은 불균등한 권력관계 하에서의 담판이며, 한쪽은 어떠한 궤변도 허용되었지만 다른 한편은 말하고 싶은 것도 직접적으로 표현할 수 없는 상황에 놓여 있었다. 메이지 천황 정부의 유능한 관료였던 마쓰다는 물론 그것을 자각하고 이용하는 것처럼 행동하고 있었고, 류큐 측이 "그 이상 몇 백 번 간절히 말해도 결코 진심으로 받아들이기 어렵다."는 것인 줄 알면서, 자기의 사명에 충실히 "엄하고 위풍 있게 말하여 두려워 복종"[722]하게 하려고 노력했다. 그런 까닭에 류큐 측에서 마쓰다와 정부에 제출한 탄원서류나 마쓰다의 복명서에만 준거하여 류큐 측의 의사나 행동 등을 바르게 이해하기는 불가능하며, 오히려 객관성을 지향하며 기록을 남긴 기샤바의 『류큐견문록』이 무엇보다 먼저 참조되어야 한다는 것이 본서의 기본적인 입장이었다.

기샤바의 『류큐견문록』에서 보여주고 있는 가장 중요한 점 중에 하나가 류큐 선비층의 전체적인 동향이다. 마쓰다는 귀경한 뒤 복명서에서 류큐의 사족이 '우리 정부에게 의리와 은혜가 있다고 하는 당'을 포함하여 세 파로 나뉘어 있다고 보고했고, 종래의 많은 연구나 역사서에서도 이른바 일본파와 청국파로 분열되어 있다는 식으로 쓰고 있다. 그러나 기샤바의 기록과 함께 읽어보면, 그것도 메이지천황 정부의 우수한 관료로서의 단순한 작문에 지나지 않는다고 해도 과언이 아닐 정도이다. 『류큐처분』에 수록된 마쓰다의 문장에는 사족의 전체적인 동향과 모순된 기술이 많이 포함되어 있으며, 또 기샤바의 기록은 단적으로 마쓰다의 기록이 오류임을 보여주고 있기 때문이다. 류큐의 선비층은 한결같이 류큐 사직의 보존, 국가적 존재와 자기 통치의 존속을 원하는 류큐파였다고 보는 것이 정확하며, 청국과의 관계가 끊겨서는 류큐라는 국가적 존재를 유지하기 불가능하다고 생각했기 때문에 청국을 의지하며 메이지정부의 명령에 마지막까지 항거했던 것이다.

1879(明治12)는 '류큐처분'이 마지막 고비를 맞은 해로, 마쓰다 미치유키는

722　본서, 318쪽.

이해 1월과 3월 두 번의 류큐 출장을 수행했다. 1월의 류큐 도항은 첫 번째 출장 이후의 현안이었던 청국과의 관계 중지 등에 관한 건으로, 류큐왕부에게 준봉의 독촉과 최후 통고를 행하는 것이 목적이었다. 그리고 3월 마쓰다로서는 세 번째 이자 마지막이 된 류큐 출장에서는 '처분관'으로서 최고지휘권을 위임받아 경찰과 군대를 이끌고 '폐번치현'의 강제처분을 실행하는 것이 그의 임무였다.

이 해에 실행된 병합처분의 시나리오를 기초한 것도 마쓰다 미치유키였다. 마쓰다는 오쿠보의 뒤를 이어 내무경이 된 이토 히로부미의 명령에 따라 기초한 '류큐번 처분안' 속에, 류큐 처분을 정당화하는 '이치'로서 1875년 청국과의 관계 중지에 관한 명령 통지와 1876년의 '재판 사무' 인도명령을 아직 준봉하지 않는 점 등을 들고 있으며, 이것들을 '이치'로서 "단연코 폐번치현·번왕 도쿄 거주 등의 처분이 필요하다."라고 결론짓고 있었다.

3월 이후 실시된 강제병합에 대해서는 여기서 상세하게 논하지는 않겠다. 중요한 점은 천황의 류큐폐번 '칙유'서에는 "류큐번은 이전부터 천황의 덕행에 복종하고 진실로 천황이 길러준 그 덕에 의존했다. 그런데 지금은 그 은혜를 믿고, 싫고 좋은 것을 제멋대로 말하고 사명을 받들지 않았다."[723]라고 되어 있다. 또 산조 태정대신의 통달서에는 위에서 마쓰다가 거론한 두 가지 명령을 준봉하지 않은 것이 똑같이 '사명을 받들지 않은' 구체적인 내용이라고 보고, '폐번' 처분의 이유 즉 류큐병합의 근거로 인정되고 있었다. 이들은 1872년의 번왕책봉에 의한 천황과 쇼타이왕 간의 군신관계 설정, 황국과 류큐와의 상하관계 설정이라는 전제에 입각한 구실만들기로 보는 것이 타당하다.

제5장에서는 1879년 류큐병합부터 1910년 '한국병합'에 이르는 시기의 동아시아 국제질서로 시야를 확대시켜 두 병합의 의미와 유비성에 대해 고찰했다. 이 두 개의 병합이 속해 있었던 시기란, 청조 중국을 기축으로 한 예로부터의 중화제국체제를 대신하여 그것을 동아시아의 내부에서부터 무너뜨리면서 대두한

---

723   본서 제4장 주(465) 347쪽 참조

일본이 새로운 식민지제국으로 확립해가는 바로 그 과정이다. 두 개의 병합은 이 동아시아에서 신구제국의 교체라는 맥락 속에서 생겨난 사건이며, 그 후 일본에 의한 양자의 통치양식(동화주의와 황민화)을 포함하여 그와 같은 커다란 문맥을 벗어나서는 적절하게 이해할 수 없을 것이라고 필자는 생각하고 있다.[724]

류큐병합의 경우 청국과의 관계를 금지하라는 일본정부의 명령에 대해, 류큐 측은 종주국 중국(명·청)과 몇 백 년 동안 맺어왔던 신의관계를 내세우며 마지막까지 저항했다. 그러나 결국은 류큐(번왕)가 관계 금지 명령에 따르지 않았다는 것을 주된 이유로 삼아 군사력을 배경으로 강제병합이라는 '처분'이 이루어졌다. 류큐가 믿고 의지했던 안정망인 청국의 강경한 항의에 대해 메이지 정부는 병합처분이 일본의 내정문제라는 입장을 끝까지 밀어붙였다.

이듬해 1880년 여름 일본은 청국에 대해 '분도개약'안을 제안하고, 일단 양국 간에 조약안이 타결되었다. 그 내용은 류큐를 양분하여 남쪽의 미야코·야에야마를 청국에 위임하는 대신에, 일본은 청국 내에서의 내지통상권 등 최혜국 대우로 평등하게 이익을 얻는다는 것이었다. 결국 청국이 조약안 조인·비준을 늦추어 이 조약은 실현되지 않고 끝나버렸다. 이 분도교섭에 대해 청일 두 대국이 국익 확장을 꾀한 사건으로 해석되는 경우가 많지만, 청국에게는 영토 확장 등의 의도는 없었고 어디까지나 류큐 복국을 위해 류큐분도와 내지통상권 공여라는 선까지 양보를 거듭했던 것이었다. 그러나 당시 청러 관계의 정세가 호전됨에 따라 구국청원을 위해 청국으로 건너가 있던 향덕굉(向德宏) 등 망명 류큐인이 이홍장에게 로비를 하는 등으로, 청국은 미야코·야에야마에서는 왕국을 유지하기 어렵다는 류큐 인식이 쌓여 재교섭을 요구하는 자세로 전환한 것이다. 청국은 그 후로도 류큐 문제는 해결되지 않았다는 입장을 유지하지만 일본은 재의(再議) 요구를 계속해서 거부했다.

724　오키나와에서의 동화에 대해서는 졸고, 「教育の普及と同化の論理」(『沖縄県史 各論編 第5 卷 近代』, 沖縄県教育委員会, 2011년, 제6부 제1장)을 참조

　　한편 정한론 정변 뒤 일본과 조선의 관계에서, 일본은 예로부터의 중화세계질서(책봉체제) 논리에 대항하여 그것을 무너뜨리기 위해 만국공법(국제법) 논리를 무기로 이용했다. 때문에 겉으로는 만국공법에서 주권국가의 대등성 원칙을 존중하는 것처럼 외교적 수사를 이용하면서도 군사적 압력을 이용한 조약외교 노선을 취했다. 마쓰다의 최초 류큐 출장이 있었던 같은 해인 1875년에는 강화도사건을 일으켰고, 사건을 문책한다는 이유로 군함을 이끌고 사절을 파견하여 불평등조약을 체결한 것이 침략적 조약외교의 시작이었다. 강화도조약 제1조는 조선이 '자주국'임을 구태여 구가하고 있지만, 그것은 조선에 대한 세력을 확장하기 위해 청국과 조선과의 종속관계를 단절시키고 싶은 일본 측의 의도에 따른 것이었다. 이처럼 조선의 경우는 지배나 병합을 전제로 하여 청국과의 전통적 관계를 단절시키기 위해 국제법의 논리와 조약이라는 수단이 이용되었고, 그를 위해 '자주'나 '독립'등의 수사를 이용하는 시기가 오래 이어졌지만, 기본적으로 일본외교의 밑바탕에는 '정한'적 야심이 지속되고 있었다고 할 수 있다.

　　이리하여 청일전쟁의 개전 조칙에도 조선의 '독립'을 위함이라는 말이 사용되었다. 물론 청국의 영향력을 조선반도에서 모조리 지우고 오로지 일본 한 곳만의 지배하에 두고자 했던 것이었다. 청일전쟁의 결과 시모노세키 강화조약에서 대만을 식민지로서 영유하고, 그 뒤 동북아에서 영향력을 확대하고 있던 러시아를 러일전쟁에서 물리친 일본은 이미 러일전쟁 중에도 한국에 협약체결을 강요하여 일본의 유일한 지배체제를 구축하고 있었다. 특히 제2차 한일협약에서 한국의 외교권을 박탈한 것은 류큐 병합에서도 외교권 접수가 선행했던 것과 비슷하지만, 어찌 되었건 이와 같이 군사력과 조약외교로 저항의 수단을 박탈한 끝에 1910년 일본은 마침내 '한국병합에 관한 조약'이라는 참으로 희귀한 형식을 이용하여 조선을 식민지화했다.

　　조금 간략하게 요약했지만, 이러한 형태로 일본은 이른바 메이지 초기부터 숙원이었던 '정한'을 이루고, 옛 중화제국을 대신하여 새로운 식민지제국으로서의 지위를 확립하게 되었다. 그러나 그와 같이 국제법의 원리에 기초한 조약형식을 갖고 조선(한국)을 병합했던 때조차, 일본은 동시에 천황의 이름으로 '전 한국황제'의 '이왕' 책봉을 행했다. 거기에는 한국 '황족'을 병합한 뒤에도 대일본제국의 조선 '왕족'으로 우대함으로써 식민지지배에 활용하겠다는 의도가 있었다.

류큐·오키나와와 조선의 근대사에는 병합 후 '동화'와 '황민화'정책, 그 반면으로서의 차별과 배제 등 많은 공통성과 유비성이 있다.[725] 그 가운데 특히 본서에서 거론한 것이 병합이나 그 사실의 정당화로서의 '류일동조론'과 '일선동조론'이다. 여기서는 양자의 유사성은 차지해두고 중요한 차이점에 대해서만 서술하자면, 아시아·태평양전쟁에서 일본제국의 패전으로 조선반도는 당연히 독립을 이루고 '일선동조론'도 하루아침에 설득력을 잃고 없어졌지만, '류일동조론'쪽은 전후까지 살아남았다. 그렇다기보다 오히려 패전 후에 와서야말로 더욱 열심히 주창되었고 더 폭넓게 많은 사람들에게 회자되었다.

그 배경에는 오키나와가 전후 4반세기나 미군통치하에 있었고 그 군사지배에서 벗어나기 위해 주민이 '조국 복귀'를 요구하며 대중운동을 전개했고, 이에 호응하여 일본 본토에서도 시정권 반환의 목소리가 높아졌다는 사정이 있었다. 패전 후 오키나와의 상황을 이른바 '민족의 분단'으로 보고 복귀운동을 분단의 극복을 목표로 한 민족운동으로 이해했다. 나아가 일본과 오키나와가 동일민족이라는 근거를 전제로, 전쟁 이전부터 있었던 '류일동조론'을 참고로 인용했고, 근대일본에 의한 류큐병합의 역사적 의의에 대한 평가도 복귀운동과 그것을 지탱하고 있는 '류일동조론'이 정합적이어야 한다는 요청을 받았다. 전후 '류큐처분' 연구는 오키나와 복귀운동과 그 남은 열기가 지속되었던 1970년대부터 80년대 초기 무렵까지, 그와 같은 학문 외적인 요청에 크게 규정되면서 그

725　石田雄, 『記憶と忘却の政治学―同化政策·戦争責任·集合的記憶』(明石書店, 2000년). 오키나와를 주제적으로 포함하는 것은 아니지만, 駒込武, 『植民地帝国日本の文化統治』(岩波書店, 1996년)도 일본의 식민지 지배에 관한 연구로서 시사하는 바가 풍부하다. 동화·황민화정책의 개념에 대해서는 같은 책 11쪽 이하를 참조

골격이 만들어졌다고 할 수 있다.

　이러한 사정에서 전후 연구는 연구자들 사이에서 '류큐처분'을 '민족통일'이라는 관점에서 논하는 서술이 널리 공유된 패러다임이 되었다. 그러나 오늘날에는 이른바 세계사의 단계도 오키나와를 둘러싼 문제 상황도 예전과 다르게 크게 바뀌었고, 그러한 패러다임은 구름이 흩어지고 안개가 흔적도 없이 사라져버린 것처럼 되어버렸다고 해도 좋을 것이다. 하지만 본서를 논하는 과정에서도 지적했듯이 개별 사실의 해석은 그 시대에 확립되고 종종 학문외적 동기에 의해 왜곡되어 버린 듯한 역사 이해가 아직도 통설로서 무비판적으로 유통되고 있는 것이 현재의 모습이라 할 수 있다. 덧붙여서 그와 같은 연구 현상을 쇄신하려면 그야말로 기본적인 용어의 재평가에까지 다다를 수 있는 근본적인 재고찰이 필요하다는 것이 필자의 생각이며, 본서에서는 그러한 견지에서 사실적 탐구와 비판적 성찰을 거듭하면서 도달한 필자의 현재 역사인식을 밝혀왔다. 그렇다 하더라도 재고찰이라는 작업은 근본을 파고들면 들수록 고독한 작업이 되기 십상이다. 본서에도 생각지도 못한 오류뿐만 아니라 옆에서 보면 논리의 구성이 독선적이 되어 논증에서 비약된 논점도 포함되어 있을 것이다. 독자 여러분들의 현명한 가르침을 바라는 동시에, 본서의 견해에 대한 비판을 포함하여 이 분야에서 비판적 논의가 활성화되어 연구가 새로운 단계로 발전하기를 기대한다.

저자 후기

본서는 서장에서도 서술한 바와 같이, 최근 십여 년 몰두해온 '류큐처분'의 재고찰 즉 근대일본의 류큐병합에 관한 비판적 연구의 성과를 정리한 것이다. 연구의 발자취는 걸음새 뜬 소가 천리를 가듯이 매우 느리기는 했지만 그래도 어떻게든 무사히 결승점에 이르렀다. 여정이 길고 험했던 만큼 감회가 남다르다.

본서의 제5장을 제외한 각 장은 한번은 어떤 형태로든 활자화된 논문이 기초가 되기는 했지만 몇 번이고 손을 보는 과정에서 원형이 남아 있지 않을 정도로 수많은 수정이 가해졌다. 그러므로 여기서는 원래 논문의 표제와 게재지를 거론하지 않고, 독자 여러분에게는 본서의 논술로 필자가 현재 완성시킨 견해라고 간주해주시기를 부탁드리고자 한다.

내가 연구의 길에 발을 들여놓은 것은 1977년 류큐대학을 졸업하고 동경도립대학 대학원에 진학하여 마스미 준노스케[升味準之輔] 선생님의 지도를 받으면서 시작되었다. 당시 마스미 선생님은 이미 일본정치사연구의 대가로서 인정받고 계셨지만 도립대학에서는 정치학(이론) 분야도 담당하고 계셨다. 나는 정치이론을 전공으로 지망하여 대학원 시험을 치르고 높은 경쟁률에도 불구하고 마스미 선생님께서 '뽑아' 주셨다. 나는 오키나와현 이시가키지마[石垣島]의 가난한 농촌 출신이었으므로 대학원을 재수해서 들어갈 만큼 여유가 없었다. 그 당시 마스미 선생님의 관심영역과 동떨어진 나를 받아 주시지 않았다면 나의 연구자로서의 길은 막혔을지도 모른다.

마스미 선생님께서는 대학원 시절 내내 자유롭게 연구할 수 있게 해주셨다. 나는 헤르만 헬러에 대한 석사논문을 썼고 박사과정에서 위르겐 하버마스 연구로 테마를 바꿀 수 있었던 것도 선생님께서 관용으로 지켜봐주셨기 때문이다. 그러나 자유는 얻은 만큼 대가가 따르는 법이다. 대학원에서 마스미 선생님의 중심 테마인 일본정치사를 공부했고 나 나름대로는 단련되었다고 생각했지만, 내가 일본사와 일본정치사를 본격적으로 공부한 것은 대학원을 나와 취직하고부터였다. 본서의 연구에 몰두하게 된 뒤로도 일본사 문헌과 사료를 이것저것 닥치는 대로 읽으면서 대학원생 시절에 시작했더라면 좀 더 효율적으로 깊게 배웠을 것이라며 후회한 적이 있었다. 그러나 무엇보다 후회스러웠던 것은 선생님께서 돌아가시기 전에 연구를 완성시켜 본서를 읽게 해드리지 못한 것이었다. 못난 제자였지만 여하튼 나는 마스미 선생님의 그늘 아래에서 연구자의 길을 걸어 독일사상에 대한 논문을 쓰고 고향의 출신대학인 류큐대학에 취직할 수 있었다.

직장인 류큐대학 법문학부에서는 이전에 은사이셨던 시마부쿠로 구니[島袋邦], 와카오 유지[若尾祐邦] 두 선생님과 십여 년 가까이 함께 할 수 있었고 계속해서 가르침을 주셨다. 또 선배이며 동료였던 에가미 다카요시[江上能義], 아마코 사토시[天児慧] 씨와는 대학을 옮긴 이후에도 끊이지 않고 의견을 교환하며 늘 귀중한 가르침을 주었다. 그 외에 히야네 데루오[比屋根照夫], 가베 마사오[我部政男], 두 분을 비롯하여 동료로서 시간을 공유할 수 있었던 선배 선생님에게는 다양한 형태로 신세를 졌다. 가베 마사아키[我部政明], 호시노 에이이치[星野英一] 씨를 비롯하여 정치·국제관계 전공인 현재의 동료 스텝에게도 풍족한 연구 환경을 보장해 준 것에 대해 감사하고자 한다.

연구자로서 최초의 10년은 1980년대와 겹치는데 독일 정치사상과 하버마스 연구가 중심이었다. 그 중심에는 '근대'를 어떻게 생각할 것인가라는 문제의식이 있었다. 하버마스에 대한 논문을 쓰고, 그의 저서를 번역하면서도 머리 한편에 있었던 것은 일본과 아시아에 그의 이론의 적용 가능성 문제였다. 특히 그의 '미완의 근대'론과 정치·사회이론을 일본과 오키나와 그리고 동아시아이 맥락에서 어떻게 재검토할 수 있을 것인가 라는 문제에 대한 관심이 날이 갈수록 커져갔다.

내가 처음 계획한 것은 '류큐처분'을 포함한 '근대 오키나와' 연구였다. 1990년대 중반 무렵부터 오키나와 근대사 연구를 조금씩 시작했으나 서서히 명확해진 것은 오키나와 근대사 전체를 적절하게 이해하려면 그 단서가 되는 '류큐처분'사의 재검토를 피할 수 없으며, 또 그것을 위해서는 시야와 식견을 횡적으로나 종적으로나 넓힐 필요가 있었다. 그러한 생각이 강해졌던 시기인 1999년 동경대학 사회정보연구소에서 1년간 국내 연수의 기회와 시간이 주어졌다. 처음에 넓게 오키나와를 포함한 일본과 아시아의 근대문제에 몰두할 예정이었다. 그러나 결국 '류큐처분'사 연구에 전념하게 되었고 기샤바 조켄과 마쓰다 미치유키의 인물 연구부터 시작했다. 당시 사회정보연구소에서는 선배인 대학원 시절의 연구 동료이기도 했던 강상중 씨와 공적으로나 사적으로 신세를 졌다.

근현대 조선과 동아시아에 대한 관심이라는 점에서는 동경외국어대학의 나카노 도시오[中野敏男]씨를 비롯하여 나카노 씨를 연구대표자로 한 국제공동연구에 참가했던 여러분들로부터 많은 자극을 받았다. 10년 이상에 걸친 공동연구의 일환으로 또한 그것이 인연이 되어 몇 번인가 한국을 방문했고, 연구교류의 기회를 가진 점도 귀중한 경험이 되었다. 단지 한 가지 오키나와 측에서 언제나 같이 참가했던 오키나와대학의 고 야카비 오사무[屋嘉比収] 씨에게 본서의 비평을 들을 수 없는 것은 정말이지 안타깝다. 동시에 함께 연구했던 신조 이쿠오[新城郁夫], 오키나와 국제대학의 도리야마 준[鳥山淳] 씨를 비롯하여 오키나와에서 연구회 개최에 협력해주신 그 외의 분들께도 고마움을 전하고 싶다.

위의 공동연구가 인연이 되어 친교를 시작한 서울대학교의 정근식씨는 주관하시던 프로젝트의 학술대회와 한국민주주의재단 주최의 심포지엄 등에서 발표와 토론의 기회를 주셨다. 2010년 8월말에 '한국강제병합 100년 한일시민

대회'의 국제학술대회(성균관대학교)에서 '류큐처분과 한국병합'에 대해 발표하고 예상외로 호의적인 반응을 얻은 것은 본 연구를 완성하는데 있어 커다란 격려가 되었다. 이러한 기회를 만들어 주신 숙명여대의 윤경원씨의 깊은 우정에 대해 항상 감사드린다.

일본정치사의 관심이 심화된 점에서 '마스미 연구회'의 멤버에게도 감사하고 싶다. 동 연구회는 마스미 선생님에게 가르침을 받은 연구자를 중심으로 은퇴 후 선생님을 모시고 동경에서 개최된 연구회에 나는 평소에는 별로 참가하지 못했지만, 그래도 동경에 갔을 때에는 발표의 기회를 만들어 주시는 등 많은 배려와 지적 자극을 주셨다. 나 자신은 아무 것도 하지 못했지만 연구회의 운영에 중심적 역할을 해준 형과 제자 오이시 고이치로[大石紘一郎], 구리하라 시게유키[栗原茂幸] 씨에게 깊이 감사한다.

미야기조가쿠인[宮城女學院] 대학의 이마바야시 나오키[今林直樹], 중앙대학의 호시노 사토시[星野智] 선생, 가나가와[神奈川] 대학의 센스이 히데카즈[泉水英計], 오키나와 대학의 다사토 오사무[田里修] 씨에게도 연구발표의 기회와 전문적인 가르침을 받았다. 특히 본 연구의 테마와 관련해서 같은 고향 선배인 니시자토 기코 선생은 계속 자신의 새로운 논문을 발췌해서 보내주시며, 좀처럼 논문을 쓰지 않는 나에게 조용히 지도 편달을 해주셨다. 미야기 하루미[宮城晴美]. 간나 게이코[漢邦敬子] 씨에게도 아낌없는 지원과 귀중한 조언을 받았다.

마지막으로 와세다대학의 아마코 사토시 씨에게는 오랜 우정과 질타와 격려로 본서를 간행함에 있어 출판사를 소개해주신데 대해 이번 기회에 진심으로 감사의 마음을 전하고 싶다. 동시에 본 연구의 의의를 이해해주시고 간행에 전력을 다해 주신 이와나미 서점의 편집국 부장인 바바 기미히코[馬場公彦] 씨에게도 깊은 감사의 말씀을 드린다.

2014년 3월 12일
나미히라 쓰네오

근대동아시아 질서의 변화와 두 개의 병합

이 책을 번역 출판하는데 있어 제일 먼저 받은 질문은 100년도 훨씬 전에 일어난 사건을 다루고 있는데 왜 번역하는지 그 의미를 묻는 것이었다. 더욱이 제목은 '류큐병합과 조선병합'으로 되어 있긴 하지만 주로 이 책의 연구 대상은 류큐병합이고 사실 조선병합을 류큐병합과의 비교와 분석을 통해 어떤 의미를 이끌어낼 수 있는지 등의 내용이 그다지 무게감있게 다가오지 않는다는 것이 이유였다. 즉 류큐병합의 문제가 우리와 어떤 관계가 있을까 라는 의문이 들었을 것이라고 생각한다. 그러나 오히려 이러한 의문들은 이 책을 이해하는데 있어 매우 중요한 논점의 하나이며, 일본 제국에 의해 병합된 류큐와 비슷한 경험을 가지고 있는 우리의 입장에서 생각하더라도, 이 책이 다루고 있는 류큐병합과 조선병합에 대한 역사적 시각의 전환이라는 문제의식을 우리는 어떻게 받아들일 것인가 라는 본질적인 물음과 연결되어 있다고 본다.

이 책은 1872년부터 1879년까지 류큐(현 오키나와)에서 일어난 역사적 사건을 집중적으로 다루고 있다. 일본의 역사학에서는 일반적으로 '류큐처분'이라고 부르는 사건이다. 그러나 이 용어는 류큐의 입장에서 생각하면 역사적 정당성이 왜곡될 수 있는 호칭이기 때문에 '류큐병합'이라고 불러야 한다고 주장한다. 시대적으로 볼 때 류큐병합은 유럽의 제국주의가 앞 다투어 동아시아에 진출하던 시기에 일어난 사건이며 한국병합까지 30여 년의 기간이 있지만 두 병합 모두 19세기 세계사적 흐름의 연속선상에서 이루어진 것이다. 저자는 류큐병합에서 한국병합으로 고찰의 범위를 넓히고, 근대동아시아에서 중화중심의 세계질서가 서양의 만국공법을 기반으로 하는 국제질서로 전환되는 공간속에서 어떻게 일본제국에 편입되는지를 분석하고 있으며 이러한 맥락에서 두 병합의 관련성과 유사성을 파악하고 있다는 점은 주목할 부분이다.

역사와 어떻게 대면할 것인가 :

류큐는 14세기 산잔시대(三山時代)를 거쳐 약 450여 년 동안 통일왕권체제가 지속되어 왔을 뿐만 아니라 일본 본토와는 관계없이 독립된 왕국으로서 국가 간의 근린관계를 유지해 온 나라이다. 19세기 동아시아의 전통적 질서는 중국과의 책봉과 조공관계를 맺음으로써 중화세계의 구성원으로서 존립했다. 또한 해상교역국가로서 아시아의 일대 교역거점으로서 어느 나라보다도 활발한 활동을 했다는 점은 이 책에서도 충분히 설명하고 있다. 즉 류큐는 중국과의 책봉체제 하에서도 '동등한' 형태로 일본, 조선, 그리고 동남아시아의 여러 나라들과도 교린관계를 가졌다는 사실이다. 이 사실에 대한 확인이 중요한 것은 메이지유신 이후 제국일본에 의해 류큐와의 관계를 재편하는 과정에서 자의적으로 해석하여 류큐를 일본의 속국으로 취급되고 있기 때문이다. 이러한 인식위에서 출발하는 것이 일본 제국주의이다. 물론 1609년 사쓰마가 류큐를 무력으로 침략하면서 사쓰마 시마즈씨의 독점적인 통제를 받은 것은 사실이지만 그렇다고 독립국으로서의 류큐왕국이 없어진 것은 아니다. 따라서 이들의 관계를 일본 역사학에서 '막번체제 속의 이국(異国)'으로 규정하는 잘못된 역사 인식이라고 말한다. 한발 더 나아가 '일본 속의 이국'으로 말을 바꾸는 경우도 있어 마치 그 당시 류큐가 일본의 '막번제 국가'에 속해 있었던 것 같은 오해를 불러일으키고 있으며 근대 일본의 근대천황제 국가와도 쉽게 동일화시킴으로써 류큐의 폐번치현 조치를 정당화하고 있다는 것이다.

이러한 역사인식의 오류를 범하지 않기 위해서는 그 당시의 류큐왕국의 역사와 특징, 류큐왕국과 사쓰마, 일본의 막부와 조정과의 이중적 관계 등 각각의 관계에 대한 면밀한 분석이 필요하며 근세 일본의 역사를 왜곡시키지 않고 있는 그대로 파악할 수 있다는 것이 저자의 주장이다. 이러한 주장의 배경에는 일본의 전후역사학에 대한 본질적인 비판이 깔려 있다. 과연 현재 역사학 연구가 역사를 객관적으로 파악하고 있는지에 대한 의문을 제기하고 있는 것이다. 즉 적어도 "역사를 객관적으로 연구하기 위해서는 어떤 역사용어가 해당 역사적 사실을 설명하는데 객관적인 역사기술상의 개념으로서 타당한지를 묻고 먼저 의심해야 한다"는 것이다. 류큐는 '처분'된 것이 아니라 1879년 일본에 병합되었다고 주장하는 이유이다. '류큐처분'을 '류큐병합'으로 정의하는 연구는 이 책이 처음이지 않을까 생각한다.

이러한 의미에서 류큐처분의 과정을 '류큐번왕책봉'(1872), '류큐번설치'(1875), '류큐병합'(1879)으로 구분하고 있는 것은 기존 역사학의 방법론에 대한 새로운 제안이며, 류큐의 역사 및 당사자들의 경험을 '병합하는 측'의 시각에서 규정하는 목적론적인 해석에 내포되어 있는 정치성이나 이데올로기성을 밝히기 위함이기도 하다. 일본의 입장 즉 '병합하는 측'의 시각에서 역사를 재단하는 것에만 의존하는 것이 아니라 류큐의 입장 즉 '처분·병합당하는 측'의 시각에서 당사자들의 경험이 드러나고 이해되어야 한다는 주장이야말로 저자의 독창적인 관점이라 할 수 있다.

일본 제국주의의 논리의 형성과 이데올로기성

일본 근대국가의 정체성은 메이지유신 이후 일본형 제국주의를 통해 만들어졌다고 해도 과언이 아니다. 외교사 연구자인 김용구는 '약탈 제국주의'라고 부르고 있지만, 나미히라는 아라노 야스노리와 로날드 토비의 '일본형 화이질서' 라는 용어를 인용하고 있다.

여기서 '일본형'이란 서로 모순된 책봉과 조약의 두 원리를 교묘하게 접목시켜 조선과 류큐의 관계를 재편하여 일본 제국으로 편입시키는 논리의 형태를 의미한다. 기존의 책봉과 조공의 관계를 '사적인 관계'로 규정하면서도 일본은 1872년 류큐왕을 '번왕'으로 책봉하고 화족의 서열에 둔다는 논리를 내세우는 일종의 천황에 의한 책봉의 형태를 차용한다. 이러한 방식은 일단 류큐를 일본의 속국으로 확정 짓기 위한 것이며 자연스럽게 막번체제에 속하는 행정구역의 하나로 규정하여 다른 번들과 마찬가지로 '류큐번 처분'을 실시하고 처분하는 순서로 일본의 내국화 과정을 진행시키는 병합의 수단이었다. 그리고 한편으로는 기존의 중국을 중심으로 한 책봉관계를 단절시키고 자주와 독립이라는 명분 하에 일본을 중심으로 침략적 조약관계를 맺음으로써 '일본형 화이질서'를 정립하고, 격변하는 동아시아의 근대질서 안에서 패권쟁취를 위한 정치적 수단이었다고 할 수 있다. 이러한 방식과 논리는 류큐병합에서 습득한 경험을 거쳐 그대로 한국병합에도 적용되었다. 책봉과 조약의 교묘한 절충이야말로 일본의 제국주의 논리의 본질이며 정치적 이데올로기라고 할 수 있을 것이다.

물론 국제질서에 대응하는 일본의 논리는 그 당시의 일본 내부의 정치적 상황과 배경과의 관계에서 만들어진 것이다. 저자는 정한론이 부각되고 있는 정치적 상황에서 유수정부 시절 참의를 지낸 오쿠마 시게노부가 회고한 부분을 인용하고 있는데 "조선은 2천 년 넘게 오랫동안 일본과는 군신의 관계였다"라고 서술되어 있다, 한국을 자신들의 속국이라는 인식은 지금도 심심치않게 쏟아내는 일본 보수논자들의 발언과 크게 다르지 않다. 이러한 인식은 일본 본국의 군신동조론을 조선으로 확대시킨 것이며, 류일동조론과도 그 맥을 같이 한다. 일반적으로 인식하고 있는 의미와는 달리 일본의 제국주의를 뒷받침하고 있는 동조동원론에서는 '민족자결'이란, 같은 민족이 비록 다른 이름 즉 류큐 혹은 조선으로 분리되어 있지만 한 나라(일본)에 통일되고 일본의 국민이 될 때 완성된다고 하는 의미로 사용하고 있다. 이러한 논리야말로 병합하는 측의 시선으로 침략의 역사를 바라보는 것이며 현재에도 갈등하고 있는 한일관계를 생각하더라도 그 제국주의적 사상이 가지고 있는 뿌리가 얼마나 깊은지, 그 사상의 논리적 구조가 어떻게 재생산되었는지에 대해 좀 더 신중하고 철저한 검증이 필요한 시점이라고 생각된다.

사료의 중요성

저자는 기샤바 조켄의 '류큐견문록'을 만나지 않았다면 절대로 이 책을 완성시키지 못했을 것이라고 서술하고 있다. 그동안 류큐병합의 연구에 있어 1차 사료로는 마쓰다 미치유키의 '류큐처분'에 의존할 수밖에 없었던 상황에서 기샤바의 '류큐견문록'은 한줄기의 빛과 같다고 표현하고 있을 정도이다. 역사적 자료나 문헌 또한 병합한 측의 사료가 더 많이 남아 있고 쉽게 접근할 수 있기 때문에 역사연구에도 주로 인용되는 것이 사실이다.

역사적 실태에 접근하기 위해서는 어떠한 자료와 문헌을 볼 것이며 새로운 사료를 어떻게 찾아낼 것인지의 중요성을 지적하고 있으며, 발굴된 사실에 입각한 실증적 검증과 체계적인 분석에 따라 역사의 전체적인 실상이 달라진다는 것이 이 책이 우리에게 던지는 본질적인 물음이라고 생각한다. 역사적 사료에 대한 진정성과 지적 성실함은 앞으로 역사와 마주함에 있어 우리의 자세를 바로잡는 계기로 삼아야 한다는 점을 강조하지 않을 수 없다.

위에서 서술한 3가지 점은 고스란히 우리의 문제이기도 하다. 역사 연구만이 아니라 사회과학 전반의 학문적 태도나 시각의 식민성, 사료 발굴의 적극성과 진정성, 나아가 일본제국주의 논리에 대한 실증적 검증과 분석의 필요성 등이 앞으로 우리가 풀어야 할 과제이며 자기성찰을 필요로 하는 것이 아닐까 라고 생각한다.

마지막으로 번역에 있어서 중점을 두었던 점은 두 가지이다. 하나는 일본식 용어를 가능한 한 한국 실정에 맞는 문장이나 단어를 사용하려고 노력했다. 예를 들어 일러두기에도 적었지만, 일본사의 시대구분으로 마치 고유명사인 것처럼 사용되고 있는 '전전', '전중', '전후'라는 용어는 한국에서도 일본과 관계되는 문헌에 자주 등장한다. 그러나 이 용어는 일본이 패전 후에 그들이 벌인 전쟁의 실체를 애매하게 만들거나 역사적 사실을 배제시키는 뉘앙스로 사용되고 있는 경우가 많다. '전전'이라고 할 때 어떤 전쟁을 말하는지 정확히 파악하기 힘들다. 일본은 메이지유신 이후만을 따져 보더라도 1894년 청일전쟁, 1904년 러일전쟁, 1931년 만주사변, 1937년 중일전쟁, 1941년 아시아태평양전쟁을 일으켰다. 또한 '전후' 라는 용어도 제2차 세계대전이 끝났다는 의미로 해석되기 쉬우며 패전의 의미와 원인은 사라지고 매우 중성적인 의미로 쓰이고 있는 것이 사실이다. 이러한 점을 고려하면서 전체 내용의 맥락에 맞는 용어 사용에 주의를 기울였다.

또 하나 저자가 류큐인으로서 서술하려고 하는 표현이나 단어들의 뉘앙스를 최대한 살려보려고 노력했다. 독자에 따라서는 문장이 늘어져서 답답하게 느껴지거나 생소한 단어 사용으로 연결이 부드럽지 못하다는 생각이 들 수 있을지도 모르겠다. 그러나 전체적인 맥락안에서 병합당하는 입장이 되어 류큐병합이라는 역사적 아픔과 고통을 역사적 상상력을 통해 같이 생각할 수 있을까 하는 바람을 가져보았다.

그동안 번역작업은 저자와의 서평회, 1년에 걸친 공동 작업과 세미나 등의 과정을 거쳤다. 사실 번역은 처음 예정했던 일정보다 2년을 훌쩍 넘겼다. 시간이 많이 지체된 데에는, 이 책에서 인용되고 있는 한문과 19세기 일본어로 된 당대 문서들의 의미 파악과 사용된 용어들의 미묘한 뉘앙스의 차이에 착목하고 있는 저자의 논의에 보다 충실하기 위해서 역어 선택 등의 문제로 의도치 않게 많은 시간이 소요되었기 때문이다. 특히 이 점과 관련해서는 바쁘신 가운데에도 흔쾌히 감수를 맡아주신 조시현선생님의 지적은 날카로웠다. 관련 역사용어들의 민감성에 비추어 당대의 표현에 내재된 국제법 논리의 작동에도 유념하여 번역할 수 있도록 언제나 우리를 상기시켜주었기 때문이다. 그 밖의 많은 선생님들의 과분한 도움과 조언을 받았다. 이 자리를 빌어 감사의 말씀을 드린다. 특히 박사논문을 쓰고 있는 와중에도 번역회의 때마다 참석하여 일본어 문장의 뉘앙스나 번역어 등 아낌없이 많은 시간과 조언을 나누어 준 후루하시 아야 선생님에게도 감사한 마음을 전한다. 쉽지 않은 출판조건에서도 귀중한 번역기회를 마련해주신 정근식선생님께도 감사의 말씀을 드린다. 마지막으로 긴 시간동안 건강이 좋지 않음에도 불구하고 끝까지 함께 번역작업을 끝내주신 공동번역자이신 박해순선생님께 마음을 모아 감사의 마음을 전하고자 한다.

2019년 10월 1일
윤경원

류큐병합 관계 연표

1840년	6월	영국과 청국간의 아편전쟁 개전(~1842년)
1842년	7월 24일	청국은 영국과 남경조약 체결
1843년	9월	아베 마사히로[阿部正弘]가 로주[老中] 취임
1844년	3월 11일	프랑스 함선 알크멘느(Alcmene)호가 류큐에 내항하여 통신·통상 등을 요구
	7월	네덜란드 국왕의 개국을 권고하는 국서 도래
1845년	5월 15일	영국 함선 사라망(H.M.S Samarang)호가 류큐에 내항하여 통상을 요구
	6월	네덜란드에게 개국 권고 거부 통고
1846년	4월 5일	영국 함선이 류큐에 내항. 선교사이며 의사인 베텔하임[726]이 체류 (8년간 체재)
	4월 7일	프랑스 군함 사빈느(Sabine) 호가 나하에 도착
	5월 13일	프랑스 세실(Cécille) 제독이 류큐에 내항하여 통상을 요구
1848년	7월	쇼타이왕[尚泰王] 즉위
1851년	1월	청국에서 태평천국의 난(~1864년)
	2월 2일	시마즈 나리오키[島津斉興] 은거. 시마즈 나리아키라[島津斉彬]가 계승
1853년	4월 20일	페리 함대 류큐에 내항
	4월 30일	슈리성[首里城]에 입성

726　[역주] 버나드 진 베텔하임(Bernard Jean Bettelheim), 1811~1870, 헝가리 유대인.

6월　3일　　페리 우라가[浦賀]에 도착

6월 20일　　페리 류큐에 다시 옴

12월 25일　　페리 나하에 내항

1854년　1월　6일　　페리 함대 에도만[江戸灣]에 도래

3월　　　　미일화친조약 조인

6월 17일　　류미수호조약 조인

1855년 10월 15일　　류불수호조약 체결

1857년 10월 10일　　이치키 시로우[市来四郎], 시마즈 나리아키라의 밀명을 받고 류큐
에 옴(사쓰마는 프랑스에게서 군함 구입 등을 계획)

1858년　6월 19일　　미일수호통상조약 조인

7월 16일　　시마즈 나리아키라 갑자기 서거

8월　2일　　프랑스인과 군함 구입 정식계약(나중에 해약)

1859년　2월 23일　　모노부교[物奉行] 온가[恩河] 웨카타 파면(나중에 투옥)되고, 마키시
[牧志]·온가[恩河] 사건 발생

5월　9일　　산시칸 오로쿠[小禄] 웨카타, 파면 후 투옥됨

6월　7일　　류큐-네덜란드 수호조약 조인

9월 29일　　히초누시도리[日帳主取] 마키시 페친[親雲上]이 파면 후 투옥됨

1860년　3월　3일　　사쿠라다 몬가이의 변[桜田門外の変]

1863년　7월　　사쓰마·영국전쟁[薩英戦争]

1866년　6월 21일　　청국에서 책봉사 일행 류큐에 들어옴(마지막 책봉사). 류큐국왕 쇼
타이의 책봉의례 집행

1867년 10월 14일　　도쿠가와 요시노부[德川慶喜]는 대정봉환(大政奉還)을 상표(上表)함

12월　9일　　조정이 왕정복고(王政復古) 대호령을 내림

1868년　1월　3일　　도바·후시미[鳥羽·伏見]전투 (무진전쟁의 시작)

1월 17일　　신정부는 전국에 개국화친을 포고

3월 14일　　천황이 5개조의 서약문을 발표

1869년　1월 20일　　삿초도히[薩長土肥] 제후들이 연명으로 판적봉환을 건의함

6월 17일　　판적봉환의 칙허(勅許), 지번사(知藩事) 274명을 임명

1871년　7월 14일　　폐번치현의 조서(詔書)를 발표함(3府 302県)
류큐는 가고시마[鹿児島]현의 관할이 됨

	7월 29일	청일수호조규 조인
	11월 7일	류큐인(주로 미야코[宮古] 도민)이 대만에 표착하여 54명이 살해됨
	11월 12일	이와쿠라[岩倉] 사절단이 요코하마를 출범
1872년	1월 15일	가고시마 현에서 이치지 사다카와 나라하라 시게루가 류큐에 들어옴 내지(메이지정부)의 변혁을 알리고, 통치 개혁을 촉구
	5월 25일	이노우에 가오루 대장성 대보(大輔)가 '류큐국의 판적을 수용토록 하는 건'에 대해 건의
	6월 2일	정원(正院)은 류큐문제에 대해 좌원(左院)에 자문을 구함(좌원은 6월 중에 대답함)
	6월 7일	대만 조난사건에서 살아남은 류큐인 12명이 나하로 귀환
	7월 14일	이치지 사다카가 대만사건을 가고시마현 참사 오야마 즈나요시[大山綱良]에게 보고
	8월 중순	류큐에 대한 육군대보(陸軍大輔) 야마가타 아리토모의 건의
	8월 18일	외무대승(外務大丞) 하나부사 요시모토 등에게 조선 파견을 명령 (9월 16일: 초량왜관(草梁倭館)을 접수)
	9월 14일	류큐국 수석사신[正史]으로 이에[伊江]왕자 쇼켄[尚健]이 조정에 들어감. 류큐국왕 쇼이를 지위를 높여 류큐번왕이라 하고 화족의 서열로 한다는 취지의 조서를 받음(류큐번왕 책봉), 이후 류큐번이라는 호칭이 사용됨
	9월 18일	미국 공사 드롱(DeLong), 미국과 류큐간의 조약에 대해 조회(10월 5일 외무경 소에지마 다네오미, 유지(維持)와 준행(遵行)의 의향을 회답)
	9월 23일	소에지마 외무경, 미국 공사 드롱과 회담(르 장드르(Le Gendre)를 소개받음)
	9월 28일	류큐와 각국과의 조약·교제사무를 앞으로 외무성에서 관할한다는 취지의 태정관 통달. 외무출사 이치지 사다카를 류큐 재근으로 임명
	11월	대만문제로 조정회의가 열림
	11월 28일	징병령의 조서 및 태정관 훈시[告諭]
	12월	태양력 실시(메이지5년 12월 3일을 메이지 6년 1월 1일로 함)

1873년 3월 3일 이치지 사다카는 이에 왕자(쇼켄)와 기노완[宜野灣] 웨카타와 함께
류큐로 돌아감

3월 10일 오다[小田]현 인민이 대만에 표착해서 약탈(당했다고 전해짐)

3월 12일 외무성이 웨카타 1명에게 도쿄에서 근무할 것을 명령함

4월 연두사(年頭使)를 겸해서 우라조에[浦添] 웨카타 등이 도쿄에서 근
무하기 위해 상경

5월 일본 정부 내에서 정한론(征韓論) 논쟁이 일어남

6월 20일 청국대신이 야나기와라 사키미쓰에게 대만번민은 '화외의 민[化外
の民]'이라고 말함

7월 7일 우라조에 웨카타가 외무대보인 우에노 가게노리[上野景範]를 방문
하여 류큐 양속이 청일 간에 문제가 되고 있다는 말을 들음

7월 28일 일본이 지조개정(地租改正) 조례 포고

8월 11일 외무경 소에지마 다네오미가 우라조에 웨카타 등에게 류큐번의
국체정체는 영구적으로 변하지 않음을 약속함

8월 17일 각의에서 사이고 다카모리의 조선 파견을 내부적으로 결정함

10월 24일 사이고의 조선파견이 무기 연기됨. 사이고, 이타가키[板垣], 에토
[江藤], 후쿠시마[福島], 고토[後藤]는 참의를 사임(정한론정변·메이지
6년 정변)

11월 10일 내무성 설치(초대 내무경은 오쿠보 도시미치)

12월 조선에서 대원군 실각. 민(閔)씨 일족이 정권 탈취

12월 2일 류큐번의 공납미를 8,200석으로 하고 오사카 공고(公庫)에서 공출
미 상납을 명령함

1874년 1월 류큐로 가는 우편선을 개설. 격월 1회 취항하기로 함

1월 14일 이와쿠라 도모미가 고치[高知]현의 사족에게 습격당해 부상

1월 17일 소에지마, 고토, 에토, 이타가키 등 8명이 '민선의원설립건백서(民
選議院設立建白書)'를 좌원에 제출

2월 사가(佐賀)의 난

2월 6일 참의 오쿠보 및 오쿠마가 '대만번지처분요략'을 각의에 제출. 각의
는 대만출병을 결정

4월 19일 정부는 대만출병의 일시 중지를 결정

5월 17일	사이고 주도[西鄉從道]가 나가사키를 출항, 대만상륙(22일)
5월 19일	류큐번 연두사 쓰하코[津波古] 웨카타 세이세이[政正]가 류큐와 미국, 프랑스, 네덜란드 각 국과의 조약 정본(正本)을 외무성에 제출 (25일: 외무성은 조약 등본을 류큐에 공포)
7월 8일	각의에서 어쩔 수 없는 경우에는 청국과의 개전도 불사한다는 결정을 함
7월 12일	류큐번의 관할이 외무성에서 내무성으로 이관됨
8월 16일	내무경 오쿠보 도시미치가 전권변리대신(全權弁理大臣)으로서 청국으로 출발
10월 31일	대만출병의 사후 처리로 청일호환조관(条款) 등 조인
12월 15일	오쿠보 내무경 '류큐번 처분 방법에 관한 품의[琉球藩処分方之儀伺]'를 태정대신에게 제출
1875년 1월	정부는 산시칸 1명과 요나바루[与那原] 웨카타 등에게 상경할 것을 지령함. (날짜는1874년 12월 24일자, 사절이 동경에 도착한 것은 3월 18일)
1월 12일	청국의 동치제(同治帝) 사망
2월 25일	청국에서 광서제(光緒帝) 즉위
3월 31일	요나바루 웨카타 등이 오쿠보 내무경과 담판(~5월 4일)
5월 7일	일본과 러시아가 사할린[樺太], 지시마[千島] 교환조약 체결 일본정부는 류큐번에 구마모토[熊本] 진대분영 설치를 통지
5월 8일	일본정부는 류큐에 증기선(도이유마루[大有丸])과 대만 조난자에게 무휼미(撫恤米)를 내줄 것을 통지
5월 9일	오쿠보 내무경이 '류큐번 처분 방책의 건'을 태정대신에게 제출
7월 10일	내무대승 마쓰다 미치유키가 류큐에 들어옴(청국과의 통교관계 폐지, 메이지 연호 사용 등의 지령을 시달하고, 준봉하라는 답서 제출을 요구함)
9월 11일	마쓰다 등이 나하를 출발하여 도쿄로 돌아감. 산시칸 이케구스쿠[池城] 웨카타 등도 류큐의 사정을 알리기 위한 사절로서 함께 상경
9월 20일	강화도사건 (운양호 강화도 포대를 공격)
10월 15일	이케구스쿠 등이 청국과의 관계 계속을 위한 탄원을 반복함(~1876년 2월)
1876년 2월 26일	강화도사건 사후 처리와 관련하여 조일수호조규(강화도조약) 체결

4월 24일	미국이 류미(류큐-미국) 수호조약에 관해 일본정부에 다시 조회
5월 10일	일본정부는 이케구스쿠 등 류큐사절에게 퇴경(退京)을 명령함
5월 17일	일본정부는 류큐번의 재판권을 내무성 출판소로 이관함을 통지
7월 26일	구마모토 진대의 분견대(分遣隊) 및 경부, 순사 등 류큐에 들어옴
8월 5일	일본에서 화족·사족의 가록(家祿) 및 상전록(賞典祿)을 폐지, 금록공채(金祿公債) 발행조례를 제정
10월	신푸렌[神風連]의 난, 아키즈키[秋月]의 난, 하기[萩]의 난 등 사족반란이 일어남
12월	이바라키[茨城], 미에[三重], 사카이[堺], 아이치[愛知]현 등에서 지조개정을 반대하는 농민 무장봉기[一揆]가 일어남
12월 10일	고치[幸地] 웨카타 조조[朝常][向德宏]가 청국으로 탈출. (1877년 3월 복주(福州) 도착)
1877년 1월 4일	일본정부는 지조(地租)를 2.5%로 경감
2월 15일	사이고 다카모리가 15,000명의 병사를 이끌고 가고시마를 출발. 구마모토성을 포위(세이난전쟁 시작)
9월	정부군 시로야마[城山] 총공격으로 사이고는 자살
1878년 5월 14일	내무경 오쿠보 도시미치가 암살됨. 후임은 이토 히로부미[伊藤博文]
7월	일본정부는 군구초손[郡区町村] 편제법, 후켄카이[府県会] 규칙, 지방세 규칙[三新法] 제정
10월 7일	청국이 류큐에 대한 조공금지 조치로 일본에 항의
11월	마쓰다 미치유키가 '류큐번처분안'을 내무경인 이토 히로부미에게 제출
11월 21일	데라지마 외무경이 청국에 폭언 철회와 사죄를 요구하는 답장을 함
12월 27일	일본정부는 마쓰다 미치유키에게 류큐출장을 지령, 도쿄에 있는 류큐사절에게 퇴경을 명령함
1879년 1월 26일	마쓰다 미치유키의 두 번째 류큐 출장, 준봉(遵奉) 독책서(督責書)를 전달
2월 4일	마쓰다 미치유키가 나하를 떠나 귀경
2월 18일	류큐 처분에 대해 내무성 내 임시조사담당이 마련됨
3월 25일	마쓰다 미치유키가 처분관으로 군대 및 경찰대를 이끌고 류큐에

들어옴(세 번째)

3월 27일	마쓰다는 슈리성에서 '폐번치현'등의 통달서를 직접 건넴. 슈리성의 명도, 쇼타이 상경, 제반 사항을 넘기라고 요구함. 기나시 세이치로[木梨精一郎]를 오키나와 현령대리로 임명
3월 29일	쇼타이왕은 슈리성을 퇴거 (3월 31일 슈리성을 인수함)
4월 4일	일본정부는 류큐·오키나와의 '폐번치현'공표. 초대 오키나와 현령으로 나베시마 나오요시[鍋島直彬] 임명
5월 27일	쇼타이가 나하항을 떠나 상경
6월	이홍장, 청국 방문 중인 전 미국 대통령 그랜트에게 류큐문제에 관한 알선을 의뢰
6월 13일	마쓰다가 귀경길에 오름
6월 25일	나베시마 현령이 구관존치(旧慣存置)의 기본방침을 통지
7월 22일	미야코 섬에서 산시사건[727] 발생
8월 10일	전 미국 대통령 그랜트가 일본에서 천황과 회견, 분도안을 시사함
8월 15일	오키나와현의 왕부기구 사무 계승이 끝남
8월 18일	옛 왕부의 관리 등 100여 명이 세금[貢租]인 보리 수납을 구실로 경찰에 끌려감
9월 14일	옛 산시칸 등이 탄원 및 협력을 표명하는 것으로 구속자 석방
10월 7일	쇼타이는 금록공채증서(20만엔, 10%이자)를 하사받음
1880년 6월 23일	오키나와현 내를 9개의 행정구획으로 나누고 각 관공서를 설치
7월	조선은 일본에 수신사를 파견, 개화정책이 시작됨
7월 2일	일본정부는 오키나와현 사족(376명)의 녹봉을 결정
10월 21일	청일간의 분도개약안을 논의해서 결정
11월 7일	청국이 분도개약안의 조인 연기를 표명
1881년 7월 30일	개척사(開拓使)의 관유물(官有物) 불하를 칙허함
10월 11일	어전회의에서 국회 개설, 개척사의 관유물 불하를 중지함, 오쿠마

---

727 [역주] 산시사건[サンシ-事件]: 류큐처분 후 신체제에 협력했던 오키나와현 관리인을 살해한 사건. 메이지 정부가 구 류큐왕국의 지배계급을 회유하기 위해 구관온존정책(旧慣温存政策)을 취할 수밖에 없었던 원인중의 하나가 되었다고 알려져 있다.

시게노부에 대한 참의 파면이 결정됨(메이지14년 정변)

1882년	3월	옛 산시칸 도미카와 세이케이[富川盛奎] 등이 청국으로 탈출
	5월	조선이 미국과 통상 화친조약 체결(나중에 영국과 독일과도 체결)
	7월 23일	한성(漢城)에서 반민씨·반일 군인반란 (임오군란)
	8월 30일	일본과 조선은 제물포조약 조인
	10월 1일	조선과 청국 간에 상민(商民)수륙무역장정 성립
	11월 6일	제1회 현비 유학생(오타 조후[太田朝敷], 자하나 노보루[謝花昇] 등 5명) 상경
1883년	7월 25일	일본과 조선정부는 일본인민무역규칙을 조인(일본은 최혜국조관 획득)
	8월 25일	프랑스과 베트남은 위에[順化]조약 조인
1884년	6월 23일	프랑스군은 하노이 근교에서 청군 수비대와 충돌(청불전쟁 시작, ~1885년 6월)
	7월 7일	화족령 공포(공·후·백·자·남(公侯伯子男)의 오등작(五等爵)을 정함)
	12월 4일	김옥균 등 개화파가 한성에서 쿠데타(갑신정변)
1885년	1월 9일	전권공사 이노우에 가오루가 갑신정변에 관련하여 조선과 한성조약에 조인
	4월 15일	영국함대, 조선의 거문도를 점령
	4월 18일	청국과 일본은 천진조약을 조인 (조선에서 청일 양국 철병 등)
	6월 9일	청국과 프랑스는 천진강화조약을 조인
	12월 22일	태정관 제도 폐지, 내각제도 시행(제1차 이토 내각 성립)
1886년	1월 1일	영국의 버마 합병
	5월 1일	첫 외무대신 이노우에 가오루가 각국 공사와 제1회 조약개정 회의 개최
	7월 24일	청국과 영국은 버마조약 조인(청국이 버마에서 영국의 주권을 승인)
	8월 15일	청국 수병 등이 나가사키에서 일본인 순사와 난투를 벌임(나가사키 사건)
1887년	7월 3일	농상무(農商務)대신 다니 다테키[谷干城]가 조약개정에 반대하는 의견서를 제출
	7월 25일	다니 다테키 사임. 반대운동이 고조됨
	9월 17일	이노우에 가오루 외무대신 사임

	10월 17일	프랑스령 인도차이나 연방 성립(코친차이나, 캄보디아, 통킹, 안남)
	11월	이토 히로부미 수상 등이 오키나와현을 시찰
1888년	4월 25일	일본정부는 시제(市制)·초손제[町村制]728 공포
	11월	청국에서 이홍장(李鴻章), 북양함대 편성
1889년	2월 11일	대일본제국헌법 공포
	3월 4일	청국에서 광서제(光緒帝)의 친정(親政)이 시작됨
	11월 7일	일본이 조선에 방곡령(곡물수출금지)의 철폐 요구
1890년	5월 17일	일본정부, 부현제(府懸制)·군제(郡制)729 공포
	7월 1일	제1회 총선거
	10월 30일	교육에 관한 칙어발포
	11월 25일	제1 통상의회 개회
1891년	11월 21일	제2의회 개회
	12월 22일	가바야마 스케노리[樺山資紀]의 만용(蠻勇) 연설. 의회 해산
1892년	7월 20일	나라하라 시게루, 제8대 오키나와현 지사가 됨. 같은 해 미야코에서 인두세 폐지운동이 시작됨(~1893년)
1893년	2월 7일	중의원이 내각탄핵 상주안 가결
	2월 10일	건함조칙(建艦詔勅, 和衷協同의 조칙)
	6월	사사모리 기스케가 조사를 위해 오키나와 방문
	7월 16일	영일통상항해조약에 조인(치외법권 철폐, 세율 일부 인하)
	9월 15일	『류큐신보[琉球新報]』창간
	12월 30일	제5의회 해산
1894년	2월	동학 등 농민이 전라도에서 봉기 (갑오농민전쟁)
	3월 1일	제3회 총선거
	5월 31일	사사모리 기스케가 『남도탐험』(南嶋探驗) 발간

728　[역주] 시제(市制)·초손제[町村制]: 일본제국헌법의 지방자치에 관한 기본법이다. 1888년에 공포하고 1889년 4월부터 1947년까지 시행되다가 1954년 일본국헌법과 신 지방자치법의 시행으로 폐지됨.

729　[역주] 부현제(府懸制)·군제(郡制): 지방자치에 관한 기본법의 하나이다. 단지 市制·町村制와 달리 해당 관료를 중앙정부가 결정하고 천황이 임명한다.

동학농민군이 전주를 점령. 조선정부는 청국에 파병 요청

	6월 2일	일본은 청국의 조선파병에 대해 혼성 1개 여단(混成一個旅團) 파병을 결정
	6월 8일	청국군이 아산 상륙, 일본군 인천 상륙(12일)
	6월 10일	조선정부가 농민군의 화폐제도[幣制] 개혁을 수리함[全州和約]
	7월 23일	일본이 조선군과 교전하여 왕궁을 점거, 개화파 정권 수립, 청일전쟁 시작
	8월 1일	청일본이 청국에 선전포고
	10월 9일	동학농민의 제2차 봉기
1895년	1월 14일	일본정부가 센카쿠제도[尖閣諸島]에 항표(杭標) 건설의 각의를 결정
	4월 17일	청일강화조약(시모노세키조약) 조인
	4월 23일	독일, 프랑스, 러시아 공사, 요동반도 반환을 요구(삼국간섭)
	5월	오키나와에서 공동회(公同會) 결성. 1896년에 특별자치를 요구하는 서명운동을 함
	10월 8일	조선 주재공사 미우라 고로[三浦梧桜] 등에 의한 민비(명성황후) 살해사건(을미사변)
	11월	오키나와 현립 중학교의 스트라이크 사건
	12월	조선에 단발령이 공포됨
1896년	2월 11일	조선국왕 고종, 러시아 공사관으로 옮겨감(아관파천, ~1897년 2월 20일)
	4월 1일	오키나와현 구제(區制) 시행(2구 설치), 군(郡) 편성에 관한 건 시행(5군 설치)
		오키나와현 지사, 센카쿠제도를 야에야마[八重山]군에 편입
	7월	조선에 독립협회 설립
1897년	3월 29일	오키나와현 마기리 섬 관리[吏員] 규정의 공포(마기리, 섬 번소(番所)를 번 사무소로 개칭)
	10월 12일	조선국왕을 황제로 개칭, 즉위식
	10월 14일	조선국호를 대한제국으로 개칭, 국내외에 선언
1898년	3월 5일	오키나와 경비대 구(區)사령부의 조례 공포
	7월 7일	미국이 하와이를 병합
	8월 7일	오키나와현에서 징병제 시행(사키시마 제외)

| 1899년 | 3월 10일 | 오키나와현 토지정리법 공포 |

1899년　3월 10일　오키나와현 토지정리법 공포

　　　　　8월 17일　대한제국 국제(國制) 공포

　　　　　9월 11일　한청(韓淸) 수호조약 조인

1900년　　　　　　중의원 선거법 개정(오키나와에서 의원 2명 선출)

　　　　　6월 21일　청국정부가 의화단을 지지하고 열국에 선전포고(북청사변)

1901년　9월　7일　의화단사건 최종 의정서 조인

1902년　1월 30일　영일동맹(제1회 영일동맹 협약) 조인

1903년 10월 21일　오키나와현에서 토지정리 완료

1904년　1월 21일　한국이 러일전쟁에 대한 국외(局外) 중립성명 발표

　　　　　2월 10일　일본은 러시아에 선전포고(러일전쟁 발발)

　　　　　2월 23일　한일의정서조인

　　　　　8월 23일　제1차 한일협약조인(8월 22일자, 재정 및 외교고문을 둠)

1905년　4월　8일　일본정부는 각의에서 한국보호국화 방침을 결정

　　　　　8월 10일　일본과 러시아 간에 강화회의 시작

　　　　　8월 12일　영일동맹협약(제2회) 조인

　　　　　9월　5일　러일강화조약(포츠머스 조약) 조인

　　　　11월 17일　제2차 한일협약조인(을미보호조약, 한국의 외교권 박탈)

　　　　12월 21일　조선에 통감부 관제 공포, 통감으로 이토 히로부미 임명

1907년　6월~7월　헤이그 밀사사건

　　　　　7월 18일　고종 양위, 순종 즉위

　　　　　7월 24일　제3차 한일협약(정미7조약)

　　　　　8월　1일　한국군 해산

1908년　4월　1일　오키나와현 및 도서(島嶼) 초손제(특별제) 시행(마기리, 섬을 촌, 시[字]
　　　　　　　　　로 개칭)

1909년　3월 30일　구라치 데쓰키치가 한국병합의 방침서를 가쓰라 다로 수상에게
　　　　　　　　　제출

　　　　　4월 10일　가쓰라 수상과 고무라 주타로 외무대신은 이토로부터 한국병합에
　　　　　　　　　대한 동의를 얻음

　　　　　6월 14일　이토는 통감을 사임하고 추밀원 의장이 됨

	7월 13일	각의에서 적당한 시기에 한국병합을 단행하는 방침 등을 결정
	10월 26일	안중근이 하얼빈 역 플랫폼에서 이토 히로부미를 사살
1910년	4월 29일	오키나와현 제질록처분법(諸秩禄処分法) 공포
	5월 18일	오키나와현 모토부[本部]에서 징병 기피 소동
	8월 22일	한국병합에 관한 한일조약 조인
	8월 29일	한국병합에 관한 조서 등을 하달하여 조약을 공포
	10월 1일	조선총독부를 설치(초대 총독 데라우치 마사타케)
1911년	2월 21일	미일통상항해조약을 개정(일본은 관세 자주권을 획득)
	3월 25일	이하 후유[伊波普猷]의 『류큐인종론[琉球人種論]』 간행됨
	8월 24일	조선교육령 공포
	10월 10일	신해혁명 시작(~1912년 2월 12일)
	12월 10일	이하 후유의 『고류큐[古琉球]』이 간행됨
1912년	2월 12일	중화민국 성립
	8월 13일	조선에서 토지조사령 포고
1914년	5월 25일	기샤바 조켄의 『류큐견문록』이 간행됨

색인

ㄱ

가나자와 쇼자부로 450, 453, 514

가메가와당[亀川党] 127, 133, 484, 510-511

가메가와 웨카타(가메가와 세이부) 127, 133, 188

가미야 노부유키 93

가족국가론 450-451

갑신정변 416, 422, 562

강화도사건 44, 247, 417-418, 446, 540, 559

거문도 424, 562

게이모치 100-101, 111

고종 417, 421, 442, 444, 564-565

고치 웨카타 325, 334, 340, 374-375

고토 쇼지로 182, 259, 265, 422

과거(시과) 8, 24, 69, 103-104, 107, 109, 177, 279, 286, 439, 451, 462-463, 480, 485, 498-503, 516, 519, 525

관생 498-499, 501-503

구관(제도) 112, 146, 151-152, 286, 341, 435, 460, 477, 561

구라치 데쓰기치 445

구메무라 100, 104, 500-501

국학 78, 104-105, 126, 365, 451, 473, 497, 499, 500-503

그랜트 388-389, 393, 399-402, 406, 408, 412-413, 481, 561

기나시 세이이치로 333, 354

기노완 웨카타 189

기도 다카요시 162, 171, 182, 221, 229, 239, 242, 259, 268

기리노 도시아키 209

기샤바 조켄 31, 34, 37, 42, 119, 154, 193, 227, 278, 281-282, 286, 289, 300, 369, 413, 415, 438, 465-466, 471- 473, 480, 482-483, 487, 489-491, 494, 497-499, 512, 516-517, 519, 522-524, 532, 534, 536, 545, 551, 566

기청문(서약문) 67-70, 160, 392-394, 556

기타 사다키치 452

긴조 세이토쿠 24, 139-140, 143, 145-146, 371, 460, 470, 522

김옥균 422, 424, 562

김윤식 419-420

김홍집 419-420, 442

신자토 게이지 73, 521

ㅇ

아관파천 442, 564
아라노 야스노리 82-83, 86, 89, 550
아라이 하쿠세키 92-93, 159
아라키 모리아키 73, 130, 139, 145-146,
　　　150, 460, 520-522
아베 마사히로 114, 118, 555
아편전쟁 24, 113, 243, 555
안중근 445, 566
알크멘느(Alcmene)호 113, 555
야스오카 아키오 406
에다 도시오 405
에도노보리(江戸上り) 89
에도 신뻬이 182
오야도마리 조타쿠 415, 481-482, 484, 488-
　　　489, 492, 494, 497, 501, 503, 509
오야마 쓰나요시 144, 167, 178-179, 189,
　　　208, 214, 218, 288
오쿠마 시게노부 182, 219, 222-223, 261,
　　　263, 265-266, 270, 342, 400, 428,
　　　550, 561
오쿠보 도시미치 40, 119, 154, 162, 166, 171,
　　　182, 184, 222, 224, 229, 233, 239,
　　　250, 259-260, 265-266, 272, 277,
　　　287, 294, 299, 333, 337, 558-560
오키테(掟) 63, 65, 110, 392
오타 조후 437-440, 484-485, 562
오하라 시게미 203, 217, 253
와타나베 히로시 79-80, 158

왕정복고 39, 78, 159, 169, 171-172, 234,
　　　236-240, 247-248, 396, 529-530,
　　　556
왕토왕민(론·사상) 153, 157, 161-163, 171-
　　　172, 183-184, 199, 206
왜관(부산·초량) 40, 88, 97, 202, 236, 246-
　　　248, 258, 262, 418-419, 530, 557
우라조에 웨카타 558
운양호 418, 559
원세개 421-422
웨이드 272, 387-388, 532
유신경하사 499
이노우에 가오루 182-184, 187, 196, 221,
　　　223, 229, 250, 401, 419, 422-424,
　　　426, 557, 562
이노우에 고와시 202, 393-394, 397, 402,
　　　407
이노우에 기요시 30, 103, 219, 459, 461-
　　　462, 525
이다 유즈루 213, 297
이리문제 403, 409-410, 412, 415
이에왕자 133, 154, 189, 193, 226, 309
이와쿠라 도모미 162, 181, 196, 203, 217,
　　　250-251, 253, 265, 287, 292, 400, 558
이와쿠라(해외파견) 40, 162, 170, 181-182,
　　　184, 196, 203-205, 217, 221, 250-
　　　253, 257-260, 265, 287, 292, 343,
　　　359, 394, 400, 557-558
이치지 사다카 162-163, 166, 171, 174, 195,
　　　208, 214, 287, 293, 296, 306, 312,
　　　318, 534, 557-558
이치키 시로 120, 556
이케구수쿠 299-300, 302, 305, 307, 309,

근대 동아시아 역사 속의 류큐병합 -중화 세계 질서에서 식민지 제국 일본으로-

近代東アジア史のなかの琉球併合: 中華世界秩序から植民地帝國日本へ

초판 1쇄 발행 | 2019년 10월 1일

지은이 | 나미히라 쓰네오(波平恒男)
옮긴이 | 윤경원·박해순
편　　집 | 배원일
발행인 | 김태진
발행처 | 진인진
등　　록 | 제25100-2005-000003호
주　　소 | 경기도 과천시 별양상가 1로 18 614호(별양동 과천오피스텔)
전　　화 | 02-507-3077-8
팩　　스 | 02-507-3079
홈페이지 | http://www.zininzin.co.kr
이메일 | pub@zininzin.co.kr

ⓒ 진인진 2019
ISBN 978-89-6347-426-7 93300

* 책값은 표지 뒤에 있습니다.

* 아시아시대를 맞이하여 서울대학교 아시아연구소는 아시아 근현대사에 대한 정확하고 기본이 되는 역사
　연구들을 소개하고자 〈아시아연구소 근현대사〉 총서를 기획했다.